# Aktuelle Führungstheorien und -konzepte

Irma Rybnikova • Rainhart Lang

# Aktuelle Führungstheorien und -konzepte

2., vollständig überarbeitete Auflage

Unter Mitarbeit von Peter W. Wald und Viktoria Menzel

 Springer Gabler

Irma Rybnikova
Hochschule Hamm-Lippstadt
Hamm, Deutschland

Rainhart Lang
Technische Universität Chemnitz
Chemnitz, Deutschland

ISBN 978-3-658-35542-5        ISBN 978-3-658-35543-2 (eBook)
https://doi.org/10.1007/978-3-658-35543-2

Die Deutsche Nationalbibliothek verzeichnet diese Publikation in der Deutschen Nationalbibliografie; detaillierte bibliografische Daten sind im Internet über http://dnb.d-nb.de abrufbar.

Springer Gabler

Planung: Ulrike Loercher
Springer Gabler ist ein Imprint der eingetragenen Gesellschaft Springer Fachmedien Wiesbaden GmbH und ist ein Teil von Springer Nature.
Die Anschrift der Gesellschaft ist: Abraham-Lincoln-Str. 46, 65189 Wiesbaden, Germany

# Vorwort zur 1. Auflage

**Führung hat Konjunktur!**

Ein Blick in die Zeitung oder eine Fernsehsendung lässt den Eindruck entstehen, dass Führung ein zentrales Thema und zugleich ein zentrales Problem unserer Zeit ist. Es wird oft geklagt über fehlende Führung oder einen Mangel an Führung, über einen Mangel an richtiger Führung, was immer das ist. Es werden Beispiele von schlechter und guter Führung angeführt. Schlechte Führung wird gerne als ausschließliche Ursache für vorhandene Probleme ausgemacht, gute Führung hingegen als universelle Problemlösung angepriesen.

**Führung ist überall!**

Dabei beschränkt sich Führung längst nicht mehr auf die angestammten Bereiche von Wirtschaft und Politik. Vielmehr hören wir zunehmend über Führungsprobleme in Krisengebieten, die früher eher geheim gehalten wurden, erfahren etwas über Führung in kulturellen Bereichen, etwa über den cholerischen Intendanten, der seine hochbezahlten Schauspieler anschreit, oder den begnadeten Regisseur, der Höchstleistungen aus dem Schauspielteam herausholt. Wir hören von sehr unterschiedlichen Führungsmethoden des einen oder anderen Bundesligatrainers, erfahren, dass Führungskräfte durch die Beobachtung von Affenhorden bessere Führung lernen sollen, und sehen dem „Personal Coach" zu, wie er etwas orientierungslosen Zeitgenossen Hinweise für die richtige Lebensgestaltung gibt. Und in Tanzschulen haben Kurse wie „Lebensführung und -gestaltung" Hochkonjunktur.

**Führung hat verschiedene Images!**

Wie immer bei derart in den Medien breit genutzten Begriffen, ist oft unklar, was mit Führung eigentlich gemeint ist. Anstelle von Klarheit treten „Images" von Führung, d. h. Vorstellungen, die jeder Einzelne aufgrund persönlicher Erfahrungen, aber auch beim Umgang mit der Medienvielfalt entwickelt. Wir assoziieren und konnotieren Führung mit unterschlichen Begriffen und Dingen.

Was 70 Masterstudenten des Masterstudienganges Management & Organisation Studies der TU Chemnitz, die wir dazu befragt haben, unter „Führung" verstehen, zeigt die Abbildung. Diese kognitive Landkarte von Führung verdeutlicht, mit welchem

Facettenreichtum die Führung assoziiert ist. Zugleich wird hier klar, welche Führungsfa-
cetten dominieren und hervorstechen: sachliche Führungsaspekte dominieren gegenüber
den personenbezogenen, operative gegenüber strategischen (anleiten, anführen vs. Vision
geben, Vorbild liefern) sowie führerzentriertes Handeln überragt das mitarbeiterorientierte
Handeln (anleiten, koordinieren, anführen, beeinflussen vs. moderieren, unterstützen, ab-
stimmen). Mancher Betrachter wäre möglicherweise geneigt, diese kognitive Landkarte
als sehr „deutsch" einzustufen.

Führung – Eine kognitive Landkarte von Studierenden. [Bildrechte: Eigene Darstellung auf Basis
der Antworten von Studierenden der TU Chemnitz im Masterkurs „Aktuelle Führungstheorien
und -konzepte"]

**Führung und ihr Erscheinungsbild sind widersprüchlich und wandeln sich!**
Ein Blick auf die kognitive Führungslandkarte von Studierenden aber auch in die Führungsrealität hinein verweist auf Widersprüche zwischen postulierter Führung und tatsächlich ausgeübter Führung, etwa der Verkündung kooperativer Führung und autoritärer
Einzelentscheidung in der Führungspraxis, oder zwischen den verschiedenen Erwartungen an Führung, die sich aus unterschiedlichen Werten ergeben, und den in diesen Erwar-
tungs- oder Rollendilemmata gleichsam gefangenen Führern. Modische Konzepte und
„neue" Theorien der Führung stellen sich beim näheren Hinsehen als „alter Wein in neuen
Schläuchen" heraus. In der Führungspraxis und der Führungsliteratur können wir also
vielfältige Differenzen und Diskrepanzen zwischen Oberfläche und Kern, Reden und Tun
oder Wort und (aktueller) Bedeutung feststellen.

**Fazit**

Die Welt der klassischen Führungstheorien mit ihren klaren, eindimensionalen Konzepten ist einer „postmodernen Führungswelt" gewichen, die mit den Begriffen der Ambiguität, Mehrdeutigkeit oder der Unschärfe („Fuzzyness") recht gut beschrieben werden kann. Umso wichtiger scheint es uns, diesbezüglich neue Theorien und Konzepte von Führung auf den Prüfstand zu stellen und kritisch zu hinterfragen. Wir betrachten dabei Führung aus einer organisationswissenschaftlichen und interdisziplinären Perspektive und hoffen, mit diesem Buch eine gewisse Orientierung im „Dschungel der Führungstheorien" zu geben.

An der Entstehung des Lehrbuchs haben viele Personen mitgewirkt, denen wir ein herzliches Dankeschön aussprechen wollen. Zunächst möchten wir Prof. Peter Wald danken, dass er das Kapitel zur virtuellen Führung übernahm und uns damit einiges an mühseliger Arbeit ersparte. Unser besonderer Dank gilt unseren zahlreichen Praxispartnern, unseren Studierenden, vor allem den Studenten der bisherigen Jahrgänge des Masterstudienganges Management & Organisation Studies an der Technischen Universität Chemnitz, unseren studentischen Mitarbeitern am Projekt, Simon Michael Melch, Christina Schuster, Tobias Frederik Harsch, Maria Tetzner, Max Langstrof und Susanne Rade für ihre aktive und kreative Mitwirkung. Carmen Schulz danken wir für fleißig-kritisches Abtippen mancher noch diffusen Ideen und Überlegungen zu den einzelnen Kapiteln. Dr. Evelin Dietrich, Christian Eismann, Tina Obermeit und Felix Merz möchten wir für die Durchsicht der Kapitel danken. Nicht zuletzt danken wir den Lektoren und Mitarbeitern des Verlags Springer Gabler, Frau Lörcher, Frau Brich, Frau Harsdorf sowie Frau Respondek für ihre fast endlose Geduld und die zahlreichen Hinweise und Hilfen sowie Herrn Riedel und seinen Mitarbeitern von workformedia für die umsichtige Gestaltung.

Es ist selten, dass die Kosten, die ein Buch verursacht, einfach zu beziffern sind. Im Fall von diesem Buch können wir das halbwegs gut. So beliefen sich die Ausgaben für den nachgeholten Flug von Frankfurt nach Vilnius auf sage und schreibe 510 EUR, nur weil Irma Rybnikova den gebuchten Flieger verpasste, während sie am Kapitel zu Führungsmythen im Frankfurter Flughafen stumm-taub-vertieft arbeitete. Die Kosten all der verschobenen Familienausflüge, Kinobesuche, Einladungen von Freuden und angespannter Urlaube mit dem Laptop im Rucksack und den Fluchtideen im Nacken, wie ein angefangenes Kapitel zu vervollständigen sei, vermögen wir gar nicht nachzurechnen. Umso herzlicher bedanken wir uns bei unseren Partnern und Familien für fertig gekochte Abendessen, gespültes Geschirr und geduldig unterstützendes Warten auf den Abschluss des Projektes.

Chemnitz, Deutschland                                                          Rainhart Lang
Juni 2013                                                                       Irma Rybnikova

# Vorwort zur 2. Auflage

Acht Jahre sind seit der Fertigstellung der ersten Lehrbuchauflage vergangen. Eine lange Zeit im kurzlebigen Publikationsgeschäft. Acht Jahre, die voller Veränderungen und Ereignisse sowohl auf der Weltbühne, in der Führungsforschung wie in unserem persönlichen Leben waren. Während Rainhart Lang sich in den vorzeitigen Ruhestand verabschiedete und damit dem universitären Lehr- und Forschungsbetrieb mehr oder weniger konsequent den Rücken kehrte, geriet Irma Rybnikova durch ihre Berufung an die Hochschule Hamm-Lippstadt in einen Strudel von gefühlt endlosen Lehranliegen. Beides stellt keine günstigen Ausgangsbedingungen für eine Neuauflage des Lehrbuchs dar.

In der Führungsforschung wiederum beobachten wir mehr denn je teilweise unerfreuliche Früchte der Wissenschaftsstandardisierung und Leistungsmessung. Die schiere Zahl der Zeitschriftenpublikationen zum Thema ist kaum zu überblicken. Führung galt schon immer als ein dankbares, da konzeptionell wenig anspruchsvolles Forschungsgebiet, bei dem Praxiswissen oftmals mehr zählt als analytisches Rüstzeug. Auf dem Flickenteppich von zahllosen Führungsdefinitionen und -theorien ist es leichter, eine sogenannte „Kontribution" zu erbringen, weil es oftmals ausreicht, einige wenige oder gar keine Führungstheorien zu kennen. Anspruchsvolle Forschungsbücher zu Führung sind hingegen selten, nicht nur, weil sie oftmals mehr Inhaltliches voraussetzen als einzelne „Papers", sondern auch, weil sie im akademischen System der Leistungsmessung faktisch wertlos, da nicht zählbar, sind. Lehrbücher sind als Forschungsleistung faktisch nichtig, da sie in keiner Berufungskommission eine Anerkennung erfahren und für Wissenschaftler*innen somit eine karrierebezogene Sackgasse darstellen. Aber nicht nur deswegen sind aktuelle Lehrbücher zum Thema Führung selten. Eine Übersicht über die „aktuellen" Entwicklungen in der Führungsforschung zu erstellen, wie das Ziel eines jeden Lehrbuchs ist, gleicht unter den genannten Umständen einem utopischen, wenn nicht gar irrsinnigen Vorhaben: mühevoll und zunächst wertlos.

Und doch haben wir uns diesen denkbar ungünstigen Umständen zum Trotz für eine überarbeitete Neuauflage entschieden. Damit wollten wir uns nicht nur den Zwängen des Publikations- und Verlagsgeschehens beugen. Für die Relevanz des Themas und der Überarbeitung sprach nicht zuletzt das Weltgeschehen: In den letzten acht Jahren betrat eine ganze Generation von populistischen Politikern die politische Bühne, wie Donald Trump,

Jair Bolsonaro oder Viktor Orbán, die alle Führung ihrer Nationen für sich reklamier(t)en. Zudem befindet sich die Weltgemeinschaft seit nunmehr zwei Jahren in einer Pandemie-krise, die nicht nur erhebliche Veränderungen für das Leben aller nach sich zieht, sondern auch Forderungen nach Führung laut werden lässt. Mit Erschrecken müssen wir beobachten, wie sehr die Sehnsucht nach Führung, und zwar nach autoritär ausgerichteter Version davon („starke Hand", „entscheidungsstarke Männer"), gestiegen ist. Das sehen wir in den politischen Debatten um die Beliebtheit von Markus Söder, um die angeblich persönlichen Fehler von Jens Spahn als Gesundheitsminister in der Pandemie, um den Vorsitz der Grünen: Annalena Baerbock oder doch Robert Habeck (aber kaum das faktische Zweier-Gespann)? Solche Aufrufungen der Leitung, der Eindeutigkeit und der Ordnung sind schon immer Krisensymptome gewesen: der Demokratiekrise, der Pandemiekrise, der Klimakrise, um nur die geläufigsten zu nennen. Die COVID-19-Pandemie wirkt auch hier wie ein Brandbeschleuniger, lediglich lässt dieser „Brand" Erinnerungen an totalitäre Regime wach werden, die wir Ende des 20. Jahrhunderts meinten, ad acta legen zu können. Somit behalten die Aussagen des Vorworts zur 1. Lehrbuchauflage vor acht Jahren mehr denn je ihre Relevanz: Führung hat Konjunktur! Führung ist überall! Dass die aktuelle Allgegenwart der Führung aber allzu einseitig ist, wohingegen die Führungsforschung längst davon abgerückt ist und zahlreiche Modelle der geteilten, verteilten und kollektiven Führung diskutiert, scheint in der Öffentlichkeit unbekannt zu sein. Die in der Forschung diskutierten alternativen Modelle der Führung aufzuzeigen und ein Nachschlagewerk dazu anzubieten, war eines der Motive für die Neuauflage.

Das andere Motiv zur Neuauflage betraf verschiedene für die Führungsforschung wichtige Neuentwicklungen in der Öffentlichkeit: nach der Me-Too-Debatte werden zahlreiche Fälle destruktiver Führung zum Thema. Theaterintendanten bekommen Anzeigen wegen der sexuellen Nötigung ihrer Untergebenen, Professor*innen und Institutsleiter*innen der Forschungsgesellschaften werden für ihr destruktives Führungsverhalten öffentlich kritisiert, hierzulande entwickelte sich das Thema Führung und Frauen von einer Marginalie der Führungsforschung zu einem dominanten Themengebiet, nicht zuletzt aufgrund der gesetzlichen Regelungen zur Geschlechterquote, die die Gleichstellung in den Führungs-positionen nicht mehr zu ignorieren erlaubt.

Zugleich ist die Neuauflage (wie auch die Erstauflage) des Lehrbuchs ein Mahnen gegen die Theorielosigkeit und den Dogmatismus in der Führungslehre und -forschung. Zwar gehören Führung oder Personalführung zum Kanon des betriebswirtschaftlichen oder psychologischen Studiums, doch fällt es oftmals, so unsere Beobachtung, theoriefrei aus, weil man hier „der Kunst der Führungspraxis" huldigt oder aber weil die Lehrenden nur einige wenige, meist die stark popularisierten Theorien, wie die der „transformationalen", „charismatischen", „authentischen" Führung, kennen oder mögen. Mit unserem Lehrbuch möchten wir die breitere Landschaft der Führungstheorien aufzeigen und Lehrende wie Studierende eventuell zu einer oder mehreren neuen Führungstheorien verführen.

Nicht zuletzt hatte die erste Lehrbuchauflage eine Überarbeitung nötig gehabt. Die Autoren sind nicht umsonst ihre eigenen schärfsten Kritiker. Kaum ist die Erstauflage erschienen, mag man den Aufbau der Kapitel nicht, die Redundanzen der eigenen Ausführungen bescheren angespannte Abende und Nächte. So haben wir kaum eines der alten Kapitel belassen wie es war. Der Überarbeitungsbedarf war zwar je nach Thema sehr unterschiedlich, aber die meisten Kapitel haben wir gänzlich neu ausgerichtet, manche Kapitel komplett neu zugeschnitten, und in allen Kapiteln die neueste Literatur zu berücksichtigen versucht. Von Beginn an taten sich die Studierenden mit der Unterscheidung zwischen der geteilten und verteilten Führung schwer. Zugegeben, es war auch recht diffus. In der Neuauflage haben wir daraus zwei verschiedene Kapitel entwickelt: geteilte und partizipative Führung als ein Phänomen einer Gruppe, Team oder Abteilung zum einen und verteilte Führung zum anderen, die Führung als weit über die Gruppe hinausgehende Beeinflussung von Beschäftigten durch Strukturen, materielle Objekte und Personen umfasst. Nun beinhaltet das neue Kapitel neben den Konzepten zur verteilten Führung noch Führung als Residualfaktor und Führungssubstitute.

Im Unterschied zur Erstauflage ist nun Irma Rybnikova die Erstautorin. Hier haben wir uns der Bitte (oder der Forderung) des Verlags gebeugt, die Erstautorschaft der Werke den aktiv tätigen Professor*innen zu übertragen. Faktisch haben wir es als eine Formalie behandelt, haben wir doch zusammen in Manier der geteilten Führung bzw. der Paar-Führung das Lehrbuch überarbeitet.

Das Schreiben und das Überarbeiten des Geschriebenen sind bekanntlich einsame Tätigkeiten, die in Zeiten einer Pandemie zu einer weitaus stärkeren sozialen Isolation führen als unter „normalen" Bedingungen. Und doch haben auch diesmal die Überarbeitung des Lehrbuchs viele Personen möglich gemacht, denen wir an dieser Stelle herzlich danken. Dankbar sind wir Peter Wald, der die schwierige Aufgabe auf sich nahm, das aufgrund der Digitalisierungsschübe und des pandemiebedingten Arbeitens im Home Office wahrlich explodierende Thema der virtuellen Führung zu aktualisieren. Bei Viktoria Menzel bedanken wir uns für die Mitgestaltung des grundsätzlich aktualisierten Kapitels zu Führung und Frauen sowie für die Aufarbeitung des Materials zum Thema, das aufgrund der gesetzlichen Änderungen und Virulenz des Themas in den letzten Jahren ebenfalls ein beachtliches Forschungsinteresse erfuhr. Auch als sorgfältige Korrekturleserin hat Viktoria Menzel die Zweitauflage des Lehrbuchs wesentlich vorangetrieben, wofür wir überaus dankbar sind. Bedanken möchte sich Irma Rybnikova zudem bei Delisa Ajradini, die einige der umfangreichen Literaturverzeichnisse mühevoll überarbeitet hat. Zahlreichen Studierenden an der Technischen Universität Chemnitz und später der Hochschule Hamm-Lippstadt, die in ihren Abschlussarbeiten, Seminararbeiten oder Vorlesungen die Erstauflage des Lehrbuchs engagiert genutzt und durch ihre Arbeiten sowie Rückmeldungen wertvolle Impulse zu Verbesserungen oder wichtigen Ergänzungen gegeben haben, gilt unser herzlicher Dank. Erneut haben uns die Lektor*innen und Mitarbeiter*innen des Verlags Springer Gabler, insbesondere Frau Lörcher und Frau Harsdorf, sanft zur Überarbeitung angeleitet, geduldig unsere mehrfach verschobenen Abgabefristen hingenommen und uns bei jeder auch trivialsten Frage und Problem zur Seite gestanden und kompetent beraten.

Unsere Familien waren wieder diejenigen, die eine erhebliche Last der Überarbeitungsmühen tragen mussten. Das Szenario wiederholt sich: Urlaub mit Laptop, trotz der vorherigen Beteuerungen, es nicht zu tun, Anspannung und Ungeduld bei jedem Familienessen, welches in die Nähe eines zu überarbeitenden Kapitels rückt, gespieltes Augenrollen beim Erwähnen der Lehrbuchüberarbeitung. Für das jahrelange Rückenfreihalten, Bekochen, Beputzen, Nicht-Murren und entspanntes Ertragen kreativer Launen und Schübe, schlafloser Nächte und durchgearbeiteter Sonntagabende danken wir unseren Familien und Lebenspartnern und widmen ihnen dieses Lehrbuch.

Rinkerode & Schkeuditz, Deutschland                                        Irma Rybnikova
Juli 2021                                                                              Rainhart Lang

# Inhaltsverzeichnis

# Aktuelle Führungstheorien und Führungskonzepte: „Alter Wein in neuen Schläuchen?"

Irma Rybnikova und Rainhart Lang

## Inhaltsverzeichnis

**Zusammenfassung**

*Was sind die Gründe für die Vielfalt der Führungstheorien? Wie unterscheiden sich die aktuellen Führungstheorien von den klassischen? Wie ist der Unterschied zwischen den Führungstheorien und Führungskonzepten gemeint und wie versteht man in diesem Lehrbuch „Führung"? Mit der Diskussion dieser Fragen leiten wir in die zweite Auflage unseres Lehrbuchs ein. Es geht in diesem Kapitel nicht um eine kurze Vorstellung dessen, was im Buch folgt, sondern vielmehr um eine Begründung für die getroffene Auswahl von neueren Führungstheorien und deren Einbettung in die relevanten wirtschaftlichen und gesellschaftlichen Entwicklungen. Dabei gehen wir auf den Übergang von einem fordistischen zu einem postfordistischen Produktionsregim ein, auf die fort-*

I. Rybnikova (✉)
Hochschule Hamm-Lippstadt, Hamm, Deutschland
E-Mail: irma.rybnikova@hshl.de

R. Lang
Technische Universität Chemnitz, Chemnitz, Deutschland
E-Mail: rainhart.lang@wirtschaft.tu-chemnitz.de

© Der/die Autor(en), exklusiv lizenziert durch Springer Fachmedien Wiesbaden
GmbH, ein Teil von Springer Nature 2021
I. Rybnikova, R. Lang, *Aktuelle Führungstheorien und -konzepte*,
https://doi.org/10.1007/978-3-658-35543-2_1

*schreitende Globalisierung und Digitalisierung in Wirtschaft und Gesellschaft, sowie auf den gesellschaftlichen Wertewandel hin zu einer sinkenden Autoritätstoleranz und steigenden Beteiligungserwartungen. Wie sich dies mehr oder weniger direkt in den Führungstheorien niederschlägt und die aktuelle Führungsforschung prägt, ist das Thema des Kapitels.*

Ein Blick in aktuelle Lehrbücher und insbesondere Zeitschriften zum Thema „Führung und Personalführung" oder auch eine Sichtung aktueller Trainingskonzepte konfrontiert den Betrachter mit einer nahezu unendlich scheinenden Anzahl von zum Teil sehr modisch klingenden neuen und in jedem Fall einen hohen Neuigkeitsgrad reklamierenden Führungstheorien und Führungskonzepten. Selbst wenn man den im US-amerikanischen Gebiet verbreiteten, etwas laxen Umgang mit dem Begriff Theorie („My theory is that X influences Y") in Rechnung stellt, so bleibt doch immer noch eine Flut neuer Konzepte im Bereich Führung. Für den interessierten und kritischen Betrachter ergeben sich dabei zumindest folgende Fragestellungen, die wir in diesem einleitenden Kapitel zum Buch etwas näher beleuchten wollen:

1. Wie lässt sich die zu beobachtende Fülle neuer Führungstheorien und -konzepte erklären? Was sind Ursachen und gesellschaftliche Kontexte ihrer Entstehung?
2. Wodurch unterscheiden sich neuere Führungstheorien und -konzepte von den klassischen Führungstheorien und -konzepten, wenn überhaupt?
3. Wie lassen sich Führungstheorien von Führungskonzepten und Führungsphänomenen unterscheiden?
4. Welches Führungsverständnis vertreten wir in diesem Buch?

## 1.1   Ursachen und Kontexte der Entstehung neuer Führungstheorien und -konzepte

Als Zeitpunkt für die Entstehung neuer Führungstheorien und -konzepte werden häufig die 70er- und 80er-Jahre genannt (u. a. Van Seters & Field, 1990; Bryman, 1999; Parry & Bryman, 2006; Neuberger, 2002; Northouse, 2019; Alvesson & Spicer, 2012). Bryman etwa spricht, zunächst mit Bezug auf charismatische und transformationale Führung, von einem „New Leadership Approach" (1999, S. 32 ff. vgl. auch Parry & Bryman, 2006, S. 450). In den späten 80er- und 90er-Jahren entstehen auch weitere neue Führungsansätze, etwa der Teamführung, der emergenten oder kulturellen Führung. Alvesson und Spicer (2012, S. 371) verknüpfen diesen Übergang mit Zweifeln an den dominanten funktionalistischen Annahmen der Führungsforschung ab den späten 70er-Jahren.

Die wesentlichen Ursachen sind im breiteren Kontext der westlichen Gesellschaften in dieser Zeit zu sehen. Insbesondere die gesellschaftlichen Veränderungen in den 70er- und 80er-Jahren, wie der oft zitierte Wertewandel, waren ein Antrieb für das Bemühen, durch alternative theoretische Modelle und Konzepte, Führung und Führungsprozesse unter veränderten Bedingungen besser zu verstehen und zu erklären. Die industriellen und technologischen Änderungen des organisatorischen Kontextes haben die Suche nach gegenwartsadäquaten Führungstheorien ebenfalls angeregt, was sich etwa in den Konzepten der globalen Führung oder virtuellen Führung zeigt. Nicht zuletzt haben die wissenschaftsimmanenten Mechanismen, wie Publikationsdruck oder auch Beratungsmoden, manchen Führungsansätzen wesentlich zur „Aktualität" verholfen.

Im Folgenden sollen die wichtigsten gesellschaftlichen Einflussfaktoren in ihren Wirkungen auf Führungsverständnis und Führungsprozesse in der Gesellschaft näher erläutert werden. Eine erste wichtige Ursache ist, dass **klassische, tayloristisch-fordistische Produktionsregime** und die entsprechenden Managementtechniken zunehmend in Frage gestellt und zumindest teilweise **durch postfordistische Regime und Strukturen abgelöst** wurden. Die klassischen tayloristisch-fordistischen Produktionsregime waren dabei insbesondere durch die nachfolgend dargestellten Merkmale gekennzeichnet (siehe Tab. 1.1).

Auf der Grundlage von nachfrageorientierten Märkten nach dem 2. Weltkrieg hatte sich ein durch Massenproduktion dominiertes System insbesondere in der Großindustrie entwickelt. Mit Blick auf die Führungskräfte entsprach dem ein tayloristisches und fordistisches Menschenbild und Führungsverständnis mit einer starken Konzentration auf die „vorden-

**Tab. 1.1**   Fordismus, Postfordismus und Neotaylorismus – Zentrale Merkmale

| Fordismus & Taylorismus | Postfordismus & Neotaylorismus |
|---|---|
| **Managementprinzipien:** <br> – Mechanisierung/Technisierung soweit wie möglich <br> – Radikale Arbeitsteilung nach dem Prinzip: reine Ausführungsarbeit vs. Planungsarbeiten <br> – Produktstandardisierung, Massenproduktion | **Managementprinzipien:** <br> – Optimierung der Gesamtproduktivität und prozessorientierte Integration der Planung und Produktion <br> **aber:** <br> – Zunehmende Standardisierung im Rahmen von QM-Systemen <br> – Große Unterschiede bei Nutzung postfordistischer Regime |
| **Organisation:** <br> – Ausbau der indirekten Bereiche (Planung, Instandhaltung, Qualitätssicherung) <br> – Zentralisierung und Hierarchisierung der Entscheidungen | **Organisation:** <br> – Dezentralisierung, flache Hierarchien <br> – Integration von direkten und indirekten Funktionen <br> – Lose Kopplung der Einheiten <br> – Auslagerung („Outsourcing", „Subcontracting" etc.) <br> **aber:** <br> – Taylorisierung der indirekten Bereiche <br> – „Selbsttaylorisierung" |

*(Fortsetzung)*

**Tab. 1.1** (Fortsetzung)

| Fordismus & Taylorismus | Postfordismus & Neotaylorismus |
|---|---|
| **Industriearbeit:** | **Industriearbeit:** |
| – Austauschbare Massenarbeit, gering qualifiziert, repetitiv | – Neue Produktionskonzepte/ Reprofessionalisierung |
| – Entwertung der Arbeitskraft („Deskilling") | – Ausbau der Aus- und Weiterbildung |
| – Minimale Ausbildungsvoraussetzungen und Lernchancen | **aber:** |
| – Hierarchische Kontrolle | – Kern- und Randbelegschaften: Zugangsunterschiede bzgl. Personalentwicklung, subtilere Kontrollformen |

Quelle: Zusammenstellung nach Piore und Sabel (1984), Kern und Schumann (1984), Lash und Urry (1987), Clegg (1990), Womack et al. (1992), Kumar (1995), Hatch (1997)

kende" Führungskraft. Dieser Fokus auf den (männlichen) Vorgesetzten als Nukleus von Führungsprozessen, seinen (!) Eigenschaften (z. B. Eigenschaftsansatz der Führung) und seinem (!) Verhalten (z. B. Verhaltensansatz, etwa dem Verhaltensgitter) waren die Folgen dieses Führungsverständnisses, während die Mitarbeiter allenfalls in Form ihrer Eignung für bestimmte Aufgaben, etwa bei situativen Führungskonzepten, in Betracht gezogen wurden.

Das Ende der Massenproduktion, wie es dann endgültig zu Beginn der 80er-Jahre postuliert wurde (vgl. Piore & Sabel, 1984 sowie Kern & Schumann, 1984 für Deutschland), hatte auch Konsequenzen für eine Re-Qualifizierung der Tätigkeiten und ersetzte eine Managementkontrolle basierend auf der Dominanz von Kopfarbeit über Handarbeit durch Konzepte einer verantwortlichen Autonomie (vgl. u. a Friedman, 1977; Thompson, 1990). Auch die anderen Merkmale postfordistischer Produktionsregime (siehe Tab. 1.1), wie sie beginnend in den 70er-Jahren zunehmend etabliert wurden, haben zum Wandel klassischer Management- und Führungskonzepte beigetragen. Die zunehmend qualifizierten Mitarbeiter konnten nicht mehr so geführt werden wie bisher und insbesondere ein stärkerer Bedarf an „Kopfarbeitern", d. h. engagierten und mitdenkenden Mitarbeitern, führte über veränderte Führungserwartungen der Mitarbeiter in den Folgejahren zu veränderten Führungspraktiken bis hin zu einer Erosion formaler Autorität (vgl. z. B. Pongratz, 2002, S. 97 ff.). Postfordistische Produktionsregime waren also zugleich sehr eng mit einer Neustrukturierung und Neuverhandlung von organisationalen und gesellschaftlichen Kontrollformen und Herrschaftsformen verknüpft, die jedoch eine Wiederbelebung tayloristischer Modelle im „neuen" neo-tayloristischen Gewand nicht ausschloss.

Ein weiterer wichtiger Trend kann in der mit der Einführung flexibler postfordistischer Produktionsregime verbundenen Entwicklung und Bedeutung der Informations- und Kommunikationstechnologien, von Computern und später des Internets und der sozialen Medien gesehen werden, die sich im spezifischen Fachwissen von Mitarbeitern, im Managerverhalten oder in der Organisationsgestaltung äußert (z. B. bereits in Daft & Lengel, 1984), und sich in letzter Zeit verstärkt in Konzepten wie dem der virtuellen Führung zeigt.

In eine ähnliche Richtung zur Stärkung der Mitarbeiterposition wirkt der gesellschaftliche **Wertewandel** (z. B. Klages, 1984). Veränderte Erwartungen der Mitarbeiter an die Arbeitstätigkeit bis hin zu erhöhten Partizipationserwartungen haben in entsprechenden **gesell-**

**schaftlichen und betrieblichen Bemühungen um eine stärkere Partizipation der Mitarbeiter**, z. B. im deutschen Modell der Mitbestimmung, ihren Ausdruck gefunden. Die Herausbildung und Verbreitung entsprechender adäquater Konzepte der Personalführung, etwa der kooperativen Führung (vgl. u. a. Wunderer & Grunwald, 1980; Wunderer, 1995), sind die Folge, zunächst ganz unabhängig von Intentionen oder festgestellter erheblicher Abweichungen von Ideal- und Realbild in der Führungspraxis (vgl. u. a. Steyrer et al., 2007). So stellt verteilte, kooperative, kollektive oder geteilte Führung ein absolutes Trendthema der Führungsforschung der letzten Dekade dar (vgl. u. a. Denis et al., 2012; Sergi et al., 2017; Ospina, 2018; Maniscalco, 2020), neuerdings auch in Verbindung mit der sogenannten agilen Führung (vgl. Rybnikova & Lang, 2020). Nicht selten sind diese Ansätze mit einer zunehmend stärker geäußerten Kritik am klassischen, heroisierenden Führungsverständnis der Ein-Personenführung verschränkt. Das zentralistische Führungsverständnis, welches in der bisherigen Führungsforschung dominierte, wird oftmals für mehr oder weniger praxisfern befunden, da es nicht in der Lage ist, die eigentlichen Führungsprozesse zu erklären (Raelin, 2016; Alvesson et al., 2017; Carroll et al., 2019; Riggio, 2019; Jaser, 2021). Diese explizit kritischen Zugänge zu Führung finden Eingang in einigen Kapiteln unseres Lehrbuchs, allen voran in den Kapiteln zur partizipativen und geteilten Führung, zur verteilten und substituierbaren Führung sowie Führung als Mythos.

Im Kontext des gesellschaftlichen Wertewandels in westlichen Gesellschaften ist auch die zunehmende Thematisierung der Unterrepräsentation von **Frauen in Führungspositionen** zu sehen. Durch die Frauenbewegung begünstigt, wurde die männliche Vorherrschaft in den Führungsetagen wirtschaftlicher Unternehmen zunehmend kritisch beleuchtet, die Probleme und Karrierehemmnisse weiblicher Führungskräfte adressiert und das Konzept einer weiblichen Führung diskutiert (z. B. Friedel-Howe, 1999; Krell et al., 2011). Entsprechende Kapitel zu den Besonderheiten der Führung durch Frauen sind inzwischen fester Bestandteil von vielen Führungslehrbüchern geworden.

Eine andere wichtige Veränderung betrifft **die zunehmende Internationalisierung und Globalisierung von Gesellschaften und Organisationen** und den damit verbundenen Einfluss und Transfer von Management- und Führungstechniken und -konzepten weltweit. Neben einer schnelleren Verbreitung von Führungsansätzen wurden vor allem kulturelle Kontexte ihrer Entstehung sowie auch institutionelle und kulturelle Grenzen ihrer Wirkung sichtbar (z. B. Hofstede, 1993; Javidan et al., 2006), ergänzt durch die sehr unterschiedliche internationale Verbreitung postfordistischer oder neotayloristischer Strukturen. Umgekehrt wurden durch die Globalisierung auch universelle Muster von Führung, Führungshandeln, Führungserwartungen und Führungserfolg deutlich (z. B. House et al., 2004; House et al., 2014).

Ein die Führungstheorien bedeutsamer Trend ist auch die in der zweiten Hälfte der 80er- und in den 90er-Jahren festzustellende **Entstehung und Entwicklung eines weltweiten Marktes für Unternehmens- und Personalberatung** und die damit einhergehende Entstehung und Entwicklung entsprechender Management- und Führungsmoden (z. B. Abrahamson, 1996; Kieser, 1996; Ernst & Kieser, 2002), die eine zusätzliche Erklärung für die von Neuberger konstatierte „vielstimmig dissonante Diskussion" zur Führung (2002, S. 6) liefern kann. Die Produktentwicklung zwingt auch hier zur Produktion von zumindest rhetorisch Neuem; eine Erklärung für eine Vielzahl verschieden klingender

Praxiskonzepte, die bei näherer Sicht doch eine große Ähnlichkeit aufweisen (Kieser, 1996; Ernst & Kieser, 2002).

Neben den genannten gesellschaftlichen Tendenzen lassen sich auch **wissenschaftsimmanente Entwicklungen** ausmachen. Einerseits entstand eine zunehmende Unzufriedenheit mit den widersprüchlichen Befunden, die praktisch zu oft kaum verwertbarem Wissen über Führung beitrugen. Zugleich wurden **Zweifel** laut, inwieweit die bisherige Forschung und die entsprechenden Theorien tatsächlich den Kern des Phänomens Führung erfasst haben (vgl. u. a. Yukl, 1989, S. 253; Alvesson, 1996). Zum anderen unterstützte ein wachsender Bildungs- und Wissenschaftsmarkt, bei dem die Karrieren der Wissenschaftler zunehmend von der **Publikation** „neuer" Führungsmodelle und -erkenntnisse abhängen („publish or perish"), ebenfalls die Weiterentwicklung und Vielfalt von Führungsansätzen und -konzepten.

---

**Zusammenfassung**

Wesentliche Ursachen des Entstehens neuer Führungstheorien und -konzepte sind:

* Übergang vom fordistischen zum postfordistischen Produktionsregime mit entsprechenden Auswirkungen auf die Führung,
* Entwicklung der Informations- und Kommunikationstechnologien, insbesondere des Internets,
* Wertewandel bei den Mitarbeitern, verbunden mit veränderten Ansprüchen an die Arbeitstätigkeit und institutionellen Konsequenzen, insbesondere zunehmende Partizipationsbestrebungen und ihre Institutionalisierung sowie Folgen für die Gleichbehandlung von Frauen und Minderheiten im Arbeitsprozess,
* Internationalisierungs- und Globalisierungsprozesse in Wirtschaft und Gesellschaft,
* Entwicklung und Entstehung des Beratermarktes,
* Entwicklungstendenzen in der Wissenschaft selbst, vor allem Aussagegrenzen bisheriger Forschung und veränderte Forschungs- und Publikationspraktiken.

---

## 1.2    Klassische vs. neue Führungstheorien und -konzepte

Wie bereits angedeutet, sind klassische Führungstheorien und -konzepte eng mit dem Verhalten und Eigenschaften des Vorgesetzten verknüpft. Im Unterschied dazu ermöglichen neuere Ansätze eine breitere Perspektive auf Führung, indem sie den Interaktionsprozess zwischen Führungskräften und Mitarbeitern, die Bedeutung der Mitarbeiter oder den organisationalen Kontext stärker in den Blick nehmen. Van Seters und Field (1990) verweisen in ihrer Darstellung der Evolution von Führungstheorien auf den Umbruch von situativen und Kontingenzansätzen des Verhaltens der Führungskraft hin zu einer „transactional era" mit der Besonderheit der Betonung sozialer Interaktionen zwischen Führenden und Nachgeordneten.

Damit verbunden ist ein Übergang von einer Verhaltens- zu einer Prozessperspektive und die zumindest partielle Abkehr von stark reduktionistischen Modellen, die Führung in einem psychologischen Mikrokosmos verortet haben und weitere Einflüsse des organisatorischen Umfeldes, wie etwa der Organisationskultur oder des weiteren gesellschaftlichen Umfeldes, weitgehend vernachlässigen. Bereits Avolio et al. (2009, S. 422–423) haben betont: „Heute liegt der Fokus im Feld der Führung nicht nur auf dem Führer, sondern auch auf den Nachgeordneten, Peers, und Kollegen, Arbeitsbedingungen, Arbeitskontexten und Kultur, … [die Führungsansätze] betrachten ein viel breiteres Feld und eine größere Vielfalt von Personen und Bereichen, öffentliche, private, und Non-Profit-Organisationen […] aus Nationen überall in der Welt. Führung wird nicht mehr einfach als individuelles Merkmal oder Unterschied beschrieben, sondern findet sich in verschiedenen Modellen, dyadischen, geteilten, relationalen, strategischen, globalen und komplexen, sozial-dynamischen." In ihrer Einleitung zur „verbindenden Führung" ergänzt Jaser (2021, S. 377), dass Führung als relationaler, dialektischer Prozess anzusehen ist, bei dem Führungskräfte mit zahlreichen Dilemmas und Konflikten konfrontiert werden, wenn sie multiple Beziehungen eingehen, diese pflegen und untereinander verbinden. Die Rollen der Führungskräfte und ihrer Untergebenen sind als koexistierend und fluide zwischen den Individuen sowie ko-konstruiert durch den gegenseitigen Austausch aufzufassen (Jaser, 2021, S. 378).

Insgesamt sind folgende Merkmale mehr oder weniger charakteristisch für neuere Ansätze:

- Konzeptualisierung der **Führung als Interaktion(-sprozess)** mit einer wechselseitigen Einflussnahme, die sich in unterschiedlichen Phasen des Entstehens und der Entwicklung von Führungsbeziehungen verändert (z. B. Wood, 2005);
- Führer und Geführter werden als **bewusst oder unbewusst handelnde, strategische Akteure** gesehen, die auf Basis eigener Interessen und Machtressourcen bestimmte Ziele verfolgen (z. B. Knights & Willmott, 1992);
- Akteure handeln nicht auf der Basis irgendeiner „objektiven Realität", sondern auf der Grundlage ihrer jeweiligen **subjektiven Wirklichkeitskonstruktionen**, in die vergangene Erfahrungen ebenso einfließen, wie aktuelle Wahrnehmungen und Erwartungen, Interessen und die durch Sprache und soziales Handeln konstruierte „Führungsrealität" (z. B. Fairhurst & Grant, 2010; Raelin, 2020);
- **Führungsumwelt bzw. -situation** werden **als komplex, dynamisch und insbesondere mehrdeutig** angesehen (vgl. Weick, 1985).

Ein weiteres Merkmal, das jedoch nicht durchgängig für alle neueren Ansätze gilt, ist ein stärkeres Augenmerk auf das **Beschreiben und Erklären der Führung** im Gegensatz zu normativen Modellen und schnellen Handlungsempfehlungen. Wenn dennoch Handlungsempfehlungen gegeben werden, dann erfolgt dies vorsichtiger, weniger generalisierend und seltener aus einer Machbarkeitsphilosophie heraus, sondern unter Akzeptanz und Annahme von **Grenzen des Führungshandelns**. Neben der „Entdeckung" der Selbstorganisation für den Organisationskontext (Probst, 1987) spielt hier auch das Auftauchen und die Entwicklung des Konzeptes der Organisationskultur eine Rolle, in dem Führung auf der Mikroebene in veränderter Art und Weise mit der **Makroebene der Organisation** verknüpft wird (z. B. Schein, 1985). In diesem Zusammenhang gewinnt die Frage der Führung als Residualfaktor wie auch das Thema der Führungssubstitute, seien sie individueller, organisatorischer oder gesellschaftlicher Art, erneut an Relevanz.

Die **gesellschaftliche Ebene** wird einerseits durch verstärkte Bezüge zu Nationalkulturkonzepten und einer kulturellen Ausprägung impliziter Führungstheorien, zum Beispiel in den Studien im Kontext von GLOBE (z. B. House et al., 2004; House et al., 2014), gekennzeichnet. Andererseits beziehen sich jedoch vor allem neuere Ansätze auch zunehmend auf organisationssoziologische Konzepte der Diskurstheorie und ihrer Anwendung auf Führungsdiskurse in den Medien und Organisationen oder auf institutionalistische Konzepte zur Erklärung des Transfers von Führungspraktiken auch über Ländergrenzen hinweg. **Führungskritische Ansätze** verweisen dabei auf die sich mit der Flut neuer Konzepte entfaltende Ideologie eines „Leaderism" (O'Reilly & Reed, 2010; Taylor & Ford, 2017).

Die klassischen Führungstheorien und die neueren Ansätze können nicht nur in historischer Perspektive kontrastiert werden, sondern auch in **sozialwissenschaftlich-paradigmatischer** Hinsicht. Das Schema von Burrell und Morgan (1979) bietet für diesen Zweck ein aufschlussreiches Instrument. Die Autoren unterscheiden vier paradigmatische Zugänge, die den methodologischen Grundannahmen der jeweiligen Theorien abzulesen sind, darunter die Annahme über die Herkunft des Wissens (objektiv und auf Tatsachen beruhend oder subjektiv und den persönlichen Wahrnehmungen abgeleitet) und der adressierte Gegenstand der Theorie (bestehende gesellschaftliche und organisatorische Ordnung oder Konflikt, Widersprüche und organisatorischer wie gesellschaftlicher Wandel). Abb. 1.1 stellt die vier Paradigmen dar.

Auch wenn Burrell und Morgan sich in ihrer Klassifikation ausschließlich auf die organisationstheoretischen Zugänge beschränken, bietet sich das Schema für die Landschaft der Führungstheorien gleichermaßen gut an (vgl. auch Alvesson & Spicer, 2012).

Die methodologischen Prämissen der „klassischen" Führungstheorien sind in den allermeisten Fällen dem **funktionalistischen Paradigma** verpflichtet. Die Führungsphänomene werden hier aus positivistischer Sicht beleuchtet, in der den objektiven Daten der Status der Wahrheit zufällt. Der Anspruch der Forschung besteht darin, die universellen „Gesetzmäßigkeiten" der Führung herauszufiltern. Das funktionalistische Paradigma schlägt sich unter anderem auch in zahlreichen quantitativen Forschungsstudien nieder (vgl. Alvesson & Spicer, 2012, S. 370 f.).

Die diskutierten gesellschaftlichen Veränderungen haben aber auch bewirkt, dass die Führungsforschung begann, sich vom klassischen Positivismus und der damit verbundenen objektivistisch-funktionalistischen Betrachtung der Führung abzuwenden. Andere Sichtweisen fanden zunehmend Berücksichtigung. Sie führten auch zu neuen Perspektiven auf Führungsphänomene. Insbesondere erhält das **interpretative Paradigma** Aufwind. Beispielhaft ist auf eine Reihe von Führungsansätzen hinzuweisen, die aus dem sozialkonstruktivistischen Gedankengut entstanden sind (Fairhurst & Grant, 2010, im Überblick Alvesson & Spicer, 2012, S. 372 f.), wie z. B. die Theorie der symbolischen

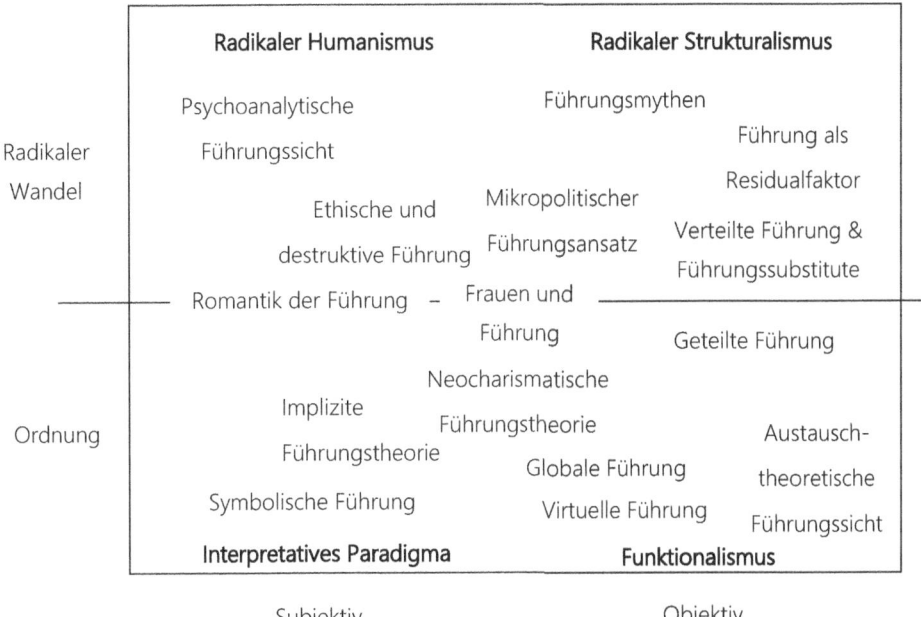

**Abb. 1.1** Paradigmatische Landkarte neuer Führungstheorien. [Bildnachweis: Eigene Darstellung in Anlehnung an Burrell und Morgan (1979)]

Führung (Neuberger, 2002, S. 642 ff.). Dazu gehören auch alle Ansätze, die alltägliche Führungspraktiken in den Mittelpunkt des Interesses rücken (vgl. u. a. Raelin, 2016, 2020). Durch sozialkonstruktivistische Ideen ist auch der Ansatz der impliziten Führung geprägt, welcher, mehr oder weniger stark, die Bedeutung einer subjektiven Konstruktion von Führung unter dem Einfluss eines prototypischen Bildes von guter oder schlechter Führung betont.

Die Ideen des **radikalen Humanismus** schlagen sich beispielsweise in solchen Führungsansätzen nieder, wie Mythen der Führung oder ethische Führung, die der Führung einen ontologisch gegebenen Status absprechen und sie grundsätzlich als eine soziale Konstruktion ansehen, verbreitet und unterstützt durch die herrschenden Klassen. Die Betrachtung von Führung wird hier stärker subjektiviert und in den Kontext einer sozialwissenschaftlichen, nicht nur psychologischen Forschungstradition eingebettet. Beispielsweise schlägt Ladkin (2020) eine philosophisch-phänomenologische Neuverortung des Phänomens Führung vor, bei der vor allem der Einfluss eigentlich abwesender, aber den Führungsprozess in seinem Verlauf sehr stark beeinflussender Faktoren, wie Erwartungen, Geschichte und Kultur, ins Zentrum der Analyse rücken sollen.

**Radikal-strukturalistische** Theorien adressieren dagegen strukturelle Änderungen im Führungskontext. Dazu zählen wir die Argumente der (Personal-)Führung als ersetzbarem Residualfaktor oder die mikropolitische Rahmung des Führungsgeschehens mit objektiv gegebenen Konflikten und Interessenwidersprüchen zwischen Eigentümern und Managern

(Führungskräften) einerseits und angestellten Mitarbeitern andererseits. So betont zum Beispiel Collinson (2020) die Notwendigkeit einer kritischen, dialektischen Perspektive, um bisher weniger erforschte Felder wie Macht, Paradoxien und Widersprüche im Führungsprozess und in den Beziehungen zwischen Führungskräften und Geführten näher zu beleuchten.

Der radikale Humanismus und der radikale Strukturalismus schließen auch eine stärkere Aufmerksamkeit für die negativen Seiten von Führung (en. *dark sides of leadership*) ein, wie destruktives, elitäres, unethisches Verhalten von Führungskräften oder despotische Herrschaft. Alvesson und Spicer (2012, S. 373 ff.) diskutieren die beiden letzten Perspektiven daher unter dem zusammenfassenden Dach von **„critical studies of leadership",** auch mit Blick auf den ideologischen Charakter neuer Führungskonzepte (Alvesson, 2017).

Allerdings wäre es vermessen zu behaupten, dass die neueren Führungstheorien eine vollständige Abkehr vom funktionalistischen Paradigma vollzogen haben. Das funktionalistische Paradigma lebt auch in neueren Führungsansätzen fort, vertreten, beispielsweise, durch die austauschorientierte Führungssicht. Zahlreiche Führungskonzepte umfassen paradigmatisch verschieden verortete Argumente. Besonders deutlich wird das bei Konzepten zum Thema Frauen und Führung, wo je nach theoretischer Position der AutorInnen funktionalistische, aber auch interpretative oder radikal-humanistische und radikal-strukturalistische Überlegungen entwickelt werden. Statt einer Entweder-Oder-Gruppierung sehen wir die neueren Führungsansätze als eine Ansammlung von aktuellen Theorien paradigmatisch vielfältiger Prägung, die sich in ihren Grundzügen durch eine mehr oder weniger ausgeprägte Abkehr oder zumindest Hinterfragung der funktionalistisch-positivistischen Tradition auszeichnen.

Ein zusammenfassender Kriterien-Vergleich traditioneller bzw. klassischer und neuerer Führungsansätze findet sich in der Tab. 1.2. Dabei ist, wie schon angedeutet, zu beachten, dass es sich kaum um eine trennscharfe Unterscheidung handelt.

Am nachfolgenden kurzen Fallbeispiel sollen die Unterschiede zwischen klassischen und neueren Führungsansätzen exemplarisch verdeutlicht werden.

### Fall Mittermayer

Herr Mittermayer ist Gründer, Eigentümer und Geschäftsführer der ELO AG, eines in Sachsen ansässigen Unternehmens, das mit Gütern der Elektrotechnik und Elektronik handelt. In den nachfolgenden Interviewauszügen äußert sich Herrn Mittermayer über seine *Unternehmens- und Führungsphilosophie.*

„[…] In den ersten paar Jahren habe ich die Personalarbeit allein gemacht. Da habe ich ganz bewusst entwicklungsfähige Menschen gesucht, die mit dem Unternehmen wachsen können und die sich verändern können. Das war ganz wichtig und das ist heute immer noch wichtig bei uns. Dadurch haben wir auch Mitarbeiter, die sich vom einfachen Service-Dienstleister weiterentwickelt haben und schrittweise eine größere Verantwortung bekommen haben. Professionalität ist für uns also sehr wichtig, und die musste durch eigene Erfahrungen der Mitarbeiter entwickelt [werden]."

**Tab. 1.2** Vergleich klassischer und neuerer Führungstheorien und -konzepte

|  | Klassische Ansätze | Neuere Ansätze |
|---|---|---|
| **Einflussausübung** | Einseitig | Wechselseitig |
| **Führungshandeln** | Führungsstil | Strategien, Taktiken |
| **Machtbeziehung** | Herrschaft der Führer | Anteil der Geführten, Machtbalancen |
| **Instrument der Zielerreichung** | Erfolg abhängig von Führungsstil, „on best way" | Viele Faktoren, vernetzt, zirkulär, viele Alternativen |
| **Merkmal der Persönlichkeit** | Eigenschaften der Führungskraft | Zuschreibung durch Geführte |
| **Gruppenphänomen** | Formelle Führung, Statik | Informelle, emergente Prozesse, Dynamik |
| **Wirklichkeitsauffassung** | Eindeutig, transparent, machbar | Mehrdeutig, komplex, unberechenbar |
| **Rationalitätstyp** | Fakten, Wirkungen | Subjektive Bedeutungen und Tiefenstrukturen |
| **Paradigmen** | Naturwissenschaftlich-positivistisch | Sozial-konstruktivistisch, strukturalistisch |
| **Gesellschaftsbezug** | Psychologischer Mikrokosmos | Einflüsse von Kultur, Diskursen, Leitbildern, gesellschaftlichen Strukturen von Macht und Herrschaft |
| **Führungsansätze** | Eigenschaftsansatz, Verhaltensansatz, Situativer Ansatz | Symbolische Führung, Implizite Führungstheorien, Führungsmythen, Mikropolitik etc. |

Quelle: Eigene Zusammenstellung unter Nutzung von Van Seters und Field (1990), Bryman (1999), Parry und Bryman (2006), Avolio et al. (2009), Yukl (2013), Winkler (2010), Fairhurst und Grant (2010), Alvesson und Spicer (2012), Weibler (2016), Northouse (2019), Ladkin (2020)

„[…] Ein wesentlicher Aspekt ist die Eigenrekrutierung und Eigenentwicklung von Managern. Die Manager, die hier aufgewachsen sind, im Haus, intern, die kriegen das also schon mit der Muttermilch mit. Schwierig wird es, wenn wir keinen geeigneten Manager selber haben und trotz Schulung doch einen Spezialisten von außen holen. Und da kommt natürlich eine andere Kultur rein. Damit muss man rechnen. Und da muss man besondere Maßnahmen haben, weil man einen Fremdkörper rein getan hat. Externe müssen sich so schnell wie möglich in die Unternehmenskultur integrieren. Das ist ganz wichtig. Das ist keine gewöhnliche Unternehmenskultur, sondern das ist eine Kultur, die besonders für uns ist."

„[…] Ich war ja Berater, viele Jahre, 17 Jahre, war ich Berater und bin rein und raus gegangen in den größten Unternehmen des Landes, die sich's leisten konnten, einen Berater zu nehmen. Und da hab ich natürlich gelernt. Was ich gut fand, das hab ich mitgenommen und das hab ich hier dann durchgeführt. Dazu gehört, dass es wichtig ist, dass die Familien einander kennen. Das ist alles natürlich schwierig, weil wir jetzt über 130 Leute rekrutiert haben, und da ist es unmöglich, dass man die alle kennt. Früher haben wir das ziemlich gut im Griff gehabt, aber jetzt ist es bisschen schwieriger. Wir haben einen Bierkeller gehabt, wir haben unsere jährliche Feier, wir haben Familienfeste im Sommer und so weiter: das reicht nicht aus. Jetzt müssen wir uns was Neues vornehmen. Wir müssen was Neues erfinden. Das reicht jetzt nicht, dass man die Mitarbeiter nach der Arbeit nach Hause schickt."

„[…] Der Mitarbeiter ist sehr wesentlich für uns. Das ist ein Ziel, dass wir die Mitarbeiteroptimierung durchführen. Und das ist nicht nur Qualität mit Geld und Lohn, sondern auch die Lebensqualität, die sehr hoch sein muss. Das sind Ziele, soziale Ziele, dass es keinem der Mitarbeiter, der bei uns ist, schlecht gehen soll. Das darf nicht vorkommen. Zum Beispiel: Mitarbeiterin wird schwanger; ihr Mann ist zu Hause, hat keine Arbeit. Sie hat kein Sozialgeld und die hat einen ziemlich begrenzten Lohn. Und wir wissen, wenn da ein Kind kommt, da wird das richtig schwierig. Und da geht das Unternehmen rein mit den Möglichkeiten, die wir haben, nicht mit Geld, aber mit unserem Know-How, mit unserem Team und so weiter, haben wir ihm eine Arbeit beschafft […]. Und dann sind wir sehr offen miteinander, alle sind auf ‚Du' und die Mitarbeiter vom Personal gehen auch heim zu den Leuten. Wir versuchen so eine Familie zu sein. Wir haben jetzt auch eine Mitarbeiterbeteiligung."

„[…] Ich bin sehr menschenorientiert. Ich glaube an die Fähigkeit des Menschen sich zu entwickeln. Ich weiß, dass Menschen sehr stark und fähig sind, Sachen zu machen, die sie von Anfang an nicht beherrschen. Wenn ein Milieu richtig ist, entfalten sich Menschen. Aber ich glaube daran, dass ein richtig tüchtiger Chef, der soll so arbeiten, dass sein untergeordneter Chef nicht merkt, dass er da ist. Und der Mitarbeiter soll selber glauben und fühlen, dass er das Ei gelegt hat. Die Regel, der ich folge: ich arbeite als Berater. Ich bin also Berater der Führungskräfte und Mitarbeiter. Und nicht derjenige, der sagt, wie man Sachen machen soll. Ich berate lieber, in welche Richtung es gehen soll, und versuche, andere dahin zu steuern, wohin ich ihn haben will. Das kann ich. Das habe ich als Berater gelernt. Zu steuern. Und so habe ich das hier auch aufgebaut. Ich brauche nicht zu zeigen, dass ich Chef bin."

„[…] Das Unternehmen hat ein sehr hartes ökonomisches Kontrollsystem. Das bedeutet, dass wir jeden Tag eigentlich ablesen können, was wir verdient haben, was wir hätten verdienen sollen. […] Wir machen einmal Jahrespläne, Halbjahrpläne, und Monatspläne. Aber der heutige Tag wird optimiert, jeden Tag. Die Organisation ist auch dementsprechend angepasst, dass die Verantwortung dafür bei den Mitarbeitern liegt."

„[…] 1992 habe ich ein Büro aufgemacht, dann habe ich in Rumänien und in Bulgarien eine Niederlassung aufgemacht. Und ich brauchte Geld. Und die großen Banken hier: Deutsche Bank, Commerzbank und so weiter wollten mir kein Geld leihen. Und dann hab ich die Raiffeisenbank gefunden, die haben mir Geld geliehen, da war ich denen treu, bin immer noch treu. Und zu den anderen habe ich nein gesagt, obwohl die dann über die Jahre hier an der Tür geklopft haben und rein wollten. Da bin ich sehr konsequent gewesen. Das ist wichtig, glaube ich, dass man sich selber in die Augen schauen kann und dass man stolz ist und so weiter. Dass man eine Linie hat, und dass man diese Linie und die Werte und Bewertung versucht, in der Firma zu verbreiten." ◄

Die klassischen Führungstheorien würden das Schwergewicht bei diesem Fall vor allem auf folgende Fragen legen:

Welche Führungseigenschaften weist Herr Mittermayer auf, die ihn für die Aufgabe als Geschäftsführer prädestinieren und erfolgreich machen? (***Eigenschaftstheorie***)

Wie nahe kommt Herr Mittermayer mit seinem Führungsverhalten dem optimalen Führungsstil kooperativer Führung, Teammanagement, oder charismatisch-transformationaler Führung? (***Verhaltensansatz und seine neueren Erweiterungen***) Inwiefern ist Herr Mittermayer mit seinem Führungsstil ein geeigneter Führer für die beschriebene Situation der Transformation bzw. für die vorhandenen Qualifikationen und Motivationen der Mitarbeiter? (***Situative Theorie***)

Die Analyse würde sich dementsprechend auf die angegebenen Faktoren beschränken. Sie würde unterstellen, dass die mittels Führungsverhaltensbeschreibung intersubjektiv ermittelten Daten Führungsfakten darstellen. Sie würde ggf. die Eigenschaften der Führungskraft in weiteren psychologischen Tests oder Assessmentcentern validieren und aus diesen Messergebnissen entsprechende Schlussfolgerungen für die Eignung der Führungskraft ziehen.

Neuere Führungstheorien würden dagegen fragen, wie und unter welchen Rahmenbedingungen sich die subjektiven Führungsauffassungen von Herrn Mittermayer herausgebildet haben, inwiefern sie sich zu einem Muster, einer *impliziten Führungstheorie* verdichten lassen. Aus der *psychoanalytischen Führungssicht* wäre zudem zu hinterfragen, welche frühen Erfahrungen die Führungskraft zu dieser Auffassung der Führungsrolle geleitet haben, z. B. die Erfahrungen aus dem Kindesalter im Umgang mit den Eltern. Man würde weiter fragen, inwieweit dieses Muster „Chef als Coach der Führungskräfte und Mitarbeiter" auch durch aktuelle gesellschaftliche Wertvorstellungen beeinflusst ist, den *Mythen* der angemessenen Führung entspricht und diese im Sinne erwarteter guter Praxis aufnimmt, etwa von *kooperativer Führung* oder der *geteilten Führung*. Zugleich würden solche Ansätze aber auch das dargestellte Selbstkonzept von Führung kritisch hinterfragen, vor allem mit Blick auf die darin angedeutete, eher **unethische** Manipulation der Mitarbeiter (*mikropolitischer Ansatz, destruktive Führung*). Weiterhin könnten neuere Ansätze sich für die symbolischen und sinnvermittelnden Aspekte des Verhaltens von Herrn Mittermayer und ihre möglichen Wirkungen interessieren (*symbolischer Ansatz*). Die *Theorie der Führungssubstitute* würde kritisch hinterfragen, inwiefern das Einmischen durch die Führungskraft überhaupt noch sinnvoll ist oder Herr Mittermayer sich viel stärker mit der Gestaltung der Substitute für sein Verhalten befassen kann.

Das **methodische Vorgehen der Analyse** könnte sich je nach Ansatz auf Interviews mit Führungskräften und Mitarbeitern oder die Auswertung weiterer Materialien konzentrieren. Die Interviewergebnisse oder Fragebogenitems würden als Ergebnis individueller, subjektiver Wahrnehmung gesehen und bezüglich ähnlicher, vor allem aber auch abweichender Konstruktionen des Führungsalltags ausgewertet. Eine einseitige Erfolgszuschreibung würde vermieden werden. Stattdessen wäre der Blick auf die situativen Gründe für die Stabilität der Führungsbeziehungen und ggf. sich abzeichnende Widersprüche und Brüche in dieser Beziehung sowie auf die Einbettung der Führungsbeziehung in den organisatorischen und gesellschaftlichen Kontext gerichtet.

## 1.3 Führungstheorien vs. Führungskonzepte vs. Führungsphänomene

Unbeschadet einer zum Teil vorhandenen stärkeren Reflexivität und partieller Abkehr von Gestaltungsansätzen bei den neueren Führungstheorien zeigt sich doch zugleich, dass eine Vielzahl neuerer Theorien und Konzepte gerade diesem Muster nicht entsprechen. Wie bereits angedeutet, spielt hier vor allem die Herausbildung der Beraterbranche mit der

Notwendigkeit der Entwicklung entsprechender Konzepte für die Klienten, aber sicher in ähnlichem Maße auch die Notwendigkeit einer wissenschaftlichen Profilierung von Führungsforschern vor dem Hintergrund eines „publish or perish" eine erhebliche Rolle. So entstand und entsteht eine Vielzahl von Konzepten, die in ihrer Grundanlage zum Teil eher klassischen Führungsvorstellungen entsprechen. Hier erscheint uns eine gewisse Trennung von Führungstheorien oder führungstheoretischen Ansätzen einerseits und praktischen Führungskonzepten andererseits erforderlich.

**Führungstheoretische Ansätze** sind nach unserem Verständnis Aussagensysteme über Führungsphänomene und das Führungsgeschehen, um diese zu beschreiben und zu erklären. **Führungskonzepte** hingegen adressieren spezifische Themen im Führungskontext, sei es Führung und Frauen oder virtuelle Führung, und sind vor allem auf die praktische Anwendung und Ausgestaltung von Führung im jeweiligen Kontext gerichtet. Führungskonzepte sind somit in der Regel angewandte Führungsansätze, die meist mit einem normativen Anspruch einhergehen. Während etwa im Bereich klassischer Ansätze der Eigenschaftsansatz oder der Verhaltensansatz als Führungstheorien zu bezeichnen sind, handelt es sich bei „Management by delegation" oder im Falle neuerer Ansätze bei „Empowerment" nach unserem Verständnis um praktische Führungskonzepte. Die Grenzen sind dabei nicht immer trennscharf und in manchen Fällen gruppieren sich um neuere theoretische Ansätze durchaus auch verschiedene Anwendungskonzepte, zum Beispiel im Verhältnis von mikropolitischen Führungsansätzen und Führung von unten. In anderen Fällen finden sich auch Führungsansätze, deren theoretische Fundierung gegenwärtig noch unzureichend ist; auch hier würde man sicher eher von Konzepten sprechen. Das trennschärfste Kriterium ist zweifellos die Normativität, d. h. inwiefern das Konzept explizit Gestaltungsempfehlungen ausspricht.

In den nachfolgenden Abschnitten haben wir versucht, neben ausgewählten neueren führungstheoretischen Ansätzen zugleich auch einige Führungskonzepte, die in diesem Umfeld anzusiedeln sind, zu betrachten. Auf Vollständigkeit haben wir bewusst verzichtet und verweisen gern auf weitere aktuelle Lehrbücher, etwa von Blessin und Wick (2016), Weibler (2016), Northouse (2019) und Yukl (2013). Neben den Führungstheorien und Führungskonzepten gehen wir in unserem Buch auch auf ausgewählte neuere **Führungsphänomene** ein. Darunter wollen wir spezielle Erscheinungsformen und Konfigurationen von Führung verstehen, die in letzter Zeit starke Bedeutung erlang haben und jeweils mit zum Teil recht unterschiedlichen theoretischen und konzeptionellen Ansätzen erklärt und beforscht werden. Konkret sind dies die Themen Frauen und Führung, virtuelle Führung und globale Führung.

Wir hoffen, dass es uns mit unserer Auswahl gelingt, die wichtigsten Trends und Aspekte aktueller Führungstheorien, -konzepte und -phänomene hinreichend zu würdigen.

## 1.4    Führungsverständnis

Unserem Anspruch der Theorienvielfalt würden wir nicht gerecht, wenn wir dem Lehrbuch eine eigene Definition zugrunde legen würden. Das Lehrbuch soll eine Übersicht von verschiedenen aktuellen Führungstheorien bieten und von dieser theoretischen Diversität leben. Wir möchten uns von keiner dieser Theorien vereinnahmen lassen, um das definito-rische Grundgerüst auszuleihen und den Blick auf die theoretische Landschaft einzu-schränken. Dennoch ist die Frage wichtig: Was verstehen wir unter „Führung"?

Zunächst lehnen wir an die Führungsdefinition von Yukl (2013) an, die zwar den Kern der Führung adressiert, aber allgemein genug und daher auf verschiedene Kontexte an-wendbar ist. Aus seiner Sicht ist Führung als Prozess einer gegenseitigen sozialen Beein-flussung von Akteuren in Bezug auf die Ziele und Mittel zur Erreichung dieser Ziele zu verstehen (Yukl, 2013, S. 7). Zugleich ist diese Definition für unseren Geschmack zu vage, wenn es um organisationale Kontexte geht, auf die wir in diesem Lehrbuch hauptsächlich abstellen. Für die organisationale Führung (en. *organisational leadership*) hat sich seit Jah-ren die Trennung zwischen dem „Management" (en. *management*) und „Führung" (en. *leadership*) bzw. zwischen den „Managern" und „Führern" eingebürgert, die auf Zaleznik (1977) zurückgeht. Während der Führung edle Aufgaben zugeschrieben werden, wie Inspi-ration und Beeinflussung, wird hier das Management mit weitaus ordinärerem Administrie-ren gleichsetzt. Eine lange Tradition haben in der Führungsforschung daher solche Fragen, die Managementkompetenzen als gegeben ansehen und Führungskompetenzen als erstre-benswert oder entwickelbar implizieren, etwa „wann und wie werden aus Managern Füh-rer?". Diese Trennung wird zwar weiterhin gern an den Hochschulen wie Führungssemina-ren kolportiert. Es werden aber zunehmend kritische Stimmen laut, die darauf hinweisen, dass eine solche Trennung der Führungspraxis widerspricht, umfassen Führungspositionen immer beides: Administrieren wie Inspirieren (z. B. Jaser, 2021). Die Trennung ist proble-matisch, weil sie Führung (en. *leadership*) stark aufwertet und überhöht, das restliche Ma-nagementhandeln aber abwertet. Schon Barbara Kellermann hat in ihrem Buch zu schlech-ter Führung (en. *bad leadeship*) darauf hingewiesen, dass eine solche schlechte Führung nach der vorherrschenden Auffassung gar nicht existieren dürfte: schlechte Führer herr-schen, sind böswillig, ineffizient, aber keine Führer (Kellerman, 2004). Sie plädiert daher für einen neutralen Gebrauch der Begriffe Führung und Management.

Zusammen mit der Kritik an der Trennung werden auch Apelle ausgesprochen, Füh-rungstheorien viel stärker auf Managementprobleme zu beziehen als dies bisher der Fall war (Jaser, 2021). In zahlreichen sozialwissenschaftlichen Studiengängen bilden Füh-rungstheorien in der Tat einen Sonderbereich, der zwar oft in den managementbezogenen Modulen enthalten ist, eine inhaltliche Verknüpfung zwischen Management und Füh-rungstheorien bleibt aber in aller Regel aus. Dies trifft auch auf die allermeisten Lehrbü-cher zum Personalmanagement oder Personalwirtschaft zu, in denen Führungstheorien, wenn überhaupt, in einem Kapitel zu Personalführung abgearbeitet werden, ohne aber ei-nen Bezug zu anderen – administrativ bewendeten – Aufgaben, wie Personalauswahl, -ein-satz oder -entlohnung (z. B. Holtbrügge, 2018; Scholz, 2013). Andersherum auch: Lehr-bücher zu Führungstheorien haben meist keine dezidierten Bezüge zu Managementthemen (z. B. Schedlitzky & Edwards, 2018).

In unserem Lehrbuch sind wir diesem Appell nach einer dezidierten Heranführung von Führungstheorien an die Managementprobleme (noch) nicht gefolgt. Allerdings vertreten wir ein Führungsverständnis, welches Managen und Führen verschränkt: Wir fassen Führung nicht als eine privilegierte oder privilegierende Tätigkeit auf, sondern als eine alltägliche, gewissermaßen ordinäre Bemühung, organisationale Ziele durch kollektive Anstrengung zu erreichen, was sowohl administrierende als auch inspirierende Elemente umfasst. Dass diese Aktivitäten in vielen Organisationen durch Beschäftigte mit Personalverantwortung unternommen werden, bedeutet nicht, dass Führung notwendigerweise an eine Führungsposition gebunden ist (en. *position-based leadership* nach Grint et al., 2017). Wie die mikropolitische Führungsperspektive (Kap. 8 im Buch), partizipative und geteilte (Kap. 6 im Buch), aber auch verteilte Führung (Kap. 7 im Buch) sowie symbolische Führung (Kap. 9 im Buch) verdeutlichen, kann Führung zwischen den hierarchischen Positionen migrieren oder sich auch jenseits dieser entfalten.

So gesehen füllen wir tatsächlich den alten Wein der Führungstheorien möglicherweise nur in neue Schläuche um. Aber ist das nicht die genuine Aufgabe eines Lehrbuchs: Vorliegendes zusammenzufassen, gewissermaßen zu bilanzieren und aus einer neuen Perspektive zu präsentieren, damit Wichtiges nicht allzu schnell in Vergessenheit gerät?

### Zum Nachlesen

Zusammenfassende Überblicksdarstellungen zu zentralen Begriffen, Begriffsentwicklungen sowie klassischen und neueren Theorien finden Sie bei:

- Oswald Neuberger (2002) befasst sich in seinem Werk u. a. im einleitenden Abschnitt mit dem Begriffsverständnis von Führung und dessen Wandel (S. 2–30), den Entwicklungsstadien von Führung als Managementideologie (S. 69–78), einer zusammenfassenden Kritik klassischer Führungsansätze (S. 223–225 und S. 390–394). Die aktualisierte Auflage wurde von Bernd Blessin und Alexander Wick (2016) vorgelegt.
- Bei Gary Yukl (2013) findet sich u. a. ein einleitender Artikel zu zentralen Begriffen (S. 17–26) und zu wichtigen Führungsansätzen, zentralen Variablen sowie Ebenen in Führungstheorien (S. 26–38).
- Jürgen Weibler (2016) stellt u. a. einen Abriss zur evolutionsgeschichtlichen Fundierung von Führung, Führungsfeldern und -ebenen vor (S. 4–10) sowie zu Begriffen und Definitionen von Führung (S. 13–26).
- William Gardner und Kollegen (2020) geben einen Überblick zu den Trends in der neueren Führungsforschung am Beispiel der Publikationen im „The Leadership Quarterly", insbesondere zu Themen und Theorien.

Zum historischen Wandel in den Rahmenbedingungen und im Führungshandeln in Deutschland in einer kritischen Perspektive sowie zum Wandel im Führungsverständnis vgl. u. a.:

- Pongratz, Hans J. (2002): Subordination: Inszenierungsformen von Personalführung in Deutschland seit 1933
- Intermezzo Führungsverständnisse im historischen Verlauf in Kap. 10 im vorliegenden Band.

Zur Evolution von Organisation und Führung vom Altertum bis in die Moderne vgl. auch:

- Markham, Steve. E. (2012): The evolution of organizations and leadership from the ancient world to modernity.

**Internetquellen**

- Lehrvideos zur Führungspraxis finden Sie u. a. bei:
Leadership in Focus (Stanford, Graduate school of Business):
http://www.leadershipinfocus.net/2-0/index.cfm?&section=cases

**Fragen**

1. Erläutern Sie die wesentlichen gesellschaftlichen Rahmenbedingungen und Ursachen für das Entstehen und die Entwicklung neuer Führungskonzepte!
2. Was sind die zentralen Unterschiede zwischen klassischen und aktuellen Führungstheorien? Erläutern Sie diese am Beispiel einer ausgewählten neueren Führungstheorie!
3. Interpretieren Sie den Fall Mittermayer aus der Sicht einer klassischen und einer neueren Führungstheorie, indem Sie im Text entsprechende Belege zur Beantwortung der o.g. Forschungsfragen suchen!
4. Geben Sie jeweils Beispiele für Führungstheorien und Führungskonzepte! Suchen Sie nach aktuellen Führungskonzepten bzw. Führungsmoden im Internet!
5. Suchen Sie im Internet nach Bildern und Grafiken zum Thema Führung und Leadership. Welches Führungsverständnis wird dort vermittelt?
6. Ordnen Sie das Führungsverständnis des Lehrbuchs zwischen „Führung" und „Management" ein!

## Literatur

Abrahamson, E. (1996). Management fashion. *Academy of Management Review, 21*(1), 254–285.
Alvesson, M. (1996). Leadership studies: From procedure and abstraction to reflexivity and situation. *The Leadership Quarterly, 7*(4), 455–485.
Alvesson, M. (2017). Studying leadership. Taking meaning, relationality and ideology seriously. In J. Storey, J. Hartley, J.-L. Denis, P. t'Hart & D. Ulrich (Hrsg.), *The Routledge companion to leadership* (S. 67–88). Routledge.
Alvesson, M., Blom, M., & Sveningsson, S. (2017). *Reflexive leadership: Organising in an imperfect world*. Sage.
Alvesson, M., & Spicer, A. (2012). Critical leadership studies: The case for critical performativity. *Human Relations, 65*(3), 367–390.
Avolio, B. J., Walumbwa, F. O., & Weber, T. J. (2009). Leadership: Current theories, research and future directions. *Annual Review of Psychology, 60*, 421–449.
Blessin, B., & Wick, A. (2016). *Führen und führen lassen* (8. Aufl.). UVK.
Bryman, A. (1999). Leadership in organizations. In S. R. Clegg, C. Hardy & W. R. Nord (Hrsg.), *Managing organizations: Current issues* (S. 26–42). Sage.
Burrell, G., & Morgan, G. (1979). *Sociological paradigms and organizational analysis*. Routledge.

Carroll, B., Firth, J., & Wilson, S. (Hrsg.). (2019). *After leadership*. Routledge.

Clegg, S. . R. (1990). *Modern organizations: Organization studies in the postmodern world*. Sage.

Collinson, D. L. (2020). ‚Only connect': Exploring the critical dialectical turn in leadership studies. *Organization Theory, 1*, 1–22.

Daft, R. L., & Lengel, R. H. (1984). Information richness: A new approach to managerial behavior and organization design. In B. M. Staw & L. L. Cummings (Hrsg.), *Research in organizational behavior* (Bd. 6, S. 191–233). Elsevier.

Denis, J.-L., Langley, A., & Sergi, V. (2012). Leadership in the plural. *The Academy of Management Annals, 6*(1), 211–283.

Ernst, B., & Kieser, A. (2002). Versuch, das unglaubliche Wachstum des Beratungsmarktes zu erklären. In R. Schmidt, H.-J. Gergs & M. Pohlmann (Hrsg.), *Managementsoziologie: Themen, Desiderate, Perspektiven*. Hampp.

Fairhurst, G. T., & Grant, D. (2010). The social construction of leadership: A sailing guide. *Management Communications Quarterly, 24*(2), 171–210.

Friedel-Howe, H. (1999). Frauen und Führung: Mythen und Fakten. In L. Von Rosenstiel, E. Regnet & M. E. Domsch (Hrsg.), *Führung von Mitarbeitern: Handbuch für erfolgreiches Personalmanagement* (S. 533–545). Schäffer-Poeschel.

Friedman, A. (1977). Responsible autonomy versus direct control over the labour process. *Capital and Class, 1*(1), 43–57.

Gardner, W. L., Lowe, K. B., Meuser, J. D., Noghani, F., Gullifor, D. P., & Cogliser, C. G. (2020). The leadership trilogy: A review of the third decade of The Leadership Quarterly. *The Leadership Quarterly, 31*(1). https://doi.org/10.1016/j.leaqua.2019.101379.

Grint, K., Jones, O. W., & Halt, C. (2017). What is leadership: Person, result, position, purpose or process, or all or none of these? In J. Storey, J. Hartley, J.-L. Denis, P. t'Hart & D. Ulrich (Hrsg.), *The Routledge companion to leadership* (S. 3–20). Routledge.

Hatch, M. J. (1997). *Organization theory: Modern, symbolic, and postmodern perspectives*. Oxford University Press.

Hofstede, G. (1993). Cultural constraints in management theories. *Academy of Management Executive, 7*(1), 81–95.

Holtbrügge, D. (2018). *Personalmanagement* (7. Aufl.). Springer-Gabler.

House, R. J., Dorfman, P. W., Javidan, M., Hanges, P. J., & Sully de Luque, M. F. (2014). *Strategic leadership across cultures. The GLOBE study of CEO leadership behavior and effectiveness in 24 countries*. Sage.

House, R. J., Hanges, P. J., Javidan, M., Dorfman, P. W., & Gupta, V. (2004). *Culture, leadership, and organizations: The GLOBE study of 62 societies*. Sage.

Jaser, Z. (2021). The connecting leader. Aligning leadership theories to managers' issues. *Leadership, 17*(3), 376–382.

Javidan, M., Dorfman, P. W., Sully de Luque, M. F., & House, R. J. (2006). In the eye of the beholder: Cross cultural lessons in leadership from project GLOBE. *Academy of Management Perspectives, 20*(1), 67–90.

Kellerman, B. (2004). *Bad leadership: What it is, how it happens, why it matters*. Harvard Business School Press.

Kern, H., & Schumann, M. (1984). *Das Ende der Arbeitsteilung? Rationalisierung in der industriellen Produktion*. Beck.

Kieser, A. (1996). Moden und Mythen des Organisierens. *Die Betriebswirtschaft, 56*(1), 21–39.

Klages, H. (1984). *Werteorientierungen im Wandel: Rückblick, Gegenwartsanalyse, Prognosen*. Campus.

Knights, D., & Willmott, H. (1992). Conceptualizing leadership processes: A study of senior managers in a financial service organization. *Journal of Management Studies, 29*(6), 761–782.

Krell, G., Ortlieb, R., & Sieben, B. (2011). *Chancengleichheit durch Personalpolitik: Gleichstellung von Frauen und Männern in Unternehmen und Verwaltungen. Rechtliche Regelungen, Problemanalysen, Lösungen.* Springer.

Kumar, K. (1995). *From post-industrial to post-modern society: New theories of the contemporary world.* Oxford University Press.

Ladkin, D. (2020). *Rethinking leadership: A new look at old leadership questions* (2. Aufl.). Edward Elgar.

Lash, S., & Urry, J. (1987). *The end of organized capitalism.* Polity.

Maniscalco, C. (2020). *Distributed leadership and digital innovation. The argument for couple leadership.* Routledge.

Markham, S. . E. (2012). The evolution of organizations and leadership from the ancient world to modernity: A multilevel approach to organizational science and leadership (OSL). *The Leadership Quarterly, 23*(6), 1134–1151.

Neuberger, O. (2002). *Führen und führen lassen.* UTB.

Northouse, P. G. (2019). *Leadership: Theory and practice* (8. Aufl.). Sage.

O'Reilly, D., & Reed, M. (2010). Leaderism: An evolution of managerialism in UK public service reform. *Public Administration, 88*(4), 960–978.

Ospina, S. . M. (2018). Towards inclusive leadership scholarship: Inviting the excluded to theorize collective leadership. In B. Carroll, J. Firth & S. Wilson (Hrsg.), *After leadership* (S. 147–156). Routledge.

Parry, K., & Bryman, A. (2006). Leadership in organization. In S. . G. Clegg, C. Hardy & W. R. Nord (Hrsg.), *SAGE handbook of organization studies* (S. 447–468). Sage.

Piore, M., & Sabel, C. F. (1984). *The second industrial divide: Possibilities for prosperity.* Basic Books.

Pongratz, H. J. (2002). *Subordination: Inszenierungsformen von Personalführung in Deutschland seit 1933.* Hampp.

Probst, G. J. B. (1987). *Selbstorganisation: Ordnungsprozesse in sozialen Systemen aus ganzheitlicher Sicht.* Parey.

Raelin, J. A. (Hrsg.). (2016). *Leadership-as-practice: Theory and application.* Routledge.

Raelin, J. A. (2020). Toward a methodology for the study of leadership-as-practice. *Leadership, 16*(4), 480–508.

Riggio, E. (Hrsg.). (2019). *What's wrong with leadership? Improving leadership research and practice.* Routledge.

Rybnikova, I., & Lang, R. (2020). Partizipative Führung: Auf den Spuren eines Konzeptes. *Gruppe. Interaktion. Organisation. Zeitschrift für Angewandte Organisationspsychologie, 51,* 141–154.

Schedlitzky, D., & Edwards, G. (2018). *Studying leadership. Traditional and critical approaches.* Sage.

Schein, E. (1985). *Organizational culture and leadership.* Wiley.

Scholz, C. (2013). *Personalmanagement. Informationsorientierte und verhaltenstheoretische Grundlagen* (6. Aufl.). Vahlen.

Sergi, V., Denis, J.-L., & Langley, A. (2017). Beyond the hero-leader. Leadership by collectives. In J. Storey, J. Hartley, J.-L. Denis, P. t'Hart & D. Ulrich (Hrsg.), *The Routledge companion to leadership* (S. 35–51). Routledge.

Steyrer, J., Schiffinger, M., & Lang, R. (2007). Ideal- und Realbild von Führung. *Zeitschrift für Management, 2*(4), 402–435.

Taylor, S., & Ford, J. (2017). Critical perspectives on leadership studies. A narrow normative programme or a broad church? In J. Storey, J. Hartley, J.-L. Denis, P. t'Hart & D. Ulrich (Hrsg.), *The Routledge companion to leadership* (S. 104–113). Routledge.

Thompson, P. (1990). Crawling from the wreckage: The labour process and the politics of production. In D. Knights & H. Willmott (Hrsg.), *Labour process theory* (S. 95–124). Palgrave Macmillan.

Van Seters, D., & Field, R. (1990). The evolution of leadership theory. *Journal of Organizational Change Management, 3*(3), 29–45.

Weibler, J. (2016). *Personalführung* (3. Aufl.). Vahlen.

Weick, K. (1985). *Der Prozeß des Organisierens.* Suhrkamp.

Winkler, I. (2010). *Contemporary leadership theories: Enhancing the understanding of the complexity, subjectivity and dynamic of leadership.* Springer.

Womack, J. P., Jones, D. T., & Roos, D. (1992). *Die zweite Revolution in der Autoindustrie: Konsequenzen aus der weltweiten Studie aus dem Massachusetts Institute of Technology.* Campus.

Wood, M. (2005). The fallacy of misplaced leadership. *Journal of Management Studies, 42*(6), 1101–1121.

Wunderer, R. (1995). Betriebswirtschaftliche Führungsforschung und Führungslehre. In R. Wunderer (Hrsg.), *Betriebswirtschaftslehre als Management- und Führungslehre* (S. 33–49). Schäffer-Poeschel.

Wunderer, R., & Grunwald, W. (1980). *Führungslehre, Band 2: Kooperative Führung.* De Gruyter.

Yukl, G. (1989). *Leadership in organizations.* Prentice Hall.

Yukl, G. (2013). *Leadership in organizations.* Pearson.

Zaleznik, A. (1977). Manager and leader: Are they different? *Harvard Business Review, 55*, 26–80.

# Neocharismatische Führungstheorien: Zurück zu den Wurzeln?

**2**

Rainhart Lang

## Inhaltsverzeichnis

**Zusammenfassung**

*Der Begriff der neocharismatischen Führungstheorien steht zusammenfassend für aktuelle Führungsansätze der charismatischen und transformationalen Führung, die sich seit Ende der 70er- bis Mitte der 80er-Jahre entwickelt haben und inzwischen einen dominanten Strang vor allem in der empirischen Führungsforschung ausmachen. Im Zentrum stehen Eigenschaften und Verhaltensweisen einer Führung, die Visionen vermittelt, inspirierend, integrierend und motivierend auf die Geführten einwirkt, den Wandel fördert und ein höheres Engagement der Geführten gegenüber normalen Tauschbeziehungen bewirken soll. Im Gegensatz zu klassischen personenbezogenen Ansätzen betonen die Ansätze der neocharismatischen Führung jedoch die entscheidende*

R. Lang (✉)
Technische Universität Chemnitz, Chemnitz, Deutschland
E-Mail: rainhart.lang@wirtschaft.tu-chemnitz.de

© Der/die Autor(en), exklusiv lizenziert durch Springer Fachmedien Wiesbaden
GmbH, ein Teil von Springer Nature 2021
I. Rybnikova, R. Lang, *Aktuelle Führungstheorien und -konzepte*,
https://doi.org/10.1007/978-3-658-35543-2_2

*Bedeutung der Wahrnehmung und Zuschreibung von „charismatischen" Führungs-*
*krafteigenschaften durch die Geführten, von Persönlichkeitseigenschaften der Geführ-*
*ten, der Authentizität des Führers und seines Verhaltens sowie des Einflusses affektiver*
*Komponenten der charismatisch-transformationalen Führung und indirekter Wirkun-*
*gen von Charisma.*

## 2.1   Einleitung

Die von Robert House (1995) als neocharismatische Führungstheorien[1] bezeichneten
Konzepte in der wissenschaftlichen Beschäftigung mit Führungsfragen greifen frühe Konzepte der charismatischen und transformationalen Führung vom Ende der 70er bis Mitte
der 80er-Jahre wieder auf. Dabei spielt das Umfeld der Entstehung in den USA eine entscheidende Rolle. Die abnehmende Wettbewerbsfähigkeit amerikanischer Firmen im Vergleich mit der aufkommenden japanischen Konkurrenz wurde vor allem auf Führungsde-
fizite zurückgeführt. Der vielfach kolportierte und oft auf Kotter (1990b) zurückgeführte
Satz „*Most U.S. corporations today are overmanaged and underled*" drückt den gesellschaftlichen Kontext sehr gut aus. Vor diesem Hintergrund ist die in der anglo-amerikanischen Literatur verbreitete Unterscheidung zwischen Management und Führung bedeutsam, bei der Management eher die administrativen Aufgaben der Unternehmensführung
umfasst, während Führung auf die Entwicklung von Visionen sowie auf ein inspirierendes,
integrierendes und motivierendes Führungsverhalten bezogen wird. Wandel und Veränderung werden zur wesentlichen Aufgabe von Führungskräften erklärt (z. B. Kotter, 1989,
S. 36–39; Kotter, 1990a, S. 6; Bennis, 1991, S. 23 f.).

Die Wurzeln derartiger Überlegungen reichen aber deutlich weiter zurück. Sehr oft
werden charismatische und neocharismatische Ansätze, die nach einer Dominanz situa-
tiv-verhaltenswissenschaftlicher Ansätze wieder stark auf die Person der Führungskraft
zielen, mit den klassischen Eigenschaftsansätzen der dreißiger Jahre (en. *great-man-lea-*
*dership*) gleichgesetzt. Ein solcher Bezug ist nicht ganz von der Hand zu weisen. Im Unterschied zu diesen Ansätzen betonen jedoch die nachfolgend dargestellten Ansätze der
neocharismatischen Führung die entscheidende Bedeutung der Wahrnehmung und Zuschreibung von „charismatischen" Führungskrafteigenschaften. Das Charisma liegt, wie
in einem neueren Aufsatz von Javidan et al. (2006) betont wird, „im Auge des Betrachters". Diese sozialkonstruktivistische Position im Sinne eines interpretativen Paradigmas
ist jedoch nicht bei allen Ansätzen gleichermaßen anzutreffen; es finden sich nach wie vor

---

[1]Vgl. u. a. House (1995). Der Begriff verweist dabei auf die Nachfolgearbeiten zur charismatischen
und transformationalen Führung Ende der 80er und Anfang der 90er Jahre. Bryman (1992) spricht
in diesem Zusammenhang vom „New leadership paradigm"; ein Begriff, der sich zumindest bei einer Einengung auf neocharismatische Ansätze angesichts der weiteren Entwicklung im Feld der
Führungsansätze und -konzepte als wenig hilfreich erwiesen hat.

zahlreiche Studien, die einer funktionalistischen Logik der „Vermessung" des Führungs-verhaltens, der Führungsbeziehung, ihrer Rahmenbedingungen und Effekte folgen.

Im Kontext der Unterscheidung von Management und Führung wird in der Regel das Werk „Leadership" von James MacGregor Burns von 1978 als Startpunkt einer charisma-tischen Führungsforschung angesehen. Burns betont in seinem Buch zur politischen Füh-rung vor allem die transformierende Wirkung von Führung auf Moral, Werte und Motiva-tion der Nachgeordneten.

Zuvor hatte bereits House mit seiner „A 1976 theory of charismatic leadership", die zunächst als Arbeitspapier der Universität Toronto (1976), und dann 1977 in einem Sam-melband erschienen ist, die theoretische Basis und den Bezugspunkt für die nachfolgen-den neocharismatischen Führungsansätze gelegt und wesentliche Elemente eines charis-matischen Führungsprozesses herausgearbeitet. Weitere wichtige Konzepte finden sich dann in den 80er-Jahren, wo Bass (1985) mit Bezug auf Burns das Konzept der transfor-mationalen Führung im Kontrast zur transaktionalen Führung entwickelt hat. Zu den frü-hen Arbeiten gehören auch die Studien zur charismatischen Führung von Conger und Ka-nungo (1987, 1988). Vor allem in den 90er-Jahren des vorigen Jahrhunderts werden die Konzepte von den genannten Autoren sowie von weiteren Koautoren wie Avolio oder Shamir und Autoren wie Bryman ausgebaut sowie verstärkt mit dem organisatorischen Kontext verknüpft. Zugleich wird die theoretische Basis erweitert.

Parallel zu diesem Hauptstrang sind weitere, allerdings oft weniger theoretisch fun-dierte, sondern vielmehr empirisch basierte Arbeiten entstanden, u. a. von Bennis und Nanus (1985, 2007), Sashkin (1988), Tichy und Devanna (1986) sowie Kouzes und Posner (2002, 2017). Auch Podsakoff und Kollegen (1990, 1996) entwickeln ein gegenüber Bass modifiziertes Konzept der transformationalen und transaktionalen Führung. Den Versuch einer Integration charismatischer, transformationaler und visionärer Führung unterneh-men z. B. House und Shamir (1993). Neben der die Literatur dominierenden sozial- und organisationspsychologischen Perspektive der neocharismatischen Führungsforschung verdient auch die psychoanalytische Perspektive, die insbesondere mit Kets de Vries (1988) verbunden ist, Beachtung.

Neuere theoretisch-konzeptionelle Entwicklungen zeigen sich u. a. in dem Konzept der kulturell geprägten impliziten Führungstheorien (en. *culturally endorsed implicit leaders-hip theories*/CLTs),[2] welches in der interkulturellen Führungsforschung vor allem im Rah-men von GLOBE angewendet und weiterentwickelt wurde. Charismatische bzw. werteba-sierte Führung (en. *charismatic/value based leadership*) wird dabei bezüglich ihrer kulturspezifischen wie universellen kognitiven Konstruktion und Verbreitung analysiert (z. B. Den Hartog et al., 1999; House et al., 2004). Daneben wurden weitere Konzepte einer transformationalen Führung entwickelt, die entweder die Authentizität des Führers (en. *authentic transformational leadership*, z. B. Bass und Steidlmeier, 1999; Price, 2003; Zhu, Avolio, et al., 2011) betonen, auf die Übertragung von Emotionen auf die Nachgeord-neten abstellen (z. B. Bono & Ilies, 2006; Erez et al., 2008; Sy et al., 2018) oder generell

---

[2]Vgl. dazu Kap. 4 zu impliziten Führungstheorien im Buch.

die affektiven Komponenten der transformationalen Führung hervorheben (z. B. Walter & Bruch, 2009). Weiterhin werden Aspekte der Führungsbeziehung (z. B. Campbell et al., 2008), vor allem das Vertrauensverhältnis (z. B. Zhu et al., 2013), als wichtige Einflussfaktoren der charismatisch-transformationalen Führung näher betrachtet. Schließlich beziehen sich neuere Ansätze charismatisch-transformationaler Führung auch zunehmend auf Mechanismen einer indirekten Führungswirkung auf (sozial, räumlich und zeitlich) entfernte Anhänger vermittelt über Ebenen, Institutionen, Netzwerke oder Medien (vgl. z. B. Mumford et al., 2008; Galvin et al., 2010; Lian et al., 2011). Über die typischen Kontexte in Wirtschaft und auch Politik hinaus finden sich zunehmend Beiträge zu Nutzung, Wirkung und Grenzen charismatischer und transformationaler Führung im öffentlichen Sektor (z. B. Javidan & Waldman, 2003; van der Voet, 2014).

Den neocharismatischen Führungskonzepten sind bestimmte Merkmale gemeinsam, die in der Führungstheorie und -forschung eine Rückkehr zur Führungsperson bei gleichzeitiger Relativierung und Subjektivierung der Führungsbeziehung markieren:

1. Alle Konzepte weisen einen Fokus auf die Person des Führers, seine Eigenschaften und seine Verhaltensweisen auf. Gegenüber dem traditionellen Eigenschaftsansatz werden dabei jedoch vor allem spezifische, von dem „Normalem" abweichende Führungseigenschaften („charismatisch") sowie bestimmte stimulierende Verhaltensweisen („transformational") herausgestellt.
2. Es wird die Bedeutung der in einem sozialen Prozess herzustellenden Führungsbeziehung und die Rolle der Nachgeordneten betont.
3. Der subjektive Charakter dieser Führungsbeziehung im Sinne einer sozialen Konstruktion durch die beteiligten Akteure auf der Grundlage von Wahrnehmungs- und Attributionsprozessen wird unterstrichen. Das heißt, dass der Führer durch die nachgeordneten Führungskräfte und Mitarbeiter als solcher gesehen, als Vorbild gewertet und anerkannt werden muss. Die Zuschreibung von Charisma ist dann zugleich die Grundlage für die Entstehung der charismatischen, inspirierenden Führungsbeziehung und für ein entsprechendes Mitarbeiterverhalten.
4. Sowohl Mitarbeitereigenschaften und -verhalten, als auch Führungskontext und Führungserfolg gelten als wichtige Faktoren für Entstehen, Qualität und Dauer der Führungsbeziehung. Abb. 2.1 zeigt die Grundkonstruktion des neocharismatischen Ansatzes.

Ungeachtet dieser Gemeinsamkeiten sind jedoch auch deutliche Unterschiede anzutreffen, die in der paradigmatischen und Theorie-Position der jeweiligen Autoren liegen. So lassen sich bei den Hauptvertretern u. a. eine unterschiedlich starke Betonung der Wahrnehmungs- und Attribuierungsleistungen der Nachgeordneten oder der aktiven Rolle der Führungskräfte bzw. der Mitarbeiter erkennen. Tichy und Devanna (1986) betonen z. B. bestimmte Eigenschaften und Verhaltensweisen von Führungskräften besonders stark; ähnlich wie auch Bennis und Nanus (1985). Bei Bass (1985 u. a.) oder Kouzes und Posner (2002) wird dagegen ein inspirierendes, motivierendes und intellektuell stimulie-

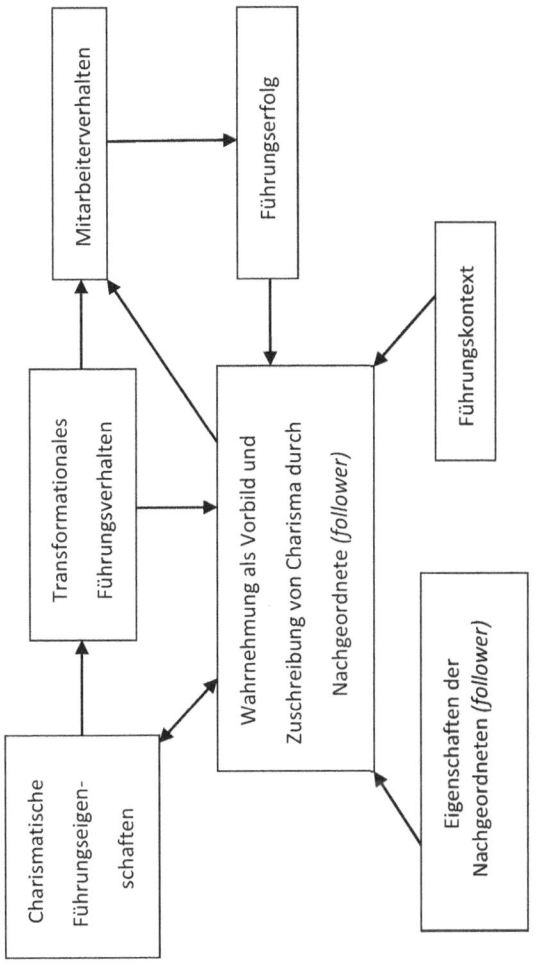

**Abb. 2.1** Grundmodell des neocharismatischen Führungsansatzes. [Bildrechte: Urheberrecht beim Autor]

rendes sowie förderndes Führungsverhalten als zentrale Basis der Transformation der Beziehung zum Mitarbeiter besonders herausgestellt, während der neuere Ansatz der wertebasierten Führung (u. a. Den Hartog et al., 1999; House et al., 2004) vor allem die Rolle impliziter Führungstheorien und damit der Attribution sowie weiterer kognitiver Prozesse hervorhebt.

## 2.2  Theoretische Grundlagen der neocharismatischen Führung

In der Einleitung wurde bereits angedeutet, dass die neocharismatische Führungstheorie in verschiedene Ansätze und Strömungen unterteilt werden kann, die jeweils differenzierte Beiträge erbracht haben. Die wichtigsten beiden Stränge sind zweifellos die Konzepte der charismatischen und der transformationalen Führung, die sich in der weiteren Entwicklung zunehmend vermischen, wobei in den letzten Jahren vor allem das Konzept der transformationalen Führung zu dominieren scheint. Im Folgenden sollen beide Ansätze zunächst in ihren theoretischen Grundzügen näher betrachtet werden.

### 2.2.1  Charismatische Führung

Das Konzept der charismatischen Führung bezieht sich vor allem auf Max Webers „charismatische Herrschaft" (Weber, 1980, veröffentlicht 1921), die im Gegensatz zu den anderen Herrschaftsformen nicht auf strukturelle Aspekte, sondern auf die Person des Führers, seine Eigenschaften und die Bewährung seines Handelns bezogen ist (vgl. den nachfolgenden Textauszug).

---

**Charisma bei Max Weber**

„[…] ‚Charisma' soll eine als außeralltäglich […] geltende Qualität einer Persönlichkeit heißen, um derentwillen sie als mit übernatürlichen oder übermenschlichen oder mindestens spezifisch außeralltäglichen, nicht jedem anderen zugänglichen Kräften oder Eigenschaften [begabt] oder als gottgesandt oder als vorbildlich und deshalb als ‚Führer' gewertet wird. Wie die betreffende Qualität von irgendeinem ethischen, ästhetischen oder sonstigen Standpunkt aus ‚objektiv' zu bewerten sein würde, ist natürlich dabei begrifflich völlig gleichgültig: darauf allein, wie sie tatsächlich von den charismatisch Beherrschten, den ‚Anhängern', bewertet wird, kommt es an." (Weber, 1980, S. 140)

Weitere zentrale Aussagen bei Weber sind:

„1. Ueber die Geltung des Charismas entscheidet die durch *Bewährung* […] gesicherte, freie, aus Hingabe an Offenbarung, Heldenverehrung, Vertrauen zum Führer geborene *Anerkennung* durch den Beherrschten. […] Diese ‚Anerkennung' ist psychologisch eine aus Begeisterung oder Not und Hoffnung geborene gläubige, ganz persönliche Hingabe. […]

2. Bleibt die Bewährung dauernd aus, zeigt sich der charismatisch Begnadete von seinem Gott oder seiner magischen oder Heldenkraft verlassen, bleibt ihm der Erfolg dauernd versagt, vor allem: *bringt seine Führung kein Wohlergehen für die Beherrschten*, so hat seine charismatische Autorität die Chance zu schwinden. [...]
3. Der Herrschaftsverband *Gemeinde*: ist eine emotionale Vergemeinschaftung. Der *Verwaltungsstab* des charismatischen Herrn ist kein ‚Beamtentum‘ [...] Sondern er ist seinerseits nach charismatischen Qualitäten ausgelesen: dem ‚Propheten‘ entsprechen die ‚Jünger‘, dem ‚Kriegsfürsten‘ die ‚Gefolgschaft‘, dem ‚Führer‘ überhaupt: ‚Vertrauensmänner‘ [...] nur Berufung nach Eingebung des Führers auf Grund der charismatischen Qualitäten des Berufenen. [...] Es gibt keine ‚Hierarchie‘, sondern nur Eingreifen des Führers bei genereller oder sich im Einzelfall ergebender charismatischer Unzulänglichkeit des Verwaltungsstabes [...] Die bureaukratische Herrschaft ist spezifisch rational im Sinn der Bindung an diskursiv analysierbare Regeln, die charismatische spezifisch irrational im Sinn der Regelfremdheit. [...]
4. Reines Charisma ist spezifisch *wirtschaftsfremd*. [...] Sie ist von einer *rationalen* Wirtschaft her gesehen, eine typische Macht der ‚Unwirtschaftlichkeit‘. Denn sie lehnt jede Verflechtung in den *Alltag* ab." (Weber, 1980, S. 140–142/alle Hervorhebungen im Original) ◄

Bereits Burns (1978) hat jedoch auf die Besonderheiten, Grenzen und Probleme bei der Bezugnahme auf Webers Charisma-Konzept hingewiesen. „Der Begriff [Charisma] hat eine Reihe unterschiedlicher, aber überlappender Bedeutungen: magische Qualitäten des Führers; ein emotionales Band zwischen Führer und Geführten; Abhängigkeit der Massen von einer Vaterfigur; volkstümliche Annahme, dass ein Führer mächtig, allwissend und rechtschaffen ist; Ausstattung der Führer mit enormer übernatürlicher Macht (oder mit weltlicher Macht oder mit beidem); und umfassende Unterstützung eines Führers, die an Liebe grenzt. Das Wort ist so überladen worden, dass es bei näherer Analyse zusammenbricht" (Burns, 1978, S. 243 f.).

Dazu trägt neben den von Burns genannten Aspekten mit Blick auf das Auftreten und die Wirkung charismatischen Verhaltens in Organisationen vor allem auch die idealtypisch-dualistische Konzeption des Charismas durch Weber bei (vgl. Neuberger, 2002, S. 149 ff.). Der Organisation als System von sachlichen Regeln wird die Persönlichkeit in überhöhter Form entgegengesetzt. Dem organisatorischen Leitprinzip der Rationalität wird die Emotionalität, Magie und Spontanität gegenübergestellt. Auf die für ein Funktionieren von Organisationen erforderliche Stabilität und Beharrung reagiert die charismatische Persönlichkeit mit Revolution, Umsturz, Erneuerung und Innovation.

Im Kontext der Führung in Organisationen muss ein Konzept, das sich auf Weber beziehen will, also einerseits eine Konkretisierung des Idealtyps vornehmen und zugleich einige zentrale Aussagen des Konzeptes von Weber relativieren oder ignorieren.

Robert House (1977) geht in seinem **charismatischen Führungsmodell** dabei zunächst von bestimmten Eigenschaften charismatischer Führungspersonen aus, die diese von anderen Menschen unterscheiden. Dominanz, starkes Selbstvertrauen, das Bedürfnis, Einfluss zu nehmen und ein ausgeprägter Glaube an die eigenen, als richtig angesehenen Werte bilden die Basis des Modells (House, 1977, S. 193 und 206). Die darauf aufbauenden spezifischen Verhaltensweisen der Führungskräfte, eine dezidierte Kommunikation von Werten, Visionen und Zielen, ein vorbildhaftes Verhalten bezogen auf die kommunizierten Werte und Ziele, Vertrauen in Geführte, aber auch ein ausgeprägtes „Impression Management" sollen danach eine Wahrnehmung der Führungskräfte als „außeralltäglich" unterstützen und zu entsprechenden Verhaltensweisen der Mitarbeiter wie Vertrauen in die Führungskraft und die Zukunft des Unternehmens, Nacheifern der Werte durch die Nachgeordneten, Loyalität und Akzeptanz bis hin zu blindem Gehorsam führen. Charismatische Führer wecken neue, „höhere" Motive und herausfordernde Ziele in den Geführten, vertrauen den Geführten und steigern damit deren Selbstachtung und Selbstvertrauen, was auch eine erhöhte Motivation nach sich zieht (Neuberger, 2002, S. 145). Obwohl im Konzept von House sowohl die soziale Beziehung zwischen Führer und Geführten wie auch situative Faktoren und Wahrnehmungsprozesse zum Teil hervorgehoben werden (House, 1977, S. 193, 203 ff.), stellt der Ansatz doch Persönlichkeitseigenschaften und das Verhalten des Führers in den Vordergrund des Führungsmodells (Yukl, 2013, S. 303).

In dem später in Richtung einer **Selbstkonzept-Theorie der charismatischen Führung** entwickelten Ansatz (Shamir et al., 1993) beziehen sich die Autoren Boas Shamir, Robert House und Michael Arthur vor allem auf die Frage, wie sich die motivationale Wirkung charismatischer Führung erklären lässt. Unter Bezug auf motivationstheoretische Ansätze sehen diese besonders in der stärkenden und transformierenden Wirkung charismatischen Führungsverhaltens auf das Selbstkonzept der Mitarbeiter. Erhöhung und Erhaltung von Selbstachtung und Selbstwert sowie gestiegene Selbstwirksamkeit, aber auch eine zunehmende Kongruenz der Werte, Visionen und Ziele der Führungskraft mit denen der Mitarbeiter, sind wichtige Ergebnisse des Führungsverhaltens. Dabei betonen die Autoren insbesondere die sozialen Identifikationsprozesse innerhalb von Gruppen und Organisationen, die über eine persönliche Identifikation hinaus zu geteilten Werten, Einstellungen und Verhaltensweisen der Gruppenmitglieder führen. Führungskräfte müssen dazu eine attraktive Vision entwickeln und kommunizieren, die Werte der Mitarbeiter ansprechen, aber auch hohe Erwartungen an sie zum Ausdruck bringen, persönliche Risiken übernehmen und die Identifikation mit der Gruppe und der Organisation aufbauen und fördern (vgl. Shamir et al., 1993, S. 584–585). Darüber hinaus werden auch Annahmen über den Einfluss von Werten und Orientierungen der Geführten, z. B. übereinstimmende Werte, und organisatorischen Rahmenbedingungen, z. B. instabile Situationen mit hohem Orientierungsbedarf für die Mitarbeiter oder unklare, schwer messbare Leistungsziele, auf die Wirksamkeit charismatischer Führung getroffen (vgl. Shamir et al., 1993, S. 587–590).

Im Zusammenhang mit den Persönlichkeitseigenschaften charismatischer Führer hat sich Steyrer (1995) in seiner Arbeit zu Charisma in Organisationen vor allem mit den Persönlichkeitseigenschaften charismatischer Führer aus der Sicht von **Persönlichkeits- und Stigma-Theorien** beschäftigt. Dabei geht er davon aus, dass charismatische Führungseigenschaften eine Verstärkung von Eigenschaftsausprägungen „normaler" prototypischer Führungseigenschaften in Richtung einer Hyperrepräsentativität darstellen. Sie liegt damit im Grenzbereich des „Normalen". Eine stärkere Ausprägung lässt eine charismatische Führungseigenschaft negativ in Richtung Stigma „kippen". Aus engagiertem Führungsverhalten wird z. B. beim Charismatiker ein leidenschaftliches Eintreten für die Werte und

Visionen. Eine weitergehende, dann eher stigmatisierende Ausprägung dieser Eigenschaft führt zu fanatischem Führungsverhalten. Visionäres Auftreten des charismatischen Führers kann zu dogmatisch-totalitäres Verhalten werden, wortgewaltig-expressive Kommunikation zur Demagogie (Steyrer, 1995, S. 223). Im Unterschied zur charismatischen Führungstheorie angelsächsischer Prägung hebt Steyrer jedoch hervor, dass Charisma auch als eine Abweichung von der Normalität in Richtung auf eine Anti-Repräsentativität von Führung gesehen werden kann. Das dort adressierte Muster eines gelassenen, besonnenen, tiefgründigen und humanen Führers verweist auf eine andere Art von charismatischer Führung, wie sie zum Beispiel im asiatischen oder afrikanischen Raum anzutreffen ist. Gute Beispiele sind hier Mahatma Ghandi und Nelson Mandela.

Die Abweichung vom prototypischen Führungsverhalten ist zugleich die Voraussetzung für eine entsprechende Differenzwahrnehmung der Führungsperson und des Führungsverhaltens als „außeralltäglich", was die Zuschreibung von Charisma unterstützen kann. Die Stigma-Ausprägung steht dann für Eigenschaften, die in der Literatur oft als „dunkle Seite des Charismas" (en. *dark sides of charisma*) oder im Bereich der Anti-Repräsentativität als „Nicht-Führung" beschrieben werden (z. B. Bass & Steidlmeier, 1999; Conger & Kanungo, 1998; Yukl, 2013; vgl. auch Kap. 11, Abschnitt zur destruktiven Führung).

Andere Autoren, vor allem Conger und Kanungo (1987, 1988), haben das Konzept der charismatischen Führung weiterentwickelt, indem sie vor allem den bei House etwas vernachlässigten Aspekt der Zuschreibung stärker in den Mittelpunkt ihres Konzeptes stellen. „Das hier vorgestellte Modell beruht auf der Idee, dass Charisma ein Zuschreibungsphänomen ist." (Conger & Kanungo, 1987, S. 639). Die Zuschreibung erfolgt dabei durch die Nachgeordneten (en. *follower*) auf der Basis des beobachteten Verhaltens der Führungskraft innerhalb des organisatorischen Kontextes. Ihre **Attributionstheorie der charismatischen Führung** geht davon aus, dass sich charismatische gegenüber nicht-charismatischen Führern vor allem durch ein starkes Bemühen um Wandel, eine idealisierte Vision und eine ausgeprägte Fähigkeit, diese zu artikulieren und zu vermitteln, eine entsprechende Sensitivität und Expertise für die Transformation der vorhandenen Ordnung, und schließlich ein vorbildhaftes, unternehmerisch-elitäres Verhalten auszeichnen (Conger & Kanungo, 1987, S. 647).

In späteren Arbeiten ordnen die Verfasser die Verhaltensweisen in ein Drei-Phasen-Modell zum Aufbau von Charisma unter Beachtung der Zuschreibungsprozesse der Mitarbeiter ein. Eine Zuschreibung als charismatischer Führer erfolgt, wenn die Nachgeordneten den Führer wahrnehmen als eine Führungskraft, die

- eine hohe Sensitivität mit Blick auf Umweltveränderungen und Änderungsmöglichkeiten hat (en. environmental sensitivity),
- gegen den Status Quo opponiert und sich um Wandel bemüht (en. *relation to status quo*),
- eine idealisierte Vision mit starker Diskrepanz zum Status Quo anbietet (en. *future goals*), die bei einer gemeinsamen Perspektive zu Beliebtheit und Verehrung als Held sowie nachahmenswertes Vorbild führt (en. *likableness*),
- und die er/sie auch inspirierend kommunizieren kann (en. *articulation*),

- sich unkonventionell und entgegen üblicher Normen verhält (en. *behavior novelty*),
- die eigene Position zuverlässig auch unter großem persönlichem Aufwand und Risiken vertritt (en. *trustworthiness*), und
- die sich als Experte bei der Nutzung unkonventioneller Mittel zur Transformation der bestehenden Ordnung erweist (en. *expertise*).

Die Einflussnahme auf die Geführten stützt sich somit auf die personale Macht in einer Mischung aus Expertenmacht, Respekt, Ausstrahlung und Heldenverehrung (Conger & Kanungo, 1987, S. 641, 1998, S. 51 ff.).

Generell verlagert die attributionstheoretische Erklärung der Entstehung und Wirkung charismatischer Führung das Schwergewicht auf eine aktivere Rolle der Nachgeordneten. In diesem Kontext finden sich dann auch Bezüge zur Wirkung charismatischer Führung auf die Nachgeordneten aus der Perspektive der **sozialen Lerntheorie**[3] (Conger & Kanungo, 1998, S. 18 und 200). Die Mitarbeiter lernen demnach auf der Basis eines positiven Feedbacks und der Erkenntnis eigener Erfolge, von Ermutigung und emotionaler Unterstützung sowie der Vorbildwirkung eines machtvollen Rollenmodells ein gewünschtes Verhalten bzw. übernehmen entsprechende Werte und Verhaltensweisen.

---

**Monty Pythons „Das Leben des Brian"**

Die Bedeutung der Zuschreibung und Anerkennung der Führung durch die Anhänger kann besonders radikal wie auch anschaulich im Film „Das Leben des Brian" beobachtet werden. Aus der Vielzahl der Visionen verkündenden Volksredner wird Brian eher zufällig als Führer erwählt, dessen – durch die Anhänger selbst erkorenem – Symbol, der „Sandale", die Anhänger dann folgen. Nach hartnäckiger Verweigerung einer Führungsrolle durch Brian wenden sich die Anhänger ab, nehmen die Zuschreibung als Führer zurück.

Jones, Terry, Dir. (1979): *Monty Python – Das Leben des Brian.* [DVD] Deutschland: Sony Pictures Home Entertainment. ◄

---

Neben den genannten zentralen Ansätzen charismatischer Führung sind im Folgenden zwei weitere theoretische Ansätze zu nennen. Die **psychodynamische Perspektive** mit Autoren wie Kets de Vries (1988) oder Hofstätter (1995) fokussiert vor allem auf die Erklärung des Prozesses der persönlichen Identifikation von Nachgeordneten auf der Basis einer stark idealisierten Führungsperson, die als Idol verehrt wird. Die psychodynamischen Prozesse der Regression und Projektion werden dazu als Erklärungsmuster herangezogen (vgl. z. B. Yukl, 2013, S. 306, oder ausführlicher auch Neuberger, 2002, S. 183 ff.). Der Ansatz thematisiert damit insbesondere die entstehende Abhängigkeit des Geführten im Sinne einer Kind-Eltern-Beziehung, wobei vor allem ein geringes Selbstwertgefühl

---

[3] Für eine ausführlichere Darstellung auch in Verknüpfung mit ethischer Führung siehe z. B. Brown et al. (2005).

und eine schwach ausgeprägte soziale Identität, aber auch Krisen im Umfeld und kollektive Ängste diesen Prozess fördern (Yukl, 2013, S. 306).

Die **Ansteckungstheorie** (en. *contagion theory*), die Phänomene aus der Massenpsychologie aufgreift (Meindl, 1990), betrachtet weniger die direkte charismatische Wirkung der Führungskraft als vielmehr Effekte, die innerhalb der Gruppe der Geführten ablaufen, die dazu führen, dass sich die charismatische Wirkung über einzelne „infizierte" fortpflanzt und dadurch verbreitet. Dies geschieht jedoch oft nicht planmäßig, sondern schließt spontane, emotionale Verhaltensreaktionen ein (Yukl, 2013, S. 307). Empirische Arbeiten verweisen darauf, dass eine solche „Ansteckung" mit Blick auf Emotionen (en. *mood contagion*) auch im Kontext einer direkten Führungsbeziehung gesehen werden kann (vgl. Bono & Ilies, 2006).

In jüngster Zeit haben Antonakis und Kollegen (2016) versucht, das Konzept der charismatischen Führung vor dem Hintergrund zahlreicher Einwände (s. u.) zu reformulieren. Vor allem die Ergebnisorientierung der meisten Definitionen, aber auch die beziehungs- und verhaltensorientierte Ausrichtung der Ansätze werden kritisiert. Dagegen sind Werte und Moralvorstellungen, Überzeugungen, Symbole und Emotionen in der Führung als zentrale Elemente einer Definition charismatischer Führung anzusehen, die in einen spezifischen kommunikativen Einflussprozess, der Signalübertragung, wirksam werden. Charismatische Führung ist im Sinne dieser **Signalisierungstheorie** (en. *signaling theory*) eine „wertebasierte, symbolische und emotionsgeladene Signalübertragung" (Antonakis et al., 2016, S. 304). Als zentrale Komponenten charismatischen (Signal-)Handelns werden angesehen (Antonakis et al., 2016, S. 304):

- Rechtfertigung der Mission durch Verweis auf Werte, die richtig und falsch unterscheiden, und entsprechende emotionale Ausdrucksformen,
- Symbolische Kommunikation, die die Botschaft klar ausdrückt, lebendig werden lässt, und die Gruppe als moralische Gemeinschaft verdeutlicht und verkörpert,
- Demonstration von Überzeugung und Leidenschaft für die Mission.

Eine **evolutionäre Sichtweise auf die charismatische Führung** haben Castelnova und Kollegen (2017) vorgeschlagen. Sie gehen davon aus, dass Charisma und charismatische Effekte evolutionäre Wurzeln haben, und auf der menschlichen Fähigkeit beruhen, Wissen und Praktiken durch kulturelle Lernprozesse zu übertragen und zu übernehmen (Castelnova et al., 2017, S. 544). Charisma wird dabei in Anlehnung an Antonakis et al. (2016) als Signalisierungsprozess aufgefasst, und bezieht sich auf universale Signale von Kompetenz, Zugehörigkeit zur In-Group und Fürsorge. Dazu gehören u. a. Signale, die auf die Expertise, den Status und die Dominanz des Sprechers hinweisen, oder kommunikative Muster wie intentionale, ostensive, referenzenreiche und demonstrative Ansprache, die vom Empfänger als wollwollend, verpflichtend und bedeutsam wahrgenommen wird (en. *evolutionary communicative syntax*). Sie führt zu genauer und schneller Nachahmung des Verhaltens des als Rollenmodells wahrgenommenen Akteurs (*over-imitation*) und ist vor allem in Kontexten wirksam, die als neu, merkwürdig oder unklar gesehen werden (en.

*weak psychological situation, epistemic hunger*), und für die die Umwelt keine bekannten Signale (*cues*) bereitstellt (Castelnova et al., 2017, S. 545). Die Verfasser beziehen sich auf Studien der Naturpädagogik (en. *natural pedagogy*) und Studien zur Über-Imitation, die zeigen, das sich bereits Kleinkinder, oder generell „naive Lerner", an größeren Personen orientieren, ihnen bedingungslos vertrauen, Kompetenz und Wohlwollen zuschreiben, und durch Nachahmen schnell lernen (Castelnova et al., 2017, S. 544 f.). Die universalen Signale variieren in verschiedenen Gruppen und Kulturen vor allem hinsichtlich ihrer Bedeutung und können so auch die abweichenden Effekte in der Wirksamkeit charismatischer Führung erklären (Castelnova et al., 2017, S. 548 ff.).

Im Beitrag von Fink und Ko-Autoren (2020) wird schließlich eine **identitätstheoretische Perspektive** herangezogen, um zu erklären, warum die Wirkung des Charismas nach dem Tod eines charismatischen Führers noch weiter ansteigt. Zunächst betonen die Verfasser, dass der Einfluss charismatischer Führer eine soziale Konstruktion ist, die mehr mit den Geführten als dem Führer zu tun hat. Anhand von drei Studien zeigen sie, dass die Wahrnehmung und Zuschreibung von Charisma vor allem mit der Schaffung einer gemeinsamen sozialen Identität verknüpft ist. Diese wird durch den Tod der Führungsperson offenbar erhalten und verstärkt.

Die Nutzung des Charisma-Konzeptes für Organisationen hat, auch mit Blick auf die theoretische Basis bei Weber, zahlreiche **Kritikpunkte** hervorgebracht. Neben einem Verweis auf die „dunklen Seiten des Charismas", also negative Persönlichkeitseigenschaften und Verhaltensweisen (vgl. Kap. 11), betont Yukl (2013, S. 310) die negativen Konsequenzen charismatischer Führung für Organisationen. Er nennt unter anderen:

- geringere Aktivität der Geführten (weniger gute Vorschläge, unkritische Haltung),
- extremes Vertrauen und Optimismus der Nachgeordneten machen den Führer blind gegenüber realen Gefahren,
- Fokus auf riskante, „großartige" Projekte mit höherer Wahrscheinlichkeit des Scheiterns,
- impulsives und unübliches Führungsverhalten schafft sowohl Feinde als auch Anhänger (und spaltet so die Organisation),
- fehlende Entwicklung von Nachfolgern, die zu Führungskrisen führen kann sowie
- keine oder unzureichende Thematisierung von Fehlern, was organisationales Lernen verhindert.

Weibler (1997, S. 29–31) hat in einer frühen Kritik insbesondere theoretisch-konzeptionelle Argumente vorgetragen, die die Widersprüche zwischen Organisation und personenbezogenem Charisma aufgreifen. Er hebt besonders die fehlende Planbarkeit charismatischer Führung auf Grund des Zuschreibungscharakters, die Beschränkung auf Grenzfälle und mit Bezug zu wenigen ausgewählten Personen sowie die erfolgs- und personenabhängige Labilität und zeitliche Begrenzung der Steuerung durch charismatische Führung heraus. Weiterhin nennt er die kontrafaktische Wirkung charismatischer Führung gegenüber aktuellen Tendenzen und Erwartungen einer zunehmenden Berechenbarkeit, Verlässlichkeit, Nachhaltigkeit und Partizipation in der Führung.

Alvesson, Blom und Sveningsson (2017, S. 39) verweisen zusätzlich auf die Folgen der im Konzept angelegten starken Abhängigkeit zwischen Führern und Geführten, die zu sektenähnlichen Bedingungen für Lernprozesse und zu Gruppendenken führen und statt einer zupackenden Leistungskultur eher Machtspielen und Konflikten Vorschub leisten.

Rickards (2012, S. 88) spricht in diesem Zusammenhang unter Einschließung anderer neocharismatischer Theorieansätze auch von verschiedenen Dilemmata, wenn diese Konzepte auf Wirtschaftsorganisationen übertragen werden, u. a. das Extrapolationsdilemma (generelles Problem der Übertragung des Charisma-Konzeptes auf Wirtschaftsorganisationen), das Inklusionsdilemma (Begrenzung des neocharismatischen Führungsmodells auf die Top-Managementebene), das Maverick-Dilemma (Unklarheit der Verantwortlichkeit und Zurechenbarkeit des charismatischer Führers und seiner/ihrer Vision) sowie das Tyrannen-Dilemma (gesteigerter Glaube an die Unbesiegbarkeit und Unverwundbarkeit des Führers macht verwundbar).

Beyer (1999, S. 316) betont dagegen vor allem die Abkehr von oder zumindest eine unvollständige Übernahme des ursprünglichen Weber-Konzeptes von Charisma im Sinne eines gezähmten (en. *tamed*) Charisma, das dann weniger ungewöhnlich und eher alltäglich daherkommt. Zugleich bemängelt er den ausschließlichen Fokus der Modelle auf Führungskraft und Geführte, während die Kontextfaktoren in den Rang von „Moderatoren" statt kausalen Faktoren verwiesen werden. Er sieht diese „[…] Blindheit gegenüber dem kausalen Einfluss einer Krisensituation für die Entwicklung von Charisma als Nebenprodukt des generellen psychologischen Paradigmas oder den bevorzugten Wegen, wie Effekte charismatischer Führung gemessen werden" (Beyer, 1999, S. 311). Dagegen verweist Neuberger (2002, S. 189–195) auf die Grenzen der Aussagen des Krisentheorems und des Strukturlosigkeitstheorems für die Erklärung der Entstehung und Zuschreibung von Charisma.

In ihrer neueren Kritik am Konzept der charismatischen Führung haben van Knippenberg und Sitkin (2013) vor allem die mangelhafte konzeptionelle Klarheit herausgestellt, die sich u. a. in ungenauen, wirkungsorientierten Definitionen, unzureichende Beachtung der Zusammenhänge zwischen einzelnen Merkmalen oder Facetten des Charismas mit den Wirkungen, und ambivalenter Beziehungen zur transformationalen Führung als weiterem Konzept der neocharismatischen Führung zeigt.

## 2.2.2 Transformationale Führungstheorie

Das Konzept der transformationalen Führung von Harold Bass und Koautoren hebt sich zunächst in zweierlei Hinsicht vom Konzept der charismatischen Führung ab. Charisma wird als notwendige, aber nicht als ausreichende Bedingung für eine entsprechende Führungswirkung angesehen (Bass, 1985, S. 31). Gegenüber den Ansätzen von Burns oder House werden weiterhin die Bedürfnisse der Mitarbeiter und insbesondere auch emotionale Aspekte und Wurzeln von Charisma stärker einbezogen (vgl. Northouse, 2019, S. 179).

Das klassische Führungs- oder Managementverhalten wird dabei im Anschluss an Burns als transaktional bezeichnet. Das verweist auf den Grundcharakter der Führungsbeziehung als eine Austauschbeziehung im Sinne der Anreiz-Beitrags-Theorie bei der die Führungskraft stellvertretend für das Unternehmen entsprechende Anreize bereitstellt und der Mitarbeiter im Tausch entsprechende Leistungen für das Unternehmen erbringt. Gegenüber diesem Modell stellt Bass vor allem vier Faktoren heraus, die anstatt eines äquivalenten Tauschs eine überdurchschnittliche Anstrengung oder Motivation des Geführten hervorrufen können und damit zu einer überdurchschnittlichen Arbeitsleistung der Geführten beitragen, wobei der Fokus insbesondere auf spezifische Verhaltensweisen der Führungsperson gerichtet ist. Zu diesen Faktoren einer „transformationalen" Führung gehören dann nach Bass (1985, auch Bass & Avolio, 1994 sowie Bass & Riggio, 2006):

- die Führungskraft wirkt als Vorbild für die Mitarbeiter, setzt hohe moralische Standards, entwickelt die Wahrnehmung der Mission oder Vision des Teams und der Organisation (en. *charisma, idealized influence*),
- sie stimuliert das Interesse bei Kollegen und Mitarbeitern, ihre Arbeit aus neuen Perspektiven zu sehen (en. *intellectual stimulation*),
- sie entwickelt Fähigkeiten und Potenziale von Kollegen und Mitarbeitern (en. *individualized consideration*) und
- motiviert Kollegen und Mitarbeiter, über ihre eigenen Interessen hinaus zum Wohl der Gruppe beizutragen (en. *inspirational motivation*).

Vor allem der erste, aber auch der letzte Faktor der inspirierenden Motivation weisen dabei die engsten Bezüge zum Konzept der charismatischen Führung auf. Zugleich wird jedoch deutlich, dass einige Merkmale, vor allem die individuelle Zuwendung, deutlich über die Eigenschaften und Verhaltensweisen hinaus reichen, die den charismatischen Führungskräften zugewiesen werden, diese sogar konterkarieren. Während etwa der Faktor der intellektuellen Stimulierung eigenschaftstheoretisch ein höheres Intelligenzniveau der Führungskräfte gegenüber den Mitarbeitern voraussetzt oder zumindest auf zusätzliche, bei den Mitarbeitern nicht vorhandene Erfahrungen rekurriert, ist insbesondere die individuelle Zuwendung ein Einstellungs- und Verhaltensaspekt der Führung, der dem starken Eigenbezug des charismatischen Führers entgegensteht. Während bei der charismatischen Führung die Führungskraft durch ein entsprechendes „*impression management*" eine positive Wahrnehmung durch die Geführten „erzeugen" möchte, erfordert die individuelle Zuwendung eine tatsächliche Beziehungsarbeit und eine Hinwendung zu den Problemen der Nachgeordneten und die Unterstützung von Mitarbeitern bei der Erreichung ihrer jeweils individuellen Zielstellungen sowie ihrer individuellen Persönlichkeits- und Karriereentwicklung. Auch dadurch können sich die anderen Faktoren transformationaler Führung entsprechend entfalten und erklären den von Bass und anderen angenommenen zusätzlichen Führungseffekt (vgl. auch Northouse, 2019, S. 172).

Das entsprechende Modell wurde in der Arbeit von Bass und Avolio (1994) zu einem komplexen Faktorenmodell der Führung weiterentwickelt, welches die transformationale, transaktionale sowie liberale (en. *laissez-faire*) Führung umfasst (en. *full range model of leadership*). Wie bereits eingangs kurz angedeutet bezieht sich der Begriff der transformationalen Führung dabei auf die Transformation des Mitarbeiterverhaltens, vereinfacht gesprochen von einem austauschorientierten „Dienst nach Vorschrift" hin zu einem engagierten, motivierten, mit Führungskraft, Gruppe und Unternehmen verbundenen Mitarbeiter, wobei die Verfasser die transformationalen Einflussfaktoren als notwendige Ergänzung zu den anderen Verhaltensweisen sehen, um eine höhere Leistung zu erreichen.

Neben Aussagen der erhöhten Führungsqualität und Effektivität von transformationaler gegenüber transaktionaler Führung, aber auch gegenüber anderen Führungsformen, wie etwa bei liberalen Führungsstilen (en. *laissez-faire /management by exception*), zielte die weitere Entwicklung des Ansatzes vor allem auf die Analyse der Wirkungen der einzelnen Elemente von transformationaler Führung für Gruppen von Geführten und Organisationen, aber auch auf die relevanten Führungskontexte, ab. Pawar und Eastman (1997) haben mit als erste auf den Einfluss der Kontextfaktoren hingewiesen und vor allem Faktoren wie die Haltung zu Veränderung und Wandel sowie vorhandene Strukturmuster und Überwachungsmodi herausgestellt. Transformationale Führung ist demnach vor allem bei offen-adaptiver Haltung, einfacher Struktur und clanähnlicher Kontrolle erfolgreich. Die entsprechenden, meist im psychologischen Mikrokosmos, aber auch in interkulturellen Untersuchungen angelegten Forschungsbemühungen haben dabei zahlreiche empirische Ergebnisse hervorgebracht, auf die im Abschn. 2.3 näher eingegangen wird.

Ein **alternatives Modell des transformationalen Führungshandelns** haben Kouzes und Posner (2002, 2017) entwickelt. Auf der Basis von umfassenden Interviews mit Führungskräften in öffentlichen und privaten Organisationen zu den besten persönlichen Führungserfahrungen wurden fünf grundlegende Praktiken herausgearbeitet, die es Führungskräften ermöglichen, außerordentliche Leistungen zu erbringen. Dazu gehören die Bestimmung der eigenen Werte und Positionen, das Entwickeln und die inspirierende Vermittlung einer gemeinsamen Vision, das Infragestellen etablierter Vorgehensweisen, die Entwicklung und Befähigung der Geführten sowie die Ermutigung zum Handeln und die Anerkennung der Beiträge der Geführten.

Im Kontext der neocharismatischen Führung soll auch noch kurz auf das Konzept der transformationalen Führung nach Tichy und Devanna (1986, 1990) eingegangen werden. Die Autoren haben vor allem die Rolle von Führungskräften in grundlegenden Wandlungsprozessen bzw. Organisationstransformationen untersucht und ein Drei-Phasen-Modell als Rahmen für das Handeln der Führungskräfte entwickelt. In der ersten Phase muss der Manager als Veränderungsagent (en. *change agent*) handeln und die Notwendigkeit von Wandel ins Bewusstsein der Organisation heben. Dazu sollte er die Mitarbeiter befähigen, sich kritisch mit dem Zustand der Organisation auseinanderzusetzen und Alternativen zu suchen. In der zweiten Phase geht es um den Entwurf einer Vision, wobei Anregungen aus der gesamten Organisation aufzunehmen und zu verarbeiten sind. In der dritten Phase geht es schließlich um die Institutionalisierung des Wandels, das Abbrechen alter und die Entwicklung neuer Strukturen und Systeme. Dazu muss der transformationale Führer Unterstützer in der Organisation finden, mit denen die Vision umgesetzt werden kann, und zugleich den Mitarbeitern helfen, ihre neuen Rollen auszufüllen. Wie deutlich wird, bezeichnet hier der Begriff „transfomational" einen völlig anderen Sachverhalt als beim Konzept von Harold Bass. Das Objekt der Transformation ist das Unternehmen und nicht Mitarbeitereinstellung und -verhalten. Die Ähnlichkeiten der genannten Eigenschaften und Verhaltensweisen mit denen des transformationalen Führers bei Bass et al. ergeben sich, weil ein neocharismatisches Führungsmodell vor allem in Prozessen des grundlegenden Wandels, wie einem Wandel der Organisationskultur oder einer Fusion, als besonders geeignet gilt (vgl. z. B. Waldman & Javidan, 2009; Tikhomirov & Spangler, 2010).[4] In ähnlicher Richtung haben Bennis und Nannus (1985, 2007) Führungskräfte in sich transformierenden Organisationen befragt und vier zentrale (Erfolgs-)Strategien identifiziert: eine klare Vision der Zukunft zu vermitteln, als soziale Architekten die neuen Werte und Normen der Organisation zu kommunizieren, umzusetzen und Mitarbeiter zu motivieren, durch Zuverlässigkeit und Integrität Vertrauen aufzubauen, und ein positives Selbstwertgefühl zu demonstrieren.

Mit Blick auf die **Unterschiede zwischen charismatischer und transformationaler Führung** wird zunächst ein stärkerer Mitarbeiterbezug und eine Mitarbeiterförderung des transformationalen Führers statt des Selbstbezugs des charismatischen Führers betont. Weiterhin wird vor allem die persönliche Identifikation und Abhängigkeit charismatischer Anhänger gegenüber einer sozialen Identifikation sowie die gesteigerte individuelle und kollektive Selbstwirksamkeit der transformationalen Führungsbeziehung herausgestellt (Kark et al., 2003). Bass und andere Autoren verweisen auf das Auftreten und die Eignung transformationaler Führung auf allen Führungsebenen und in unterschiedlichsten Führungssituationen, insbesondere auch in Wirtschaftsorganisationen, während Charisma als eher selten und situationsabhängig erscheint bzw. zugeschrieben wird (z. B. Bass, 1985, 1996; Beyer, 1999). Die „Veralltäglichung" und „Zähmung" des Charismas finden also ihre Umsetzung im Konzept der transformationalen Führung. Andererseits wirken vergleichende Listen der beiden Führungskonzepte, wie z. B. von Neuberger zusammengestellt (2002, S. 201 ff.), dann doch recht einseitig polarisierend, indem transformationaler Führung auch noch besonders positive Wirkungen für organisationales Lernen und die Herausbildung von Organisationsbürgertum (en. *organizational citizenship*) zugeschrieben, und negative Aspekte des Führungsmodells, etwa die Authentizitätsfrage, die nach wie vor vorhandene Führerzentrierung oder mögliche Rollendilemmata, nicht erwähnt werden.

In der grundsätzlichen **Kritik** der transformationalen Führungstheorie wird insbesondere die konzeptionelle Unklarheit mit zahlreichen Verhaltensweisen, Aktivitäten und Eigenschaften, die kaum voneinander, und den von den Wirkungen abgegrenzt sind, hervorgehoben (vgl. u. a. Northouse, 2019, S. 180). Auch Kieser (2019, S. 364 f.) verweist auf Tautologien im Konzept und der Messung, bei der sich abhängige und unabhängige Variablen überlappen. Der Fokus auf Führungseigenschaften und Führungshandeln wird, ähnlich wie bei der charismatischen Führung, ebenfalls kritisch gesehen (Northouse, 2019,

---

[4] Es finden sich jedoch auch gegenteilige Studien, die vor allem charismatische Führer als Hemmnisse für den Wandel in Organisationen portraitieren (z. B. Levay, 2010). Vergleiche auch Kritik.

S. 180–181). In Verbindung damit werden auch die negativen Seiten (*dark sides*) einer transformationalen Führung hervorgehoben, etwa die Gefahr, die in einer (manipulativen) „Wertetransformation" bei den Geführten im Sinne der durch Führungskräfte und Organisation vorgegebenen Werte liegen kann (u. a. Tourish, 2013; Northouse, 2019, S. 182). Anderson et al. (2017) äußern schließlich Zweifel an einer Akzeptanz und Wirksamkeit transfomationaler Führung gegenüber den Führungserwartungen jüngerer Generationen von Geführten.

### 2.2.3 Neuere Entwicklungstendenzen

Charakteristisch für neuere Theorieentwicklungen im Bereich der neocharismatischen Führungstheorie und -forschung insgesamt ist zunächst eine Verschiebung des Interesses auf die in einem sozialen Konstruktionsprozess entstandenen **impliziten Führungstheorien** und ihres Einflusses auf Führungsprozesse und die Akzeptanz der Führungskraft (vgl. Kap. 4 zu impliziten Führungstheorien im Buch). Es wird angenommen, dass Vorstellungen und Erwartungen von Führungspersonen und Führungsprozessen existieren, die Wahrnehmungen und Zuschreibungen des Führungshandelns und seiner Ergebnisse beeinflussen (vgl. z. B. Keller-Hansbrough & Schyns, 2018). Neocharismatische Führungseigenschaften und Verhaltensweisen gelten dabei universell als gute Führung, was die Akzeptanz entsprechender Führungspersonen erleichtert.

Bezogen auf den Führungsprozess haben bereits Bono und Ilies (2006) sowie Erez et al. (2008) auf die Bedeutung der **emotionalen Komponente charismatisch-transformationaler Führung** und ihre Übertragung auf Mitarbeiter verwiesen. Walter und Bruch haben ein komplexes Modell der affektiven Wirkung von Arbeitsereignissen auf charismatische Führungsprozesse entwickelt und verweisen zusätzlich auch auf die emotionale Intelligenz der Führungskräfte als wichtigem Faktor (2009, S. 1436 ff.). In einem neueren Beitrag gehen Sy, Hortona und Riggio (2018) im Gegensatz zu der eher ein-direktionalen, führerbezogenen Betrachtung von Emotionen von einer emotionalen Verflechtung aus Aktion und Reaktion aus, die eine emotionale Beziehung zwischen Führer und Geführtem konstituiert.

Ein weiterer zentraler Trend in der neocharismatischen Führungsforschung nach 2000 ist der so genannte **„authentic turn" in der transformationalen Führung**, der die Authentizität des Führers, des Führungshandelns und der darauf aufbauenden Führungsbeziehung besonders betont (en. *authentic transformational leadership)*. Bass und Steidlmeier (1999) führen den Begriff in die Diskussion ein und unterscheiden auf der Grundlage ethischer und moralpsychologischer Überlegungen und im Anschluss an Burns zwischen authentischer transformationaler Führung und nicht-authentischer bzw. **pseudo-transformationaler Führung** (vgl. Bass & Riggio, 2006). Price (2003, S. 71 ff.) entwickelt das Konzept weiter, indem neben altruistischen und egoistischen Werten auch hinsichtlich kongruentem und inkongruentem Verhalten unterschieden wird. In der Kombination ergeben sich neben dem authentischen Stil (altruistisch/kongruent) drei verschiedene Arten pseudo-transformationaler Führung, die sich jeweils durch inkongruentes Verhalten bei altruistischen Werten bzw. durch kongruente oder inkongruente Verhaltensweisen bei egoistischen Werten kennzeichnen lassen. Das Konzept der authentisch-transformationalen Führung hat sich im Weiteren als eigenständiges Konzept authentischer Führung etabliert (Avolio & Gardner, 2005), und die Diskussionen zur ethischen Führung, aber auch zum Konzept der destruktiven Führung gefördert (vgl. Kap. 11).

Darüber hinaus finden sich zunehmend auch Ansätze und Studien, die die Mechanismen einer indirekten Führungswirkung charismatisch-transformationaler Führung auf (räumlich-zeitlich) entfernte Anhänger (en. *distant charisma – distant follower*) über Ebenen, Netzwerke oder Medien betrachten. Hier werden dann u. a. **Netzwerkanalysen, sprachwissenschaftliche und diskursanalytische Analysen** einbezogen (z. B. Mumford et al., 2008; Galvin et al., 2010; Bligh & Robinson, 2010; Fanelli & Grasselli, 2006; Weibler, 2010). Galvin et al. analysieren zum Beispiel, wie Mitarbeiter ohne direkten Kontakt beeinflusst werden. Sie verweisen dazu auf den Einfluss von Dritten (en. *third-party-individuals*) im Sinne der Ansteckungstheorie. Sie bezeichnen diese als Surrogate und betonen die Konstruktion ihres Verhaltens und ihrer Position im Netzwerk des Unternehmens als Basis für die Zuschreibung von Charisma zu entfernten Führern (2010, S. 478 ff.). Fanelli und Grasselli (2006) analysieren die Konstruktion des Charismas bei „erfolgreichen" Geschäftsführern an der US-Börse durch eine Analyse der Selbstpräsentationen der Geschäftsführer und des Diskurses der Analysten. Bligh und Robinson (2010) sowie Weibler (2010) liefern zwei gute Beispiele rhetorischer und sprachwissenschaftlicher Analysen am Beispiel der Reden Ghandis im Vergleich zu amerikanischen Präsidenten und Führern sozialer Bewegungen sowie durch Analyse der Reden von Obama. Und schließlich hat Aswad (2019) die charismatische Rhetorik von Hilary Clinton und Donald Trump im Wahlkampf 2016 analysiert.

## 2.3     Empirische Forschung: Methoden und ausgewählte aktuelle Befunde

Bevor im Weiteren wichtige aktuelle Befunde dargestellt werden sollen, muss auf die inzwischen ebenfalls kaum überschaubare Vielfalt empirischer **Forschungsmethoden,** die im Bereich charismatischer-transformationaler Führung Anwendung finden, verwiesen werden.

Yukl (2013, S. 315–319) nennt etwa Fragebogenforschung zum Führungs- und Mitarbeiterverhalten, Kontexten und Wirkungen, deskriptive und vergleichende Studien von Führungskräften auf der Basis von Interviews, Primär- und Sekundärtexten, weiter Feldexperimente u. a. mit Studierenden, Laborexperimente, Intensiv-Fallstudien einzelner historischer Persönlichkeiten oder aktueller Politiker oder Führer von (meist) großen Organisationen, zum Teil auch als Langzeitstudien. Trotz einer Dominanz quantitativer Ansätze nehmen Studien mit qualitativer Methodologie zu, was auch mit dem veränderten Fokus der Forschung auf Beziehungen, Prozesse, und gesellschaftliche Kontextualisierung neuerer Führungsforschung allgemein (vgl. Bryman, 2004) und der neocharismatischen Führung im Besonderen zu tun hat. Bezogen auf die neueren Entwicklungen finden sich neben qualitativen Interviews im Allgemeinen auch narrative Interviews mit Führungskräften und Mitarbeitern, Gruppendiskussionen, Analysen von Videos, biografischen Daten und weiteren Materialien im Rahmen einer Medien- und Diskursanalyse, usw. usf. Im Folgenden werden einige Methoden der neocharismatischen Führungsforschung exemplarisch kurz erläutert, um das breite methodische Spektrum zu verdeutlichen.[5]

Die dominierende fragebogengestützte Forschung basiert auf verschiedenen Instrumenten zur transformationalen und charismatischen Führung. Besondere Bedeutung und breite Nutzung hat dabei der „Multifactor Leadership Questionnaire" (MLQ) erfahren. Der Fragebogen in verschiedenen Versionen enthält Items, die die einzelnen Faktoren transaktionaler und transformationaler Führung widerspiegeln. Gerade diese Fundierung der empirischen Forschung ist in letzter Zeit stark kritisiert worden, vor allem, wie bereits erwähnt, aufgrund der fehlenden Unabhängigkeit von Faktoren und Wirkungen transformationaler Führung.

Andere Autoren haben Unternehmensleiter in längeren Interviews befragt, um Merkmale erfolgreicher Führung herauszuarbeiten (vgl. z. B. Bennis & Nanus, 1985), die wesentlichen Aspekte charismatisch-transformationaler Führung und Führungsbeziehungen widerspiegeln.

In einer Laborstudie von Awamleh und Gardner (1999) haben verschiedene Personen ein Video mit der Rede eines Managers angesehen. In der Rede wurden drei Variablen modifiziert: die inhaltliche Botschaft (mehr oder weniger inspirierend), der Organisationserfolg (hoch oder niedrig), und die Art und Weise, wie die Botschaft übermittelt wurde (ausdrucksstark, minen- und gestenreich, mit Augenkontakt bzw. mit schwacher ostentativer Kommunikation). Anschließend sollten das Charisma und die Effektivität des Managers durch die Teilnehmer bewertet werden. Die Ergebnisse der verschiedenen Kommunikationsinhalten und -formen wurden verglichen.

Bligh und Robinson (2010) untersuchten 16 öffentliche Reden von Ghandi von 1914 bis 1948. Mit Hilfe eines computerbasierten Analyseprogramms wurden dann Merkmale der Rhetorik Ghandis herausgearbeitet wie Werte und moralische Rechtfertigungen, Bezug zu Mitarbeiterwerten, der Gemeinschaft, zu Zeit bzw. Veränderung, notwendigen Handlungen, oder Betonung der Ähnlichkeit mit den Anhängern. Die Ergebnisse wurden u. a. mit denen amerikanischer Präsidenten wie Kennedy, Reagan und Roosevelt verglichen.

Fanelli und Grasselli (2006) wählten zwei Fälle von Führungsnachfolge aus. Im Kontext dieser Prozesse wurden die ersten Briefe der Geschäftsführer an die Anteilseigner sowie 12 Berichte und Interviews mit den neuen Geschäftsführern analysiert. Weiterhin wurden 45 Analysten-Berichte einbezogen. Dabei wurden vor allem Aussagen zu Persönlichkeitsmerkmalen, Verhaltensweisen und Visionen kodiert und als Diskurs analysiert.

Abb. 2.2 gibt einen **Überblick zu den wesentlichen empirischen Forschungsobjekten und -zusammenhängen** im Kontext der neocharismatischen Führungsforschung. Die

---

[5] Vgl. auch verschiedene Beiträge im Leadership Quarterly Dezember 2012.

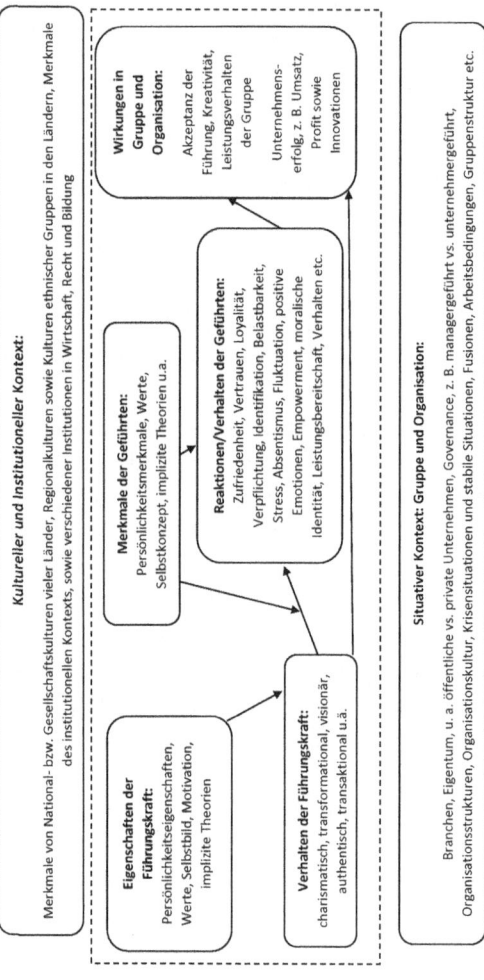

**Abb. 2.2** Überblick zu den wesentlichen Forschungsobjekten und -zusammenhängen im Kontext der neocharismatischen Führungsforschung [Bildrechte: Urheberrecht beim Autor]

Abbildung verweist auf ein inzwischen enorm breites Feld umfassender Forschung zu verschiedenen Facetten neocharismatischen Führungsverhaltens, seiner Einflussfaktoren, Kontexte und Wirkungen.

Unbeschadet der einzelnen Studien zu den dargestellten Objekten und Zusammenhängen lassen sich folgende zentrale **Befunde der neocharismatischen Führungsforschung** zusammenfassen:

1. Charismatisch-transformationale Führung ist der transaktionalen Führung in ihrer Wirkung grundsätzlich überlegen. In verschiedenen Kontexten zeigt sich jedoch auch, dass eine Kombination der Führungsaktivitäten besonders effektiv ist.

Die empirische Forschung zur charismatischen und transformationalen Führung konnte in verschiedenen Studien Zusammenhänge entsprechender Führungseigenschaften und -verhaltensweisen zu objektiven Erfolgsindikatoren von Organisationen nachweisen, so z. B. von MacKenzie, Podsakoff und Rich (2001) zur Wirkung auf den Umsatz von Verkäufern, von Barling, Weber und Kelloway (1996) bezogen auf analoge Leistungsergebnisse im Bankgewerbe, von Dvir et al. (2002) auf die Leistungsfähigkeit und Leistungsergebnisse bei Armeeangehörigen, von Gumusluoglu und Ilsev (2009) auf Kreativität der Mitarbeiter und organisationale Innovationsfähigkeit oder von Garcia-Morales und Ko-Autoren (2008) über organisationales Wissen, Lernen und Innovation auf die Leistung der Organisation. Nach Hamstra et al. (2014) ist transformationale Führung der transaktionalen Führung insbesondere dort überlegen, wo es um die Förderung der Mitarbeiterentwicklung und Lernprozesse geht, nach Zhu, Riggio, et al. (2011) bezüglich der Herausbildung einer moralischen Integrität der Mitarbeiter.

Den Einfluss einzelner transformationaler Führungsaktivitäten mittlerer Manager auf spezifische als effektiv gekennzeichnete Verhaltensweisen der Geführten haben Alegbeleye und Kaufmann (2020) untersucht. Während die Wirkung inspirierender Motivation auf eine Identifikation mit der Führungskraft, der individuellen Zuwendung auf die Kooperation mit anderen, und der intellektuellen Stimulierung auf die Wandelbereitschaft nachgewiesen werden konnte, fanden die Autoren keine signifikante Wirkung des idealisierten (charismatischen) Einflussverhaltens auf die Herausbildung von Vertrauen bei den geführten Mitarbeitern.

Andere Studien haben neben der individuellen Wirkung auch die Wirkung einer transformationalen Führung im Gruppenkontext am Beispiel des individuellen Wohlbefindens der Mitarbeiter herausgestellt (Nielsen & Daniels, 2012). Zunehmend werden auch vermittelnde Mechanismen einer eher indirekten Wirkung charismatischer oder transformationaler Führung auf die Leistung der Geführten untersucht. Effelsberg und Solga (2015) und später auch Ng (2017) haben dabei das Niveau der Führer-Geführten-Beziehung (LMX) als zentralen Mechanismus der Wirkung transformationaler Führung identifiziert.

Im deutschen Sprachraum wurden ebenfalls zum Teil hochsignifikante Zusammenhänge vor allem zwischen wahrgenommenen charismatisch-transformationalen Führungsfaktoren und den Führungswirkungen nachgewiesen. Das betraf subjektive Erfolgsfaktoren der transformationalen Führung wie Commitment, Organizational Citizenship Behavior (OCB), Motivation oder Zufriedenheit als auch objektive Erfolgsfaktoren (vgl. u. a. Geyer & Steyrer, 1998; Bass & Steyrer, 1995; Felfe, 2006; Steyrer et al., 2008; Lang et al., 2008). Allerdings verweisen verschiedene Autoren darauf, dass der Einfluss geringer ausfällt, wenn Merkmale der Tätigkeit mit einbezogen werden (Felfe, 2006), die dann offenbar als Substitute für Führung wirken. Außerdem betonen zum Beispiel Braun, Peus, Weisweiler und Frey (2013) die vermittelnde Rolle des Vertrauens in Führungskraft und Team bei der Wirkung transformationaler Führung auf Arbeitszufriedenheit und Team-Leistung.

Ähnliche Ergebnis finden sich u. a. bei Notgrass (2014), der Loyalität, Vertrauen und gegenseitigen Respekt als wichtige Beziehungsmerkmale mit Einfluss auf die Wirkung transformationaler Führung hervorhebt. Und schließlich verweisen Zhu und Kollegen (2013) auf die differenzierte Wirkung von verschiedenen Arten des Vertrauens, wobei vor allem affektives Vertrauen für die Wirkung der transformationalen Führung wichtig ist.

Li und Kollegen (2017) haben herausgefunden, dass die Identifikation der Geführten mit dem Führer die direkten bzw. indirekten Wirkungen der transformationalen Führungsverhaltensweisen auf die Bereitschaft zum Wandel unterstützt. Der Faktor „Intellektuelle Stimulierung" wies dabei die größten, auch direkten Effekte auf, während die Wirkung der individuellen Zuwendung vor allem indirekter Natur war.

Mit Blick auf die transaktionalen Führungsaktivitäten wurde einschränkend zur überlegenen Wirkung transformatonaler Führung festgestellt, dass z. B. bedingte Belohnung ähnlich hohe Korrelationen mit Ergebnisvariablen erreicht wie transformationale Verhaltensweisen (z. B. Judge et al., 2006). Auch Zwingmann und ihre Ko-Autoren (2014) konnten in einer internationalen Vergleichsstudie zwar einen stärkeren Einfluss eines als transformational wahrgenommenen Führungsstils gegenüber bedingter Belohnung auf die individuelle Gesundheit der Beschäftigten feststellen, jedoch wurde deutlich, dass eine kombinierte Wirkung transformationaler und transaktionaler Führung und eine Vermeidung von Laissez-faire-Führung die höchste Wirkung hat. Führung wurde dabei als kollektiv wahrgenommenes Phänomen im Sinne eines transformationalen/transaktionalen Klimas in der Organisation einbezogen.

Generell ist bei den fragebogenbasierten Studien zur transformationalen Führung immer zu beachten, dass die o.g. genannten Effekte zwar in Verbindung mit transformationalen Verhaltensweisen wahrgenommen wurden, ein kausaler Zusammenhang zwischen charismatisch-transformationaler Führung und zentralen Wirkungen bisher aber nicht nachzuweisen war (vgl. Antonakis, 2012; Northouse, 2019).

2. Charismatisch-transformationale Führungseigenschaften gelten in vielen Kulturen weltweit als Prototyp erfolgreicher Führung. Dabei zeigen sich jedoch auch Unterschiede bezüglich des Stellenwertes dieses Führungsmusters im Vergleich zu anderen Führungsstilen, seiner internen Faktorstruktur sowie seiner Wirksamkeit.

Vor allem im Rahmen der weltweit größten kulturvergleichenden Führungsstudien im Rahmen des GLOBE-Projektes (vgl. House et al., 2004; Den Hartog et al., 1999; Dorfman et al., 2012) wurde dabei der Nachweis erbracht, dass Eigenschaften der charismatisch-transformationalen Führung weltweit als Muster für herausragende Führung gelten. Zugleich verweisen sowohl Befunde auf der Basis der GLOBE-Studien als auch weitere kulturvergleichende Länderstudien darauf, dass die innere Struktur charismatisch-transformationaler Führung sowohl bei den Führungserwartungen als auch im beobachteten Verhalten kulturspezifische Variationen zeigt. So zeigen etwa die Ergebnisse von Steyrer, Schiffinger und Lang (2007) sowie Brodbeck et al. 2002; Brodbeck und Frese 2007, dass transformationale Führung im deutschen Kontext eine vom globalen Muster abweichende inhaltliche Konfiguration hat. Während das Konzept der charismatisch-transformationalen Führung in starkem Umfang Aspekte der individuellen Zuwendung und eines gruppenbezogenen humanen Führungsverhaltens einschließt, fehlen diese Aspekte sowohl bezüglich der erwarteten als auch der durch Mitarbeiter wahrgenommenen Führung in Deutschland. Die Führungskraft konzentriert sich in diesem Kontext auf das Vorbild einer leistungsorientierten Fachkraft mit einem (relativ) stärkeren Fokus auf transaktionale Führungsaktivitäten. In der CEO-Studie des GLOBE-Projektes (House et al., 2014) wurde schließlich festgestellt, dass vor allem die Übereinstimmung (*fit*) zwischen kulturell bedingten impliziten Führungstheorien und dem beobachteten Führungsverhalten des Geschäftsführers (CEO) mit dem Engagement des Topmanagement-Teams und dem Firmenerfolg korreliert. Das gilt insbesondere auch für charismatisch-transformationales Führungsverhalten, wo sich neben höheren Korrelationen mit den genannten Indikatoren gegenüber anderen Führungsmustern vor allem deutliche Unterschiede zwischen sehr erfolgreichen und schwächeren Führungskräften gezeigt haben. Sehr erfolgreiche Geschäftsführer stimmen in ihrem Führungsverhalten weit stärker mit den kulturbedingten Führungserwartungen überein (House et al., 2014, S. 336 f.). Darüber hinaus haben Crede, Jong und Harms (2019) herausgefunden, dass die Effektivität der transformationalen Führung mit Blick auf die Leistung der Beschäftigten vor allem durch kulturelle Werte und Praktiken moderiert wird. Dabei ist die Wirkung vor allen in entwickelten Industriestaaten Westeuropas und Nordamerikas begrenzt während sie in Afrika, dem mittleren Osten, Südamerika und Südostasien ausgeprägter ist. Gruppenkollektivismus, Machtunterschiede und Unsicherheitsvermeidung in Kulturen scheinen die Wirkung transformationaler Führung zu beeinflussen (vgl. auch Zwingmann et al., 2014; Steele et al., 2019)

3. Der Organisationskontext hat offenbar ebenfalls einen Einfluss auf die Entstehung, Auswirkung und Wirkung transformational-charismatischer Führung. Unterschiede zeigen sich u. a. bezüglich der Eigentumsverhältnisse (privat vs. öffentlich), der Führungsstruktur (eigentümergeführt vs. managergeführt) und der Unternehmenssituation mit Blick auf Stabilität und Instabilität oder der Organisationsstruktur und -kultur.

So haben Studien bestätigt, dass Führungskräfte in etablierten Firmen als weniger transformational eingeschätzt werden als in Gründungsunternehmen (vgl. u. a. Shin & Zhou, 2003). Das stützt die Vermutung, dass charismatische-transformationale Führung vor allem in unternehmerischen oder turbulenten Umwelten, d. h. Situationen der Organisationstransformation, besonders erfolgreich ist bzw. vor allem in solchen Situationen verstärkt zugeschrieben wird. In diesem Kontext ist auch der Fokus auf den Gründer und Eigentümer zu sehen. Große öffentliche Unternehmen und Verwaltungsorganisationen weisen daher eine geringere Ausprägung transformational-charismatischer Führung und einen geringeren Erfolgseffekt auf (Geyer & Steyerer, 1998; Javidan & Waldman, 2003; Walter & Bruch, 2010). Organische Organisationsstrukturen und kollektivistische Kulturen fördern das Auftreten und die Wirkung charismatisch-transformationaler Führung (z. B. Pawar & Eastman, 1997; Pillai & Meindl, 1998, zu weiteren strukturellen und kulturellen Einflüssen vgl. auch Gelfand et al., 2004 und Menges et al., 2011). Im Unterschied zu stabilen Arbeitskontexten konnten Tyssen und Kollegen (2014) für Projekte und Projektstrukturen eine stärkere Bedeutung transaktionaler Führung im Zusammenhang mit transformationalen Führungsaktivitäten feststellen.

4. Die Persönlichkeitsmerkmale, das Selbstkonzept und implizite Führungstheorien beeinflussen in hohem Maß Wahrnehmung und Zuschreibung von Charisma oder transformationalem Führungsverhalten.

So konnten etwa Howell und Shamir (2005) zeigen, dass Mitarbeiter mit geringer Klarheit im Selbstkonzept eine Tendenz zum Aufbau einer personalisierten Beziehung aufweisen, die auf einer idealisierten Wahrnehmung und Zuschreibung entsprechender charismatischer Eigenschaften des Führers beruht. Im Ergebnis entsteht eine starke Abhängigkeit vom Führer, oft verknüpft mit blindem Glauben und unbedingtem Gehorsam. Mitarbeiter mit starker Klarheit im Selbstkonzept tendieren eher zur Entwicklung einer sozialisierten Beziehung zum Führer auf Basis der sozialen Attraktivität des Führers für die Gruppe und ihre Werte. Die Konsequenz ist hier eine bewusste Gefolgschaft, die auch bei Versagen des Führers oder einem Verhalten gegen die propagierten Werte leichter wieder aufgekündigt wird. Eine andere Studie, die auf die relationale Beziehung zwischen Führer und Geführten eingeht, liefern Campbell et al. (2008), welche die Beziehungen zwischen Geschäftsführern und deren Top-Management-Teams anhand der Dimensionen „*constructiveness*" und „*competitiveness*" untersuchen. Ihre Resultate deuten an, dass eine konstruktive Beziehung positiv mit der Attribution von Charisma verbunden ist, während sich eine wetteifernde Beziehung negativ auf die Zuschreibung von Charisma auswirkt. Die Bedeutung einer Werte-Kongruenz zwischen Führer und Geführten als Basis für die Akzeptanz und Wirkung eines charismatischen Führers haben Brown und Treviño (2009) herausgestellt. In einer aktuellen Studie konnten Keller-Hansbrough und Schyns (2018) die unterschiedliche Wirkung transformationaler Führung auf Mitarbeiter und die zentrale Bedeutung von Persönlichkeitseigenschaften der Mitarbeiter wie auch ihrer impliziten Führungstheorien nachweisen.

## 2.4   Anwendungsfelder der neocharismatischen Führungskonzepte in der Führungspraxis

Als wesentliche Anwendungsfelder der neocharismatischen Theorie in der Führungspraxis sind vor allem die Führungskräfteauswahl, Führungskräfteentwicklung und -training sowie Grundsätze oder Leitlinien für das Führungsverhalten zu nennen.

Bei der Führungskräfteauswahl lassen sich gezielt Eigenschaften und Verhaltensweisen charismatischer oder transformationaler Führer als Grundlage von Auswahlentscheidungen verwenden. Das kann sowohl bei den jeweils genutzten Persönlichkeitstests, bezogen auf Werte, Persönlichkeitseigenschaften wie Dominanz, Selbstvertrauen, Einflussstreben, aber auch bei Assessment-Centern mit Blick auf Verhaltensweisen, wie die Fähigkeit, andere zu überzeugen oder Visionen und Ziele zu kommunizieren, geschehen. Selbst ein Blick in Ausschreibungen von Führungspositionen in den Medien zeigt, dass dort sehr häufig Erwartungen formuliert werden, die neo-charismatischen Führungseigenschaften nahekommen, nicht nur bei Positionen im Top-Management. Vor allem bei Unternehmen, die im internationalen und globalen Umfeld tätig sind, haben diese Auswahlkriterien, auch mit Blick auf die empirischen Befunde zu globalen Führungserwartungen, einen hohen Stellenwert (vgl. auch Kap. 15 zu globaler Führung im Buch).

Durch die „Veralltäglichung" des Charismas in der neocharismatischen und vor allem transformationalen Führung wird das Schwergewicht wieder auf erlernbare Verhaltensweisen verschoben. Für die charismatische Führung wären das vor allem Aktivitäten, die eine Zuschreibung von Charisma zur eigenen Führungsperson fördern, also insbesondere alle Formen der Kommunikation der eigenen Werte und der Vision, aber auch der vorteilhaften Selbstdarstellung und des „Impression Managements". Vor allem rhetorische Fähigkeiten und ihre Entwicklung stehen damit im Mittelpunkt. Besonders bei der transformationalen Führung wurde von Bass schon immer die Möglichkeit und Wirksamkeit eines Führungstrainings herausgestellt, z. B. Bass und Steyrer (1995). Andere Autoren haben das auch für das mittlere Management als möglich und sinnvoll postuliert (Spreitzer & Quinn, 1996).

Die weiteren normativen Implikationen für die Führungspraxis sind die zahlreichen Hinweise für die Gestaltung des Führungsverhaltens und des Führungsprozesses, wie sie in fast allen Lehrbüchern anzutreffen sind und zum Teil in Führungsleitbildern oder Führungsgrundsätzen in Unternehmen ihren Niederschlag finden. Als Beispiel sollen hier nur kurz die aus der Theorie abgeleiteten Leitlinien für transformationale Führung (en. *Guidelines for Transformational Leadership*) nach Yukl genannt werden (2013, S. 323):

- Kommuniziere eine klare und attraktive Vision!
- Erkläre, wie die Vision erreicht werden kann!
- Handle zuversichtlich und optimistisch!
- Drücke den Nachgeordneten Dein Vertrauen aus!
- Nutze einprägsame und symbolische Handlungen um die zentralen Werte zu betonen!
- Führe durch Vorbild!

Für den Beispielfall aus dem Einleitungskapitel ergeben sich aus den bisher dargestellten Erkenntnissen zur neocharismatischen Führungstheorie folgende weiterführende Einsichten:

---

### Herr Mittermayer als charismatisch-transformationaler Führer

Aus der Sicht der neocharismatischen Führungstheorie sind vor allem die Verhaltensweisen von Herrn Mittermayer als charismatisch-transformationaler Führer sowie das Entstehen einer charismatischen Führungsbeziehung von Interesse. Weiterhin wären die Führungssituation sowie die Führungserwartungen und Eigenschaften der Geführten einzubeziehen. Und schließlich ist auch die Bewährung als Führer in Form des Führungserfolges wichtig.

Zu den zentralen, im Fall genannten Verhaltensweisen gehören insbesondere das Vertrauen in seine eigene Vorbildwirkung, aber auch Gewährung von Freiräumen und individuelle Zuwendung zu den nachgeordneten Führungskräften wie auch zu „normalen" Mitarbeitern im Unternehmen. Herr Mittermayer steht dabei für bestimmte zentrale Werte, die er selbst verkündet und auch vorlebt. Symbolische Handlungen zur Demonstration der Mitarbeiterorientierung und der wichtigen Kulturwerte werden ebenfalls deutlich. Wesentliche Aspekte charismatisch-transformationaler Führung sind also klar zu erkennen. Der zumindest im Fall dokumentierte Führungserfolg auch unter schwierigen Transformationsbedingungen im Umfeld (Finanzen, Fachkräfte) und im frühen Stadium der Unternehmensentwicklung nach der Gründung unterstützen dabei eine Wahrnehmung und Zuschreibung des Erfolges auf die Führungseigenschaften und Verhaltensweisen von Herrn Mittermayer und fördern die personale und soziale Identifikation. Für die Akzeptanz der Führung und des Führungsverhaltens von Herrn Mittermayer ist dabei wichtig, dass es sich um die Neugründung einer Firma in einer von Arbeitslosigkeit betroffenen bzw. relativ unsicheren Umwelt handelt, was die Bereitschaft von Mitarbeitern und Führungskräften, eine entsprechende Ausstrahlung zuzuschreiben, erhöht.

Allerdings weisen auch einige Passagen des Falls auf Defizite in der Ausprägung einzelner Merkmale der charismatisch-transformationalen Führung hin. So führt die Eigendefinition seiner Rolle als „Berater der Führungskräfte" dazu, dass Herr Mittermayer den Mitarbeitern zwar einerseits Vertrauen ausdrückt und sie eigenständig handeln lässt, andererseits jedoch die Richtung nicht klar kommuniziert, sondern versucht, seine Vorstellung durch eher indirekt-manipulative Einflussnahme zu erreichen. Der Rückzug von einer direkten Einflussnahme reduziert allerdings zugleich die Vorbildwirkung des Führungsverhaltens (*distant charisma*). Die normative Empfehlung an Herrn Mittermayer wäre also, seinen Führungsstil entlang entsprechender Leitlinien vollständig auf die transformationale Führung auszurichten. ◄

## 2.5   Grenzen und zentrale Problemfelder neocharismatischer Führungskonzepte

Im Zusammenhang mit der Darstellung der charismatischen Führungstheorie wurde bereits auf einige zentrale Kritikpunkte mit Blick auf die Übertragung des Charismas auf Organisationen verwiesen. Zugleich wurde eine gewisse paradigmatische Ambivalenz des Konzeptes deutlich: zwischen postulierter sozialer Konstruktion der Führungsbeziehung durch die am Führungsprozess beteiligten Akteure einerseits und einem funktionalistischen Forschungsansatz andererseits, der auf die Analyse des Verhaltens erfolgreicher Führer oder die quantitative Erfassung von Eigenschaften und Verhalten von Führungskräften und Geführten als Fakten gerichtet ist.

Die grundsätzliche **paradigmatische Einordnung** des neocharismatischen Führungsansatzes in das Feld zwischen funktionalistischem und interpretativem Ansatz schließt natürlich nicht aus, dass es auch etliche Zugänge zum Thema neocharismatischer Führung gibt, die den Gegenstand aus einer kritischen Perspektive analysieren. Dazu gehören vor allem Studien, die den Charisma-Diskurs insgesamt kritisch analysieren und seine ideologischen Funktionen aufzeigen, z. B. Neuberger (2002, S. 215–221), oder aktuelle Ansätze, die Führungsdiskurse im Hinblick auf ihre jeweiligen Macht- und Herrschaftsbezüge betrachten, z. B. Fairhurst und Cooren (2009). Neben diesen eher dem radikal-strukturalistischen Paradigma zuzuordnenden Ansätzen der Beschäftigung mit neocharismatischer Führung finden sich auch psychoanalytische Ansätze, die das Konzept aus radikal-humanistischer Perspektive kritisieren (z. B. Kets de Vries, 1988; Lindholm, 1990). Sie betrachten die charismatischen Führungsbeziehungen im Sinne einer wechselseitigen Abhängigkeit und Bindung, als psychisches Gefängnis, aus dem weder Führer noch Geführter entrinnen können (vgl. auch Neuberger, 2002, S. 183 ff.). Interpretative Ansätze im Sinne einer Subjektivierung der Führungsbeziehung würden konsequenterweise auch ein qualitatives Vorgehen bei der Analyse und Auswertung erfordern. Auch wenn es dafür inzwischen zahlreiche Beispiele gibt, z. B. zur Konstruktion des Charismas durch Analysten an der Börse durch Fanelli und Grasselli (2006), so fällt doch bei vielen anderen Ansätzen auf, dass entweder die über Interviews erfassten Führungsmerkmale oder Beschreibungen von Führungsbeziehungen in der Auswertung letztlich als Fakten interpretiert werden, oder dass die subjektiven Konstrukte, wie z. B. das Selbstkonzept oder implizite Führungsauffassungen der Mitarbeiter, mit Hilfe von Fragebögen in Fakten verwandelt werden.

Auf die wichtigsten Kritikpunkte an den theoretischen Konzepten der charismatischen und der transformationalen Führung im Kontext von Organisationen wurde bereits eingegangen. Im Folgenden sollen noch einige übergreifende Probleme des neocharismatischen Führungskonzept angesprochen werden. Zunächst ist auf die **unzureichende interkulturelle Differenzierung** charismatischer Führungspersonen und ihres Verhaltens zu verweisen. Was ein vorbildhaftes Führungsverhalten, das von den Nachgeordneten im hohen

Maße anerkannt und akzeptiert wird, in einzelnen Kulturen darstellt, variiert in erheblichem Maße von Kultur zu Kultur (vgl. auch Anmerkungen zum Konzept Steyrer in Abschn. 2.2.1). Die Ursache dafür liegt zum einen in der Grundidee des Charisma-Konzeptes, das sich vor allem auf die Wirkung der Verhaltensweisen von herausragenden Personen auf die sie umgebende (kulturelle) Gruppe bezieht, aber auch im Ursprung des Konzepts der charismatischen Führung im US-amerikanischen Kontext. Im interkulturellen Vergleich wird sehr schnell deutlich, dass charismatische Führungseigenschaften, wie sie die US-amerikanische Forschungstradition überliefert hat, in sehr unterschiedlichem Maße in anderen Ländern als erstrebenswert angesehen werden. Dies gilt unbeschadet der etwa vom GLOBE-Projekt oder anderen interkulturellen Studien postulierten Universalität von charismatisch-transformationaler oder wertebasierter Führung. Schon die festgestellten interkulturellen Variationen in der konkreten Ausgestaltung der Führung weisen auf Unterschiede hin. Detailliertere Analysen zeigen darüber hinaus, dass die charismatisch-transformationale Führung in verschiedenen Kulturen nicht nur eine unterschiedliche Bedeutung im Vergleich zu anderen Führungsmustern hat, sondern auch aus verschiedenen Verhaltensattributen zusammengesetzt ist.

Ein weiterer zentraler Kritikpunkt am Konzept der neocharismatischen Führung betrifft die im Konzept angelegte und organisationstheoretisch nicht haltbare, **Überhöhung des Einflusses der individuellen Führungspersönlichkeit**, der als Strukturersatz integrative Funktionen zugeschrieben werden. Neben den Problemen und Folgewirkungen für die Organisationen wird damit zugleich die Rolle der Gruppe abgewertet. Auf die Problematik der „Great Man"-Ideologie und der damit verbundenen Überschätzung der Einflussmöglichkeiten von Führungskräften bei der Steuerung von sozialen Systemen wurde bereits hingewiesen. In diesem Kontext zeigt sich auch der antidemokratische, elitäre Charakter des Konzeptes, das von einer heroischen und Macher-Perspektive dominiert wird (vgl. u. a. Yukl, 1999; Alvesson et al., 2017; Northouse, 2019, S. 181). Bezogen auf die transformationale Führung kann dieser Gedanke noch durch eine dominant positive Darstellung dieses erweiterten Konzeptes ergänzt werden, wie sie sich selbst bei Neuberger (2002, S. 196) findet, und die erst mit der Diskussion zur pseudotransformationalen Führung kritisch hinterfragt wurde.

Das Konzept verbleibt in der überwiegenden Mehrzahl der Beiträge und Publikationen **im psychologischen Mikrokosmos,** aus dem es stammt. Das gilt unbeschadet einiger neuerer Beiträge, die eine breitere Kontextualisierung anstreben (vgl. etwa Mumford et al., 2008; Den Hartog et al., 1999) oder alternative Paradigmen für die Theorienbildung und Analyse nutzen. Ein Problem dabei ist die stark quantitative, fragebogengestützte Analyse, die zwar zunehmend komplexere Kausalmodelle anbietet, jedoch grundsätzliche Aussagegrenzen nicht überwinden kann. Gerade subjektive Zuschreibungsprozesse, die für das Konzept der neocharismatischen Führung zentral sind, lassen sich eben mit einer quantitativen Methodik nur begrenzt erfassen, sondern erfordern Interaktionsprozessanalysen auf der Mikroebene, auch unter Einbeziehung weiterer Führungseinflüsse durch andere Akteure oder Führungssubstitute. Ein zweites Problem in diesem Zusammenhang ist die fehlende Einbeziehung institutioneller Kontexte und Praktiken jenseits der Organisationsgrenzen, die jedoch Führungsbeziehungen in Organisationen maßgeblich beeinflussen.

Darüber hinaus zeigen sich auch einige Probleme, die mit dem Entstehen und der **Abgrenzung des Konzeptes zu anderen Führungsansätzen** zu tun haben. Die grundsätzliche Entstehung des Konzepts neocharismatischer Führung sowohl mit Bezug auf politische Führungspersonen (Burns 1978), als auch auf politische Herrscher (Weber, 1980) hat vor allem dazu geführt, dass charismatische Führung weniger als Personalführung im engeren Sinne, sondern vielmehr als Führung größerer Einheiten (Organisationen/Unternehmen bis hin zu Staaten) verstanden und interpretiert wird und wurde (vgl. z. B. Bryman, 1992; Andersen, 2015). Vor allem das transformationale Führungskonzept hat zwar versucht, diese soziale Distanz durch einen unmittelbaren Bezug auf direkte Geführte zu reduzieren. Es bleibt jedoch das Problem, dass insbesondere die Studien zu den Folgen charismatischer Führung nach wie vor ambivalent sind, da sich Wirkungen über verschiedene mediale Vermittlungsinstanzen von der unmittelbaren persönlichen Wirkung und Ausstrahlung einer Führungskraft im direkten Kontakt erheblich voneinander unterscheiden. Das betrifft natürlich auch die Reichweite des Konzeptes der charismatisch-transformationalen Führung. Unklar bleibt, inwieweit es sich auch für mittlere und untere Führungsebenen nutzen lässt. Die Unschärfen betreffen weiterhin die Gleichsetzung von charismatisch-transformationalem Führungsverhalten und Führung (*leadership*) im Allgemeinen, sowie die zunehmend konzeptionell verschwindenden oder ignorierten Unterschiede zwischen transformationaler und charismatischer Führung in den zahlreichen neueren Studien.

---

**Zum Nachlesen**

Zusammenfassende Überblicksdarstellungen zur neocharismatischen Führung und zentralen Begriffen, Begriffsentwicklung sowie klassischen und neueren Theorien finden Sie in den folgenden Quellen:

- Oswald Neuberger (2002) führt in seinem Werk eine kritische Diskussion und gibt verschiedene psychologische und andere sozialwissenschaftliche Zugänge zu Charisma und der charismatischen Führung (S. 142–205, vgl. auch Blessin & Wick, 2017, S. 71–88).
- Gary Yukl (2013) gibt in seinem Kapitel zur charismatischen und transformationalen Führung einen guten Überblick zu den Konzepten und präsentiert ausgewählte Fälle (S. 300–328).
- Ketan H. Mhatre und Ronald E. Riggio (2014) beschreiben im Oxford Handbuch zentrale Ansätze und empirische Befunde und Perspektiven der charismatischen und transformationalen Führung in komprimierter Form (S. 221–240).
- Peter Northouse (2019) gibt in der aktuellen Auflage seines Buches zur Führung auch einen guten Überblick zur charismatischen und transformationalen Führung, wobei er insbesondere auch die wichtigsten Kritikpunkte zusammenfasst (S. 163–196).

- George C. Banks hat gemeinsam mit verschiedenen Ko-Autoren (2016, 2017) Metaanalysen zum Stand der Forschung der charismatischen und transformationalen Führung vorgelegt und künftige Forschungsfelder skizziert.

## Historische Beispiele

- Intermezzo Führungsverständnisse im historischen Verlauf in Kap. 10
- Analyse von Lepsius (1993) zur Anwendbarkeit des Modells der charismatischen Herrschaft auf den „Führerstaat" Adolf Hitlers.

## Internetquellen und Videos

- Kritischer Rundfunk-Beitrag zum Faktor Charisma in der Politik: https://www.deutschlandfunk.de/politische-kultur-der-faktor-charisma.724.de.html?dram:article_id=408486
- Lehrvideos zur Führungspraxis finden Sie u. a. bei Leadership in Focus (Stanford, Graduate school of Business): http://www.leadershipinfocus.net/2-0/index.cfm?&section=cases
- Gansel, D., Dir. (2008). Die Welle. [DVD] Deutschland: Paramount Home Entertainment.

## Fragen

1. Vergleichen Sie die Aussagen zum Charisma bei Weber mit der Kritik zur Anwendung des Konzeptes in der Wirtschaft und arbeiten Sie wesentliche Grenzen des neocharismatischen Führungskonzeptes für Unternehmen heraus!
2. Was spricht für und was gegen eine Einordnung des neocharismatischen Führungskonzeptes in das Feld des interpretativen Paradigmas?
3. Erläutern Sie die Unterschiede und Ähnlichkeiten zwischen charismatischer und transformationaler Führung!
4. Wie kann die unterschiedliche Wirksamkeit transformationaler Führung in Abhängigkeit von verschiedenen Mitarbeitern und in verschiedenen Kulturen erklärt werden?
5. Analysieren Sie das „Impression Management" und die charismatische Inszenierung eines ausgewählten Politikers oder Unternehmensführers mit Blick auf zentrale Verhaltenskategorien charismatischer Führungstheorien!
6. Nennen Sie die zentralen Kritikpunkte an den neocharismatischen Führungskonzepten! Unterscheiden Sie dabei zwischen der Kritik der Eignung charismatischer Führung und der Kritik am theoretischen Konzept. Ist die Forderung von Van Knippenberg und Sitkin nach einem grundlegenden Neu-Entwurf berechtigt?

## Literatur

Alegbeleye, I. D., & Kaufmann, E. K. (2020). Relationship between middle managers' transformational leadership and effective followership behavior in organizations. *Journal of Leadership Studies, 13*(4), 6–19.

Alvesson, M., Blom, M., & Sveningsson, S. (2017). *Reflexive leadership: Organising in an imperfect world.* Sage.

Andersen, J. A. (2015). Barking up the wrong tree: On fallacies of the transformational leadership theory. *Leadership & Organization Development Journal, 36*(6), 765–777.

Anderson, H. J., Baur, J. E., Griffith, J. A., & Buckley, M. R. (2017). What works for you may not work for (Gen)me: Limitations of present leadership theories for the new generation. *The Leadership Quarterly, 28*(1), 245–260.

Antonakis, J. (2012). Transformational and charismatic leadership. In D. V. Day & J. Antonakis (Hrsg.), *The nature of leadership* (2. Aufl., S. 256–288). Sage.

Antonakis, J., Bastardoz, N., Jacquart, P., & Shamir, B. (2016). Charisma: An ill-defined and ill-measured gift. *Annual Review of Organizational Psychology and Organizational Behavior, 3,* 293–319.

Aswad, N. G. (2019). Exploring charismatic leadership: A comparative analysis of the rhetoric of Hillary Clinton and Donald Trump in the 2016 presidential election. *Presidential Studies Quarterly, 49*(1), 56–74.

Avolio, B. J., & Gardner, W. L. (2005). Authentic leadership development: Getting to the root of positive forms of leadership. *The Leadership Quarterly, 16*(3), 315–338.

Awamleh, R., & Gardner, W. L. (1999). Perceptions of leader charisma and effectiveness: The effects of vision content, delivery, and organizational performance. *The Leadership Quarterly, 10*(3), 345–373.

Banks, G. C., Davis McCauley, K., Gardner, W. L., & Guler, C. E. (2016). A meta-analytic review of authentic and transformational leadership: A test for redundancy. *The Leadership Quarterly, 27,* 634–652.

Banks, G. C., Engemann, K. N., Williams, C. E., Gooty, J., McCauly, K. D., & Medaugh, M. (2017). A meta-analytic review and future research agenda of charismatic leadership. *The Leadership Quarterly, 28*(4), 508–529.

Barling, J., Weber, T., & Kelloway, E. K. (1996). Effects of transformational leadership training on attitudinal and financial outcomes: A field experiment. *Journal of Applied Psychology, 81*(6), 827–832.

Bass, B. M. (1985). *Leadership and performance beyond expectations.* The Free Press.

Bass, B. M. (1996). *A new paradigm for leadership: An inquiry into transformational leadership.* U.S. Army Research Institute for the Behavioral and Social Sciences.

Bass, B. M., & Avolio, B. J. (1994). *Improving organizational effectiveness through transformational leadership.* Sage.

Bass, B. M., & Riggio, R. E. (2006). *Transformational leadership* (2. Aufl.). Lawrence- Erlbaum.

Bass, B. M., & Steidlmeier, P. (1999). Ethics, character, and authentic transformational leadership behavior. *The Leadership Quarterly, 10*(2), 181–217.

Bass, B. M., & Steyrer, J. (1995). Transaktionale und transformationale Führung. In A. Kieser, E. Reber, & R. Wunderer (Hrsg.), *Handwörterbuch der Führung* (S. 2053–2062). Schaeffer-Poeschel.

Bennis, W. G. (1991). Managing the dream: Leadership in the 21st century. *Antioch Review, 49*(1), 22–28.

Bennis, W. G., & Nanus, B. (1985, 2007). *Leaders, the strategies for taking charge.* Harper & Rowe.

Beyer, J. M. (1999). Taming and promoting charisma to change organizations. *The Leadership Quarterly, 10*(2), 307–330.

Blessin, B., & Wick, A. (2017). *Führen und Führen lassen*. UKV Verlagsgesellschaft.

Bligh, M. C., & Robinson, J. L. (2010). Was Gandhi "charismatic"? Exploring the rhetorical leadership of Mahatma Gandhi. *The Leadership Quarterly, 21*(5), 844–855.

Bono, J. E., & Ilies, R. (2006). Charisma, positive emotions and mood contagion. *The Leadership Quarterly, 17*(4), 317–334.

Braun, S., Peus, C., Weisweiler, S., & Frey, D. (2013). Transformational leadership, job satisfaction, and team performance: A multilevel mediation model of trust. *The Leadership Quarterly, 24*(1), 270–283.

Brodbeck, F. C., & Frese, M. (2007). Societal culture and leadership in Germany. In J. S. Chhokar, F. C. Brodbeck, & R. J. House (Hrsg.), *Culture and leadership across the world: The GLOBE book of in-depth studies of 25 societies* (S. 147–214). Sage.

Brodbeck, F. C., Frese, M., & Javidan, M. (2002). Leadership made in Germany: Low on compassion, high on performance. *The Academy of Management Executive, 16*(1), 16–30.

Brown, M. E., & Treviño, L. K. (2009). Leader–follower values congruence: Are socialized charismatic leaders better able to achieve it? *Journal of Applied Psychology, 94*(2), 478–490.

Brown, M. E., Treviño, L. K., & Harrison, D. A. (2005). Ethical leadership: A social learning perspective for construct development and testing. *Organizational Behavior and Human Decision Processes, 97*(2), 117–134.

Bryman, A. (1992). *Charisma and leadership in organizations*. Sage.

Bryman, A. (2004). Qualitative research on leadership. A critical but appreciative review. *The Leadership Quarterly, 15*(6), 729–769.

Burns, J. M. (1978). *Leadership*. Harper & Rowe.

Campbell, S. . M., Ward, A. J., Sonnenfeld, J. A., & Agle, B. R. (2008). Relational ties that bind: Leader-follower relationship dimensions and charismatic attribution. *The Leadership Quarterly, 19*(5), 556–568.

Castelnova, O., Popper, M., & Koren, D. (2017). The innate code of charisma. *The Leadership Quarterly, 28*(4), 543–554.

Conger, J. A., & Kanungo, R. N. (1987). Toward a behavioral theory of charismatic leadership in organizational settings. *Academy of Management Review, 12*(4), 637–647.

Conger, J. A., & Kanungo, R. N. (1988). *Charismatic leadership: The elusive factor in organizational effectiveness*. Jossey-Bass.

Conger, J. A., & Kanungo, R. N. (1998). *Charismatic leadership in organizations*. Sage.

Crede, M., Jong, J., & Harms, P. (2019). The generalizability of transformational leadership across cultures: A meta-analysis. *Journal of Managerial Psychology, 34*(3), 139–155.

Den Hartog, D. N., House, R. J., Hanges, P. J., Ruiz-Quintanilla, S. . A., & Dorfman, P. W. (1999). Culture specific and cross-culturally generalizable implicit leadership theories: Are attributes of charismatic/transformational leadership universally endorsed? *The Leadership Quarterly, 10*(2), 219–256.

Dorfman, P., Javidan, M., Hanges, P., Dastmalchian, A., & House, R. (2012). GLOBE: A twenty-year journey into the intriguing world of culture and leadership. *Journal of World Business, 47*(4), 504–518.

Dvir, T., Eden, D., Avolio, B. J., & Shamir, B. (2002). Impact of transformational leadership on follower development and performance: A field experiment. *Academy of Management Journal, 45*(4), 735–744.

Effelsberg, D., & Solga, M. (2015). Transformational leaders' in-group versus out-group orientation: Testing the link between leaders' organizational identification, their willingness to engage in unethical pro-organizational behavior, and follower-perceived transformational leadership. *Journal of Business Ethics, 126*(4), 581–590.

Erez, A., Misangyi, V. F., Johnson, D. E., LePine, M. A., & Halverson, K. C. (2008). Stirring the hearts of followers: Charismatic leadership as the transferal of affect. *Journal of Applied Psychology, 93*(3), 602–616.

Fairhurst, G. T., & Cooren, F. (2009). Leadership as the hybrid production of presence(s). *Leadership, 5*(4), 469–490.

Fanelli, A., & Grasselli, N. I. (2006). Defeating the Minotaur: The construction of CEO charisma on the US stock market. *Organisation Studies, 27*(6), 811–832.

Felfe, J. (2006). Transformationale und charismatische Führung: Stand der Forschung und aktuelle Entwicklungen. *Zeitschrift für Personalpsychologie, 5*(4), 163–176.

Fink, L., van Dick, R., Steffens, N. K., Peters, K., & Haslam, S. . A. (2020). Death becomes us! Rethinking leadership charisma as a social inference. In J. P. Zúquete (Hrsg.), *Routledge international handbook of charisma* (S. 468–479). Routledge.

Galvin, B. M., Balkundi, P., & Waldman, D. A. (2010). Spreading the word: The role of surrogates in charismatic leadership processes. *Academy of Management Review, 35*(3), 477–494.

Gansel, D., Dir. (2008). *Die Welle.* [DVD] Deutschland: Paramount Home Entertainment.

Garcia-Morales, V. J., Llorens-Montes, F. J., & Verdu-Jover, A. J. (2008). The effects of transformational leadership on organizational performance through knowledge and innovation. *British Journal of Management, 19*(4), 299–319.

Gelfand, M. J., Bhawuk, D. P. S., Nishi, L. H., & Bechtold, D. (2004). Individualism and collectivism: Multilevel perspectives and implications for leadership. In R. J. House, R. J. Hanges, M. Javidan, P. W. Dorfman, & V. Gupta (Hrsg.), *Culture, leadership, and organizations: The GLOBE study of 62 cultures* (S. 437–512). Sage.

Geyer, A., & Steyrer, J. (1998). Messung und Erfolgswirksamkeit transformationaler Führung. *Zeitschrift für Personalforschung, 12*(4), 377–401.

Gumusluoglu, L., & Ilsev, A. (2009). Transformational leadership, creativity, and organizational innovation. *Journal of Business Research, 62*(4), 461–473.

Hamstra, M. R., van Yperen, N. W., Wisse, B., & Sassenberg, K. (2014). Transformational and transactional leadership and followers' achievement goals. *Journal of Business and Psychology, 29*(3), 43–425.

Hofstätter, P. R. (1995). Tiefenpsychologische Führungstheorien. In A. Kieser, G. Reber, & R. Wunderer (Hrsg.), *Handwörterbuch der Führung* (S. 1035–1044). Schaeffer-Poeschel.

House, R. J. (1977). A 1976 theory of charismatic leadership. In J. G. Hunt & L. L. Larson (Hrsg.), *Leadership: The cutting edge* (S. 189–207). Southern Illinois University Press.

House, R. J. (1995). Leadership in the twenty-first century, a speculative inquiry. In A. Howard & A. (Hrsg.), *The changing nature of work* (S. 411–450). Pfeiffer.

House, R. J., Dorfman, P. W., Javidan, M., Hanges, P. J., & Sully de Luque, M. F. (2014). *Strategic leadership across cultures: The GLOBE study of CEO leadership behavior and effectiveness in 24 countries.* Sage.

House, R. J., Hanges, P. J., Javidan, M., Dorfman, P. W., & Gupta, V. (2004). *Culture, leadership, and organizations: The GLOBE study of 62 societies.* Sage.

House, R. J., & Shamir, B. (1993). Toward the integration of transformational, charismatic and visionary theories. In M. M. Chemers & R. Ayman (Hrsg.), *Leadership. Theory and research, perspectives and directions* (S. 81–108). Academic Press.

Howell, J. M., & Shamir, B. (2005). The role of followers in the charismatic leadership process: Relationships and their consequences. *Academy of Management Review, 30*(1), 96–112.

Javidan, M., Dorfman, P. W., De Luque, M. S., & House, R. J. (2006). In the eye of the beholder: Cross cultural lessons in leadership from project GLOBE. *The Academy of Management Perspectives, 20*(1), 67–90.

Javidan, M., & Waldman, D. A. (2003). Exploring charismatic leadership in the public sector: Measurement and consequences. *Public Administration Review, 63*(2), 229–242.

Jones, T., Dir. (1979). *Monty Python – Das Leben des Brian*. [DVD] Deutschland: Sony Pictures Home Entertainment.

Judge, T. A., Fluegge Woolf, E., Hurst, C., & Livingston, B. (2006). Charismatic and transformational leadership. *Zeitschrift für Arbeits- und Organisationspsychologie A&O, 50*(4), 203–214.

Kark, R., Shamir, B., & Chen, G. (2003). The two faces of transformational leadership: Empowerment and dependency. *Journal of Applied Psychology, 88*(2), 246–255.

Keller-Hansbrough, T., & Schyns, B. (2018). The appeal of transformational leadership. *Journal of Leadership Studies, 12*(3), 19–32.

Kets de Vries, M. F. R. (1988). Prisoners of leadership. *Human Relations, 41*(3), 261–280.

Kieser, A. (2019). Motivierung durch charismatische Führung? Wie eine Theorie trotz wissenschaftlicher Unzulänglichkeit begeistert(e). *Zeitschrift Führung und Organisation (zfo), 88*(6), 363–368.

Kotter, J. P. (1989). *Erfolgsfaktor Führung: Führungskräfte gewinnen, halten und motivieren – Strategien aus der Harvard Business School*. Frankfurt a. M.

Kotter, J. P. (1990a). *A force for change: How leadership differs from management*. The Free Press.

Kotter, J. P. (1990b). What leaders really do. *Harvard Business Review, 68*(3), 103–111.

Kouzes, J. M., & Posner, B. Z. (2002). *The leadership challenge*. Jossey-Bass.

Kouzes, J. M., & Posner, B. Z. (2017). *The leadership challenge: How to get extraordinary things done in organizations*. Jossey-Bass.

Lang, R., Catana, A., Catana, D., & Steyrer, J. (2008). Impacts of motives and leadership attributes of entrepreneurs and managers on follower's commitment in transforming countries: A comparison of Romania, East Germany and Austria. In P. Jurczek & M. Niedobitek (Hrsg.), *Europäische Forschungsperspektiven. Elemente einer Europawissenschaft* (Chemnitzer Europastudien. Band 8, S. 109–137). Duncker & Humblot.

Lepsius, R. M. (1993). Das Modell der charismatischen Herrschaft und die Anwendbarkeit auf den „Führerstaat" Adolf Hitlers. In R. M. Lepsius (Hrsg.), *Demokratie in Deutschland* (S. 95–118). Vandenhoeck & Ruprecht.

Levay, C. (2010). Charismatic leadership in resistance to change. *The Leadership Quarterly, 21*(1), 127–143.

Li, J., Furst-Holloway, S., Gales, L., Masterson, S. . S., & Blume, B. D. (2017). Not all transformational leadership behaviors are equal: The impact of followers' identification with leader and modernity on taking charge. *Journal of Leadership & Organizational Studies, 24*(3), 318–334.

Lian, H., Brown, D., Tanzer, N., & Che, H. (2011). Distal charismatic leadership and follower effects: An examination of Conger and Kanungo's conceptualization of charisma in China. *Leadership, 7*(3), 251–273.

Lindholm, C. (1990). *Charisma*. University Press.

MacKenzie, S. . B., Podsakoff, P. M., & Rich, G. A. (2001). Transformational and transactional leadership and salesperson performance. *Journal of the Academy of Marketing Science, 29*(2), 115–134.

Meindl, J. R. (1990). On leadership: An alternative to the conventional wisdom. *Research in Organizational Behavior, 12*, 159–203.

Menges, J. I., Walter, F., Vogel, B., & Bruch, H. (2011). Transformational leadership climate: Performance linkages, mechanisms, and boundary conditions at the organizational level. *The Leadership Quarterly, 22*(5), 893–909.

Mhatre, K. H., & Riggio, R. E. (2014). Charismatic and transformational leadership: Past, present, and future. In D. V. Day (Hrsg.), *The Oxford handbook of leadership and organizations* (S. 221–240). Oxford University Press.

Mumford, M. D., Antes, A. L., Caughron, J. J., & Friedrich, T. L. (2008). Charismatic, ideological, and pragmatic leadership: Multi-level influences on emergence and performance. Multi-level approaches to leadership. *The Leadership Quarterly, 19*(2), 144–160.

Neuberger, O. (2002). *Führen und führen lassen. Ansätze, Ergebnisse und Kritik der Führungsforschung.* UTB.

Ng, T. H. W. (2017). Transformational leadership and performance outcome: Analysis of multiple mediation pathways. *The Leadership Quarterly, 28*(3), 385–417.

Nielsen, K., & Daniels, K. (2012). Does shared and differentiated transformational leadership predict followers' working conditions and well-being? *The Leadership Quarterly, 23*(3), 383–397.

Northouse, G. (2019). *Leadership – Theory and practice* (8. Aufl.). Sage.

Notgrass, D. (2014). The relationship between followers' perceived quality of relationship and preferred leadership style. *Leadership & Organization Development Journal, 35*(7), 605–621.

Pawar, B. S., & Eastman, K. K. (1997). The nature and implications of contextual influences on transformational leadership: A conceptual examination. *The Academy of Management Review, 22*(1), 80–109.

Pillai, R., & Meindl, J. R. (1998). Context and charisma: A „meso" level examination of the relationship of organic structure, collectivism, and crisis to charismatic leadership. *Journal of Management, 24*(5), 643–671.

Podsakoff, P. M., MacKenzie, S. . B., & Bommer, W. H. (1996). Transformational leader behaviors and substitutes for leadership as determinants of employee satisfaction, commitment, trust, and organizational citizenship behaviors. *Journal of Management, 22*(2), 259–298.

Podsakoff, P. M., MacKenzie, S. . B., Moorman, R. H., & Fetter, R. (1990). Transformational leader behaviors and their effects on follower's trust in leader, satisfaction, and organizational citizenship behaviors. *The Leadership Quarterly, 1*(2), 107–142.

Price, T. L. (2003). The ethics of authentic transformational leadership. *The Leadership Quarterly, 14*(1), 67–81.

Rickards, T. (2012). *Dilemmas of leadership.* Routledge.

Sashkin, M. (1988). The visionary leader. In J. A. Conger & R. A. Kanungo (Hrsg.), *Charismatic leadership: The elusive factor in organizational effectiveness* (S. 122–160). Jossey Bass.

Shamir, B., House, R. J., & Arthur, M. B. (1993). The motivational effects of charismatic leadership: A self-concept-based theory. *Organization Science, 4*(4), 577–594.

Shin, S. . J., & Zhou, J. (2003). Transformational leadership, conservation, and creativity: Evidence from Korea. *Academy of Management Journal, 46*(6), 703–714.

Spreitzer, G. M., & Quinn, R. E. (1996). Empowering middle managers to be transformational Leaders. *Journal of Applied Behavioral Science, 32*(3), 237–261.

Steele, L., Watts, L., & Den Hartog, D. N. (2019). Uncertainty avoidance moderates the relationship between transformational leadership and innovation: A meta-analysis. *Journal of International Business Studies.* https://doi.org/10.1057/s41267-019-00242-8.

Steyrer, J. (1995). *Charisma in Organisationen: Sozial-kognitive und psychodynamisch-interaktive Aspekte von Führung.* Frankfurt a. M.

Steyrer, J., Schiffinger, M., & Lang, R. (2007). Ideal- und Realbild von Führung. *Zeitschrift für Management, 2*(4), 402–434.

Steyrer, J., Schiffinger, M., & Lang, R. (2008). Organizational commitment: A missing link between leadership behavior and organizational performance? *Scandinavian Journal of Management, 24*(4), 364–374.

Sy, T., Hortona, C., & Riggio, R. E. (2018). Charismatic leadership: Eliciting and channeling follower emotions. *The Leadership Quarterly, 29*(1), 58–69.

Tichy, N. M., & Devanna, M. A. (1986). The transformational leader. *Training & Development Journal, 40*(7), 27–32.

Tichy, N. M., & Devanna, M. A. (1990). Creating the competitive organization of the 21st century: The boundaryless corporation. *Human Resource Management, 29*(4), 455–471.

Tikhomirov, A. A., & Spangler, W. D. (2010). Neo-charismatic leadership and the fate of mergers and acquisitions: An institutional model of CEO leadership. *Journal of Leadership & Organizational Studies, 17*(1), 44–60.

Tourish, D. (2013). *The dark side of transformational leadership: A critical perspective*. Routledge.

Tyssen, A. K., Wald, A., & Spieth, P. (2014). The challenge of transactional and transformational management in projects. *International Journal of Project Management, 32*(3), 365–375.

van der Voet, J. (2014). The effectiveness and specificity of change management in a public sector organization: Transformational leadership and a bureaucratic organizational structure. *European Management Journal, 32*(3), 373–382.

van Knippenberg, D., & Sitkin, S. . B. (2013). A critical assessment of charismatic — Transformational leadership research: Back to the drawing board? *Academy of Management Annals, 7*(1), 1–60.

Waldman, D. A., & Javidan, M. (2009). Alternative forms of charismatic leadership in the integration of mergers and acquisitions. *The Leadership Quarterly, 20*(2), 130–142.

Walter, F., & Bruch, H. (2009). An affective event model of charismatic leadership behavior: A review theoretical integration and research agenda. *Journal of Management, 35*(6), 1428–1452.

Walter, F., & Bruch, H. (2010). Structural impacts on the occurrence and effectiveness of transformational leadership: An empirical study at the organizational level of analysis. *The Leadership Quarterly, 21*(5), 765–782.

Weber, M. (1980). *Wirtschaft und Gesellschaft. Grundriss der verstehenden Soziologie*. Mohr Siebeck.

Weibler, J. (1997). Unternehmenssteuerung durch charismatische Führungspersönlichkeiten? Anmerkungen zur gegenwärtigen Transformationsdebatte. *Zeitschrift Führung und Organisation, 66*(1), 27–33.

Weibler, J. (2010). *Barack Obama und die Macht der Worte*. Springer-Gabler.

Yukl, G. (1999). An evaluation of conceptual weaknesses of in transformational and charismatic leadership theories. *The Leadership Quarterly, 10*(2), 285–305.

Yukl, G. (2013). *Leadership in organizations*. Pearson.

Zhu, W., Avolio, B. J., Riggio, R. E., & Sosik, J. J. (2011). The effect of authentic transformational leadership on follower and group ethics. *The Leadership Quarterly, 22*(5), 801–817.

Zhu, W., Newman, A., Miao, Q., & Hooke, A. (2013). Revisiting the mediating role of trust in transformational leadership effects: Do different types of trust make a difference? *The Leadership Quarterly, 24*(1), 94–105.

Zhu, W., Riggio, R. E., Avolio, B. J., & Sosik, J. J. (2011). The effect of leadership on follower moral identity: Does transformational/transactional style make a difference? *Journal of Leadership & Organizational Studies, 18*(2), 150–163.

Zwingmann, I., Wegge, J., Wolf, S., Rudolf, M., Schmidt, M., & Richter, P. (2014). Is transformational leadership healthy for employees? A multilevel analysis in 16 nations. *Zeitschrift für Personalforschung, 28*(2), 24–51.

# Austauschtheoretische Führungssicht: „Wie du mir, so ich dir"

**3**

Irma Rybnikova

## Inhaltsverzeichnis

**Zusammenfassung**

*Die austauschorientierte Führungssicht stellt auf die Interaktion zwischen den beiden Führungsbeteiligten, den Mitarbeitern und den Führungskräften, ab und analysiert, wie diese Beziehung beschaffen ist. Neben den Ausführungen zur Sozialen*

I. Rybnikova (✉)
Hochschule Hamm-Lippstadt, Hamm, Deutschland
E-Mail: irma.rybnikova@hshl.de

I. Rybnikova, R. Lang, *Aktuelle Führungstheorien und -konzepte*,
https://doi.org/10.1007/978-3-658-35543-2_3

*Austauschtheorie als konzeptioneller Basis werden hier die wichtigsten Ansätze der austauschtheoretischen Führungssicht diskutiert. Dazu zählen hier zum einen das Modell des Idiosynkrasiekredits nach Hollander (1958, 1978), zum anderen der sogenannte Leader-Member-Exchange (LMX) Ansatz und zum dritten die beziehungsorientierte Führungstheorie nach Uhl-Bien (2006). Neben den Grundannahmen werden auch die wesentlichen bisherigen empirischen Forschungstendenzen, insbesondere zum LMX-Modell, diskutiert.*

## 3.1   Einleitung

Graen und Uhl-Bien (1995a) unterscheiden drei Perspektiven auf Führung: die führerorientierte, die geführtenorientierte und die beziehungsorientierte Perspektive. Die hier als austauschorientierte Führungssicht verstandene Richtung der Führungstheorien kann zur dritten Perspektive zugeordnet werden, weil hier auf das Verhältnis zwischen den beiden Führungsbeteiligten abgestellt wird und die Fragen der Beschaffenheit und der Dynamik dieser Beziehung behandelt werden.

Unter der austauschtheoretischen Führungssicht werden konzeptionelle Ansätze versammelt, die Führungsphänomene vor dem Hintergrund der sozialen Austauschtheorie betrachten. Die austauschtheoretische Führungssicht gehört zu den interaktionsorientierten Theorien der Führung: Im Fokus der Analyse steht hier die Interaktion zwischen der Führungskraft und dem Mitarbeiter. Als die wichtigsten Ansätze der austauschtheoretischen Führungssicht werden zum einen das Modell des Idiosynkrasiekredits gezählt und zum anderen der sogenannte Leader-Member-Exchange (LMX) Ansatz. Beide Ansätze teilen die Annahme, dass Führung ein (sozialer) Austauschprozess ist, dessen Verständnis es erfordert, Ressourcen, die Führungskraft und Mitarbeiter zum Austausch anbieten (können), sowie die Folgen, die sich aus dem Austausch bestimmter Ressourcen ergeben, zu berücksichtigen. Neben der reinen Beschreibung und Erklärung der Führungsprozesse werden insbesondere im Rahmen des LMX-Ansatzes auch normative Aussagen abgeleitet in Bezug auf gute Mitarbeiterleistung und indirekt auf den Unternehmenserfolg. Den Grundannahmen der zu analysierenden Ansätze entsprechend strukturiert sich dieses Kapitel wie in Abb. 3.1 dargestellt.

Im Nachfolgenden wird zunächst die soziale Austauschtheorie dargestellt. Anschließend werden die wichtigsten Konzepte, Überlegungen und empirische Befunde angesprochen, die im Rahmen des Idiosynkrasiekreditmodells und des LMX-Ansatzes entwickelt worden sind.

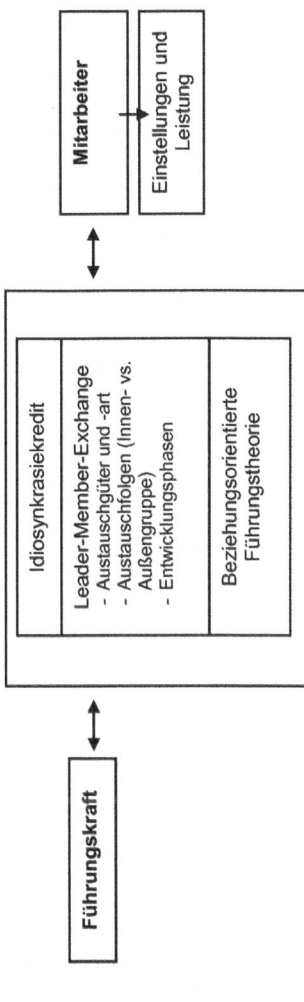

**Abb. 3.1** Grundmodell der austauschtheoretischen Führungssicht. [Bildrechte: Urheberrecht bei der Autorin]

## 3.2    Soziale Austauschtheorie als (eine) konzeptionelle Grundlage

Die soziale Austauschtheorie ist in den 60er-Jahren des 20. Jh. vorwiegend von amerikanischen Autoren, allen voran von Homans (1968) und Blau (1967), entwickelt worden und erfreut sich damals wie heute einer großen Popularität in den Sozialwissenschaften. Es handelt sich dabei um eine Handlungstheorie, in deren Fokus die soziale Interaktion zwischen den Akteuren steht. Über die Beschaffenheit dieser Interaktion stellen Vertreter der sozialen Austauschtheorie eine Reihe von Grundannahmen auf. Als Grundstruktur der interpersonellen Beziehung wird der soziale Austausch angenommen. Dabei handelt es sich um den Austausch von Handlungen und Belohnungen, der auf Freiwilligkeit von Beteiligten beruht (Blau, 1967, S. 91). Motiviert wird der soziale Austausch aus Sicht der Autoren zum einen durch eine beschränkte individuelle Ausstattung mit Ressourcen und zum anderen durch eine Rationalität im Sinne der Befolgung eines individuellen Kosten-Nutzen-Kalküls. Um die eigenen Ziele zu realisieren, geht das Individuum Austauschbeziehungen mit anderen Personen ein, die die benötigten Ressourcen besitzen und diese zur Verfügung stellen können. Dabei wird angenommen, dass soziale Akteure stets darauf bedacht sind, den eigenen Nutzen zu maximieren. Der Nutzen bezieht sich sowohl auf materielle als auch auf immaterielle Güter, wie z. B. individuelle Bedürfnisbefriedigung.

Die im Rahmen der sozialen Austauschtheorie getroffenen Handlungsannahmen werden am ehesten durch die von Homans formulierten Hypothesen repräsentiert, die auch unter den anderen Vertretern der sozialen Austauschtheorie Zustimmung fanden. Die erste Hypothese besagt, dass eine positive Belohnung zur Wiederholung der Aktivität anregt, vor allem dann, wenn die neue Situation der ursprünglichen ähnlich ist (Homans, 1968, S. 45). Die zweite Hypothese hebt die Relevanz der subjektiven Wertzuschreibung hervor: Je wertvoller die Belohnung vom sozialen Akteur empfunden wird, umso häufiger wird die betreffende Person die Tätigkeit ausführen, die zu dieser Belohnung führt. Zugleich nimmt Homans an, dass der Belohnungswert mit jeder Ausführung sinkt (Homans, 1968, S. 47). Zuletzt wird angenommen, dass eine geringer als erwartet ausgefallene Belohnung zu negativen Emotionen führen kann (Homans, 1968, S. 64). Homans geht also davon aus, dass Individuen nur solche sozialen Beziehungen eingehen und diese aufrechterhalten, von denen sie Belohnungen erwarten. Was als belohnend angesehen wird, ist nicht nur individuell unterschiedlich, sondern die belohnende Wirkung sinkt auch mit zunehmender Häufigkeit von Belohnungen für die gleiche Tätigkeit.

Blau (1967) differenziert das Konzept des sozialen Austausches weiter und unterscheidet zwei Austauscharten: den genuin sozialen Austausch und den ökonomischen Austausch. Diesen zwei Austauschformen schrieb Blau unterschiedliche Merkmale hinsichtlich des Austauschinhalts, der Austauschbasis und -dauer zu. Der *ökonomische Austausch* bezieht sich vorwiegend auf den Tausch von materiellen Gütern, basiert auf konkret festgelegten Verpflichtungen von beiden Beteiligten und ist meist zeitlich begrenzt, so dass es sich dabei nicht selten um eine einzige Transaktion handelt. Beim *sozialen Tausch* hingegen werden in der Regel immaterielle Güter getauscht, wie beispielsweise persönliche

Zuneigung, Anerkennung, Respekt, Zeit oder Informationen. Im Unterschied zum ökonomischen Austausch ist der soziale Austausch als eine dauerhafte Interaktion angelegt. Statt festgelegter Verpflichtungen beruht der soziale Tausch auf diffusen gegenseitigen Erwartungen der Tauschpartner und basiert vor allem auf dem Prinzip der Reziprozität, die sogenannte „Reziprozitätsnorm" (Stegbauer, 2011). Diese beinhaltet eine generelle Erwartung einer nicht festgelegten Gegenleistung. Eine Person tut einer anderen Person einen Gefallen und kann dafür eine Gegenleistung erwarten, ohne dass es klar ist, zu welchem Zeitpunkt oder in welcher Form die Gegenleistung zu entrichten ist (Blau, 1967, S. 93). Das Grundprinzip des sozialen Austausches und der Reziprozität beruht laut Blau darauf, dass ein Individuum ein Schuldverhältnis aufbaut, indem es ein anderes Individuum belohnt und es damit zu einer Gegenleistung verpflichtet (Blau, 1967, S. 89). Diese Annahmen zu sozialen Interaktionen haben sich auf verschiedene Weise in den Führungstheorien niedergeschlagen.

## 3.3 Konzepte der austauschtheoretischen Führungsperspektive

Im Nachfolgenden werden drei Ansätze der Führungsperspektive vorgestellt, die auf die Austauschtheorie zurückgehen. Zum einen gehört dazu das Modell des Idiosynkrasiekredits nach Hollander (1958, 1978), welches den Reziprozitätsgedanken im Führungsgeschehen in den Vordergrund rückt. Anschließend wird auf den LMX-Ansatz eingegangen, eine der einflussreichsten theoretischen Schulen, die auch eine beachtliche empirische Untermauerung erfährt. Zuletzt wird die beziehungsorientierte Führungstheorie als eine der aktuellen Entwicklungen innerhalb der austauschtheoretischen Perspektive besprochen, die für eine paradigmatische Wende der Führungsforschung plädiert.

### 3.3.1 Modell des Idiosynkrasiekredits

Ein Ansatz der austauschtheoretischen Führungsperspektive ist das Modell des Idiosynkrasiekredits von Hollander (1958, 1978). Hollander, ein amerikanischer Sozialpsychologe, gilt als einer der Urväter der austauschbezogenen Führungssicht, fasste er doch bereits sehr früh Führung als eine Beziehung zwischen zwei Individuen auf und vertrat somit eine „beziehungsorientierte Sichtweise auf Führung" (Uhl-Bien, 2006, S. 657).

Das Modell des Idiosynkrasiekredits bezieht sich auf ein sozialpsychologisches Gruppenphänomen, und zwar auf die Fähigkeit einer Person, von den Gruppennormen abzuweichen. Hollander zufolge können sich Individuen solch abweichendes Verhalten (Idiosynkrasie) ohne die Befürchtung von Schwierigkeiten nur dann leisten, wenn sie in den Augen anderer Gruppenmitglieder einen Vertrauensvorschuss (Kredit) besitzen. Dieser Vertrauensvorschuss beruht einerseits auf der bisher gezeigten Konformität zu den Gruppennormen und andererseits auf der wahrgenommenen Kompetenz des Individuums.

Wenn eine Person in der Gruppe seine Loyalität in der Vergangenheit bereits unter Beweis gestellt hatte und von den Gruppenmitgliedern als kompetent erachtet wird, kann diese Person von einem hohen Idiosynkrasiekredit innerhalb der Gruppe ausgehen. Idiosynkrasiekredit kann somit als akkumulierter positiver Eindruck von relevanten Gruppenmitgliedern einer Person gegenüber angesehen werden. Führungspersonen, die einen hohen Kredit aufweisen, weil sie sich lange Zeit konform zu den Erwartungen verhalten haben, können sich kreativere und innovativere Entscheidungen leisten, ohne Akzeptanzprobleme zu befürchten. Aus Sicht von Hollander sind solche Personen in der Lage, durch Innovationen ihre Unternehmen oder Gruppen zu neuem Verhalten und zum Erreichen der Ziele zu bewegen.

Auch wenn das Idiosynkrasiekreditmodell als theoretisch unterentwickelt gilt, ist es als eine Brutstätte der interaktionsbezogenen Führungsforschung anzusehen. Das Modell hebt den Austauschcharakter einer Führungsbeziehung hervor: Die Akzeptanz der Mitarbeiter erarbeiten sich Führungskräfte durch ihr konformes und kompetentes Handeln. Zugleich weist dieses Modell direkte Bezüge zu anderen, gegenwärtig populären Führungsansätzen auf, wie den impliziten Führungstheorien (vgl. Kap. 4 im Buch). Die von Hollander getroffene Annahme, dass nur jene Führungskräfte Vertrauensvorschuss genießen, die den Vorstellungen der Mitarbeiter hinsichtlich der Konformität und der Kompetenz entsprechen und damit die impliziten Erwartungen in einem ausreichenden Maße erfüllen, wird in den impliziten Führungstheorien weitergeführt und erfährt dort konzeptionelle und empirische Untermauerung.

## 3.3.2  Leader-Member-Exchange Ansatz

Aus Sicht der sozialen Austauschtheorie kann Führung auf die Interaktion zwischen den Führungskräften und Geführten reduziert werden. Diesem Grundsatz folgt der LMX -Ansatz. Im Mittelpunkt der Analyse steht hier die Interaktion zwischen einer Führungskraft und einem Mitarbeiter. Daher wird der LMX-Ansatz auch als eine dyadische Perspektive auf Führung bezeichnet (Northouse, 2019, S. 139). Dabei wird der Fokus vor allem auf den gegenseitigen Austausch von Ressourcen zwischen den Führungskräften und ihren Mitarbeitern gerichtet. Betrachtet wird dabei sowohl der Austausch von materiellen und formalen als auch immateriellen und informalen Ressourcen. Ins Visier geraten hierbei auch die gegenseitigen Beeinflussungsprozesse zwischen den Führungskräften und Mitarbeitern (z. B. Wayne & Ferris, 1990), und zwar nicht nur die ausschließlich einseitige Beeinflussung eines Mitarbeiters durch eine Führungskraft, sondern auch eine gegenseitige Beeinflussung von beiden Akteuren.[1]

Im Rahmen des LMX-Ansatzes wird eine Führungskraft nicht einer Gruppe von Mitarbeitern mit diffusen und wechselnden Erwartungen gegenübergestellt, sondern es geht um den Austausch einer Führungskraft mit den einzelnen Gruppenmitgliedern mit

---

[1] In dieser Hinsicht ähnelt die Perspektive der mikropolitischen Führungssicht (vgl. Kap. 8 im Buch).

jeweils spezifischen (und als stabil angenommenen) Fähigkeiten, Erfahrungen, Erwartungen und Einstellungen (Neuberger, 2002, S. 335). Als Ausgangspunkt der Analyse dient dabei die Dyade, die eine Führungskraft und einen Mitarbeiter umfasst.

Graen und Uhl-Bien (1995a) zufolge erfuhr der LMX-Ansatz im Laufe der ersten 25 Jahre eine dynamische Entwicklung. In der ersten Phase wurde das sogenannte *vertical dyade linkage* Modell (Dansereau et al., 1975) erstellt. Das Modell ging grundlegend davon aus, dass Führungskräfte Beziehungen unterschiedlicher Intensität zu ihren Geführten pflegen. In der Zeit danach behandelte die Forschung die Ausprägungen und die Folgen dieser Differenzierung. Angesichts der alarmierenden Folgen der Differenzierung für Mitarbeiter und Unternehmen verfestigte sich die Meinung, dass Führungskräfte durch Trainings in die Lage gebracht werden müssten, eine hochwertige intensive Beziehung zu allen Mitarbeitern aufzubauen. Stellvertretend für diese Annahme ist der sogenannte *leadership-making* Ansatz. Die letzte Phase stellt aus Sicht der Autoren der Ansatz des *team making* dar, welcher darauf abzielt, die positiven Folgen einer hochwertigen Führungsbeziehung in den Gruppen und im ganzen Unternehmen zu sichern (Graen & Uhl-Bien, 1995a, S. 226). Im Nachfolgenden werden sowohl diese Phasen als auch die aktuellen Entwicklungen im Rahmen des LMX-Ansatzes betrachtet.

### 3.3.2.1 Innengruppe und Außengruppe

Eines der frühesten und der wichtigsten Konzepte im Rahmen des LMX-Ansatzes stellt die sogenannte Differenzierung der Mitarbeiter in eine Innengruppe (*in-group*) und Außengruppe (*out-group*) dar (Dansereau et al., 1975). Im Unterschied zu manchen Führungsstilkonzepten wird hier angenommen, dass Führungspersonen keinen Durchschnittsstil zu allen von ihnen geführten Mitarbeitern haben, sondern verschiedene Führungsstile in Bezug auf unterschiedliche Mitarbeitergruppen pflegen. Mit der sogenannten Innengruppe wird eine intensivere Führungsbeziehung eingegangen als mit den Außenseitern. Begründet wird diese Unterscheidung durch den Umstand, dass die Führungspersonen nicht genügend Ressourcen besitzen, allen voran ungenügend Zeit, um allen Mitarbeitern im gleich hohen Maße Aufmerksamkeit zu schenken. Dieser Umstand zwingt die Führungskräfte dazu, eine Differenzierung unter den Geführten vorzunehmen. So entstehen die Innengruppe, mit der die Führungsperson eine intensive Austauschbeziehung pflegt, und die Außengruppe, zu deren Mitgliedern die Führungsperson ein formal geprägtes, distanziertes Austauschverhältnis entwickelt. Während die Mitglieder der Innengruppe zahlreiche Informationen durch die Führungsperson erhalten und stärker in die Entscheidungen der Führungskraft involviert werden und damit auch Einfluss auf Entscheidungen nehmen können, herrscht zwischen der Führungsperson und den Mitgliedern der Außengruppe deutlich mehr Distanz, die Führungskraft investiert weniger Zeit für die Mitarbeiter, es findet insgesamt seltener Austausch zwischen den Mitarbeitern und der Führungsperson statt. Den Mitgliedern der Innengruppe räumt die Führungskraft mehr Autonomie ein, sie bekommen mehr Verantwortung übertragen und hier herrscht insgesamt eine rege Kommunikation mit der Führungskraft. Im Vergleich dazu wird die Außengruppe von der Führungskraft stärker kontrolliert aufgrund des vorherrschenden Misstrauens (die jeweiligen Studien dazu sind nachzulesen bei Graen & Uhl-Bien, 1995a). Es ist nicht zu übersehen, dass die von der Führungsperson gepflegte Beziehung zur Innengruppe dem sozialen Austausch entspricht, wohingegen die Führungskraft zur Außengruppe ein in seinen Grundzügen ökonomisch geprägtes Austauschverhältnis aufbaut.

Die Kriterien und die Auslöser der Differenzierung von Mitarbeitern sind bisher noch ungenügend beleuchtet worden. Es wird jedoch oftmals angenommen, dass eines der wichtigsten Kriterien das Verhalten der Mitarbeiter selbst ist. So gehören zur Innengruppe jene Mitarbeiter, die aus Sicht der Führungskraft Engagement und Verantwortungsbewusstsein zeigen und bereit sind, Tätigkeiten auch außerhalb ihrer vorgeschriebenen Aufgaben zu übernehmen. In die Außengruppe geraten hingegen jene Mitarbeiter, die sich auf vorgeschriebene Aufgaben und Tätigkeitsbeschreibungen beschränken (Zalesny & Graen, 1995) und kein eigenständiges Engagement erkennen lassen. Henderson und Kollegen (2009) gehen weiter und unterscheiden vier Gruppen von Gründen für die Differenzierung der Mitarbeiter durch die Führungskraft:

- Eigenschaften und Verhalten der Führungskräfte, wie Führungsstil,
- Eigenschaften der Mitarbeiter, wie ihr Wunsch, eine Festanstellung zu erhalten,
- Merkmale der Gruppe, wie Gruppengröße oder Art der Zusammenstellung,
- Merkmale der Organisation, wie organisationale Struktur, Kultur oder Beschäftigungspraktiken (Henderson et al., 2009).

Inwiefern die Zugehörigkeit eines Mitarbeiters zu einer der beiden Gruppen veränderbar ist, ist eine weitere Baustelle der LMX-Forschung. Einerseits legen die empirischen Ergebnisse nahe, dass die Art der Führungsbeziehung sich sehr früh herausbildet (Liden et al., 1993), andererseits deutet die situative Begründung der Differenzierung auf ihre grundsätzliche Veränderbarkeit hin.

Zahlreiche Studien beschäftigen sich mit den Folgen der Differenzierung von Mitarbeitern durch Führungskräfte. Es wurde zum einen festgestellt, dass von den Arbeitnehmern eine unterschiedliche Behandlung durch Führungskräfte als unfair empfinden wird (Sias & Jablin, 1995), vor allem dann, wenn die verschiedenen Umgangsweisen der Führungskraft nicht mit der Leistung oder den Fähigkeiten der Mitarbeiter korrespondieren (Schyns & Day, 2010, S. 12). Die Studien zeigen auch, dass eine derartige Differenzierung innerhalb einer Arbeitsgruppe oder Abteilung zur Bildung von Untergruppen (Sherony & Green, 2002), zu Konflikten innerhalb der Abteilung und im Ergebnis zu einer sinkenden Arbeitszufriedenheit führen kann (Hooper & Martin, 2008).

Um solche alarmierenden Zustände zu vermeiden, schlagen Schyns und Day (2010) in ihrer Studie zur Exzellenz der Führungsqualität (*LMX excellence*) vor, bei der Bestimmung der exzellenten Führung mindestens drei Kriterien zu berücksichtigen: (a) hohe Führungsqualität, (b) hohe (positive) Übereinstimmung zwischen den Einschätzungen der Führungskraft und der Mitarbeiter und (c) hohe Übereinstimmung zwischen den einzelnen Mitarbeitern in Bezug auf die gleiche Führungskraft (Schyns und Day, 2010, S. 4).

Die Frage, mit wie vielen Mitarbeitern Führungskräfte eine hochwertige Austauschbeziehung führen können, d. h., wie viele Mitarbeiter einer Innengruppe angehören können, wird in der LMX-Forschung ebenfalls adressiert, aber unterschiedlich beantwortet. Während in der früheren Forschung die Meinung überwog, dass aufgrund ihrer Ressourcenbeschränkung Führungskräfte eine reife Beziehung nur mit wenigen Mitarbeitern eingehen können (Liden & Graen, 1980), verfestigte sich in der späteren Forschung die Annahme, dass Führungskräfte grundsätzlich mit vielen, wenn nicht mit allen Mitarbeitern eine hochwertige Austauschbeziehung aufbauen können und sollen. Einige Autoren gehen davon aus, dass jede Führungsbeziehung das Potenzial besitzt, sich mit der Zeit zu einem hochwertigen Austausch zu entwickeln (Scandura & Graen, 1984).

### 3.3.2.2 Entwicklungsphasen einer Führungsbeziehung

Ein weiteres Konzept im Rahmen des LMX-Ansatzes adressiert die Entwicklung einer Führungsbeziehung. Damit befassen sich mehrere Autoren (Graen & Scandura, 1987; Graen & Uhl-Bien, 1991), die die Dynamik einer Führungsbeziehung als ein Phasenmodell konzipieren. Dieses Modell sieht drei Stufen vor, die den Entwicklungsprozess von einer unreifen zu einer reifen Beziehung beschreiben. Angenommen wird, dass in der ersten Phase die Beziehung zwischen Führungskraft und Geführten eher formal ist und sich auf die vorgeschriebenen Rollen und arbeitsvertraglichen Regelungen beschränkt. Graen und Scandura nennen diese Phase in ihrer Studie „Rollenübernahme" (en. *role taking*). Der hier stattfindende Austausch weist eine niedrige Qualität auf und ähnelt dem Austausch zwischen Führungsperson und Mitgliedern der Außengruppe (Graen & Scandura, 1987). Die zweite Phase, von den Autoren als „Rollenausgestaltung" (en. *role-making*) bezeichnet, ist die Phase des Kennenlernens. In dieser Phase findet eine Konkretisierung der jeweiligen Rolle statt, eine Klärung gegenseitiger Erwartungen und Ressourcen. Wenn der Geführte seinen Einsatz und seine Bereitschaft, sich über das erforderliche Maß hinaus anzustrengen, zeigt, wird ihm im Gegenzug von der Führungsperson erhöhte Aufmerksamkeit und Unterstützung zuteil. Die dritte Phase der Führungsbeziehung, auch „Rollenroutinisierung" (en. *role-routinization*) genannt, wird als jene dargestellt, in der die Beteiligten einen partnerschaftlichen, durch Vertrauen und Respekt geprägten Austausch miteinander pflegen. Die jeweiligen Rollen sind hier gefestigt, die Interessen beider Akteure sind nicht mehr nur auf sich selbst fokussiert, sondern sie richten sich verstärkt auf die Ziele der Gruppe oder der Abteilung. In dieser Phase, die auch für eine reife Beziehung steht, wird nicht mehr nur die Verhaltensebene, sondern auch die emotionale Ebene angesprochen (Graen & Uhl-Bien, 1995b, S. 1046), es findet gegenseitiger Informationsfluss und reziproke Einflussnahme statt. Die reife Beziehung wird somit mit dem für die Innengruppe charakteristischen Austausch gleichgesetzt (Graen & Scandura, 1987).[2]

---

[2]Referenzen auf die „reife Führungsbeziehung" finden sich auch in den Ausführungen zur geteilten Führung (en. shared leadership); hierzu vgl. auch Kap. 6 zur partizipativen und geteilten Führung im Buch.

Neben der Phasenbetrachtung widmen sich Forscher auch der Frage, zu welchem Zeitpunkt sich die gegenseitigen Erwartungen im Führungsaustausch formieren. Bisherige empirische Studien legen nahe, dass die Grundzüge einer Führungsbeziehung sich zu einem sehr frühen Zeitpunkt herausbilden, so dass sich bereits beim Kennenlernen die Erwartungen zwischen der Führungskraft und den Mitarbeitern entwickeln und spätestens nach den ersten Wochen die Austauschqualität feststeht und den Charakter entweder eines sozialen oder eines ökonomischen Austausches annimmt (vgl. Liden et al., 1993). Es ist somit möglich, dass manche Führungsinteraktion gleich zu Anfang „stockt" und in der ersten Entwicklungsphase „steckenbleibt", ohne sich weiter entwickeln zu können. Jedoch schließen die Autoren eine Änderung der Austauschqualität, die sowohl durch die Führungskraft als auch die Mitarbeiter veranlasst werden kann, im Verlauf der Zeit nicht aus.

In den 90er-Jahren verschob sich der Schwerpunkt der Forschung zu Leader-Member-Exchange weg von der Beschreibung der Führungsprozesse (Deskription) hin zur Postulierung eines direkten Zusammenhangs zwischen der Qualität des Führer-Geführten-Austausches und der Effektivität der Organisation (Präskription). Auf den Organisationserfolg von hochwertigen Führungsbeziehungen stellt insbesondere das Konzept des Leadership-Making (z. B. Scandura & Graen, 1984) ab. Hier wurde die Notwendigkeit einer hochqualitativen dyadischen Beziehung, die die Führungsperson mit allen unterstellten Mitarbeitern entwickeln müsste, betont. Entgegen der ursprünglichen Annahme über die unvermeidliche Differenzierung der Mitarbeiter galt es nun, Empfehlungen für Führungskräfte darüber auszusprechen, wie sie eine hochwertige Führungsbeziehung zu allen Mitarbeitern entwickeln, da lediglich diese Art der Beziehung eine Reihe positiver Ergebnisse nach sich zieht, so die Annahme. Der hochwertige Führungsaustausch (*en. high LMX*) sorgt nicht nur dafür, dass Führungstransaktionen oft und intensiv stattfinden oder ein hohes Maß an gegenseitiger Beeinflussung zu erwarten ist (Graen & Uhl-Bien, 1995b, S. 1050; Zalesny & Graen, 1995, S. 865). Indem die Führungsperson eine Vertrauensbeziehung zu den Geführten aufbaut, stellt sie auch sicher, dass anspruchsvolle Aufgaben von ihnen erfolgreich erledigt werden (Yukl, 2013, S. 118).

### 3.3.2.3 Jenseits einer Führungsdyade

Die Fokussierung des LMX-Ansatzes ausschließlich auf die Führungsdyade zwischen einem Mitarbeiter und einer Führungskraft kann die in der Regel komplexeren Führungssituationen in Organisationen kaum angemessen abbilden, wie z. B. die Führung eines Teams oder einer Abteilung. In der LMX-Forschung gibt es deswegen einige Bemühungen, das Dyadenkonzept zu erweitern, um der Führungspraxis gerechter zu werden.

Einerseits wendet man sich dabei der Teamführung zu. Hier ist vor allem das Konzept des *Team-Leadership-Making* zu erwähnen, entwickelt von Graen und Uhl-Bien (1995b), oder der Ansatz der netzwerkartigen Beziehungen (en. *network assemblies*) (Graen & Uhl-Bien, 1995a). Zwar behalten diese Konzepte die Annahme der dyadischen Beziehungen bei, durch die Verknüpfung mit dem Netzwerkansatz wird hier jedoch versucht, die

Teamführung abzubilden. Ein Team wird hier als ein Netzwerk von interagierenden Dyaden konzipiert, die sowohl vom Teamleiter beeinflusst werden als auch die Mitarbeiter sich gegenseitig beeinflussen. Analog zur dyadischen Betrachtung gilt auch hier, dass eine reife Beziehung innerhalb der jeweiligen Dyade und zwischen den Dyaden mit der Leistungsfähigkeit des betrachteten Teams einhergeht (Graen & Uhl-Bien, 1995b). Einige Autoren nennen die gegenseitige Beeinflussung zwischen den Mitarbeitern „coworker exchange" (z. B. Sherony & Green, 2002) und untersuchen deren Einfluss auf Arbeitseinstellungen der Mitarbeiter, wie die Arbeitszufriedenheit oder organisationales Commiment.

Auf der anderen Seite befassen sich die Weiterentwicklungen des LMX-Ansatzes mit der hierarchischen Einbettung von Führungsbeziehungen. Die meisten Führungskräfte sind in der Regel selbst Mitarbeiter einer höhergestellten Führungskraft. Das Konzept der Führungstriade (u. a. Tangirala et al., 2007), das sowohl das Verhältnis zu einem unterstellen Mitarbeiter als auch zum übergeordneten Vorgesetzten berücksichtigt, versucht, diesem Umstand zu begegnen.

Insgesamt verdeutlichen diese Weiterentwicklungen, dass in der austauschtheoretischen Führungsperspektive erkannt wird, wie eng die einzelnen Dyaden in vertakaler und horizontaler Hinsicht verfochten sind und dass eine Führungsdyade in einer Organisation keinesfalls souverän existiert.

### 3.3.2.4 Austauschgüter in einer Führungsbeziehung

Innerhalb der austauschtheoretischen Führungsperspektive lässt sich ein Diskussionszweig ausmachen, der sich mit der Frage befasst, welche Ressourcen innerhalb einer Führungsbeziehung zwischen den Akteuren ausgetauscht werden und wie. Es werden einerseits Klassifizierungen für die Austauschgüter vorgenommen und andererseits Annahmen entwickelt, nach welchen Prinzipien der Austausch der jeweiligen Ressourcen stattfindet.

In Übereinstimmung mit der austauschtheoretischen Annahme weisen Zalesny und Graen (1995) darauf hin, dass eine Führungsbeziehung formelle und informelle Aspekte umfasst, denen jeweils unterschiedliche Austauschgüter entsprechen. Einer Führungsperson stehen solche Austauschressourcen zur Verfügung, wie Gehalt, Beförderungsmöglichkeiten oder Zuweisung von abwechslungsreichen oder routinemäßigen Aufgaben. Auf der informellen Ebene kann eine Führungsperson Freundschaft oder Zurückweisung als Ressource einsetzen. Den Mitarbeitern hingegen stehen in der Regel nur informelle Austauschgüter zur Verfügung, wie Leistungsbereitschaft, Loyalität oder aber eine langsame Arbeitsweise und häufige Abwesenheit. Abhängig davon, welche dieser Ressourcen in die Austauschbeziehung eingebracht werden, so die Autoren, hat die Beziehung entweder einen ökonomischen oder einen sozialen Charakter (Zalesny & Graen, 1995).

Der Frage der austauschbaren Ressourcen in einer Führungsbeziehung wenden sich auch Wilson, Sin und Conlon (2010) zu. Die Autoren interessiert vor allem, welche Ressourcen Führungskräfte von den Mitarbeitern erhalten. Ausgehend von Überlegungen von Foa und Foa (1980) entwickeln die Autoren eine Ressourcentaxonomie für Führung. Aus Sicht von Wilson und Koautoren können alle Ressourcen in einem Feld von zwei Dimensionen platziert werden: **konkret** vs. **abstrakt** und **speziell** vs. **universell**. Die jeweilige Ressource unterteilen die Autoren zusätzlich danach, ob diese von dem Mitarbeiter oder von der Führungskraft eingebracht werden kann. Unter **konkreten Ressourcen** sind den Autoren zufolge vor allem solche Güter, wie Service (Engagement der Mitarbeiter oder Gefälligkeiten seitens Führungskraft) oder materielle Güter (Geschenke durch Mitarbeiter oder durch Führungskraft; Büroausstattung durch Führungskraft), zu finden. Zu den **abstrakten Ressourcen** werden Status (Respekt seitens Mitarbeiter, durch die Führungskraft einem Mitarbeiter zugewiesene Entscheidungskompetenz) und Information (informelle Auskünfte seitens Mitarbeiter, Information aus dem Top-Management seitens Führungskraft) zugeordnet. Als **spezielle Ressource** gilt die Zugehörigkeit oder Zuneigung, die sowohl der Mitarbeiter als auch die Führungskraft ihrem Gegenüber in zahlreichen Formen zum Ausdruck bringen kann. Das Geld gilt wiederum als **universelle Ressource**, hierzu gehören insbesondere Prämien und Gehaltserhöhungen seitens der Führungskraft sowie die Mitarbeiterleistung, die indirekt das Gehalt der Führungskraft beeinflussen kann (Wilson et al., 2010, S. 362). Tab. 3.1 stellt eine Übersicht der von den Autoren thematisierten Austauschressourcen einer Führungsbeziehung dar.

Neben den Kategorien von Ressourcen entwickeln die Autoren auch einige Aussagen in Bezug auf die Tauschprinzipien der Ressourcen. Ausgehend von Foa und Foa (1980) nehmen sie an, dass in Führungsbeziehungen der Austausch der gleichen Ressourcen überwiegt. Das bedeutet, dass die informationellen Ressourcen seitens der Führungskräfte mit der Information seitens der Mitarbeiter erwidert werden, wohingegen die statusbezo-

**Tab. 3.1** In einer Führungssituation eingesetzte Ressourcen seitens Mitarbeiter und Führungskräfte. (Quelle: eigene Darstellung und Übersetzung i. A. a. Wilson et al. (2010))

| Ressourcen einer Führungskraft | Ressourcengruppe | Ressourcen der Mitarbeiter |
|---|---|---|
| - Sozialemotionale Unterstützung<br>- Zuspruch und Ermutigung | Zugehörigkeit und Zuneigung | - Commitment und Loyalität zur Führungskraft<br>- Einbeziehen bei informellen Veranstaltungen |
| - Reputationseffekte (z. B. reservierter Parkplatz) | Status | - Bewunderung und Respekt<br>- Positive Mundpropaganda |
| - Vertikale Informationen (von Geschäftsführung oder anderen Führungskräften)<br>- Weiterentwicklung und Beratung | Information | - Informelle Auskünfte (von Kollegen oder Abteilungen) |
| - Gefälligkeiten (z. B. Empfehlungsschreiben)<br>- Einsatz für mehr Ressourcen | Service | - Anstrengung und Leistung |
| - Geschenke<br>- Büroausstattung (z. B. Möbel, Computeraufrüstung) | Güter | - Geschenke |
| - Gehaltserhöhungen<br>- Prämien | Geld | - Leistung, die das Gehalt der Führungskraft indirekt beeinflusst |

genen Angebote der Führungskräfte mit statusbezogenen Gütern durch Mitarbeiter entgegnet werden (Wilson et al., 2010, S. 363). Wenn die Erwiderung mit der gleichen Ressource nicht möglich ist, wird nach dem Prinzip der Substituierbarkeit eine ähnliche Ressource gewählt. Beispielsweise werden Mitarbeiter eine Schenkung seitens der Führungskraft („Güter") durch eine erhöhte Leistung („Service") erwidern, wohingegen die Gehaltserhöhung („Geld") eher mit den Auskünften seitens der Mitarbeiter („Information") beantwortet wird (Wilson et al., 2010, S. 365). Zudem weisen die Autoren auf die Differenzierung der von den Mitarbeitern erhaltenen Ressourcen hin: Austauschgüter, die Führungskräfte von jenen Mitarbeitern erhalten, mit denen sie eine hochwertige Führungsbeziehung pflegen, werden sie eher wertschätzen als Güter von den Mitarbeitern, zu denen Führungskräfte keine hochwertige Beziehung haben (Wilson et al., 2010, S. 368).

### 3.3.3 Beziehungsorientierte Führungstheorie

Zu einer Weiterentwicklung des LMX-Modells, die zugleich eine ontologische Wende darstellt, zählt die sogenannte beziehungsorientierte Führungstheorie (en. *relational leadership theory*). Den Ausgangspunkt hat diese Theorie im Artikel von Mary Uhl-Bien (2006), erschienen in Leadership Quarterly. Obwohl die Autorin selbst zu den wichtigsten Protagonisten des LMX-Modells zählt, hat sie mit ihrer beziehungsorientierten Perspektive die ursprünglichen Annahmen des LMX-Modells in Frage gestellt. In ihren autobiografischen Notizen begründen Uhl-Bien und Ospina (2012, S. xiii) ihre theoretische Weiterentwicklung damit, dass in der LMX-Forschung die eigentliche Führungsbeziehung zu kurz kommt, weil die Individuen (entweder die Führungskräfte oder die Geführten) im Fokus stehen. Um Führung zu verstehen, reiche es nicht aus, zu wissen, was Führungskräfte oder ihre Mitarbeitende tun, sondern es ist erforderlich, den eigentlichen Prozess des Führens und Geführtwerdens in den Blick zu nehmen.

„Beziehung" in der beziehungsorientierten Theorie hat eine doppelte Bedeutung: das ist zum einen die Zuwendung zu Beziehung im Führungskontext (nicht unbedingt neuer inhaltlicher Fokus), zum anderen ist es aber auch eine beziehungsorientierte Ontologie, die Uhl-Bien hier vorschlägt. Der recht harmlos klingende Vorschlag um die Neuentdeckung der Führungsbeziehung kann mitunter als eine Revolution gesehen werden, weil Uhl-Bien (2006) hiermit nicht weniger als eine ontologische Neupositionierung der Führungsforschung vornimmt. Um die Beziehungsdimension der Führung zu betrachten, so die Autorin, sind die funktionalistischen Annahmen einer objektiven Realität unzureichend. Stattdessen sollte die Führung als Ergebnis und als Auslöser der sozial konstruierten Realität angesehen werden. Für ein besseres Verständnis und Erklärung der Führung spielen große Bedeutung nicht die universell gültigen Annahmen, sondern die Situiertheit und kontextuelle Einbettung jener Prozesse.

Zugleich wird hier eine prozessuale Sicht auf Führung vertreten, bei der die Führung in Anlehnung an Karl Weick (1979) als ein „Prozess des Strukturierens und Organisierens" zu verstehen ist. Konsequenterweise sollte sich dies auch in den verwendeten Begriffen widerspiegeln. Sowohl im Englischen mit „leadership" als auch im Deutschen mit „Führung" werden Substantive verwendet, die eine Entität, aber keinen Prozess ausdrücken. Mit „Führen" hingegen ließen sich der Charakter eines fortlaufenden Prozesses deutlich besser zum Ausdruck bringen.

Den inhaltlichen Fokus der beziehungsorientierten Sicht legt die Autorin zunächst auf der Kommunikation, die sie als ein „Medium für fortlaufende Hervorbringung und Änderung von sozialen Konstruktionen" versteht (Uhl-Bien, 2006, S. 665). In den späteren Werken kommen Prozesse der Führungsemergenz hinzu, bei der Führung zunehmend als eine kollektive soziale Konstruktion (en. *co-construction*) betrachtet wird (Uhl-Bien & Ospina, 2012).

Obwohl die beziehungsorientierte Führungstheorie viel Beachtung erfuhr, blieb empirische Forschung hierzu bisher weitestgehend aus. Möglicherweise liegt es daran, dass diese konzeptionelle Wende die dominierenden Annahmen des LMX-Modells in Frage gestellt hat und die bisherigen empirischen Forschungsroutinen, die an das funktionalistische Paradigma anlehnen und mit dem Sozialkonstruktivismus und der Prozessperspektive fremdeln, irritiert hat. Zum Teil bestätigt dies Uhl-Bien selbst, als sie sich erinnert, dass zahlreiche Forschende sie auf ihren Artikel von 2006 angesprochen haben mit den Worten: „toller Text, aber was macht man damit?" (Uhl-Bien & Ospina, 2012, S. xiii).

## 3.4    Empirische Ergebnisse

### 3.4.1    Empirische Studien zum Idiosynkrasiekreditmodell

Ungeachtet seiner früheren Popularität wurde das Modell von Hollander eher selten empirisch untersucht. Eine der wenigen empirischen Studien stammt von Wahrman und Pugh (1972). In ihrer experimentellen Untersuchung stellen die Autoren die Studie von Hollander nach und finden keine Bestätigung der von Hollander aufgestellten Aussagen. Im Gegenteil, gerade die nichtkonformen Führungskräfte (niedriger Idiosynkrasiekredit) üben einen hohen Einfluss auf die Gruppe aus. Als besonders wichtig für den Vertrauensvorschuss und den Einfluss hat sich hier jedoch die wahrgenommene Kompetenz der Führungskraft herausgestellt: Sowohl nonkonforme als auch konforme Führer müssen ihre Kompetenz unter Beweis stellen; sobald sich deren Urteil als falsch herausstellt, verlieren beide an Einfluss, besonders aber die nonkonformen Führer. Die nonkonformen und kompetenten Führer genossen das höchste Ansehen der Gruppe (Wahrman & Pugh, 1972). Daraus schlussfolgern die Autoren, dass nicht die Konformität der Führungskräfte, sondern ihre Kompetenz eine notwendige Voraussetzung für den Einfluss in der Gruppe zu sein scheint. In der aktuellen Führungsforschung ist der Ansatz von Hollander ziemlich in Vergessenheit geraten, obwohl die hier adressierten Themen, wie Gruppenführung, der Konformismus und die Abweichung von den Gruppennormen, gerade im gesellschaftlichen und politischen Bereich, aber auch in Zusammenhang mit dem Diversitätsmanagement in Organisationen eine erneute Brisanz erlangen.

### 3.4.2 Empirische Studien zum Leader-Member-Exchange Ansatz

Die austauschtheoretische Perspektive kann im Unterschied zu manch anderem Führungsansatz eine äußerst aktive empirische Forschungstradition vorweisen. Zum Teil sind die angenommenen Zusammenhänge auch erst auf Basis der empirischen Ergebnisse zustande gekommen. Nicht zuletzt sind die zahlreichen empirischen Studien darauf zurückzuführen, dass im Rahmen der LMX-Forschung die Kernkategorie, die Führungsbeziehung, bereits in sehr frühen Studien operationalisiert wurde. Es existieren mehrere Instrumente zur quantitativen Erfassung der Qualität von Führungsbeziehungen, die sich inhaltlich zum Teil voneinander unterscheiden.

Das populärste Instrument, das eine breite Verwendung in der empirischen Erforschung der austauschtheoretischen Führung fand, ist die sogenannte LMX-7 Skala (Graen & Uhl-Bien, 1995a), die sieben Aussagen in zwei Versionen enthält: die für Vorgesetzte und die für Mitarbeiter. Das Instrument ging aus verschiedenen Vorversionen hervor. Die ursprüngliche Version des Fragebogens von Dansereau und Kollegen (1975) umfasste zwei Items; später wurde das Instrument um weitere Items ergänzt (vgl. Bernerth et al., 2007), bis sich die LMX-7 Skala von Graen und Uhl-Bien (1995a) durchgesetzt hat. Eine hohe erreichte Punktzahl (30 bis 35 Punkte) repräsentiert eine gute Beziehung zwischen Führungskraft und Mitarbeiter, wohingegen eine niedrige Punktezahl zwischen 7 und 14 Punkten für ein weniger qualitätsvolles Führungsverhältnis steht (Graen & Uhl-Bien, 1995a). Schyns (2002) legt die deutsche Übersetzung der Skala vor. In Tab. 3.2 werden die Items aus der LMX-7 Skala für Mitarbeiter aufgeführt.

Ein weiteres in der Tab. 3.2 zur Messung der Führungsqualität verwendetes Instrument wurde von Bernerth und Kollegen (2007) entwickelt. Die Notwendigkeit einer neuen Methodik begründen die Autoren mit dem Hinweis, dass der LMX-7-Fragebogen vielmehr auf die sogenannte vertikale Dyade (*en. vertical dyad linkage*) statt auf den sozialen Austausch zwischen Führungskraft und Mitarbeiter abstellt. Daher enthält die LMX-7 aus Sicht der Autoren nur wenige genuin austauschorientierte Facetten, so dass seine inhaltliche Validität anzuzweifeln ist. Basierend auf den Definitionen und Beispielen für sozialen Austausch nach Blau (1967) wurde deswegen eine acht Items umfassende Skala entwickelt, die sich in den von den Autoren selbst durchgeführten Studien als zuverlässig und valide herausstellte (Bernerth et al., 2007, S. 997 ff.,; Bernerth & Walker, 2009).

Während diese Messskalen von der Eindimensionalität des LMX ausgehen, entwickeln Greguras und Ford (2006) auf Basis der Vorarbeiten von Liden und Maslyn (1998) ein multidimensionales Messinstrument, welches folgende Dimensionen des LMX erfasst: Gefühle, Loyalität, Leistung und Anerkennung der Kompetenz. Das Instrument legen die

**Tab. 3.2**   Eindimensionale Messinstrumente der Führungsqualität

| Die LMX-7-Skala | Messung von Führungsqualität nach Bernerth et al. (2007) |
|---|---|
| 1. Wissen Sie im Allgemeinen, wie Ihr*e Vorgesetze*r Sie einschätzt?<br>2. Wie gut versteht Ihr*e Vorgesetze*r Ihre beruflichen Probleme und Bedürfnisse?<br>3. Wie gut erkennt Ihr*e Vorgesetze*r Ihre Entwicklungsmöglichkeiten?<br>4. Wie hoch ist die Chance, dass Ihr*e Vorgesetzte*r ihren Einfluss nutzt, um Ihnen bei Arbeitsproblemen zu helfen?<br>5. Wie groß ist die Wahrscheinlichkeit, dass Ihr*e Vorgesetzte*r Ihnen auf ihre Kosten „aus der Patsche" hilft?<br>6. Ich habe genügend Vertrauen in meine*n Vorgesetzte*n, um ihre Entscheidungen zu verteidigen.<br>7. Wie würden Sie das Arbeitsverhältnis mit Ihrem*r Vorgesetzten beschreiben? | 1. Mein*e Vorgesetzte*r und ich pflegen eine gegenseitige Austauschbeziehung.<br>2. Ich muss nicht die konkreten Bedingungen kennen, um zu wissen, dass mein*e Vorgesetzte*r einen Gefallen meinerseits erwidern wird.<br>3. Wenn ich etwas für meine*n Vorgesetzte*n tue, wird sie oder er mich dafür belohnen.<br>4. Input und Output in der Beziehung zu meiner oder meinem Vorgesetzten halten sich die Waage.<br>5. Meine Bemühungen werden von meiner oder meinem Vorgesetzten erwidert.<br>6. Meine Beziehung mit meiner oder meinem Vorgesetzten ist ein Geben und Nehmen.<br>7. Wenn ich mir auf Arbeit Mühe gebe, wird mein*e Vorgesetzte*r dies berücksichtigen.<br>8. Freiwilliges Engagement von mir wird mein*e Vorgesetzte*r in irgendeiner Weise honorieren. |
| Die Antworten können auf einer 5-stufigen Skala nach Likert angegeben werden; die jeweilige Antwortformulierung variiert je nach dem Item; z. B. „nie" (1) bis „immer" (5) (Item 1), „gar nicht" (1) bis „sehr gut" (5) (Item 2, 3); „gering" (1) bis „hoch" (5) (Item 4, 5), „trifft gar nicht zu" (1) bis „trifft völlig zu" (5) (Item 6), „sehr ineffektiv" (1) bis „sehr effektiv" (5) (Item 7). | Die Antworten sind auf eine siebenstufige Likert-Skala einzutragen (von „stimme überhaupt nicht zu" (1) bis „stimme vollständig zu" (7)). |
| Quelle: Graen und Uhl-Bien (1995a) in Übersetzung von Schyns (2002) | Quelle: Bernerth et al. (2007); eigene Übersetzung |

Autoren in zweifacher Version vor: für Führungskräfte und für Mitarbeiter. Einige Beispiele der jeweiligen Items für Mitarbeiter zeigt Tab. 3.3.

Die zahlreichen empirischen Untersuchungen mit Hilfe der genannten Instrumente lassen sich im Großen und Ganzen drei inhaltlichen Richtungen zuordnen. Zum einen haben sich Forscher lange Zeit mit der Frage nach den Voraussetzungen einer sogenannten „reifen", hochwertigen Führungsbeziehung auseinandergesetzt. Die zweite Stoßrichtung für die empirischen Studien beschäftigt sich mit den Folgen einer „reifen" und einer weniger „reifen" Führungsbeziehung. Die dritte Gruppe der empirischen Arbeiten befasst sich mit der heterogenen Einschätzung der Führungsqualität. Die kaum überschaubare Anzahl an Studien, die auf das LMX-Konzept referieren, es aber im Wesentlichen nur als eine Mode-

**Tab. 3.3** Beispielitems der multidimensionalen LMX-Messung für Mitarbeiter

| |
|---|
| Dimension: *Gefühle* |
| „Ich mag meinen Vorgesetzten als Person." |
| „Es macht mir Spaß, mit meinem Vorgesetzten zusammenzuarbeiten." |
| Dimension: *Loyalität* |
| „Mein Vorgesetzter gibt mir Rückendeckung bei seinem Chef, auch wenn er nicht alle Einzelheiten kennt." |
| „Würden mich die anderen attackieren, würde mein Vorgesetzter mich verteidigen." |
| Dimension: *Leistung* |
| „Ich tue für meinen Vorgesetzten mehr als formal erforderlich wäre." |
| „Es macht mir nichts aus, für meinen Vorgesetzten hart zu arbeiten." |
| Dimension: *Anerkennung der Kompetenz* |
| „Ich bin beeindruckt von den Fachkompetenzen meines Vorgesetzten." |
| „Das Fachwissen und die Kompetenzen meines Vorgesetzten schätze ich hoch ein." |

Quelle: Greguras und Ford (2006, S. 464); eigene Übersetzung

rator-, Mediator- oder sonstige Drittvariable zwecks Erforschung anderer Zusammenhänge verwenden, wird hier nicht weiter berücksichtigt, weil diese Studien in der Regel nicht zur methodischen oder konzeptionellen Weiterentwicklung des Konzeptes beitragen.

Die Frage, unter welchen **Bedingungen eine Führungsbeziehung** eine hohe Qualität und Reife erlangt, ergab unterschiedliche Antworten. Studien weisen darauf hin, dass eine hochwertige Führungsbeziehung dann zu beobachten ist, wenn Führungskräfte und ihre Mitarbeiter sich als ähnlich in Bezug auf ihre Einstellungen und Persönlichkeit wahrnehmen (Phillips & Bedenian, 1994). Zur Erklärung greifen die Autoren auf die impliziten Führungstheorien zurück: Wenn die impliziten Erwartungen an gute Führung zwischen zwei Personen übereinstimmen, ist mit einer hochwertigen Führungsbeziehung zu rechnen (Epitropaki & Martin, 2005). Außerdem stellen sich die Einschätzungen des Verhaltens und der Persönlichkeit des Gegenübers als wichtig heraus. Wenn die Führungskraft ihre Mitarbeiter als kompetent und extrovertiert wahrnimmt, fördert es die Herausbildung einer qualitativen Führungsbeziehung; ähnlich positiv wirkt es sich aus, wenn Mitarbeiter ihre Führungskraft als zuverlässig empfinden (Phillips & Bedeian, 1994). Als eine weitere Bedingung für die hohe Qualität der Führungsbeziehung stellt sich die Vertrauensneigung, gewissermaßen Gutgläubigkeit der Mitarbeiter heraus (Bernerth & Walker, 2009). Mitarbeiter, die stärker dazu neigen, an das Gute in Menschen zu glauben, nehmen die Beziehung zu ihren Führungskräften als positiver und hochwertiger wahr als ihre Kollegen, die keine hohe Vertrauensneigung zeigen (Bernerth & Walker, 2009, S. 222). Die Autoren erklären diesen Befund mit Verweis darauf, dass jeder soziale Austausch mit der Unsicherheit einhergeht, ob der eigene Beitrag eine angemessene Erwiderung erfährt. Jene Personen, die eine hohe Vertrauensneigung haben, können diese Unsicherheit besser tolerieren und schätzen ihre Führungsbeziehung grundsätzlich positiv ein (Bernerth & Walker, 2009, S. 219). Griffith und Kollegen (2011) stellen in ihrer experimentellen Studie fest, dass Betrug und Irreführung seitens der Führungskräfte die Herausbildung einer guten

Führungsbeziehung verhindern. Besonders dann schätzen Mitarbeiter ihre Führungsbeziehung negativ ein, wenn ihnen eine geldwerte Entlohnung fürs Tolerieren dieses Fehlverhaltens angeboten wird. In den aktuellen Forschungsarbeiten werden vermehrt Emotionen als ein neuer und wichtiger Bereich der Führungsbeziehung thematisiert. So wird Empathie als persönliche Dimension der Führungskräfte genauer betrachtet und dabei festgestellt, dass auch die empathischsten Vorgesetzten bei großen Gruppen zu einer stärkeren LMX-Differenzierung und damit einer im Durchschnitt niedrigeren Unterstützung und Verständnis für ihre Mitarbeiter tendieren (Haynie et al., 2019). Gleichzeitig werden emotionale Facetten als Faktoren herausgestellt, die zu einer hohen oder niedrigen Qualität der Führungsbeziehung führen (Gooty et al., 2019). Cropanzano und Kollegen (2017) schlagen ein dynamisches Modell der Führungsbeziehung vor, bei dem die Affekttheorie mit dem LMX-Ansatz integriert und Emotionen als Begleitprozesse verschiedener Phasen einer Führungsbeziehung herausgestellt werden. In den empirischen Studien werden in Verbindung mit dem LMX stärker auch emotionales Wohlbefinden (Audenaert et al., 2017) oder emotionale Ermüdung (Medler-Liraz & Seger-Guttmann, 2018) von Mitarbeitern.

Der zweite empirische Forschungsstrang zu positiven **Folgen einer „reifen" Führungsbeziehung** und bedenklichen Konsequenzen, die eine minderwertige Führungsbeziehung in Organisationen herbeiführen kann, thematisiert hauptsächlich Folgen auf der individuellen und auf Gruppenebene, selten jedoch organisationale Konsequenzen. Die positiven Folgen einer „reifen" Führungsbeziehung für beide Beteiligten werden in den empirischen Studien wiederholt und nahezu gebetsmühlenartig bestätigt, wie die Mitarbeiterleistung oder ihr subjektives Wohlbefinden (Rousseau et al., 2008), offenere Kommunikation in der Abteilung, höhere Rollenklarheit, mehr Partizipationsmöglichkeiten und Arbeitszufriedenheit (z. B. Liden & Graen, 1980; Liden & Maslyn, 1998), eine schnellere Beförderung für Mitarbeiter (Wakabayashi & Graen, 1984). Mitarbeiter scheinen eine „reife" Führungsbeziehung dadurch zu erwidern, dass sie höheres freiwilliges Engagement und organisationales Commitment zeigen, seltener Kündigungsabsichten (z. B. Lam, 2003) hegen und mehr leisten als erforderlich (z. B. Liden & Graen, 1980; Henderson et al., 2008). Durch eine gepflegte und reife Beziehung zwischen Führungskraft und Geführten scheint nicht nur die Führungskraft oder Mitarbeiter zu profitieren, sondern letztlich auch die Organisation (Neuberger, 2002, S. 336; Graen & Uhl-Bien, 1995b, S. 1047). Außerdem wird ein sogenannter „Ketteneffekt" beobachtet: Jene Führungskräfte, die zu eigenen Vorgesetzten eine reife Führungsbeziehung hegen, neigen zu einem reiferen Führungsverhältnis auch bei ihren Mitarbeitern (Sparrowe & Liden, 2005; Tangirala et al., 2007). In den späteren Studien wird der direkte Zusammenhang zwischen der reifen Führungsqualität und den positiven Folgen zwar nicht grundsätzlich hinterfragt, aber etwas stärker differenziert. Es werden wichtige moderierende Variablen in den Blick genommen, wie z. B. Selbstwirksamkeitserwartung der Mitarbeiter (Liao et al., 2010), Rollenkonflikte und Rollenambiquität am Arbeitsplatz (Dunegan et al., 2002) oder Arbeitsautonomie der Mitarbeiter (Volmer et al., 2012). In den aktuellen Arbeiten wird stärker ein weiterer Kontext einer Führungsbeziehung in Betracht gezogen. So weisen Regts und Kollegen (2019) darauf hin, dass die Beziehungen unter den Mitarbeitern die Wirkung der Führung beeinflusst. Sie stellen fest, dass bei einer guten Führungsbeziehung hauptsächlich Mitarbeiter mit einer hohen Netzwerkzentralität ihre Leistung steigern. Zunehmend wird in der aktuellen Forschung darauf eingegangen, welche Effekte die LMX-Differenzierung auf der Gruppenebene auslösen kann. Die vorliegenden Ergebnisse legen nahe, dass die LMX-Differenzierung zwar zur Leistungssteigerung der Gruppe beitragen (z. B. Yu et al., 2018), aber Solidarität und Gruppenkohäsion (Yu et al., 2018; Manata, 2020) und die Gruppenkreativität (Li et al., 2016) sowie die individuelle Leistung der Gruppenmitglieder gefährden kann (Gooty & Yammarino, 2016).

Im Unterschied zu der hohen Führungsqualität erfuhr der niedrigqualifizierte Führungsaustausch (en. *low LMX*) in der empirischen Forschung deutlich weniger Beachtung. Meist geht es dabei darum, dass bei einer mangelhaften Führungsbeziehung positive Effekte ausbleiben, wie eine zurückgehende Arbeitsleistung (Kacmar et al., 2007), und weitere negative Effekte hinzukommen, wie z. B. durch Mitarbeiter erlebte Ungerechtigkeit (Lee, 2001). Lediglich in den neueren Untersuchungen erfährt eine schlechte oder eine sich verschlechternde Führungsbeziehung mehr Beachtung. So betrachtet Kangas (2021) in ihrer qualitativen Studie kritische Ereignisse, die zu einem Bruch der Austauschbeziehung mit der Führungskraft (en. *LMX breach*) führen. Dabei stellt sie drei Gruppen solcher Ereignisse fest: emotionale Verletzungen, ungerechte und illoyale Behandlung sowie unerfüllte Versprechungen und Erwartungen.

Lange Zeit galt es in der LMX-Forschung, dass die Führungsqualität von der Führungsperson und dem Mitarbeiter ähnlich eingeschätzt wird. In den früheren Studien wurden meist nur Mitarbeiter um ihre **Einschätzung der Führungsbeziehung** gebeten (Hiller et al., 2011) und nur wenige Untersuchungen haben sich der Perspektive der Führungskräfte zugewandt (Gerstner & Day, 1997). Erst in den aktuelleren Arbeiten setzen sich Forscher stärker mit der Frage auseinander, inwiefern die Führungsqualität durch Mitarbeiter und Führungskräfte übereinstimmend bewertet wird. Diese Arbeiten stellen die dritte Tradition der austauschtheoretisch informierten empirischen Führungsforschung dar. Zunächst bestätigen die wenigen Studien, in denen beide Perspektiven auf Führung berücksichtigt werden, die Übereinstimmung zwischen Mitarbeitern und Führungskräften in Bezug auf ihre Führungsbeziehung keine 37 Prozent betrug (Gerstner & Day, 1997; Sin et al., 2009) und höchstens als moderat anzusehen ist. Es erweist sich somit nicht nur als sinnvoll, sondern auch als notwendig, beide Gruppen zwecks Einschätzung der Führungsbeziehung zu berücksichtigen (Schyns & Day, 2010). Zhou und Schriesheim (2010) zeigen in ihrer qualitativen und quantitativen Erhebung, dass sich Kriterien, nach denen Führungskräfte und Mitarbeiter ihre Führungsbeziehung einschätzen, stark unterscheiden. Während Führungskräfte ihre Einschätzung vor allem auf die aufgabenbezogenen Kriterien beziehen, wie Leistung, Kompetenzen, Initiative oder Zuverlässigkeit, legen Mitarbeiter ihrer Beurteilung der Führungsbeziehung insbesondere die sozialen Dimensionen zugrunde, wie soziale Unterstützung, Respekt und Rücksicht seitens der Führungskraft (Zhou & Schriesheim, 2010, S. 833). Diese Beurteilungsdifferenzen werden in Verbindung mit den impliziten Führungstheorien von Führungskräften und Mitarbeitern gebracht (Epitropaki & Martin, 2005; Schyns & Day, 2010, S. 8). Zudem scheint die kurze Dauer der Führungsbeziehung, wie von Zhou und Schriesheim (2009) angenommen, eine Bedeutung für die mangelnde Übereinstimmung zu haben: Mit zunehmender Führungs- und Austauschdauer nähern sich die Einschätzungen der Führungskräfte und der Mitarbeiter an (Sin et al., 2009). Zuletzt schließen die Forscher nicht aus, dass die Einschätzungsdivergenzen auch ein methodisches Artefakt darstellen können, weil die in Untersuchungen verwendeten Skalen für Führungskräfte und für Mitarbeiter nicht identisch sind und zu divergierenden Einschätzungen führen.

Neben den Ursachen werden auch die Folgen der übereinstimmenden Führungsbeurteilungen untersucht. Im Fall von hoher Übereistimmung ist mit selteneren Konflikten (Paglis & Green, 2002) oder höherer Mitarbeiterleistung zu rechnen (Schyns & Day, 2010). Die Folgen einer mangelnden Übereinstimmung wurden bisher hingegen unzureichend betrachtet (Schyns & Day, 2010). In einer der wenigen Arbeiten dazu von Sherman und Kollegen (2012) zeigt sich eine Verbindung zwischen der divergierenden Einschätzung der Führungsqualität und der Kündigungsabsicht der Mitarbeiter. Aus Sicht der Forscher besitzt die Divergenz der eingeschätzten Führungsqualität eine gewisse prognostische Wirkung in Bezug auf die Kündigung durch Beschäftigte, die sich in einer Außenseitergruppe wähnen (Sherman et al., 2012, S. 418).

## 3.5  Anwendungsfelder der austauschtheoretischen Führungssicht

Die austauschtheoretische Perspektive gehört nicht zu den Führungstheorien, die bei den Führungsentwicklungsprogrammen oder -trainings eine breite Anwendung fand (Northouse, 2019). Die meisten Bemühungen im Rahmen der austauschtheoretischen Perspektive bezogen sich auf die empirische Erforschung des Phänomens, insbesondere im Rahmen des LMX-Ansatzes. Somit erfuhr die Perspektive ihre Anwendung vor allem im wissenschaftlichen Bereich. Für die Management- und Führungspraxis bietet sich die austauschtheoretische Führungssicht jedoch vor allem zur Selbst- und Fremdreflexion und daraus resultierend für Sensibilisierung an.

Zwei Stoßrichtungen lassen sich ausmachen, die wesentliche Reflexionsbereiche aus der austauschtheoretischen Sicht darstellen:

• Führungsbeziehung und Unternehmenserfolg: Zum einen verdeutlicht die austauschtheoretische Führungssicht, v. a. der LMX Ansatz, dass Führungsbeziehung sich im Organisationserfolg in Form von niedrigen Kündigungen und einem höheren Engagement von Mitarbeitern niederschlagen kann. Im Unterschied zu den klassischen Führungstheorien geht es jedoch nicht darum, wie kompetent oder herausragend die Führungskräfte eines Unternehmens sind, sondern ob und auf welche Weise sie sich den Mitarbeitern zuwenden. Der Abteilungs- und der Organisationserfolg kann je nach konkreter Ausprägung von Führungsbeziehungen gestärkt oder auch gefährdet werden.

- Innenseiter und Außenseiter einer Arbeitsgruppe: Dass Führungskräfte unterschiedliche Beziehungen zu ihren Mitarbeitern pflegen und dass diese Differenzierung der Mitarbeiter zahlreiche Folgen nach sich zieht, ist der zweite Ansatzpunkt zur Reflexion, den die austauschtheoretische Perspektive nahelegt. Zwar sind sich die Theoretiker uneinig, ob eine Führungskraft in der Lage ist, zu allen Mitarbeitern eine reife Beziehung herzustellen. Die aufgezeigten problematischen Konsequenzen im Fall von offensichtlichen Außenseitern liefert einen plausiblen Grund, das Führungsverhältnis zu reflektieren: Wodurch kam ein schlechtes Führungsverhältnis zustande, wann gab es Brüche? Mit den entwickelten Skalen zur Messung des LMX bietet der Ansatz ein gutes Mittel für die Selbst- oder Fremddiagnose der Führungsbeziehung, die sowohl zur kritischen Reflexion als auch zur Weiterbildung im Bereich Führung und Motivation der Mitarbeiter eingesetzt werden kann.

**Mittermayer im Austausch mit Mitarbeitern**

Da das Interview ausschließlich die Meinung von Herrn Mittermayer darstellt, erlaubt das Material nicht, Schlussfolgerungen über die Art der Führungsinteraktionen in diesem Unternehmen abzuleiten. Dazu müsste man die Meinung der Unterstellten hören. Somit handelt es sich hierbei um explizite Vorstellungen eines Geschäftsführers, auch in Bezug auf eine gute Führungsbeziehung.

So weist Herr Mittermayer darauf hin, dass er einen großen Wert auf Mitarbeiter legt, die „entwicklungsfähig" sind und „mit dem Unternehmen wachsen" wollen. Zudem erwartet er von den externen Führungskräften, dass sie gewillt sind, sich schnell in das Unternehmen zu integrieren. Offenbar handelt es sich hierbei um die erwünschten Austauschgüter, die Mitarbeiter besitzen und die sie im besten Fall dem Unternehmen zur Verfügung stellen: Entwicklungswillen, Integrationsfähigkeit und Konformismus der Unternehmenskultur gegenüber. Im Gegensatz dazu thematisiert Herr Mittermayer, dass das Unternehmen den Mitarbeitern nicht nur materielle Güter anbietet, wie Entlohnung, auch in Form von Mitarbeiterbeteiligung, sondern es hat auch „soziale Ziele" im Auge, wie z. B. ein Arbeitsplatzangebot für den Ehemann einer schwangeren Mitarbeiterin. Aus Sicht von Herrn Mittermayer umfasst der soziale Austausch zwischen ihm als Führungskraft und den Mitarbeitern des Unternehmens also nicht nur ökonomische, sondern auch soziale Facetten. Ergänzt durch die Erwartung, dass der Führungsaustausch von langer Dauer sein soll, illustrieren die Vorstellungen des befragten Geschäftsführers einen sozialen Führungsaustausch.

Der Hinweis von Herrn Mittermayer, dass er unternehmensinterne Fachkräfte für die zu besetzenden Führungspositionen bevorzugt, deutet darauf hin, dass hier möglicherweise eine Differenzierung der Mitarbeiter in eine Innengruppe (eigene Mitarbeiter) und Außengruppe (externe Mitarbeiter) vorliegt. Auch wenn das Interview keine weiteren Schlussfolgerungen zu Ausprägung oder Folgen dieser Differenzierung erlaubt, kann man den weiteren Ausführungen von Herrn Mittermayer entnehmen, dass diese Unterscheidung keine endgültige ist. Externe Mitarbeiter, die sich integrationswillig und konform zeigen, bewähren sich in den Augen des Geschäftsführers als Anwärter für die Innengruppe.

Der Mittermayer-Fall ist ein Beispiel, das die Grenzen des Idiosynkrasiekreditmodells deutlich aufzeigt. Anstatt einen Vertrauensvorschuss durch die eigene Konformität zu verdienen, kehrt die Führungskraft hier das Bild um und führt aus, dass die Konformität und Professionalität auf Seite der Mitarbeiter ein wichtiges Kriterium für eine hochwertige Führungsbeziehung darstellt. Der Fall verdeutlicht damit, dass nicht nur Führungskräfte einen Vertrauensvorschuss seitens Mitarbeiter zuerkannt bekommen, sondern dass auch Mitarbeiter durch ihr konformes und kompetentes Agieren einen Vertrauensvorschuss bzw. Kredit durch Führungskräfte erarbeiten müssen, um von den Führungskräften bevorzugt behandelt zu werden. Inwiefern dieser Kredit jedoch bedeutet, dass Führungskräfte idiosynkratische Verhaltensweisen von Mitarbeitern tolerieren, beantwortet weder die Fallstudie noch die Theorie. ◄

## 3.6    Kritische Würdigung der austauschorientierten Führungssicht

Einer der wesentlichen Verdienste der austauschtheoretischen Führungssicht besteht darin, dass diese Perspektive Führung als grundsätzlich interaktiv auffasst. Führung wird hier nicht mehr als eine ausschließlich von der Führungskraft ausgehende Kraft verstanden, sondern als ein Austausch- und Beziehungsprozess zwischen Mitarbeiter und Führungskraft. Auf diese Weise gelangen Mitarbeiter, eine in den bisherigen theoretischen Ansätzen weitestgehend ausgeblendete Facette der Führung, in den Fokus der Betrachtung. Noch mehr, den Mitarbeitern kommt dabei eine führungskonstituierende Rolle zu. Im Unterschied zu den anderen Führungstheorien wird im Rahmen der austauschtheoretischen Sicht Führung zudem unter temporären Gesichtspunkten betrachtet, indem ihre Veränderungen im Laufe der Zeit in den Fokus gerückt werden.

In paradigmatischer Hinsicht stellt die austauschtheoretische Führungssicht ein typisches Beispiel für funktionalistische Führungsbetrachtung dar. Die im Rahmen dieser Forschung entwickelten theoretischen Modelle und empirische Studien folgen weitestgehend dem positivistischen Primat der Erforschung einer als objektiv gegebenen Welt, hier, der Qualität der Führungsbeziehung. Obwohl die späteren Studien nahelegen, dass die Führungsbeziehung keine objektive, sondern genuin subjektive Facette der Beteiligten darstellt, fand eine grundlegende Reflexion von paradigmatischen Grenzen in der LMX-Forschung bisher kaum statt, sieht man von dem Ansatz der beziehungsorientierten Führung ab. Die weitestgehend funktionalistische Ausrichtung der austauschtheoretischen Führungssicht geht mit einer Reihe von konzeptionellen Problemen einher. Zum einen liegt dieser Perspektive ein rationalistisches Menschenbild zugrunde, welches sich beim Austausch ausschließlich auf die individuelle Nutzenoptimierung ausrichtet. Die sozialen und kulturellen Einflüsse wurden lange Jahre weitestgehend ausgeblendet oder zu ökonomisch relevanten Größen umgewandelt. In den meisten Studien wird das funktionalistische Paradigma weiterhin bedient, indem die Diskrepanzen zwischen den individuellen Einschätzungen der Führungsqualität neu vermessen und die möglichen Ursachen dafür gesucht werden. Nichtsdestotrotz zählt die austauschtheoretische Führungssicht zu den empirisch am besten beforschten Führungstheorien. Die Anzahl der empirischen Studien, die im Rahmen dieser Perspektive durchgeführt worden sind, ist im Vergleich zu anderen Führungsansätzen beeindruckend hoch. Im Wesentlichen handelt es sich dabei um quantitative Untersuchungen, die qualitativen Methoden fanden im Rahmen der austauschtheoretischen Führungsforschung selten eine Anwendung (z. B. Kangas, 2021).

Die Grundannahmen über die Organisation kranken in der austauschtheoretischen Führungssicht am psychologischen Reduktionismus. Indem die Interaktion zwischen Führungskraft und Mitarbeiter in den Vordergrund gestellt wird, bleibt der weitere organisationale Kontext, wie z. B. die Machtkämpfe innerhalb einer Abteilung, jenseits des Analyserahmens. Auch die späteren Studien und Konzepte befassen sich vor allem mit den kognitiven Aspekten der Führung, wie die Wahrnehmungsunterschiede zwischen Mitarbeitern und Führungskräften (Schyns & Day, 2010), ohne die organisationale Rahmung des Führungsverhältnisses und seiner Wahrnehmung zu berücksichtigen. Der Austausch zwischen Führungskraft und Mitarbeiter wird in der LMX-Tradition als Interaktion zwischen zwei gleichberechtigten Partnern konzipiert: Nicht umsonst ist hier die Rede von „Mitgliedern" (en. *members*) der Interaktion. Was sich auf den ersten Blick als eine demokratische Tendenz anhören mag, erweist sich eher als ein Etikett, denn die Hierarchieunterschiede zwischen den Interaktionspartnern und damit die strukturell unterschiedlichen Einflussmöglichkeiten bleiben weitestgehend unberücksichtigt. Zwar bemühen sich einige der Forschungsstudien (Tangirala et al., 2007) um eine stärkere Berücksichtigung mehrerer Hierarchieebenen für den führungsbezogenen Austausch, eine systematische Betrachtung des organisationalen Kontextes ist bislang ausgeblieben.

In konzeptioneller Hinsicht sind in der austauschtheoretischen Sicht auch zahlreiche Tautologien und Dualismen zu bemängeln. So werden die Voraussetzungen für die Bildung einer Innen- und einer Außengruppe, z. B. seltener Kontakt zu Vorgesetzten, oftmals gleichgesetzt mit den Folgen dieser Differenzierung. Gleiches betrifft Merkmale, Voraussetzungen und Folgen einer sogenannten „reifen" oder „hochwertigen" Führungsbeziehung: Es ist oft unklar, ob eine hohe Leistung und Commitment der Mitarbeiter eine Folge oder erst die Voraussetzung einer hochwertigen Führungsbeziehung ist. In dualistischer Manier wird in der austauschtheoretischen Perspektive angenommen, dass eine hochwertige Führungsbeziehung mit ausschließlich positiven Folgen für die Betroffenen einherging, wohingegen eine schlechte Führungsbeziehung nur negative Folgen erwarten lässt, wie die Kündigungsbereitschaft oder die innere Kündigung. Dass eine schlechte Führungsbeziehung auch positive Folgen nach sich ziehen könnte sowie eine hochwertige Führungsbeziehung nicht von bedenklichen Folgen gefeit ist, blieb hingegen unberücksichtigt. Während sich die Forschung auf die Voraussetzungen und Folgen einer hochwertigen Führungsbeziehung konzentrierte, erfuhren die Dynamiken einer minderwertigen Führungsqualität oder die Übergänge zwischen einer guten und einer schlechten Führungsbeziehung lange Jahre keine Beachtung. Erst in den neueren Studien, wie z. B. bei Kangas (2021), werden diese Aspekte eingehender analysiert. Dem letzten Aspekt haben sich inzwischen Arbeiten zu destruktiver Führung zugewandt und sind damit einer kritischen Wende innerhalb der austauschtheoretischen Führungssicht zuvorgekommen. Konzeptionelle Mängel der LMX-Forschung werden inzwischen auch zum Thema. So kritisieren Gottfredson und Kollegen (2020) insbesondere eine uneinheitliche theoretische Referenz für LMX, die zwischen der sozialen Austauschtheorie und der Rollentheorie changiert, und nicht zu einer konsequenten Ergründung des LMX-Konzeptes geführt hat.

Eine ungenügende theoretische Fundierung schlägt sich in den beschränkt validen Messinstrumenten nieder, worauf van Breukelen und Kollegen (2006) sowie Gottfredson und Kollegen (2020) hinweisen. Die Autoren kritisieren die bisherige LMX-Forschung dafür, dass die in den empirischen Untersuchungen genutzten Messinstrumente aus ihrer Sicht zu wenig an die theoretischen Annahmen zurückgebunden sind. Nicht nur stellen die vorliegenden LMX-Skalen jeweils auf unterschiedliche Facetten der Führungsbeziehung ab (z. B. Differenzierung der Beziehung vs. Beziehungsqualität), sie scheitern auch dabei, die heterogenen Aspekte einer Führungsbeziehung mehrdimensional abzubilden, wie Vertrauen, Respekt, Sympathie oder Kommunikation (Gottfredson et al., 2020). Zudem werden die bisher entwickelten LMX-Skalen dem reziproken Charakter einer Führungsbeziehung nicht gerecht (van Breukelen et al., 2006).

Die im Rahmen der austauschtheoretischen Perspektive aufgestellten Modelle eignen sich durchaus gut für die *Beschreibung* einer Führungsbeziehung und der damit zusammenhängenden Phänomene. Eine überzeugende *Erklärung* dieser Zusammenhänge bleibt noch aus. Beispielsweise sind die Mechanismen des Zustandekommens der Innen- und der Außengruppe in einer Abteilung noch unerforscht. Die Frage, ob der einmal erlangte Status eines Außenseiters für Mitarbeiter abzuändern ist, bedarf ebenfalls einer Klärung.

---

**Zum Nachlesen**

- Birgit Schyns und Michael Knoll (2015) legen eine deutschsprachige Übersicht der bisherigen Forschungsergebnisse zum LMX-Ansatz vor.
- Peter G. Northouse (2019, S. 139–162) bietet eine kurzweilige Zusammenfassung der wesentlichen Konzepte des LMX-Ansatzes, einschließlich der anregenden Fallstudien.

- Martin und Kollegen (2016) legen eine metaanalytische Betrachtung des Zusammenhangs zwischen dem LMX und der Arbeitsleistung vor, mit einem wenig überraschenden Ergebnis einer positiven Korrelation.
- Gottfredson und Kollegen (2020) nehmen eine kritische Betrachtung der LMX-Forschung vor und kommen zu einem niederschmetternden Ergebnis: das LMX-Konzept überzeugt weder in konzeptioneller noch in methodischer Hinsicht und bedarf einer Neuausrichtung.

### Fragen

1. Auf welchen Hauptaussagen der sozialen Austauschtheorie beruht die austauschtheoretische Führungssicht?
2. Welches Menschenbild wird in der austauschtheoretischen Führungsperspektive vertreten und inwiefern schränkt es die Erklärung der Führungsprozesse ein?
3. Wie wird im Rahmen des Ansatzes Leader-Member-Exchange die Mitarbeiterdifferenzierung in eine Innen- und eine Außenseitergruppe begründet?
4. Was sind die wesentlichen Unterschiede zwischen einer Innen- und einer Außengruppe in Bezug auf die Führungsbeziehung?
5. Welche Phasen einer Führungsbeziehung werden in der austauschtheoretischen Führungsperspektive unterschieden? Wodurch zeichnet sich die jeweilige Phase aus?
6. Welche Ressourcen werden in einer Führungsbeziehung aus der austauschtheoretischen Führungssicht eingebracht und welche Folgen hat es jeweils für die Beteiligten?
7. „Jeder schätzt seine Führungsbeziehung anders ein." Erläutern Sie diese Aussage angesichts der aktuellen Forschungserkenntnisse im Rahmen der austauschtheoretischen Führungssicht!
8. Was wird unter dem Idiosynkrasiekredit verstanden und welche Annahmen werden hieraus für das Führungsgeschehen abgeleitet?
9. Welche Passagen aus der Intermezzo-Sammlung lassen sich mit der austauschtheoretischen Perspektive beleuchten? Probieren Sie es aus! Zu welchen Schlussfolgerungen kommen Sie?

## Literatur

Audenaert, M., Vanderstraeten, A., & Buyens, D. (2017). When affective well-being is empowered: The joint role of leader-member exchange and the employment relationship. *The International Journal of Human Resource Management, 28*(15), 2208–2227.

Bernerth, J. B., Armenakis, A. A., Feild, H. S., Giles, W. F., & Walker, H. J. (2007). Leader-member social exchange (LMSX): Development and validation of a scale. *Journal of Organizational Behavior, 28*(8), 979–1003.

Bernerth, J. B., & Walker, H. J. (2009). Propensity to trust and the impact on social exchange: An empirical investigation. *Journal of Leadership & Organizational Studies, 15*(3), 217–226.

Blau, P. M. (1967). *Exchange and power in social life*. Taylor & Francis Inc.

Cropanzano, R., Dasborough, M. T., & Weiss, H. M. (2017). Affective events and the development of leader-member exchange. *Academy of Management Review, 42*(2), 233–258.

Dansereau, F., Graen, G., & Haga, W. J. (1975). A vertical dyad linkage approach to leadership within formal organizations: A longitudinal investigation of the role making process. *Organizational Behavior & Human Performance, 13*(1), 46–78.

Dunegan, K. J., Uhl-Bien, M., & Duchon, D. (2002). LMX and subordinate performance: The moderating effects of task characteristics. *Journal of Business and Psychology, 17*(2), 275–285.

Epitropaki, O., & Martin, R. (2005). From ideal to real: A longitudinal study of the role of implicit leadership theories on leader-member exchanges and employee outcomes. *Journal of Applied Psychology, 90*(4), 659–676.

Foa, E. B., & Foa, U. G. (1980). Resource theory: Interpersonal behavior as exchange. In K. J. Gergen, M. S. Greenberg & R. H. Willis (Hrsg.), *Social exchange: Advances in theory and research* (S. 77–94). Plenum Press.

Gerstner, C. R., & Day, D. V. (1997). Meta-analytic review of leader-member exchange theory: Correlates and construct issues. *Journal of Applied Psychology, 82*(6), 827–844.

Gooty, J., Shumski Thomas, J., Yammarino, F. J., Kim, J., & Medaugh, M. (2019). Positive and negative emotional tone convergence: An empirical examination of associations with leader and follower LMX. *The Leadership Quarterly, 30*, 427–439.

Gooty, J., & Yammarino, F. J. (2016). The leader-member exchange relationship: A multisource, cross-level investigation. *Journal of Management, 42*(4), 915–935.

Gottfredson, R. K., Wright, S. L., & Heaphy, E. D. (2020). A critique of the leader-member exchange construct: Back to square one. *The Leadership Quarterly, 31*(6), 101385.

Graen, G. B., & Scandura, T. A. (1987). Towards a psychology of dyadic organizing. In L. L. Cummings & B. M. Staw (Hrsg.), *Research in organizational behavior* (S. 175–208). JAI Press.

Graen, G. B., & Uhl-Bien, M. (1991). The transformation of professionals into self-managing and partially self-designing contributions: Toward a theory of leader-making. *Journal of Management Systems, 3*(3), 33–48.

Graen, G. B., & Uhl-Bien, M. (1995a). Relationship-based approach to leadership: Development of leader-member exchange (LMX) theory of leadership over 25 years: Applying a multi-level multi-domain perspective. *The Leadership Quarterly, 6*(2), 219–247.

Graen, G. B., & Uhl-Bien, M. (1995b). Führungstheorien, von Dyaden zu Teams. In A. Kieser, G. Reber & R. Wunderer (Hrsg.), *Handwörterbuch der Führung* (S. 1045–1058). C.E. Poeschel.

Greguras, G. J., & Ford, J. M. (2006). An examination of the multidimensionality of supervisor and subordinate perceptions of leader-member exchange. *Journal of Occupational and Organizational Psychology, 79*(3), 433–465.

Griffith, J. A., Connelly, J., & Thiel, C. E. (2011). Leader deception influences on leader-member exchange and subordinate organizational commitment. *Journal of Leadership & Organizational Studies, 18*(4), 508–521.

Haynie, J. J., Baur, J., Harris, J. N., Harris, S. G., & Moates, K. N. (2019). When caring leaders are constrained: The impact of LMX differentiation on leader empathic concern in predicting discretionary work behaviors. *Journal of Leadership & Organizational Studies, 26*(1), 5–17.

Henderson, D. J., Liden, R. C., Glibkowski, B. C., & Chaundhry, A. (2009). Within-group LMX differentiation: A multilevel review and examination of its antecedents and outcomes. *The Leadership Quarterly, 20*(4), 517–534.

Henderson, D. J., Wayne, S. J., Shore, L. M., Bommer, W. H., & Tetrick, L. E. (2008). Leader-member exchange, differentiation, and psychological contract fulfillment: A multi-level examination. *Journal of Applied Psychology, 93*(6), 1208–1219.

Hiller, N. J., DeChurch, L. A., Murase, T., & Doty, D. (2011). Searching for outcomes of leadership: A 25-year review. *Journal of Management, 37*(4), 1137–1177.

Hollander, E. P. (1958). Conformity, status, and idiosyncrasy credit. *Psychological Reviews, 65*(2), 117–127.

Hollander, E. P. (1978). *Leadership dynamics: A practical guide to effective relationships.* Free Press.

Homans, G. C. (1968). *Elementarformen sozialen Verhaltens.* VS Verlag für Sozialwissenschaften.

Hooper, D. T., & Martin, R. (2008). Beyond personal leader-member exchange (LMX) quality: The effects of perceived LMX variability in employee reactions. *The Leadership Quarterly, 19*(1), 20–30.

Kacmar, K. M., Zivnuska, S., & White, C. D. (2007). Control and exchange: The impact of work environment on the work effort of low relationship quality employees. *The Leadership Quarterly, 18*(1), 69–84.

Kangas, H. (2021). Spanning leader–subordinate relationships through negative interactions: An examination of leader–member exchange breaches. *Leadership, 17*(2), 173–190.

Lam, T. (2003). Leader-member exchange and team-member exchange: The roles of moderators in new employees' socialization. *Journal of Hospitality & Tourism Research, 27*(1), 48–68.

Lee, J. (2001). Leader-member exchange, perceived organizational justice, and cooperative communication. *Management Communication Quarterly, 14*(4), 574–589.

Li, Y., Fu, F., Sun, J.-M., & Yang, B. (2016). Leader–member exchange differentiation and team creativity: An investigation of nonlinearity. *Human Relations, 69*(5), 1121–1138.

Liao, H., Liu, D., & Loi, R. (2010). Looking at both sides of the social exchange coin: A social cognitive perspective on the joint effects of relationship quality and differentiation on creativity. *Academy of Management Journal, 53*(5), 1090–1109.

Liden, R. C., & Graen, G. (1980). Generalizability of the vertical dyad linkage model of leadership. *Academy of Management Journal, 23*(3), 451–465.

Liden, R. C., & Maslyn, J. M. (1998). Multidimensionality of leader-member exchange: An empirical assessment through scale development. *Journal of Management, 24*(1), 43–72.

Liden, R. C., Wayne, S. J., & Stilwell, D. (1993). A longitudinal study on the early development of leader-member exchange. *Journal of Applied Psychology, 78*(4), 662–674.

Manata, B. (2020). The effects of LMX differentiation on team performance: Investigating the mediating properties of cohesion. *Journal of Leadership & Organizational Studies, 27*(2), 180–188.

Martin, R., Guillaume, Y., Thomas, G., Lee, A., & Epitropaki, O. (2016). Leader-Member Exchange (LMX) and performance: A meta-analytic review. *Personnel Psychology, 69*(1), 67–121.

Medler-Liraz, H., & Seger-Guttmann, T. (2018). Authentic emotional displays, leader–member exchange, and emotional exhaustion. *Journal of Leadership & Organizational Studies, 25*(1), 76–84.

Neuberger, O. (2002). *Führen und führen lassen: Ansätze, Ergebnisse und Kritik der Führungsforschung.* UTB.

Northouse, P. G. (2019). *Leadership: Theory and practice* (8. Aufl.). Sage.

Paglis, L. L., & Green, S. G. (2002). Both sides now: Supervisor and subordinate perspectives on relationship quality. *Journal of Applied Psychology, 32*(2), 250–276.

Phillips, A. S., & Bedeian, A. G. (1994). Leader-follower exchange quality: The role of personal and interpersonal attributes. *Academy of Management Journal, 37*(4), 990–1001.

Regts, G., Molleman, E., & van de Brake, H. J. (2019). The impact of leader-member exchange on follower performance in light of the larger social network. *Human Relations, 72*(8), 1265–1291.

Rousseau, V., Aube, C., Chiocchio, F., Boudrias, J.-S., & Morin, E. M. (2008). Social interactions at work and psychological health: The role of leader-member exchange and work group integration. *Journal of Applied Social Psychology, 38*(7), 1755–1777.

Scandura, T., & Graen, G. B. (1984). Moderating effects of initial leader-member exchange status on the effects of a leadership intervention. *Journal of Applied Psychology, 69*(3), 428–436.

Schyns, B. (2002). Überprüfung einer deutschsprachigen Skala zum Leader-Member-Exchange-Ansatz. *Zeitschrift für Differentielle und Diagnostische Psychologie, 23*(2), 235–245.

Schyns, B., & Day, D. (2010). Critique and review of leader-member exchange theory: Issues of agreement, consensus, and excellence. *European Journal of Work and Organizational Psychology, 19*(1), 1–29.

Schyns, B., & Knoll, M. (2015). LMX – Leader-Member Exchange. In J. Felfe (Hrsg.), *Trends der psychologischen Führungsforschung. Neue Konzepte, Methoden und Erkenntnisse* (S. 55–65). Hogrefe.

Sherman, K. E., Kennedy, D. M., Woodard, M. S., & McComb, S. A. (2012). Examining the „exchange" in leader-member exchange. *Journal of Leadership & Organizational Studies, 19*(4), 407–423.

Sherony, K. M., & Green, S. G. (2002). Coworker exchange: Relationships between coworkers, leader-member exchange, and work attitudes. *Journal of Applied Psychology, 87*(3), 542–548.

Sias, P. M., & Jablin, E. M. (1995). Differential superior-subordinate relations, perceptions of fairness, and coworker communication. *Human Communication Research, 22*(1), 5–38.

Sin, H.-P., Nahrgang, J. D., & Moregeson, F. P. (2009). Understanding why they don't see eye-to-eye: An examination of leader-member exchange (LMX) agreement. *Journal of Applied Psychology, 94*(4), 1048–1057.

Sparrowe, R. T., & Liden, R. C. (2005). Two routes to influence: Integrating leader-member exchange and social network perspectives. *Administrative Science Quarterly, 50*(4), 505–535.

Stegbauer, C. (2011). *Reziprozität. Einführung in soziale Formen der Gegenseitigkeit* (2. Aufl.). VS Verlag für Sozialwissenschaften.

Tangirala, S., Green, S., & Ramanujam, R. (2007). In the shadow of the boss's boss: Effects of supervisors' upward exchange relationships on employees. *Journal of Applied Psychology, 92*(2), 309–320.

Uhl-Bien, M. (2006). Relational leadership theory: Exploring the social processes of leadership and organizing. *The Leadership Quarterly, 17*(6), 654–676.

Uhl-Bien, M., & Ospina, S. M. (2012). Foreword. In M. Uhl-Bien & S. M. Ospina (Hrsg.), *Advancing relational leadership research. A dialogue among perspectives* (S. xiii–xviii). IAP.

van Breukelen, W., Schyns, B., & Le Blanc, P. (2006). Leader – member exchange theory and research: Accomplishments and future challenges. *Leadership, 2*(3), 295–316.

Volmer, J., Spurk, D., & Niessen, C. (2012). Leader–member exchange (LMX), job autonomy, and creative work involvement. *The Leadership Quarterly, 23*(3), 456–465.

Wahrman, R., & Pugh, M. D. (1972). Competence and conformity: Another look at Hollander's study. *Sociometry, 35*(3), 376–386.

Wakabayashi, M., & Grean, G. B. (1984). The Japanese career progress study: A seven-year follow up. *Journal of Applied Psychology, 69*(4), 603–614.

Wayne, S. J., & Ferris, G. R. (1990). Influence tactics, affect, and exchange quality in supervisory-subordinate interactions: A laboratory experiment and a field study. *Journal of Applied Psychology, 75*(5), 487–499.

Weick, K. E. (1979). *The social psychology of organizing* (2. Aufl.). McGraw-Hill.

Wilson, K. S., Sin, H.-P., & Conlon, D. E. (2010). What about the leader in leader-member exchange? The impact of resource exchanges and substitutability on the leader. *Academy of Management Review, 35*(3), 358–372.

Yu, A., Matta, F. K., & Cornfield, B. (2018). Is leader-member exchange differentiation beneficial or detrimental for group effectiveness? A meta-analytic investigation and theoretical integration. *Academy of Management Journal, 61*(3), 1158–1188.

Yukl, G. (2013). *Leadership in organizations*. Pearson.

Zalesny, M. D., & Graen, G. B. (1995). Führungstheorien – Austauschtheorie. In A. Kieser, G. Reber & R. Wunderer (Hrsg.), *Handwörterbuch der Führung* (S. 862–877). Schäffer-Poeschel.

Zhou, X. T., & Schriesheim, C. A. (2009). Supervisor–subordinate convergence in descriptions of leader–member exchange (LMX) quality: Review and testable propositions. *The Leadership Quarterly, 20*, 920–932.

Zhou, X. T., & Schriesheim, C. A. (2010). Quantitative and qualitative examination of propositions concerning supervisor – subordinate convergence in descriptions of leader–member exchange (LMX) quality. *The Leadership Quarterly, 21*, 826–843.

# Implizite Theorien der Führung: Führung im Auge des Betrachters

**4**

Rainhart Lang

## Inhaltsverzeichnis

---

### Zusammenfassung

*Implizite Führungstheorien gehören zu den kognitiven Ansätzen der Führung. Es sind Alltagstheorien bzw. systematische Annahmen über die an der Führung beteiligten Führungskräfte und Geführten, den Führungskontext, typische Führungssituationen und Führungsereignisse sowie den Verlauf von Führungsinteraktionen, Führungsprozessen und schließlich angestrebte und erwartete Führungsergebnisse. Führung ist vor diesem Hintergrund die kognitive Wissensstruktur eines Beobachters, liegt „im Auge des Betrachters". Der Ansatz der impliziten Theorien der Führung geht davon aus, dass solche Führungserwartungen einen starken Einfluss auf aktuelle*

---

R. Lang (✉)
Technische Universität Chemnitz, Chemnitz, Deutschland
E-Mail: rainhart.lang@wirtschaft.tu-chemnitz.de

I. Rybnikova, R. Lang, *Aktuelle Führungstheorien und -konzepte*,
https://doi.org/10.1007/978-3-658-35543-2_4

*Führungsprozesse haben, indem sie die Wahrnehmung, die Einstellungen und das Verhalten der Akteure beeinflussen. Mit der Überwindung der Führerzentrierung, einem Fokus auf Annahmen über Eigenschaften und Verhaltensweisen von Führungskräften, konzentrieren sich neuere Forschungen zunehmend auf kollektive Vorstellungen zu Führern und Geführten in Gruppen von Akteuren, die Übereinstimmung der jeweiligen Erwartungen der Akteure sowie den Prozess der Entstehung und Beharrung, Veränderung und Wirkung in alltäglichen Führungssituationen.*

## 4.1   Einleitung

Jeder und jede von uns hat eine bestimmte Vorstellung, was einen Führer ausmacht: Welche Eigenschaften sie/er haben sollte oder welche Verhaltensweisen wir als typisch für einen Führer ansehen. Im Allgemeinen nehmen wir an, dass Führungskräfte aktiv auftreten, häufiger das Wort ergreifen, dazu neigen, das Gespräch zu dominieren und versuchen, andere von ihrer Meinung zu überzeugen usw. Weiterhin gibt es bestimmte Situationen, die wir als Führungssituationen charakterisieren, z. B. die Leitung einer Sitzung von mehreren Personen, die Beratung in einer Projektgruppe, aber auch die Übertragung von Aufgaben von einer Person an eine andere. Auch hier erwarten wir ein bestimmtes Verhalten und haben eine Vorstellung davon, wie sich Führungskräfte (und auch Mitarbeiter) in solchen Situationen verhalten. Entsprechend unseres Vorwissens und unserer Annahmen über Führungspersonen klassifizieren oder kategorisieren wir zum Beispiel die Personen, die das Wort in einer Sitzung zuerst ergreifen, als Führer, Irrtümer inklusive. Typisch dafür ist der in interkulturellen Trainings oft verwendete Fall des deutschen Managers, der in skandinavischen Ländern von einer Frau begrüßt wird, und nach dem Manager fragt. Natürlich hat es sich inzwischen herumgesprochen, dass in skandinavischen Firmen oft auch Frauen Führungspositionen innehaben, aber die generelle Annahme, dass es sich bei Managern um Männer handeln muss, prägt die Erwartungen oft stärker als das reine Faktenwissen.

Diese Überlegungen stehen exemplarisch für Führungskonzepte, die unter dem Namen implizite Führungstheorien (en. *implicite leadership Theories/ILTs*) in die Literatur eingegangen sind. Sie werden nach einer ersten Erwähnung durch Eden & Leviathan, 1975 vor allem mit Arbeiten von Lord und Kollegen aus der ersten Hälfte der 80er-Jahre des vorigen Jahrhunderts verbunden. Weitere wichtige Beiträge stammen von Autoren wie Shaw, Offermann oder Kenney und Kollegen sowie Epitropaki, Foti, Offermann und Schyns mit ihren jeweiligen Ko-Autoren. Aus Deutschland sind nach einer Arbeit von Aretz vor allem Beiträge von van Quaquebeke und Kollegen sowie Junkers und van Dick zu nennen. Eine besondere Verbreitung hat das Konzept vor allem in der interkulturellen Führungsforschung gefunden, für die die impliziten Führungstheorien, z. B. im GLOBE-Projekt, eine der zentralen Theoriegrundlagen darstellt (vgl. u. a. Beiträge von den Hartog, House und Javidan sowie von Weibler und Brodbeck im deutschsprachigen

Raum). Die Verfasser gehen davon aus, dass es neben universellen auch kulturspezifische implizite Führungstheorien gibt (en. *culturally endorsed implicit leadership theories/ CLTs*). Während es sich bei den frühen Arbeiten eher um implizite „Führer"-Theorien handelt, hat sich das Interesse der Forscher zunehmend auch auf Ideal-Bilder von Mitarbeitern, also implizite Geführtentheorien (en. *implicite followership theories/IFTs*) ausgedehnt, wie in der Studie von Sy (2010) oder den Übersichtsarbeiten von Epitropaki et al. (2013) oder Junker und van Dick (2014) ersichtlich wird. Zusammenfassend ist es daher sinnvoll, übergreifend von impliziten Theorien der Führung zu sprechen.

Wichtige theoretische Teilkonzepte sind die Kategorisierungstheorie (en. *categorization theory*), die Theorie der sozialen Informationsverarbeitung (en. *social information processing theory*) und das Konzept der Prototypen (en. *prototypes*). Sie beruhen in theoretisch-konzeptioneller Hinsicht zunächst auf der Persönlichkeitstheorie und hier insbesondere auf den Ansätzen der kognitiven Informationsverarbeitung. Weiterhin haben aber auch die Attributionstheorie sowie Theorien des sozialen Lernens durch Beobachtung Einfluss auf die Entwicklung des Konzepts der impliziten Theorien der Führung genommen. Führung ist vor diesem Hintergrund die kognitive Wissensstruktur eines Beobachters, oder wie es Lord und Maher ausdrücken: Führung ist „[…] ein Prozess der Wahrnehmung als Führer durch andere […]" (Lord & Maher, 1993, S. 11). Solche Vorannahmen, Erwartungsmuster oder Stereotype entstehen durch die Verarbeitung von Informationen aus wiederholten Interaktionssituationen sowie die Beobachtungen von Verhaltensweisen oder Eigenschaften. Dazu gehört neben einer Unterscheidung zwischen Führer und Nichtführer auch, dass aus unseren Erfahrungen bestimmte Erwartungen hervorgehen, wie sich eine Führungskraft in bestimmten Situationen verhält oder verhalten sollte, was eine gute Führungskraft ausmacht, was hingegen eine schlechte Führungskraft auszeichnet, welche Eigenschaften oder Verhaltensweisen in bestimmten Situationen geeignet, effektiv oder weniger effektiv sind, um bestimmte Ziele zu erreichen. Diese Überlegungen fließen dann in unser Verhalten als Führungskraft oder Mitarbeiter ein, denn im umgekehrten Sinne haben auch Führungskräfte Vorstellungen vom idealen Mitarbeiter. Man kann sich leicht vorstellen, dass es immer dann zu Problemen im Führungsgeschehen kommt, wenn diese Annahmen von Mitarbeiter zu Mitarbeiter, zwischen Führungskräften, aber insbesondere auch von Führungskraft zu Mitarbeiter jeweils abweichen und verschiedene Vorstellungen über geeignete Verhaltensweisen zu Tage treten. In diesen Fällen ist dann regelmäßig mit Konflikten zu rechnen, jedoch auch damit, dass ernannte Führungskräfte vor dem Hintergrund der Annahmen über gute Führungskräfte seitens der Mitarbeiter nicht als solche anerkannt und akzeptiert werden; mit erheblichen Folgen für die Mitarbeitermotivation, Leistung und Zufriedenheit.

Die kurzen Ausführungen machen deutlich, dass implizite Theorien der Führung einen erheblichen Einfluss auf die Interaktion von Führern und Geführten im Führungsprozess haben. Insofern ist es nicht verwunderlich, dass sich neuere Führungstheorien sehr intensiv mit solchen Zuschreibungen, Kategorisierungen sowie konkreten Eigenschaften und Führungsattributen beschäftigt haben, und insbesondere auch ihre Entstehung und Beharrung, Veränderung und Wirkung in alltäglichen Führungssituationen beleuchten (vgl.

zum Überblick des Forschungsstandes u. a. Shondrick et al., 2010; Foti et al., 2017). Neben den Inhalten von impliziten Theorien der Führung (Führer, Geführte, Prozess), also den verschiedenen Führungsschemen, werden dabei auch gesellschaftliche, organisationale und individuelle Kontextfaktoren ihrer Entstehung, Veränderung und Wirkung betrachtet. Das nachfolgende kurze Beispiel zeigt anschaulich die selbst wahrgenommenen Quellen für die Entstehung einer individuellen impliziten Führungstheorie.

### Führungsvorbilder eines Managers

So erzählt ein erfolgreicher Geschäftsführer eines mittelständigen Unternehmens mit deutsch-schwedischen Wurzeln über seine Führungsvorbilder:

> „Mein erstes Führungsvorbild war mein Vater. Wie er am Tisch bei Gesprächen nach dem Essen die Angelegenheiten der Familie geordnet hat und dabei einerseits sehr bestimmt, andererseits sehr souverän aufgetreten ist […] Ein weiteres wichtiges Vorbild für mich als Junge waren natürlich immer schon die Wikinger und meine erste Vorstellung von Führung in dieser Hinsicht waren Bilder, die Wikingerschiffe zeigten, auf denen im Bug der Anführer, zum Beispiel Leif Eriksson, stand und in die Richtung wies, in die das Schiff fahren sollte […]. Später, in meiner Jugend, als wir dann sehr viel ins Kino gingen und die ersten Western sahen, verknüpfte sich Führung bei mir vor allem mit dem Bild des Anführers einer Kavallerie oder einer Reitergruppe, der ‚Aufsitzen' befahl und alle stiegen dann wie ein Mann auf ihre Pferde." ◄

Die bisherige Darstellung zeigt auf, dass das Konzept der impliziten Führungstheorien das Hauptaugenmerk auf bestimmte zentrale Faktoren der sozialen Konstruktion der Führung durch die beteiligten Akteure legt. Wahrnehmung, Zuschreibung und Verarbeitung von Vorerfahrungen führen zu wirkmächtigen Alltagstheorien über Führungskräfte, Führungsverhalten und den Ablauf von Führungsprozessen (vgl. Abb. 4.1 mit dem Grundmodell).

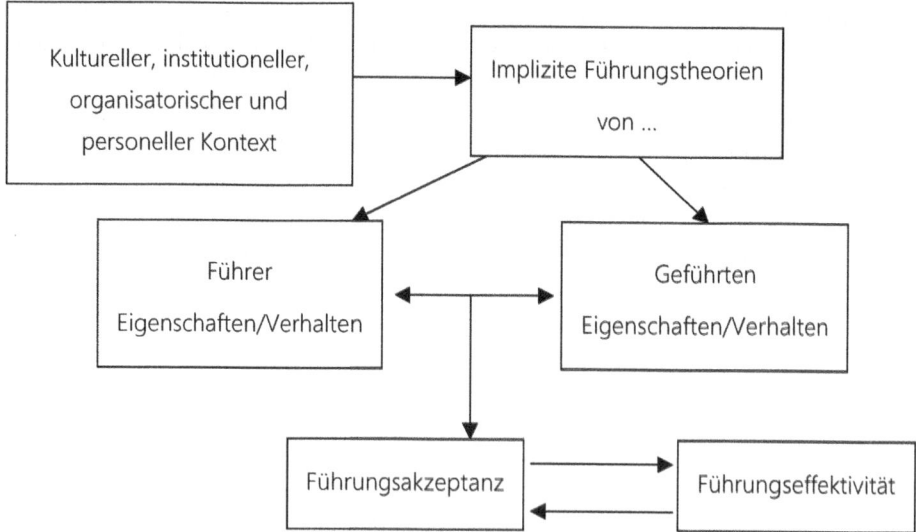

**Abb. 4.1**   Grundmodell der impliziten Führungstheorie [Bildrechte: Urheberrecht beim Autor]

Der Ansatz hat daher neben der bereits dargestellten Anwendung im Kontext **der inter-kulturellen Managementforschung und der globalen Führung** auch Eingang in weitere neuere Theorieperspektiven der Führung gefunden. Die Ursachen einer unterdurchschnittlichen Repräsentation von **Frauen in Führungspositionen**, etwa in Deutschland, haben viel mit einer männlichen Konstruktion von Führung (*„Think manager, think male"*) zu tun. Die Vorstellung der Entstehung eines gemeinsamen Führungsverständnisses im Konzept der **geteilten Führung** stützt sich auf die Entstehung und Entwicklung kollektiver mentaler Modelle (en. *shared mental models*) von Führung, für die implizite Führungstheorien der beteiligten Individuen die Basis bilden. Auch andere neuere Ansätze wie das Konzept der **relationalen Führung** oder **identitätstheoretische Konzepte von Führung** greifen darauf zurück (vgl. u. a. Uhl-Bien, 2006; MacDonald et al., 2008; Haslam et al., 2012). Schließlich finden sich auch Bezüge zur neocharismatischen Führungstheorie mit **charismatisch-transformationaler Führung** als Prototyp guter Führung, und zu Konzepten **ethischer** wie **destruktiver Führung** (vgl. die entsprechenden Kap. 2 und 11 im Buch). Praktische Anwendungen zeigen sich in der Folge u. a. in der direkten Gestaltung der Führungsbeziehung, bei der Führungskräfteauswahl oder beim Training für internationale Einsätze.

## 4.2 Theoretische Grundlagen

### 4.2.1 Implizite Führungstheorien als Alltagstheorien über Führer, Geführte und Führungsereignisse

Der Begriff der impliziten Führungstheorien wird in den verschiedenen Arbeiten durchaus unterschiedlich verwendet. So verstehen einzelne Verfasser darunter vor allem den Führungskräften im Allgemeinen oder effektiven Führern im Besonderen zugeschriebenen Eigenschaften oder Verhaltensweisen oder Muster und Profile solcher Eigenschaften (vgl. etwa Kenney et al., 1994; Offermann et al., 1994 oder Epitropaki & Martin, 2004 sowie Offermann & Coats, 2018). Einige setzen den Begriff mit dem der Prototypen gleich, und wieder andere erweitern ihn auf Skripten für das zu erwartende Führungsverhalten in bestimmten Situationen (z. B. Shaw, 1990). In der weitesten Fassung handelt es sich um Alltagstheorien, also Annahmen über die Führung und die daran beteiligten Führungskräfte und Geführten, den Führungskontext, typische Führungssituationen und Führungsereignisse sowie den Verlauf von Führungsinteraktionen, Führungsprozessen und schließlich angestrebte und erwartete Führungsergebnisse. Dieser breiteren Sichtweise kommt vor allem die Definition von Emrich (1999, S. 991) nahe, die auf der Grundlage der Annahmen von Lord und Maher (1990, 1991) implizite Führungstheorien als Wahrnehmung darüber definiert, wie Führungskräfte sind (Eigenschaften), was Führungskräfte tun (Verhalten) und was im Ergebnis des Führungshandelns zu erwarten ist (Kausalität). Nach Shaw (1990) sind implizite Theorien kognitive Bezugsrahmen oder Kategoriensysteme, die Menschen im Prozess der Verarbeitung von Information benutzen, um Ereignisse und Verhaltensweisen zu entschlüsseln, zu verarbeiten und sich daran zu erinnern. Andere Autoren fokussieren in ihren Definitionen auf abstrakte Annahmen über typische Eigenschaften von Führungskräften (vgl. z. B. Kenney et al., 1994, 1996) im Unterschied zu Nichtführern (u. a. Lord et al., 1984), oder auf Eigenschaften von effektiven, guten Führern (Offermann et al., 1994). Im engeren Sinne handelt es sich bei den letztgenannten Ansätzen also eher um implizite „Führer"-Theorien. Wieder andere Autoren verweisen mit Blick auf implizite Führungstheorien auf charakteristische Verhaltensweisen von Führern und Führungsereignisse (vgl. u. a. Calder, 1977 oder Meindl et al., 1985)[1] oder, hinsichtlich der Repräsentation und Speicherung, auf netzwerkförmig organisierte Wissenssysteme über Führer oder/und Führung (en. *cognitive knowledge structure*) (z. B. Hanges et al., 2000; Lord et al., 2001). In einer erweiterten Betrachtung von Annahmen über Führungsprozesse werden auch implizite Geführtentheorien im Sinne von erwarteten typischen Eigenschaften von Geführten bzw. Mitarbeitern in die Betrachtung impliziter Führungstheorien eingeschlossen (vgl. z. B. bereits bei Shaw, 1990; Lord & Maher, 1991).

Die theoretische Begründung der impliziten Führungstheorien mit Blick auf die Eigenschaften von Führern bildet die kognitive Kategorisierungstheorie (en, *cognitive categorization theory*) nach Rosch (1978). Sie geht davon aus, dass Beobachter (z. B. Mitarbeiter) sogenannte Stimulus-Personen (z. B. ihre Führungskräfte) klassifizieren, indem sie diese mit Prototypen der jeweiligen Kategorie (z. B. effektive oder bekannte Führer) vergleichen. Der Fokus liegt damit auf dem Prozess der sozialen Kategorisierung als Teil der Wahrnehmung und Verarbeitung von Informationen über Führungskräfte (Lord & Maher, 1991). Der Prozess der Kategorisierung reduziert die Komplexität der externen Welt durch eine spezifische Zuordnung von Informationen über bestimmte Personen oder Ereignisse zu Kategorien. Die Kategorisierung wirkt damit über die Zuordnung von Bedeutungen zu Objekten, Personen und Ereignissen identitätsbildend und ermöglicht anderseits durch Nutzung von Kategorien ein sinnvolles Handeln. Die den Kategorien verliehenen Labels repräsentieren die Objekte, Personen und Ereignisse in symbolischer Form und ermöglichen die Kommunikation und den Informationsaustausch zwischen den Menschen über den jeweiligen Lebensbereich, z. B. den Führungsprozess (vgl. den Hartog et al., 1999, S. 226, in Anlehnung an Cantor & Mischel, 1979).

Prototypen umfassen nach Rosch (1978, S. 30) Eigenschaften, die in besonderem Maße die jeweilige Kategorie repräsentieren und sich ebenso charakteristisch von Eigenschaften außerhalb der Kategorie unterscheiden. Letztere werden dann oft als Antiprototypen bezeichnet. Prototypen eignen sich somit in besonderem Maße zur Identifikation von Mitgliedern der jeweiligen Kategorie. Bezogen auf Führungskräfte handelt es sich also zunächst um spezifische Eigenschaften, die Führer von Nichtführern unterscheiden. In einer weiteren Differenzierung werden dann auch typische Merkmale von Führern in ver-

---

[1] Im Fall von Meindl et al. (1985) zeigt sich die Nähe des Ansatzes der Romantik der Führung zu impliziten Theorien, vor allem mit Blick auf die Zuschreibung eines idealisierenden prototypischen Führungsverhaltens, wie etwa bei charismatischer Führung (vgl. auch Schyns & Meindl, 2005).

schiedenen Bereichen oder Kontexten von Führung, auf verschiedenen Hierarchiestufen, einem unterschiedlichen Geschlecht oder in unterschiedlichen Situationen, z. B. alte, etablierte vs. neue Führer, herausgearbeitet. Ähnliches gilt natürlich auch für die Kategorisierung von Geführten, denen ebenfalls typische Eigenschaften und Verhaltensweisen zugeschrieben werden (vgl. Sy, 2010; van Gils et al., 2010).

Junker und van Dick (2014, S. 1156 ff.) unterscheiden bei den Prototypen von Führern und Geführten zwei Dimensionen: die Norm (*norm*) und die Wertigkeit (*valence*) des Prototyps. Bei der Norm-Dimension von Prototypen werden neben dem bereits von Rosch eingeführten Fokus auf die typischen Eigenschaften einer Kategorie (en. *prototypical* vs. *antiprototypical*), also z. B. typischen oder untypischen Führungs- oder Geführteneigenschaften, die idealen Eigenschaften der Kategorie (*ideal vs. counter-ideal*) als alternative Betrachtung betont. Wie bereits Barsalou (1985) herausgearbeitet hat, sind prototypische Eigenschaften eher solche, die im Zentrum einer Kategorie liegen (en. *central tendency based*), während es sich bei den idealen (Proto-)Typen um ausgeprägte, extreme oder randständige Eigenschaften einer Kategorie handelt, über die nur wenige Mitglieder der jeweiligen Gruppe verfügen. Junker und van Dick (2014, S. 1156) bezeichnen diese in Anlehnung an Barsalou (1985) und van Quaquebeke et al. (2014) als zielorientiert (en. *goal-directed based*), weil sie darauf gerichtet sind, ein mit der jeweiligen Kategorie verknüpftes spezifisches Ziel bestmöglich zu erreichen. Effektive oder ethische Führer, besonders leistungsstarke, oder sehr loyale Mitarbeiter können Beispiele für solche Idealtypen sein. Die Wertigkeit eines Prototyps verweist dagegen auf gewünschte oder unerwünschte Eigenschaften eines Führers oder Geführten, im Sinne von positiven, negativen oder neutralen Prototypen (Junker & van Dick, 2014, S. 1156 f.) aus der Sicht der Beobachter. Mit Blick auf die Leistung der Gruppe und/oder des Unternehmens kann zum Beispiel ein effektiver Führer ideal sein, aber dies kann auch Verhaltensweisen einschließen, die sich gegen Mitarbeiterinteressen richten und insofern nicht unbedingt erwünscht sind (Junker & van Dick, 2014, S. 1158). Jiang et al. (2019) unterstreichen dieses zum Teil paradoxe Nebeneinander von machtbezogenen Eigenschaften auf Grundlage ihrer qualitativen Analyse von impliziten Führungsattributen amerikanischer und chinesischer Manager.

Eine weitere theoretische Fundierung, vor allem mit Blick auf Verhaltensweisen oder Ereignisse, geht auf Calder (1977) zurück, der Führung als Alltagskonzept kennzeichnet. Führung wird als Begriff gesehen, der „[...] den Ereignissen des täglichen Lebens Bedeutung zuweist, [indem er auf] [...] impliziten Annahmen [...] basiert [...], dass Führer über bestimmte Eigenschaften verfügen, dass sich das Verhalten der Führer von dem der Geführten unterscheidet, dass unterschiedliche Aufgaben unterschiedliche Führungsstile erfordern usw. [...].“ (Calder, 1977, S. 182). Solche Alltagskonzepte (en. *every day life concepts*) werden dabei oft als Schemata, Skripte oder kognitive Landkarten bezeichnet.

Ausgehend von derartigen umfassenderen Vorstellungen von impliziten Führungstheorien im Sinne von Alltagstheorien über Führung lassen sich folgende Schemata unterscheiden (vgl. auch Lord & Foti, 1986; Neuberger, 2002, S. 247 f.; Blessin & Wick, 2017, S. 60–71):

- Selbstschema: Sie enthalten Informationen über die jeweils eigene Persönlichkeit der am Führungsprozess beteiligten Personen, z. B. Selbstkonzepte von Führungskräften oder Mitarbeitern.
- Personenschema oder Kategorie: Sie enthalten (proto-)typische Eigenschaften und z. T. Verhaltensweisen, die mit bestimmten Personengruppen, z. B. Führern, Geführten, aber auch militärischen Führern oder weiblichen Führern, verknüpft sind.
- Ereignisschema oder Skript: Sie geben typische Abfolgen von Ereignissen in bestimmten Situationen wieder, das heißt, sie repräsentieren typische Ablaufmuster von Führungsereignissen, Interaktionen oder Führungsprozessen auf der Basis von Erfahrungen, z. B. mit Blick auf Führungssituationen eine Sitzung beim Geschäftsführer oder der Verlauf eines Mitarbeitergespräches.
- Personen in Situationen-Schema: Sie verknüpfen die genannten Personenschemata mit Ereignisschemata oder Skripten, z. B. durch stabile Annahmen über das Verhalten von Führungskräften oder des Geschäftsführers im Rahmen einer Sitzung, Annahmen über die Rollen und das Verhaltens von Vorgesetzten und Mitarbeitern im Rahmen eines Mitarbeitergespräches, oder Annahmen über Eigenschaften oder Verhalten des neuen Gruppenleiters oder Projektleiters.

Wie bereits angedeutet, hat sich ein großer Teil der auf der Kategorisierungstheorie beruhenden Forschung mit dem Personenschema von Führungskräften beschäftigt. Auf der übergeordneten Kategorie-Ebene geht es um die Unterscheidung von Führer und Nicht-Führer, d. h. um die Bestimmung von Eigenschaften, die einen Führer, im Unterschied zu einem Nichtführer, ausmachen. Auf dem Basisniveau für Führungskräfte wird dann zwischen Führer(-eigenschaften) in verschiedenen Bereichen, Kontexten oder Situationen unterschieden, z. B. nach politischem, militärischem oder Wirtschaftsführer. Auf der untergeordneten Ebene kann nach Branchen, der hierarchischen Ebene (obere, mittlere oder untere Ebenen), nach Geschlecht (männliche oder weibliche Führer) oder nach Führungssituation (neuer oder etablierter Führer) weiter differenziert werden (vgl. Neuberger, 2002, S. 249; Blessin & Wick, 2017, S. 62). Die Unterscheidungen verdeutlichen die Bedeutung des Kontexts für die Herausbildung und Zuschreibung von Führungsattributen (s. u.).

Die Entstehung von solchen, auch differenzierten Führer-Schemen wird auf frühere prägende Erfahrungen mit Führungskräften oder anderen nahestehenden Bezugspersonen zurückgeführt (u. a. Keller, 1999, 2003), die als kognitive Muster oder Strukturen im Langzeitgedächtnis gespeichert wurden. Der Schwerpunkt der frühen Beiträge zur Kategorisierungstheorie lag dabei jedoch weniger auf dem Entstehen, sondern auf der Nutzung von solchen Annahmen über Führungskräfte und Führung und ihrer Bedeutung für die Wahrnehmung und Bewertung aktueller Führer und Führungsprozesse. Im Gegensatz zur Annahme, dass die Wahrnehmung und Informationsverarbeitung insbesondere aus der Beobachtung und Differenzierung von unterschiedlichen Führungskräften und Verhaltensweisen auch in Abhängigkeit vom Erfolg des Führungshandelns erwächst (en. *inference-based*), wird hier die besondere und ausschlaggebende Rolle der gespeicherten impliziten Theorien, also des Personenschemas für die Kategorisierung betont (en. *recognition-based*). Daher wird die letztgenannte Kategorisierung auch als Musteranpassungsprozess (en. *pattern-matching process*) bezeichnet (Shondrick et al., 2010, S. 961). Dieser Prozess kann unbewusst erfolgen, in dem die Mitarbeiter die Führungskraft sofort und quasi automatisch zu einem gespeicherten Prototyp oder prototypischen Verhalten zuordnen. Alternativ kann sie jedoch das Ergebnis eines bewussten Denkprozesses sein, indem der Mitarbeiter oder Geführte das beobachtete Verhalten des Vorgesetzten klassifiziert und als typisch einstuft (vgl. auch Lord & Maher, 1993, S. 34 f.).

Eine Kategorisierung als Führer ist mit der Zuschreibung von Macht, Einfluss und Erfolg an die Führungskraft verbunden. Erfolgreiche Führungskräfte werden umgekehrt auch häufiger akzeptiert und führen zur Wahrnehmung der Person als idealer Führer und zur Zuschreibung der entsprechenden Führungseigenschaften (vgl. z. B. Fields, 2007 und die dort zitierte Literatur).[2] In Abhängigkeit vom Grad der Zuschreibung von Führereigenschaften sind Mitarbeiter eher bereit, Führungseinfluss zu akzeptieren und ihm ggf. zu folgen. Der Grad der Übereinstimmung der (kulturell bedingten) impliziten Führungstheorie mit dem wahrgenommenen Führungsverhalten hat weiterhin Auswirkungen auf die Mitarbeiterbindung und deren Engagement, stärkt aber zugleich auch eine positive Selbstwahrnehmung und Identitätsbildung der Führungskräfte (vgl. z. B. Sveningsson & Larsson, 2006, S. 207). Aber auch die Übereinstimmung von impliziten Führungs- und Geführtentheorien zwischen von Führungskräften und Mitarbeitern ist eine wichtige Voraussetzung für eine funktionierende Führungsbeziehung, für die Akzeptanz und den Erfolg von Führung. Darauf soll später noch näher eingegangen werden (vgl. die Abschnitte zur Weiterentwicklung des Konzepts und zu empirischen Studien).

Shaw (1990, S. 629 ff.) hat in seiner Arbeit näher aufgezeigt, wie ein Schema aktiviert und verhaltenswirksam wird und welche Einflussfaktoren diesen Prozess moderieren. Er geht am Beispiel der Kategorisierung von Führern davon aus, dass der Einzelne über bestimmte gespeicherte Vorstellungen von Führung im Sinne von prototypischen Eigenschaften und Verhaltensweisen verfügt und auch Beispiele von Führungspersonen im Gedächtnis hat. Sie stammen aus früheren Erfahrungen in Führungsprozessen oder führungsähnlichen Situationen oder beobachtetem Verhalten anderer. Im Ergebnis der Beobachtung eines Managers werden dessen Eigenschaften und Verhalten wahrgenommen, kategorisiert und hinsichtlich der Schemaähnlichkeit sowie der möglichen Erreichbarkeit des Verhaltens und weiterer verfügbarer Informationen bewertet. Im o.g. Modell der Führerkategorisierung bedeutet das, dass bei festgestellter Mehrdeutigkeit oder Inkongruenz mit vorangegangenen Kategorisierungsprozessen auch eine stärker bewusste

---

[2] Fields (2007, S. 196 ff.) diskutiert die beiden alternativen kognitiven Modelle zum Zusammenhang von Leistung (der Arbeitseinheit) und der Wahrnehmung und Bewertung des Führungsverhaltens unter Beachtung der impliziten Führungstheorien.

Suche nach zusätzlichen Informationen sowie alternativen Zuschreibungen einsetzen. So kann etwa das Fehlen eines zentralen Führermerkmales der jeweiligen Situation oder unzureichender eigener Beobachtung zugeschrieben werden oder eine gezielte Aufmerksamkeit auf das weitere Führungsverhalten lenken. Die Erreichbarkeit des Verhaltensschemas verweist auf vergangene Erfahrungen mit dem Verhalten der beobachteten Person und im Allgemeinen, aber auch auf die Bedeutung, die die konkrete Eigenschaft bzw. das konkrete Verhalten für den Beobachter hat. Danach können Mitarbeiter in unterschiedlichem Maß interessiert bzw. motiviert sein, ihr vorhandenes Schema zu erhalten oder zu ändern, was sich entweder in einer eher automatisierten oder einer suchend-kontrollierten Informationsverarbeitung äußert (vgl. Shaw, 1990, S. 630 f.).

Auch die Fülle von Informationen kann sich auf die Kategorisierungsprozesse auswirken: „[…] wenn ein Individuum mit einer riesigen Menge an Informationen bombardiert wird, die schnell verarbeitet werden müssen, greift die Person eher auf vorhandene Schemata zurück, die dann als automatischer Filter die Daten ordnen" (Shaw, 1990, S. 630). Vor allem bei Managern im Auslandseinsatz vermutet Shaw eine solche Überlastung, was den häufigeren Rückgriff auf Stereotype erwarten lässt. In jedem Fall beeinflussen die genannten Faktoren sowohl die Wahrnehmung als auch die Bewertung der Informationen, ebenso wie den Verlauf der Informationsverarbeitung über eine Zielperson, ein Objekt oder eine Situation.

Und schließlich geht Shaw davon aus, dass ein Schema auch Informationen über Grenzwerte, die den Übergang zu einer anderen Kategorie bilden, sowie vorgegebene Standardwerte einschließen, die Personen bei Zugehörigkeit zu einer Kategorie unabhängig von einer Beobachtung zugeschrieben werden (Shaw, 1990, S. 628).

---

**Beispiel**

Ein fanatisches Verhalten ist sicher nicht mehr mit Charisma vereinbar, während große Begeisterungsfähigkeit ein wichtiges Merkmal charismatischer Führungspersonen darstellt. Andere Eigenschaften wie entschlossenes Handeln finden sich auch bei anderen Führungsstilen und nicht nur bei charismatischer Führung. Neben diesen Grenzbereichen wird man etwa bei einem politischen Führer immer auch diplomatisches Geschick vermuten, selbst wenn es nicht beobachtet wurde. ◄

Neben einer Darstellung der generellen Kategorisierung als Führer entwickelt Shaw analoge Prozessmodelle für situative Verhaltensschemata von Geführten und Führungskräften (Shaw, 1990, S. 631 ff.). Führungskräfte wie Geführte greifen dabei auf ihre jeweiligen Schemata über Führungskräfte bzw. Geführte sowie auf Situations- bzw. Ereignisschemata zurück. Das entsprechende Verhalten in der beobachteten Situation wird unter Beachtung der Prototypen und Skripten sowie der o.g. Faktoren wahrgenommen und kategorisiert. Aus der Kombination von Führerkategorisierung bzw. Geführten-Kategorisierung und der jeweils vorgenommenen Einordnung der Situation wird ein entsprechendes Verhaltensskript für die jeweilige konkrete Situation und den aktuellen Führungsprozess aktiviert, welches das aktuelle Verhalten des Mitarbeiters bzw. der Führungskraft steuert. Im Fall des Verhaltensskripts der Führungskräfte wird dabei neben der Kategorisierung der Geführten in guter/schlechter Mitarbeiter und dem jeweiligen Situationsskript zusätzlich noch das Selbstschema als Führer einbezogen (Shaw, 1990, S. 633). Die so entwickelten Modelle und Parameter spielen bei der theoretisch-konzeptionellen Weiterentwicklung und der empirischen Forschung zu impliziten Führungstheorien eine wichtige Rolle.

## 4.2.2 Implizite Führungstheorien und Kultur

Der Einfluss der (National-)Kultur[3] auf die impliziten Führungstheorien und auf den Prozess der sozialen Informationsverarbeitung stellt ein wichtiges Forschungsfeld dar, das ebenfalls auf Shaw zurückgeht. So entwickelt er ein Modell und eine Anzahl von Hypothesen zum Einfluss von Kultur auf Inhalt und Prozess der Herausbildung und Nutzung impliziter Führungstheorien (Shaw, 1990, S. 634 ff.). Unter anderem verweist er darauf, dass sich …

- der Kultureinfluss sowohl bei Unterschieden im Inhalt von Führerschemata und Skripten als auch bei der Struktur von Schemata sowie im Prozess der Informationsverarbeitung zeigt,
- stabile Kategorisierungen über Führer/Nichtführer in interkulturellen Kontexten nur langsam herausbilden und es häufiger zu Re-Kategorisierungsprozessen kommt,
- die Inhalte von homogenen Kulturen bezüglich wichtiger Kulturmerkmale auch in eher ähnlichen prototypischen Schemata und Skripten niederschlagen, wohingegen kulturell eher heterogene Gesellschaften auch über einen breiteren Umfang an akzeptierten Werten verfügen,
- die Struktur der Schemata zum Teil entsprechend der Kulturmerkmale variiert, so dass etwa Personen aus individualistischen Kulturen über größere interindividuelle Schema-Variationen verfügen als Personen aus kollektivistischen Kulturen, oder dass Angehörige von komplexeren, stärker ausdifferenzierten Gesellschaften auch horizontal wie vertikal stärker ausdifferenzierte Schemata aufweisen,
- bestimmte Kulturmerkmale, wie die der kontextbezogenen Kulturen,[4] auch in unterschiedlichen Präferenzen in der Verarbeitung sozialer Informationen niederschlagen, so

---

[3] Shaw bezieht sich dabei explizit auf Nationalkulturkonzepte und -merkmale (Shaw, 1990, S. 634 ff.).

[4] Die Differenzierung von Nationalkulturen nach dem Kontexteinfluss (en. high vs. low context cultures) geht auf Hall (1976) zurück und thematisiert insbesondere Unterschiede in der Kontextabhängigkeit von Kommunikationsprozessen. In Kulturen mit hohem Kontextbezug hat z. B. die implizite, nonverbale Kommunikation eine hohe Bedeutung. Es findet eine stärkere Differenzierung von Kerngruppen wie Familie, und anderen Personen statt, und langfristige stabile Beziehungen sind für die Akteure wichtig.

dass etwa Personen in Kulturen mit ausgeprägtem Kontexteinfluss eher durch eine sorgfältige und kontrollierte Informationsverarbeitung charakterisiert werden können.

Weiterhin werden auch widersprüchliche Hypothesen abgeleitet. So kann eine hohe Unsicherheitsvermeidung in einer Kultur vermuten lassen, dass Angehörige solcher Kulturen lieber auf vorhandene Schema-Regeln zurückgreifen, statt eine neue Kategorisierung vorzunehmen. Alternativ kann aber auch angenommen werden, dass solche Individuen zu einer schnellen Kategorisierung tendieren, um die Unsicherheit möglichst rasch zu reduzieren (Shaw, 1990, S. 641). Im Anschluss an Shaw haben vor allem zahlreiche Autoren aus dem GLOBE-Projektes die Überlegungen einer kulturspezifischen Variation von Führer- und Geführtenprototypen aufgegriffen. Sie betonen die Erkenntnis, dass sich Führung in der Art seiner Umsetzung und Ausführung, seiner Bewertung, seiner semantischen Interpretationen und der kognitiven Prototypen zwischen Kulturen unterscheidet (vgl. Dorfman et al., 2012; House et al., 2014 sowie in Zusammenfassung diverser GLOBE-Publikationen, Dickson et al., 2012, S. 486).

Bereits House et al. (1997, S. 571) haben früh auf den erheblichen Einfluss von kulturellen Kräften auf prototypische Voraussetzungen für Führungspositionen, die Auslegung der Führungsrollen, auf grundlegende Muster des Führungsverhaltens, sowie auf kulturspezifische Präferenzen und Erwartungen von Führungskräften bezüglich der Reaktionen von Mitarbeitern auf verschiedene Arten von Führungsverhalten hingewiesen.

Als wichtige Analysekategorie dient daher in den GLOBE-Studien das Konzept der kulturspezifischen impliziten Führungstheorien (en. *culturally endorsed implicit leadership theories/CLT*). Darunter werden relative stabile Vorstellungen und Annahmen über Eigenschaften und Verhaltensweisen hervorragender Führungskräfte (en. *outstanding leadership*) in den jeweiligen Kulturen verstanden (vgl. u. a. House et al., 2004; Javidan et al., 2006; Dorfman et al., 2012). Sie sind Ausdruck einer überindividuellen Generalisierung individueller impliziter Führungstheorien auf der Basis empirischer Befunde: „[…] obwohl [das Konzept der] impliziten Führungstheorie mit Blick auf inter-individuelle Variationen entwickelt wurde, zeigen empirische Beweise, dass es auf die organisationskulturelle und nationalkulturelle Analyseebene erweitert werden kann […]" (Dorfman et al., 2012, S. 506). Insbesondere die spezifischen kulturellen Dimensionen in einem Land prägen danach die jeweiligen impliziten Führungstheorien in ähnlicher Weise (Dorfman et al., 2012, S. 507). Dorfman et al. (2012, S. 505) demonstrieren die kulturspezifische Wirkung am Beispiel autoritärer Führungserwartungen:

„In einem Land mit relativ hohen Machtunterschieden (z. B. Russland und Iran) lernen Kinder typischer Weise, dass der Vater die uneingeschränkte Autorität in der Familie ist, und sie zeigen ihm gegenüber Respekt und Ehrerbietung. Sie lernen, dass der Vater weiß, was am besten für die Familie ist und entsprechend zum Wohl aller entscheidet. Sie lernen auch, durch ihre Interaktionen mit ihren Eltern, dass es ihre Rolle ist, sich den Entscheidungen und Anweisungen des Vaters zu fügen und zu folgen. Im Ergebnis reflektieren die kollektiven impliziten Führungstheorien in solchen Kulturen Elemente von Macht und autokratischer

Führung. Als Erwachsene und Beschäftigte in Organisationen sind [die Menschen] eher bereit, hohe Machtunterschiede und autokratische Führungsstile zu akzeptieren."

Die GLOBE-Autoren unterscheiden bezüglich der kulturbedingten impliziten Führungstheorien (CLTs) bei ihrer Analyse zwischen kulturspezifischer Ausprägung von Führeridealen bzw. kulturellen Prototypen guter Führung („*emic*") und universellen Führungsidealen („*etic*"), aber auch den jeweiligen negativen bzw. Anti-Prototypen (vgl. u. a. den Hartog et al., 1999, S. 230 ff.). Dabei greifen sie bei ihrer Differenzierung auf die jeweilige Ausprägung der CLTs der einzelnen Kulturen zurück (zu empirischen Befunden vgl. Kap. 15 zur Globalen Führung sowie den Abschnitt zu empirischen Befunden in diesem Kapitel).

Der Zusammenhang zwischen Nationalkulturen und Führung wird dabei im Ergebnis der CEO-Studie (Dorfman et al., 2012; House et al., 2014) und unter Beachtung der kulturbedingten impliziten Führungstheorien reformuliert. Statt eines direkten Einflusses der Nationalkultur auf das Führungsverhalten gehen die Autoren nunmehr davon aus, dass die Nationalkultur indirekt, über die jeweiligen nationalkulturellen bzw. gesellschaftlichen Führungserwartungen eines Landes, auf das Verhalten von Führungspersonen und Führungsprozesse wirkt. Das Verhalten der Führungskräfte orientiert sich danach an den jeweiligen Führungserwartungen, und Führungskräfte, deren Verhalten diesen kulturellen Führungserwartungen entspricht, werden stärker akzeptiert, und sind tendenziell effektiver (Dorfman et al., 2012, S. 510–512).

### 4.2.3 Konzeptionelle Weiterentwicklungen und zentrale Trends des Konzeptes der impliziten Führungstheorien

Neben der Verknüpfung des Ansatzes der impliziten Führungstheorien mit Ansätzen und Theorien der Nationalkultur lassen sich weitere Trends in der Entwicklung des Konzeptes aufzeigen. Sie konzentrieren sich auf zentrale Annahmen des Ansatzes wie

- Entstehung und Entwicklung von impliziten Führungstheorien unter dem fördernden und begrenzenden Einfluss von Kontextfaktoren,
- Stabilität vs. Dynamik, Flexibilität und Wandel von impliziten Führungstheorien,
- hierarchisch-semantische vs. netzwerkförmig-episodische Wissensspeicherung und -repräsentation,
- kognitive-rationale vs. emotionale Elemente der sozialen Informationsverarbeitung,
- Führer- vs. Geführten- und Führungsschema,
- isolierte vs. kombinierte Wirkung von verschiedenen Schemata sowie
- individuelle vs. kollektive Muster von impliziten Theorien.

Hinsichtlich der **Entstehung und Entwicklung von impliziten Theorien der Führung** wurde bereits in den frühen Arbeiten auf Rollenvorbilder von Führungspersonen verwiesen. Vor allem Keller (1999, 2003) hat diese Überlegungen vertieft und auf verschiedene soziale Faktoren, insbesondere Beziehungen und direkte Interaktionen mit frühen Rollenmodellen, wie Eltern und anderen betreuenden Personen, hingewiesen. Sie liefern ein erstes kognitives Muster von Autoritäten und fördern entsprechende Lernprozesse, durch die ein frühes Idealbild von Führung entsteht. Auch negative Stereotype können so entstehen. So haben Walker und Kollegen (2020) einen Einfluss von starken Familienkonflikten und Rollenmodellen der Eltern in den formativen Jahren auf die Ausprägung eines tyrannischen Führungsideals über 20 Jahre später gefunden.

---

**Beispiel**

In einem Interview beschrieb eine Psychologie-Studentin ihren Vater als Choleriker, was dazu führt, dass „die Führung ziemlich straff" ist und man „halt auch schon mal angemotzt" wird, „ohne dass man jetzt unbedingt was verkehrt gemacht hat, sondern einfach nur, weil es raus musste". So konstatierte sie: „Also mein Vater hatte den Einfluss, dass ich genau weiß, was ich nicht machen sollte als Führungsperson." Von ihrer Mutter hingegen wurde sie „schon Respekt gelehrt", weswegen sie der Auffassung war, „[…] dass zu Führung sehr viel Respekt, gegenseitiger Respekt gehört". (Quelle: Harsch et al., 2014, S. 42 f.) ◄

---

Neben den Beziehungen in der Familie sind auch frühe Erfahrungen mit Beziehungen zu anderen Personen wichtig, wobei u. a. auf die Bindungstheorie (en. *attachment theory*) zurückgegriffen wird, die auf die Bedeutung von Erfahrungen einer gesicherten Beziehung und Bindung für die Ausbildung von Vertrauen und Sensibilität als wichtigen Eigenschaften idealer Bezugspersonen hinweist. Dadurch entstehen erste Verhaltensskripte oder Interaktionsmuster für die Beziehungsgestaltung, die später auf Führungspersonen übertragen werden können. Dies schließt auch affektive Aspekte wie Gefühle ein (vgl. u. a. Keller, 2003; Brown & Keeping, 2005). Neben Beziehungen zu anderen Personen spielt die Selbstwahrnehmung eine wichtige Rolle für die Herausbildung von impliziten Führungstheorien. Es wird angenommen, dass neben ideologischen Präferenzen für ein bestimmtes Führungsmuster vor allem das Selbstbild einen wichtigen Einfluss auf das sich herausbildende Image eines idealen Führers hat (vgl. u. a. Keller, 1999; Felfe & Schyns, 2006; van Quaquebeke et al., 2011). Implizite Führungs- oder besser Führertheorien eines idealen Führers weisen große Nähe zur jeweiligen Persönlichkeitsstruktur eines Individuums auf (Keller, 1999), was für eine entsprechende Nähe und einen Einfluss von Selbstschemas auf das (idealtypische) Führerschema und/oder das (idealtypische) Geführtenschema spricht. Weiterhin nimmt der Einfluss des Rückgriffs auf abstraktere Prototypen von Führern bei der Wahrnehmung und Bewertung aktueller Führer gegenüber dem Einfluss konkreter Personen und Handlungen, etwa von Eltern, mit wachsendem Alter zu (Keller, 1999, S. 592).

Vor allem durch den Einfluss **kultureller Kontextfaktoren** in den frühen Sozialisationsphasen werden dabei, wie im o.g. Beispiel gezeigt, auch unterschiedliche Muster von Führung vermittelt. Vergleichsweise deutlich weniger beleuchtet sind dagegen Einflüsse aus der professionellen Sozialisation in ihrer Wirkung auf die Entwicklung von impliziten Führungstheorien oder Geführtentheorien. **Organisationale Kontextfaktoren** wie organisationsspezifische kulturelle Werte und Normen oder **Merkmale der Aufgabe** werden dagegen als wichtige Faktoren bei der Entwicklung von Führungsschemen herausgestellt (vgl. z. B. Lord et al., 2001, S. 319 ff.; Shen, 2019), wie bereits mit Blick auf die bereichsspezifischen Führer-Prototypen sichtbar wurde. Weiterhin können Hierarchieebenen, die jeweiligen Aufgabenmerkmale auf der Gruppenebene oder bestimmte organisationskulturelle Normen die Präferenz für einen bestimmten Typ von Führer nahelegen (Lord et al., 2001, S. 324 f.). Führungsvorstellungen können sich auch in Abhängigkeit von (veränderten) Anforderungen aus Arbeitsaufgabe ändern (vgl. u. a. Epitropaki & Martin, 2005).

Kulturelle und Organisationsmerkmale wie auch Aufgabenspezifika werden auch als Moderatoren für die Aktivierung von Prototypen angesehen, obwohl hier der Fokus eindeutig auf Erklärungen liegt, die Merkmale der Führungsperson und des Mitarbeiters betonen (vgl. u. a. Junker & van Dick, 2014, S. 1155 ff.).

Während die **Zeit** als wichtiger Kontextfaktor bei der Erklärung und Analyse von impliziten Führungs- und Geführtentheorien eher unterbelichtet geblieben ist, und der Fokus auf der Identifizierung stabiler Muster lag (vgl. u. a. Epitropaki & Martin, 2004), wird zunehmend die Dynamik, der Wandel und die Kontextsensitivität von Führungsschemata betont (vgl. u. a. Foti et al., 2017, S. 261 f.; Alipour et al., 2017; Riggs & Porter, 2017).

Die Frage nach **Stabilität oder Dynamik und Flexibilität von impliziten Führungstheorien** wurde vor allem im Zusammenhang mit der Übertragung von Annahmen der Anpassungs-Resonanz-Theorie (en. *adaptive resonance theory*) von Grossberg (1999) auf implizite Führungstheorien in Richtung einer stärkeren Dynamik beantwortet (vgl. vor allem Hanges et al., 2000; Lord et al., 2001; Medvedeff & Lord, 2007). Entgegen früheren Annahmen wird von **komplexen, netzwerkförmigen und zugleich offenen Strukturen der Wissensspeicherung und -repräsentation von Führungsannahmen** ausgegangen. Anstatt einer dauerhaften Speicherung von Prototypen erlauben die Netzwerkstrukturen eine ständige Neukonstruktion und Veränderung der Prototypen bei einem Wandel des Kontexts. Die anpassende Neuschöpfung sichert eine situative Sensitivität der kognitiven Strukturen (Medvedeff & Lord, 2007, S. 27). Beobachtetes Verhalten kann so zum Beispiel jeweils ganz bestimmte und verschiedene Aspekte von impliziten Führungstheorien aus dem Netzwerk aktivieren und für einen Abgleich nutzen, so dass andere Bereiche stabil bleiben können. Abweichende Merkmale können je nach Festigkeit oder Offenheit des vorhandenen Musters zu einer bewussten Ergänzung der gespeicherten Informationen und damit des Prototyps führen oder Ausgangspunkt für die Schaffung einer neuen prototypischen Struktur sein (Medvedeff & Lord, 2007, S. 34). Die o.g. Anpassungs-Resonanz-Theorie liefert dazu das erweiterte Modell der Informationsverarbeitung als ein System mit drei Elementen oder Teilsystemen: dem System der gespeicherten Erwartungen (impliziten Führungstheorien), dem Repräsentationssystem, in dem das beobachtete Führungsverhalten auf einem vorbewussten Niveau wahrgenommen wird, sowie einem

Überwachungssystem, das die Repräsentationen mit dem jeweiligen Kontext abgleicht (vgl. Medvedeff & Lord, 2007, S. 32).[5]

Der neue Fokus auf neuronale Netzwerke der verteilten Speicherung von Führungsinformationen, ihre Aktualisierung und die permanente Rekonstruktion von Prototypen hat das Interesse nochmals auf Muster (en. *patterns*) von Prototypen gelenkt. Das Entstehen von Mustern impliziter Theorien der Führung schließt ein, dass z. B. nichtbeobachtete Merkmale je nach Relevanz automatisch ergänzt (en. *gap filling*), oder bewusst als situativ weniger bedeutsam für ein prototypisches Verhalten eingestuft werden, oder andererseits eine weitgehende Anpassung an situative Begrenzungen erfolgt (en. *filling in*). Solche Mechanismen der Mustervervollständigung (en. *pattern completion processes*) sind ebenfalls Gegenstand der neueren Forschung (vgl. u. a. Lord et al., 2001, S. 315 ff.; Shondrick et al., 2010, S. 971).

Im Gegensatz zu früheren Annahmen, die implizite Theorien der Führung eher in Verbindung mit dem semantischen Gedächtnis und kategorialem Wissen betrachtet haben, weisen die neueren Ansätze des Konzeptes auf die **Bedeutung des episodischen Gedächtnisses** und die Speicherung von impliziten Führungstheorien im Sinne von (situativen) Führungserfahrungen hin (vgl. Shondrick et al., 2010, S. 967; Lord & Shondrick, 2011; Hansbrough et al., 2015).

Das episodische Gedächtnis beinhaltet vor allem explizites Wissen über kontextabhängige Ereignisse auf der Basis persönlicher Erfahrungen und schließt das zeitliche und räumliche Auftreten ein (Shondrick et al., 2010, S. 967). Mit einem Bezug zum situativen Kontext ist auch die Verbindung zwischen episodischem Gedächtnis und **Emotionen** bedeutsam, weil diese die kognitiven Prozesse des Informationsabrufes beeinflussen und kontextspezifisches Wissen und entsprechende Erfahrungen in die Beobachtung und Interpretation des Führungsverhaltens einbringen. Da Gefühle an die individuelle, auch körperliche, Erfahrung gebunden sind, wird hier der Begriff der verkörperten Kognition (en. *embodied cognition*) eingeführt. Er steht für die affektive Komponente impliziter Führungstheorien, welche die Speicherung und den Aufruf von gespeicherten Mustern positiv unterstützt. So werden insbesondere die mit emotionalen Erfahrungen verknüpften Führungsereignisse stärker erinnert und haben einen größeren Einfluss auf das sich ausprägende kognitive Führungsmuster (vgl. u. a. Medvedeff & Lord, 2007, S. 27 ff.; Naidoo et al., 2010; Shondrick et al., 2010 sowie Trichas et al., 2017).

Wie bereits angedeutet, richten neuere Arbeiten ihr Augenmerk stärker auch auf **Zusammenhänge zwischen den verschiedenen Schemen** und untersuchen etwa Beziehungen zwischen Selbstschema oder Selbstkonzept und Führerschema (Smith & Foti, 1998; Keller, 1999; Foti et al., 2012), oder zwischen Geführtenschema und Schema der Interaktionen mit Geführten. So beeinflussen implizite Annahmen der Führungskräfte über Nachgeordnete und ihr Verhalten die sich herausbildende Führungskraft-Mitarbeiter-Interaktion, ihre Erinnerung und Speicherung (vgl. u. a. Uhl-Bien & Pillai, 2007 sowie

---

[5]Ähnliche Überlegungen zum permanenten Wandel kognitiver Strukturen finden sich bereits bei Organisationstheoretikern wie Weick und Bougon (1986).

Uhl-Bien et al., 2014). Neben wechselseitigen Beeinflussungsprozessen rückt auch die Übereinstimmung von Schemen (en. *fit, congruence, consistency*) in den Mittelpunkt des Interesses der Forschung (vgl. Übersichten von Junker & van Dick, 2014). Das betrifft neben den o.g. auch die Übereinstimmungen und Abweichungen zwischen idealen und typischen Führer- und Geführtenprototypen. Der Grad der Übereinstimmung von Schemen dient dabei als wichtige Erklärung für Führungsbeziehungen, Führungsprozesse und Ergebnisse bei Geführten und Führern. So wird zum Beispiel die Bewertung der Qualität der Führungsbeziehung durch Führungskräfte und Geführte auf kongruente implizite Führungs- und Geführtentheorien zurückgeführt (vgl. Foti et al., 2017, S. 264, und dort zitierte Literatur)

Die bereits erwähnte, zunehmende Orientierung auf den Einfluss unterschiedlicher Führungskontexte, Führungsereignisse und -episoden schärft den Blick für komplexere, prozessorientierte statt führerzentrierter Auffassungen von impliziten Führungstheorien. Neuere theoretisch-konzeptionelle Beiträge zum Konzept der impliziten Führungstheorien zeichnen sich dabei vor allem durch einen stärkeren Fokus auf die Führungsprozesse aus, bei denen Selbstkonzepte (en. *self schemes*) und Fremdbilder (en. *other schemes*) von Führern und Geführten mit Blick auf ihre Konsistenzen oder Inkonsistenzen analysiert werden, wobei anstelle von dyadischen Betrachtungen die Gruppe oder das Netzwerk der Akteure wie auch die Skripten des gemeinsamen, relationalen (Führungs-)handelns Beachtung finden (vgl. Epitropaki et al., 2013; Foti et al., 2017). Abb. 4.2 zeigt ein verallgemeinertes Modell des Führungsprozesses unter Beachtung der verschiedenen Führungsschemas.

Bereits Lord und Emrich (2001, S. 562 ff.) haben auf die Notwendigkeit verwiesen, in stärkerem Maße als bisher auf **kollektive Kognitionen von Führung** einzugehen. Neben

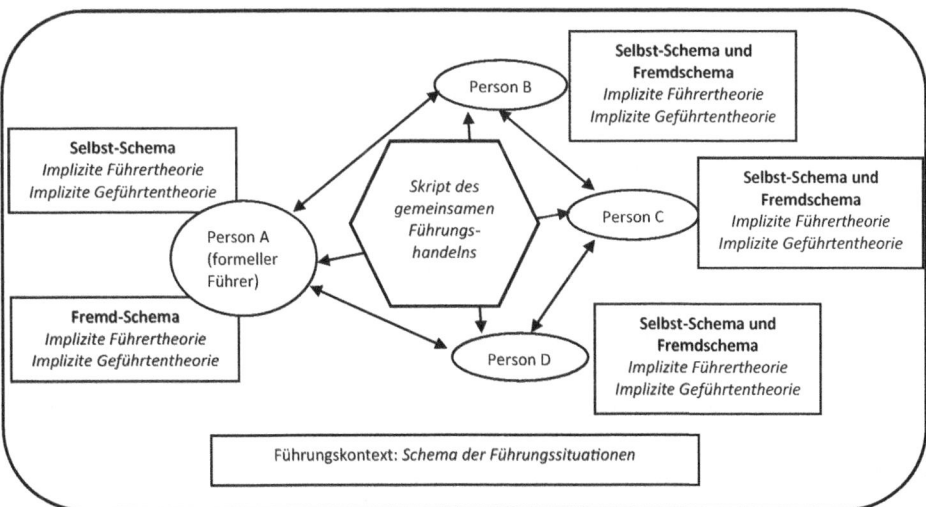

**Abb. 4.2** Erweitertes Schema der Führer-Geführten-Interaktion im Führungsprozess [Bildrechte: Urheberrecht beim Autor]

dem o.g. Ansatz der kulturell bedingten impliziten Führungstheorien werden vor allem die Arbeiten zu geteilten mentalen Modellen (en. *shared mental models*) auf der Gruppenebene und ihre Nutzung in Konzepten der geteilten Führung (en. *shared leadership*) als wichtige künftige Forschungsrichtungen angesehen (Shondrick et al., 2010, S. 971 ff.). Für die Gruppen- und Organisationsebene nennen Epitropaki et al. (2013, S. 875) drei verschiedene Ansätze kollektiver impliziter Kognitionen von Führung:

- eine identitätstheoretische Betrachtung, bei der sich innerhalb der jeweiligen Gruppe ein gemeinsames Bild effektiver Führung herauskristallisiert (en. *leader group prototypicality*/ (vgl. u. a. Hogg et al., 2012)
- ein Strukturschema von Führung, das die Präferenz für ein bestimmtes Führungsmuster von hierarchischer bis zu geteilter Führung ausdrückt (vgl. DeRue & Ashford, 2010) sowie
- eine Netzwerkperspektive von Führung (en. *networks schemas of leadership*/vgl. u. a. Balkundi & Kilduff, 2006), die sich in einem entsprechenden Netzwerkskript der Führung (vgl. Epitropaki et al., 2013) bzw. in impliziten Netzwerkführungstheorien (en. *implicit leadership network theories*/vgl. u. a. Scott et al., 2018) niederschlägt.

So gehen z. B. Epitropaki et al. (2013, S. 875) davon aus, dass sich in einem Netzwerk mit geteilten Führungs- und Geführtenrollen neben einem Bezug auf die jeweiligen impliziten Führungs- und Geführtentheorien der Selbst- und Fremdbilder auch ein Netzwerkskript zur Führung herausbildet, welches seinerseits die Muster der Führer-Geführten-Interaktionen determiniert.

## 4.3    Methoden und ausgewählte empirische Befunde

Am Ausgangspunkt der theoretisch-konzeptionellen Betrachtungen zu impliziten Führungstheorien stehen experiment-ähnliche empirische Fallstudien oder Labortests (vgl. z. B. Studien in Lord et al., 1984; Kenney et al., 1994). Vor allem Arbeiten zum Prozess der sozialen Informationsverarbeitung oder zur sozialen Kategorisierung stützen sich oft auf experimentelle Designs. Dabei werden verschiedene **Methoden** eingesetzt wie Wahrnehmungs- und Erinnerungstestverfahren, Vignettenanalysen, oder die Auswertung von Videomaterial, um bewusste und unbewusste Kategorisierungsprozesse und den Rückgriff auf Kategorien abzubilden oder Inhalte impliziter Führungstheorien zu erfassen. Auch Simulationstechniken werden häufig genutzt.

Auch im Kontext von experimentellen Designs und darüber hinaus werden prototypische Führungseigenschaften oft über entsprechende Fragebögen mit Rating-Skalen erfasst. In der Auswertung setzen die Forscher dann meist hierarchische Clusteranalysen und Faktoranalysen ein, um die bewerteten Items nach semantischer Ähnlichkeit zusammenzufassen (vgl. z. B. Kenney et al., 1994; Offermann et al., 1994; Offermann & Coats, 2018). Darüber hinaus werden auch Interviews oder die Auswertung von Archivdaten genutzt (vgl. z. B. Jiang et al., 2019). In späteren Untersuchungen wird vor dem Hintergrund der Überlegungen zu Netzwerkstrukturen der Wissensrepräsentation auch oft auf computergestützte Netzwerkanalysen zurückgegriffen (vgl. zu Ansätzen und Analyseinstrumenten u. a. Lord et al., 2001, S. 330 f.). Natürlich gibt es weitere Möglichkeiten, subjektive Bilder und Images von Führungseigenschaften oder Führungssituationen zu generieren. Hier haben sich in der Vergangenheit u. a. auch Einzelinterviews oder Gruppeninterviews, die Analyse von Biografien von Führungskräften (vgl. z. B. Bass et al., 1987) oder eine Analyse der Beschreibungen von Führungskräften in Medien nach zugeschriebenen Führungseigenschaften, dem Führungsverhalten oder Führungssituationen sowie die Analyse von Stellenausschreibungen bewährt. Und schließlich haben z. B. Schyns et al. (2011) in ihrer Analyse von Führungserwartungen visuelle Formen der Erfassung genutzt, indem sie die Befragten aus verschiedenen Ländern aufforderten, ihre Führungskräfte mit ihren wichtigsten Eigenschaften und Verhaltensweisen zu zeichnen, inklusive kommentierender Begriffe. Durch eine nachfolgende Präsentation und Diskussion wurden die Darstellungen angereichert, so dass es möglich wurde, Führungserwartungen kontrastierend herauszuarbeiten. Und schließlich gibt es auch Ansätze, die prototypische positive wie negative Führungseigenschaften und Verhaltensweisen auf der Grundlage von Filmen rekonstruieren, z. B. über erfolgreiche Führungskräfte in der Wirtschaft (z. B. Igwe et al., 2021) oder über fiktionale Anführer, wie Robin Hood (Bartlett et al., 2020).

Generell spielen Fragen der Messung und des Designs der Studien in der Forschung zu impliziten Führungstheorien eine zentrale Rolle (vgl. u. a. Lord et al., 2001; Shondrick et al., 2010, S. 568 ff.; Hansbrough et al., 2015; Epitropaki et al., 2013, S. 862–866; Foti et al., 2017; Offermann & Coats, 2018; Lord et al., 2020).

Das Forschungsfeld der impliziten Theorien der Führung weist inzwischen eine Vielzahl von empirischen Studien auf, die zahlreiche Facetten und Einflussfaktoren der Entstehung, Aktivierung, Entwicklung und Wirkung impliziter Führungstheorien, und zunehmend auch impliziter Geführtentheorien sowie von Prozess-Skripten abdecken (vgl. u. a. die Übersichten zum Forschungsstand von Junker & van Dick, 2014 sowie Offermann & Coats, 2018). Wichtige **empirische Befunde** der Forschung zu impliziten Führungstheorien betreffen zunächst Bemühungen, typische Attribute zu ermitteln, die Führern im allgemeinen, neuen Führern oder effektiven Führern zugeschrieben werden.

Offermann, Kennedy und Wirtz (1994) haben in diesem Sinne versucht, unterschiedliche inhaltliche **Attribute für Führer, effektive Führer und Aufsichtspersonen** (en. *supervisors*) zu ermitteln. Sie stützen sich auf eine Generierung von Eigenschaften, die später von einer zweiten Gruppe als zutreffende Merkmale bewertet wurden. Im Ergebnis wurden acht allgemeine Faktoren gefunden, die prototypisch für Führungskräfte insgesamt stehen, in der Rangfolge: Engagement, Intelligenz, Charisma, Stärke, Sensitivität, Attraktivität, Tyrannei, Maskulinität. Unterschiede zu Aufsichtspersonen, also einer charakteristischen Gruppe von unteren Managern, zeigen sich bezüglich einer stärkeren Ausprägung der allgemeinen Führungsprototypen in zentralen Dimensionen wie Engagement, Charisma, Intelligenz, Stärke und Sensitivität. Effektive Führer unterscheiden sich nach dieser Untersuchung in den Augen der Befragten neben geringerer Ausprägung von tyrannischem Verhalten vor allem durch höhere Sensitivität und geringere Betonung von Stärke gegenüber allgemeinen Führungsprototypen (Offermann et al., 1994, S. 52 f.).

Offermann und Coats (2018) greifen die Befunde von 1994 auf und legen eine Referenzstudie von 2014 vor. Dabei zeigt sich eine **hohe Stabilität in den prototypischen Faktoren von Führereigenschaften**. Sensitivität, Engagement, Tyrannei, Charisma, Stärke, Maskulinität und Intelligenz sowie Attraktivität (gepflegtes Auftreten) finden sich sowohl in der Studie 1994 als auch in der Nachfolgestudie von 2014 (Offermann & Coats, 2018, S. 516). Dabei weisen die ersten vier Faktoren auch hinsichtlich ihrer einzelnen Eigenschaften eine hohe Ähnlichkeit auf, während sich bei den weiteren Faktoren zum Teil Veränderungen in der Faktorenstruktur und der einbezogenen Führungsattribute ergaben. Der Hauptunterschied zwischen beiden Studien bestand jedoch im Nachweis eines neuen, neunten Faktors, der Kreativität. In bisherigen Studien wurden die entsprechenden Eigenschaften eher Nicht-Führern zugeordnet. Die Verfasserinnen erklären den Befund u. a. mit der wachsenden Bedeutung von Technologie und Innovation im Arbeitsprozess (Offermann & Coats, 2018, S. 519). Ein weiteres wichtiges Ergebnis war die Feststellung, dass es nur geringe Unterschiede in Führer-Vorstellungen von Männern und Frauen gab. Auch Frauen, wenn auch in geringerem Ausmaß, weisen typischen Führern maskuline Eigenschaften zu. Differenzen zwischen den Geschlechtern der Befragten zeigen sich dagegen u. a. in der Relevanz von Faktoren oder der internen Faktorenstruktur bei einzelnen Führungseigenschaften. So betonen Frauen stärker Sensitivität als wichtigen Faktor, während bei Männern Engagement, einschließlich Ziel- und Aufgabenorientierung und Entscheidungsfähigkeit, die höchste Erklärungskraft aufweist. Charisma wird von Frauen stärker mit Dynamik und Führungsstärke assoziiert, während bei männlichen Befragten öffentliche Auftritte und entsprechend Kommunikation wichtige Verhaltensweisen sind und Führungsstärke nicht mit Charisma verknüpft wird (Offermann & Coats. 2018, S. 520).

Kenney et al. (1994) haben den Schwerpunkt vor allem auf die **Erfassung impliziter Führungserwartungen an das Verhalten neuer Führungskräfte** von Gruppen gelegt. In verschiedenen Schritten wurden 87 Verhaltensattribute ermittelt, die dann mit statistischen Analyseverfahren zu vier übergeordneten Basiskategorien des (erwarteten) Führungsverhaltens von neuen Gruppenleitern verdichtet wurden: Lernen der Gruppenziele (z. B. Kennenlernen der Gruppenmitglieder, Feedback von der Gruppe erfragen, Ideen in die Gruppe geben), Übernahme von Verantwortung (z. B. Verantwortung übernehmen, über gute Kommunikationsfertigkeiten verfügen, planen), Freundlichkeit (z. B. andere akzeptieren, freundlich sein, gesprächig sein) und Nervosität (z. B. in Konflikt geraten, versuchen, Akzeptanz zu erhalten).

Der zentrale Beitrag von Epitropaki und Martin (2004, 2005) ist darin zu sehen, dass die Autoren vor allem Belege für **Führungsprototypen** (Sensitivität, Intelligenz, Engagement, Dynamik) und **Antiprototypen** (Tyrannei, Männlichkeit) **im organisatorischen Kontext** geliefert haben, da in den Studien zuvor meist Stichproben mit Studenten (en. *undergraduates*) genutzt wurden. Darüber hinaus konnte auch eine **generelle Gültigkeit** über verschiedene Altersgruppen, unterschiedliche Betriebszugehörigkeit und verschiedene Hierarchiestufen sowie eine zeitliche Stabilität idealtypischer Führerbilder nachgewiesen werden.

Die Untersuchung von Schyns und Schilling (2011) in den Niederlanden nutzte eine Kombination aus qualitativer und quantitativer Analyse, um Führungsbeschreibungen von „Führern im Allgemeinen" hinsichtlich **effektiver und ineffektiver Eigenschaften** zu analysieren. Dazu wurden zunächst in einem qualitativen Vorgehen zu den von Probanden aus verschiedenen Wirtschafts- und Gesellschaftsbereichen beschriebenen 15 Eigenschaftskategorien Gegensatzpaare herausgearbeitet, die anschließend hinsichtlich der Häufigkeit ihres Auftretens ausgewertet wurden. Die Ergebnisse bestätigen zunächst die von Offermann et al. (1994) und Lord et al. (1984) gefundenen Kategorien wie Charisma (charismatisch/nicht charismatisch), Entscheidungsstärke (stark/schwach), Engagement (aufopfernd /uninteressiert), Tyrannei (tyrannisch/partizipativ), verbale Fähigkeiten (kommunikativ/nicht kommunikativ), Verständnis (sensibel/hart) sowie Intelligenz (intelligent/ dumm). Andere Eigenschaften konnten nicht bestätigt werden, etwa Attraktivität oder Maskulinität. Zugleich konnten sie zeigen, dass Eigenschaften effektiver Führung nicht immer als wünschenswert bzw. positiv angesehen, und Attribute ineffektiver Führung nicht immer abgelehnt oder als negativ empfunden, wurden.

Wilson et al. (2020, S. 25) kritisieren bisherige Literatur mit Blick auf eine Dominanz von Führungsattributen, die einer führerzentrierten hierarchischen Perspektive auf die Führung entsprechen. Sie legen den Fokus ihrer Studie entsprechend auf **kollektive implizite Führungstheorien.** Dazu erweiterten die Autoren den Fragebogen von Epitropaki und Martin (2004) um Fragen nach Eigenschaften und Verhaltensweisen, die potenziell für kollektive implizite Führungstheorien stehen, u. a. offenes, kreatives, unterstützendes, befähigendes und Beziehungen aufbauendes Verhalten. Im Ergebnis der Befragung eines größeren Samples von Universitätsangehörigen fanden sie verschiedene Faktoren eines relationalen Führungsverständnisses wie kollektive Führung, generative Führung und adaptive Führung, die bisher keine bzw. kaum Beachtung als Führungsprototypen und -ideale gefunden haben. Wilson und seine Ko-Autoren konstatieren einen Wandel hin zu einem veränderten Führungsverständnis, das stärker egalitäre Führungsbeziehungen, emergente Führung und Führungsteilung in den Blick nimmt (2020, S. 29 f.).

Andere Studien haben vor allem die **interkulturellen Unterschiede von Führerprototypen** herausgearbeitet. In ihrer Analyse der Daten des GLOBE-Projektes konnten den Hartog et al. (1999) zeigen, dass es neben kulturübergreifend bzw. universell-positiven und universell-negativen auch kulturell kontingente, über verschiedene Gesellschaften und Kulturen variierende Führungseigenschaften und entsprechende Prototypen gibt (den Hartog et al., 1999, S. 235 ff.). Dabei machen sie deutlich, dass selbst universell positive Führungseigenschaften wie charismatisch-visionäres Führungsverhalten, kulturell abweichende Konnotationen haben, also durchaus unterschiedlich in den Bedeutungsnetzwerken der jeweiligen Kultur verankert sein können (den Hartog et al., 1999, S 242–247). Darüber hinaus verweisen die Autoren darauf, dass es erhebliche **Unterschiede zwischen den impliziten Führungserwartungen an einen Top-Manager und einen Manager auf**

**niedrigeren Hierarchiestufen** gibt. Während etwa partizipatives, mitfühlendes, Mitarbeiterinteressen beachtendes, gruppen- und vertrauensbildendes, bescheidenes, aber auch inspirierendes sowie geordnetes Führungsverhalten stärker von Gruppen- und Abteilungsleitern erwartet wird, zeichnet sich das Erwartungsprofil von Top-Managern insbesondere durch eine stärkere Ausprägung von visionärem, innovativem, diplomatisch-überzeugendem dominantem und mutigem Verhalten aus. Keine Unterschiede gibt es bei Eigenschaften wie vertrauenswürdigem und kommunikativem Verhalten (den Hartog et al., 1999, S. 249).

Brodbeck et al. (2000) analysierten **kulturelle Variationen von Führungsprototypen in Europa**, und stellen vor allem eine Differenzierung in zwei Hauptgruppen von Prototypen nach Nord- und Westeuropa sowie Süd- und Osteuropa fest. Zugleich wurden erheblich Unterschiede zwischen den Ländern innerhalb einer Gruppe festgestellt. So weichen z. B. vor allem französische und tschechische Führungsprototypen jeweils deutlich von denen ihrer jeweiligen Region ab (Brodbeck et al., 2000, S. 12 ff.). Wichtige Unterschiede zwischen beiden Gruppen betrafen die Dimensionen interpersonale Direktheit und Autonomie, und innerhalb der Gruppen Humanorientierung bzw. selbstaufopferndes Verhalten.

Konrad (2000) hat dagegen **Unterschiede zwischen West- und Osteuropa** hinsichtlich des prototypisch erwarteten Führungsverhaltens auf der Basis der 21 Führungsfaktoren und sechs Führungsdimensionen untersucht. Trotz grundsätzlich sehr ähnlicher Rangfolgen stellt er signifikante Unterschiede vor allem für Verhaltensweisen im Bereich des autonomen und narzisstischen Führungsverhaltens mit höheren Werten bei osteuropäischen mittleren Managern sowie beim partizipativen Führungsverhalten mit höheren Werten bei westeuropäischen Führungskräften fest (Konrad, 2000, S. 343).[6] Mit Blick auf den Prototyp guter Führung fällt auf, dass dieser für osteuropäische Manager stärker mit administrativ-kompetentem Handeln verknüpft wird, während von westeuropäischen Managern vor allem auch inspirierendes Führungsverhalten erwarten wird (Konrad, 2000, S. 343).

Daneben gibt es zahlreiche **regional- und länderspezifische Analysen von Führungsprototypen**, die z. T. auch auf Interviews und Medienanalysen zurückgreifen (vgl. Beispiele im Sonderheft des Journal of World Business zum GLOBE-Projekt in Chhokar et al., 2007, oder z. B. Weibler et al., 2000; Holmberg & Åkerblom, 2006 oder Solansky et al., 2017 für China). Für deutsche Führungskräfte haben Brodbeck und Frese (2007) auf der Basis der quantitativen Fragebogendaten des GLOBE-Projektes und unter Bezug auf Brodbeck et al. (2002) als typisches implizites Muster von Führung eine Trennung von transformationaler und gruppenorientiert-humaner Führung ausgemacht (*„high on performance, low on compassion"*), wobei gewisse Unterschiede zwischen Ost- und Westdeutschland festgestellt wurden (Brodbeck & Frese, 2007, S. 176).

---

[6] Bei den Befunden ist zu beachten, dass die Dimension des narzisstischen Führungsverhaltens der des selbstschützenden Verhaltens in anderen GLOBE-Publikationen entspricht, und dass das partizipative Verhalten entsprechend der GLOBE-Syntax über eine Ablehnung autokratischer und nicht-partizipativer Verhaltensattribute gemessen wurde.

Bei insgesamt recht ähnlichen Erwartungsmustern fällt auf, dass die befragten **mittleren Manager in Ostdeutschland** signifikant mehr Wert auf administrativ-kompetentes Verhalten legen, Statusbewusstsein von Führungskräften noch positiv würdigen, und bürokratisch-prozedurales und selbstzentriertes Verhalten weniger stark ablehnen. Höhere Leistungsorientierung und geringere Partizipationserwartung ostdeutscher mittlerer Manager sind zwar ebenfalls auffällig und profilbildend, weisen jedoch keinen signifikanten Unterschied auf, vor allem, weil das ostdeutsche Sample zu klein ist. Für die impliziten Führungserwartungen deutscher mittlerer Manager insgesamt sind dabei insbesondere eine deutlich höhere Partizipationsorientierung und zugleich eine höhere Autonomieerwartung sowie eine niedrigere humane Orientierung und eine im weltweiten Durchschnitt geringere selbstschützende Orientierung kennzeichnend (Brodbeck & Frese, 2007, S. 171, 174).

Neben dem Fokus auf Führungserwartungen von Managern gibt es inzwischen auch zahlreiche vergleichende und regionale Befunde zu **impliziten Führungstheorien von Studierenden** in Mittel- und Osteuropa, für Deutschland oder Vergleiche mit Führungskräften (vgl. u. a. Čater et al., 2013; Lang et al., 2013; Harsch et al., 2014; Meinel, 2019 mit einer Übersicht). Dabei wurden zum einen kulturspezifische Muster in den impliziten Führungstheorien für die Vergleichsländer gefunden, also eine Ähnlichkeit mit den kulturspezifischen Mustern von Managern (Lang et al., 2013, S. 492 f.). Zugleich weisen die Studien jedoch auch auf bedeutsame Unterschiede hin. So ist Erwartung einer partizipativen Führung als Teil des Führungsideals in den untersuchten Ländern mit ansatzweise vergleichbaren Daten bei Studierenden weit geringer als bei Managern (Lang et al., 2013, S. 504 f.). Zugleich weisen Studierende aber eine größere Nähe zum universellen Führungsideal aller in der GLOBE-Studie befragten Manager auf. Für Deutschland zeigt eine qualitative Vergleichsstudie (Meinel, 2019) auf, dass vor allem eine Humanorientierung der Führungskraft gegenüber früheren Studien häufiger als prototypisch für eine gute Führung erwartet wird, bei Studierenden weit stärker als bei den interviewten Managern. Zugleich weist die Studie im Gegensatz zu den GLOBE Student – Resultaten auf ein höheres Gewicht partizipativer Führungsideale bei Studierenden hin. Ein Vergleich verschiedener quantitativen Studien zu Führungserwartungen von Studierenden von Harsch und Ko- Autoren (2014) verweist weiterhin auf eine hohe Ähnlichkeit und gewissen zeitliche Stabilität der Führungsideale.

Ebenfalls im **akademischen Kontext** haben sich Rehbock, Verdorfer und Knipfer (2019) mit professoraler Führung beschäftigt und implizite Führungserwartungen von deutschen Doktoranden und Postdoktoranden untersucht. Unter Nutzung des Ansatzes von Schyns und Schilling (2011) konnte gezeigt werden, dass die impliziten Führungstheorien in diesem Bereich von denen in der Wirtschaft abweichen. Der typische professorale Führer wird als fürsorglich, kompetent, ehrgeizig und hochgradig integer beschrieben. Aber auch die Statusorientierung war im Vergleich zu Führungskräften in der Wirtschaft deutlich stärker ausgeprägt. Als weitere, für die Literatur neue, Dimensionen wurden bei akademischen Führern z. B. gutes vs. schlechtes Networking oder gestresstes vs. entspanntes Verhalten gefunden.

Im Kontext der kulturgebundenen Führungsauffassungen wird u. a. auch auf einen starken Einfluss historischer Erfahrungen verwiesen. Im Rahmen des GLOBE-Konzeptes werden Führungsauffassungen am Beispiel historischer Führungspersönlichkeiten und den ihnen zugeschriebenen Eigenschaften analysiert. Die **Mythologisierung von Führung** wird hier besonders deutlich (vgl. Kap. 12 zu Führungsmythen und Romantik). So vergleichen etwa die Autoren des GLOBE-Kapitels zu den USA (Hoppe & Bhagat, 2007, S. 475–544) bezogen auf Führungsprototypen die typischen Merkmale von Helden oder Kriegern in Sagen mit den Merkmalen erfolgreicher US-Führer und stellen dabei erhebliche Ähnlichkeiten fest. Als typische historische US-Führer mit entsprechender Wirkung werden Präsidenten wie Abraham Lincoln, Harry S. Truman, John F. Kennedy, Franklin D. Roosevelt oder politische Führer wie Martin Luther King sowie Wirtschaftsführer wie Bill Gates (Microsoft), John F. Welch Jr. (General Electric), Lee Iacocca (Chrysler), Thomas Watson Jr. (IBM) oder Medienmogul Ted Turner (Time Warner), aber auch „kulturelle" Führer wie Steven Spielberg genannt (Hoppe & Bhagat, 2007, S. 485–489). Der Verweis auf den Einfluss, aber auch den Wandel von medialen Führungsvorbildern aus der Folklore wird am Beispiel der Analyse der Führung von Robin Hood in Spielfilmen von 1922–2018 sichtbar (Bartlett et al., 2020). Die Analyse beruht auf der Annahme, dass die Art und Weise der Darstellung von Führern in Film, Fernsehen und anderen kulturellen Medien Einfluss auf die Vorstellungen und die Wahrnehmung von Führern und Führung hat. Als kulturelles Artefakt sind Filme aber zugleich auch ein Ausdruck der in der jeweiligen Zeitperiode herrschenden Vorstellungen von Führung. Die Studie stützt sich auf die Führungsdimensionen der GLOBE-Studie und zeigt, dass neben einer stabilen Be- und Zuschreibung charismatischer Führungseigenschaften und -verhaltensweisen im Zeitverlauf ein teamorientiertes und auch humanes Führungsverhalten stärker und autonom-selbstschützendes Führungsverhalten seltener gefunden wurde.

In der CEO-Studie des GLOBE-Projektes (Dorfman et al., 2012; House et al., 2014) wurden vor allem die **Wirkungen kultur-bedingter Führungserwartungen** untersucht. Über alle beteiligten 24 Länder hinweg wurde ein ausgeprägter Fit zwischen kulturell-bedingten Führungserwartungen und Führungsverhalten von Geschäftsführern ermittelt, der sowohl einen großen Effekt auf das Engagement der Top Management Teams wie auch auf die langfristige Wettbewerbsfähigkeit hatte. Vor allem ein Fit mit Blick auf teamorientiertes Führungsverhalten zeigte in beiden Fällen positive Effekte, während ein Fit des partizipativen Verhaltens offenbar nur positiv auf das Engagement wirkt (House et al., 2014, S. 290 ff.). Für deutsche und österreichische Unternehmen haben Steyrer und Kollegen (2007) vor allem einen Zusammenhang der Übereinstimmung des erwarteten und beobachteten Führungsverhaltens mit dem organisationalen Commitment der den Geschäftsführern unterstellten Mitarbeiter gefunden, wobei dies nur die Führungsdimensionen der charismatisch-transformationalen Führung, der teamorientierten Führung und der humanen Führung betraf.

Obwohl Lord und Maher (1990, 1991) und auch Shaw (1990) bereits sehr zeitig auf die Bedeutung von **impliziten Geführtentheorien** hingewiesen haben, finden sich erst nach 2000 häufiger empirische Studien, die versuchen, entsprechende prototypische Muster zu ermitteln. Stellvertretend ist hier Sy (2010) zu nennen. Die auf der Basis von 1362 Befragten unterschiedlicher Branchen und Hierarchiestufen ermittelten 1003 Merkmale von Geführten wurden auf 18 Eigenschaften reduziert, die sich wiederum zu jeweils drei Faktoren eines Geführten-Prototyps bzw. eines Geführten-Antiprototyps zusammenfassen ließen, wobei letztlich eine Mischung aus typischen und idealtypischen Attributen von Geführten entstanden ist (vgl. auch Junker & van Dick, 2014, S. 1157). Zum positiven Geführten-Prototyp gehören nach Sy:

- Fleiß (fleißig, produktiv, macht mehr als nötig)
- Begeisterung (angeregt, aufgeschlossen, fröhlich)
- Gutes Organisationsmitglied (loyal, verlässlich, teamfähig).

Der negative Geführten-Antiprototyp umfasst folgende Eigenschaften und Verhaltensweisen:

- Angepasstheit (leicht beeinflussbar, folgt Trends, ist ein Leisetreter)
- Ungehorsamkeit (arrogant, unhöflich, übelgelaunt)
- Inkompetenz (ungebildet, langsam, unerfahren).

Insbesondere der Antiprototyp der Inkompetenz weist gewisse Ähnlichkeiten mit dem in der Literatur zu Menschenbildern bekannten tayloristischen Menschenbild einer Theorie X auf (z. B. McGregor, 1971, S. 47 ff.), bei dem sich die Legitimation der Führung gerade aus dem Mangel an (geistigen) Kompetenzen und der ablehnenden Haltung zur Arbeit ergibt. Bereits Ulich (2011, S. 468 f.) verweist auf einen davon ausgehenden Teufelskreislauf („*circulus vitiosus*"), bei dem das Menschenbild die entsprechenden Management- und Führungshandlungen und auch die Reaktionen des Interaktionspartners bzw. Geführten vorstrukturiert, mit der Tendenz, das vorgefasste Bild zu bestätigen. Ähnlich argumentiert auch Sy, der zumindest annimmt, dass implizite Führungstheorien einen Einfluss auf den Führungsstil und in der Folge auf die Interaktionsbeziehungen haben können (Sy, 2010, S. 81 ff.).

Während der Fokus von nachfolgenden Studien, z. B. Derler und Weibler (2014), Junker et al. (2016) sowie Goswami, Park und Beehr (2020), vor allem die Sicht von Führungskräften auf ähnliche Eigenschaften und das Verhalten der Geführten ins Zentrum des Interesses gerückt haben, wurden in letzter Zeit auch die impliziten Geführtentheorien von Geführten selbst analysiert. Ein Beispiel dafür ist die Studie von Yang et al. (2020), die implizite Geführtentheorien aus der Sicht von Mitarbeitern im chinesischen Kontext untersucht haben. Dabei konnten sie neben Ähnlichkeiten auch deutliche Unterschiede zur Studie von Sy (2010) feststellen, auch und gerade bezüglich der Perspektive der Geführten. So wurden als wichtige erwartete positive Eigenschaften von Geführten Selbstvertrauen, Stabilität, Reife, Begeisterung bzw. Leidenschaft, Loyalität, Teamfähigkeit und Kooperation gefunden, während eher „westliche" Eigenschaften und Verhaltensweisen wie proaktives Verhalten, eigene Meinungsäußerung oder Vorschläge machen, eine eher geringere oder geringe Wertschätzung erhalten haben. Dagegen gehört ein passiv-gehorsames Verhalten noch zu den positiven Mitarbeitereigenschaften, während es im Kontext der westlichen Kultur zu den negativen, den Anti-Prototypen für Geführte gehört. Als Einflussfaktoren auf die Herausbildung dieser spezifischen impliziten Geführtentheorien werden die traditionelle chinesische Kultur, insbesondere das konfuzianistische Denken und hohe Machtunterschiede genannt (Yang et al., 2020, S. 587 bzw. S. 591). Darüber hinaus wurden auch signifikante Effekte eines positiven oder negativen Führungsprototyps auf die Qualität der Beziehungen der Kollegen/Mitarbeiter untereinander festgestellt (Yang et al., 2020, S. 591 f.).

Ähnlich wie Sy betonen auch Carsten et al. (2010) und van Gils und Kollegen (2010), dass implizite Geführtentheorien über einen reinen Leistungsfokus hinausgehende Eigenschaften einschließen, und sich auf die jeweilige soziale Gemeinschaft (Gruppe, Organisation) beziehen. Braun und Ko-Autoren (2017) zeigen, dass typische implizite Geführtentheorien eher weibliche Mitarbeiter im Blick haben („*think follower—think female*").

Wie bereits angedeutet, finden sich zunehmend Studien, die verschiedene **Wirkungen der Übereinstimmung zwischen den Führungs- und Geführten- Schemen** verschiedener Akteure oder der **Übereinstimmung zwischen unterschiedlichen Schemen**, z. B. Prototyp und Idealtyp, von Führer oder Geführtem thematisieren. Eine typische Studie mit einem solchen Vergleich stammt von van Quaquebeke und Kollegen (2014), wo die befragten Beschäftigten das Verhalten ihrer Führungskraft, eines typischen Führers und eines idealen Führers anhand von 31 Führungsattributen bestimmen müssen. Dabei zeigte sich, dass vor allem die Übereinstimmung des aktuellen Führungsverhaltens mit dem Ideal-Prototypen die Offenheit der Mitarbeiter für einen stärkeren Führungseinfluss wie auch deren Zufriedenheit erklärt.

In einem weiteren Beitrag zum Thema Zusammenhang von kongruenten Schemen und Führungsbeziehungen konnten Riggs und Porter (2017) auf der Basis von 74 Paaren von Führungskräften und Mitarbeitern herausfinden, dass vor allem eine Übereinstimmung bei den Führungsprototypen einen positiven Effekt auf die Beziehungsqualität, und zum Teil auch auf bessere Möglichkeiten zur Entwicklung der Mitarbeiter hatte. Hinsichtlich der Antiprototypen der Führung wurde zwar kein Effekt der Kongruenz ermittelt, aber Führungskräfte, die anti-prototypische Eigenschaften von Führungskräften als Merkmale von Führern benannt haben, wiesen schlechtere Mitarbeiterbeziehungen (LMX) auf.

Die dargestellten Studien verweisen auf die Dominanz von Personenschemata im Rahmen der empirischen Forschung. Dabei werden sowohl Inhalte impliziter Führer- und Geführten-Theorien als auch Einflussfaktoren auf ihre Herausbildung sowie ausgewählte Wirkungen solcher impliziten Annahmen über Führung thematisiert. Selbstkonzepte von Führungskräften oder Ereignis- bzw. Personen-in-Situationen-Schemata werden eher selten oder z. T. in einem anderen Theoriekontext angesprochen (vgl. z. B. Herrmann & Felfe, 2009 mit Bezug zum Konzept der Romantik der Führung, oder generell Beiträge, die identitätstheoretische Ansätze einbringen, z. B. Eckloff & van Quaquebeke, 2008; MacDonald et al., 2008; Haslam et al., 2012), wobei vor allem relationale Schemen in den letzten Jahren an Bedeutung gewonnen haben (vgl. Trichas et al., 2017). Zudem wird auf die Bedeutung des Selbstkonzeptes der Geführten für die Wahrnehmung des Zusammenhangs von prototypischen Führungseigenschaften und der Zuschreibung von Führungserfolgen verwiesen (z. B. van Quaquebeke et al., 2011).

In einer neueren Studie haben Tsai und ihre Ko-Autoren (2017) die **Kongruenz von relationalen Schemen**, also Ereignisschemen bzw. Skripten, zum wechselseitigen Kooperationsverhalten von Führungskräften und Mitarbeitern in Wirtschaftsunternehmen in Taiwan untersucht. Sie unterscheiden dabei expressive relationale Schemen, die mit sozialer Unterstützung verknüpft sind, und instrumentale relationale Schemen, die auf kurzfristigen ökonomischen Austausch gerichtet sind. Während eine weitgehende Übereinstimmung der expressiven relationalen Schemen von Führungskräften und Mitarbeitern zu einer Verbesserung der Beziehungsqualität und nachfolgend der Führungskräfte-Mitarbeiter-Interaktion führt, zeigen sich sowohl bei Kongruenz als auch bei der Inkongruenz der instrumentalen Schemen negative Auswirkungen auf die Beziehungsqualität (LMX).

Auch Studien zu Alltagstheorien über Führung liefern Erkenntnisse zu impliziten Führungstheorien, oft ohne bewussten Bezug zum o.g. Theoriekonzept. Das folgende Beispiel aus dem deutschen Kontext zeigt das Vorgehen und ausgewählte Ergebnisse.

> **„Führungsverständnis von mittleren Managern und Geschäftsführern in Sachsen"**

Analytisches Vorgehen, Methoden und ausgewählte Ergebnisse:

In einer Reihe von Interviews mit Managern in Sachsen wurden unter Nutzung einer Erzählanalyse zunächst Kernaussagen herausgearbeitet, die sich auf das Menschenbild bzw. Auffassungen über die Geführten (z. B. „Als Mitarbeiter muss man etwas leisten. Wer nichts leistet muss eben das Unternehmen verlassen") beziehen und auch Auffassungen zu Führungskompetenzen oder zum Führungsverhalten sowie zur Legitimation von Führung (z. B. „Führungskräfte sollten in der Regel auf wichtigen Gebieten besser informiert sein als ihre Mitarbeiter", „Eine gewisse Führung muss sein [...] man muss ja gewisse Vorgaben haben im Leben") enthalten. Außerdem konnten auch Auffassungen zum effektiven Ablauf von Führungsprozessen (z. B. „Damit die Beschäftigten die gewünschte Leistung erbringen, sind regelmäßige Kontrollen nötig.") identifiziert werden. Durch eine quantitative Fragebogenanalyse, die um weitere Items aus interkulturellen Managementstudien ergänzt wurde (z. B. „Da der Mensch ungern arbeitet, muss er kontrolliert und geführt werden", „Gute Vorgesetzte geben ihren Mitarbeitern vollständige und detaillierte Anweisungen"), konnte die nummerische Relevanz der einzelnen Auffassungen ermittelt und Muster von typischen Führungsauffassungen herausgearbeitet werden.

Folgende Muster wurden gefunden:

- Bürokratische Organisationsauffassung („Maschinenmodell"),
- Leistungsprinzip vs. Sozialprinzip,

- Tayloristisches Menschenbild,
- Kontrollorientierung,
- Vorstellung zur Delegation und Partizipation.

Die personenbezogene Kombination der Muster von Führungsauffassungen führte zu Typen wie dem Tayloristen, dem Sozialtechnokraten oder dem „kleinen Diktator", wobei die beiden erstgenannten eher im Top-Management, die „kleinen Diktatoren" wie auch tayloristische Muster im mittleren Management anzutreffen waren. Die Nutzung der gleichen Items in verschiedenen Studien erlaubte die Vermutung, dass vor allem die tayloristischen Annahmen von Führung, mit Ausnahme der Aussage zum tayloristischen Menschen- bzw. Mitarbeiterbild, studien- und zeitübergreifend stabil sind.

Quellen: Alt und Lang (1998a, 1998b), Lang (2002)

## 4.4     Grenzen, Kritik und Entwicklungsperspektiven

Die Betonung von impliziten Theorien der Führung und ihre zentrale Rolle bei der Erklärung von Führungsphänomenen stärkt die Vorstellung von Führung als sozial konstruiertem Phänomen. Die vielfältigen Bezüge anderer aktueller Ansätze der Führung zum Konzept impliziter Führungs- und Geführtentheorien verweisen auf die grundlegende Bedeutung des Konzeptes, das umgekehrt wiederum von der Verknüpfung kognitiver Erkenntnisse mit lerntheoretischen und kulturwissenschaftlichen Argumenten profitiert.

Ein genauerer Blick auf die wichtigsten theoretischen und empirischen Beiträge zeigt jedoch, dass gerade die Herausbildung von individuumsübergreifenden Mustern von impliziten Führungstheorien erst im Ansatz thematisiert wird, etwa auf der Gruppenebene bei mentalen Führungsmodellen von Gruppen im Kontext von Konzepten geteilter Führung (vgl. z. B. Zusammenfassung bei Shondrick e al. 2010, S. 972 ff.) oder in Netzwerken von Akteuren (Epitropaki et al., 2013; Scott et al., 2018). Mit dem Konzept der kulturgeprägten impliziten Führungstheorien wird zwar ein entsprechender Konzeptvorschlag unterbreitet, der jedoch nur unzureichend die sehr verschiedenen und vielfältigen Mechanismen der Herausbildung solcher kulturell geprägter Führungsansätze zu erklären vermag und zugleich auch zahlreiche andere Vermittlungsebenen zwischen Individuum und Gesellschaftskultur vermissen lässt. Gerade neuere Kulturkonzepte verweisen auf die identitätsbildende Wirkung verschiedener sozialer Gruppenmerkmale wie Alter, Betriebszugehörigkeit, Geschlecht, Beruf, hierarchische Ebene oder Funktionsbereich, die sich z. B. in Gestalt von differenzierten, fragmentierten oder multiplen Kulturen oder im Konzept der kulturellen Konfigurationen auf der Organisationsebene äußern (vgl. u. a. Martin, 1992; Alvesson, 1993). Die Übertragung und Verknüpfung von den in ganz unterschiedlichen Sozialisationsprozessen der verschiedenen Kulturen erworbenen impliziten Theorien ist weder theoretisch noch empirisch ausreichend geklärt, stellt jedoch eine wichtige Theorieperspektive des Konzeptes der impliziten Führungstheorien dar.

In den wesentlichen Beiträgen zu impliziten Führungstheorien dominieren dagegen immer noch verschiedene Prozessmodelle, die auf individual-kognitive, psychologische Erklärungen der Schemata-Entstehung und -nutzung fokussieren. Zugleich fällt auf, dass durch eine Dominanz quantitativ-empirischer Erfassung von impliziten Führungstheorien oder von individuellen Wahrnehmungs- und Wertungsprozessen im Sinne von faktisch-objektiven Sachverhalten zumindest partiell eine Rückkehr zum funktionalistischen Paradigma erfolgt. Hier wird auch oft das Problem der Erfassung des „Impliziten" durch re-aktive Forschungsmethoden wie quantitative Befragungen thematisiert (vgl. u. a. Junker & van Dick, 2014, S. 1168; Foti et al., 2017, S. 265). Andere paradigmatische Zugänge sind dagegen kaum auszumachen, obwohl sich etwa in der qualitativ-phänomenologischen Analyse der Ethnomethodologie alternative theoretische Rahmungen für die Entstehung und Entwicklung alltagsweltlicher Sichtweisen anbieten (zum Überblick vgl. Patzelt, 1987). Die dort beschriebenen Mechanismen zur Produktion konsistenter Bilder wie „let it pass", filling in" oder „unless" weisen einige Ähnlichkeiten zu den in neueren Arbeiten impliziter Führungstheorien beschriebenen Modellen der Mustervervollständigung (vgl. z. B. Lord et al., 2001, S. 315 ff.; Lord & Shondrick, 2011; Foti et al., 2017, S. 265) auf.

Im Einzelnen ergeben sich eine Anzahl weiterer Kritikpunkte am Konzept, die zu-mindest teilweise in den neueren Entwicklungen adressiert wurden. Implizite Theorien der Führung legen, wie angedeutet, das Hauptaugenmerk auf die Konstruktion von Führung durch individuelle Akteure. Dabei wird je nach Ansatz von einem eher intuitiven oder eher rationalen Prozess der Verarbeitung vergangener Erfahrungen ausgegangen, der zur Herausbildung entsprechender Schemen führt. Eine Schwäche kognitiver Theorien stellt vor allem die unzureichende oder nur marginale Berücksichtigung emotionaler Aspekte und Einflussfaktoren bei der Herausbildung und Anwendung von impliziten Führungs-theorien, Schemata oder Skripten in den frühen Arbeiten aus den 80er- und 90er-Jahren dar, obwohl emotionale Aspekte schon länger als wichtige Einflüsse auf Führungsprozesse galten (u. a. Medvedeff & Lord, 2007, S. 42). In den letzten Jahren deutet sich eine ge-wisse Wende an, indem der Einfluss von Emotionen und Affekten verstärkt thematisiert wird (vgl. z. B. Bono & Ilies, 2006; Medvedeff & Lord, 2007, zuletzt Trichas et al., 2017).

Der starke Fokus auf das Personen- und speziell das Führerschema in Theorie wie Em-pirie wurde bereits erwähnt. Dem Begriff der „Führungstheorien" wird damit kaum ent-sprochen und auch die Erweiterung um Geführten-Theorien adressiert eben nur bestimmte Aspekte von impliziten Alltagstheorien über Führung. Dieses Defizit wird auch durch einen zunehmenden Fokus auf Kongruenzen oder Inkongruenzen zwischen den Schemen von Führern und Geführten oder der Beschreibung der situativen Kontexte von Führer- und Geführten-Schemen nur begrenzt ausgeglichen. Erste Ansätze zu einer Erweiterung bieten Überlegungen zu relationalen impliziten Führungstheorien sowie zu einer ver-stärkten Orientierung auf Führungsskripte statt dominant auf Führerschemata (Shondrick et al., 2010, S. 973; Tsai et al., 2017; Wilson et al., 2020). Auch die stärkere Beachtung der Dynamik von impliziten Theorien der Führung gehört zu wichtigen neueren Trends.

Zudem stellen eine stärkere Einbeziehung allgemeiner Alltagserfahrungen sowie die Beachtung der über verschiedenen Medien wie Zeitungen, Film, Fernsehen, Internet

vermittelten Führungsimages oder Führungsdiskurse eine wichtige Entwicklungs-
perspektive des Konzeptes dar. Da gerade im Medienzeitalter auf diesem Weg auch Prototypen von erfolgreichen Führern oder Geführten und entsprechenden Führungssituationen
an breite Gruppen von Menschen vermittelt werden (vgl. Sveningsson & Larsson, 2006)
und die beobachtete Stabilität von Führungsstereotypen erklärt werden kann (vgl. Holmberg & Åkerblom, 2001), sind weiterführende theoretisch-konzeptionelle und empirische
Arbeiten in diesem Bereich sinnvoll.

## 4.5    Anwendungsfelder

Auf den erheblichen Einfluss des Konzeptes der impliziten Führungstheorie auf neuere
Führungstheorien und -konzepte wurde bereits verwiesen (s.o.). Daneben haben die
Grundüberlegungen einer „kognitiven Wende" in der Führungstheorie und Führungs-
forschung mit ihrem Verweis auf die Bedeutung der subjektiven Führungsvorstellungen
von Beteiligten und Beobachtern für den Führungsprozess auch Implikationen für die
Führungspraxis.

Zunächst ist dabei die eigentliche Personalführungspraxis zu nennen, die ein reflexives
Führungsverhalten nahelegt. Führungskräfte sollten danach von Zeit zu Zeit einerseits
über ihre Erwartungen an Geführte nachdenken und diese kommunizieren. Zugleich sollten sie jedoch die möglicherweise unterschiedlichen Erwartungen an das eigene Verhalten
reflektieren und Mitarbeiter ermuntern, entsprechende Erwartungen auch offen zu äußern.
Bezogen auf unterschiedliche Führungssituationen bietet sich ebenfalls eine Kommunikation von Führungskraft und einzelnen Mitarbeitern oder Gruppen über die wechselseitigen
Erwartungen (vorher) und Erfahrungen (nachher) an. Führungsmodelle und -konzepte, die
diese Aspekte einbeziehen, wie etwa kooperative Führung oder geteilte Führung, sind gut
zur Umsetzung geeignet (vgl. auch Aretz, 2007, zur Umsetzung in Führungsgrundsätzen).

Ein weiteres Anwendungsfeld stellt die Personalauswahl dar. Da die Führungserwartungen der Mitarbeiter eine zentrale Rolle für die Akzeptanz der Führungskraft und
in Folge für die Effektivität der Führung spielen, bietet es sich an, diese stärker im Aus-
wahlprozess von Führungskräften zu berücksichtigen (vgl. u. a. Carnes et al., 2015). Das
kann dadurch geschehen, dass die ermittelten Führungserwartungen der Nachgeordneten
an den neuen Manager ins Auswahlverfahren einbezogen werden, z B. als Kriterien bei
Testverfahren oder Assessment Centern. Gleichzeitig unterstützt eine solche Forderung
einen deutlichen Ausbau der teilweisen bereits üblichen Praxis einer direkten Mitwirkung
von Mitarbeitern bei der Auswahl ihrer Führungskräfte, zumindest auf den unteren und
mittleren Führungsebenen.

Auch Bildung und Training stellen wichtige Anwendungsfelder für implizite Führungstheorien dar. Sowohl bei der Vermittlung von Wissen über Führung in der Aus- und Weiterbildung als auch in verschiedenen Formen des Managementtrainings ist es sinnvoll, an
vorhandenen Vorstellungen von Führung und von effektiver Führung sowie erwartetem
Führungskraft- und Mitarbeiterverhalten anzuknüpfen. Die Spiegelung der verschiedenen

individuellen Perspektiven von Führung kann dabei ein wichtiger Ausgangspunkt für eine reflexive Gestaltung von Führungsbeziehungen und -prozessen sein (vgl. u. a. Schyns et al., 2011, oder für die Gestaltung von Führungskräfte-Coachings Seeg & Schütz, 2018).

**Beispiel**

So können etwa die im Vorwort dargestellten impliziten Vorstellungen der Studierenden von Führung als überwiegend sachorientiertes Handeln den Ausgangspunkt einer stärkeren Sensibilisierung für Führung als kulturspezifisches Phänomen bilden, indem sie mit alternativen Vorstellungen ausländischer Studenten oder impliziten Führungstheorien von Managern aus anderen Kulturen verglichen werden. Auch die in der kurzen Befragung ermittelte eher negative Konnotation von Führung bei gleichzeitig eher positiver Konnotation des Begriffes Management verweist auf spezifisch deutsche, kollektive und historisch verankerte Erfahrungen und Konstruktionen von Führung und Management, die in einer Diskussion mit Teilnehmern einen guten Einstieg in Lehrveranstaltungen und Trainings zu Führung und Management bieten. ◄

Auf zahlreiche ähnliche Anwendungsfelder im interkulturellen Management, z. B. bei der Vorbereitung von Expatriates auf Auslandseinsätze und beim interkulturellen Training, verweisen vor allem die Autoren der GLOBE-Studie. In ihrem Beitrag „In the Eye of the Beholder" zeigen Javidan, Dorfman und Kollegen (2006) zum Beispiel auf, welche besonderen Führungserwartungen an einen US-amerikanischen Manager gestellt werden, wenn er als entsandte Führungskraft in China, Brasilien, Ägypten, oder Frankreich arbeiten muss. Sie skizzieren jeweils typische Konfliktsituationen, die aus den unterschiedlichen kulturell bedingten impliziten Führungstheorien im Zielland erwachsen, und zeigen Verhaltensoptionen auf. Schließlich betonen sie die Notwendigkeit der Entwicklung globaler Manager und von Managementfähigkeiten, insbesondere die kulturelle Anpassungsfähigkeit (vgl. Javidan et al., 2006, S. 84 ff.). Weiterführende Überlegungen zu Auswahl, Training, Einsatz und Führung im interkulturellen Kontext, die zum Teil ebenfalls auf impliziten Führungstheorien aufbauen, finden sich im Kap. 15 zu globaler Führung in diesem Buch.

**Zum Nachlesen**

- Oswald Neuberger (2002), Birgit Schyns und Kolleginnen (2014) sowie Bernd Blessin und Alexander Wick (2017) geben jeweils einen Überblick zu Grundlagen bzw. zur aktuellen Einordung des Konzeptes in Deutsch.
- Peter Dorfman und seine Ko-Autoren (2012) stellen die zentralen empirischen Befunde zu Ausprägungen und den Wirkungen kulturbedingter impliziter Führungstheorien im Rahmen des GLOBE-Projektes dar. Gülden Özbeck-Potthoff (2013) bilanziert den Stand der Forschung zu impliziter Führung im interkulturellen Kontext.

- Nina Mareen Junker und Rolf van Dick (2014) fassen die vorliegenden theoretisch konzeptionellen und vor allem auch empirischen Befunde zu impliziten Führer- und Geführtentheorien systematisch zusammen.
- Einen aktuellen Überblick zum Stand der Forschung zu impliziten Führer-Eigenschaften und zur diesbezüglichen Entwicklung in den letzten zwei Dekaden geben Lynn R. Offermann und Meridith R. Coats (2018).
- Robert Lord, Olga Epitropaki, Roseanne J. Foti und Tiffany Keller Hansbrough (2020) stellen die zentralen theoretischen Grundlagen der impliziten Führungs- und Geführtentheorien und den Forschungsstand dar und benennen zentrale Richtungen für die zukünftige Forschung.

**Fragen**

1. Was versteht man unter impliziten Führungstheorien?
2. Welche Faktoren beeinflussen soziale Kategorisierungsprozesse von Führungskräften?
3. Geben Sie jeweils Beispiele für prototypische Führer- und Geführteneigenschaften!
4. Welche Führungsdimension stellt den universellen Prototyp guter Führung dar, und inwiefern sind die dazu getroffenen Aussagen nur begrenzt gültig?
5. Führen Sie zunächst die nachfolgende Übung durch und diskutieren Sie anschließend die Ergebnisse!
   - Erstellen Sie eine Liste mit fünf positiven und fünf negativen Eigenschaften von Führern!
   oder
   - Beschreiben Sie in einem kurzen Text eine gute und eine schlechte Führungskraft unter Nutzung von Eigenschaften und Verhaltensweisen!
   - Wählen Sie nun in einem beliebigen Medium – Zeitung, Film, Fernsehen oder Internet – einen Artikel oder Beitrag aus, der sich mit Führern oder Führungsverhalten beschäftigt und kodieren sie die dort vermittelten Eigenschaften der beobachteten oder beschriebenen Führungskraft! Alternativ können auch auf Texte aus dem Intermezzo-Kapitel zurückgreifen!
   - Welche Eigenschaften dominieren? Welche Faktoren haben Ihre Wahrnehmung und Haltung zur dargestellten Führungskraft beeinflusst? Inwiefern spielen die zuvor in Liste oder Text ermittelten positiven und negativen Eigenschaften bei Ihrer Wahrnehmung und Bewertung eine Rolle?

**Fall Mittermayer aus der Sicht der impliziten Führungstheorie**

Aus dem Blickwinkel der impliziten Führungstheorie wie auch der impliziten Geführtentheorie ist der Text recht aufschlussreich. Einerseits lässt sich eine bestimmte Vorstellung von Führung, also eine implizite Führungstheorie im Sinne eines Selbstschemas als Führer, bei Herrn M. ausmachen, die er als „Coach" der Führungskräfte und Mitarbeiter beschreibt. „Die Regel, der ich folge: ich arbeite als Berater. Ich bin also Berater der Führungskräfte und Mitarbeiter. Und nicht derjenige, der sagt, wie man Sachen machen soll. Ich berate lieber, in welche Richtung es gehen soll und versuche andere dahin zu steuern, wohin ich ihn haben will. Das kann ich. Das habe ich als Berater gelernt. Zu steuern." Diese indirekte Steuerung ist dabei zugleich als sein Skript des (idealen) Führungsverhaltens zu sehen, trägt aber auch Züge der Manipulation: „Aber ich glaube daran, dass ein richtig tüchtiger Chef, der soll so arbeiten, dass sein untergeordneter Chef nicht merkt, dass er da ist. Und der Mitarbeiter soll selber glauben und fühlen, dass er das Ei gelegt hat."

Diese Vorstellungen für das Verhalten in bestimmten Führungssituationen im Sinne eines Ereignisschemas zeigen sich z. B. auch bei der Rekrutierung von Managern: „Schwierig wird es, wenn wir keinen geeigneten Manager selber haben und trotz Schulung doch einen Spezialisten von außen holen. Und da kommt natürlich eine andere Kultur rein. Damit muss man rechnen. Und da muss man besondere Maßnahmen haben, weil man einen Fremdkörper reingetan hat. Externe müssen sich so schnell wie möglich in die Unternehmenskultur integrieren."

Und schließlich findet sich im Text auch ein bestimmtes Bild eines geeigneten, gewünschten, eben „guten" Mitarbeiters, ein (idealer) Geführtenprototyp. Er muss „entwicklungsfähig" und „professionell" sein, sich schnell integrieren und Verantwortungsbewusstsein haben. ◄

## Literatur

Alipour, K. K., Mohammed, S., & Martinez, P. N. (2017). Incorporating temporality into implicit leadership and followership theories: Exploring inconsistencies between timebased expectations and actual behaviors. *The Leadership Quarterly, 28*(2), 300–316.

Alt, R., & Lang, R. (1998a). Wertorientierungen und Führungsverständnis von Managern in sächsischen Klein- und Mittelunternehmen. In R. Lang (Hrsg.), *Führungskräfte im osteuropäischen Transformationsprozess* (S. 247–270). Hampp.

Alt, R., & Lang, R. (1998b). Führungskräfte im Prozess tiefgreifender Wandlungen. In M. Becker, J. Kloock, R. Schemidt & G. Wäscher (Hrsg.), *Unternehmen in Wandel und Umbruch* (S. 211–234). Schäffer-Poeschel.

Alvesson, M. (1993). *Cultural perspectives on organizations.* University Press.

Aretz, W. (2007). *Subjektive Führungstheorien und die Umsetzung von Führungsgrundsätzen im Unternehmen: Eine Analyse bisheriger Forschungsansätze, Modellentwicklung und Ergebnisse einer empirischen Untersuchung.* Wissenschaftsverlag.

Balkundi, P., & Kilduff, M. (2006). The ties that lead: A social network approach to leadership. *The Leadership Quarterly, 17*(4), 419–439.

Barsalou, L. W. (1985). Ideals, central tendencies, and frequency of instantiation as determinants of graded structure in categories. *Journal of Experimental Psychology: Learning, Memory, and Cognition, 11*(4), 629–654.

Bartlett, K. R., Jang, S., Feng, Y., & Aderibigbe, E. (2020). A cinematic analysis of the leadership behaviours of Robin Hood. *Human Resource Development International, 24*(2), 151–172.

Bass, B. M., Avolio, B. J., & Goodheim, L. (1987). Biography and the assessment of transformational leadership at the world-class level. *Journal of Management, 13*(1), 7–19.

Blessin, B., & Wick, A. (2017). *Führen und Führen lassen*. UVK Verlagsgesellschaft mbH.

Bono, J. E., & Ilies, R. (2006). Charisma, positive emotions and mood contagion. *The Leadership Quarterly, 17*(4), 317–334.

Braun, S., Stegmann, S., Hernandez Bark, A. S., Junker, N. M., & van Dick, R. (2017). Think manager – Think male, think follower – Think female: Gender bias in implicit followership theories. *Journal of Applied Social Psychology, 47*(7), 377–388.

Brodbeck, F. C., & Frese, M. (2007). Societal culture and leadership in Germany. In J. S. Chhokar, F. C. Brodbeck & R. J. House (Hrsg.), *Culture and leadership across the world: The GLOBE book of in-depth studies of 25 societies* (S. 147–214). Lawrence Erlbaum Associates.

Brodbeck, F. C., Frese, M., Åkerblom, S., Audia, G., Bakacsi, G., Bendova, H., et al. (2000). Cultural variation of leadership prototypes across 22 European countries. *Journal of Occupational and Organizational Psychology, 73*(1), 1–29.

Brodbeck, F. C., Frese, M., & Javidan, M. (2002). Leadership made in Germany: Low on compassion, high on performance. *The Academy of Management Executive, 16*(1), 16–30.

Brown, D. J., & Keeping, L. M. (2005). Elaborating the construct of transformational leadership: The role of affect. *The Leadership Quarterly, 16*(2), 245–272.

Calder, B. J. (1977). An attribution theory of leadership. In B. M. Staw & G. R. Salancik (Hrsg.), *New directions in organizational behavior* (S. 179–204). St. Clair Press.

Cantor, N., & Mischel, W. (1979). Prototypes in person perception. In L. Berkowitz (Hrsg.), *Advances in experimental social psychology* (Bd. 12, S. 3–52). Academic Press.

Carnes, A., Houghton, J. D., & Ellison, C. N. (2015). What matters most in leader selection? The role of personality and implicit leadership theories. *Leadership & Organization Development Journal, 36*(4), 360–379.

Carsten, M. K., Uhl-Bien, M., West, B. J., Patera, J. L., & McGregor, R. (2010). Exploring social constructions of followership. A qualitative study. *The Leadership Quarterly, 21*(3), 543–562.

Čater, T., Lang, R., & Szabo, E. (2013). Values and leadership expectations of future managers: Theoretical basis and methodological approach of the GLOBE student project. *Journal of East European Management Studies, 18*(4), 442–462.

Chhokar, J. S., Brodbeck, F. C., & House, R. J. (2007). *Culture and leadership across the world: The GLOBE book of in-depth studies of 25 societies*. Lawrence Erlbaum Associates.

den Hartog, D. N., House, R. J., Hanges, P. J., Ruiz-Quintanilla, A., & Dorfman, P. W. (1999). Culture specific and cross-culturally generalizable implicit leadership theories: Are attributes of charismatic/transformational leadership universally endorsed? *The Leadership Quarterly, 10*(2), 219–256.

Derler, A., & Weibler, J. (2014). The ideal employee: Context and leaders' implicit follower theories. *Leadership and Organization Development Journal, 35*(5), 386–409.

DeRue, D. S., & Ashford, S. J. (2010). Who will lead and who will follow? A social process of identity construction in organizations. *Academy of Management Review, 35*(4), 627–647.

Dickson, M. W., Castaño, N., Magomaeva, A., & den Hartog, D. N. (2012). Conceptualizing leadership across cultures. *Journal of World Business, 47*(4), 483–492.

Dorfman, P. W., Javidan, M., Hanges, P. J., Dastmalchian, A., & House, R. J. (2012). GLOBE: A twenty-year journey into the intriguing world of culture and leadership. *Journal of World Business, 47*(4), 504–518.

Eckloff, T., & van Quaquebeke, N. (2008). „Ich folge Dir, wenn Du in meinen Augen eine gute Führungskraft bist, denn dann kann ich mich auch mit Dir identifizieren". Wie Einflussoffenheit von Untergebenen über Identifikationsprozesse vermittelt wird. *Zeitschrift für Arbeits- und Organisationspsychologie, 52*(4), 169–181.

Eden, D., & Leviathan, U. (1975). Implicit leadership theory as a determinant of the factor structure underlying supervisory behavior scales. *Journal of Applied Psychology, 60*(6), 736–741.

Emrich, C. G. (1999). Context effects in leadership perception. *Personality and Social Psychology Bulletin, 25*(8), 991–1006.

Epitropaki, O., & Martin, R. (2004). Implicit leadership theories in applied settings: Factor structure, generalizability, and stability over time. *Journal of Applied Psychology, 89*(2), 293–310.

Epitropaki, O., & Martin, R. (2005). From ideal to real: A longitudinal study of the role of implicit leadership theories on leader-member exchanges and employee outcomes. *Journal of Applied Psychology, 90*(4), 659–676.

Epitropaki, O., Sy, T., Martin, R., Tram-Quon, S., & Topakas, A. (2013). Implicit leadership and followership theories „in the wild": Taking stock of information-processing approaches to leadership and followership in organizational settings. *The Leadership Quarterly, 24*(6), 858–881.

Felfe, J., & Schyns, B. (2006). Personality and the perception of transformational leadership: The impact of extraversion, neuroticism, personal need for structure, and occupational self-efficacy. *Journal of Applied Social Psychology, 36*(3), 708–739.

Fields, D. L. (2007). Determinants of follower perceptions of a leader's authenticity and integrity. *European Management Journal, 25*(3), 195–206.

Foti, R. J., Bray, B. C., Thompson, N. J., & Allgood, S. F. (2012). Know thy self, know thy leader: Contributions of a pattern-oriented approach to examining leader perceptions. *The Leadership Quarterly, 23*(4), 702–717.

Foti, R. J., Hansbrough, T. K., Epitropaki, O., & Coyle, P. T. (2017). Dynamic viewpoints on implicit leadership and followership theories: Approaches, findings, and future directions. Editorial to Special issue. *The Leadership quarterly, 28*(2), 261–267.

Goswami, A., Park, H. I., & Beehr, T. A. (2020). Does the congruence between leaders' implicit followership theories and their perceptions of actual followers matter? *Journal of Business and Psychology, 35*(4). https://doi.org/10.1007/s10869-019-09638-7.

Grossberg, S. (1999). How does the cerebral cortex work? Learning, attention, and grouping by the laminar circuits of visual cortex. *Spatial Vision, 12*(2), 163–185.

Hall, E. T. (1976). *Beyond cultures*. Anchor.

Hanges, P. J., Lord, R. G., & Dickson, M. (2000). An Information-processing perspective on leadership and culture: A case for connectionist architecture. *Applied Psychology, 49*(1), 133–161.

Hansbrough, T. K., Lord, R. G., & Schyns, B. (2015). Reconsidering the accuracy of follower leadership ratings. *The Leadership Quarterly, 26*(2), 220–237.

Harsch, T., Lang, R., & Steger, T. (2014). Was sich Studenten unter einem idealen Führungsverhalten vorstellen. *PERSONALquarterly, 66*(4), 39–45.

Haslam, S. A., Reicher, S. D., & Platow, M. J. (2012). *The new psychology of leadership: Identity, influence and power*. Psychology Press.

Herrmann, D., & Felfe, J. (2009). Romance of Leadership und die Qualität von Managemententscheidungen. *Zeitschrift für Arbeits- und Organisationspsychologie, 53*(4), 163–176.

Hogg, M. A., van Knippenberg, D., & Rast, D. E. (2012). The social identity theory of leadership: Theoretical origins, research findings, and conceptual developments. *European Review of Social Psychology, 23*(1), 258–304.

Holmberg, I., & Åkerblom, S. (2001). The production of outstanding leadership: An analysis of images expressed in Swedish media. *Scandinavian Journal of Management, 17*(1), 67–85.

Holmberg, I., & Åkerblom, S. (2006). Modelling leadership: Implicit leadership theories in Sweden. *Scandinavian Journal of Management, 22*(4), 307–329.

Hoppe, M. H., & Bhagat, R. S. (2007). Leadership in the United States of America: The leader as cultural hero. In J. S. Chhokar, F. C. Brodbeck & R. J. House (Hrsg.), *Culture and leadership across the world: The GLOBE book of in-depth studies of 25 societies* (S. 475–544). Lawrence & Erlbaum.

House, R. J., Dorfman, P. W., Javidan, M., Hanges, P. J., & Sully de Luque, M. F. (2014). *Strategic leadership across cultures: The GLOBE study of CEO leadership behavior and effectiveness in 24 countries*. Sage.

House, R. J., Hanges, P. J., Javidan, M., Dorfman, P. W., & Gupta, V. (Hrsg.). (2004). *Culture, leadership, and organizations: The GLOBE study of 62 cultures*. Sage.

House, R. J., Wright, N. S., & Aditya, R. N. (1997). Cross-cultural research on organizational leadership: A critical analysis and a proposed theory. In P. C. Earley & M. Erez (Hrsg.), *New perspectives in international industrial organizational psychology* (S. 535–625). Wiley.

Igwe, P. A., Maddox, L., Nwajiuba, C. A., & Ochinanwata, C. (2021). The portrayal of business leaders in movies and the effect on perceptions. *Quarterly Review of Film and Video, 38*(3), 217–247.

Javidan, M., Dorfman, P. W., De Luque, M. S., & House, R. J. (2006). In the eye of the beholder: Cross cultural lessons in leadership from project GLOBE. *Academy of Management Perspectives, 20*(1), 67–90.

Jiang, X., Xu, S., Houghton, J. D., & Manz, C. C. (2019). Shades of grey in implicit effective leadership: Searching for clarity in the midst of paradox. *Leadership, 15*(6), 673–695.

Junker, N. M., Stegmann, S., Braun, S., & Dick, R. V. (2016). The ideal and the counter–ideal follower– advancing implicit followership theories. *Leadership and Organization Development Journal, 37*(8), 1205–1222.

Junker, N. M., & van Dick, R. (2014). Implicit theories in organizational settings: A systematic review and research agenda of implicit leadership and followership theories. *The Leadership Quarterly, 25*(6), 1154–1173.

Keller, T. (1999). Images of the familiar: Individual differences and implicit leadership theories. *The Leadership Quarterly, 10*(4), 589–607.

Keller, T. (2003). Parental images as a guide to leadership sensemaking: An attachment perspective on implicit leadership theories. *The Leadership Quarterly, 14*(2), 141–160.

Kenney, R. A., Blascovich, J., & Shaver, P. R. (1994). Implicit leadership theories: Prototypes for new leaders. *Basic & Applied Social Psychology, 15*(4), 409–437.

Kenney, R. A., Schwartz-Kenney, B. M., & Blascovich, J. (1996). Implicit leadership theories: Defining leaders described as worthy of influence. *Personality and Social Psychology Bulletin, 22*(11), 1128–1143.

Konrad, E. (2000). Implicit leadership theories in Eastern and Western Europe. *Social Science Information, 39*(2), 335–347.

Lang, R. (2002). Wertewandel im ostdeutschen Management. In R. Schmidt, H.-J. Gergs & M. Pohlmann (Hrsg.), *Managementsoziologie: Themen, Desiderate, Perspektiven* (S. 128–155). Hampp.

Lang, R., Szabo, E., Catana, A. G., Konečná, Z., & Skálová, P. (2013). Beyond participation? – Leadership ideals of future managers from Central and East European countries. *Journal for East European Management Studies, 18*(4), 482–511.

Lord, R. G., Brown, D. J., Harvey, J. L., & Hall, R. J. (2001). Contextual constraints on prototype generation and their multilevel consequences for leadership perceptions. *The Leadership Quarterly, 12*(3), 311–338.

Lord, R. G., & Emrich, C. G. (2001). Thinking outside the box by looking inside the box: Extending the cognitive revolution in leadership research. *The Leadership Quarterly, 11*(4), 551–579.

Lord, R. G., Epitropaki, O., Foti, R. J., & Hansbrough, T. K. (2020). Implicit leadership theories, implicit followership theories, and dynamic processing of leadership information. *Annual review of organizational psychology and organizational behavior, 7*(1), 49–74.

Lord, R. G., & Foti, R. J. (1986). Schema theories, information processing, and organizational behavior. In H. P. Sims, D. A. Gioia, et al. (Hrsg.), *The thinking organization: Dynamics of organizational social cognition* (S. 20–48). Jossey Bass.

Lord, R. G., Foti, R. J., & De Vader, C. L. (1984). A test of leadership categorization theory: Internal structure, information processing, and leadership perceptions. *Organizational Behavior and Human Performance, 34*(3), 343–378.

Lord, R. G., & Maher, K. J. (1990). Alternative information-processing models and their implications for theory, research, and practice. *Academy of Management Review, 15*(1), 9–28.

Lord, R. G., & Maher, K. J. (1991). *Leadership and information processing: Linking perceptions and processes.* Unwin Hyman.

Lord, R. G., & Maher, K. J. (1993). *Leadership and information processing: Linking perceptions and processes.* Routledge.

Lord, R. G., & Shondrick, S. J. (2011). Leadership and knowledge: Symbolic, connectionist, and embodied perspectives. *The Leadership Quarterly, 22*(1), 207–222.

MacDonald, H. A., Sulsky, L. M., & Brown, D. J. (2008). Leadership and perceiver cognition: Examining the role of self-identity in implicit leadership theories. *Human Performance, 21*(4), 333–353.

Martin, J. (1992). *Cultures in organizations: Three perspectives.* University Press.

McGregor, D. (1971). *Der Mensch im Unternehmen. The Human Side of Enterprise.* Econ.

Medvedeff, M. E., & Lord, R. G. (2007). Implicit leadership theories as dynamic processing structures. In B. Shamir, R. Pillai, M. C. Bligh & M. Uhl-Bien (Hrsg.), *Follower-centered perspectives on leadership: A tribute to the memory of James R. Meindl* (S. 19–50). Information Age.

Meindl, J. R., Ehrlich, S. B., & Duckerich, J. M. (1985). The romance of leadership. *Administrative Science Quarterly, 30*(1), 78–102.

Meinel, M. J. (2019). *Implizite Führungstheorien im Vergleich – Eine qualitative empirische Studie zur Führungsauffassung deutscher Studenten und Manager.* Masterarbeit Universität Regensburg.

Naidoo, L. J., Kohari, N. E., Lord, R. G., & DuBois, D. A. (2010). „Seeing" is retrieving: Recovering emotional content in leadership ratings through visualization. *The Leadership Quarterly, 21*(5), 886–900.

Neuberger, O. (2002). *Führen und führen lassen: Ansätze, Ergebnisse und Kritik der Führungsforschung.* Lucius & Lucius.

Offermann, L. R., & Coats, M. R. (2018). Implicit theories of leadership: Stability and change over two decades. *The Leadership Quarterly, 29*(4), 513–522.

Offermann, L. R., Kennedy, J. K., & Wirtz, P. W. (1994). Implicit leadership theories: Content, structure, and generalizability. *The Leadership Quarterly, 5*(1), 43–58.

Özbeck-Potthoff, G. (2013). *Implizite Führung im interkulturellen Kontext: Stand der Forschung, Erweiterung der Theorie und empirische Analyse.* Springer-Gabler.

Patzelt, W. J. (1987). *Grundlagen der Ethnomethodologie: Theorie, Empirie und politikwissenschaftlicher Nutzen einer Soziologie des Alltags.* Wilhelm Fink.

Rehbock, S. K., Verdorfer, A. P., & Knipfer, K. (2019). Rate my professor: Implicit leadership theories in academia. *Studies in Higher Education, 44.* https://doi.org/10.1080/03075079.2019.1696765.

Riggs, B. S., & Porter, C. O. H. L. (2017). Are there advantages to seeing leadership the same? A test of the mediating effects of LMX on the relationship between ILT congruence and employees' development. *The Leadership Quarterly, 28*(2), 285–299.

Rosch, E. (1978). Principles of categorization. In E. Rosch & B. B. Lloyd (Hrsg.), *Cognition and categorization* (S. 27–48). Erlbaum.

Schyns, B., Kerschreiter, R., & Kiefer, T. (2011). Teaching implicit leadership theories to develop leaders and leadership: How and why it can make a difference. *Academy of Management Learning and Education, 10*(3), 397–408.

Schyns, B., Kiefer, T., & Staudigl, L. (2014). Implizite Führungstheorien. In J. Felfe (Hrsg.), *Trends der psychologischen Führungsforschung* (S. 155–166). Hochgrefe.

Schyns, B., & Meindl, J. R. (2005). *Implicit leadership theories: Essays and explorations*. Information Age.

Schyns, B., & Schilling, J. (2011). Implicit leadership theories: Think leader, think effective? *Journal of Management Inquiry, 20*(2), 141–150.

Scott, C. P. R., Jiang, H., Wildman, J. L., & Griffith, R. (2018). The impact of implicit collective leadership theories on the emergence and effectiveness of leadership networks in teams. *Human Resource Management Review, 28*(4), 464–481.

Seeg, B., & Schütz, A. (2018). Implizite Führungstheorien und ihre Bedeutung im Coaching. In S. Greif, H. Möller & W. Scholl (Hrsg.), *Handbuch Schlüsselkonzepte im Coaching* (S. 245–253). Springer.

Shaw, J. B. (1990). A cognitive categorization model for the stud of intercultural management. *Academy of Management Review, 15*(4), 626–645.

Shen, W. (2019). Personal and situational antecedents of workers' implicit leadership theories: A within-person, between-jobs design. *Journal of Leadership & Organization Studies, 26*(2), 204–216.

Shondrick, S. J., Dinh, J. E., & Lord, R. G. (2010). Developments in implicit leadership theory and cognitive science: Applications to improving measurement and understanding alternatives to hierarchical leadership. *The Leadership Quarterly, 21*(6), 959–978.

Smith, J. A., & Foti, R. J. (1998). A pattern approach to the study of leader emergence. *The Leadership Quarterly, 9*(2), 147–160.

Solansky, S., Gupta, V., & Wang, J. (2017). Ideal and Confucian implicit leadership profiles in China. *Leadership & Organization Development Journal, 38*(2), 164–177.

Steyrer, J., Schiffinger, M., & Lang, R. (2007). Ideal- und Realbild von Führung. *Zeitschrift für Management, 2*(4), 402–235.

Sveningsson, S., & Larsson, M. (2006). Fantasies of leadership: Identity work. *Leadership, 2*(2), 203–224.

Sy, T. (2010). What do you think of followers? Examining the content, structure, and consequences of implicit followership theories. *Organizational Behavior and Human Decision Processes, 113*(2), 73–84.

Trichas, S., Schyns, B., Lord, R., & Hall, R. (2017). „Facing" leaders: Facial expressions and leadership perceptions. *The Leadership Quarterly, 28*(2), 317–333.

Tsai, C.-Y., Dionne, S. D., Wang, A.-C., Spain, S. M., Yammarino, F. J., & Cheng, B.-S. (2017). Effects of relational schema congruence on leader-member-exchange. *The Leadership Quarterly, 28*(2), 268–284.

Uhl-Bien, M. (2006). Relational leadership theory: Exploring the social processes of leadership and organizing. *The Leadership Quarterly, 17*(6), 654–676.

Uhl-Bien, M., & Pillai, R. (2007). The romance of leadership and the social construction of followership. In B. Shamir, R. Pillai, M. C. Bligh & M. Uhl-Bien (Hrsg.), *Follower-centered perspectives on leadership. A tribute to the memory of James R. Meindl* (S. 187–209). Information Age.

Uhl-Bien, M., Riggio, R. E., Lowe, K. B., & Carsten, M. K. (2014). Followership theory: A review and research agenda. *The Leadership Quarterly, 25*(1), 83–104.

Ulich, E. (2011). *Arbeitspsychologie* (7. Aufl.). Schäffer-Poeschel.

van Gils, S., van Quaquebeke, N., & van Knippenberg, D. (2010). The X-factor: On the relevance of implicit leadership and followership theories for leader–member exchange agreement. *European Journal of Work and Organizational Psychology, 19*(3), 333–363.

van Quaquebeke, N., Graf, M. M., & Eckloff, T. (2014). What do leaders have to live up to? Contrasting the effects of central tendency- versus ideal-based leader prototypes in leader categorization processes. *Leadership, 10*(2), 191–217.

van Quaquebeke, N., van Knippenberg, D., & Brodbeck, F. C. (2011). More than meets the eye: The role of subordinates' self-perceptions in leader categorization processes. *The Leadership Quarterly, 22*(2), 367–382.

Walker, D. H., Reichard, R., Riggio, R. E., & Hansbrough, T. K. (2020). Who might support a tyrant? An exploration of links between adolescent family conflict and endorsement of tyrannical implicit leadership theories. *Journal of Leadership & Organizational Studies, 27*(4), 340–356.

Weibler, J., Brodbeck, F. C., Szabo, E., Reber, G., Wunderer, R., & Moosmann, O. (2000). Führung in kulturverwandten Regionen: Gemeinsamkeiten und Unterschiede bei Führungsidealen zwischen Deutschland, Österreich und der Schweiz. *Die Betriebswirtschaft, 60*(5), 588–604.

Weick, K. E., & Bougon, M. G. (1986). Organizations as cognitive maps: Charting ways to success and failure. In H. P. Sims, D. A. Gioia, et al. (Hrsg.), *The thinking organization: Dynamics of organizational social cognition* (S. 102–135). Jossey Bass.

Wilson, J., North, M., Morris, D., & McClellan, R. (2020). Rethinking implicit leadership theories: Tomorrow's leaders are collective, generative and adaptive. *Journal of Leadership Studies, 14*(3), 24–32.

Yang, Y., Shi, W., Zhang, B., Song, Y., & Xu, D. (2020). Implicit followership theories from the perspective of follower. *Leadership & Organization Development Journal, 41*(4), 581–596.

# Psychoanalytische Führungssicht: In die Seelen der Geführten und Führenden hineingeschaut

## Irma Rybnikova

## Inhaltsverzeichnis

### Zusammenfassung

*Die durch die Psychoanalyse angeregten Debatten in der Führungsforschung liegen zwar bereits mehrere Jahrzehnte zurück, die psychoanalytische Führungsperspektive stellt aber einen weiterhin anregenden Ansatz innerhalb der aktuellen Führungstheorien dar. Sie kritisiert die Dominanz des rationalen Menschenbildes in der Führungsforschung und hebt die genuin humane Dimension der Führung hervor: Emotionen,*

I. Rybnikova (✉)
Hochschule Hamm-Lippstadt, Hamm, Deutschland
E-Mail: irma.rybnikova@hshl.de

© Der/die Autor(en), exklusiv lizenziert durch Springer Fachmedien Wiesbaden
GmbH, ein Teil von Springer Nature 2021
I. Rybnikova, R. Lang, *Aktuelle Führungstheorien und -konzepte*,
https://doi.org/10.1007/978-3-658-35543-2_5

*Phantasien, irrationale und unbewusste Regungen. Ausgehend von den Hauptannahmen der Psychoanalyse werden in diesem Kapitel ihre ausgewählten Anwendungen in der Führungsforschung diskutiert. Dazu gehört zum einen die psychoanalytische Betrachtung der Geführten im Lichte der projektiven Identifizierung, zum anderen die Transaktionsanalyse der Führungsbeziehungen nach Berne (2014), zum dritten psychoanalytisch informierte Persönlichkeitstypologien nach Jung (1994), Maccoby (1979) sowie Neuberger und Kompa (1993). Zuletzt wird der Zusammenhang zwischen Führung und Narzissmus beleuchtet.*

## 5.1     Einleitung

Die langjährige Dominanz des rationalen Menschenbildes in der Organisations- und Führungsforschung drängte zahlreiche Aspekte des menschlichen Verhaltens, die diesem Menschenbild nicht entsprachen, in den Hintergrund. Die unbewussten Prozesse des organisationalen und des Führungsalltags gehören zu solchen „Schattengewächsen". Trotz der postmodernistischen und poststrukturalistischen Entwicklungen in den Sozialwissenschaften, angeregt auch durch psychoanalytische Traditionen (Deleuze & Guattari, 2013; Žižek, 2010), ist die systematische Auseinandersetzung mit den psychoanalytischen Vorstößen in der Führungsforschung noch nicht weit vorangeschritten.

Die Psychoanalyse, die zu den revolutionären Bewegungen der Sozialwissenschaften zu Beginn des 20. Jahrhunderts zählt, hat vor allem das rationale Selbst- und Fremdverständnis der Menschen herausgefordert. Auch in der Führungsforschung hinterließ die Psychoanalyse zahlreiche Spuren, indem sie nicht nur das Unbewusste als festen Bestandteil der menschlichen Psyche und damit des Führungshandels erklärte, sondern auch die Bedeutung der frühen Kindheitserfahrungen für das Verhalten von Führungskräften und Mitarbeitern hervorhob. Auch wenn die Anfänge der psychoanalytischen Führungstheorie inzwischen mehr als hundert Jahre alt sind, fassen wir diese Führungssicht als einen „aktuellen" Führungsansatz auf, weil hier die Rationalität der Führungsprozesse hinterfragt wird und die unbewussten Mechanismen, die sich im Kontext der Führung abspielen, in den Vordergrund gerückt werden.

Die Anwendung psychoanalytischer Konzepte auf Führung blickt auf eine wenig sichtbare, aber lange Tradition zurück. Der Mensch wird in der Psychoanalyse nicht als rationaler Agent, Funktionsträger oder Rädchen einer Organisationsmaschinerie aufgefasst, sondern als psychisches Subjekt angesehen, dem eine individuelle Subjektivität zugesprochen wird, beruhend auf privater Vergangenheit, Fantasien und Emotionen (Gabriel & Carr, 2002). Im Bereich der Führung basiert die psychoanalytische Sicht auf der Annahme, dass die Führungsphänomene, wie alle anderen sozialen Phänomene, im Wesentlichen auf die unbewussten psychischen Prozesse zurückzuführen sind. Große Aufmerksamkeit wird dabei den Kindheitserfahrungen in der Elternfamilie zuteil, da sie den Ausschlag für die bewusste sowie unbewusste psychische Entwicklung geben.

Laut Gabriel und Carr (2002) lassen sich die Ansätze der psychoanalytischen Führungssicht in grundlagenorientierte und anwendungs- und beratungsorientierte unterscheiden. In Zusammenhang mit den letzten werden vor allem englische Autoren erwähnt, die dem Tavistock Institute angehören, wie z. B. Jacques (1953), Menzies-Lyth (1988), aber auch amerikanische Forscher, wie Levinson (1976, 1987) oder Zaleznik (1990). Die grundlagenorientierten und die anwendungsbezogenen Bemühungen lassen sich allerdings oftmals nicht eindeutig voneinander unterscheiden, weswegen sie hier gemeinsam betrachtet werden.

In diesem Kapitel werden die wesentlichen Hinterlassenschaften psychoanalytischer Ideen in der Führungsforschung ausgelotet, die älteren Datums sind (z. B. Freud, 2010; Maccoby, 1979). Obwohl in den aktuelleren Veröffentlichungen diese klassischen Modelle der psychoanalytischen Führungssicht aufgegriffen werden (z. B. Gabriel & Carr, 2002; Jackson & Parry, 2011; Costas & Taheri, 2012), ist eine konzeptionelle Weiterentwicklung derer kaum festzustellen.

Die bedeutendsten psychoanalytisch geprägten Überlegungen im Führungsbereich lassen sich in drei Bereiche unterteilen, die in ihren Wesenszügen in der Abb. 5.1 dargestellt sind und die auch strukturgebend für das Kapitel sind. Das ist zum einen die Psychoanalyse der Geführten, die die Fragen erörtert, wie Führung entsteht und warum Menschen sich von anderen Menschen leiten lassen. Als Antwort auf diese Fragen gilt die projektive Identifizierung. Der zweite hier betrachtete Bereich sind die Führungsbeziehungen, die aus Sicht der Transaktionsanalyse nach Berne (2014) den kindheitsbezogenen Interaktionsmechanismen entsprechend modelliert werden. Der dritte Bereich der Führung, zu dem psychoanalytische Autoren beigetragen haben, sind Persönlichkeitstypologien von Führungskräften und Mitarbeitern. In diesem Kapitel wird auf die bekanntesten von ihnen eingegangen: die Typologie nach Jung (1994), nach Maccoby (1979) und nach Neuberger und Kompa (1993). Als ein Ableger dieser Thematik gilt der Narzissmus von Führungskräften. Eine Übersicht über die aktuelle Forschung zum Narzissmus bildet den letzten inhaltlichen Schwerpunkt des Kapitels.

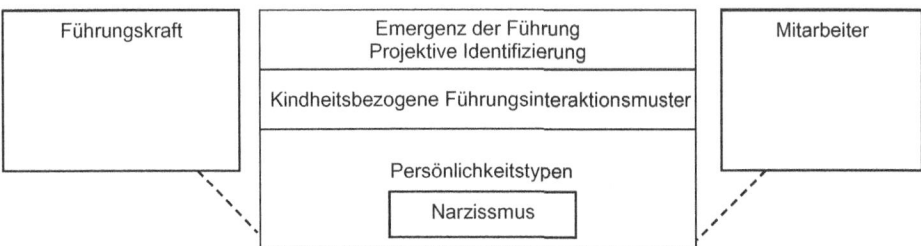

**Abb. 5.1** Grundstruktur der psychoanalytischen Führungssicht. (Bildrechte: Urheberrecht bei der Autorin)

## 5.2    Psychoanalyse als Hintergrundtheorie

Ihren Ursprung hat die Psychoanalyse in einer zu ihrer Zeit besonderen Therapiemethode, der Hypnose. Die Erkenntnis, dass Menschen durch die Sprache in realitätsferne Zustände versetzt werden können und dadurch geheilt werden, stand Pate bei der Ergründung einer neuen Theorie der menschlichen Psyche. Auch wenn die Psychoanalyse kein monolithisches Theoriekonstrukt darstellt, sondern zahlreiche theoretische Schulen umfasst, werden zwei Basisannahmen von allen psychoanalytischen Richtungen geteilt.

Die erste Grundannahme aller Vertreter der Psychoanalyse ist die Existenz des Unbewussten. Diese wird als ein fester Bestandteil der menschlichen Psyche angesehen, der sich auf das menschliche Handeln auswirkt (vgl. Rosenstiel 2014, S. 19). Zwar existierten der Begriff und das Verständnis des Unbewussten bereits lange vor Freud, allerdings hat sich Freud als erster um das Unbewusste als eine psychische Konstante, welcher eine besondere Aufmerksamkeit gebührt, verdient gemacht (Gabriel & Carr, 2002). So bringt Freud es in seinen „Vorlesungen zur Einführung in die Psychoanalyse" (1991a) zum Ausdruck: „Die seelischen Vorgänge sind an und für sich unbewusst und die bewussten bloß einzelnen Akte und Anteile des ganzen Seelenlebens" (Freud, 1991a, S. 19). Die von Freud entworfene Topografie der menschlichen Psyche gliedert sich in drei hierarchisch verknüpfte „Regionen", die für Menschen universell gültig sind. Die erste dieser Regionen, die die ursprünglichste und „tiefste" ist, wird „Es" genannt und mit dem Unbewussten gleichgesetzt. Das Unbewusste enthält Triebregungen physiologischer Art und steht unter der Herrschaft des Lustprinzips (Freud, 1991a). In den früheren Schriften setzt Freud das Unbewusste vor allem mit den Trieben gleich, die dem Leben und Überleben dienen. Dazu gehören vor allem die sexuellen Regungen, wie Libido und Eros, aber auch Hunger oder Durst. In den späteren Schriften fügt Freud dem Unbewussten auch den sterbensgekehrten Instinkt Thanatos hinzu.

Die zweite Region der Psyche ist das „Ich", das eine Schnittstelle zwischen dem Unbewussten und dem Bewussten darstellt. Im Unterschied zum „Es" funktioniert das „Ich" nicht nach dem Lust-, sondern nach dem Realitätsprinzip und sorgt für die Anpassung des Menschen an seine Umwelt. Als Schnittstelle zwischen dem Unbewussten und dem Bewussten, zwischen dem Individuum und seiner Umwelt wird das „Ich" als Quelle zahlreicher Abwehrmechanismen angesehen, wie z. B. der Projektion, Identifikation und Kompensation.

Die dritte, chronologisch betrachtet jüngste, Region der menschlichen Psyche ist das „Über-Ich". Hierunter wird ein System von Erwartungen, Normen und ethisch-moralischen Motiven verstanden, welche sich jeder Mensch im Laufe seiner Sozialisation aneignet. Die wesentliche Komponente des „Über-Ichs" ist das menschliche Gewissen, dessen Aufgabe im Kern darin besteht, die libidinösen Triebregungen eines Menschen zu beherrschen (Freud, 1991b, S. 74).

Die zweite Grundannahme, die alle Vertreter der Psychoanalyse verbindet, besagt, dass es eine enge Korrespondenz zwischen dem Unbewussten, welches die Triebregungen enthält, und dem Bewussten, welches die Triebregungen bändigt, existiert. Diese Korrespondenz zeigt sich zum Beispiel in den Krankheiten des Menschen, allen voran in den psychischen. Insbesondere den sexuellen Triebregungen spricht Freud „eine ungemein große und bisher nie gewürdigte Rolle in der Verursachung der Nerven- und Geisteskrankheiten" zu (Freud, 1991a, S. 20).

## 5.3 Emergenz der Führung

Wie kommt es, dass Menschen sich durch andere Personen führen lassen? Aus Sicht der Psychoanalyse ist die Emergenz der Führung auf die Massenpsychologie zurückzuführen. So vertrat Le Bon (1982) die Annahme, dass Massenphänomene eine psychische Regression der Einzelindividuen darstellen und hier die Führung eine besondere Bedeutung erlangt. In einer Masse nähern sich der psychische Zustand und das Verhalten der Menschen dem unbewussten Urzustand an. Trotter (1916) spricht von einem „Herdeninstinkt" als der emotionalen Grundlage des Massenverhaltens. Laut Le Bon (1982) zeichnet sich die Führung der Massen durch drei Faktoren aus: hypnotisierende Wirkung, Überzeugung und Manipulation der Massen durch Erfundenes oder schlichtweg Lügen und totalitäre Taktiken den „Feinden" gegenüber. Auch Freud (2010) widmete sich in „Massenpsychologie und Ich-Analyse" den Fragen des Massenverhaltens und der Führung der Massen. Hier beschreibt er den Mechanismus der „Identifizierung". Jaques (1953) ergänzt es durch die „projektive Identifizierung". Zur Erklärung der projektiven Identifizierung beziehen sich sowohl Freud als auch Jaques sowie ihre Nachfolger einerseits auf die libidinösen Prozesse, andererseits auf das „Über-Ich". Angenommen wird, dass Mitglieder der Gruppe das eigene Idealbild (das „Über-Ich") auf eines der Gruppenmitglieder projizieren, dieses dann zur Führungsperson wird. Die Geführten projizieren auf den Führer Teile ihres Über-Ichs, um sich in den Führungspersonen wiederzufinden (Neuberger & Kompa, 1993, S. 201). Die Quelle der Führungsemergenz ist aus psychoanalytischer Sicht ein transformierter sexueller Trieb, weil „jeder einzelne einerseits an den Führer anderseits an die anderen Massenindividuen libidinös gebunden ist" (Freud, 2010, S. 37). Auf diese Weise erscheint die Führungsperson als das Ebenbild des individuellen Idealbilds. Dies nennt Freud „Idealisierung" und führt es auf die narzisstische Verliebtheit der Mitglieder zurück: „Das Objekt wird so behandelt wie das eigene Ich, sodass also in der Verliebtheit ein größeres Maß an narzisstischer Libido auf das Objekt überfließt. [...] Das Objekt dient dazu, ein eigenes, nicht erreichtes Ich-Ideal zu ersetzen. Man liebt es wegen der Vollkommenheit, die man fürs eigene Ich angestrebt hat und die man sich nun auf diesem Umweg zur Befriedigung seines Narzissmus verschaffen möchte" (Freud, 2010, S. 57). Jenseits von libidinösen Regungen drückt sich die Identifizierung darin aus, dass der individuelle Wunsch, Ruhm und Anerkennung zu finden, sofern er nicht in Erfüllung gehen kann, auf die Führungsperson projiziert wird; man identifiziert sich mit dieser Person und akzeptiert sie als Führungskraft. Die Siege der Führungsperson werden dann zu den eigenen Siegen, auf die man stolz ist und die man feiern will (vgl. Rosenstiel, 2014, S. 21). Wenn sich mehrere Mitglieder mit der Führungsperson gleichzeitig projektiv identifizieren, was in den Massen der Regelfall ist, sprechen die Autoren (z. B. Winkler, 2010, S. 27) von der additiven Projizierung, die die Emergenz einer Führungsperson gewährleistet.

Die projizierte Identifikation geht mit einer gewissen Verliebtheit in die Führungsperson oder mit ihrer Idealisierung einher. Die Führungsperson verkörpert jemand Besonderes, Anbetungswürdiges. Die negativen Persönlichkeitsattribute der Führungskraft werden hingegen ferngehalten und ausgeblendet. Zugleich erwarten die Mitglieder eine Bestätigung dieser idealisierten Vorstellungen durch die Führungsperson. Werden diese Erwartungen und die Identifizierungsbedürfnisse nicht erfüllt, kehrt sich die Identifizierung der Mitglieder in das Gegenteil um, unter Umständen werden die Führungskräfte verteufelt oder zur Zielscheibe der entstehenden Aggressionen gemacht (vgl. Rosenstiel, 2014, S. 21) – „nicht, weil die Führungsperson als Mensch versagte, [sondern] weil sie nicht der Gott, das Ideal war, das man selbst zu sein phantasierte" (Neuberger & Kompa, 1993, S. 201).

Die aktuellen Autoren ergänzen die Überlegungen von Freud, indem sie sich mit der Frage auseinandersetzen, welche Personen als Führer akzeptiert werden. Hier werden entweder kindheitsgeprägte Erwartungen an Führungskräfte (Goethals, 2005) oder kulturell bedingte archetypische Vorstellungen von Führungskräften angeführt (Lindsey, 2011).

Goethals (2005) argumentiert, dass jene Personen projizierte Identifizierung hervorrufen, die Elternfiguren darstellen und es vermögen, den Gruppenmitgliedern Zuversicht zu vermitteln, insbesondere in Zeiten der Verunsicherung, Hilflosigkeit und Verängstigung. Vor allem männliche Personen sind in der Lage, unbewusste archaische Vorstellungen eines starken, mächtigen Vaters (Führers) zu wecken, der die Zuversicht spendet und sich um alle Mitglieder kümmert, egal wie despotisch er waltet (Goethals, 2005). Neuberger (2002) und Lindsey (2011) hingegen betonen die Relevanz der kulturell verankerten archetypischen Vorstellungen von Führungskräften, so dass diejenigen Personen, die ihnen entsprechen, die Projektionsmechanismen mit hoher Wahrscheinlichkeit auslösen. Die Archetypen des Gottes, des Vaters und des Lehrers scheinen besonders tief im kollektiven Gedächtnis des westeuropäischen Kulturkreises verankert zu sein. Sie kommen sowohl in Texten und Geschichten (Neuberger, 2002) als auch in Kunstgemälden zum Ausdruck (Lindsey, 2011). So führt Rieken (2010) den politischen Erfolg von Barack Obama darauf zurück, dass er es sehr gut versteht, in seinen politischen Reden an die archetypischen amerikanischen Vorstellungen von Erfolg und Gerechtigkeit anzuknüpfen. Die Studie von Gabriel (1997), in der er studentische Praktikanten über deren Begegnungen mit den Geschäftsführern der Konzerne befragte, verdeutlicht die Dominanz der omnipotenten (gottähnlichen) Führerphantasien. Gabriel führt dies auf den unbewussten Wunsch nach strengen, mächtigen Führungspersonen zurück. Führungskräfte reduzieren Verunsicherung und Angst von Geführten, indem sie unbewusste Identifikationsprozesse provozieren und eine Sicherheit, wenn auch illusorisch, suggerieren. Manche Autoren setzen den Mechanismus der Identifizierung mit dem „korporativen Wahnsinn" (De Board, 2014)

gleich, der unter Umständen die Lernprozesse einer Organisation behindern kann (Brown
& Starkey, 2000).

## 5.4  Führungsinteraktion

Die Beschaffenheit der Beziehungen zwischen den Führenden und Geführten ist das
zweite Themengebiet, zu dem wichtige Beiträge aus der psychoanalytischen Perspektive
vorliegen. Im Wesentlichen beruhen die Beiträge auf dem Konzept der Transaktionsanalyse nach Berne (2014), welches auf den Übertragungsmechanismus nach Freud zurückgeht.

   Eine der wichtigsten Annahmen der Psychoanalyse ist, dass jede soziale Interaktion im
Erwachsenenalter auf der Interaktionserfahrung im Kindesalter fußt. Berne greift diese
Überlegung auf und vertieft sie mit Hilfe der sogenannten „Ich-Zustände". Den Ich-
Zustand beschreibt Berne als „ein kohärentes Empfindungssystem, […] das mit einer be-
ziehungsgerechten Verhaltensstruktur gekoppelt ist" (Berne, 2014, S. 29). Es handelt sich
dabei also um ein dominierendes Muster von Gefühlsregungen, Erfahrungen und Verhaltensweisen, die im Unterschied zu einer Persönlichkeit dynamisch und veränderbar sind.
Einem Individuum stünde ein ganzes Repertoire von verschiedenen Ich-Zuständen zur
Verfügung, die „nicht nur als ‚Rollen' zu betrachten, sondern als psychologische Realitäten zu werten sind" (Berne, 2014, S. 29). Der Autor unterscheidet drei Ich-Zustände. Das
sind zum einen die Ich-Zustände, die regressive Delikte der in der Kindheit fixierten Emp-
findungsweisen darstellen („Kindheits-Ich"). Zu den Hauptmerkmalen des Kindheits-Ich
zählt der Autor neben dem „kindlichen" Verhalten auch betont emotionale Reaktionen.
Zum anderen handelt es sich um die Ich-Zustände eines erwachsenen Menschen
(„Erwachsenen-Ich"), die sich in souveränen, im Laufe des Lebens erlernten Verhaltensweisen widerspiegeln und Berne zufolge durch sachliches, rationales Entscheidungsverhalten und das Herunterspielen von Emotionen zum Ausdruck gebracht werden. Metaphorisch vergleicht Berne das Erwachsenen-Ich mit einer Rechenmaschine, die „autonom auf
eine objektive Erfassung der Wirklichkeit ausgerichtet ist" (Berne, 2014, S. 30). Zum dritten sind es die Ich-Zustände, die das elterliche Verhalten abbilden („Eltern-Ich"). Alle
Menschen erleben diese drei Zustände, als stecke in jedem Menschen derselbe kleine
Mensch, welcher er mit drei Jahren gewesen ist, seine eigenen Eltern und die Erfahrungen
aus dem Erwachsenenalter. Alle drei Ich-Zustände sind laut Berne funktionell für das psychische Leben eines Individuums. Das Kindheits-Ich sei zuständig für Kreativität, Intuition und spontane Antriebskraft eines Menschen, dem Erwachsenen-Ich weist der Autor
die adaptive Funktion der Überlebenssicherung zu, die sich in der schnellen Verarbeitung
vorliegender Informationen und einer sorgfältigen Entscheidungsfindung äußert. Das
Eltern-Ich hingegen sei für die routinierten Entscheidungen zuständig und sorgt damit für
eine erhebliche Zeit- und Energieersparnis im Vergleich zum Erwachsenen-Ich (Berne,
2014, S. 35).

Je nach den Umständen, so Berne, dominiert ein bestimmter Ich-Zustand die alltäglichen Transaktionen eines Individuums. Wenn einem Dinge widerfahren, die stark an die in der Kindheit erlebten Situationen erinnern, wecken sie die entsprechenden in der Kindheit erlebten Gefühle wie Beklommenheit, Angst oder Frustration und aktivieren das Kindheits-Ich. Das Erwachsenen-Ich ist hingegen „hauptsächlich damit beschäftigt, Reize in Informationen umzuwandeln und diese Informationen auf der Grundlage früherer Erfahrungen zu verarbeiten und zu speichern" (Berne, 2014), während das Eltern-Ich sich an dem moralisierenden, lehrerhaften Ton zu erkennen gibt. Auch wenn die unterschiedlichen Ich-Zustände als relativ getrennt voneinander angesehen werden, sind die Menschen Berne zufolge in der Lage, von einem Zustand zum anderen zu wechseln, wenn auch in unterschiedlicher Geschwindigkeit (Berne, 2014, S. 30).

Die Transaktionsanalyse legt nahe, dass soziale Interaktionen, also auch die Führung, durch die jeweiligen individuellen Kindheitserfahrungen geprägt werden. Für die Führungsbeziehung ist insbesondere die Beziehung zu den Eltern konstitutiv, denn sie spielt die Rolle einer Urform einer hierarchischen Beziehung. Das Verhalten der Führungskräfte korrespondiert mit dem Verhalten der Eltern, wohingegen Mitarbeiter in ihrem Verhalten das eigene Verhalten in der Kindheit modellieren.

Berne unterscheidet zwei grundsätzliche Verhaltensmuster der Eltern respektive Führungskräfte: das autoritäre und das partizipative. Darauf können Mitarbeiter entweder mit dem sogenannten abhängigen Verhalten reagieren, welches mit Gehorsam und Unterwerfung gleichzusetzen ist, oder sie können den Führungskräften mit Trotz begegnen, der sich beispielsweise in Aggression und Widerspruch ausdrückt. Mitarbeiter können auch souverän reagieren, was sich darin äußert, dass sie Freiräume und Grenzen testen, ohne sich zu unterwerfen, aber auch ohne die Führungskräfte herauszufordern. Berne nimmt an, dass die in der Kindheit erlebten und gelernten Verhaltensmuster sich im Berufsleben vor allem in Stresssituationen manifestieren, in denen bewusstes Reflektieren schwer ist, so dass hier mit einer Verhaltensregression zu den ursprünglichen Ich-Zuständen zu rechnen ist. Bernes Überlegungen ergänzend, unterscheidet Argyris (1957) zwischen dem reifen (erwachsenenähnlichen) und dem unreifen (kindesähnlichen) Verhalten in Organisationen. Dabei kritisiert er, dass das unreife Verhalten tendenziell den Mitarbeitern in Organisationen und das souveräne Verhalten den Führungskräften zugesprochen wird. Auf diese Weise werden Mitarbeiter implizit mit Kindern gleichgesetzt und als motivations-, führungs- und steuerungsbedürftig angesehen, wohingegen den Führungskräften unhinterfragt die Rolle der „erfahrenen" Erwachsenen bzw. Eltern attestiert wird.

Berne unterscheidet zwei Typen von Transaktionen: die sogenannten komplementären Transaktionen und die Überkreuz-Transaktionen (Berne, 2014, S. 38–39). Erstere sind „der Situation angemessen und folgen der natürlichen Ordnung gesunder zwischenmenschlicher Beziehungen" (Berne, 2014, S. 38). Die Akteure legen hier korrespondierende Ich-Zustände an den Tag, wie z. B. eine Führungskraft mit dem dominierenden Eltern-Ich, die dem Mitarbeiter mit dem dominierenden Kindheits-Ich gegenübertritt. Die Ich-Zustände bei den Überkreuz-Transaktionen stehen hingegen im Konflikt zueinander, wie z. B. im Fall einer elterlich auftretenden Führungskraft, die an das Kindheits-Ich eines Mitarbeiters appelliert, und einem Mitarbeiter mit dem ausgeprägten Erwachsenen-Ich, der statt erwarteter „kindlicher" Reaktionen souveränes Verhalten an den Tag legt (Berne, 2014, S. 35). Während die komplementären Transaktionen als stabil und als grundlegend für eine reibungslose Kommunikation gelten, ist bei den Überkreuz-Transaktionen von Konflikten und Spannungen auszugehen.

Harms (2011) zeigt in seiner Studie, dass zusätzlich zur Transaktionsanalyse nach Berne auch die sogenannten Bindungstypen *(attachement styles)* nach Bowlby zur Erklärung der Führungsinteraktionen herangezogen werden können. Der Autor nimmt an, dass die Bindungstypen im frühen Kindesalter entwickelt und im Arbeitsleben widergespiegelt werden. Harms (2011) referiert auf einige empirische Studien, die darauf hinweisen, dass z. B. eine unsichere, distanzierte Bindung zu den eigenen Eltern selten mit dem Führungserfolg der erwachsenen Person einhergeht.

Im Unterschied zu Berne, der in seiner Analyse auf die individuelle Dyade zwischen den Beteiligten fokussiert, betrachten Bion (2001) sowie daran anlehnend Kets de Vries (2004) die Führungstransaktionen in einer Gruppe. Kets de Vries erachtet Führungsbeziehungen als einen Ausdruck von unbewussten mentalen Modellen der Beteiligten und unterscheidet drei Grundmuster einer Gruppenbeziehung: (a) Abhängigkeit, (b) Kampf oder Flucht und (c) Paarung. Die Abhängigkeitsbeziehung zeichnet sich dadurch aus, dass Mitarbeiter sich die Führung als einen Sicherheitshafen, ähnlich dem, den sie in der Kindheit erlebten, herbeiwünschen; ist die Gruppe ohne Führung, fühlen sie sich hilflos, bedürftig und verängstigt. Als Sicherheitsspender wird hier nur eine charismatische, starke Person akzeptiert, oftmals auch idealisiert, nahezu vergöttert, weil die Gruppenmitglieder sich in einem hohen Maße als abhängig von der allmächtigen Führungsperson empfinden (Kets de Vries, 2004). Sobald diese hohen Erwartungen an die Führungskraft enttäuscht werden, führt dies zum Wechsel der Führungskräfte in der Gruppe.

Das Kampf- oder Flucht-Muster äußert sich darin, dass die Gruppenmitglieder ebenfalls verunsichert sind und eine starke latente Aggression gegen die inneren und äußeren „Gegner" empfinden (Neuberger & Kompa, 1993, S. 221), was in einer ambivalenten Einstellung zur Umwelt mündet. Die Mitglieder einer solchen Gruppe wollen entweder gegen die Umwelt ankämpfen oder diese vermeiden und vor ihr fliehen. Eines der Indizien für einen solchen Zustand sieht Kets des Vries in den stetigen Versuchen der Gruppe, sich von anderen Gruppen abzugrenzen, zum Beispiel durch die häufige Verwendung von Phrasen wie „wir und sie" oder „Fremde und Freunde" (Kets de Vries, 2004). Anstatt sich mit der Umwelt auseinanderzusetzen, dominieren in solchen Gruppen die Schuldzuweisungen nach außen. Die Situation der Führungsperson ist in solchen Gruppen durchaus prekär, da die Führungskräfte zur Zielscheibe der Schuldzuweisungen werden können, sobald der Vorwurf laut wird, „nichts Perfektes anzustellen" (Bion, 2001, S. 54). Die Führungskräfte, die diese Kampf- oder Flucht-Mechanismen einzusetzen verstehen, können jedoch eine starke Gruppenloyalität erzeugen. Folgt dieser Loyalität eine zunehmende Identifikation mit der Führungskraft und eine konsequente Ausgrenzung von Querdenkern, geht der

„Kampf-Flucht-Zustand" in eine ausgeprägte Abhängigkeit von der Führungsperson über (Bion, 2001, S. 56).

Die Paarung als das dritte psychologische Muster der Gruppendynamik äußert sich darin, dass Koalitionen mit den als machtvoll wahrgenommenen Personen oder Gruppen gesucht werden (Kets de Vries, 2004). Dieses Verhalten beruht auf der unbewussten Annahme, dass die individuelle Unsicherheit sich durch Zusammenschlüsse vermeiden lässt. Dieser psychische Modus einer Gruppe führt aber oftmals zur Zersplitterung bis hin zur Existenzgefährdung der Gruppe. Kets de Vries (2004) zufolge zeigen sich solche Haltungen vor allem in jungen Technologieunternehmen.

## 5.5     Persönlichkeitstypen der Führungskräfte

Neben den Konzepten zu dynamischen Führungsprozessen beinhalten die Anwendungen der Psychoanalyse auch eine Reihe von Bemühungen, die Persönlichkeiten der Führungskräfte und der Mitarbeiter zu beschreiben und zu klassifizieren. Im Folgenden wird auf drei psychoanalytische Persönlichkeitstypologien eingegangen, die nicht nur eine breite Anwendung in der Führungsforschung erfahren haben, sondern auch einen Stammplatz in der Populärpsychologie besitzen.

### 5.5.1     Persönlichkeitstypen nach Jung

Die Persönlichkeitstypologie nach Jung geht auf sein Werk „Psychologische Typen" (1994) zurück. Die Basis stellt die Unterscheidung von zwei „allgemeinen Einstellungstypen" (Jung, 1994, S. 353) dar: Introversion und Extraversion, sowie vier Bewusstseinsfunktionen: Denken, Fühlen, Empfinden und Intuieren. Diese Merkmale bilden Jung zufolge drei Gegensatzpaare: Wie die **Introversion** die **Extraversion** ausschließt, so steht das **Denken** im Gegensatz zum **Fühlen** und die **Intuition** im Gegensatz zum **Empfinden**.

Die **introvertierte** Einstellungsweise lässt sich als eine defensive Haltung den äußeren Ansprüchen gegenüber beschreiben. Ihren Ansporn beziehen introvertierte Personen aus ihrem Inneren, weswegen sie von ihren Mitmenschen oftmals als zögernde, nachdenkliche, abwehrende und verschlossene Individuen empfunden werden. Die **extrovertierte** Einstellung hingegen beruht auf einem positiven Bezug zur Umwelt. Solche Menschen suchen stets Kontakt zu ihren Mitmenschen, sind umgänglich und anpassungsfähig. Von ihren Mitmenschen werden die extrovertierten Personen deswegen als offen, kommunikativ und dynamisch angesehen (Jung, 1995).

Empfindung und Intuition sind nach Jung die Funktionen, mit denen Menschen ihre Welt mittels ihrer Sinne erfassen. Der **Empfindungstyp** verlässt sich grundsätzlich auf seine Sinne, weswegen Jung solche Naturen als „Realisten mit ausgesprochenem Sinn für reine Tatsächlichkeit" (Jung, 1994, S. 395) bezeichnet. Häufig besitzen sie ein gutes praktisches Geschick und handwerkliche Fähigkeiten. Für den Empfindungstypus ist wichtig, dass die Dinge fassbar und greifbar sind; den abstrakten Theorien gegenüber verhalten sich solche Personen eher distanziert. Die ausgeprägte Dominanz der realen Fakten zieht dabei nicht selten eine Detailverliebtheit nach sich. Empfindungstypen in Führungspositionen fokussieren sich auf die Einzelheiten, kontrollieren, pochen auf präzise Informationen, konzentrieren sich auf eine genaue Umsetzung von Ideen. Im Gegensatz dazu ist die Intuition als „die Funktion unbewusster Wahrnehmung" (Jung, 1994, S. 392) zu verstehen. Der **Intuitive** zieht es vor, Abstand von Details zu nehmen, die Sachlagen von weitem zu betrachten, die Dinge in ihrer Gesamtheit zu erfassen und dabei neue Zusammenhänge zu erkennen. Im Arbeitsleben kann das dazu führen, dass Probleme schneller erkannt werden, die Gefahr der Fehleinschätzung aber ebenfalls steigt. Zwar sollen intuitive Führungskräfte komplexe Probleme gut lösen können und in der Lage sein, Visionen zu entwickeln, sie zeichnen sich aber auch dadurch aus, dass sie nur wenig Ausdauer bei Routinearbeiten aufbringen (vgl. Wildenmann, 2000, S. 98).

Fühlen und Denken sind Funktionen, die die Beurteilung, Bewertung und Sortierung von Eindrücken gewährleisten (Jung, 1994, S. 124). Während das Denken sich am logischen Prinzip und an den Prozessen der Schlussfolgerung orientiert, stellt das Fühlen die Funktion des Gemüts dar. Die Bewertung richtet sich hier nach dem gewonnenen Eindruck, nach der empfundenen Lust oder Unlust. Führungskräfte, die dem **Denktypus** entsprechen, neigen dazu, kühl und distanziert zu arbeiten, dabei rational und problemlösend vorzugehen, häufig aber auch anspruchsvoll, kritisch und möglicherweise wenig sensibel ihren Mitarbeitern gegenüber zu sein. Die Führungskraft des **Fühltypus** wiederum zeichnet sich durch ein ausgeprägtes Bedürfnis nach Harmonie und menschlicher Beziehung aus, was sich auch im entsprechenden beziehungsorientierten Führungsverhalten niederschlägt (vgl. Wildenmann, 2000, S. 90).

Bei der Frage der Führungseignung aus der Perspektive der Typologie nach Jung stellt sich nicht so sehr die Frage, welche Typen für Führungspositionen in Frage kommen, denn alle Typen können als solche angesehen werden. Anstelle eines konkreten Persönlichkeitstypus kommt es vielmehr darauf an, inwiefern sich die Persönlichkeiten der Führungskräfte und der Mitarbeiter gegenseitig ergänzen können. Ein typisches Beispiel für eine wenig übereinstimmende und deswegen konfliktträchtige Konstellation ist, wenn der Mitarbeiter dem Empfindungstypus angehört und auf präzise Informationen achtet, wohingegen die Führungskraft den intuitiven Typus repräsentiert und zwar anregende, aber abstrakte Informationen und Anleitungen vermittelt.

### 5.5.2 Persönlichkeitstypen nach Maccoby

Michael Maccoby, ein amerikanischer, psychoanalytischer Managementforscher und Berater, entwickelte auf Basis einer Untersuchung von 250 amerikanischen Managern eine populär gewordene Klassifizierung von Führungstypen (Maccoby, 1979). Dabei handelt es sich um Selbstverständnisse der Führungskräfte, die auf individuellen Wertvorstellungen, Arbeitsorientierungen und persönlicher Identität beruhen. Maccoby unterscheidet vier Typen: den **Fachmann**, den **Dschungelkämpfer**, den **Firmenmensch** und den **Spielmacher**.

Der **Fachmann** stellt die fachmännische Qualität der Leistung in den Vordergrund. Sein Selbstwertgefühl beruht auf Fachkompetenz, Disziplin und Ordnung. Anstatt sich mit den anderen Führungskräften zu messen, richtet sich der Fachmann nach seinen eigenen Qualitätszielen, was nicht selten mit Perfektionismus einhergeht. Seine Mitmenschen beurteilt der Fachmann danach, ob sie ihm bei seiner fachmännischen Arbeit helfen oder ihn behindern können. Als Führungskraft kann der Fachmann sowohl demokratisch als auch autoritär auftreten (Maccoby, 1979, S. 34). Die Mitarbeiter beurteilt der Fachmann nach ihrer Leistungsqualität, was ihm nicht selten den Ruf einer fairen Führungskraft verschafft (Wildenmann, 2000, S. 51). Bei Fehlern von Mitarbeitern kann der Fachmann jedoch ungehalten oder unverhältnismäßig kritisch und auch aggressiv werden, sowohl den Mitarbeitern als auch sich selbst gegenüber (Wildenmann, 2000, S. 52).

Im Gegensatz zum Fachmann verfolgt der **Dschungelkämpfer** ausschließlich das Machtziel. Dieser Typus betrachtet sein Umfeld als einen Dschungel oder als eine Kampfarena des Überlebens, in der die Verlierer von den Siegern verstoßen oder vernichtet werden. Dem Handeln des Dschungelkämpfers liegt laut Maccoby ein negatives Umweltkonzept zugrunde: Er begegnet seinen Mitmenschen misstrauisch, da diese ihn manipulieren könnten. Zugleich ist er damit beschäftigt, seine Umwelt für die eigenen Zwecke einzubinden. Daher sieht der Dschungelkämpfer seine Kollegen entweder als Anhänger oder als Feinde an. Die Unterstellten erachtet er überwiegend als Objekte, die es auszunutzen gilt. Dem Dschungelkämpfer geht es vor allem um seinen individuellen Erfolg, dafür instrumentalisiert er auch soziale Beziehungen. Um die Mitarbeiter für seine Ziele zu mobilisieren, setzt der Dschungelkämpfer bevorzugt Feindbilder ein.

Das Selbstwertgefühl des **Firmenmenschen** baut hingegen auf der Tatsache auf, Teil einer bedeutenden und mächtigen Firma zu sein und an ihrem Ruhm zu partizipieren. Sicherheit zieht der Firmenmensch dem Erfolg vor, entsprechend stark identifiziert er sich mit seinem Unternehmen. Jenseits vom Unternehmen empfindet sich der Firmenmensch als irrelevant und verloren (Maccoby, 1979, S. 74). Da der Firmenmensch großen Wert auf ein gutes Arbeitsklima legt, sorgt er sich um die Gefühle der Mitarbeiter und den Ausgleich von Interessengegensätzen. Der kreative Firmenmensch als Führungskraft sorgt in seiner Abteilung für Zusammenarbeit, Gegenseitigkeit und Kooperation. Der schwache Firmenmensch hingegen neigt aus Angst vor Arbeitsplatzverlust zur Unterwürfigkeit, in extremen Fällen auch zum Masochismus (Maccoby, 1979, S. 36). Im Unterschied zu den anderen Typen zeichnet sich der Firmenmensch dadurch aus, dass er eine große Vorsicht walten lässt und eine starke Tendenz zum Aufrechterhalten des bestehenden Status besitzt, weswegen sich dieser Führungstypus gut für Krisenzeiten eines Unternehmens zu eignen scheint. Für die Wachstumsphasen gilt der Firmenmensch als wenig geeignet, weil dafür weniger vorsichtige Charaktere, wie die Spielmacher, erforderlich seien (Maccoby, 1979, S. 76).

Der **Spielmacher** betrachtet das Leben als ein Spiel, den Wettbewerb als eine Bele-
bung, den Zwang zum Erfolg als Energiequelle. Im Unterschied zum Dschungelkämpfer,
der ein eigenes Imperium aufzubauen versucht, ist der Spielmacher auf Konkurrenz aus.
Seine Antriebskraft gewinnt der Spielmacher nicht aus Reichtümern, sondern aus Ruhm,
Ehre, Führungsfreude und Erfolg. Misserfolg und Scheitern ist die größte Befürchtung des
Spielmachers. Der Spielmacher hat Freude daran, ein Team zu bilden und die Mitarbeiter
mitzureißen. Er motiviert nicht durch Druck, sondern durch Spannung, die sich aus der
Erfolgserwartung speist (vgl. Wildenmann, 2000, S. 58). Entsprechend stark honoriert er
die leistungsstarken Mitarbeiter. Für die schwachen, weniger risikofreudigen hat er jedoch
kein Verständnis und tendiert dazu, die Teammitglieder auszutauschen, sobald er Leis-
tungsdefizite registriert, die das Team gefährden können. Der Spielmacher ist auf die anhaltende Spannung durch Herausforderungen und neue Ideen angewiesen. Lässt diese
Spannung nach oder verschwindet sie ganz, weil das Spiel zu Ende ist, fängt der Spielmacher an sich zu langweilen. Im Extremfall schlägt dies in ein selbstdestruktives Verhalten
um, wie Alkohol- oder Drogensucht. Die Jugend und die Entdeckungslust sind die Sinn-
bilder des Spielmachers. Das Altern – im biologischen und im organisationalen Sinne – ist
hingegen eine Bedrohung für ihn.

Die wesentlichen Merkmale aller vier Typen nach Maccoby stellt Tab. 5.1 dar. In den
späteren Veröffentlichungen hat Maccoby seine Klassifikation differenziert und insgesamt
fünf Typen unterschieden: Experte, Helfer, Verteidiger, Innovator und Selbststarter, weil
sie, so der Autor, umfassender und leichter untereinander zu kombinieren sind (Maccoby,
1989, S. 9). Die neuere Typologie erfuhr jedoch nicht die große Beachtung, die den ursprünglichen vier Typen zukam.

**Tab. 5.1** Typen der Führungspersönlichkeiten nach Maccoby

| Persönlichkeitstypus | Merkmale |
|---|---|
| Fachmann | – Fachkompetenz und Qualität der Leistung als Motive<br>– Bewertung der Mitarbeiter anhand ihrer Leistungsqualität<br>– Niedrige Fehlertoleranz |
| Dschungelkämpfer | – Machtgewinn und -erhalt als Motiv<br>– Instrumentelle Haltung den Mitmenschen gegenüber<br>– „Negatives Umweltkonzept": Angst vor Missbrauch durch Andere |
| Firmenmensch | – Zugehörigkeit zur Firma als Motiv<br>– Ausgeprägte Firmenloyalität<br>– Beharren auf dem *status quo* |
| Spielmacher | – Wettbewerb und Spiel als Motive<br>– Motivierung der Mitarbeiter durch Spannung und Erfolgsaussichten |

Quelle: Eigene Zusammenstellung

### 5.5.3   Persönlichkeitstypen nach Neuberger und Kompa

Eine psychoanalytisch geprägte und an die psychische Entwicklung eines Individuums angelehnte Typologie der Führungskräfte entwickeln Neuberger und Kompa (1993). Sie unterscheiden fünf Führungstypen: (1) narzisstischer, (2) schizoider, (3) depressiver, (4) zwanghafter und (5) hysterischer Typus (vgl. Neuberger & Kompa, 1993, S. 204 ff. und Tab. 5.2).

Eine narzisstische Persönlichkeit beruhen den Autoren zufolge auf einer gestörten Mutter-Kind-Beziehung, die einen lebenslangen Durst nach den Bestätigungen für die eigene Größe und Allmacht hinterlässt. Narzisstische Führungskräfte sind darauf bedacht, sich mit bewundernden Ja-Sagern zu umgeben (Neuberger & Kompa, 1993, S. 205) und stets Ausschau nach neuen Großtaten zu halten. Gescheiterte Projekte entmutigen sie aber nicht, weil sie es nicht als eigenes Versagen auffassen. Aus Sicht der Autoren neigen narzisstische Führungskräfte in Unternehmen dazu, den eigenen Personenkult zu pflegen und ihre eigene Macht zu demonstrieren.

Den schizoiden Typus führen die Autoren auf eine mangelnde Erfahrung körperlicher Nähe und Intimität in der Frühentwicklung zurück (Neuberger & Kompa, 1993, S. 205). Im Erwachsenenalter lehnt der schizoide Typus deswegen intime Sozialbeziehungen vorbeugend ab und stellt das Sachliche und das Objektive in den Vordergrund. Entsprechend

**Tab. 5.2**   Führungstypen nach Neuberger und Kompa

| Führungstypus | Merkmale |
| --- | --- |
| Narzisstischer Typus | – Relevanz von bewundernden Ja-Sagern<br>– Ausschauhalten nach neuen Großtaten<br>– Externe Attribuierung des Scheiterns<br>– Pflege des eigenen Personenkults, Machtdemonstrationen |
| Schizoider Typus | – Meidung persönlicher Beziehungen am Arbeitsplatz<br>– Betonung sachlicher Herangehensweise<br>– Stärkere Beachtung von Sachen und Sachzwängen als von menschlichen Schicksalen<br>– Ausgeprägte Steuerung und Kontrolle des Unternehmens |
| Depressiver Typus | – Neigung zur Abhängigkeit und Verunsicherung<br>– „Väterliche Fürsorglichkeit", Klima der menschlichen Wärme<br>– Kooperative Führung |
| Zwanghafter Typus | – Beherrschung des Spontanen und Ungeregelten: Ordnung, Sauberkeit und Verlässlichkeit als Werte für sich<br>– Detaillierte Vorschriften, standardisierte Programme und Regelwerke, unter Umständen „kleinliche Kontrollsucht, Zeitfetischismus, Paragraphenreiterei" |
| Hysterischer Typus | – Stetige Suche nach neuen Ideen<br>– Vorrang von Dynamik, Hektik und Abwechslung vor Ordnung und Regelwerken, Routine; präzises Arbeiten als Gräuel<br>– Öffentliche Präsenz und Effekthascherei<br>– Inspiration, aber auch Launischsein sowie Unberechenbarkeit |

Quelle: Eigene Zusammenstellung in Anlehnung an Neuberger und Kompa (1993, S. 204–209) und Rosenstiel (2014, S. 22)

handeln schizoide Führungskräfte auch: Sie versuchen, alle Probleme kühl und sachlich zu behandeln, die persönlichen Beziehungen zu meiden. Die menschlichen Schicksale ordnen solche Führungskräfte den Sachzwängen unter und wirken häufig wie „geschäftsmäßige Technokraten" (Neuberger & Kompa, 1993, S. 206), die sich stets um eine komplette Steuerung und Kontrolle des Unternehmens bemühen.

Dem depressiven Typus liegt aus Sicht der Autoren eine Störung in der oralen Entwicklungsphase zugrunde. Diese äußert sich in der Angst, als „einzelne(r) verloren zu sein und verhungern zu müssen" (Neuberger & Kompa, 1993, S. 206). Depressive Personen neigen zur Abhängigkeit und Verunsicherung. Solche Führungskräfte fallen durch „väterliche Fürsorglichkeit" (Neuberger & Kompa, 1993, S. 207), warmes Betriebsklima und kooperative Führung auf, durch die sie ihre Bedürfnisse nach Zugehörigkeit, Harmonie und Akzeptanz erfüllen können.

Der zwanghafte Typus wird auf die Erfahrung der Überstrenge in der analen Phase zurückgeführt, weswegen die Vertreter dieses Typus einen besonderen Wert auf Ordnung, Sauberkeit und Verlässlichkeit legen. Zwanghafte Führungskräfte ziehen daher die Planbarkeit, Ordnung, Kontrolle und Disziplin vor. Große Bedeutung haben dabei detaillierte Vorschriften, standardisierte Programme und andere Regelwerke. Alles Spontane und Ungeregelte macht solchen Führungskräften Angst und muss deshalb nach Möglichkeit beherrscht oder bestraft werden. Im Extremfall äußert sich die Zwangsneurose in „kleinlicher Kontrollsucht, Zeitfetischismus, Paragraphenreiterei" (Neuberger & Kompa, 1993, S. 208).

Der hysterische Typus rührt aus der phallischen Angst her, nicht geachtet zu werden (Neuberger & Kompa, 1993, S. 209). Hysterische Führungspersonen sind im Gegensatz zu den zwanghaften Vorgesetzten stets auf der Suche nach neuen Ideen, sie ziehen Dynamik, Hektik und Abwechslung vor und fühlen sich durch Ordnungen und Regelwerke eingeschränkt. Viel Wert legen die hysterischen Führungspersonen auf die eigene öffentliche Präsenz, Anerkennung und Ruhm. Zwar verstehen sie es gut, Mitarbeiter durch derartige Effekte und Inszenierungen zu inspirieren, sind zugleich aber auch launisch und unberechenbar. In solchen Unternehmen wird daher Improvisation gelebt, Routine und präzises Arbeiten wird hingegen als stumpf und ideentötend abgetan (vgl. Neuberger & Kompa, 1993, S. 204 ff.; Rosenstiel, 2014, S. 22).

Die Autoren betonen, dass es sich dabei um Idealtypen handelt, die in ihrer Reinheit in der Praxis selten anzutreffen sind. Die Führungspersonen in der Praxis sind in der Regel gemischte Typen (Neuberger & Kompa, 1993, S. 202), die in Organisationen jedoch nicht alleine sind, sondern sich ihre eigene Umwelt erschaffen, welche ihrer psychoanalytischen Struktur entspricht und diese unterstützt (Neuberger & Kompa, 1993, S. 201). So kümmert sich eine narzisstische Führungsperson um Untergebene, die sie bedingungslos bewundern, wohingegen ein hysterischer Vorgesetzter Mitarbeiter bevorzugt, die bereit sind, zu seinem öffentlichen Glanz bedenkenlos beizutragen.

## 5.6    Narzissmus und Führung

Obschon der narzisstische Führungstypus in die soeben vorgestellte Typologie nach Neuberger und Kompa (1993) eingeflossen ist, wird der Zusammenhang zwischen Narzissmus und Führung in der Führungsforschung weitaus eingehender diskutiert. Der Begriff „Narzissmus" geht auf eine Figur aus der griechischen Mythologie zurück. Eine der verschiedenen Versionen des Mythos besagt, dass Narziss ein schöner Jüngling gewesen sei, welcher seine göttlichen Verehrer stets abwies und sich zur Strafe in sein Spiegelbild verliebte, das er in einer Wasserquelle sah. Indem er dieses Bild verzweifelt zu greifen und festzuhalten versuchte, kam er zu Tode. Regelmäßig wird Narzissmus zum Thema psychologisch oder kulturwissenschaftlich informierter Debatten, wie z. B. jene, die die Studie von Dombek (2016) entfacht hat.

In der Führungsforschung erfährt Narzissmus eine Beachtung ausschließlich als eine negative Persönlichkeitsneigung von Führungskräften. In den allermeisten Fällen wird hier Narzissmus – neben Machiavellismus und Psychopathie – als Begleitumstand einer schlechten, destruktiven Führung angesehen (vgl. DuBrin, 2012, mehr zur destruktiven Führung im Kap. 11 im Buch). In psychoanalytischer Tradition ist Narzissmus vor allem eine analytische Kategorie, die auf Führungskräfte wie Geführte angewendet werden kann. Bereits Freud erachtet den Narzissmus als allgemeine Persönlichkeitsneigung (Freud, 1924). Maccoby (2000) bringt Narzissmus in Verbindung mit den Führungskräften, indem er den meisten historischen Führern als auch Führungskräften der Wirtschaft einen gewissen Grad an Narzissmus attestiert. Im Wesentlichen zeichnen sich Narzissten dadurch aus, dass sie ein starkes Bedürfnis besitzen, auf sich stolz zu sein und Andere zu beeindrucken. Kets de Vries (2004) weist darauf hin, dass eine „gesunde Portion Narzissmus" für jeden erforderlich ist, der die Hierarchiestufen der Organisationen erklimmen will. Die narzisstische Vorstellung mancher Führungskräfte, sie seien auserkoren worden, um besondere Ziele zu erreichen, kann Mitarbeiter zu einer starken Loyalität inspirieren (Kets de Vries, 2004).

Maccoby (2000) beschreibt narzisstische Führungskräfte anhand zweier Merkmale. Narzisstische Führungspersonen sind erstens große Visionäre (Maccoby, 2000, S. 72). Anstatt komplizierte Probleme analytisch zu sezieren und in kleinere Teile zu zerlegen, ziehen sie das Gesamtbild vor. Zweitens sind sie in der Lage, viele Untergebene für sich und ihre Vision zu begeistern, nicht zuletzt durch ihre rhetorischen Künste. Zugleich weist Maccoby auf die Schwächen der narzisstischen Führungskräfte hin. Diese sind aus Sicht des Autors zum einen die Verletzlichkeit bei Kritik, zum anderen ihre Unfähigkeit zuzuhören, zum dritten die nicht nachlassende Konkurrenzlust und zum vierten der Empathiemangel, den Maccoby solchen Führungsstars wie Bill Gates oder Andy Grove attestiert und zugleich darauf hinweist, dass dieses Defizit ihren Erfolg nicht gefährdete: Um zahlreiche Mitarbeiter für sich zu mobilisieren, bedarf es offenbar keines ausgeprägten Empathievermögens.

Kets de Vries und Balazs (2011, S. 389) unterscheiden zwei Typen der narzisstischen Führungskräfte: konstruktive und reaktive. Die konstruktiven Narzissten sind aus Sicht der Autoren „gesunde Narzissten". Die konstruktiven Narzissten schöpfen aus den positiven Erfahrungen in ihrer Kindheit, die durch Vertrauen und Sicherheit gekennzeichnet ist. Aus diesem Grund sind die konstruktiven Narzissten weniger um die eigene Macht besorgt, sondern konzentrieren sich auf die Vision einer besseren Organisation oder eines besseren Lebens und versuchen, die anderen Mitglieder dafür zu gewinnen. Im Gegensatz dazu beruht der reaktive Narzissmus auf frühen Kindheitserfahrungen der Verunsicherung und Deprivation. Sie versuchen, diese Gefühle in ihrem Erwachsenenleben durch persönliche Großartigkeit und Brillanz wettzumachen, nicht selten geht damit aber die Missachtung von organisatorischen Regeln einher, die nur für die Anderen zu gelten scheinen. Solche Führungskräfte sind oftmals auf die persönliche Macht, den Status und das Prestige fixiert und sehen das Leben als ein Nullsummenspiel zwischen den Verlierern und Gewinnern an. In Anlehnung an den berühmten Roman von Alexandre Dumas bescheinigen Kets de Vries und Balazs (2011, S. 390) solchen Persönlichkeiten den „Monte-Cristo-Komplex", einen unbedingten Willen, zu gewinnen, der Erste zu sein, aber auch Neid und Boshaftigkeit den Anderen gegenüber, die aus dem Wunsch resultieren, sich für die in der Kindheit erlebten Nachteile zu rächen. Die reaktiven Narzissten nach Kets de Vries und Balazs (2011) scheinen viele Gemeinsamkeiten mit den Dschungelkämpfern von Maccoby zu haben.

Inzwischen liegen weiterführende Studien vor, die sich mit den organisatorischen Umständen, die den Narzissmus begünstigen, befassen als auch mit den Auswirkungen des Narzissmus auf das Arbeitsverhalten der Führungskräfte und der Mitarbeiter (Ouimet, 2010; Campbell et al., 2011; DuBrin, 2012; Grijalva et al., 2015; Owens et al., 2015; Volmer et al., 2016; Den Hartog et al., 2020). In den neuesten Untersuchungen wird auch der Narzissmus von Mitarbeiter*n, eine bislang unberücksichtigte Perspektive, zum Untersuchungsobjekt (z. B. Schyns et al., 2019).

## 5.7 Anwendungsfelder der psychoanalytischen Führungssicht

Die Ansätze der psychoanalytischen Führungssicht erfuhren ihre Anwendung in einigen Praxisbereichen. So wird die Transaktionsanalyse nach Berne als eine Analysemethode in der Führungs- und Beratungspraxis eingesetzt. Damit werden die archetypischen Interaktionsmuster rekonstruiert, um Konflikte und Probleme zu analysieren, z. B. in einer Führungsbeziehung oder einem Kunden-Dienstleister-Austausch.

Sowohl für die Beratung als auch für die Selbstdiagnose eignen sich die auf Basis von Persönlichkeitstypologien entwickelten Instrumentarien. Das am meisten verbreitete Instrument ist der Myers-Briggs-Typenindikator (vgl. Wildenmann, 2000, S. 128), der auf die Persönlichkeitstypologie nach Jung zurückgeht. Auch wenn die Aussagefähigkeit des Instrumentes aufgrund konzeptioneller und methodischer Bedenken nicht unumstritten ist (vgl. Wildenmann, 2000, S. 153), wird es für die Selektion der Führungskräfte oder bei der

Zusammenstellung von Teams verwendet (z. B. Kroeger et al., 2002; Coe, 1992; Hirsh, 2003). Im Unterschied dazu dient der auf der Typologie von Maccoby beruhende Fragebogen, der auch in Deutsch vorliegt (Wildenmann, 2000), hauptsächlich der potenziell unterhaltsamen Selbsterkenntnis, was im Übrigen dem Ansatz des Autors nahekommt, der den größten Nutzen seiner Klassifikation in der Selbsterkenntnis der Führungskräfte über ihre Schwächen und Stärken sieht (Maccoby, 1979, S. 23). Fragebogenartige Instrumente zur Diagnose des eigenen oder fremden Narzissmus präsentiert auch DuBrin (2012, S. 2–3).

Eine weitere Anwendung der psychoanalytischen Führungsansätze ist die kritische Beobachtung und Analyse des Führungsalltags. Am Beispiel des Herrn Mittermayers wollen wir dies ausprobieren.

### Mittermayer psychoanalytisch gesehen

Aus Sicht der Transaktionsanalyse nach Berne ließe sich die behauptete Art der Transaktionen zwischen Herrn Mittermayer und seinen Untergebenen zunächst als eine Erwachsenen-Erwachsenen Beziehung einordnen: „Ich bin Berater und nicht derjenige, der sagt, wie man Sachen macht". Die Führungskraft scheint also auf ein sachliches, rationales und informiertes Verhalten Wert zu legen und sowohl selbst danach zu handeln als auch von den Mitarbeitern das Gleiche zu erwarten. Zugleich verdeutlicht Herr Mittermayer, dass die wichtigste Aufgabe eines Mitarbeiters in seinem Unternehmen ist, zu wachsen, sich zu entwickeln und zu entfalten, „Sachen zu machen, die sie von Anfang an nicht beherrschen". Die Mitarbeiter sieht er somit grundsätzlich als unreif, entwicklungs- und steuerbedürftig an. Entsprechendes Verhalten legt er an den Tag: „Das habe ich als Berater gelernt, zu steuern". Die Botschaft zwischen den Zeilen verdeutlicht, dass das Verhalten von Herrn Mittermayer vielmehr väterlich ist und dem vorsorglichen Eltern-Ich entspricht, indem kein anderer, sondern er alleine die Bahnen für die Mitarbeiterentwicklung vorgibt, wobei er zugleich erwartet, dass die Mitarbeiter sich diesen Vorgaben unterordnen, also ein konformes, dem Kind-Ich entsprechendes Verhalten zeigen. Was auf den ersten Blick wie eine Erwachsenen-Erwachsenen-Transaktion schien, stellt sich beim genaueren Hinsehen eher als eine Eltern-Kind-Transaktion heraus.

Die Interviewauszüge sprechen zudem für einen ausgeprägten Narzissmus von Herrn Mittermayer. Nicht nur tendiert er zu Allmachtsvorstellungen (z. B. „ich habe die Personalarbeit alleine gemacht"), sondern auch zur Selbstverherrlichung („ich bin sehr menschenorientiert"). Auffällig ist auch, dass im Interview, das die Unternehmens- und Führungsphilosophie zum Gegenstand hat, häufig von „ich" die Rede ist, was die Selbstbezogenheit von Herrn Mittermayer einmal mehr zum Ausdruck bringt.

Betrachtet man den Text im Hinblick auf die Typologie von Maccoby, kann man im Verhalten von Herrn Mittermayer einige Elemente eines Dschungelkämpfers erkennen, der sein eigenes Imperium aufgebaut hat und es genießt, an der Spitze dieses Imperiums zu stehen. Die Aussage, dass die externen Mitarbeiter „Fremdkörper" seien, lässt auf ein negatives Umweltkonzept schließen, einer Umwelt, die das Imperium bedroht.

Die Gefahr kann nur durch Assimilation der fremden Mitarbeiter gebändigt werden, was erklärt, warum „Externe sich so schnell wie möglich in die Unternehmenskultur integrieren müssen". ◄

## 5.8   Kritische Beurteilung der psychoanalytischen Führungssicht

Die psychoanalytische Führungstheorie trägt entschieden zur Revision des rationalen Menschenbildes in der Führungsforschung bei, indem sie die unbewussten Prozesse der sozialen Interaktionen in den Vordergrund stellt. Im Lichte der psychoanalytischen Betrachtung erscheint die Führungsbeziehung nicht nur als formal-funktionale Transaktion, wie die modernen Führungsansätze weiszumachen versuchen, sondern als ein Phänomen, welches durch Triebe, Emotionen, Widersprüche und oftmals schwer zu reflektierende Konflikte geprägt ist. Die psychoanalytische Führungssicht hebt hervor, dass es auch in einer Führungsbeziehung mehr als nur um formal-sachliche Anleitung und Unterstützung bei der Aufgabenerledigung geht, sondern vorwiegend um grundlegende menschliche Bedürfnisse der beteiligten Personen (vgl. Gabriel & Carr, 2002). Im Rahmen der psychoanalytischen Führungsperspektive erhalten die frühen Kindheitserfahrungen eines jeden Individuums einen wichtigen Stellenwert als Brutstätte von unreflektierten Verhaltensweisen und als Erklärungskategorie für manche Führungskonflikte.

Vom grundlegenden Ansatz her lässt sich die psychoanalytische Führungssicht dem Paradigma des radikalen Humanismus zuordnen. Die subjektiven Elemente der Führung werden als gegeben angenommen und die beobachtbare Ordnung grundsätzlich als kontingent und damit als veränderbar aufgefasst – man denke alleine an den Mechanismus der projektiven Identifizierung und die Willkür der Entscheidung, welche Personen zu Gruppenführern auserkoren werden. Nicht umsonst sind die psychoanalytisch informierten Autoren zugleich auch ernsthafte Kritiker der modernen Organisationen und der Führung. So sprechen Argyris (1957) oder auch Sievers (1994) davon, dass in den modernen Organisationen eine Infantilisierung der Mitarbeiter und eine Verherrlichung der Führungskräfte stattfinden. Auch fordert die psychoanalytische Führungssicht kritische Fragen heraus, z. B. inwiefern ein unbewusstes menschliches Bedürfnis nach Führung existiert. So liest sich das Zitat von Freud: „Der Mensch kann nicht ewig Kind bleiben, er muss endlich hinaus, ins ‚feindliche' Leben" (Freud, [1927]1982, S. 373) nahezu wie ein Manifest für die kritischen Führungsstudien.

Ungeachtet der erwähnten Verdienste gehört die psychoanalytische Führungssicht nicht zu den populärsten Führungstheorien. Zum einen wird kritisiert, dass die psychoanalytische Führungsforschung „auf individuell ödipale Interpretationen des organisationalen Geschehens" (Ahlers-Niemann, 2007) fokussiert und eine Psychopathologisierung der Führung unterstützt, wie die Ausführungen zu „neurotischen Führungskräften" und „neurotischen Organisationen" zeigen (Kets de Vries & Miller, 1984).

Zum anderen wird der universalistische Anspruch und der psychologische Reduktionismus dieses Ansatzes bemängelt. Die psychischen Regungen eines Einzelindividuums, bewusste wie unbewusste, stehen hier im Fokus und gelten als ausschließliche Erklärung. Während die Führungsbeziehung als Ergebnis der projizierten Identifikation aufgefasst wird, auf die jeweilige individuelle Kindheitserfahrungen abfärben, wird den konkreten Rahmenbedingungen in Organisationen hingegen nur ungenügend Beachtung geschenkt. Beispielsweise bleibt die Betrachtung der Gruppendynamiken noch recht schematisch und wenig differenziert, wie am Konzept der additiv projizierten Identifikation mit der Führungskraft oder an den Führungsmustern nach Le Bon (1982) sichtbar wird. Auch die Betrachtung der Organisationsstrukturen und -kulturen kommt deutlich zu kurz. Zwar besitzen die psychoanalytischen Konzepte einen gewissen Unterhaltungswert (Ahlers-Niemann, 2007), eine Übertragung dieser Konzepte auf Führung kann aber kaum einen Beitrag für die Führungsforschung darstellen, solange die organisationalen Rahmenbedingungen unberücksichtigt bleiben.

Aus methodologischer Perspektive ist kritisch anzumerken, dass die meisten in der psychoanalytischen Führungssicht angebotenen Konzepte zwar eine Deskription und Klassifikation anbieten, wie z. B. Persönlichkeitstypen, ihre Erklärung kommt jedoch meist zu kurz oder ist zu einseitig. Die Mechanismen, die zur Erklärung der Führungsprozesse herangezogen werden, wie jener der projizierten Identifizierung, versperren sich hingegen einer empirischen Beleuchtung oder Differenzierung, weil sie auf unbewusste Prozesse abstellen. Auch die empirische Verhärtung von psychoanalytischen Annahmen ist meist nicht möglich, geht es in den meisten Fällen doch um persönliche, anekdotische Begebenheiten, die in die mehr oder weniger autobiografischen Fallstudien gegossen wurden (z. B. Adler, 2008). Auch die im Rahmen der psychoanalytischen Traditionen entwickelten quantitativen Verfahren, wie das Meyer-Briggs-Inventar, sind nicht gefeit gegen Kritik. Die Gründe dafür sind mannigfaltig: Einer der wichtigsten ist eine erschwerte bis unmögliche Operationalisierbarkeit psychoanalytischer Kategorien, weil die unbewussten Phänomene für einen derartigen methodischen Zugang ein grundsätzliches Problem darstellen. Die eigens psychoanalytisch geprägte Methode der sogenannten „Tiefeninterviews", die für die empirische Ausleuchtung psychoanalytischer Kategorien in Frage käme, findet ihre Verwendung in der Führungsforschung seltener als es sich anbieten würde, sieht man von den Klassikern (Maccoby, 1979) oder einigen wenigen aktuelleren Studien (z. B. Harding, 2012) ab.

**Zum Nachlesen**

- Lutz von Rosenstiel (2014, S. 18–22) fasst in seinem Beitrag die tiefenpsychologischen Grundlagen der Führung lakonisch und aussagekräftig zusammen.
- Andrew J. DuBrin (2012) bietet in seinem Buch eine umfassende, jedoch recht funktionalistisch orientierte Übersicht über die Forschung zu Narzissmus am Arbeitsplatz.

1. Mit Hilfe welcher Mechanismen wird in der psychoanalytischen Führungssicht die Entstehung der Führung erklärt? Erläutern Sie diese!
2. Fassen Sie die wichtigsten Aussagen der Transaktionsanalyse nach Berne zusammen. Für wie aussagefähig halten Sie dieses Konzept?
3. Worauf beruht und was sagt die Führungskräftetypologie nach Maccoby aus?
4. „Unter Führungskräften sind häufiger narzisstische Persönlichkeiten anzutreffen als in anderen Mitarbeitergruppen". Wie ist Ihre Meinung zu dieser Aussage? Begründen Sie.
5. Worauf ist der Umstand zurückzuführen, dass die psychoanalytische Führungssicht wenig Beachtung in den empirischen Arbeiten erfuhr?

## Literatur

Adler, N. J. (2008). I am my mother's daughter: Early developmental influences on leadership. *European Journal of International Management, 2*(1), 6–21.

Ahlers-Niemann, A. (2007). Dem Unbewussten auf der Spur: Einige Überlegungen zur Sozioanalyse von Organisationen. *Gruppendynamik und Organisationsberatung, 38*(1), 97–114.

Argyris, C. (1957). *Personality and organization: The conflict between system and the individual.* Harper & Brothers.

Berne, E. (2014). *Spiele der Erwachsenen. Psychologie der menschlichen Beziehungen.* Rowohlt.

Bion, W. (2001). *Erfahrungen in Gruppen und andere Schriften.* Klett-Cotta.

Brown, A. D. S., & Starkey, K. (2000). Organizational Identity and Learning: A psychodynamic perspective. *Academy of Management Review, 25*(1), 102–120.

Campbell, K. W., Hoffman, B. J., Campbell, S. M., & Marchisio, G. (2011). Narcissism in organizational contexts. *Human Resource Management Review, 21*(4), 268–284.

Coe, C. K. (1992). The MBTI: Potential uses and misuses in personnel administration. *Public Personnel Management, 21*(4), 511–522.

Costas, J., & Taheri, A. (2012). ‚The return of the primal father' in postmodernity? A Lacanian analysis of authentic leadership. *Organization Studies, 33*(9), 1195–1216.

De Board, R. (2014). *The psychodynamics of organizations.* Routledge.

Deleuze, G., & Guattari, F. (2013). *Anti-Ödipus: Kapitalismus und Schizophrenie.* Suhrkamp.

Den Hartog, D. N., De Hoogh, A. H. B., & Belschak, F. D. (2020). Toot your own horn? Leader narcissism and the effectiveness of employee self-promotion. *Journal of Management, 46*(2), 261–286.

Dombek, K. (2016). *Die Selbstsucht der anderen. Ein Essay über Narzissmus.* edition Suhrkamp.

DuBrin, A. J. (2012). *Narcissism in the workplace: Research, opinion and practice.* Edward Elgar Publishing.

Freud, S. (1924). *Zur Einführung des Narzißmus.* Internationaler Psychoanalytischer.

Freud, S. ([1927]1982). *Die Zukunft einer Illusion* (Bd. IX, S.163–183). Fischer.

Freud, S. (1991a). *Vorlesungen zur Einführung in die Psychoanalyse.* Fischer.

Freud, S. (1991b). *Neue Folge der Vorlesungen zur Einführung in die Psychoanalyse.* Fischer.

Freud, S. (2010). *Massenpsychologie und Ich-Analyse.* Nikol Verlagsgesellschaft.

Gabriel, Y. C. (1997). Meeting god: When organizational members come face to face with the supreme leader. *Human Relations, 50*(4), 315–342.

Gabriel, Y. C., & Carr, A. (2002). Organizations, management and psychoanalysis: An overview. *Journal of Managerial Psychology, 17*(5), 348–365.

Goethals, G. R. (2005). The psychodynamics of leadership: Freud's insights and their vicissitudes. In D. M. Messick & R. M. Kramer (Hrsg.), *The psychology of leadership: New perspectives and research* (S. 97–112). Lawrence Erlbaum Associates.

Grijalva, E., Harms, P. D., Newman, D. A., Gaddis, B. H., & Fraley, R. C. (2015). Narcissism and leadership: A meta-analytic review of linear and nonlinear relationships. *Personnel Psychology, 68*(1), 1–47.

Harding, G. (2012). *Topmanagement und Angst. Führungskräfte zwischen Copingstrategien, Versagensängsten und Identitätskonstruktion*. VS Verlag.

Harms, P. D. (2011). Adult attachement styles in the workplace. *Human Resource Management Review, 21*(4), 285–296.

Hirsh, S. (2003). *MBTI team building program: Leader's resource guide*. Consulting Psychologists Press.

Jackson, B., & Parry, K. (2011). *A very short, fairly interesting and reasonably cheap book about studying leadership* (2. Aufl.). Sage.

Jaques, E. (1953). On the dynamics of social structure: A contribution to the psychoanalytical study of social phenomena deriving from the views of Melanie Klein. *Human Relations, 6*(1), 3–24.

Jung, C. G. (1994). *Psychologische Typen* (17., voll. über. Aufl.). Walter.

Jung, C. G. (1995). *Typologie*. Deutscher Taschenbuch.

Kets de Vries, M. F. R. (2004). Organizations on the couch: A clinical perspective on organizational dynamics. *European Management Journal, 22*(2), 183–200.

Kets de Vries, M. F. R., & Balazs, K. (2011). The shadow side of leadership. In A. Bryman, D. L. Collinson, K. Grint, B. Jackson & M. Uhl-Bien (Hrsg.), *The Sage handbook of leadership* (S. 380–392). Sage.

Kets de Vries, M. F. R., & Miller, D. (1984). *The neurotic organization: Diagnosing and changing counterproductive styles of management*. Jossey-Bass.

Kroeger, O., Thuesen, J. M., & Rutledge, H. (2002). *Type talk at work*. Delta.

Le Bon, G. (1982). *Psychologie der Massen*. Alfred Kröner.

Levinson, H. (1976). *Psychological Man*. Levinson Institute.

Levinson, H. (1987). Psychoanalytic theory in organizational behavior. In J. W. Lorsch (Hrsg.), *Handbook of organizational behavior* (S. 51–62). Prentice Hall.

Lindsey, J. L. (2011). Fine art metaphors reveal leader archetypes. *Journal of Leadership & Organizational Studies, 18*(1), 56–63.

Maccoby, M. (1979). *Die neuen Chefs. Die erste sozialpsychologische Untersuchung über Manager in Großunternehmen*. Rowohlt.

Maccoby, M. (1989). *Warum wir arbeiten. Motivation als Führungsaufgabe*. Campus.

Maccoby, M. (2000). Narcissistic leaders: The incredible pros, the inevitable cons. *Harvard Business Review, 78*(1), 69–77.

Menzies-Lyth, I. (1988). A psychoanalytic perspective on social institutions. In E. B. Spillius (Hrsg.), *Melanie Klein today* (Bd. 2, S. 235–247). Routledge.

Neuberger, O. (2002). *Führen und führen lassen*. UTB.

Neuberger, O., & Kompa, A. (1993). *Wir, die Firma. Der Kult um die Unternehmenskultur*. Beltz.

Ouimet, G. (2010). Dynamics of narcissistic leadership in organizations. Towards an integrated research model. *Journal of Managerial Psychology, 25*(7), 713–726.

Owens, B. P., Wallace, A. S., & Waldman, D. A. (2015). Leader narcissism and follower outcomes: The counterbalancing effect of leader humility. *Journal of Applied Psychology, 100*(4), 1203–1213.

Rieken, B. (2010). Obamas märchenhafte Wirklichkeit: Volkskundlich-psychoanalytische Zugänge. In J. Weibler (Hrsg.), *Barack Obama und die Macht der Worte* (S. 142–157). VS Verlag.

Schyns, B., Wisse, B., & Sanders, S. (2019). Shady strategic behavior: Recognizing strategic followership of dark triad followers. *Academy of Management Perspectives, 33*(2), 234–249.

Sievers, B. (1994). *Work, death, and life itself.* Walter de Gruyter.

Trotter, W. (1916). *Instincts of the Herd in peace and war.* MacMillan.

Volmer, J., Koch, I. K., & Göritz, A. S. (2016). The bright and dark sides of leaders' dark triad traits: Effects on subordinates' career success and well-being. *Personality and Individual Differences, 101*, 413–418.

von Rosenstiel, L. (2014). Grundlagen der Führung. In L. von Rosenstiel, E. Regnet & M. E. Domsch (Hrsg.), *Führung von Mitarbeitern: Handbuch für erfolgreiches Personalmanagement* (S. 3–28). Schäffer-Poeschel.

Wildenmann, B. (2000). *Die Persönlichkeit des Managers.* Verlag für Angewandte Psychologie.

Winkler, I. (2010). *Contemporary leadership theories: Enhancing the understanding of the complexity, subjectivity and dynamic of leadership.* Springer.

Zaleznik, A. (1990). *Executive's guide to motivating people: How Freudian theory can turn good executives into better leaders.* Bonus Books.

Žižek, S. (2010). *Die Tücke des Subjekts.* Suhrkamp.

# Partizipative und geteilte Führung: Alle machen mit?

**6**

Irma Rybnikova und Rainhart Lang

## Inhaltsverzeichnis

**Zusammenfassung**

*In der aktuellen Führungsforschung erfährt vor allem geteilte Führung eine besonders starke Beachtung. Unterstützt durch den Konkurrenz- und Innovationsdruck auf Unternehmen sowie anhaltende Unsicherheit auf den Märkten, hat die Idee, dass Führung nicht mehr den einzelnen Individuen übertragen werden kann, sondern jeweils auf meh-*

I. Rybnikova (✉)
Hochschule Hamm-Lippstadt, Hamm, Deutschland
E-Mail: irma.rybnikova@hshl.de

R. Lang
Technische Universität Chemnitz, Chemnitz, Deutschland
E-Mail: rainhart.lang@wirtschaft.tu-chemnitz.de

I. Rybnikova, R. Lang, *Aktuelle Führungstheorien und -konzepte*,
https://doi.org/10.1007/978-3-658-35543-2_6

*rere Organisationsmitglieder aufzuteilen ist, eine große Popularität erlangt. Die aktuellen theoretischen Ansätze hierzu reichen von denen der partizipativen Führung bei Entscheidungen, über geteilte Führungskompetenzen innerhalb eines Teams bis hin zu Konzepten der kollektiven Führung, die Mitarbeiterführung grundsätzlich als ein pluralistisches, kollektives Phänomen auffassen, sowie den Ansätzen zur demokratischen Führung, deren Ziel darin besteht, Organisationen zu demokratisieren und hierarchische Strukturen aufzubrechen.*

## 6.1 Einleitung

*„Man könnte an Friedrich August von Hayeks bekannte Formel denken, dass der Markt der Mechanismus ist, der die Informationen dort aufsucht, wo sie zu finden sind. Genauso rotiert die vagabundierende Führung unter allen Mitgliedern einer Unternehmung und drückt jeweils dem das Zepter in die Hand, der in einer bestimmten Frage die größte Kompetenz besitzt. Die traditionelle hierarchische Führung hat dann nur noch, aber wesentlich, die Aufgabe zu sichern, dass das Zepter tatsächlich dorthin kommt, wo die Kompetenz sitzt, und anschließend nicht usurpiert, sondern weitergegeben wird.“* (Becker, 1994, S. 47)

Die Idee einer Einbeziehung von Mitarbeitern in den Führungsprozess erfährt eine starke Beachtung in der aktuellen Führungsforschung. Sie gilt gar als ein wichtiges Attribut einer „guten“ Führung. Die veränderten gesellschaftlichen Erwartungen an die Einbeziehung von Mitarbeitern in Entscheidungsprozesse, der damit verbundene Wertewandel und insbesondere veränderte Arbeitskontexte, in denen der Konkurrenz- und Innovationsdruck auf Unternehmen zunehmen und Qualifikation und Wissen der Mitarbeiter unverzichtbar machen, haben dazu geführt, dass verschiedene Konzepte entwickelt wurden, die jeweils auf unterschiedliche Aspekte der Beteiligung von Mitarbeitern an Führungsprozessen abzielen.

Ihren Ursprung kann man im Konzept der kooperativen Führung nach Mary Parker Follet aus den 20er-Jahren des vergangenen Jahrhunderts (Mendenhall & Marsh, 2010) sehen. Den partizipativen Ansatz drückt auch die in den klassischen Verhaltensansätzen vorgenommene Unterscheidung von Führungsstilen nach dem Grad der Partizipation von Geführten im Entscheidungsprozess aus, wie z. B. der konsultative, partizipative oder kooperative Stil im Führungsstil-Kontinuum von Tannenbaum und Schmidt (1973). In Deutschland wurde ein verwandtes Modell der kooperativen Führung von Wunderer und Grunwald (1980) aufgestellt, bei dem der Schwerpunkt auf gemeinsamer Einflussausübung in Gruppen liegt. Die aktuellen Entwicklungen reichen von Konzepten, die insbesondere die Verteilung von Entscheidungskompetenzen innerhalb der Gruppe in den Mittelpunkt stellen, über Ansätze, in denen etwaige Aufgaben einer Führungskraft auch über Entscheidungsrollen hinaus geteilt werden, z. B. durch die Übernahme von Mentoring- oder Coaching-Aufgaben oder Projektleitungen durch Mitarbeiter, bis hin zu den Konzepten, in denen die Führung grundsätzlich als ein kollektives Gruppenphänomen verstanden wird, welches Potenziale für Demokratisierung von Organisationen durch Aufbrechen von hierarchischen Strukturen birgt.

Partizipative Führung (en. *participative leadership*) (vgl. Yukl, 2013, S. 115 ff.), vor allem in seiner ursprünglichen Auffassung als einer der zu praktizierenden Führungsstile, stellt dabei den Ausgangspunkt der hier zu betrachtenden Diskussion dar. Im Zusammenhang damit ist auch das praxisnahe Konzept der Ermächtigung (en. *empowerment*) mit einer Dezentralisierung der Führung auf untere Managementebenen zu erwähnen, das vor allem auch auf einen ausgeprägten psychologischen Motivationseffekt abstellt und in der Führungsforschung eine breite Beachtung gefunden hat (zum Überblick vgl. Yukl, 2013, S. 138 ff.). Der Ansatz der geteilten Führung (en. *shared leadership*) stellt eine Weiterentwicklung dar, die zwar an einige der genannten historischen Vorläuferkonzepte anknüpft und davon ausgeht, dass bestimmte Führungsfunktionen und -aufgaben oder informelle Führungsrollen durch Mitarbeiter übernommen werden. Im Fokus steht hier die gemeinsame Einflussausübung in Gruppen. Frühe grundlegende Beiträge zum Thema stammen dabei vor allem von Pearce und Conger (2003), Manz und Sims (1993) und Day et al. (2006). Eine übergreifende Auffassung der Mitarbeiterführung als einen pluralistischen Prozess unter Beteiligung wechselnder Akteure unabhängig von der hierarchischen Verortung, bei der die Führerzentrierung grundsätzlich abgelehnt wird, stellt eine aktuellere Entwicklung dar. Sie wird durch die Konzepte der zusammenarbeitenden Führung (en. *collaborative leadership*) von Raelin (2006), neuerdings insbesondere auch der kollektiven Führung (en. *collective leadership*) sowie der demokratischen Führung (en. democratic leadership) (Raelin, 2020) popularisiert und weiterentwickelt. Die Überlegungen zur kollektiven Führung gehen auf die Arbeiten von Hiller und Kollegen (2006), Friedrich et al. (2009), Contractor et al. (2012) zurück und erfahren insbesondere in der aktuellen Organisationsforschung eine nahezu explosionsartige Beachtung. Dazu hat insbesondere Raelin mit zahlreichen Publikationen (2017, 2018, 2020) sowie eine Sonderausgabe der Zeitschrift „Human Relations" im Jahr 2020 zum Thema (mit den Beiträgen von z. B. Ospina et al., 2020; Fairhurst et al., 2020; Maupin et al., 2020) maßgeblich beigetragen.

Zusammenfassend können die genannten Konzepte zur partizipativen und geteilten Führung als Ausdruck einer stärkeren gesellschaftlichen und auch individuellen Partizipationserwartung in der Organisation und am Arbeitsplatz gesehen werden und damit als ein Widerhall der Ideen zur industriellen Demokratie in der Führungsforschung (zum Zusammenhang vgl. auch Wegge et al., 2010). Die Befunde zu geteilter Führung legen indes nahe, dass es sich nicht um einen Ersatz oder Substitut (s. Kap. 7 im Buch) für die herkömmliche Führung handelt, sondern viel eher um eine ergänzende Führungsform zur vertikalen oder interaktionellen Führung. Die Arbeiten zur kollektiven Führung verdeutlichen wiederum, dass es sich dabei weder um einen Ersatz noch um eine Ergänzung für die herkömmliche Führungsart handelt, sondern vor allem um eine neue Perspektive auf Führung (Ospina et al., 2020). In konzeptioneller Hinsicht stellen die Ansätze zur partizipativen und geteilten Führung einen regelrechten Reigen von verschiedenen theoretischen Anleihen dar: Neben den Betrachtungen der sozialen Austauschbeziehungen, informellen

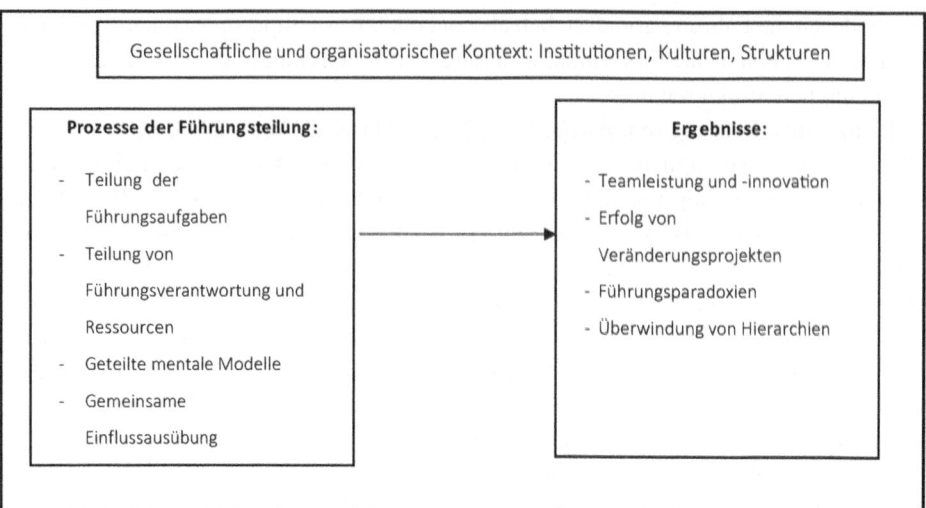

**Abb. 6.1**    Grundmodell partizipativer und geteilter Führung. [Bildrechte: Urheberrecht bei den Autoren]

und Machtbeziehungen sowie Emergenz von Strukturen innerhalb einer Gruppe wird auf die psychologische Empowermenttheorie zurückgegriffen (z. B. Liang et al., 2020), aber auch auf relationale Führung (Uhl-Bien, 2006) sowie praxis- (z. B. Raelin, 2016) und prozessorientierte Perspektiven (z. B. Sklaveniti, 2020). Paradigmatisch bewegen sich die hier zu besprechenden Ansätze eher im strukturalistischen und humanistischen Bereich, da sie den Wandel der Führungsbeziehungen in Richtung einer kollektiven Führung auf der Grundlage sich ändernder oder auch, normativ bewendet, zu ändernder Kontexte thematisieren. Eine nähere Betrachtung der theoretisch-konzeptionellen und empirischen Umsetzung macht jedoch deutlich, dass zahlreiche Studien den funktionalistischen Mustern folgen. Abb. 6.1 fasst die im diesem Kapitel vorzustellenden Ansätze sowie deren Kernannahmen zusammen.

## 6.2   Theoretische Hintergründe und Vorläuferkonzepte der partizipativen und geteilten Führung

### 6.2.1   Grundüberlegungen

Konzepte der partizipativen und geteilten Führung setzen bei einigen wesentlichen Aspekten von Führung an, nämlich bei

- einer Teilung von **Führungsaufgaben** auf verschiedene Mitglieder der Organisation oder der Gruppe, zum Beispiel von Planungsaufgaben oder Kontrollaufgaben,

- einer Aufteilung der **Führungsverantwortung und Führungskompetenzen**, auch für die Zielerreichung, auf Gruppenmitglieder,
- einer Teilung von **Machtressourcen** und Einflusschancen sowie
- einer **gemeinsamen, kollektiven Einflussausübung** auf Basis von zumindest partiell (kognitiv) **geteilten Annahmen** über Führung, den Führungsprozess und Ergebnisse.

Insbesondere der letzte Aspekt schließt an das Konzept der impliziten Führungstheorien an (vgl. u. a. Shondrick et al., 2010 sowie Kap. 4 im Buch), thematisiert es doch kollektive implizite Annahmen über Führung im Sinne kollektiver mentaler Modelle der an der Führung beteiligten Gruppenmitglieder. Funktionale Teilung von Führungsaufgaben der Unternehmensleitung, wie z. B. jene zwischen Vorstand und Aufsichtsrat oder innerhalb der Organe, werden dabei wiederum nicht betrachtet.

Die Notwendigkeit einer Führungsteilung wird in der Literatur verschieden begründet. So unterscheiden Crevani, Lindgren und Packendorff (2007, S. 46) die individuellen Gründe, z. B. weniger Stress, bessere Work-Life-Balance, Wertewandel hinsichtlich steigender Mitbestimmungserwartungen oder eine stärkere Verpflichtung den getroffenen Entscheidungen gegenüber, organisatorische Gründe, wie beispielsweise eine bessere Berücksichtigung der hohen Umweltkomplexität, wachsende Notwendigkeit abteilungs- und professionsübergreifender Kommunikation, höhere Stabilität der Führungsprozesse, und gesellschaftliche Gründe, z. B. geringere Machtkonzentration, seltenerer Machtmissbrauch und bessere Möglichkeiten zur Einbeziehung von Minderheiten in Führungsprozesse (z. B. Raelin, 2020).

Obwohl es zahlreiche konzeptionelle Ausprägungen von partizipativer und geteilter Führung existieren und die einzelnen Konzepte hinsichtlich ihrer Fokussierung stark variieren, verweisen einige Autoren, z. B. Avolio, Walumbwa und Weber (2009), auf deren Gemeinsamkeiten. Zu den gemeinsamen Merkmalen zählen die Autoren z. B. die folgenden Punkte:

- der Fokus der Analyse verlagert sich von Individuen und dyadischen Beziehungen auf die Gruppe und den Führungsprozess („postheroische Führungsbetrachtung"),
- es werden informelle und emergente Führungsbeziehungen in die Analyse einbezogen („Führung als Einflussnetzwerk"),
- den Geführten wird im Führungsprozess eine aktive Rolle zugeschrieben und diese gefördert,
- die (pro-)soziale Seite der Führungsbeziehung im Sinne einer Interaktion zwischen gleichberechtigten Erwachsenen wird betont,
- als Voraussetzung werden organisatorische und organisationskulturelle Bedingungen thematisiert, insbesondere die Bereitschaft zur Machtteilung seitens der Vorgesetzten,
- zum Teil sind die vorgeschlagenen Konzepte stark normativ aufgeladen und gelten als „gute Führung",
- es wird auf verschiedene Paradoxien und Gefahren hingewiesen, etwa dass Führung sich selbst beschneiden muss, ein Führungsvakuum entstehen kann und ggf. eine starke Abhängigkeit zwischen Führenden und Geführten entsteht.

In die Konzepte partizipativer und geteilter Führung sind zahlreiche Vorläuferideen eingeflossen, die sich in den genannten Kernannahmen wiederfinden lassen. Tab. 6.1 gibt einen kurzen Überblick über die wesentlichen Vorläuferkonzepte.

Das Forschungsfeld der partizipativen und geteilten Führung ist neben den zahlreichen Vorläufern auch durch diverse aktuelle Entwicklungen gekennzeichnet. Das Bedürfnis, diese zu ordnen und einen Überblick darüber zu behalten, ist groß, was man an mehreren Arbeiten ablesen kann, die konzeptionelle Literaturübersichten vorlegen. So arbeiten Denis et al. (2012) in ihrer Übersicht zur pluralen Führung vier Fokussierungen heraus: geteilte Führung in Teams, geteilte Führung in der Organisationsleitung, zeitlich und über mehrere Ebenen verteilte Führung sowie interaktionsbezogene bzw. relationale Führung. Obwohl diese Übersicht informativ ist, ist sie nicht frei von Überschneidungen zwischen den getrennten Kategorien. Daher werden wir im Folgenden geteilte Führung vorstellen, die sowohl jene in Teams als auch in den Organisationsleitungen umfasst. Die anschließend thematisierte kollektive Führung bezieht sich im Wesentlichen auf die interaktionsbezogene Führung nach Denis et al. (2012) sowie aktuelle Forschungsergebnisse in diesem Bereich. Zu Beginn stellen wir aber die Konzepte zur partizipativen Führung dar, die zwar keiner aktuellen Entwicklung entstammen, aber doch nach wie vor wichtig und für die gesamte Diskussion um die partizipative und geteilte Führung sehr prägend bleiben.

**Tab. 6.1** Vorläuferkonzepte der partizipativen und geteilten Führung

| Theorie/Konzept | Hauptthema | Repräsentative Autoren |
|---|---|---|
| Funktionsbezogene Führung | Dezentrierung der Führung mit Fokus auf die Situation und die Geführten; Entpersonalisierung von Anweisungen; Führung durch das Ziel; ko-aktive Macht der Führungsteilnehmenden | Follett (1995) |
| Demokratische Arbeitskultur bzw. demokratischer Führungsstil | Gruppe als Ort der Diskussionen und Entscheidungen; Gruppen- anstatt Führerentscheidungen | Lewin, Lippitt und White (1939) |
| Co-Leadership | Teilung einer Führungsrolle zwischen zwei Personen – bevorzugt Mentor-Protegé-Beziehung | Solomon, Loeffer und Frank (1953) |
| Grundsatz-Management und partizipative Zielsetzung | Bestimmung gemeinsamer Handlungserwartungen zwischen Untergebenen und Vorgesetzten | Drucker (1954), Erez und Arad (1986) sowie Locke und Latham (1990) |
| Emergente Führung | Herausbildung von Führern innerhalb einer führungslosen Gruppe | Hollander (1961) |
| Wechselseitige Führung | Aufteilung der Führung unter Gleichgestellten | Bowers und Seashore (1966) |
| Selbstführung und selbstführende Arbeitsgruppen | Fähigkeit der Angestellten, sich selbst zu führen; Übernahme der Rolle der Führungskraft durch Team-Mitglieder | Manz und Sims (1980) Manz und Sims (1987, 1993) |

Quelle: Modifiziert und ergänzt nach Pearce und Conger (2003, S. 4 f.)

## 6.2.2   Partizipative Führung

Der Begriff der partizipativen Führung wird hauptsächlich mit den sogenannten Führungs-
stilstudien aus den 1970er-Jahren vergangenen Jahrhunderts in Verbindung gebracht. Zu
den prominentesten davon gehören das Führungsstilkontinuum von Robert Tannenbaum
und Warren H. Schmidt (1973) sowie die partizipative Entscheidungsfindung nach Victor Vroom und Philip Yetton (1973).

Tannenbaum und Schmidt (1973) haben das Kontinuum der Führungsstile als eine direkte Erwiderung auf Kurt Lewin's Arbeit entwickelt, der die Autoren eine ideologische
Verzerrung und eine Vereinfachung vorwerfen. In ihrem Gegenvorschlag verorten sie insgesamt sieben Führungsstile, die sie zwischen einer Führungsorientierung und einer Ge-
folgschaftsorientierung einordnen. Während auf der Seite der Führungsorientierung die
Versionen einer „starken" Führung i. S. v. Führerzentrierung zu finden sind, nimmt bei den
Stilen mit einer Geführtenorientierung eine aktive Einbindung von Untergebenen in die
Entscheidungen zu. Die aus Sicht der Autoren maximale Ausprägung der Geführtenorientierung stellt ein Führungsstil dar, bei dem die Arbeitsgruppe innerhalb der definierten
Grenzen frei agiert (Tannenbaum & Schmidt, 1973, S. 4). Die Vorstellung der hier vertretenen partizipativen Führung bezieht sich hauptsächlich auf die Beteiligungsmöglichkeiten einer Arbeitsgruppe bei der Entscheidungsfindung. Dabei unterscheiden Tannenbaum
und Schmidt verschiedene geführtenorientierte Führungsstile je nach dem Grad der möglichen Mitarbeiterbeteiligung, ohne den Begriff der partizipativen Führung zu nutzen (zumindest nicht im Originaltext) (s. Rybnikova & Lang, 2020). Vielmehr gehen Tannenbaum und Schmidt auf die Rahmenbedingungen für den jeweiligen Führungsstil ein. Die
geführtenorientierten Führungsstile eignen sich dann, so die Autoren, wenn die Untergebenen kompetent sind, Unsicherheit aushalten können, kein Zeitdruck existiert und die
Wertesysteme der Führungskräfte mit der Geführtenorientierung kompatibel sind.

Unterschiedliche Grade der Mitarbeiterpartizipation in Entscheidungsprozessen stehen
im Fokus der Konzeption von Vroom und Yetton (1973) bzw. von Vroom und Jago (1978).
Bei dieser Konzeption handelt es sich um eine Hilfestellung bei der Bestimmung des ef-
fektivsten Entscheidungsverfahrens. Partizipative Entscheidungsfindung stellt dabei eine
Gruppe von Optionen dar, bei die Mitarbeiter zu einem gewissen Grade in die Entscheidungsfindung involviert werden, wie z. B. bei der Problemlösung und Entscheidung durch
die Gruppe (Vroom & Yetton, 1973, S. 13). Abhängig von situativ vorliegenden Kontext-
fahren, wie der Strukturiertheit des Ausgangsproblems, Verfügbarkeit von relevanten Informationen, Relevanz der Entscheidungsakzeptanz durch Mitarbeiter, aber auch Zeitdruck und Kompetenz der Beschäftigten (Vroom & Jago, 1978), eignet sich partizipative
Entscheidungsfindung für Führungskräfte mehr oder weniger gut, d. h. sie führt zu besseren oder schlechteren Ergebnissen. Insbesondere wenn die Akzeptanz der getroffenen Entscheidungen durch Mitarbeiter wichtig ist, sollen aus Sicht der Autoren partizipative Stile
bevorzugt werden.

Beide Führungsstilkonzepte teilen eine ziemlich eingeschränkte Auffassung von Partizipation: Es geht allein um Partizipation bei der Entscheidungsfindung, die immer von der

Führungskraft ausgeht und als eine von der Führungskraft gewährte (oder nicht gewährte) Option für Mitarbeiter gesehen wird. Somit ist partizipative Führung hier als eines der Führungsmittel aus dem „Instrumentenkoffer" zu verstehen, auf das eine Führungskraft je nach Umständen zurückgreifen kann, soll oder nicht. Bemerkenswert ist, dass in beiden Modellen der Zeitdruck als jener Umstand gilt, der die Wahl einer führerzentrierten, „starken" Führung rechtfertigt.

Im deutschen Kontext ist das Konzept der kooperativen Führung nach Wunderer und Grunwald (1980) als eine wichtige Vorentwicklung zur partizipativen und geteilten Führung zu nennen. Ausgehend von der erläuterten angloamerikanischen Führungsstilforschung galt seit den 1970er-Jahren ein besonderes Interesse den demokratischen oder partizipativen Führungsstilen. Auch Erkenntnisse aus Forschungen zum Wertewandel und seiner Konsequenzen für die Organisationen sowie der sich abzeichnende Wandel in der Technologie und den Arbeitsstrukturen spielten eine wichtige Rolle bei der Entstehung und Verbreitung des Konzeptes (vgl. Wunderer 1995, S. 1369 ff.). Seidel (1978) sowie Wunderer mit Grunwald (1980) haben zwei Hauptdimensionen einer kooperativen Führung herausgearbeitet:

- Machtdimension der Führung (Teilhabe): die Beteiligung der Mitarbeiter am Entscheidungsprozess und
- Prosoziale Dimension der Führung (Teilnahme): die partnerschaftlichen bzw. gruppenbezogenen interpersonellen Arbeits- und Führungsbeziehungen (pro-soziale Dimension).

Wunderer und Grunwald (1980) definierten darauf aufbauend kooperative Führung als „zielorientierte Einflussnahme zur Erfüllung gemeinsamer Aufgaben in/mit einer strukturierten Arbeitssituation unter wechselseitiger, tendenziell symmetrischer Einflussausübung und konsensfähiger Gestaltung der Arbeits- und Sozialbeziehungen" (Wunderer & Grundwald, 1980, S. 17). Die Verfasser entwickeln eine Anzahl von Merkmalen, die das Modell der kooperativen Führung charakterisieren:

- Gemeinsame Einflussausübung durch Gruppenmitglieder,
- Sachautorität, bei der jeweils der fachlich kompetente den (Teil-)Prozess führt,
- Multilaterale Informations- und Kommunikationsbeziehungen innerhalb der Gruppe,
- Konfliktregelung durch Aushandeln und Verhandeln,
- Gruppenorientierung statt individueller Orientierung in der Führung,
- Vertrauen statt Kontrolle als zentrales Steuerungsmedium,
- Bedürfnisbefriedigung der Mitarbeiter und der Vorgesetzten als anzustrebendes individuelles Ziel,
- Ziel- und Leistungsorientierung als anzustrebendes Organisationsziel,
- Ständige bedürfnisorientierte Personal- und Organisationsentwicklung (Wunderer & Grunwald, 1980, S. 99 f.).

Wunderer und Grunwald betonen dabei, dass es sich beim Modell der kooperativen Führung um einen Idealtyp handelt, der angestrebt werden kann, aber kaum zu erreichen sein dürfte. Die Nutzung des Modells in der Praxis erfordert in jedem Fall bestimmte personelle Voraussetzungen. „Die Analyse von Gruppen- und Interaktionsprozessen zeigt, dass z. B. die bei kooperativer Führung erforderliche tendenziell symmetrische Partizipation nur bei wechselseitiger fachlicher und personeller Akzeptanz, gegenseitigem Vertrauen und dem gemeinsamen Willen zur Zusammenarbeit praktiziert werden kann" (Wunderer, 1995, S. 1376 f.). Da diese Hürde für viele Organisationen und Führungskontexte sehr hoch war, konstatiert Wunderer in den 1990er-Jahren einen Wandel: vom normativ-ethischen Idealstil kooperativer Führung zum praktisch-normativen Stil der situativ-kooperativen Führung (Wunderer, 1995, S. 1380). Weitere Kontextfaktoren, wie die zusätzlich erforderliche Unternehmenskultur, werden als wichtige Faktoren herausgestellt. Das Konzept wird oft in Verbindung mit dem als notwendig erachteten Übergang zu einer Vertrauenskultur gesehen.

### 6.2.3  Geteilte Führung

Das Konzept der geteilten Führung geht im Wesentlichen auf die Arbeiten von Pearce und Sims (2000, 2002) sowie Pearce und Conger (2003) zurück. Bereits 2000 entwickeln Pearce und Sims den Forschungsrahmen der geteilten Führung (en. *shared leadership*) als eine „Mehrebenen-Theorie" der Führung. Sie unterscheiden zunächst vertikale und geteilte Führung und betonen die Verlagerung auf die Analyseebene von Führung vom Individuum auf die Gruppe. Neben den Führungseinflüssen z. T. durch unterschiedliche Führungspersonen in der Gruppe betonen sie zusätzliche Einflüsse etwa durch ein „Empowerment" aller Gruppenmitglieder (Pearce & Sims, 2000, vgl. auch Pearce & Sims, 2002; Pearce & Conger, 2003). Dieses Netzwerk verschiedener Einflüsse auf der Gruppenebene bildet den Kern geteilter Führung, worunter die Autoren einen „[…] dynamischen, interaktiven Einflussprozess zwischen Individuen in Gruppen mit dem Ziel der wechselseitigen Führung zur Erreichung von Gruppen- oder Organisationszielen oder beiden […]" verstehen (Pearce & Conger, 2003, S. 1). Inzwischen liegt eine Reihe von Ansätzen zur geteilten Führung vor. Die nachfolgende Zusammenstellung von Merkmalen geteilter Führung (Tab. 6.2) umreißt die wichtigsten Aspekte, aber auch Differenzen im Verständnis geteilter Führung.

Es wird deutlich, dass wechselseitige Einflussprozesse und die laterale Verteilung von Führung auf mehrere Teammitglieder den Kern geteilter Führung bilden. Der Analysefokus verlagert sich insgesamt vom Individuum auf die Gruppe bzw. das Team, zugleich aber wendet man sich weg von der „Führung einer Gruppe" hin zur „Führung durch eine Gruppe" (en. *leadership of team vs. leadership by a team*) (vgl. Avolio et al., 2003; Day et al., 2006). Mehra und Koautoren (2006) sowie Carson und andere (2007) heben den Emergenzcharakter geteilter Führung hervor. Die Rolle der formalen Führungskräfte im Kontext geteilter Führung bleibt jedoch ambivalent: während einige Autoren weiterhin

**Tab. 6.2** Kernmerkmale ausgewählter Definitionen geteilter Führung

| Vertreter | Merkmale der Definition |
|---|---|
| Sivasubramaniam, Murry, Avolio und Jung (2002) | – Gegenseitiger Einfluss von Mitgliedern in einem Team<br>– Bewertung der Gruppenmitglieder, deren Einfluss im Gegensatz zum Individuum innerhalb oder außerhalb der Gruppe |
| Pearce und Conger (2003)<br>Pearce, Manz und Sims (2009) | – Dynamischer, interaktiver Einflussprozess zwischen Individuen einer Gruppe<br>– Führung, Macht und Einfluss sind breit verteilt auf mehrere Individuen anstelle einer Zentralisierung auf eine Person |
| Mehra, Smith, Dixon und Robertson (2006)<br>Die Verfasser sprechen zwar von verteilter Führung (en. *distributive leadership*), verwenden den Begriff aber synonym mit geteilter Führung (en. *shared leadership*)) | – Führungsfunktion ist in der Gruppe in unterschiedlichem Maß auf verschiedene Gruppenmitglieder verteilt<br>– Diese sind formell ernannt und/oder informell aufgestiegen |
| Carson, Tesluk und Marrone (2007) | – Emergente Gruppeneigenschaft ist Ergebnis der Verteilung des Führungseinflusses zwischen verschiedenen Gruppenmitgliedern |
| Shondrick, Dinh und Lord (2010) | – Dynamischer entindividualisierter Prozess innerhalb einer Gruppe oder Organisation<br>– Führung in Abhängigkeit von Expertise, Aufgabenbedarf und Zeit auf Individuen verteilt<br>– Erfordert Kooperation und Vertrauen sowie eine ausgeprägte kollektive und Beziehungsidentität |
| Denis, Langley und Sergi (2012) | – Kombinierter gegenseitiger Einfluss von multiplen Führenden in spezifischen Situationen einer Organisation |
| Dust und Ziegert (2016) | – Führungsrollen werden von mehr als einem Mitglied einer organisationalen Abteilung übernommen<br>– Das Ziel ist die Beeinflussung anderer Mitglieder zur Erreichung des gemeinsamen Ziels<br>– Mögliche Konstellationen der geteilten Führung erstrecken sich über verschiedene Formate: zwischen einer kompletten Überlappung von Führungsrollen unter den Mitgliedern bis hin zu einer strikten Abgrenzung von Führungsrollen zwischen den Mitgliedern |

Quelle: Eigene Zusammenstellung unter Nutzung von Sivasubramaniam et al. (2002), Pearce und Conger (2003), Pearce et al. (2009), Mehra et al. (2006), Carson et al. (2007), Schondrick et al. (2010), Dennis et al. (2012), Dust und Ziegert (2016)

von der sogenannten vertikalen Führung ausgehen, die durch andere Teammitglieder ergänzt wird (z. B. Cox et al., 2003), entwickeln andere Forscher Modelle für geteilte Führung, in denen auf formale Führungskräfte gänzlich verzichtet wird (z. B. Seers et al., 2003). Dust und Ziegert (2016) gehen in ihrer Literaturübersicht der Frage nach, inwiefern die konkrete Konfiguration der geteilten Führung (z. B. zwei Führende oder mehr, untereinander abhängige oder unabhängige Führende) mit dem Teamerfolg korrespondiert. Sie entwickeln einen Kontingenzansatz, dem zufolge die erfolgsversprechende Art der geteilten Führung von einigen Situationsbedingungen innerhalb des Teams abhängt, wie z. B. der Umweltkomplexität, Komplexität der Aufgabe oder dem Zeit- und Entscheidungsdruck. Beispielsweise sind bei einer komplexen und dringenden Aufgabe Multi-Führungsmodelle, bei denen Mitarbeiter bereit sind, verschiedene Führungsrollen zu übernehmen, effektiver im Vergleich zu Zweier-Führungsmodellen, weil hier Diversität mehr Nutzen stiftet als dass sie Zusatzaufwand verursacht.

Obwohl geteilte (en. *shared*) und verteilte (en. *distributed*) Führung im englischsprachigen Raum zumindest teilweise synonym verwendet werden, was eine Trennung beider Ansätze erschwert bzw. zu einem überaus prekären Unterfangen macht, zeichnet sich geteilte Führung dadurch aus, dass die weiteren Einflüsse außerhalb der Gruppe oder des Teams nur sehr selten thematisiert werden (z. B. bei Sivasubramaniam et al., 2002), im Unterschied zur verteilten Führung, bei der der weitere Kontext, wie die Gesamtsituation und die organisationalen Gegebenheiten, viel eingehender diskutiert wird. Zugleich wird bei der verteilten Führung auch immer und weiterhin auf die Rolle der Führungspersonen verwiesen (en. *leader plus*). In diesem Lehrbuch folgen wir der Auffassung von Fitzsimons und Kollegen (2011, S. 319), die die Einbeziehung des breiteren, auch soziomateriellen Kontextes als das wesentliche Merkmal der verteilten Führung erachten (s. Kap. 7 im Buch zur verteilten Führung).

Eine wichtige Diskussion im Rahmen der geteilten Führung gilt dem Entstehen und der Ausprägung geteilter Führung. Nach Pearce und Sims (2000, S. 126) hängen diese von verschiedenen Rahmenbedingungen ab, vor allem von den Gruppenmerkmalen, wie Größe, Diversität, Fähigkeiten und Strategie, oder Aufgabenmerkmalen, wie Komplexität, Kreativität und Dringlichkeit der Aufgaben, sowie Merkmalen der (Gruppen-)Umwelt, wie kulturelles System, Belohnungssystem und Unterstützungssystem. Shondrick und Kollegen (2010) weisen zusätzlich auf den Einfluss und die Notwendigkeit kollektiver mentaler Modelle für eine geteilte Führung hin.

In ihrem Übersichtmodell zur Einbindung von Mitarbeitern in organisationale Führungsprozesse verknüpfen Wegge et al. (2010) die geteilte Führung in Teams mit der partizipativen Führung sowie mit institutionalisierten Mustern organisationaler Demokratie. Auf diese Weise stellen die Autoren einen Bezug zwischen der individuellen Ebene der Partizipation, der Gruppenebene und der Organisation her. Aus Sicht einer geteilten Führung in Gruppen werden damit wichtige ergänzende und unterstützende Rahmenbedingungen genannt, die durchaus unterschiedliche Wirkungen auf das Niveau und die konkrete Ausgestaltung von geteilter Führung in Gruppen haben, wie z. B. eine institutionalisierte Demokratie in Organisationen in Form von Mitarbeitervertretungen, aber auch nationale Werte, wie kulturell akzeptierte Machtunterschiede (vgl. u. a. Hofstede, 1991; Whitley, 1999; Muethel & Hoegl, 2010).

Intensiv besprochen werden zudem Folgen geteilter Führung in Organisationen. In ihrem konzeptionellen Rahmen erwarten Pearce und Sims (2000, S. 126) eine Reihe von positiven Effekten auf der Gruppenebene wie Effektivität, Gruppenverhalten, (Leistungs-) Potenzial, Zufriedenheit, Verbundenheit und Zusammenhalt in der Gruppe. Zahlreiche weitere, überwiegend positive Folgen in Organisationen werden in Zusammenhang mit geteilter Führung thematisiert. So nehmen Pearce und Kollegen (2008) an, dass geteilte Führung gar vor der organisationalen Korruption schützen könnte, da hier die Führungskräfte in Unternehmen eine kollektive Kontrolle über die jeweiligen Entscheidungen ausüben und damit die Korrumpierungsprozesse unterminieren.

Ein spezifisches Ergebnis von, aber auch eine Voraussetzung für geteilte Führung stellt dabei die Führungsfähigkeit der Gruppe (en. *team leadership capacity*) dar. Day, Gronn und Sales (2004, S. 876) verstehen darunter eine Ressource, die sich aus drei Bereichen entwickelt: dem individuellen Humankapital (Wissen, Fertigkeiten, Fähigkeiten) einschließlich Führungsressourcen formeller und informeller Führer, der Gruppenarbeit und den Lernprozessen in der Gruppe. Carson, Tesluk und Marrone (2007, S. 1218) sehen darin offenbar den Kern von geteilter Führung, während Fletcher und Käufer (2003) emotional-kognitive Aspekte einer kollektiven Identität als Grundlage der geteilten Führung hervorheben. Shondrick, Dinh und Lord (2010) nehmen diesen Gedanken im Sinne impliziter Führungstheorien und Führungswahrnehmungen auf, verweisen aber mit Blick auf den raschen temporären Wandel der Führung(skräfte) in Prozessen geteilter Führung auf kognitive und emotionale Grenzen der Veränderung und Anpassung der impliziten Führungstheorien (en. *cognitive inertia*). Im Ergebnis können einmal etablierte Führungsvorstellungen die weitere Einführung und Weiterentwicklung geteilter Führung ebenfalls begrenzen. Als einen Lösungsansatz sehen die Autoren eine stärkere Betonung der kollektiven impliziten Führungstheorien im Sinne von Verhaltensskripten und Zielvorstellungen statt Führereigenschaften (Shondrick et al., 2010, S. 972). Die Entstehung solcher kollektiver Vorstellungen von Führung und einer kollektiven Identität setzt nach Fletcher und Käufer (2003, S. 38 f.) einen Lern- und Entwicklungsprozess voraus, der über mehrere Stufen zu einer höheren Interaktions- und Beziehungsqualität und einem ausgeprägten Lerndialog in der Gruppe führen soll. Geteilte Führung setzen sie mit einem konstruktiven oder generativen Dialog (en. *generative dialogue*) gleich, der mit einer hohen Interaktions- und Beziehungsqualität verbunden ist. Darunter fassen sie Merkmale wie

- ein gemeinsames Verständnis von Zielen und Aufgaben als sich entwickelnde Basis der Kommunikation,
- eine gemeinsame Verantwortlichkeit der Gruppe für den Prozess und die Entwicklung der eigenen Kooperationsfähigkeiten,
- ein hohes Maß an wechselseitigem Vertrauen,
- über das Eigeninteresse hinausgehendes Engagement,
- gemeinsame Erforschung neuer Lösungen und Denkweisen durch die Gruppe,
- reibungslose einfache Koordination der Aufgaben und Prozesse auf Basis gemeinsamer Annahmen.

Einen weiteren Diskussionszweig im Rahmen der geteilten Führung bilden die Betrachtungen konkreter betriebswirtschaftlicher Kontexte. Zu dem am stärksten beachteten Kontext für geteilte Führung gehört die Unternehmensleitung oder die sogenannten

Top-Management-Teams (TMT). Alvarez und Svejenova (2005) betrachten Vorstände als Beispiel für geteilte Führung. Die ambivalenten Forderungen an Unternehmen und daraus resultierende Dilemmas lassen sich aus Sicht der Autorinnen am besten bewältigen, wenn die Unternehmensleitung aus einigen Personen besteht, die untereinander die Funktionen, aber auch die Führung des Unternehmens aufteilen, wie die kaufmännische und technische Leitung, CEO und CFO. Vor dem Hintergrund von digitalen Innovationen thematisiert Maniscalco (2020) die sogenannte Paar-Führung (en. *couple leadership*), bei der Führung von digitalen Innovationsprojekten unter zwei Personen aufgeteilt werden, meist nach dem Modell: die eine Person ist verantwortlich für Ideen und Strategie, die andere für das Operative und die „Zahlen". In Bezug auf die geteilte Führung in TMT werden neben den möglichen konkreten Konstellationen der Führungsteilung, wie z. B. (formale oder informelle) Gleichberechtigung aller TMT-Mitglieder (Ensley et al., 2006) vs. Machtkonzentration durch Vorsitzende des TMT-Teams, vor allem die Vorzüge der geteilten Führung für die Unternehmensleitung diskutiert. Grundsätzlich wird davon ausgegangen, dass die Komplexität der Unternehmensführung mehrere Individuen mit verschiedenen Fähigkeiten und Wissen erfordert. Zudem wird eine höhere Entscheidungsqualität, bessere Kommunikation und Zusammenarbeit in der Unternehmensleitung sowie eine bessere Berücksichtigung von den einzelnen Ressortinteressen angeführt (Wood & Fields, 2007; Carmeli, 2008; Carmeli et al., 2011). Auch fördere geteilte Führung in TMT die Ambidextriefähigkeit eines Unternehmens (z. B. Chen & Zhiying, 2018). Insbesondere den neu gegründeten Firmen sollen diese Vorteile der geteilten strategischen Führung gegenüber einer konventionellen Führung zugutekommen (Pittino et al., 2018).

Im Sinne einer weiteren kontextbezogenen Analyse der geteilten Führung legen Sweeney und Kollegen (2019) eine Literaturübersicht zur geteilten Führung im privatwirtschaftlichen Sektor vor. Angesichts dessen, dass sich die Studien zur verteilten Führung oft auf die Schulen, also überwiegend auf den öffentlichen Sektor beziehen (s. Kap. 7 im Buch), vergleichen die Autoren in ihrer Übersicht die bisherigen Befunde zur geteilten Führung aus dem privatwirtschaftlichen und dem gemeinwirtschaftlichen Sektor und zeigen die bestehenden Forschungsdefizite auf.

Fletcher und Käufer (2003) thematisieren mehrere Paradoxien geteilter Führung. Während die in den hierarchischen Organisationen sozialisierten Führungskräfte im Zuge der geteilten Führung angehalten werden, eine hierarchiefreie Organisation zu entwickeln, entstehen widersprüchliche Anforderungen an die betroffenen Führungskräfte und auch an Mitarbeiter. Des Weiteren erschweren es sprachliche Defizite, Führung in alternativen Kategorien zu beschreiben, wenn die Sprache sich aus den jahrhundertelangen Erfahrungen einer hierarchischen Ordnung oder eines Führungsverhaltens speist, welches auf Gehorsam pocht. Die Verhaltensweisen, die diesen Vorstellungen nicht entsprechen, werden nur schwer in Verbindung zu Führung gebracht. So werden weibliche Führungskräfte, die nicht befehlen, sondern beraten, gern als „nett", nicht aber als „gute Führungskräfte" beschrieben. Offenbar verlangt eine neue soziale Praxis geteilter Führung auch eine neue oder zumindest geänderte Sprache bzw. Sprachkategorien. Eine weitere Paradoxie in Bezug auf die geteilte Führung resultiert aus dem Konflikt zwischen geteilter Führung und anderen Praktiken in den weiterhin stark individualisierten Wirtschaftsorganisationen. So nennen die Autoren beispielsweise den Umstand, dass die Arbeitsstellen ausschließlich nach individuellen Leistungen der Kandidaten besetzt werden, wohingegen die geteilte Führung eher eine kollektive Leistung darstellt und voraussetzt. Daraus ergeben sich nicht nur gänzlich verschiedene Anforderungen an einzelne Individuen, sondern möglicherweise auch Kollisionen von traditionellen Bewertungskriterien innerhalb von Wirtschaftsunternehmen.

## 6.2.4    Kollektive Führung

Einer der aktivsten Vertreter im Bereich der kollektiven Führung ist der amerikanische Forscher Joseph Raelin. Seit inzwischen zwei Jahrzehnten popularisiert er dieses Thema. Zu Beginn hat Raelin ein Konzept zur kollaborierenden bzw. zusammenarbeitenden Führung (en. *collaborative leadership*) vorgelegt (Raelin, 2006). Später wählt er den Begriff der kollektiven Führung (en. *collective leadership*) (Raelin, 2017), zuletzt schlägt er die demokratische Führung (en. *democratic leadership*) (Raelin, 2020) vor. Das geht auch mit einem Wandel der theoretischen Einbettung dieser Ansätze einher: Während die kollaborierende Führung in paradigmatischer Hinsicht stark funktionalistisch geprägt ist und auf den betrieblichen Nutzen der kollaborierenden Führung abstellt, werden die kollektive und demokratische Führung explizit in der praxiorientierten Theorie eingebettet, d.h. es findet eine Abkehr von funktionalistischen Anleihen statt. Grundsätzlich bemüht sich Raelin weniger um die Etablierung eines Führungskonzeptes als vielmehr um die Gründung einer neuen Sicht auf die Führung, die er in den neuesten Arbeiten als praxisbezogene Führungsperspektive (en. *leadership-as-practice*) fasst (Raelin, 2016, 2017). Anstatt Führung als eine Tätigkeit aufzufassen, die von der Person einer Führungskraft ausgeht, vertritt der Autor eine pluralistische Auffassung der Führung als eines kollektiven Prozesses, in dem zahlreiche Akteure beteiligt sind und unentwegt die Rollen, Ressourcen, Zeit und Raum, soziomaterielle Aspekte sowie Realitätsauffassungen verhandeln (Raelin, 2018).

Laut Raelin (2006) zeichnet sich die zusammenarbeitende Führung durch einige Grundsätze aus. Dazu zählen ein urteilsfreier und offener Dialog, die Bereitschaft zum kritischen Austausch sowie die Überzeugung über die Innovationspotenziale eines solchen Austausches. Der Austausch beruhe auf einer Gegenseitigkeit und einer Wertschätzung jeglichem Beitrag gegenüber, unabhängig vom Status oder fachlicher Expertise der Beteiligten. Die Führung erfolgt dabei kollektiv in dem Sinne, dass mehrere Mitglieder einer Arbeitsgruppe als Führende tätig werden und dabei Macht und Einfluss untereinander teilen. Im Unterschied zur zusammenarbeitenden Führung hebt Raelin (2014) bei der demokratischen Führung hervor, dass diese nicht nur auf einem beitragsfördernden Dialog beruht und grundsätzlich einen Zugang zur Führung für alle Beteiligte ermöglicht, sondern auch eine nachhaltige Umschichtung der Machtverteilung in Organisationen (Raelin, 2014, S. 14) und somit die Aufhebung der hierarchischen Strukturen (Raelin, 2020) zum Ziel hat. Barthold und Kollegen (2020) vertreten eine weitaus radikalere Position und weisen im Unterschied zu Raelin auf die Bedeutung des Dissenses, der Disruption und des radikalen Streits hin. Während Raelin (2020) die Dialogorientierung betont, bilden aus Sicht von Barthold et al. (2020) Streit und Dissens eine tragende Säule der demokratischen Führung, weil nur damit bestehende organisationale Strukturen und Hierarchien hinterfragt und aufgebrochen werden können.

Einen wichtigen Meilenstein der kollektiven Führung stellt die Sonderausgabe der Zeitschrift „Human Relations" zu dem Thema im Jahr 2020 dar. In den enthaltenen Beiträgen werden wichtige konzeptionelle und methodologische Debatten geführt. So schlagen Ospina und Kollegen (2020) eine Übersicht verschiedener Ansätze zur kollektiven Führung vor, indem sie den Analyseschwerpunkt (Gruppe vs. System) mit der Auffassung der Kollektivität (als Führungstyp vs. als Führungsperspektive) kombinieren. In der resultierenden vier-Felder-Matrix ist zum einen geteilte Führung zu finden, welche jene Ansätze repräsentiert, die kollektive Führung als einen Führungstyp auffassen und diese in einer Gruppe verorten. Zum anderen wird hier verteilte Führung als kollektive Führung auf der Systemebene thematisiert (Ospina et al., 2020, S. 443). Unter den Ansätzen, die Kollektivität nicht als Führungstyp, sondern als Perspektive auf Führung erachten, ist die praxisbezogene und relationale Führung mit Fokus auf Gruppe aufgefasst wie auch kollektiv-konstruktionistische und diskursive Führung sowie Teile der kritischen Führungsansätze. Damit wird deutlich, wie heterogen das Konzept der kollektiven Führung ausfällt und wohl auch weiterhin bleibt.

Die methodologischen Überlegungen zur kollektiven Führung sind hingegen nahezu einheitlich. Die Frage, welches methodische Instrumentarium für die Erforschung der kollektiven Führung geeignet ist, wird mit Verweis auf besondere Relevanz von qualitativen, vor allem prozessorientierten Studien beantwortet (Fairhurst et al., 2020). Maupin et al. (2020) ergänzen die im Kontext der kollektiven Führung sinnvollen methodischen Zugänge um Diskursanalyse, relationale Ereignismodellierung (en. *relational event modeling*) und dynamische Netzwerkanalyse. Die Autoren argumentieren, dass diese Methoden im Gegensatz zu quantitativen Umfragen, die in den traditionellen Führungsstudien dominieren, ermöglichen, den Kontext, die Zeit und die verschiedenen Führungsebenen zu berücksichtigen. Zusammenfassend kann man schlussfolgern, dass ungeachtet früherer Vorläuferkonzepte kollektive Führung eine gegenwärtige Entwicklung in der Führungsforschung darstellt. Auch wenn diese Diskussion sich durch einen beachtlichen konzeptionellen Anspruch auszeichnet, ist gleichwohl zu vermerken, dass es den Forschenden leichter fällt, sich von den „traditionellen" Führungsabsätzen in paradigmatischer, konzeptioneller und methodologischer Hinsicht abzugrenzen als ein konsistentes Gesamtmodell zu entwickeln.

## 6.3 Empirische Studien und ausgewählte Befunde

Empirische Befunde zur **kooperativen Führung** in den 90er-Jahren zeigen, dass unter kooperativer Führung ein weites Spektrum an Verhaltens- und Interaktionsmustern verstanden wird. So sind z. B. 27 Prozent der Führungskräfte einer Untersuchung von Wunderer (1995) nach der Meinung, dass bereits die Frage nach der Meinung der Mitarbeiter kooperativ sei. Wechselseitige Unterstützung sehen immerhin 54 Prozent als Kern kooperativer Führung an. Die als kooperativ angesehenen Führungsstile reichen von beratend/konsultativ bis delegativ. Zugleich gibt es ein asymmetrisches Austauschverhältnis zwischen Geben und Nehmen, d. h. die Führungskräfte erwarten in der Regel mehr kooperative Führung als sie zu geben bereit sind. Die tatsächlichen Führungsstile werden von den Mitarbeitern weit weniger kooperativ beschrieben, sind häufig noch autoritär bzw. patriarchalisch und bleiben hinter den Mitarbeitererwartungen weit zurück (vgl. Wunderer, 1995, S. 1371 ff.).

Im Bereich **geteilter Führung** besteht kein Mangel an empirischen Studien. Diese erstrecken sich über zahlreiche Wirtschaftsbereiche: Gründung neuer Unternehmen (Ensley et al., 2006), Veränderungsmanagement (Pearce & Sims, 2002), Verkauf (Perry et al., 1999) oder Sportteams (Manz et al., 2013). Eine der hier diskutierten Fragen ist die Messung der geteilten Führung. Carson und Kollegen (2007) sowie Zhu und Kollegen (2018) liefern in ihren Studien auch jeweils eine Übersicht der Messmethoden. In der Regel wird geteilte Führung mit einer der drei Methoden ermittelt: (1) Fragebogen zur Teamführung (en. *team multifactor leadership questionnaire*), welcher auf die Erhebung der transformationalen Führung zurückgeht und hier auf der Ebene des Teams aggregiert wird, indem in den Items „mein Vorgesetzter" gegen „meine Teamkollegen" ersetzt wird (Avolio et al., 2003; Zhu et al., 2018, S. 840–841), (2) die Einschätzungen des Führungsverhaltens auf der Teamebene, bezogen auf unterschiedliche Führungsarten (direktive, transaktionale, transformationale und ermächtigende) (Carson et al., 2007, S. 1219) und (3) die Betrachtung der Führungskonfigurationen mit Hilfe der sozialen Netzwerkanalyse. Zhu und Kollegen (2018) unterscheiden nur zwei Messansätze der geteilten Führung, den aggregierten und den auf das soziale Netzwerk beruhenden (Erläuterungen und Itembeispiele können bei Zhu et al., 2018, S. 841 nachgelesen werden).

Inhaltlich befassen sich die empirischen Studien im Wesentlichen mit den Bedingungen, den Entstehungsprozessen sowie den Folgen und Wirkungen der geteilten Führung. Carson, Tesluk und Marrone (2007) untersuchen die Bedingungen der geteilten Führung und ihren Einfluss auf die Teamleistung in 59 studentischen Beratungsteams einer nordamerikanischen Universität. Die studentischen Teams, die aus durchschnittlich sechs Mitgliedern ohne einen expliziten Teamführer bestehen, führen Beratungsprojekte für Kunden durch. Die Ergebnisse zeigen, dass das Herausbilden der geteilten Führung in den untersuchten Teams im Wesentlichen durch vier Bedingungen begünstigt wird: ein gemeinsames Ziel, soziale Unterstützung, Mitsprache der Mitglieder und einen formalen

Ansprechpartner (en. *coach*) (Carson et al., 2007, S. 1227). Die Studie zeigt außerdem, dass zwischen der geteilten Führung und der Teamleistung, eingeschätzt durch die Kunden, ein positiver Zusammenhang besteht. Dass Vertrauen für die Herausbildung der geteilten Führung wichtig ist, belegt die Studie von Lyndon et al. (2020). Kukenberger und D'Innocenzo (2020) untersuchen insbesondere, inwiefern die Teamdiversität (funktionale und geschlechtliche) mit der geteilten Führung einhergeht. Dabei stellen sie fest, dass jegliche Form der Teamdiversität geteilte Führung fördert, sofern ein unterstützendes Arbeitsklima im Team vorherrscht. Ist dies nicht der Fall, so verhindert z. B. geschlechtliche Diversität die Herausbildung der geteilten Führung.

Eine Reihe der Studien betrachten die Entstehung der geteilten Führung in Unternehmen und Teams. Hiller und Kollegen (2006) untersuchen, was bei der geteilten Führung geteilt wird und stellen vier Bereiche der geteilten Führungsaufgaben fest: Planen und Organisieren, Problemlösen, soziale Unterstützung sowie Entwicklung und Mentoring. Eine Langzeitbetrachtung von 19 Teams legen Fransen und Kollegen (2018) vor. Obwohl alle Teams mit einer vertikalen Führungsstruktur (eine Führungskraft) starten, wird bereits über den Zeitraum von 24 Wochen eine erhebliche Führungsteilung erreicht. Dabei stellen die Autoren fest, dass insbesondere jene Teammitglieder an Einfluss gewinnen, die von den anderen zugleich als warmherzig und kompetent wahrgenommen werden. Lorinkova und Bartol (2021) bieten eine dynamische Betrachtung der geteilten Führung an, indem sie eine umgekehrte U-förmige Entstehungsdynamik der geteilten Führung voraussagen: zu Beginn und gegen Ende der Zusammenarbeit des Teams ist die geteilte Führung auf dem niedrigsten Niveau, in der Mitte auf dem höchsten. In ihrer empirischen Untersuchung bestätigen die Autorinnen das Modell und belegen zudem, dass diese Dynamik abhängig von der Teamgröße, der sozialen Unterstützung und der Vertrautheit zwischen den Teammitgliedern abhängt sowie eine enge Verbindung mit der Teamleistung aufweist. Wie geteilte Führung aus den Interaktionen, Verhandlungen und Konversationen hervorgeht, bei denen es sich nicht zuletzt auch um sinnbezogene Auseinandersetzungen handelt, zeigen Fox und Comeau-Vallée (2020) sowie Gadelshina (2020), zwei Beispiele für qualitative Forschung im Bereich geteilter Führung. Fox und Comeau-Vallée (2020) führen ihre Studie mit Hilfe von Beobachtungen und einer Analyse diskursiver Strukturen durch und Gadelshina (2020) basiert ihre Arbeit auf der Konversationsanalyse.

Die Folgen und Wirkungen der geteilten Führung werden in der empirischen Forschung überaus stark untersucht. Insbesondere steht der Teamerfolg im Fokus. Bereits Pearce und Sims (2002) analysieren Folgen der geteilten Führung, im Gegensatz zu herkömmlicher oder vertikaler Führung, im Hinblick auf den Teamerfolg, indem sie 71 Teams eines US-Fahrzeugherstellers befragen. Alle Teams mit einem formellen Führer bilden in unterschiedlichem Maße auch die geteilte Führung heraus. Die beteiligten Teammitglieder werden gebeten, das Führungsverhalten des formellen Teamführers als auch des Gesamtteams einzuschätzen. Die Ergebnisse der Regressionsanalyse zeigen, dass sowohl die vertikale als auch geteilte Führung eng mit der Effektivität der untersuchten Teams einhergeht, die geteilte Führung ist jedoch ein stärkerer Prädiktor der Teamleistung (Pearce & Sims, 2002, S. 183). Der Frage, inwiefern der Zusammenhang zwischen der geteilten Führung und der Teamleistung kein direkter, sondern ein moderierter ist, gehen Hoch, Pearce und Welzel (2010) in ihrer quantitativen Studie nach. Dabei stellt sich heraus, dass die Altersheterogenität der Teammitglieder als auch der Koordinationserfolg den Einfluss der geteilten Führung auf den Teamerfolg moderieren, indem beispielsweise altersheterogene Teams trotz gering ausgeprägter geteilter Führung gute Leistungen erbringen (Hoch et al., 2010, S. 112). Nicolaides und Kollegen (2014) arbeiten in ihrer Metaanalyse heraus, dass eine Reihe von Variablen entweder als Mediatoren (z. B. Teamzuversicht) oder Moderatoren (z. B. Aufgabeninterdependenz, Teamdauer, Art der Leistungsmessung) den Zusammenhang zwischen der geteilten Führung und dem Teamerfolg beeinflussen. Die Liste der Moderatoren zwischen der geteilten Führung und der Teamleistung ergänzen Sinha und Kollegen (2021) mit ihrer Studie um einen weiteren Aspekt: die Varianz der Machtbasen unter den Teammitgliedern. Darunter verstehen die Autoren eine größere Streuung der von den einzelnen Teammitgliedern ergriffenen Einflussoptionen, wie z. B. Informations-, Experten-, Identifikationsmacht. Ausgehend von den widersprüchlichen Aussagen zur geteilten Führung, denen zufolge geteilte Führung einerseits zu einem intensiven Austausch innerhalb des Teams beiträgt, andererseits aber auch die Konfliktwahrscheinlichkeit steigert, untersuchen die Autoren 70 Projektteams. Dabei stellen sie fest, dass eine hohe Diversität der Machtbasen innerhalb des Teams die Beziehungskonflikte mindert und die Teamleistung steigert.

Waldersee und Eagleson (2002) betrachten den Zusammenhang zwischen der geteilten Führung und dem Erfolg der Veränderungsprozesse. Konkret fokussieren sie sich auf die Aufteilung der Führungsfunktionen in Beziehungsorientierung und Aufgabenorientierung auf mehrere Führungspersonen aus unterschiedlichen Hierarchieebenen. Dabei untersuchen sie Veränderungsprojekte in 42 Hotels, wobei in 16 Hotels eine geteilte Führung festgestellt wird. Die Ergebnisse legen nahe, dass geteilte Führungsfunktionen die Durchführung der Veränderungen unterstützen, weil die Hotels, die geteilte Führung nutzen, erfolgreicher sind als die restlichen (Waldersee & Eagleson, 2002, S. 404). Aus einem gänzlich anderen Wirtschaftskontext legen Sanfuentes und Kollegen (2021) eine Studie vor, die die Relevanz von geteilter Führung für die Resilienz nahelegt. Die Autoren interviewen Überlebende des Bergbauunfalls in Chile, in dessen Folge sie 69 Tage untertage eingeschlossen waren. in diesem Krisenkontext der massiven Unsicherheit und Belastung stellen die Autoren heraus, dass durch geteilte Führung die Resilienzfähigkeit der betroffenen Bergbauarbeiter gestärkt werden konnte. Das geschah durch kollektive Selbstorganisation, Kooperation und gegenseitige Hilfe, welche sowohl für kollektive Sinnstiftung als auch emotionale Beherrschung sorgten.

Mehra, Smith, Dixon und Robertson (2006) wenden sich in ihrer empirischen Studie den Auswirkungen der geteilten Führung auf die Leistung und die Zufriedenheit der Teammitglieder zu. Obwohl die Autoren es verteilte Führung (en. *distributed leadership*) nennen, betrachten sie die Führung innerhalb der Teams, weswegen es sich aus unserer Sicht um eine Studie zur geteilten Führung handelt. Die Autoren untersuchen 28 Verkaufsteams eines nordamerikanischen Finanzdienstleisters auf Basis der Netzwerkanalyse, bei der alle Teammitglieder gebeten werden, jene Personen anzugeben, die sie als praktische Teamführer ansehen. In 16 der untersuchten Teams beobachten die Autoren geteilte Führung. Einen direkten Zusammenhang zwischen der geteilten Führung und der Teamleistung im Sinne von Umsatzzahlen und Zufriedenheit der Mitglieder können die Autoren jedoch nicht beobachten. Vielmehr stellt sich heraus, dass es auf die Art der Führungsteilung ankommt. Am besten schneiden in dieser Untersuchung jene Teams ab, die eine koordinierte Führungsteilung praktizieren, d. h., wenn die formellen und informellen Führende untereinander gut kooperierten.

Eine weitere Folge der geteilten Führung, die in den empirischen Studien Berücksichtigung fand, stellt die Kreativität des Teams oder der Teammitglieder dar. He und Kollegen (2020) stellen in ihrer experimentellen Untersuchung fest, dass geteilte Führung sowohl die individuelle Kreativität der Teammitglieder als auch die Teamkreativität steigert. Liang und Kollegen (2020) ergänzen diese Ergebnisse um eine Untersuchung aus China, die zeigen, dass der Effekt der geteilten Führung auf individuelle Kreativität durch den individuellen Wert in Machtdistanz moderiert und durch den erlebten Arbeitssinn mediiert wird. Konkret bedeutet es, dass Arbeitnehmer mit einem niedrigen Machtdistanzwert ihre Kreativität unter der geteilten Führung besser entfalten als jene, deren Machtdistanzwert hoch ist. Mitchell und Boyle (2021) befassen sich mit der Frage, inwiefern die geteilte Führung die Innovativität von Teams, eingeschätzt durch Vorgesetzte, unterstützt. Auch hier kritisieren die Autoren den oftmals angenommenen linearen Zusammenhang und heben die moderierende Wirkung der beruflichen Identifizierung hervor. Die Ergebnisse der Studie aus dem Bereich der Krankenpflege belegen den moderierenden Einfluss der beruflichen Identifizierung, d.h. des Berufs als Identifikationskriterium für Teammitglieder: In den Teams mit einer niedrig ausgeprägten beruflichen Identifizierung hat die geteilte Führung die Innovativität der Teams gehemmt. Und umgekehrt: In Teams mit einer hoch ausgeprägten beruflichen Identifizierung konnte durch geteilte Führung hohe Innovationspotenziale entfacht werden. Geteilte Führung als eine Voraussetzung der arbeitnehmerinitiierten Innovationen betrachten auch Flocco und Kolleginnen (2020). In den durchgeführten Fallstudienanalysen zu arbeitnehmerinitiierten Innovationen befassen sich die Autorinnen insbesondere mit den Dynamiken zwischen der formalen und informellen Führung und unterscheiden zwischen der Prozess- und der Inhaltsführerschaft, die beide in den Teams zur Unterstützung von Innovationen entstehen sollen.

Die empirischen Untersuchungen zur **kollektiven Führung** sind bislang noch nicht zahlreich. Im Unterschied zur Forschung im Bereich der geteilten Führung, in der quantitative Studien dominieren, zeichnen sich die Arbeiten zur kollektiven Führung durch eine explizit auf qualitative Forschung ausgerichtete methodische Vorgehensweise aus. Gibeau und Kollegen (2020) untersuchen mit Hilfe von ethnografischen Methoden, inwiefern in den Führungsdyaden, die sie als ein mögliches Format der kollektiven Führung betrachten, die Zusammenführung verschiedener institutioneller Logiken möglich ist. Die in verschiedenen Krankenhäusern durchgeführte Analyse von Führungsdyaden von Medizinern und Managern ergab sechs Konstellationen; nur in einer gelingt es, die Grenzen der beiden institutionellen Logiken zu überwinden, wobei in den anderen Konstellationen eine Assimilation der einen Logik durch andere stattfindet (Gibeau et al., 2020, S. 47). Die Autoren schlussfolgern daraus, dass eine der Herausforderungen kollektiver Führung darin besteht, ungeachtet der harmonischen Arbeitsbeziehungen Spannungen aufrechtzuerhalten und diese fruchtbar zu nutzen. Eine ethnografische 30 Jahre umfassende Längsschnittbetrachtung nimmt Quick (2017) vor. Hier arbeitet die Autorin den Wandel von einer individualistischen hin zu einer kollektiven Führung im Rahmen einer Fallstudie im Bereich der Städteökologie in den USA auf. Dabei kann sie sowohl die Entstehung der kollektiven Führung nachzeichnen als auch deren Wirkungen. Spiller und Kollegen (2020) eruieren verschiedene Elemente der kollektiven Führung im Weltbild der Maori, das z. B. eine enge Verbindung zwischen den Generationen beinhaltet oder ein Dasein „eine(r) unter anderen", auch unabhängig von der Position (Spiller et al., 2020, S. 522). Auf diese Weise erinnern die Autoren daran, dass kollektive Führung mitnichten ein aktuelles Phänomen ist, sondern stark mit manchen indigenen oder auch archaischen, nur historisch überlieferten Auffassungen der Menschenführung und des Zusammenlebens korrespondiert.

## 6.4    Anwendungsfelder in der Managementpraxis

Obwohl viele Fragen der geteilten Führung nach wie vor offen sind und einer empirischen wie theoretisch-konzeptionellen Klärung bedürfen, gibt es in der oft recht normativen Literatur zahlreiche Hinweise zur Gestaltung und Umsetzung von solchen Modellen. Zum Beispiel empfehlen Carson, Tesluk und Marrone (2007, S. 1229),

- entsprechende Erwartungen zu formulieren und Mitglieder zu ermutigen, gemeinsame, geteilte Führungsmodelle anzuwenden,
- die erforderlichen Rahmenbedingungen in der Umwelt der Teams zu schaffen, wie geteilte Zwecke, Möglichkeiten sozialer Unterstützung und Mitsprache etc.,
- Coaching der Teams anzubieten, um die Entwicklung des Führungsmodells zu unterstützen.

Die Ideen zur Macht- und Führungsteilung schlagen sich unter anderem in dem praxisnahen Empowerment-Konzept als teilhabe- und teilnahmeorientierte Gestaltungslösung nieder. Unter Empowerment wird allgemein die Ermächtigung bestimmter Gruppen zur Beteiligung und Mitwirkung an Entscheidungs- und Gestaltungsprozessen verstanden. Das Empowerment-Konzept geht dabei auf unterschiedliche, vor allem emanzipatorische gesellschaftspolitische Bewegungen, wie Community Action-Programme in den USA, die feministische Bewegung und die Selbsthilfe-Bewegung, aber auch die Alphabetisierungs-kampagnen zurück (vgl. z. B. Solomon, 1976; Berger & Neuhaus, 1977; Rappaport, 1981). Im Kontext der Führung wird darunter Machtteilung, Delegation und Dezentralisierung von Entscheidungs- und Gestaltungsbefugnissen verstanden. Allerdings handelt es sich beim Empowerment um ein vielschichtiges Konzept. Wall und Kollegen (2004, S. 2) unterscheiden in ihrer Studie vier verschiedene Betrachtungsperspektiven auf Empowerment, die jeweils andere Schwerpunkte des Empowerment hervorheben:

- Rollenempowerment: Darunter wird die Delegation der Zuständigkeiten an Mitarbeiter zwecks autonomer Erfüllung von ihren primären Aufgaben verstanden;
- Organisationales Empowerment: Es fokussiert vor allem auf die Mitarbeiterbeteiligung bei den Unternehmensentscheidungen, sei es in direkter oder repräsentativer Art;
- Psychologisches Empowerment: Hier wird auf die subjektive individuelle Wahrnehmung der Selbstwirksamkeit und eigener Kompetenzen seitens der Mitarbeiter abgestellt (zu den prominentesten Vertretern dieser Sichtweise kann das Empowerment-Konzept nach Spreitzer (1995, 1996) gezählt werden);
- Eingebettetes Empowerment: Hierbei wird die Bedeutung des Empowerments für die Gesamtstrategie des Unternehmens hervorgehoben, insbesondere hinsichtlich seiner angenommenen Wirkungen auf Mitarbeiter, wie z. B. gesteigerte intrinsische Aufgabenmotivation (Thomas & Velthouse, 1990).

In allen vier Betrachtungsperspektiven spielt Führung und das Verhalten der Führungskräfte gegenüber den zu „ermächtigenden" Mitarbeitern eine wichtige Rolle. Houghton und Yoho (2005) schlagen den Begriff der ermächtigenden Führung (en. *empowering leaderhip*) vor, um das empowerment-unterstützende Führungsverhalten zu beschreiben. Die ermächtigende Führung beinhaltet aus Sicht der Autoren die Unterstützung des Selbsteinflusses bei Geführten und stellt eine Abkehr zur hierarchischen Einflussausübung (Houghton & Yoho, 2005, S. 69) dar. Im Wesentlichen handelt es sich dabei um Führung zur Selbstführung von Mitarbeitern. Kim und Kollegen (2018) bieten eine metaanalytische Übersicht über die Wirkungen der ermächtigenden Führung auf Beschäftigte, darunter insbesondere eine verbesserte Einstellung zu den Vorgesetzten. Yukl (2013, S. 139) stellt die fördernden und die hemmenden Bedingungen für Empowerment zusammen. Daraus wird deutlich, dass im kulturellen Kontext vor allem Organisationen in Ländern mit hohen Machtunterschieden besondere Schwierigkeiten haben würden, die notwendige Machteilung und Dezentralisierung von Aufgaben, Verantwortlichkeiten und Informationen umzusetzen. Bei der Konzeptimplementierung sind auf der Seite der Führungskräfte solche Faktoren, wie Kontroll- und Machtverlust, Furcht vor Anarchie, persönliche Unsicherheit und mangelnde Fähigkeiten im Umgang mit nichtdirektivem Führungsverhalten, wichtig. Auf Seiten der Mitarbeiter können schlechte Erfahrungen aus der Vergangenheit, Furcht vor zu viel Macht und Verantwortung sowie Angst vor Statusverlust eine Herausforderung darstellen.

Einige Autoren haben sich mit der Frage befasst, wie geteilte oder kollektive Führung erlernt werden kann und welche Maßnahmen der Personalentwicklung hierzu sinnvoll wären. Gunter und andere (2017) beschreiben ein Training mit Pferden als ein geeignetes Lernformat, um geteilte Führung besser kennenzulernen, weil Pferde in ihrer Herde ebenfalls geteilt führend agieren würden. Raelin (2021) schlägt das praxisnahe Lernen (en. *action learning*) in Teams als ein denkbares Lernkonzept für kollektive Führung vor. Dabei lernen die Teilnehmer in ihrem Arbeitsalltag, indem die anderen Teammitglieder ihnen Rückmeldung geben, Reflexion ermöglichen und sie unterstützen.

Eine weitere praxisbezogene Beachtung erfährt die geteilte Führung in der aktuellen Diskussion um die organisationale Agilität. Den Organisations- und Managementideen wird in der Agilitätsdebatte eine maßgebliche Wirkung zugeschrieben, auch der Führung nach agilen Prinzipien kommt dabei eine große Bedeutung zu. Insbesondere das von Hofert (2018) propagierte Konzept der agilen Führung enthält neben den Referenzen zur „dienenden Führung" (Hofert, 2018, S. 51) auch viele Anleihen der geteilten Führung, allerdings ohne dies zu explizieren oder zu reflektieren (vgl. Rybnikova & Lang, 2020). Im Fokus steht dabei die Selbstorganisation von Teams, für deren Ermöglichung und Unterstützung sowie Zusammenarbeit innerhalb eines Teams Führungskräfte verantwortlich seien. Gleichwohl wird Führung als entkoppelt von einer Person angesehen, so dass mehrere Teammitglieder Führungsaufgaben erledigen, indem sie die entsprechenden Rollen meist vorübergehend übernehmen oder vom Team aufgetragen bekommen (Hofert, 2018, S. 51).

## 6.5    Grenzen, Kritik und Perspektiven

Die im vorliegenden Kapitel beleuchteten Theorieansätze der partizipativen und geteilten Führung markieren eine wichtige Richtung der Weiterentwicklung und Überwindung klassischer hierarchischer und führerzentrierter Theoriekonzepte. Auf der theoretisch-konzeptionellen Ebene thematisieren sie die theoretisch wie praktisch notwendige Überwindung individualistischer Führungsansätze und betrachten Führung explizit als ein Gruppenphänomen. Zugleich verlagern sie den Fokus der Analyse auf die Führungsbeziehung und den Führungsprozess innerhalb eines Teams. Hier liegen ohne Frage die positiv zu würdigenden Aspekte der Konzeption. Insgesamt handelt es sich bei der geteilten Führung also um ein Führungsphänomen und zum Teil auch um ein normatives Führungskonzept, das in der Führungspraxis zunehmend Beachtung findet. Da moderne Organisationen komplexen Aufgabenstellungen unterworfen sind und dabei gestiegene Arbeitsanforderungen in flachen Hierarchien bewältigen müssen, lässt sich ein wachsender Bedarf an entsprechenden Führungsansätzen auch aus der veränderten Führungssituation ableiten.

Allerdings zeigen sich nach fast 20 Jahren Theorieentwicklung und empirischer Forschung auch eine Anzahl von konzeptionellen Schwächen und empirischen Defiziten. Die Vertreter des Ansatzes der geteilten Führung betonen selbst, dass die Verbindung der Ebenen Individuum, Gruppe und ggf. Organisation nicht überzeugend gelungen ist (vgl. z. B. Crevani et al., 2007). Der Ansatz verbleibt oft bei exponierten individuellen Akteuren innerhalb der Gruppe und damit der „Führung **von** Gruppen". Obwohl es dabei um informelle und emergente Einflussprozesse geht, erfolgt bei der geteilten Führung die Berücksichtigung der Macht- oder der Herrschaftsdimension noch ungenügend. Eine Verknüpfung der geteilten Führung auf der Gruppenebene mit anderen Konzepten der Mitarbeiterpartizipation auf der Organisationsebene, wie von Wegge et al. (2010) entwickelt, und damit eine Thematisierung der strukturellen Macht in Organisationen, stellt eine wichtige Perspektivenerweiterung dar.

Obwohl sich die Konzepte der geteilten und der kollektiven Führung in der wissenschaftlichen Debatte einer starken Beachtung erfreuen, ist deren Einführung in betrieblichen Kontexten überaus voraussetzungsvoll und nicht trivial. Die ausgesprochen normativ geführte Diskussion dazu i.S. der geteilten Führung als des Führungsmodells der Gegenwart und der Zukunft hilft für die praktische Anwendung nur bedingt und nur soweit, solange die konkreten Rahmenbedingungen einbezogen und resultierende Spannungsverhältnisse zur Kenntnis genommen werden.

Ähnlich dem vorgelagerten Konzept der kooperativen Führung stellen Konzepte der geteilten Führung somit vor allem normativ aufgeladene Konzepte eines „positiven" Führungsideals dar. Die empirischen Untersuchungen sind zwar bemüht, die ökonomische Effizienz solcher Führungsmodelle in verschiedenen Kontexten sowie ihre positiven Wirkungen auf die Zufriedenheit von Mitarbeitern nachzuweisen, die universalistischen Ansprüche scheitern aber oft an der normativen Grundlage dieser Ansätze. Es wird deutlich und in einzelnen Anwendungsstudien sichtbar, dass Konzepte der geteilten und der kollektiven Führung vor allem in sozialen und kulturellen Kontexten mit niedrigen Machtunterschieden gute Anwendungsmöglichkeiten finden und entsprechende Ergebnisse zeigen, während sie für andere betriebliche Kontexte nur bedingt geeignet sind.

In methodischer Hinsicht zeichnet sich die Forschung zu partizipativer und geteilter Führung inzwischen durch eine begrüßenswerte Vielfalt aus. Sowohl im Bereich geteilter Führung als auch kollektiver Führung werden die bislang dominierenden, auf quantitative Methoden beruhenden Studien um Arbeiten ergänzt, in denen verschiedene qualitative Forschungszugänge zum Einsatz kommen, wie ethnografische oder linguistische Analysen. Dadurch rückt die Erforschung von dynamischen Prozessen, aber auch von Widersprüchen, Paradoxien und Konflikten geteilter Führung in den Vordergrund.

## Mittermayer und die Teilung von Führung

In Bezug auf die Fallstudie ist festzustellen, dass hier keine partizipative oder geteilte Führung stattfindet. Die Führungskraft stellt sich selbst in den Vordergrund jeglicher Aufgaben und Herausforderungen und bedient damit das Modell der individualistischen, führerzentrierten Mitarbeiterführung. Gemeinsame Interpretationen, Beratungen, Entscheidungen zusammen mit Beschäftigten, verschiedene Führungsrollen, diese oder andere Elemente der geteilten Führung spielen hier keine Rolle. Vielmehr gibt es

Anzeichen einer indirekt-manipulierenden, patriarchalisch anmutenden Steuerung und Führung von Mitarbeitenden. Zwar wird gehäuft in Plural von „wir" gesprochen, gemeint wird damit aber das gesamte Unternehmen, oder noch direkter, der Redner setzt sich mit seinem Unternehmen gleich. Auf diese Weise gilt es eher als *Pluralis Majestatis,* der dazu dient, die individuelle Wirkmacht Herrn Mittermayers zu unterstreichen. Damit verdeutlicht dieses Beispiel indirekt eine wesentliche hier nicht erfüllte Voraussetzung der geteilten und kollektiven Führung: Die Führungskräfte müssen von der Vorstellung ihrer eigenen Herrlichkeit abrücken können und sollten in der Lage sein, ihre Macht und Entscheidungsgewalt abzugeben. ◄

### Zum Nachlesen

- Zhu und Kollegen (2018) bieten eine ausführliche Forschungsübersicht zur geteilten Führung. Unter anderem arbeiten sie Antezedenzien der geteilten Führung heraus, wie Aspekte der formellen Führung (ermächtigende, transformationale Führung, Demut, Coaching) sowie Teameigenschaften (geteiltes Ziel und Vision, soziale Unterstützung, Teamwärme, Diversität, soziale Kohäsion, Selbstführung) (Zhu et al., 2018, S. 842).
- Wegge und Kollegen (2010) geben einen konzeptionell-empirischen Überblick zu den verschiedenen Ebenen und Formen der Einbeziehung von Mitarbeitern in Organisationen und ihren Effekten für die Arbeitsmotivation. Sie verknüpfen geteilte Führung in Teams mit organisationaler Partizipation und organisationaler Demokratie.
- Fitzsimons und Kollegen (2011) vergleichen in ihrer Arbeit geteilte und verteilte Führung in Bezug auf ihre jeweilige Geschichte und die Forschungsergebnisse.
- Rybnikova und Lang (2020) geben einen kritischen Überblick zu den verschiedenen Führungsansätzen mit Blick auf die Partizipation der Geführten.

### Fragen

1. Vergleichen Sie die ausgewählten Konzepte partizipativer, geteilter und kollektiver Führung und arbeiten Sie jeweils den Fokus des Konzeptes mit Blick auf die zentralen Merkmale von Führung heraus!
2. Erläutern Sie die für eine Umsetzung der geteilten Führung erforderlichen Rahmenbedingungen!
3. Arbeiten Sie die Besonderheiten der kollektiven Führung in Bezug auf die paradigmatische Position, die Annahmen über die Führungsprozesse und die methodischen Zugänge heraus!
4. Studieren Sie den Text „Führung in der Welt des Tanzes" in Kap. 10 des Buches und stellen Sie Bezüge zu den Merkmalen der geteilten Führung her!
5. Inwiefern unterscheiden sich geteilte und verteilte Führung?

6. Arbeiten Sie die Gemeinsamkeiten und die Unterschiede zwischen der geteilten und der agilen Führung heraus. Ziehen Sie dafür weitere Quellen zur agilen Führung oder agilem Management heran.

7. Inwiefern handelt es sich bei dem Fall im Kasten um Grundsätze geteilter Führung, obwohl die Rede von kooperativer Führung ist? Welche Aspekte geteilter Führung werden adressiert, welche nicht?

---

**Auszug aus Führungsgrundsätzen eines großen deutschen Unternehmens**

„Kooperative Führung bedeutet die Übertragung von Aufgaben, Kompetenzen und Verantwortung auf die Mitarbeiter. […] Im Rahmen der kooperativen Führung wird jedem Mitarbeiter ein klar abgegrenztes Aufgabengebiet übertragen, dass seinen Kenntnissen und Fähigkeiten entspricht. Dieses Aufgabengebiet ist in seiner Stellenbeschreibung festgelegt. Der Mitarbeiter ist verantwortlich für die richtige Erledigung der Aufgaben. Die Erfüllung der Aufgaben hat unter Beachtung bestehender Dienstanweisungen und Richtlinien sowie der Zuständigkeiten anderer Stellen zu erfolgen. […] Sind einem Mitarbeiter andere Mitarbeiter unterstellt, dann hat er neben seiner fachlichen Verantwortung auch die Verantwortung für die richtige Führung seiner Mitarbeiter zu übernehmen. Führen heißt seine Mitarbeiter so einsetzen und zum Handeln bewegen, dass die Ziele erreicht werden […]." ◄

---

## Literatur

Alvarez, J. L., & Svejenova, S. (2005). *Sharing executive power: Roles and relationships at the top.* Cambridge University Press.

Avolio, B. J., Sivasubramaniam, N., Murry, W. D., Jung, D., & Garger, J. W. (2003). Assessing shared leadership. Development and preliminary validation of a team multifactor leadership questionnaire. In C. L. Pearce & J. A. Conger (Hrsg.), *Shared leadership. Reframing the hows and whys of leadership* (S. 143–171). Sage.

Avolio, B. J., Walumbwa, F. O., & Weber, T. J. (2009). Leadership: Current theories, research, and future directions. *Annual Review of Psychology, 60*(1), 421–449.

Barthold, C., Checchi, M., Imas, M., & Smolović Jones, O. (2020). Dissensual leadership: Rethinking democratic leadership with Jacques Ranciere. *Organization.* https://journals.sagepub.com/doi/full/10.1177/1350508420961529

Becker, D. (1994). *Postheorisches Management. Ein Vademecum.* Merve Verlag.

Berger, P. L., & Neuhaus, R. J. (1977). *To empower people, the role of mediating structures in public policy.* Princeton University Press.

Bowers, D. G., & Seashore, S. E. (1966). Predicting organizational effectiveness with a four-factor theory of leadership. *Administrative Science Quarterly, 11*(2), 238–263.

Carmeli, A. (2008). Top management team behavioral integration and the performance of service organizations. *Group & Organization Management, 33*(6), 712–735.

Carmeli, A., Schaubroeck, J., & Tishler, A. (2011). How CEO empowering leadership shapes top management team processes: Implications for firm performance. *The Leadership Quarterly, 22*(2), 399–411.

Carson, J. B., Tesluk, P. E., & Marrone, J. A. (2007). Shared leadership in teams: An investigation of antecedent conditions and performance. *Academy of Management Journal, 50*(5), 1217–1234.

Chen, Q., & Zhiying, L. (2018). How does TMT transactive memory system drive innovation ambidexterity? Shared leadership as mediator and team goal orientations as moderators. *Chinese Management Studies, 1*, 125–147.

Contractor, N. S., DeChurch, L. A., Carson, J., Carter, D. A., & Keegan, B. (2012). The topology of collective leadership. *The Leadership Quarterly, 23*(6), 993–1011.

Cox, J. F., Pearce, C. L., & Perry, L. M. (2003). Toward a model of shared leadership and distributed influence in the innovation process. In C. L. Pearce & J. A. Conger (Hrsg.), *Shared leadership: Reframing the hows and whys of leadership* (S. 48–76). Sage.

Crevani, L., Lindgren, M., & Packendorff, J. (2007). Shared leadership: A post-heroic perspective on leadership as a collective construction. *International Journal of Leadership Studies, 3*(1), 40–67.

Day, D. V., Gronn, P., & Salas, E. (2004). Leadership capacity in teams. *The Leadership Quarterly, 15*(6), 857–880.

Day, D. V., Gronn, P., & Salas, E. (2006). Leadership in team-based organizations: On the threshold of a new era. *The Leadership Quarterly, 17*(3), 211–216.

Denis, J.-L., Langley, A., & Sergi, V. (2012). Leadership in the plural. *The Academy of Management Annals, 6*(1), 211–283.

Drucker, P. F. (1954). *The practice of management.* Harper & Row.

Dust, S. B., & Ziegert, J. C. (2016). Multi-leader teams in review: A contingent-configuration perspective of effectiveness. *International Journal of Management Reviews, 18*(4), 518–541.

Ensley, M. D., Hmieleski, K. M., & Pearce, C. L. (2006). The importance of vertical and shared leadership within new venture top management teams: Implications for the performance of startups. Leadership in team-based organizations. *The Leadership Quarterly, 17*(3), 217–231.

Erez, M., & Arad, R. (1986). Participative goal-setting: Social, motivational and cognitive factors. *Journal of Applied Psychology, 71*(4), 591–597.

Fairhurst, G. T., Jackson, B., Foldy, E. G., & Ospina, S. M. (2020). Studying collective leadership: The road ahead. *Human Relations, 73*(4), 598–614.

Fitzsimons, D., James, K.T., & Denyer, D. (2011). Alternative approaches for studying shared and distributed leadership. *International Journal of Management Reviews, 13*, 313–328.

Fletcher, J. K., & Käufer, K. (2003). Shared leadership: Paradox and possibility. In C. L. Pearce & J. A. Conger (Hrsg.), *Shared leadership. Reframing the hows and whys of leadership* (S. 21–47). Sage.

Flocco, N., Canterino, F., & Cagliano, R. (2020). Leading innovation through employees' participation: Plural leadership in employee-driven innovation practices. *Leadership.* https://journals.sagepub.com/doi/abs/10.1177/1742715020987928

Follett, M. P. (1995). The essentials of leadership. In P. Graham (Hrsg.), *Mary Parker Follett – Prophet of management. A celebration of writings from the 1920s* (S. 163–177). Harvard Business School Press.

Fox, S., & Comeau-Vallée, M. (2020). The negotiation of sharing leadership in the context of professional hierarchy: Interactions on interprofessional teams. *Leadership, 16*(5), 568–591.

Fransen, K., Delvaux, E., Mesquita, B., & Van Puyenbroeck, S. (2018). The emergence of shared leadership in newly formed teams with an initial structure of vertical leadership: A longitudinal analysis. *Journal of Applied Behavioral Science, 54*(2), 140–170.

Friedrich, T. L., Vessey, W. B., Schuelke, M. J., Ruark, G. A., & Mumford, M. D. (2009). A framework for understanding collective leadership: The selective utilization of leader and team expertise within networks. *The Leadership Quarterly, 20*(6), 933–958.

Gadelshina, G. (2020). Shared leadership: Struggles over meaning in daily instances of uncertainty. *Leadership, 16*(5), 522–545.

Gibeau, É., Langley, A., Denis, J.-L., & van Schendel, N. (2020). Bridging competing demands through co-leadership? Potential and limitations. *Human Relations, 73*(4), 464–489.

Gunter, J., Berardinelli, P., Blakeney, B., Cronenwett, L., & Gurvis, J. (2017). Working with horses to develop shared leadership skills for nursing executives. *Organizational Dynamics, 46*(1), 57–63.

He, W., Hao, P., Huang, X., Long, L.-R., Hiller, N. J., & Li, S.-L. (2020). Different roles of shared and vertical leadership in promoting team creativity: Cultivating and synthesizing team members' individual creativity. *Personnel Psychology, 73*(1), 199–225.

Hiller, N. J., Day, D. V., & Vance, R. J. (2006). Collective enactment of leadership and team effectiveness: A field study. *The Leadership Quarterly, 17*(4), 387–397.

Hoch, J. E., Pearce, C. L., & Welzel, L. (2010). Is the most effective team leadership shared? The Impact of Shared Leadership, age diversity, and coordination on team performance. *Journal of Personnel Psychology, 9*(3), 105–116.

Hofert, S. (2018). *Agiler Führen: einfache Maßnahmen für bessere Teamarbeit, mehr Leistung und höhere Kreativität* (2. Aufl.). Springer Gabler.

Hofstede, G. (1991). *Cultures and organizations. Software of the mind.* McGraw-Hill.

Hollander, E. P. (1961). Emergent leadership and social influence. In L. Petrullo & B. M. Bass (Hrsg.), *Leadership and interpersonal behavior* (S. 30–47). Holt, Rinehart & Winston.

Houghton, J. D., & Yoho, S. K. (2005). Toward a contingency model of leadership and psychological empowerment: When should self-leadership be encouraged? *Journal of Leadership & Organizational Studies, 11*(4), 65–83.

Kim, M., Beehr, T. A., & Prewett, M. S. (2018). Employee responses to empowering leadership: A meta-analysis. *Journal of Leadership & Organizational Studies, 25*(3), 257–276.

Kukenberger, M. R., & D'Innocenzo, L. (2020). The building blocks of shared leadership: The interactive effects of diversity types, team climate, and time. *Personnel Psychology, 73*, 125–150.

Lewin, K., Lippitt, R., & White, R. K. (1939). Patterns of agressive behavior and experimentally created „social climates". *Journal of Social Psychology, 10*, 271–299.

Liang, B., van Knippenberg, D., & Gu, Q. (2020). A cross-level model of shared leadership, meaning, and individual creativity. *Journal of Organizational Behavior, 42*, 68–83.

Locke, E. A., & Latham, G. P. (1990). *A theory of goal setting and task performance.* Prentice-Hall.

Lorinkova, N. M., & Bartol, K. M. (2021). Shared leadership development and team performance: A new look at the dynamics of shared leadership. *Personnel Psychology, 74*, 77–107.

Lyndon, S., Pandey, A., & Navare, A. (2020). Shared leadership and team creativity. Investigating the role of cognitive trust and team learning through mixed method approach. *Personnel Review, 49*(9), 1805–1822.

Maniscalco, C. (2020). *Distributed leadership and digital innovation. The argument for couple leadership.* Routledge.

Manz, C. C., Pearce, C. L., Mott, J. W., Henson, Z., & Sims, H. P., Jr. (2013). Don't take the lead, share the lead: Surprising leadership lessons from big time college sports. *Organizational Dynamics, 42*(1), 54–60.

Manz, C. C., & Sims, H. P. (1980). Self-management as a substitute for leadership: A social learning perspective. *Academy of Management Review, 5*(3), 361–367.

Manz, C. C., & Sims, H. P. (1987). Leading workers to lead themselves: The external leadership of self-managing work teams. *Administrative Science Quarterly, 32*(1), 106–128.

Manz, C. C., & Sims, H. P. (1993). *Business without Bosses. How self-managing teams are building high-performance companies.* John Wiley & Sons.

Maupin, C. K., McCusker, M. E., Slaughter, A. J., & Ruark, G. A. (2020). A tale of three approaches: Leveraging organizational discourse analysis, relational event modeling, and dynamic network analysis for collective leadership. *Human Relations, 73*(4), 572–597.

Mehra, A., Smith, B. R., Dixon, A. L., & Robertson, B. (2006). Distributed leadership in teams: The network of leadership perceptions and team performance. Leadership in team-based organizations. *The Leadership Quarterly, 17*(3), 232–245.

Mendenhall, M. E., & Marsh, W. J. (2010). Voices from the past: Mary Parker Follet and Joseph Smith on collaborative leadership. *Journal of Management Inquiry, 19*(4), 284–303.

Mitchell, M., & Boyle, B. (2021). Too many cooks in the kitchen? The contingent curvilinear effect of shared leadership on multidisciplinary healthcare team innovation. *Human Resource Management Journal, 31*, 358–374.

Muethel, M., & Hoegl, M. (2010). Cultural and societal influences on shared leadership in globally dispersed teams. *Journal of International Management, 16*(3), 234–246.

Nicolaides, V. C., LaPort, K. A., Chen, T. R., Tomassetti, A. J., Weis, E. J., Zaccaro, S. J., & Cortina, J. M. (2014). The shared leadership of teams: A meta-analysis of proximal, distal, and moderating relationships. *The Leadership Quarterly, 25*(5), 923–942.

Ospina, S. M., Foldy, E. G., Fairhurst, G. T., & Jackson, B. (2020). Collective dimensions of leadership: Connecting theory and method. *Human Relations, 73*(4), 441–463.

Pearce, C. L., & Conger, J. A. (2003). All those years ago: The historical underpinnings of shared leadership. In C. L. Pearce & J. A. Conger (Hrsg.), *Shared leadership. Reframing the hows and whys of leadership* (S. 1–18). Sage.

Pearce, C. L., Manz, C. C., & Sims, H. P. (2008). The roles of vertical and shared leadership in the enactment of executive corruption: Implications for research and practice. *The Leadership Quarterly, 19*(3), 353–359.

Pearce, C. L., Manz, C. C., & Sims, H. P. (2009). Is shared leadership the key to team success? *Organizational Dynamics, 38*(3), 234–238.

Pearce, C. L., & Sims, H. P. (2000). Shared leadership: Toward a multi-level theory of leadership. *Advances in Interdisciplinary Studies of Work Teams, 7*, 115–139.

Pearce, C. L., & Sims, H. P. (2002). Vertical versus shared leadership as predictors of the effectiveness of change management teams: An examination of aversive, directive, transactional, transformational, and empowering leader behaviors. *Group Dynamics: Theory, Research, and Practice, 6*(2), 172–197.

Perry, M., Pearce, C. L., & Sims, H. P. (1999). Empowering selling teams: How shared leadership can contribute to selling team outcomes. *Journal of Personal Selling & Sales Management, 19*(3), 35–51.

Pittino, D., Visintin, F., & Compagno, C. (2018). Co-leadership and performance in technology-based entrepreneurial firms. In S. Cubico, G. Favretto, J. Leitão & U. Cantner (Hrsg.), *Entrepreneurship and the industry life cycle. Studies on entrepreneurship, structural change and industrial dynamics* (S. 91–106). Springer.

Quick, K. S. (2017). Locating and building collective leadership and impact. *Leadership, 13*(4), 445–471.

Raelin, J. A. (2006). Does action learning promote collaborative leadership? *Academy of Management Learning & Education, 5*(2), 152–168.

Raelin, J. A. (2014). Imagine there are no leaders: Reframing leadership as collaborative agency. *Leadership, 12*(2), 131–158.

Raelin, J. A. (Hrsg.). (2016). *Leadership-as-practice. Theory and application.* Routledge.

Raelin, J. A. (2017). Leadership-as-practice: Theory and application. An editor's reflection. *Leadership, 13*(2), 215–221.

Raelin, J. A. (2018). What are you afraid of: Collective leadership and its learning implications. *Management Learning, 49*(1), 59–66.

Raelin, J. A. (2020). Hierarchy's subordination of democracy and how to outrank it. *Management Learning, 51*(5), 620–633.

Raelin, J. A. (2021). Action learning as a human resource development resource to realize collective leadership. *Human Resource Development Journal*. https://journals.sagepub.com/doi/full/10.1177/15344843211022600

Rappaport, J. (1981). In praise of paradox: A social policy of empowerment over prevention. *American Journal of Community Psychology, 9*(1), 1–25.

Rybnikova, I., & Lang, R. (2020). Partizipative Führung: Auf den Spuren eines Konzeptes. *Gruppe. Interaktion. Organisation. Zeitschrift für Angewandte Organisationspsychologie, 51*, 141–154.

Sanfuentes, M., Valenzuela, F., & Castillo, A. (2021). What lies beneath resilience: Analyzing the affective-relational basis of shared leadership in the Chilean miners' catastrophe. *Leadership, 17*(3), 255–277.

Seers, A., Keller, T., & Wilkerson, J. M. (2003). Can team members share leadership? Foundations in research and theory. In C. L. Pearce & J. A. Conger (Hrsg.), *Shared leadership: Reframing the hows and whys of leadership* (S. 77–102). Sage Publications.

Seidel, E. (1978). *Betriebliche Führungsformen: Geschichte, Konzept, Hypothesen, Forschung.* Poeschel.

Shondrick, S. J., Dinh, J. E., & Lord, R. G. (2010). Developments in implicit leadership theory and cognitive science: Applications to improving measurement and understanding alternatives to hierarchical leadership. *The Leadership Quarterly, 21*(6), 959–978.

Sinha, R., Chiu, C.-Y., & Srinivas, S. B. (2021). Shared leadership and relationship conflict in teams: The moderating role of team power base diversity. *Journal of Organizational Behavior, 42*, 649–667.

Sivasubramaniam, N., Murry, W. D., Avolio, B. J., & Jung, D. I. (2002). A longitudinal model of the effects of team leadership and group potency on group performance. *Group & Organization Management, 27*(1), 66–96.

Sklaveniti, C. (2020). Moments that connect: Turning points and the becoming of leadership. *Human Relations, 73*(4), 544–571.

Solomon, A., Loeffer, F. J., & Frank, G. H. (1953). An analysis of co-therapist interaction in group psychotherapy. *International Journal of Group Psychotherapy, 3*, 171–180.

Solomon, B. B. (1976). *Black empowerment: Social work in oppressed communities*. Columbia University Press.

Spiller, C., Wolfgramm, R. M., Henry, E., & Pouwhare, R. (2020). Paradigm warriors: Advancing a radical ecosystems view of collective leadership from an Indigenous Māori perspective. *Human Relations, 73*(4), 516–543.

Spreitzer, G. M. (1995). Psychological empowerment in the workplace: Dimensions, measurement, and validation. *Academy of Management Journal, 38*(5), 1442–1465.

Spreitzer, G. M. (1996). Social structural characteristics of psychological empowerment. *Academy of Management Journal, 39*(2), 483–504.

Sweeney, A., Clarke, N., & Higgs, M. (2019). Shared leadership in commercial organizations: A systematic review of definitions, theoretical frameworks and organizational outcomes. *International Journal of Management Reviews, 21*, 115–136.

Tannenbaum, R., & Schmidt, W. H. (1973). How to choose a leadership pattern. *Harvard Business Review, 36*, 95–102.

Thomas, K. W., & Velthouse, B. A. (1990). Cognitive elements of empowerment: An „interpretive" model of intrinsic task motivation. *Academy of Management Review, 15*(4), 666–681.

Uhl-Bien, M. (2006). Relational leadership theory: Exploring the social processes of leadership and organizing. *The Leadership Quarterly, 17*, 654–676.

Vroom, V. H., & Jago, A. G. (1978). On the validity of the Vroom-Yetton model. *Journal of Applied Psychology, 63*, 151–162.

Vroom, V. H., & Yetton, P. W. (1973). *Leadership and decision making*. University of Pittsburgh Press.

Waldersee, R., & Eagleson, G. (2002). Shared leadership in the implementation of re-orientations. *Leadership & Organization Development Journal, 23*(7), 400–407.

Wall, T. D., Wood, S. J., & Leach, D. L. (2004). Empowerment and performance. In C. L. Cooper & I. T. Robertson (Hrsg.). *International Review of Industrial and Organizational Psychology, 19*, 1–46.

Wegge, J., Jeppesen, H.-J., Weber, W. G., Pearce, C. L., Silvia, S. A., Pundt, A., Jonsson, T., Wolf, S., Wassenaar, C. L., Unterrainer, C., & Piecha, A. (2010). Promoting work motivation in organizations: Should employee involvement in organizational leadership become a new tool in the organizational psychologists' kit? *Journal of Personnel Psychology, 9*(4), 154–171.

Whitley, R. (1999). Competing logics and units of analysis in comparative study of economic organization: The comparative-business-system framework in perspective. *International Studies of Management and Organizations, 29*(2), 113–126.

Wood, M., & Fields, D. (2007). Exploring the impact of shared leadership on management team member job outcomes. *Baltic Journal of Management, 2*(3), 251–272.

Wunderer, R. (1995). Kooperative Führung. In A. Kieser, G. Reber & R. Wunderer (Hrsg.), *Handwörterbuch der Führung* (S. 1369–1386). Schäffer-Poeschel.

Wunderer, R., & Grunwald, W. (1980). *Führungslehre*. In *Band II: Kooperative Führung*. De Gruyter.

Yukl, G. (2013). *Leadership in organizations* (8. Aufl.). Pearson.

Zhu, J., Liao, Z., Chi Yam, K., & Johnson, R. E. (2018). Shared leadership: A state-of-the-art review and future research agenda. *Journal of Organizational Behavior, 39*, 834–852.

# Verteilte und substituierbare Führung: Wer oder was führt, wenn die Führungskraft mal nicht da ist?

**7**

Rainhart Lang und Irma Rybnikova

## Inhaltsverzeichnis

R. Lang (✉)
Technische Universität Chemnitz, Chemnitz, Deutschland
E-Mail: rainhart.lang@wirtschaft.tu-chemnitz.de

I. Rybnikova
Hochschule Hamm-Lippstadt, Hamm, Deutschland
E-Mail: irma.rybnikova@hshl.de

© Der/die Autor(en), exklusiv lizenziert durch Springer Fachmedien Wiesbaden
GmbH, ein Teil von Springer Nature 2021
I. Rybnikova, R. Lang, *Aktuelle Führungstheorien und -konzepte*,
https://doi.org/10.1007/978-3-658-35543-2_7

**Zusammenfassung**

*Die klassische Betrachtung der Führung legt das Schwergewicht auf interpersonelle Einflussprozesse, vor allem durch die Führungskraft. In der Führungsrealität von Organisationen ist der Einfluss auf Mitarbeiter jedoch nicht darauf beschränkt. Vielmehr finden sich neben einer möglichen Verteilung von Führungsaufgaben innerhalb einer Gruppe, wie bei der geteilten Führung, und dem Einfluss von verschiedenen Gruppenmitgliedern auf die Führung zusätzlich alternative und oft indirekte Einflußfaktoren auf das Verhalten von Geführten wie Arbeitsstrukturen, Managementsysteme und kulturelle Normen, Selbstführung oder Informations- und Kommunikationstechniken, die die direkte Führung durch Personen ergänzen, temporär oder völlig ersetzen. In diesem Kapitel gehen wir auf die zentralen Ansätze, die verteilte Führung, die Führung als Residualfaktor und das Konzept der Führungssubstitute, näher ein.*

## 7.1   Einleitung

Zwei Beobachtungen und Fragen stehen am Anfang: Führungskräfte sind nicht ständig bei ihren Mitarbeitern. Wie wird dann der Einfluss auf die Geführten gesichert, oder: wer/was führt, wenn die Führungskraft nicht da ist? Und weiter: Empirische Führungsstudien zeigen nur einen begrenzten Einfluss des Führungsverhaltens auf den Führungserfolg, die Leistung wie die Mitarbeiterzufriedenheit. Welche weiteren Faktoren haben Einfluss, können den Führungseinfluss ergänzen oder ersetzen?

Im Zusammenhang mit den Ansätzen zur partizipativen und geteilter Führung (s. Kap. 6 im Buch) wird hier oft auf das scheinbar ähnliche Konzept der verteilten Führung (en. *distributed leadership*) verwiesen. Beiden Gruppen von Führungsansätzen ist gemeinsam, dass Führung als ein Phänomen betrachtet wird, das nicht auf ernannte Führungskräfte, deren Verhalten und Einflussnahme beschränkt ist. Vielmehr wird von einer Verteilung der Führungsfunktionen, -aufgaben und Einflussaktivitäten auch auf andere Akteure ausgegangen. Während der Fokus bei der partizipativen und geteilten Führung wie auch den anderen Ansätzen einer kollektiven Führung (en. *collective leadership*) überwiegend auf der Gruppe liegt, betrachten die Ansätze einer verteilten Führung zusätzlich zur Gruppe noch alternative Einflüsse auf das Verhalten von Geführten etwa durch Arbeitsstrukturen, Routinen, Managementsysteme und -instrumente, kulturelle Normen, Informations- und Kommunikationstechnologien oder die Selbstführung.

Das Konzept der verteilten Führung greift dabei auf verschiedene Überlegungen anderer Führungsansätze zurück. So findet sich bereits in den klassischen Führungsansätzen die Überlegung einer Teilung in formelle (Aufgaben) und informelle (Beziehung) Führung innerhalb einer Gruppe, die oft auch durch verschiedene Führungspersonen wahrgenommen wird (u. a. Bales & Slater, 1969). Die Frage, wie Mitarbeiter beeinflusst werden, wenn die Führungskraft nicht anwesend ist, hat das Augenmerk darüber hinaus auf verschiedene weitere indirekte Führungsformen wie strukturelle und kulturelle Führung gelenkt (u. a. Seidel, 1978).

Systemtheoretisch betrachtet kommt der Führung durch Personen nur eine residuale Bedeutung zu, wie Türk (1981) darlegt, weil zahlreiche Formen sozialer Kontrolle jenseits der Führungskräfte für Konformität von Mitarbeitern sorgen. Dazu zählen primäre und sekundäre Sozialisation, aber auch die in Organisationen etablierten Mechanismen der sozialen Kontrolle, wie Personalauswahl, -allokation und -beförderung. Die personale Führung durch Vorgesetzte kommt nur unter bestimmten Bedingungen zum Tragen oder beim Versagen anderer Kontrollinstanzen.

Kerr und Jermier (1978) bezeichnen solche Instanzen als Führungssubstitute (en. *substitutes of leadership*), wobei sie Eigenschaften der Mitarbeiter mit einbeziehen und durch Merkmale der Arbeitsaufgaben und der Organisation ergänzen. Mit Blick auf die Wirkung werden die Führungssubstitute unterschieden in Faktoren, die die Führungseinwirkung verhindern (Neutralisierer) und solche, die das Führungsverhalten bzw. die personelle, direkte Führung ersetzen können (Substitute). Neben Steven Kerr und John Jermier (1978) haben vor allem Jon Howell und Peter Dorfman mit Kollegen (1981, 1986), Philip Podsakoff und Kollegen (1993, 1996a, 1996b, 1997) sowie Shelley Dione, Francis Yammarino und Koautoren (2002, 2005) das Konzept weiterentwickelt und verschiedene Modelle der Wirkung von Führungssubstituten erarbeitet. Empirische Befunde weisen allerdings eher auf einen gemeinsamen Effekt von Substituten und Führungsverhalten hin anstatt einer vollständigen Substitution der personellen Führung.

Die zentrale Überlegung der verteilten Führung ist es schließlich, dass sich Führung, Führungsprozess und Führungseinfluss verteilt auf verschiedene Personen, Formen oder Medien vollzieht (Gronn, 2002). Im Gegensatz zur Annahme der Führungssubstitute, die auch den Ersatz der personellen Führung durch alternative Formen und Instrumente mit in den Blick nimmt, wird bei der verteilten Führung eine zum Teil widersprüchliche Ergänzung durch verschiedene weitere Führungsinstanzen angenommen. Anders als bei der geteilten Führung, bei die Führungskraft als Teil der Gruppe betrachtet wird, bleibt der Führungseinfluss durch einen formalen Führer jedoch immer im Blick (Spillane, 2006). Wie bei dem Ansatz der Führung als Residualfaktor und der Führungssubstitute werden indes Instanzen über die Gruppe hinaus in die Überlegungen einbezogen. Der Fokus der Analyse liegt auf verschiedenen Formen verteilter Führung bzw. speziellen Führungskonfigurationen, die in ihrem Entstehen, Auftreten und ihrer Wirksamkeit betrachtet werden. Wichtige Beiträge zum Konzept, in denen die verteilte Führung jeweils unterschiedlich gefasst wird, stammen von Peter Gronn (1999, 2000, 2002, 2009), James Spillane (2006, 2012), Alma Harris (2009, 2013, 2014), Richard Bolden (2011), Eivor Oborn und Kollegen (2013), Samia Chreim (2015), auch mit verschiedenen Ko-Autoren (2010, 2016), sowie Yanan Feng und Ko-Autoren (2017). Darüber hinaus hat vor allem Udo Konrath (2014) für das eng verwandte Konzept der verstreuten Führung (en. *dispersed leadership*) einen konzeptionellen Beitrag zu einer verteilten Führung in Teams geliefert. Auch wenn der Ansatz der Führung als Residualfaktor in der Diskussion um verteilte Führung bisher

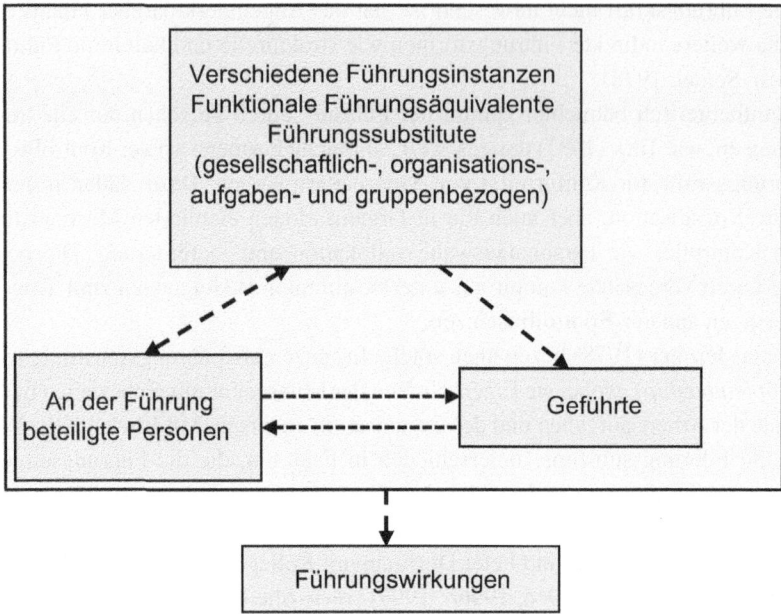

**Abb. 7.1**   Grundmodell der verteilten und substituierten Führung. [Bildrechte: Urheberrecht bei den Autoren]

unbeachtet blieb, möchten wir es in diesem Kapitel als eine theoretische Perspektive darstellen, welche die Verteilung der Führung bereits sehr früh als eine faktische Gegebenheit in Organisationen diskutiert und systemtheoretisch analysiert hat.

In paradigmatischer Hinsicht decken die hier zu besprechenden Ansätze ein weites Feld ab. Während die klassischen Überlegungen eher im struktur-funktionalistischen Bereich von Rollentheorien angesiedelt, finden sich auch Ansätze, die verteilte Führung als kontextabhängige sozial konstruierte Praxis ansehen, bis hin zu führungskritischen Ansätzen, die den Beitrag und die Wirksamkeit der personellen Führung hinterfragen. Abb. 7.1 verdeutlicht die Kernannahmen.

## 7.2   Verteilte Führung

### 7.2.1   Theoretische Grundlagen und Konzepte

Wie bei der partizipativen und geteilten Führung (s. Kap. 6 im Buch) geht auch die verteilte Führung davon aus, dass Führung nicht an die Person eines einzelnen Führers gebunden ist, sondern als verteilte Eigenschaft in sozialen Systemen wie Gruppen, Organisationen und darüber hinaus existiert (Gronn, 2000). Die Verteilung betrifft dabei vor allem folgende mit Führung verknüpfte Aspekte:

- eine Verteilung von **Führungsaufgaben** auf verschiedene Mitglieder der Organisation oder der Gruppe, zum Beispiel von Planungsaufgaben oder Kontrollaufgaben, zwischen formellem und informellem Führer, Leiter und Stellvertreter,
- eine Aufteilung der **Führungsverantwortung**, auch für die Zielerreichung, auf Gruppenmitglieder und/oder andere Mitglieder in der Organisation,
- eine Verteilung von **Machtressourcen** und Einflusschancen sowie
- eine **gemeinsame, abgestimmte oder emergente kollektive Einflussausübung** auf der Basis von zumindest partiell (kognitiv) **geteilten Annahmen** über Führung, Führungsprozess und Ergebnisse.

Ein wichtiger Ausgangspunkt für die Teilung der Führungsfunktionen und -aufgaben findet sich bereits bei den *klassischen Theorien des Führungsverhaltens*. Dort werden grundsätzlich zwei Funktionen unterschieden: Strukturierung von Aufgaben sowie Unterstützung und Integration der Mitarbeiter. Bales und Slater (1969) führen den Begriff des Führungsduals ein, dass sich in einer Teilung in formelle (Aufgaben) und informelle (Beziehung) Führung innerhalb einer Gruppe mit entsprechenden Führungspersonen äußert. Nach dieser Betrachtung haben wir es also schon mit geteilter Führung zu tun, wenn innerhalb einer Gruppe etwa die Aufgabe der Strukturierung bei dem formalen Gruppenleiter liegt, während die Aufgabe der Unterstützung und Integration von Gruppenmitgliedern durch einen informellen Führer innerhalb der Gruppe wahrgenommen wird.

Im deutschsprachigen Raum sind vor allem die *Überlegungen zu betrieblichen Führungsformen* als unterschiedlichen Wegen oder Medien der Einflussnahme auf das Verhalten von Mitarbeitern zu erwähnen (Seidel, 1978; Bleicher, 1991; Wunderer, 1996). Dabei werden in der Regel unterschieden (vgl. auch Abb. 7.2):

- interaktionelle Führung bzw. direkte, personelle/personale Führung in der unmittelbaren Interaktion zwischen formeller Führungskraft oder informellem Führer und Mitarbeiter, oder, in erweiterter Form, auch zwischen Mitarbeitern,
- strukturelle Führung als eine Form der indirekten Führung, bei der die Führungskraft den Mitarbeiter über die Gestaltung von Organisationsregeln, Arbeitsstrukturen, Arbeitsaufgaben und Managementsystemen oder die Nutzung von Medien wie Kommunikationstechnologien zu beeinflussen versucht,
- kulturelle Führung als weitere Form der indirekten Führung, bei der der Einfluss über die Etablierung und Wirkung von Verhaltensgrundsätzen und anderen kulturellen Normen erfolgt, sowie
- Selbstführung, die sich auf Mechanismen vorhandener professioneller Werte und Einstellungen stützt oder auf der Ebene der Gruppen auf emergente oder bewusst gestaltete Gruppenführung zurückgreift.

Auch die *Theorie der Führungssubstitute* nach Kerr und Jermier (1978) kann als Vorläufer-Theorie zur verteilten Führung gesehen werden. Die dort adressierten, die direkte Führung ersetzenden oder ergänzenden Instanzen in Form von Mitarbeitereigenschaften,

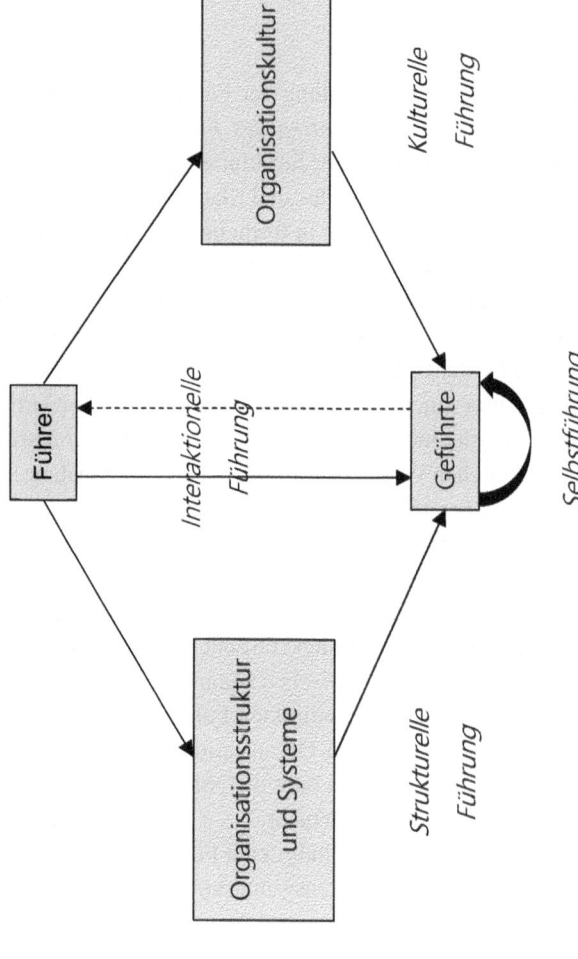

**Abb. 7.2**   Führungsformen als Basis verteilter Führung. [Bildrechte: Urheberrecht bei den Autoren]

Merkmalen der Arbeitsaufgaben und der Organisation weisen zum einen Ähnlichkeiten mit den o.g. indirekten Führungsformen auf, und werden zum anderen als Instanzen oder Einflussfaktoren der Führungsteilung im Konzept der verteilten Führung aufgegriffen. Peter Gronn, von dem die ersten wichtigen Beiträge zum Konzept der verteilten Führung stammen (2000, 2002), hat sich zugleich auch intensiv mit der Theorie der Führungssubstitute beschäftigt (Gronn, 1999). Dabei stellt die Theorie der Führungssubstitute jedoch auch ein eigenständiges Gebiet der Führungsforschung dar, das wir daher im folgenden Teilkapitel 7.3 näher beschreiben werden.

Das **Konzept der verteilten Führung**, etwa zeitgleich und in gewisser Verflechtung mit dem Konzept der geteilten Führung entstanden, geht über die Vorläuferkonzepte zwar hinaus, schließt aber auch wichtige Aspekte mit ein, so

- die Verteilung der Führung auf verschiedene Akteure in der Gruppe und darüber hinaus der Organisation,
- die direkte wie auch die indirekte, vermittelte Einflussnahme und Führungswirkung über verschiedene Instanzen, Formen oder Medien, und
- die damit verbundene kritische Sicht auf den Einfluss der personellen Führung und die Wirkung des Führungsverhaltens von einzelnen Führungspersonen, und dagegen die Betonung kollektiver, pluraler und systemischer Führungseinflüsse.

Wesentliche **Ursache für die Entwicklung** dieser alternativen Sicht auf Führung ist die Kritik an der Dominanz von führerzentrierten, „heroischen" Führungstheorien, die Anfang der 2000er-Jahre immer deutlicher wird und die Notwendigkeit einer veränderten Sicht auf die Führung postuliert (vgl. u. a. Pearce & Sims, 2000; Gronn, 2000). Zu einem Wandel in Richtung auf „postheroische" Führungskonzepte haben auch die Erfahrungen aus der veränderten Führungspraxis beigetragen, die die Führerdominanz aus individueller, organisatorischer und gesellschaftlicher Perspektive hinterfragt haben (vgl. u. a. Crevani et al., 2007, S. 46).

Die kritische Sicht auf führerzentrierte Theorien und Forschungsansätze hat dabei zu unterschiedlichen Reaktionen geführt. Vor allem die kritische Organisations- und Führungstheorie (vgl. u. a. Alvesson & Blom, 2019) geht von einer Dezentrierung von Führung und Führungsprozessen aus und ordnet diese in eine Reihe von alternativen Modi der Steuerung von Organisation (en. *modes of organizing*) ein. Führung sehen die Verfasser im klassischen Sinne als personelle, direkte Führung und Einflussnahme in einer vertikalen ungleichen Beziehung. Sie ist primär auf die Vermittlung von Werten und Orientierungen sowie emotionale und moralische Unterstützung gerichtet, über inspirierende Reden und vorbildhaftes Verhalten (Alvesson & Blom, 2019, S. 26, 31). Diese Führungsbeschreibung entspricht im Wesentlichen einer neocharismatischen Führung (vgl. Kap. 2 im Buch). Da Führung in dem genannten Sinne kaum allein und dauerhaft in der Lage ist, Mitarbeiter in Organisationen zu beeinflussen und zu steuern, beschreiben Alvesson und Blom weitere, alternative Modi (2019, S. 31). Im Einzelnen sind das:

- Management als hierarchisch legitimierte vertikale Einflussnahme auf Nachgeordnete durch Planung, Regelung, Überwachung und Kontrolle,
- Macht als vertikale Einflussnahme unter Nutzung von Zwang, politischen Fähigkeiten, Sanktionen, Mobilisierung von Gruppendruck etc.,
- Gruppenarbeit als horizontale Einflussnahme, Anleitung, gemeinsame Entscheidungen und Unterstützung durch informelle Führer der Gruppe und andere Gruppenmitglieder,
- Einfluss durch Peers als Anleitung und Rat von erfahrenen Kollegen aus dem gleichen Arbeitsgebiet oder Beruf,
- Autonomie als horizontaler Einfluss eines selbstbestimmten Arbeitsprozesses durch Setzung eigener Standards, Planung und Evaluierung.

Alternativ haben Vertreter kollektiver Führungsansätze und insbesondere der verteilten Führung mit der Entwicklung ihrer neuen „Führungsarchitektur" die Sicht auf Führung erweitert und alternative Formen direkter und indirekter Einflussnahme auf Mitarbeiter jenseits der klassischen Führung durch ausgewählte Personen in den Führungsbegriff einbezogen. Die Ähnlichkeit zahlreicher Modi des Organisierens mit Führungssubstituten oder Führungs- und Kontrollformen wie Selbstführung zeigen, dass es sich hier um alternative Konzeptualisierungen für das beschriebene Problem von Führung als eines multiplen Einflussprozesses handelt.

Die verteilte Führung stellt dabei einen spezifischen und von der geteilten Führung abweichenden Ansatz dar. Im Gegensatz zu Kogler Hill (in Northouse 2019), wo die verteilte Führung mit der geteilten unter Team-Leadership subsumiert und kaum Unterschiede herausgearbeitet werden[1], hat sich auch im amerikanischen Raum eine deutliche Unterscheidung der beiden (und weiterer Ansätze) zur kollektiven Führung durchgesetzt (vgl. u. a. Denis et al., 2012; Contractor et al., 2012; Ospina et al., 2020), der im europäischen und v. a. britischen Kontext längst etabliert ist (z. B. Bolden, 2011; Fitzsimons et al., 2011). Dabei ist der Fokus auf organisatorische und systemische Einflüsse bei verteilter Führung im Gegensatz zum Gruppenfokus bei geteilter Führung nur ein zentrales Unterscheidungsmerkmal. Die Ansätze zur verteilten Führung betonen auch den weiterhin vorhandenen Einfluss der Führungskraft (en. *leader plus*) (u. a. Spillane, 2006). Die folgenden Definitionen von verteilter Führung als Praxis und Analyseansatz zeigen auch die unterschiedlichen Facetten des Konzeptes auf. Dabei wurden sowohl Autoren der verteilten Führung (en. *distributive leadership*) als auch Vertreter des analogen Konzeptes der verstreuten Führung (en. *dispersed leadership*) einbezogen (vgl. Tab. 7.1).

Die **ausgewählten Definitionen** verdeutlichen, dass das Konzept der verteilten (und verstreuten) Führung in zwei Richtungen verstanden und definiert wird. Zum einen wird *verteilte Führung als eine alternative Perspektive auf Führung* (oder Führungstheorie) verstanden. Führung ist danach potentiell immer eine verteilte Eigenschaft, Kognition und/oder soziale Praxis, die in sozialen Systemen entsteht, sich etabliert, reproduziert und entwickelt. Der Ansatz der verteilten Führung liefert eine erweiterte Sicht auf den Führungsprozess, die auch andere Akteure, Instanzen, Strukturen und Kulturen mit thematisiert[2].

---

[1] Der Abschnitt zum Team-Leadership in Northouse (2019, S. 371), stammt von Susan E. Kogler Hill.

[2] Fitzsimons und Kollegen (2011) haben die möglichen Perspektiven relationaler Führungsbetrachtungen weiter differenziert.

**Tab. 7.1** Ausgewählte Definitionen der verteilten Führung

| Autoren | Definition der verteilten bzw. verstreuten Führung |
|---|---|
| Gronn (2002) | Die Gesamtheit der Führung einer Organisation ist verteilt auf einige, mehrere wenn nicht alle Mitglieder einer Organisation, wobei das abgestimmte Handeln und nicht einzelne Führungshandlungen betrachtet werden. |
| Bennett et al. (2003) | Verteilte Führung ist eine Gruppenaktivität, die nicht durch eine individuelle Handlung. sondern durch und innerhalb der Beziehungen funktioniert. |
| Spillane (2006) | Aus einer verteilten Perspektive ist Führung eine durch Interaktionen von Führern, Geführten und der Situation generierte Praxis, die auch Routinen und Instrumente einschließt. |
| Hoch et al. (2007) | Muster der Einflussnahme auf Personen in Teams durch gleichgestellte Instanzen der Organisation, der Führung und der Gruppenmitglieder. |
| Oborn et al. (2013) | Führung ist ein kollektiver Prozess, der sich über mehrere Gruppen der im Prozess beteiligten Akteure sowie den von ihnen angewendeten Instrumenten und Praktiken verteilt. |
| Gordon (2010) | In generischer Hinsicht repräsentieren Theorien der verstreuten Führung die Verteilung oder Teilung von Führungsfähigkeiten und Verantwortlichkeiten überall in der Organisation. |
| Konrath (2014) | Muster des gemeinsamen, personellen und situativen Einflusses durch Führer, Gruppenmitglieder und Unternehmensleitung, das darauf gerichtet ist, die Einstellungen und das Verhalten in Arbeitsgruppen zu leiten, zu strukturieren und zu fördern. |
| Tian et al. (2016) | Führung als Prozess, der die organisationale und individuelle Ebene, strukturelle Ressource und Handlungskompetenz umfasst, wobei beide auf allen organisationalen Ebenen entstehen und existieren. |

Zum anderen werden mit dem Begriff der verteilten Führung *spezifische Muster von Führungskonstellationen in der Organisationspraxis* beschrieben, die durch das mehr oder minder ausgeprägte Zusammenwirken verschiedener Akteure im Führungsprozess gekennzeichnet sind. Hoch et al. (2007, S. 51) sprechen vom „simultanen Wirken unterschiedlicher Führungsinstanzen". Sie beschreiben verteilte Führung unter Ausschluss der Selbstführung als „Muster der Einflussnahme auf Personen in Teams durch gleichgestellte Instanzen der Organisation, der Führung und der Gruppenmitglieder" (Hoch et al. (2007, S. 52). Während die Wirkung durch die Führungsinstanz der interaktionellen Führung entspricht und die der Gruppe für die teambasierte Führung steht, werden unter den Instanzen der Organisation Aspekte subsumiert, die die strukturelle Führung repräsentieren. Alle drei Instanzen sollen eine positive Wirkung auf die Selbstführung haben. In Abgrenzung zur geteilten Führung schließt das weitergehende Konzept der verteilten Führung also zumindest über die Gruppe hinausgehende, aber in diese hineinwirkende strukturelle und z. T. auch kulturelle Führungsformen zusätzlich mit ein. Insbesondere die Form kultureller Führung weist dabei große Ähnlichkeit mit der symbolischen Führungsperspektive auf, thematisiert aber weniger das symbolische Handeln der Führungskraft als vielmehr die Wirkung übergreifender kultureller Normen (vgl. Bolden, 2011, S. 257).

Auch das Konzept der verstreuten Führung nach Konrath (2014) adressiert eine größere Breite von Führungsinstanzen. Konrath fokussiert ebenfalls auf die verteilte Führung von Teams, betrachtet aber eben wie Hoch et al. (2007) neben der formellen Führungskraft auch Team-Mitglieder und Organisation als Instanzen, die jeweils über interaktionelle Führung, Teamführung und strukturelle Führung Einfluss nehmen. Strukturelle Führung schließt im Verständnis des Autors neben dem Einfluss über Aufgaben- und Organisationsstrukturierung und Entlohnungssysteme auch kulturelle Faktoren wie Werte, Normen und Symbole sowie strategische Faktoren wie Informationspolitik, Managementprinzipien, Partizipation und Empowerment ein (Konrath, 2014, S. 293).

Im Gegensatz dazu findet sich in den frühen Arbeiten zur verteilten Führung, z. B. Gronn (2002), ein starker Fokus auf die Führungspersonen, Führungsrollen und direkte Führung, wobei neben geplanter Kooperation im Führungsprozess auch spontane, problembezogene, auch zeitbegrenzte Zusammenarbeit und mehr intuitive Arbeitsbeziehungen zwischen Personen betrachtet werden. Auch wenn Gronn (2000) den fluiden und emergenten Charakter des Phänomens der verteilten Führung besonderes betont, so geht er doch davon aus, dass sich aus der spontanen und intuitiven Zusammenarbeit im Laufe der Zeit und als Ergebnis von Lernprozessen Routinen, institutionalisierte Praktiken und schließlich dauerhafte formalisierte Führungsstrukturen entwickeln können (Gronn, 2002).

Vor allem die Arbeiten von Spillane und Kollegen im Bildungssektor (u. a. Spillane et al., 2001; Spillane, 2006, 2012) haben den Fokus einer verteilten Führungsperspektive von den Eigenschaften und Handlungen verschiedener individueller Führer und ihrer Zusammenarbeit in Richtung einer situativen Führungspraxis (en. *situated leadership practice*) verschoben. Spillane (2006) hebt zwei Aspekte einer verteilten Führung hervor: den „Führer plus" – Aspekt und den Praxis-Aspekt. Der „Führer plus" – Aspekt stellt heraus, dass alle Individuen, die in einer Organisation an Führungs- und Managementaktivitäten mitwirken, in die Betrachtung einzubeziehen sind, und nicht nur die formalen Führungsrollen. Der Praxis-Aspekt richtet die Aufmerksamkeit auf die etablierte, tägliche Praxis des Führens und Leitens. Diese wird als Ergebnis der Interaktionen der an der Führung beteiligten Akteure, Führer und Geführte und ihrer Führungssituation gesehen.

In ihrer Übersicht zu Theorie und Forschung zur verteilten Führung schlagen Tian und Kollegen (2016) eine Verknüpfung zwischen Struktur und Handeln, zwischen Organisation und Individuum vor, in dem sie die verteilte Führung einerseits als organisationale Ressource und andererseits als Agentur beschreiben. In der zweiten Perspektive beziehen sie sich dann auf das Konzept der Führungspraktiken und rechnen dazu individuelle Führungspersonen, Teams der an der Führung beteiligten Akteure und von ihnen genutzte Artefakte.

Die konzeptionelle Literatur zur verteilten Führung hat sich in der Folge mit verschiedenen Führungskonstellationen beschäftigt. Dabei finden sich zusammenfassend folgende **Merkmale bzw. Kriterien einer Verteilung**, die auch in Kombinationen untersucht und beschrieben werden (vgl. u. a. Gronn 1999, 2002, 2009; Spillane, 2006; Thorpe et al., 2011; Currie & Locket, 2011; Bolden, 2011; Dust & Ziegert, 2016; Tian et al., 2016; Van De Mieroop et al., 2020):

- Verteilung der Führung zwischen formalen Führungsrollen, z. B. formale Führungskraft und Stellvertreter, Assistent oder duale Führungsmodelle,
- Verteilung zwischen formalem Führer und informalem (Mit-)Führer, z. B. als Führungspartnerschaften/-gespanne (en. *couples*),
- Ausmaß der Verteilung von Führungsrollen, -aufgaben, -verantwortlichkeiten etc., z. B. an zwei, mehrere oder alle Akteure
- Planung der Verteilung vs. Emergenz aus täglicher Kooperation oder spezifischer Situation, z. B. Festlegung einer Arbeitsteilung bei der Führung eines Projektes vs. Übernahme von Führungsaufgaben durch weitere Mitglieder eines Teams im Verlauf des Projekts,
- Dauer der Verteilung von Führungsaufgaben, z. B. dauerhafte Verteilung oder zeitlich befristete, temporäre Wahrnehmung von Führung,
- Grad der einheitlichen Ausrichtung der Aktivitäten (en. *aligned vs. misaligned*), Führungsaktivitäten verschiedener an der Führung beteiligter Akteure weisen in die gleiche Richtung oder in verschiedene Richtungen, widersprechen sich,
- Grad der gemeinschaftlichen Ausübung von Führungsaktivitäten (en. *conjoint*), z. B. gemeinsame Entscheidungen, gemeinsame Kontrolle, z. B. in Meetings vs. individuelle Entscheidungen der an der Führung Beteiligten, fehlende Übernahme von Führung (en. *nobody in charge*),
- Grad der Abstimmung der Aktivitäten (en. *concertive*), von intensiver Abstimmung, z. B. in einem Führungsgespann, bis zu weitgehend eigenständigem Handeln im Rahmen verteilter Aufgaben und Verantwortlichkeiten.

In der Literatur finden sich verschiedene solche **Konstellationen verteilter Führung**, die Gronn (2009) als Führungskonfigurationen (en. *leadership configurations*) bezeichnet. So differenziert Spillane (2006) mit Bezug auf die führungspraktische Umsetzung verteilter Führung in Raum und Zeit in kollaborative, kollektive und koordinative Verteilung von Routinen zwischen mehreren Individuen. Eine *kollaborative Verteilung* beschreibt Führungspraktiken, die sich auf die Arbeit von zwei oder mehr Individuen erstrecken, die zur gleichen Zeit im gleichen Raum tätig sind. Eine *kollektive Verteilung* weist Ähnlichkeiten mit der kollaborativen Verteilung auf, wobei die Individuen separat arbeiten, aber ihre Tätigkeiten nicht unabhängig, sondern miteinander verknüpft sind. Die *koordinative Verteilung* ist eine Führungspraxis, bei der die Führungsaktivitäten der einzelnen Akteure sequentiell erfolgen.

Leithwood et al. (2006) orientieren sich vor allem am Planungsaspekt und der Ausrichtung. Sie unterscheiden in *geplante Ausrichtung* (en. *planned alignment*/bewusste Verteilung von Führungsfunktionen oder Aufgaben an Individuen oder Gruppen), spontane

Ausrichtung (en. *spontaneous alignment*/ungeplante Verteilung von Führungsfunktionen, basierend auf intuitiven Entscheidungen, die aber zu einer erfolgreichen gemeinsamen Ausrichtung der Führung führt), *spontane Fehlausrichtung* (en. *spontaneous misalignment*/ungeplante Verteilung von Führungsfunktionen, die jedoch zu einer widersprüchlichen, uneinheitlichen Ausrichtung des Führungshandelns führt) und anarchische Fehlausrichtung (en. *anarchic misalignment*/Verteilung der Führungsfunktionen und -aufgaben resultiert in einem unabhängigen und abgekoppelten Führungshandeln der einzelnen Akteure, Einflüsse von anderen werden zurückgewiesen).

Eine davon leicht abweichende Klassifikation von Führungskonfigurationen kommt von MacBeath et al. (2004). Die Verfasser beziehen sich auf verschiedene Formen der Verteilung von Führung wie *formale Verteilung* (absichtlich, formal, z. B. Delegierung), *pragmatische Verteilung* (als Ergebnis von Aushandlungsprozessen verschiedener Akteure), *strategische* (bewusste Zuordnung von Führungsaufgaben und -verantwortung zu neuen Mitarbeitern mit speziellen Fähigkeiten, oder Ressourcenzugang), *inkrementelle Verteilung* (mit Blick auf künftig zu erwerbende Führungsfähigkeiten) *opportunistische Verteilung* (Übernahme von zusätzlichen, nicht erforderlichen Führungsverantwortlichkeiten durch einzelne Mitarbeiter) und *kulturelle Verteilung* (auf der Basis gemeinsamer Annahmen über eine natürliche, organische Teilung der Führungsfunktionen zwischen beteiligten Individuen).

Die Ansätze der verteilten Führung stützen sich auf eine große Vielfalt **theoretischer Zugänge**. Die frühen Arbeiten zur verteilten Führung stützen sich vor allem auf die funktionalistische Systemtheorie und die Rollentheorie, und betrachten die Verteilung von Führungsfunktionen und Führungsrollen sowie klassische Arbeiten zur Teilung von Führung (s.o., vgl. auch Kap. 6 im Buch). Vor allem mit den Arbeiten von Spillane und Kollegen (u. a. Spillane, 2006; Harris, 2009) verlagert sich der Fokus auf die alltäglichen Führungspraktiken. Das Konzept der situierten Führung, auf das sich die Verfasser beziehen, stellt dabei eine Anwendung der Aktivitätstheorie von Engeström (1999) und des situierten Lernens (Lave & Wenger, 1991) dar. Bolden, der ausführlich auf die verschiedenen theoretischen Wurzeln der verteilten Führung eingeht (2011, S. 252 ff.), nennt als weitere wichtige Theoriebezüge u. a. den Ansatz der verteilten Kognition sowie die Theorien des sozialen und organisationalen Lernens. In diesem Kontext ist auch der Ansatz der Praxisgemeinschaften (en. *communities of practice*, u. a. Wenger, 2000) zu erwähnen. Grundsätzlich fällt auf, dass die theoretische Fundierung des Konzeptes der verteilten Führung neben Bezügen zur Tätigkeitstheorie deutlich stärker auch auf organisationstheoretische Ansätze zurückgreift. Mit Blick auf die Bedeutung von Artefakten bei der Konstitution der Führung haben Mailhot et al. (2016) auch Arbeiten der französischen pragmatischen Soziologie, insbesondere den Ansatz von Boltanski und Thevenot (2006) einbezogen, der die Bedeutung von Objekten und ihre Kopplung mit Akteuren als Grundlage für die Sinnzuweisung und die Konstitution von Rollen, hier Führungsrollen, ansehen. Auch wenn Fragen der Macht in den genannten Theorie-Ansätzen oft unterbelichtet bleiben, so finden sich auch zunehmend Arbeiten, die machttheoretische Überlegungen, u. a. Fragen der Machtdynamik mit der Entstehung, Entwicklung und Wirksamkeit der Führungskonfigurationen verknüpfen (u. a. Gordon, 2010; Empson, 2020) oder aus dieser Perspektive die Wirksamkeit einer verteilten Führung kritisch hinterfragen (Lumby, 2019). Tian et al. (2019) betrachten verteilte Führung ergänzend auch als organisationale Ressource. Schließlich haben Feng et al. (2017) in ihrer Bilanz zum Stand der Forschung auf die Rolle des Kontextes für die Wirksamkeit verteilter Führung hingewiesen und dabei auch nationalkulturelle Theorieansätze einbezogen.

Bolden (2011) zeigt in seiner Übersichtsdarstellung der **Herausbildung der verteilten Führung** auf, dass das Konzept der verteilten Führung vor allem im britischen Kontext und im Feld der Bildung entstanden und verbreitet ist, während zum Teil analoge Traditionen in US-amerikanischem Kontext sowie im weiteren Kontext von (Wirtschafts-)Organisationen unter dem Begriff der geteilten Führung publiziert wurden (vgl. Kap. 6 im Buch.). Der Bildungssektor war für die Herausbildung der Ansätze aber auch im US-Kontext in zweierlei Hinsicht bedeutsam: Zum einen handelt es sich um einen Führungskontext, der durch hoch qualifizierte Mitarbeiter und zahlreiche Führungsinstanzen und -konstellationen gekennzeichnet ist. Zugleich gab und gibt es einen starken Reformbedarf und entsprechende Reformbemühungen, die den Wandel von Strukturen, Prozessen und der Führung in Richtung gesellschaftliche Effizienzerwartungen betreffen, was begleitende, theoretisch fundierte Analysen nahegelegt hat. Und schließlich ist in diesem Kontext eine Affinität für Tätigkeits- und Lerntheorien zu beobachten, wie z. B. Leontev (1978) oder Vygotsky (1978), auf die sich auch die Arbeit von Engeström (1999) stützt.

Weiterhin verweist Bolden (2011) auf die überwiegend normative Orientierung verteilter Führung im US-Kontext, während er bei britischen Autoren eine stärkere Betonung verteilter Führung als Analyseansatz zur besseren Beschreibung und Erklärung von Führungsprozessen sieht. In Anlehnung an Spillane (2006, S. 102 f.) und Gronn (2009, S. 383) wird die Notwendigkeit einer Analyse von Führungskonfigurationen in der Praxis betont: Nicht nur die Tatsache sei wichtig, dass die Führung verteilt wird, sondern auch die Frage, wie sie genau verteilt wird (Bolden, 2011, S. 257 f.).

Im Zusammenhang mit den Überlegungen zur verteilten (und geteilten) Führung hat auch das **Konzept der Selbstführung** (en. *self leadership*), ursprünglich vor allem von Manz und Sims (1980) entwickelt, erneut ein besonderes Interesse erfahren. Selbstführung geht davon aus, dass Individuen ihr eigenes Verhalten durch das Setzen von persönlichen Standards, der Orientierung des Verhaltens an den Standards, der Evaluierung ihrer Leistungen anhand der Standards sowie der Umsetzung von Konsequenzen auf Basis der Selbstevaluierungen steuern (Kerr & Jermier, 1978; Manz & Sims, 1980). Selbstführung bzw. Selbstmanagement kann dabei zum einen als Substitut für klassische vertikale Personalführung oder aber auch als Ersatz für andere Führungsformen wie strukturelle und kulturelle Führung angesehen werden. Nach Mills (1983, S. 446) wird die Selbstführung (bzw. Selbstmanagement oder Selbststeuerung)[3] vor allem durch individuelle Faktoren

---

[3] In der Literatur zur Selbstführung finden sich zum Teil analoge Verwendungen der Begriffe Selbststeuerung, Selbstmanagement und Selbstführung, etwa im Modell von Mills (1983), der dort die Begriffe des Selbstmanagements bzw. der Selbststeuerung verwendet. Manz (1991), sieht dagegen

gefördert, wie das Wertesystem und die professionelle Orientierung von Mitarbeitern, aber auch durch Kunden- und Output-Erwartungen sowie organisationale Faktoren, wie eine organische Organisationsstruktur und unterstützende Führung. Grenzen ergeben sich entsprechend aus Aufgabenspezifika und der unterschiedlichen Bereitschaft zur Delegation von Führungsaufgaben als Macht- und Kulturproblem.

Einen umfassenden Überblick zu Diskussionsstand, empirischen Befunden und Forschungsperspektiven des Konzeptes der Selbstführung auf der individuellen und Gruppenebene, einschließlich seiner Verknüpfung mit Aspekten der verteilten und geteilten Führung geben u. a. Stewart, Courtright und Manz (vgl. Stewart et al., 2011). Eine aktuelle Studie liefern Pieterse et al. (2019).

### 7.2.2   Empirische Studien: Methoden und ausgewählte Befunde

Im Bereich der **verteilten Führung** liegt inzwischen eine Reihe empirischer Ergebnisse vor, die sich neben den etablierten Konfigurationen mit den Bedingungen oder den Folgen der verteilten Führung befassen. Auch finden sich zunehmend Studien, die den Prozess der Herausbildung der verteilten Führung betrachten. Die frühen Studien stammen vor allem aus dem Schulbereich, inzwischen sind aber auch empirische Arbeiten aus dem Gesundheitswesen, Tourismus, kommunalen Organisationen oder Wirtschaftsunternehmen hinzugekommen.

Dabei wurde eine Vielzahl von **Forschungsansätzen und -methoden** genutzt. Das Spektrum reicht von quantitativen Studien mit Fragebögen, über qualitative und fallbezogene Analysen unter Nutzung von Interviews und Dokumenten bis hin zu ethnografischen Studien zur Entstehung und dem Wandel von Führungspraktiken, Netzwerkanalysen und der Analyse von Führungsdiskursen. Im Vergleich zur geteilten Führung überwiegen die qualitativen Analyseansätze deutlich, wobei effizienz-orientierte Studien auch hier eher quantitative Methoden einsetzen.

Im Folgenden gehen wir auf **ausgewählte Studien** näher ein. Mit der *Herausbildung und Etablierung verteilter Führung* haben sich u. a. folgende Studien näher beschäftigt. Currie, Lockett und Suhomlinova (2009) untersuchen mit Hilfe der Interviews die Einführung verteilter Führung in 30 englischen Schulen. Sie stellen fest, dass flache Organisationsstrukturen und die Dezentralisierung von Verantwortung förderlich für die Verteilung von Führung sind. Hingegen wirken sich der herkömmliche Führungsstil der Schulleiter

---

Selbstmanagement als Zwischenstadium auf dem Weg von externer Führung zu Selbstführung, in der nur das „Wie?" der Tätigkeit eigenständig festgelegt wird, während bei Selbstführung auch das „Was?" und „Warum?" eigenverantwortlich entschieden wird. Zugleich wird ein unterschiedliches Motivationsniveau (extrinsisch vs. intrinsisch) unterstellt. Auch auf der Gruppenebene unterscheiden die beiden Autoren zwischen Selbstführung und Selbstmanagement von Teams (vgl. auch Neck und Manz 2010; Stewart et al., 2011, S. 190).

und der Widerwille der stellvertretenden Schulleiter, Verantwortung zu übernehmen, negativ auf die Etablierung der verteilten Führung aus (Currie et al., 2009, S. 1747).

Die Ergebnisse der Studie von Leithwood und Kollegen (2007) in acht kanadischen Schulen, in denen verteilte Führung praktiziert wurde, weisen zudem darauf hin, dass kooperative Arbeitsstrukturen, offene Organisationskultur, Möglichkeiten zur Weiterbildung sowie ausreichende Autonomie und Zeit für Mitarbeiter die verteilte Führung begünstigen. Zudem stellen die Autoren der Studie fest, dass erfolgreiche verteilte Führung die herkömmliche Führung nicht ausschließt, sondern darauf aufgebaut werden kann.

Currie und Locket (2011) haben in ihrem Beitrag den Branchen-Kontext für die Einführung von Modellen verteilter Führung im englischen Gesundheitswesen und der Sozialfürsorge untersucht. Dabei stützen sich die Verfasser auf ein Modell verteilter Führung zwischen Abstimmung (en. *concertive*) und Gemeinschaftlichkeit (en. *conjoint*) der Einflussausübung. Die Analyse der Rahmenbedingungen führt zum Fazit, dass die typische Kombination von zentralisierter Leistungssteuerung und professionalen Hierarchien in diesen Bereichen zu einer paradoxen Situation führt, die die Etablierung verteilter Führung behindert.

Oborn, Barrett und Dawson (2013) entwickeln ein sozio-materielles Modell der verteilten Führung und wenden es in einer ethnographischen Fallstudie aus der Gesundheitspolitik in London empirisch an. Dabei vertreten die Autoren die Meinung, dass Führung ein kollektiver Prozess ist, der sich über mehrere Gruppen der im Prozess beteiligten Akteure sowie denen von ihnen angewendeten Instrumenten und Praktiken verteilt (Oborn et al., 2013, S. 254). Die Ergebnisse zeigen, dass die verteilte Führung nicht zuletzt auch durch materielle Artefakte, wie Besprechungsräume, Kommunikationskanäle und Notfallprotokolle, hervorgerufen oder konfiguriert wird. Auch die jeweiligen institutionellen Handlungslogiken spielen dabei eine nicht zu vernachlässigende Rolle. Damit machen Oborn und Kollegen (2013) die Komplexität der verteilten Führung und ihre Einbettung im Organisationskontext deutlich, und verweisen auf die Notwendigkeit einer über die Gruppenbeziehungen hinausgehenden theoretischen Konzeptualisierung und Analyse.

Empson (2020) analysiert die Herausbildung einer verteilten (kollektiven) Führungsstruktur im Ergebnis einer akuten Organisationskrise in einem internationalen Dienstleistungsunternehmen. Die Tiefenfallstudie stützt sich auf 34 Interviews mit allen wichtigen Führungskräften und professionellen Experten der Firma, Dokumentenanalyse von Archivmaterial und direkte Beobachtungen. Im Prozess der Herausbildung einer kollektiven Führungsstruktur eines Management-Teams wurden versteckte Machthierarchien sichtbar, die die sich herausbildende formelle Führungsstruktur einer verteilten Führung unterlaufen können.

Den problematischen Einfluss von traditionellen Machtstrukturen auf die Herausbildung und Etablierung verteilter Führung hat bereits Gordon (2010) in seiner Fallstudie einer Polizeiorganisation hingewiesen. Auf Basis von Interviews mit Polizeibeamten kann er zeigen, wie die Kommunikation zwischen den verschiedenen Akteuren durch historisch entstandene und etablierte Muster in hierarchischer Weise gerahmt wird, so dass eine Umsetzung verteilter Führung nur oberflächlich gelingt.

Verschiedene *Konfigurationen verteilter Führung* wurden u. a. in den folgenden Studien untersucht. So hat Chreim (2015) die Entwicklung und Um- und Neuverteilung von Führungsrollen in einer vergleichenden Studie von zwei Akquisitionsprozessen untersucht, und dabei in jeder der Firmen Veränderungen in den Führungsstrukturen und -teams betrachtet. Neben zahlreichen Dokumenten wurden mindestens zehn Interviews in jeder der vier Firmen geführt. Die Verfasserin konnte dabei verschiedene Konfiguration beobachten, die von einer verteilten Führung, über eine verteilte Führerlosigkeit (en. *distributed leaderlessness*), eine Konstellation überlappender Führung bis hin zu einer zentralisierten, nicht verteilten Führung reicht. Dabei werden Grenzen verteilter Führung im Kontext von Übernahmen sichtbar und zugleich konnte gezeigt werden, wie sich in offenen und mehrdeutigen Führungsräumen spezifische Führungsmuster herausbilden können. (vgl. auch Chreim und MacNaughton 2016).

Assmann (2017) hat den spezifischen Führungseinfluss verschiedener Akteure, Instanzen sowie verschiedener Einflussformen zur verteilten Führung in einer Sportmannschaft analysiert. Die Verfasserin stützt sich auf den Ansatz von Konrath (2014). Die Arbeit verdeutlicht, dass zwar der (Chef-)Trainer eine große Macht als Führungsperson bei Besetzung, Training und Spiel besitzt, jedoch weitere Akteure in hohem Maß an der Führung partizipieren. Auch kollektiven Akteuren wie der Mannschaftsstab aus Trainern, Ärzten, Mannschaftskapitäninnen kommt ein erheblicher Einfluss zu. Während des Spiels verschiebt sich die Führungskonstellation und spezielle Spielerinnen, die Angriff oder Abwehr koordinieren, oder spontan die Führung übernehmen, gewinnen im Rahmen der Führungskonfiguration an Bedeutung. Und schließlich werden auch kulturelle Führungseinflüsse, wie etablierte Routinen, Zeremonien, Training, Spielvorbereitung und Spiel, identifiziert.

In einer weiteren empirischen Studie konnten Chreim und Kollegen (2010) in einer Langzeitstudie über vier Jahre die Veränderung von Führungsrollen in einem Netzwerk von Organisationen des Gesundheitswesens näher untersuchen. Die Aufmerksamkeit galt vor allem den Einflussquellen der beteiligen Akteure. Die Basis bildeten umfassende Beobachtung und insgesamt 74 Interviews mit zentralen Akteuren. Die Wissenschaftler konnten ermitteln, dass ein erfolgreicher Führungsprozess durch verteilte Ressourcen, Expertise, Legitimität, Autorität und vor allem auch die Fähigkeit, soziales Kapital aufzubauen und zu nutzen, gekennzeichnet ist. Kein einziger Akteur konnte den Wandel allein steuern. Es wurden daher sowohl planmäßige Konfigurationen als auch im Verlauf des Wandels emergent entstandene Muster der Führung beobachtet.

*Folgen und Effekte verschiedener Konfigurationen verteilter Führung* standen schließlich u. a. in den nachfolgend kurz dargestellten Studien im Mittelpunkt des Interesses. Mehrfach wird die Auswirkung auf den Wandel in Organisationen thematisiert. So haben sich Buchanan mit Kollegen (2007) mit der Umsetzung des organisationalen Wandels in einem britischen Krankenhaus beschäftigt. Die Daten wurden im Rahmen von Befragung, Dokumentenanalyse und informeller Diskussionen mit den Managern des Krankenhauses gesammelt. Die Autoren konnten vier zentrale Führungs rollen identifizieren, die je nach Anforderungen von unterschiedlichen Mitarbeitern, spezialisierten Schwestern oder Ärzten, übernommen wurden. Aufgrund des erreichten formalen Ziels und der subjektiven Interpretationen der Beteiligten schlussfolgern die Autoren, dass ein verteilter Ansatz positive Auswirkungen auf den organisationalen Wandel haben kann (vgl. Buchanan et al., 2007, S. 1080 f.). Problematisch ist nur, dass hier keine weiteren Einfluss- und Ergebnisfaktoren betrachtet wurden.

Canterino et al. (2020) haben den Einfluss verteilter Führung auf die Mobilisierung für den Wandel in Organisationen in einer internationalen Fragebogenstudie mit 459 mittleren Managern aus verschiedenen Firmen, Ländern und Industrien untersucht, die jeweils ein Projekt zum Wandel umgesetzt haben. Dabei wurde festgestellt, dass die Personenorientierung als auch die Aufgabenorientierung der Manager einen positiven Effekt auf die Wandelbereitschaft hat und dass dieser über eine verteilte Führung vermittelt wird.

Eine Analyse von typischen Rollenkonflikten bei einer dualen Führungskonfiguration in der Filmindustrie legen Ebbers und Wijnberg (2017) vor. Sie untersuchten Führungsmodelle mit einer Verteilung unterschiedlicher Verantwortlichkeiten auf die beiden Führungskräfte, den Produzent und den Regisseur sowie die Folgen für den ihnen beiden hierarchisch nachgeordneten Assistenten. Die empirische Basis bestand aus 38 semi-strukturierten Interviews mit Filmproduzenten und Regisseuren. Dabei konnte gezeigt werden, dass neben möglichen Rollenkonflikten und -ambiguitäten für die nachgeordnete Assistentenrolle auch Chancen und Möglichkeiten der aktiven Ausgestaltung bestehen, insbesondere wenn die übergeordneten Führungskräfte ihre jeweilige Rolle eng definieren.

### 7.2.3  Anwendungsfelder und kritische Würdigung

Das Konzept der verteilten Führung ist von Beginn an mit dem **Bemühen um praktische Lösungen** für die Leitung von Schulen verknüpft. So wurde 2004 in Philadelphia/USA das „Annenberg Distributed Leadership Project" gegründet und staatlich gefördert, um grundlegende Verbesserung an Schulen durch Umsetzung einer verteilten Führung zu erreichen (vgl. Harris & DeFlaminis, 2016). Das Ziel war es, Schulleiter und Lehrer darauf vorzubereiten, in verteilten Führungsteams zu arbeiten. Dazu wurden u. a. Führungstraining zur gemeinschaftlichen Führung, Führungscoaching und die Entwicklung von professionellen Lerngemeinschaften in der gesamten Schule etabliert, mit dem Ziel der Verbesserung der Lehre (vgl. u. a. Harris, 2013; Harris & DeFlaminis, 2016). In begleitenden Analysen wurde laufend die Wirksamkeit von verschiedenen Konfigurationen verteilter Führung untersucht und Empfehlungen zur Verbesserung der etablierten Führungsinstanzen, aber auch zur Entwicklung einer generellen Kultur der verteilten Führung und des Lernens unterbreitet.

Auch in weiteren Bereichen, angefangen vom Hochschulwesen, über das Gesundheits- und Sozialwesen und in der Kommunalpolitik bis hin zu Wirtschaftsunternehmen, haben die Modelle der verteilten Führung Anwendung gefunden, im letzteren Bereich oft auch unter dem Begriff der geteilten oder kollektiven Führung. Gerade Netzwerke von verschiedenen Akteuren bieten ein breites Feld für die bewusste Organisation einer Verteilung der Führung.

Im Ergebnis der zahlreichen empirischen Analysen in verschiedensten Feldern finden sich, mit Ausnahme der theoriekritischen Arbeiten, auch oft **praktische Implikationen**. So schlagen zum Beispiel Chreim und Kollegen (2010) vor, für die Führung in wichtigen Wandelprozessen spezielle Personen mit Veränderungserfahrungen zu gewinnen, statt die Führung überlasteten Experten im Gesundheitsweisen zu übertragen. Generell wird auf die Bedeutung der Entwicklung, Schaffung und Nutzung von Netzwerken und auf die Notwendigkeit entsprechender Fähigkeiten und Erfahrungen bei Führungspersonen verwiesen. Empson (2020, S. 21) betont politische Fähigkeiten als wichtige Voraussetzungen für den Führungseinfluss in professionellen Dienstleistungsfirmen. Trotz oft geringer formaler Autorität sind solche Führer in der Lage, über politisches Manöver informelle Macht auszuüben und dazu versteckte Hierarchien aufzubauen und/oder zu nutzen. Schließlich empfehlen Canterino et al. (2020) im Ergebnis ihrer Studie zum Beitrag der verteilten Führung zur Mobilisierung für den Wandel, dass Firmen, die Veränderungen planen, vor allem Manager als Führer auswählen sollen, die bereits Formen verteilter Führung praktizieren.

Neben der praxisorientierten Forschung zur verteilten Führung bietet diese jedoch vor allem eine **alternative Analyseperspektive für Führung in Organisationen** und interorganisationalen Netzwerken an. Einleitend kann unser Fallbeispiel sehr gut aus der Perspektive der verteilten Führung gelesen und interpretiert werden.

### Mittermayer und die Teilung von Führung

Der Fall Mittermayer kann als Beispiel für verteilte Führung gelesen werden. So gibt Herr Mittermayer einen Teil der operativen Führungsaufgaben an die nachgeordneten Führungskräfte ab und erwartet eigenständiges Handeln und Vorschläge. Er zieht sich auf rahmensetzende Aktivitäten zurück und lässt die jeweiligen Führungskräfte in ihren Bereichen gewähren („Dadurch haben wir auch Mitarbeiter, die sich vom einfachen Service-Dienstleister weiterentwickelt haben und schrittweise eine größere Verantwortung bekommen haben. […] Ich bin also Berater der Führungskräfte und Mitarbeiter. Und nicht derjenige, der sagt, wie man Sachen machen soll. […] Die Organisation ist auch dementsprechend angepasst, dass die Verantwortung dafür bei den Mitarbeitern liegt.")

Zugleich wird die Führungs- und Steuerungswirkung der Unternehmenskultur, welche Teil der verteilten Führung sein kann, betont: „Externe müssen sich so schnell wie möglich in die Unternehmenskultur integrieren. Das ist ganz wichtig. Das ist keine gewöhnliche Unternehmenskultur, sondern das ist eine Kultur, die besonders für uns ist."

Es gibt aber offenbar auch einen erheblichen Einfluss struktureller Führung durch etablierte Managementsysteme: „[…] Das Unternehmen hat ein sehr hartes ökonomisches Kontrollsystem. Das bedeutet, dass wir jeden Tag eigentlich ablesen können, was wir verdient haben, was wir hätten verdienen sollen. […] Wir machen einmal Jahrespläne, Halbjahrpläne und Monatspläne. Aber der heutige Tag wird optimiert, jeden Tag." ◄

In theoretisch-konzeptioneller Hinsicht leistet der Ansatz der verteilten Führung einen wichtigen Beitrag zur notwendigen Überwindung individualistischer, führerzentrierter Ansätze, indem Führung in stärkerem Maß als bisher als ein Gruppen- und Organisationsphänomen analysiert und gestaltet wird. Während der praxis- und gestaltungsorientierte Ansatz jedoch durch starke Normativität gekennzeichnet ist und paradigmatisch eher einer Soziologie der Regulation, und vor allem dem interpretativen Paradigma zugeordnet werden muss (vgl. Hartley, 2010), reicht die analytische Perspektive der verteilten Führung deutlich weiter und thematisiert die verteilte Führung im Sinne eines Paradigmenwechsels in der Führungstheorie und -forschung. Das gilt insbesondere auch für die Konzepte, die Machtaspekte in die Theorie einbringen und/oder mit einer reinen Akteursperspektive verteilter Führung brechen.

Hervorzuheben sind vor allem die Verknüpfung zwischen individueller und organisationaler Ebene (vgl. u. a. Tian et al., 2016), die solide theoretische Fundierung auch unter Bezug auf organisationstheoretische oder weiterreichende sozialtheoretische Ansätze und zahlreiche komplexe und innovative Analyseansätze wie ethnografische Studien, Langzeitanalysen oder Diskursanalysen, in inzwischen zahlreichen Feldern und Organisationstypen.

Allerdings zeigen sich nach fast 20 Jahren Theorieentwicklung, empirischer Forschung und praktischer Gestaltung auch eine Anzahl von konzeptionellen Schwächen und empirischen Defiziten (vgl. zusammenfassend u. a. Bolden, 2011; Harris, 2013; Harris & DeFlaminis, 2016; Tian et al., 2016; Feng et al., 2017). Wesentliche Kritikpunkte des Konzeptes der verteilten Führung auf der wissenschaftlichen Ebene betreffen den Kontext für das Entstehen und die Wirksamkeit solcher Führungskonzepte als praktische Gestaltungslösungen. Die Einführung ist außerordentlich voraussetzungsvoll und in kapitalistisch betriebenen und managementkontrollierten Produktions- und Verwaltungsprozessen nur schwer umzusetzen (vgl. auch ähnliche Probleme der partizipativen und geteilten Führung, s. Kap. 6 im Buch). Die starke Normativität und unzureichende Beachtung von Machtfragen beim praxisorientierten Ansatz der verteilten Führung wurde bereits erwähnt. Die Kontextabhängigkeit meint darüber hinaus auch die konkreten situativen Kontexte, unter denen sich verteilte Führung etablieren und wirksam werden kann, und die noch wenig erforscht sind. Generell wird ein direkter Zusammenhang von verteilter Führung und Ergebnissen in Gruppe und Organisation aufgrund der Vielzahl weiterer Faktoren und sehr unterschiedlicher und jeweils spezifischer Konfigurationen und Konstellationen verteilter Führung in Frage gestellt (vgl. u. a. Jones, 2014).

Grundsätzlich stellt die verteilte Führung aber einen theoretische-analytischen Ansatz zum Verständnis und zur Erklärung von Führung und Führungswirkungen dar, der weiterhin starke Beachtung verdient, vor allem auch im Bereich von Wirtschaftsunternehmen und Verwaltungen.

## 7.3   Führung als Residualfaktor

Bei der Betrachtung der Führung als Residualfaktor handelt es sich um ein deutschsprachiges Theoriemodell, entwickelt von Klaus Türk (1981), das eher in der Organisationsforschung und nicht in der Führungsforschung verortet wird. Auch weist der Ansatz der Führung als Residualfaktor keine expliziten Bezüge zur verteilten Führung auf. Zugleich bietet das Konzept aber eine theoretische Perspektive, die das Argument der multiplen Führungsinstanzen in Organisationen ins Zentrum ihrer Ausführungen rückt und damit eine wichtige theoretische Ergänzung zur verteilten Führung darstellt. Führung durch Vorgesetzte ist grundsätzlich nicht als ausschließliche Steuerungsinstanz von Organisationsmitgliedern anzusehen, sondern immer nur in Verbindung mit anderen Führungsinstanzen aufzufassen. Im Nachfolgenden werden die wesentlichen Argumente der Führung als Residualfaktor vorgestellt.

### 7.3.1   Die Systemtheorie als Hintergrundtheorie

Der Ansatz der Führung als Residualfaktor nach Klaus Türk (1981) geht auf die neuere soziale Systemtheorie (Luhmann, 1987) zurück. Diese stellt jedes Element der sozialen Welt, sei es „eine Familie, eine Behörde, eine Reisegesellschaft […] oder eine Gewerkschaft" (Luhmann, 1995, S. 23) als komplexes System verschiedener Handlungen dar. Dabei bestehen soziale Systeme nicht aus konkreten Personen „mit Leib und Seele", sondern aus konkreten Handlungen (Luhmann, 1995, S. 25), deren ordnendes Element wechselseitige Verhaltenserwartungen sind (Luhmann, 1995, S. 26). Das Bestehen eines Systems beruht auf der Beständigkeit dieser Erwartungen und der Verlässlichkeit ihrer Erfüllung (Luhmann, 1995 S. 34). Organisationen sind laut Luhmann im Unterschied zu elementaren sozialen Systemen als formalisierte Systeme aufzufassen, deren Mitgliedschaft in einen Komplex von formalen Erwartungen sowie spezifischen Rechten und Pflichten eingebunden ist und deren Anerkennung die Voraussetzung für die Mitgliedschaft ist (Luhmann, 1995, S. 21). Sowohl Führung als auch Gefolgschaft betrachtet Luhmann als eine spezielle Mitgliedschaftsrolle innerhalb dieses Komplexes. Der Autor unterscheidet zwischen der Führung, die an die legitimierte Person gebunden und somit „zum Gegenstand einer abgehobenen Rolle von besonderer Prominenz gemacht worden ist" (Luhmann, 1995, S. 208), und der „Führung in einem elementaren Sinne", die „im System diffus verstreut bleibt" und durch jedes Mitglied erbracht werden kann, „sofern es in der Lage ist, den Ton anzugeben, […] problematische Normen zur Anerkennung zu bringen, auszudrücken, was erwartet wird" (Luhmann. 1995, S. 208). Die Führungsleistungen sind insofern funktionell, als sie dem Bestand eines sozialen Systems durch die Ausbildung und Erhaltung von anerkannten Verhaltenserwartungen dienlich sind (Luhmann, 1995, S. 207). Die Führungsleistungen werden dann notwendig, wenn die Normen des Systems problematisch werden, „sei es in Folge einer rasch wechselnden Umwelt, […] sei es infolge interner Meinungsverschiedenheiten, die auf Diskrepanzen auf die Mitgliedschaftsmotivation zurückgehen" (Luhmann, 1995, S. 207). Somit sieht Luhmann Führung als eine erforderliche Ergänzung zu Institutionen an, wenn diese nicht ausreichen, um eine Zusammenarbeit der Mitglieder des Systems zu ermöglichen. Um die Akzeptanz unter den Mitgliedern herzustellen, ist Führung „durch Symbolisierung und Kommunikation dieser problematischen Verhaltenserwartungen" erforderlich (Luhmann, 1995, S. 207).

Die neuere Systemtheorie hat sich zwar insbesondere in der deutschen Organisationslehre niedergeschlagen, doch sie bereicherte auch die Führungstheorie, z. B. in Form der **systemischen Führung** (Ulrich & Krieg, 1974; Bleicher, 1991; Probst, 1987), die an das Konzept der Selbstorganisation sozialer Systeme nach Luhmann anknüpft und den Führungskräften nur eine limitierte Wirksamkeit im Gegensatz zu den Systemeinflüssen zuspricht.

Darauf baut auch der Ansatz der Führung als Residualfaktor auf, den Klaus Türk in seinem 1981 erschienenen Buch „Personalführung und soziale Kontrolle" entwickelte. Die gewählten Begriffe bringen die Grundidee der Theorie sehr gut zum Ausdruck. Türk leitet die Residualität vom lateinischen „residuum" ab, welches so viel wie „Restfaktor" oder „Rückstand" bedeutet. Führung als Residualfaktor verdeutlicht somit, dass direkte personale Führung in Organisationen einen Restfaktor zur Sicherung sozialer Kontrolle darstellt, weil sie nur die Lücken füllt, die andere Mechanismen sozialer Kontrolle in Organisationen hinterlassen. Dabei wendet Türk ein problemorientiertes Verfahren der Systemtheorie an, welches im Unterschied zur Kausalanalyse nach funktionalen Äquivalenten, d. h. nach Alternativen für die Handhabung bestimmter Probleme, sucht (Türk, 1981, S. 20, 21). Die Idee des Residualfaktors beruht zudem auf dem systemtheoretischen Organisationsverständnis von Türk. Diesem Verständnis zufolge kann instrumentelles Arbeitshandeln in der modernen Industriegesellschaft „nicht mehr durch die Analyse individueller Handlungsplanung allein verstanden werden […]", stattdessen müssen „verselbstständigte, objektivierte, bedeutungshaft integrierte Handlungszusammenhänge" der Arbeitsorganisationen in Betracht gezogen werden (Türk, 1981, S. 26). Bei diesen Handlungszusammenhängen handelt es sich um „jene versachlicht-emergenten, instrumentell ausgerichteten Arbeits- und Wirkungszusammenhänge", die das „Organisationssystem" ausmachen (Türk, 1981, S. 26). Ein Bestandteil des Organisationssystems sind menschliche Akteure, oder das sogenannte „Personal". Dem Autor zufolge ist das menschliche Verhalten als Element „eine[r] sachlich-partiale[n] Funktionalisierung […] im Rahmen von Herrschaftsverhältnissen in Organisationen, die auch arbeitsrechtlich definiert und abgesichert sind" zu verstehen (Türk, 1981, S. 27). Die funktionell zugeschnittenen Rollen- und Normenmuster fasst der Autor nicht gegenständlich, sondern sozialkonstruktivistisch auf: die „Organisation" existiere nur in den Köpfen der Menschen, sei nur über menschliche Aktionen aktualisierbar (Türk, 1981, S. 29) und müsse „gelernt werden" (Türk, 1981, S. 32). Eine wesentliche Herausforderung stellt dabei die Übereinstimmung zwischen dem Personen- und dem Organisationssystem dar, die weder trivial ist noch automatisch geschieht. Die Kongruenz wird erlernt durch primäre und sekundäre Sozialisationsprozesse, sie wird eingeübt im Laufe einer Berufsausbildung sowie erkauft durch Lohn, Aufstiegsversprechen, Statussymbole oder Zielrealisationschancen (Türk, 1981, S. 34). Nur durch den interaktionellen Lernprozess vermittelt wird das Handlungsprogramm des Organisationssystems, welches Normen, Rollen, Verhaltensweisen u. ä. umfasst, in das Personensystem des Individuums eingeschrieben und wird zum Bestandteil des individuellen Handlungsrepertoires (Türk, 1981, S. 32). Der Erfolg dieses Lernens zeigt sich aus Sicht von Türk in der Konformität der Individuen, worunter er „programmgemäßes Verhalten oder auch strukturelle Formkorrespondenz zwischen psychischem und sozialem System" (Türk, 1981, S. 36) versteht. Türk hebt die Bedeutung der Konformität hervor, indem er feststellt, dass „die modernen Arbeitsorganisationen unserer Gesellschaft nun typischerweise […] auf Mechanismen zur Sicherung von Konformität aufgebaut sind" (Türk, 1981, S. 37). In seinem Ansatz differenziert Türk zwischen zwei Formen der Konformität: Leistungskonformität und soziale Konformität, verstanden als „Fügsamkeit oder Loyalität" (Türk, 1981, S. 38).

Konformes Verhalten in Organisationen ist kein Automatismus, sondern ein voraussetzungsvolles Ergebnis von vielfältiger sozialer Kontrolle, die das Kernelement des Ansatzes von Türk darstellt. Unter sozialer Kontrolle fasst Türk „alle sozialen Prozesse, die die Funktion haben, eine Konformität des Handelns mit den bestehenden systembezogenen Handlungsmustern zu erreichen, zu sichern oder wiederherzustellen", zusammen (Türk, 1981, S. 45). Damit legt er eine sehr umfassende Sicht auf soziale Kontrolle vor. Türk geht davon aus, dass sich die soziale Kontrolle über alle Organisationen und Institutionen erstreckt, mit denen ein Mensch im Verlauf seines Lebens zu tun hat, angefangen von der Familie, über Kindergarten und Schule bis zu Unternehmen, denn sie alle tragen zur sozialen Kontrolle und zur organisationalen Konformität der Personen bei.

Die vielfältigen Mechanismen der sozialen Kontrolle unterscheidet der Autor in drei chronologisch aufeinander folgende Gruppen. Diese sind in Tab. 7.2 zusammengefasst. Die „vor-organisationale soziale Kontrolle" umfasst die vor-organisationale Sozialisation

**Tab. 7.2**    Mechanismen sozialer Kontrolle

| Vor-organisationale soziale Kontrolle | Organisationale Potenzialkontrolle | Organisationale Handlungskontrolle | | Innere Kontrolle |
| | | Unpersönliche/ indirekte Kontrolle | Persönliche/ direkte Kontrolle | |
| --- | --- | --- | --- | --- |
| – vor-organisationale Sozialisation<br>– vor-organisationale Allgemein- und Berufsbildung | – Selektion von Personal<br>– Allokation von Per-sonal<br>– Organisationale Sozi-alisation<br>– Organisationale Aus- und Weiterbildung | – Technik<br>– administrative Regelungen und Anreizsysteme<br>– Stellenzu-schneidung | – Gleichgestellte<br>– Unterstellte<br>– Vorgesetzte | - Verinnerlichung der Zwänge<br>- Interne Aggregation der Kontrollformen |

Quelle: In Anlehnung an Türk (1981, S. 127 ff.); eigene Zusammenstellung

und Ausbildung, die in der Familie, im Kindegarten und (Hoch-)Schulen stattfindet. Die „organisationale Potenzialkontrolle" wiederum bezieht sich auf die soziale Kontrolle innerhalb von Arbeitsorganisationen und umfasst solche kontrollierenden Maßnahmen, wie Selektion von Personal, Aufgabenorganisation, organisationale Sozialisation und organisationale Aus- und Weiterbildung. Die dritte Gruppe der sozialen Kontrolle betitelt der Autor mit „organisationaler Handlungskontrolle". Damit ist eine indirekte („unpersönliche") und direkte („persönliche") Einwirkung auf Individuen in Arbeitsorganisationen gemeint. Die erste umfasst Verhaltensvorschriften und Instruktionen, wie sie in den Stellenbeschreibungen, Arbeitsplatzanforderungen, administrativen Regelungen oder technischen Arbeitsabläufen enthalten sind, die zweite beinhaltet persönliche, direkte Kontrolle und interpersonale Beeinflussung der Mitarbeiter durch Kollegen und Vorgesetzte.

Während die **vor-organisationale soziale Kontrolle** darauf abstellt, dass Individuen grundlegende soziale Handlungsmuster im Allgemeinen übernehmen, dient die **organisationale Potenzialkontrolle** der Konformitätsherstellung in Bezug auf ein konkretes Unternehmen (Türk, 1981, S. 48). Dabei werden die persönlichen Handlungspotenziale im Hinblick auf die konkrete Unternehmensbedarfe „ausgesiebt", das Personal den vorliegenden „Aktionsbedarfen" oder Stellen zugeordnet, intern versetzt, befördert oder auf Nebenstellen „abgeschoben" (Türk, 1981, S. 49). Nicht auszuschließen ist daher, dass die Allokationspolitik auch zur Honorierung für Wohlverhalten und Sanktionierung für Fehlverhalten in Organisationen dienen kann (Türk, 1981, S. 49). Die **organisationale Handlungskontrolle** wiederum steuert Handlungen in organisationalen Arbeitssituationen: Bei der unpersönlichen Handlungskontrolle treten Vorgesetzte, wie auch die Organisationsherrschaft allgemein, dem einzelnen Unterstellten nicht direkt gegenüber, sondern versachlicht und objektiviert, indem z. B. Stellenbeschreibungen geschaffen oder geändert werden, neue Regeln zu Lohnentscheidungen, Beförderungen oder Lohneingruppierungen aufgestellt werden (1981, S. 139), allesamt Aspekte, die oftmals verrechtlicht und bürokratisiert sind und umso weniger in der Hand von Vorgesetzten liegen (Türk, 1981, S. 51). Solche objektivierte Vorgehensweise birgt für Unternehmen einen wichtigen Vorteil: sie von den Arbeitnehmern leichter geduldet und akzeptiert als persönliche Einflussnahme durch Vorgesetzte (Türk, 1981, S. 50). Diese ist wesentlicher Teil der **persönlichen sozialen Kontrolle,** neben der interpersonalen Beeinflussung durch Kollegen und Untergebene (Weiteres zu interpersonellen Einflusstaktiken findet sich in Kap. 8 im Buch). Türk setzt die personale Kontrolle mit einer Machtausübung gleich (Türk, 1981, S. 52).

## 7.3.2 Personalführung als Residualfaktor

Türk bezeichnet Führung durch Vorgesetzte als ein „nicht bürokratisierbares Element in Arbeitsorganisationen", welche im Wesentlichen eine kontrollierende Funktion erfüllt (Türk, 1981, S. 65). Personalführung ist laut Türk ein „Residualfaktor", der situationsspezifisch und in dem Maße eingesetzt wird, in dem die übrigen Mechanismen der sozialen Kontrolle nicht ausreichend zum Einsatz gekommen sind oder versagt haben (Türk, 1981,

S. 65). Der besondere Beitrag personaler Kontrolle liegt somit vor allem in der „Leistungs-maximierung" und der „Motivierung zur Mehrleistung über arbeitsvertragliche Ansprüche hinaus" (Türk, 1981, S. 66). Betrachtet man die Personalführung im Kontext der funktio-nalen Äquivalente, kann sie als entbehrlich oder ersetzbar aufgefasst werden. Sowohl ihre Interventionsfunktion zwischen Personen- und Organisationssystemen als auch das her-beizuführendes Ergebnis der sozialen Konformität können durch eine Reihe von funktio-nalen Äquivalenten herbeigeführt werden. Der genuine funktionale Beitrag der Personal-führung besteht aus Sicht des Autors darin, „Lücken" zwischen Systemrationalität und subjektiver Handlungsrationalität zu schließen, die andere Mechanismen sozialer Kon-trolle hinterlassen (Türk, 1981, S. 79). Zur Residualität der personalen Führung trägt auch die innere Kontrolle bei. Die innere Kontrolle als Sekundärmechanismus der sozialen Kontrolle sorgt zusammen mit den Mechanismen der indirekten Kontrolle dafür, dass der Personalführungsbedarf in Arbeitsorganisationen hinsichtlich der grundsätzlichen Akzep-tanz und Befolgung geltender Arbeitsnormen abnimmt (Türk, 1981, S. 131). Unter der inneren Kontrolle versteht der Autor eine Verinnerlichung (Türk selbst nennt es „Introji-zierung") von auferlegten Zwängen. Mit Verweis auf die „Selbstkontrollapparatur" von Elias (1976) sieht Türk die zunehmende Verinnerlichung von Systemcharakteristika durch Personen als ein typisches Merkmal moderner Zivilisationsgesellschaften an (Türk, 1981, S. 132), das mit einer Transformation der Persönlichkeit einhergeht: Der äußere Druck wird durch den inneren Zwang und durch „eine besondere Art der menschlichen Energie" ersetzt und fließt somit in die Charakterzüge des Menschen ein (Türk, 1981, S. 132). In-dem das Individuum die äußeren Zwänge der primären und der sekundären Sozialisation absorbiert, entwickelt es eine innere Kontrollinstanz, die mit Selbststeuerung und Selbst-kontrolle gleichzusetzen ist. Innere Kontrolle äußert sich darin, „dass sich eine Person durch internalisierte Normen und Werte, durch Aneignung geltender Deutungsmuster oder Paradigmen und Entwicklung systemseitig geforderter Qualifikationen oder Kompetenzen selbstständig steuert, also externer Beeinflussungsmaßnahmen nicht (mehr) bedarf" (Türk, 1981, S. 133). Sie offenbart sich nicht nur durch das moralische Bewusstsein („Gewis-sen"), sondern auch durch die Wissensstrukturen (Türk, 1981, S. 134), die im Zuge der Sozialisation angeeignet werden und konstitutiv für die Weltsicht und Aneignung neuen Wissens sind. Somit kann die innere Kontrolle als Gesamteffekt aller anderen Kontrollar-ten verstanden werden (Türk, 1981, S. 134), der dafür sorgt, dass solche Systemanforde-rungen, wie die Hierarchie oder das Leistungsprinzip vom Individuum als legitim empfun-den werden (Türk, 1981, S. 138–139).

Je mehr die internalisierten Regulationsmechanismen mit den Systemerfordernissen übereinstimmen, umso eher kann man von der „Selbstständigkeit" im Sinne der Konfor-mität der Person sprechen. Nicht nur ist die innere Kontrolle in einem hohen Maße kom-plementär zur vor-organisationalen Potenzialkontrolle und organisationalen Handlungs-kontrolle, sondern sie liefert aus Sicht des Autors auch den Beweis dafür, dass die „Sozialisation das effektivste Mittel der sozialen Kontrolle ist" (Türk, 1981, S. 133). Je wirksamer die gesellschaftlichen Sozialisationsinstanzen und die dadurch erzeugte innere

Kontrolle sind, umso weniger Kosten fallen für die weitere Kontrolle der Arbeiter an (Türk, 1981, S. 133) und umso weniger Bedeutung fällt der Führung durch Personen zu.

Um sein Konzept empirisch zugänglich zu machen, formuliert Türk einige Hypothesen in Bezug auf die Personalführungsbedarfe, die auf kumulativer Wirkung sozialer Kontrollmechanismen beruht. Die nachfolgende Zusammenstellung enthält einige der Thesen.

**Ausgewählte Thesen zum Bedarf an Personalführung**

1. Mit zunehmender Unternehmenszugehörigkeit der Beschäftigten nimmt der Bedarf an personaler Führung ab.
2. Mit zunehmendem Alter der Beschäftigten sinkt der Bedarf an personaler Führung.
3. Mit steigender Einsatzebene in der Hierarchie des Unternehmens geht der Bedarf an personaler Führung zurück.
4. Kleinere Organisationen haben einen tendenziell größeren personalen Führungsbedarf als große Organisationen.

Quelle: In Anlehnung an Türk (1981, S. 126–188) ◄

**Zusammenfassung**

Angesichts der Vielzahl von Mechanismen, die im Laufe des menschlichen Lebens für die soziale Konformität sorgen, bleibt der personalen Kontrolle durch den Vorgesetzten am Arbeitsplatz lediglich eine Lückenfüllerfunktion. Somit befriedigt personale Führung lediglich einen Restbedarf an sozialer Kontrolle. Dieser entsteht, wenn die Wirkungen anderer Mechanismen sozialer Kontrolle Konformitätslücken aufweisen oder wenn sie versagen. Andernfalls ist der Beitrag personaler Kontrolle zur Gewährleistung sozialer Konformität in Organisationen marginal. Beispielsweise nimmt der Personalführungsbedarf in Arbeitsorganisationen mit steigender innerer und indirekter Kontrolle stark ab (Türk, 1981, S. 131).

### 7.3.3  Kritische Würdigung

Mit seinem Ansatz der Führung als Residualfaktor bietet Türk eine systemtheoretisch fundierte Sichtweise auf vielfältige Führungsinstanzen in Organisationen, die eine wichtige konzeptionelle Ergänzung zu den oftmals empirisch ausgerichteten Arbeiten über verteilte Führung und Führungssubstitute liefert. Dadurch, dass Führung ausschließlich als einer der Mechanismen der sozialen Kontrolle und Herrschaft in Organisationen diskutiert wird, bietet der Ansatz zudem einen kritischen, da machtorientierten Blickwinkel auf Personalführung. Somit wird hier Führung von Mitarbeitern in zweifacher Weise kritisch beleuchtet: als eine trotz zahlreicher funktionaler Äquivalente in Organisationen in seiner

Wirkung oft überschätzte Funktion und als ein stets kontrollorientiertes Handlungssystem. Als einer der wesentlichen Verdienste der Führung als Residualfaktor kann somit eine starke Relativierung der häufig suggestiv unterstellten Bedeutung von Führungskräften angesehen werden. Hier werden gesellschaftliche und organisatorische Prozesse und Systeme herausgearbeitet, die Führung ersetzen können und die unterstellte Relevanz der Führung hinterfragen lassen. Somit stellt der Ansatz der Führung als Residualfaktor einen wichtigen Beitrag für die kritische Sicht auf Führungsprozesse in Organisationen dar.

Die Gleichsetzung der Führung mit sozialer Kontrolle ist zugleich als problematisch, da verkürzt anzusehen. Dadurch werden andere Aspekte der Führung, wie Sinnstiftung oder Motivation (Neuberger, 2002, S. 445), ausgeblendet. Beispielsweise geht Türk davon aus, dass die indirekte Handlungskontrolle, z. B. in Form von Stellenbeschreibungen oder Lohneingruppierungen, ihre Steuerungsfunktion gewissermaßen automatisch entwickelt. Übersehen wird dabei, dass sich eine „automatische" Steuerung in Organisationen selten ereignet, weil die Bestandteile der indirekten Handlungskontrolle oftmals nicht eindeutig oder widersprüchlich sind und einer Erklärung bedürfen, die meist den Führungskräften zufällt (Neuberger, 2002, S. 446).

Trotz des beachtlichen konzeptionellen Beitrags, den dieser Ansatz für die Führungsforschung, insbesondere die Konzeptualisierung der verteilten Führung liefert bzw. liefern könnte, ist keine breite Rezeption weder im deutschsprachigen noch im angelsächsischen Raum zu verzeichnen. Dabei sind offensichtliche Bezüge zu anderen Arbeiten festzustellen, wie z. B. zu Alvesson und Blom (2019) oder Literatur zur Selbstführung. Dennoch blieb Führung als Residualfaktor in der Führungsforschung weitestgehend unbekannt. Lediglich in der Organisationsforschung wird darauf referiert. Auch die angelsächsische Forschung zu Substituten der Führung, die im nachfolgenden Teil dargestellt wird, griff die Ideen von Türk nicht auf, obwohl es sich bei der konzeptionellen Entwicklung der Führungssubstitution angeboten hätte.

## 7.4    Führungssubstitute

### 7.4.1   Theorie der Führungssubstitute

Die Theorie der Führungssubstitute stellt bei genauer Sicht einen frühen Vorläufer der verteilten Führung, und in neuerer Zeit einen parallelen Forschungsstrang dar. Überraschenderweise beziehen sich jedoch die Vertreter der verteilten Führung mit Ausnahme von Gronn (1999) kaum oder gar nicht auf den Ansatz der Führungssubstitute, und umgekehrt.

Ihren Ausgang nahm die Idee der Führungssubstitute, so die Begründung von Kerr und Jermier (1978), in der Erkenntnis, dass in der empirischen Führungsforschung nur ein vager Zusammenhang zwischen dem Führungsverhalten und dem Führungserfolg festgestellt werden konnte. Das betraf sowohl die Erreichung von Produktivitätszielen als auch die Mitarbeiterzufriedenheit, zwei der populärsten Kriterien für den Führungserfolg.

**Tab. 7.3** Ursprüngliche Führungssubstitute

| Merkmale der Mitarbeiter | Merkmale der Aufgabe | Merkmale der Organisation |
|---|---|---|
| 1. Fähigkeiten, Erfahrung, Wissen<br>2. Unabhängigkeitsstreben<br>3. „Professionelle" Orientierung<br>4. Gleichgültigkeit gegenüber organisationalen Anreizen | 5. Eindeutigkeit und Routinemäßigkeit<br>6. Methodische Invarianz<br>7. Rückmeldung durch die Aufgabe<br>8. Intrinsische Befriedigung | 9. Formalisierung<br>10. Mangelnde Flexibilität<br>11. Unterstützung durch Kollegen außerhalb Arbeitsabteilung<br>12. Kohäsive Arbeitsgruppen<br>13. Anreizverteilung ohne Mitwirkung des Vorgesetzten<br>14. Räumliche Distanz zwischen Vorgesetzten und Untergeordneten |

Quelle: In Anlehnung an Kerr und Jermier (1978); übersetzt in Anlehnung an Neuberger (2002, S. 446–447) und Türk (1981, S. 67).

Zudem stellten die Autoren fest, dass die bis dahin existierende Führungsforschung die Umstände weitestgehend ignorierte oder wenig beachtete, unter denen das Verhalten der Führungskräfte keine oder niedrige Wirkung auf die genannten Kriterien hatte. Beispielsweise zeigten die Forschungsergebnisse zur Weg-Ziel-Theorie (House, 1971; House & Mitchell, 1974), dass bei klaren Zielen und einem vorgegebenen Weg dahin die Einmischung der Führungskräfte unnötig oder gar kontraproduktiv ist, da die Beschäftigten es als unnötige Kontrolle empfinden. So sehen sich Kerr und Jermier (1978) zur Schlussfolgerung veranlasst, dass neben dem Führungsverhalten auch Führungssubstitute eine wichtige Bedeutung haben und einer stärkeren Beachtung in der Forschung bedürfen.

In ihrem Artikel fassen Kerr und Jermier damalige vereinzelte Erkenntnisse zusammen und stellen einen theoretischen Ansatz auf, der sich explizit mit den Bedingungen befasst, unter denen das Führungsverhalten kaum oder wenig Wirkung zeigt. Im Fokus des Ansatzes stehen somit Bedingungen, unter denen sich die Leistung oder Zufriedenheit der Mitarbeiter auch ohne Einfluss der Vorgesetzte einstellt. Ausgehend von den damaligen Forschungsstudien stellen Kerr und Jermier (1978, S. 378) insgesamt 14 Führungssubstitute zusammen, die die Tab. 7.3 wiedergibt.

Kerr und Jermier unterscheiden drei **Gruppen von Führungssubstituten**: Merkmale der Mitarbeiter, Merkmale der Aufgabe und Merkmale der Organisation. Die Substituierungsfähigkeit eines jeden Faktors erläutern die Autoren einzeln. So führen sie zum Beispiel auf, dass sich Mitarbeiter mit professioneller Orientierung auf unternehmensexterne Experten ausrichten, die für sie als Vorbilder gelten. Diese Mitarbeiter messen auch den internen Lohnstrukturen weniger Relevanz bei. Somit steht eine professionelle Orientierung von Mitarbeitern der Beeinflussung durch unternehmensinterne Führungskräfte im Wege. Ein anderes Beispiel bezieht sich auf die Routineaufgaben, die sich durch die sogenannte methodische Invarianz auszeichnen und am ehesten an den Fließbändern in Fabriken zu beobachten sind. Solche Aufgaben lassen wenig Spielraum für die Beeinflussung durch Führungskräfte zu, weil hier die vorgegebenen Arbeitsnormen und die Lohnstrukturen die Verhaltenssteuerung der Mitarbeiter nahezu vollständig übernehmen (Kerr & Jermier, 1978, S. 379).

Um eine Differenzierung zwischen den Substituten bemühen sich die Autoren bereits in der ersten Publikation, indem sie zwischen den „Substituten" und den „Neutralisierern" unterscheiden. Dabei bezeichnen die Autoren mit den **„Neutralisierern"** alle Faktoren, die die Führungseinwirkung unmöglich machen, so dass die beabsichtigte Einflussnahme durch die Führungskraft nicht stattfinden kann oder wirkungslos bleibt. Die Neutralisierer würden ein „Einflussvakuum" für Führungskräfte erzeugen (Kerr & Jermier, 1978, S. 395). Ein klassisches Beispiel hierfür wäre die räumliche Distanz zwischen Mitarbeiten und Führungskraft. Dagegen wirken die **„Substitute"** auf die Führung derart, dass Führungsverhalten unnötig ist und daher redundant, manchmal auch kontraproduktiv, d. h. Substitute ersetzen die Führung, indem sie sie irrelevant machen (Kerr & Jermier, 1978, S. 395). Ein Beispiel hierfür wäre eine intrinsisch motivierende Aufgabe: Bei einer solchen Aufgabe erübrigt sich die motivierende Einflussnahme durch Vorgesetzten, es sei denn, Mitarbeiter fühlen sich durch die Aufgabe überfordert und bedürften fachlicher Unterstützung. In den späteren Studien wurden zudem noch die sogenannten **„Verstärker"** (en. *enhancer*) unterschieden (Howell et al., 1986), die den Führungseinfluss unterstützen und erhöhen. In der Forschung zu Führungssubstituten hat sich jedoch diese Differenzierung zwischen den Neutralisierern, Substituten und Verstärkern nicht durchgesetzt. Vielmehr werden Aspekte, die Führung in irgendeiner Weise substituieren, nach dem Vorschlag von Howell und Koautoren (1986) allgemein als Moderatoren aufgefasst, ohne ihre verschiedenen Wirkungen zu beachten.

Um eine weitere Differenzierung bemühen sich Dione und Koautoren (2005), die in Anlehnung an Kerr und Jermier (1978) insgesamt fünf Modelle der Führungssubstitution unterscheiden (Dione et al., 2005, S. 171):

1. Modell der Führung: ausschließlich das Führungsverhalten beeinflusst das Verhalten der Mitarbeiter;
2. Modell der Substitute: ausschließlich Substitute beeinflussen das Mitarbeiterverhalten;
3. Modell der gemeinsamen Effekte: das Mitarbeiterverhalten entsteht durch gemeinsame Beeinflussung durch Führungsverhalten und Substitute (voneinander unabhängige Beeinflussung);
4. Modell der Mediation: Substitute wirken als Mediatoren zwischen dem Führungseinfluss und dem Mitarbeiterverhalten;
5. Modell der Moderation: Substitute moderieren den Zusammenhang zwischen dem Führungseinfluss und dem Mitarbeiterverhalten.

In der Forschung zu Führungssubstituten, so die Kritik der Autoren, werden diese heterogenen Zusammenhänge zwischen dem Führungsverhalten und den Führungssubstituten kaum thematisiert; stattdessen ist hier eine unhinterfragte Dominanz des Moderationsmodells zu beobachten. Dabei verdeutlicht gerade das Modell der Mediation, dass die moderierte Beziehung die Komplexität keinesfalls adäquat abzubilden vermag, denn zwischen dem Führungsverhalten und seinen Substituten können starke Interdependenzen existieren (Dione et al., 2005). Manche Substitute werden erst durch den Einfluss der Führungskräfte ermöglicht, wie beispielsweise die Vergabe einer intrinsisch motivierenden Aufgabe. Die Frage, die sich daran anschließt, wie die Grenzziehung zwischen Führung und ihren Substituten gezogen werden kann, fand in den konzeptionellen Arbeiten bislang ebenfalls kaum Beachtung.

### 7.4.2 Analysemethoden und empirische Befunde zu Führungssubstituten

In den zahlreichen Analysen zu Führungssubstituten dominiert nach wie vor die quantitative Forschung unter Nutzung von Fragebogen. Insofern ist die Frage der Messung zentral, und wir werden hier auf die wesentlichen Annahmen und Erkenntnisse zur Messung der Führungssubstitute eingehen.

Kerr und Jermier entwickeln eine Skala von insgesamt 55 Items, die mit Hilfe von mehreren Aussagen des Likert-Typs die jeweiligen Führungssubstitute ermittelt. Als eine besondere Aufgabe erachteten die Autoren dabei, Items zu entwickeln, die es erlauben, die Wirkung der Führungssubstitute von den Wirkungen der Führung zu trennen. In der nachfolgenden Darstellung sind ausgewählte Items des Fragebogens von Kerr und Jermier (1978) zusammengestellt.

---

**Ausgewählte Items des Originalinstruments zur Messung von Substituten**

- „Ich habe genug Erfahrung und Fachwissen, um mit den meisten Situationen, mit denen ich bei meiner Arbeit konfrontiert werde, fertig zu werden." (*Fähigkeiten, Erfahrung, Wissen*)
- „Ich bin nicht sehr euphorisch, was die Belohnungen und die Möglichkeiten, die mir diese Organisation bietet, angeht." (*Gleichgültigkeit gegenüber organisationalen Anreizen*)
- „Meine Arbeit ist so beschaffen, dass ich zu Anfang jeden Arbeitstages genau weiß, womit ich den Tag verbringe." (*Eindeutigkeit und Routinemäßigkeit der Aufgabe*)
- „Mein Job gibt mir das Gefühl zu wissen, ob ich gut oder schlecht arbeite." (*Rückmeldung durch die Aufgabe*)
- „Meine Arbeit gibt mir ziemlich viel persönliche Zufriedenheit." (*intrinsische Befriedigung*)
- „Für meine Arbeit existieren klare schriftliche Vorgaben und Ziele." (*Formalisierung*)

Quelle: In Anlehnung an Kerr und Jermier (1978, S. 382–384); übersetzt in Anlehnung an Neuberger (2002, S. 446–447) ◄

---

Die Untersuchungen mit der entwickelten Skala führten Kerr und Jermier entweder mit einer zufällig gemischten Stichprobe durch oder unter Polizisten eines ausgesuchten

Reviers. Neben den Substituten erhoben die Autoren, und dieser Praxis folgt die spätere Forschung, auch die sogenannten Kriterienvariablen für den Führungserfolg, wie Commitment oder Mitarbeiterzufriedenheit sowie das Führungsverhalten, um den jeweils erklärten Anteil der Varianz von Kriterien vergleichen zu können. Dieser Fragebogen wurde von Podsakoff und Koautoren in mehreren Studien kritisiert und schlussendlich durch ein aus ihrer Sicht valideres Instrument ersetzt (Podsakoff et al., 1993), welches sich in der nachfolgenden Forschung einer großen Popularität erfreut. Für die deutsche Übersetzung dieses Instruments möchten wir hier auf Neuberger (2002, S. 446–447) verweisen.

Der Ansatz der Führungssubstitute wurde von empirischen Studien zunächst überhäuft. Das vorliegende zahlreiche empirische Material zu Führungssubstituten wird hier entlang der vier Leitfragen gesichtet, mit denen sich im Wesentlichen die Führungssubstitutionsforschung befasst:

1. Wie wichtig sind die Führungssubstitute?
2. Welches Führungsverhalten ist substituierbar?
3. Was wird mit Hilfe von Führungssubstituten vorhergesagt?
4. Welche Aspekte werden als Führungssubstitute angesehen?

Die erste Frage stellt zugleich auch die älteste Frage der Führungssubstitutionsforschung dar: Sind Führungssubstitute wichtig, um die Kriteriumsvariablen, wie Mitarbeiterzufriedenheit oder -leistung, erklären zu können, oder lassen sich die Kriteriumsvariablen durch das Führungsverhalten besser vorhersagen? Die hierzu verfassten Arbeiten und deren Ergebnisse sind nicht selten widersprüchlich. So sprechen einige Untersuchungen den Führungssubstituten einen wichtigen Erklärungsbeitrag zu. Bereits die erste Studie von Kerr und Jermier (1978) verdeutlicht aus Sicht der Autoren, dass das Führungsverhalten im untersuchten Polizeirevier nur einen kleinen Erklärungswert besitzt. Dieser fällt umso niedriger aus, je mehr wichtige Substitute der Führung vorkommen, wie z. B. die intrinsisch befriedigende Aufgabe oder die Rückmeldung durch die Aufgabe selbst. Auch Pool (1997) zeigt in seiner Untersuchung, dass Mitarbeiterzufriedenheit zu einem großen Anteil von den aufgaben- und organisationsbezogenen Substituten erklärt werden kann. In den anderen Untersuchungen hingegen erweist sich die Erklärungsfähigkeit von Führungssubstituten als niedrig (Podsakoff et al., 1993). Auch Howell und Dorfman widerlegen in ihrer Studie, in der sie Mitarbeiter eines öffentlichen Krankenhauses befragten, den Substituierungseffekt. Stattdessen zeigen ihre Ergebnisse, dass das Führungsverhalten die Mitarbeiterzufriedenheit und das Commitment am besten zu erklären vermag und die untersuchten Führungssubstitute, wie Formalisierung in Organisation oder intrinsisch motivierende Aufgabe, nur eine nachgelagerte Bedeutung haben (Howell & Dorfman, 1981).

Podsakoff et al. (1993) führen die widersprüchlichen Ergebnisse auf die methodischen Mängel der verwendeten Skala für die Messung der Substitute zurück und entwickeln eine revidierte Skala zur Erfassung von Führungssubstituten. Anders als ihre Vorgänger führen die Autoren ihre Untersuchungen zudem nicht oder nicht nur in den öffentlichen Institutionen durch, sondern befragen zum größten Teil Angestellte privater Unternehmen. Die

Ergebnisse ihrer Studien zeigen, dass die Führungssubstitute das Führungsverhalten nicht ersetzen, sondern zu einer besseren gemeinsamen Vorhersagefähigkeit in Bezug auf die Mitarbeiterzufriedenheit und -leistung beitragen (Podsakoff et al., 1993). Zu einem ähnlichen Ergebnis führt auch die Metaanalyse von Podsakoff und Kollegen (1996a). Zwar können Substitute der Führung die Kriteriumsvariablen gut erklären, oftmals besser als das Führungsverhalten allein, aber erst durch die Kombination von Substituten und den Variablen des Führungsverhaltens erreicht man einen Erklärungsgehalt von bis zu 70 Prozent (Podsakoff et al., 1996a, S. 395). Die Ergebnisse legen somit nahe, dass die untersuchten Substitute die Führung zwar ergänzen, aber nicht ersetzen können und bestärken somit das Modell der gemeinsamen Effekte (Dione et al., 2005).

Fasst man die Ergebnisse zur zweiten Frage, welches Führungsverhalten im „Fadenkreuz" der Substituierung steht, zusammen, zeigt sich ebenfalls eine große Heterogenität. Während in einigen Studien das beziehungsorientierte und aufgabenorientierte Führungsverhalten erfasst wird (z. B. Kerr & Jermier, 1978), betrachtet eine ganze Reihe von Studien die transformationale Führung als substituierbar (z. B. Podsakoff et al., 1996b; Whittington et al., 2004; Den Hartog & Belschak, 2012; Zacher & Jimmieson, 2013; Nübold et al., 2013; Hussain et al., 2016; Breevaart et al., 2016; Kroon et al., 2017; Guerrero et al., 2018). Die Studien legen nahe, dass der Einfluss oder Bedarf nach der transformationalen Führung durch zahlreiche Faktoren reduziert wird, wie z. B. durch positive Rückmeldung seitens Kunden (Guerrero et al., 2018), Selbstführung durch Mitarbeiter (Breevaart et al., 2016) oder Achtsamkeit der Beschäftigten (Kroon et al., 2017). Andere Autoren gehen dazu über, auch weitere Verhaltensweisen von Führungskräften als substituierbar darzustellen, wie z. B. Verfahrensgerechtigkeit (Ullrich et al., 2009). Die große Vielfalt des als substituierbar angenommenen Führungsverhaltens erschwert die Nachvollziehbarkeit der Führungssubstitution, sind unterschiedliche Führungstätigkeiten doch durch unterschiedliche Rahmenbedingungen substituierbar, wie Kerr und Mathews (1995, S. 1033) anhand von Aufgaben- und Beziehungsorientierung von Führungskräften zeigen.

Die sogenannten Kriteriumsvariablen, die mit Hilfe von Substituten und/oder dem Führungsverhalten in den empirischen Studien vorhergesagt werden, sind ebenfalls in hohem Maße zahlreich und heterogen, wie z. B. Arbeitszufriedenheit und Arbeitscommitment (Jernigan & Beggs, 2010), individuelle Produktivität (z. B. Whittington et al., 2004) oder Teamleistung (Hui et al., 2007). Je nachdem, welche Kriteriumsvariable betrachtet wird, variiert auch der Erklärungs- und Prognosegehalt der Führungssubstitute stark. Während das aufgabenbedingte Feedback stark und positiv mit der Arbeitszufriedenheit (Jernigan & Beggs, 2010) sowie dem Extra-Rollen-Verhalten der Mitarbeiter zusammenhängt (Podsakoff et al., 1996b), wird das organisationale Commitment der Mitarbeiter vor allem durch die Gleichgültigkeit den materiellen Anreizen gegenüber (negativ) vorhergesagt (Podsakoff et al., 1996b). Auch hier steht die Vielfalt der untersuchten Variablen der Nachvollziehbarkeit von Substituierungsmechanismen im Weg.

Auch die vierte der aufgestellten Leitfragen, was als Führungssubstitute angesehen werden kann, erfuhr in der Führungssubstitutionsforschung unterschiedliche Beantwortung. Zur ursprünglichen Liste von 14 Führungssubstituten, zusammengestellt von Kerr und Jermier (1978), kamen im Laufe der Jahre unterschiedliche Ergänzungen hinzu, meist wenig systematisch und fragmentiert. Zum einen werden zahlreiche personelle Faktoren hinzugezogen, wie z. B. Zynismus der Mitarbeiter, weil sich die zynischen Mitarbeiter, so die Annahme, schwer von ihren Führungskräften beeinflussen lassen (Podsakoff & MacKenzie, 1997), oder das Selbstmanagement von Mitarbeitern (Manz & Sims, 1980) sowie die Selbstwirksamkeitserwartungen von Mitarbeitern (Den Hartog & Belschak, 2012; Nübold et al., 2013). Auch die Eigenschaften der Führungskräfte, wie ihre Prototypizität (Ullrich et al., 2009), oder weitere organisationale Rahmenbedingungen, wie z. B. organisationale Kultur oder Klima der Kundenorientierung im Betrieb (Hui et al., 2007), wurden als Führungssubstitute untersucht. Gronn (1999) hat ein hierarchisches Führungsgespann (en. couple) untersucht und aufgezeigt, wie und unter welchen Bedingungen solche Verbindungen den Charakter von Führungssubstituten annehmen können. Und schließlich konnten auch IT-gestützte Prozessmanagementprogramme als Führungssubstitute identifiziert werden (Rybnikova et al., 2015).

Auch wenn die Autoren den Mangel der qualitativen, langfristigen Studien kritisieren (Dione et al., 2005), bleiben diese jedoch selten. Die Untersuchungen von Starke und Koautoren (2011) sowie Jones (2011) stellen solche qualitative und interpretativ-orientierte Versuche dar. Starke und Koautoren (2011) begleiten in ihrer Studie den organisationalen Wandel in einem kleinen Betrieb und beobachten, wie die subjektiven Interpretationsmuster von Mitarbeitern über den Sinn und die Richtung der Veränderungen das Führungshandeln im Betrieb substituieren. Jones (2011) sieht hingegen die informellen Netzwerke zwischen den Nachwuchswissenschaftlern als ein wirkungsvolles Substitut für direkte Führung an. Ebenfalls einen qualitativen und fallbezogenen Ansatz haben Rybnikova und ihre Ko-Autoren (2015) gewählt. Die Vergleichsstudie zu Führungssubstituten in deutschen und litauischen Kommunalverwaltungen basiert auf 21 Interviews mit mittleren und unteren Führungskräften und ihren jeweils nachgeordneten Mitarbeitern in fünf deutschen und drei litauischen Abteilungen oder Ämtern von Kommunalverwaltungen. Im Ergebnis wurden als wichtige Substitute vor allem professionelles Wissen der Mitarbeiter, eine zumindest in bestimmten spezialisierten Bereichen der Verwaltungen verbreitete hohe Autonomie der Aufgabenbearbeitung sowie die für die Verwaltungsarbeit zu beachtenden rechtlichen Regeln sowie Routinen und Organisationsregeln festgestellt. Insbesondere in den litauischen Verwaltungen wurde überdies ein relevanter Einfluss durch ein breit implementiertes, IT-gestütztes Dokument- und Prozessmanagement-System als Führungssubstitut ermittelt, das eine weitreichende unpersönliche Kontrolle der Arbeitsprozesse der geführten Mitarbeiter ermöglicht. Zugleich zeigte die Studie auf, dass der Führungsprozess immer als eine Mischung aus Interventionen durch Führungskräfte und der Nutzung und Wirkung von Substituten und einen entsprechenden Aushandlungsprozess gekennzeichnet war. In Einklang mit Blom und Alvesson (2014) konnten die Verfasser auch zahlreiche Interventionen der Geführten nachweisen, in denen diese Führungshandlungen wie z. B. Entscheidungen eingefordert haben (en. *demand on leadership*) oder aktiv Einfluss auf die Führungskräfte und den Führungsprozess genommen haben (zu dieser „Führung von unten" s. Kap. 8 im Buch).

### 7.4.3 Anwendungsfelder und kritische Würdigung

Die Autoren der Führungssubstitution haben sich durchaus darum bemüht, auf Basis des Ansatzes Vor- und Ratschläge für Führungskräfte oder Unternehmensleiter zu entwickeln. Im Wesentlichen beruhen diese Vorschläge auf der Annahme, dass es anstatt eine Verhaltensänderung bei Führungskräften zu erzeugen, wesentlich effektiver ist, die Substitute zu gestalten, und zwar derart, dass die negativen Führungseinwirkungen relativiert und die positiven verstärkt werden. Ein solches Beispiel der Anwendung von Führungssubstituten findet man bei Howell und Koautoren (1990, S. 28). Hier definieren die Forscher einige Führungsprobleme und bieten jeweils eine substitutenbezogene Lösung an. Eines der typischen Führungsprobleme ist aus Sicht der Autoren eine Führungskraft, die ihren Mitarbeitern keine Unterstützung und nur wenig Anerkennung bietet. Anstatt die Führungskräfte zu entlassen, was die herkömmliche Lösungsstrategie wäre, empfehlen die Autoren eine Änderung des Entlohnungssystems, welches unabhängig von den Vorgesetzten Mitarbeitermotivation herbeiführen soll. Zugleich legen die Forscher nahe, in solch einem Fall auch über intrinsisch motivierende Aufgabengestaltung in Form von Aufgabenbereicherung nachzudenken, um die demotivierende Wirkung des Vorgesetzten zu relativieren oder gar zu blockieren.

Weibler führt weitere Anwendungsbeispiele für die Führungssubstitute auf, die auf die Reduktion der Führungsbedarfe abzielen, z. B. eine professionelle Auswahl und Weiterbildung von Mitarbeitern, eine flexible Gestaltung der Handlungsspielräume, selbststeuernde Arbeitsgruppen oder Aufgaben, die ein automatisches Feedback ermöglichen (Weibler, 2016, S. 349 ff.).

Neben der „beratenden" Anwendung für die Führungspraxis bietet sich der Ansatz der Führungssubstitution auch als eine „theoretische Brille" für die Analyse der praktischen Führungsphänomene an. Beispielsweise eignet sich eine derartige Analyseperspektive für die Selbstdarstellung von Herrn Mittermayer aus der inzwischen vertrauten Fallstudie.

---

**Mittermayer und „seine" Führungssubstitute**

Im Interview gibt es eine bezeichnende Passage, die die ambivalente Relevanz einer Führungskraft sehr gut zum Ausdruck bringt: „[…] ein richtig tüchtiger Chef, der soll so arbeiten, dass sein untergeordneter Mitarbeiter nicht merkt, dass er da ist". Zwar kann sich der interviewte Geschäftsführer keinesfalls ein Unternehmen ohne Chef vorstellen, wie unsichtbar dieser auch ist. Aus Sicht der Führungssubstitute kann die genannte Entwicklungsfähigkeit (potenzieller) Mitarbeiter als Merkmal erfasst werden, welches führungssubstituierende Eigenschaften aufweist: Ein entwicklungsfähiger Mitarbeiter bedarf keiner intensiven Führung, weil sie oder er sich von alleine zurechtfinden kann. Wohlgemerkt weiß nur der Geschäftsführer, welche Personen als „entwicklungsfähig" gelten können.

Weitere Führungssubstitute stellen die Standards, die Berichte und das „sehr harte[n] ökonomische[n] Kontrollsystem[s]" dar. Als ein Merkmal der Aufgabe können diese die Rückmeldung über die Leistung übernehmen; es erübrigt sich die Einmischung der Führungskraft.

Insgesamt kann man aber feststellen, dass Herr Mittermayer vieles daraufsetzt, eine innere Kontrolle unter seinen Mitarbeitern zu installieren. Auch wenn einige potenziell substituierende Merkmale in der Fallstudie zu beobachten sind, machen sie die Führungskraft nicht überflüssig. Im Gegenteil, die Führungskraft sieht sich hier in seiner Bedeutung als der Dramaturg und professioneller Experte von Substituten bestätigt, was die Frage seiner Erübrigung erübrigt. ◄

Zur Würdigung der Substitutionstheorie der Führung ist zu betonen, dass dieser Ansatz seinerzeit eine kritische Sichtweise auf die Führung gefördert hatte. Die bis dahin als selbstverständlich angenommene Wirkung der personalen direkten Führung durch Vorgesetzte wurde in Frage gestellt und eine Vielzahl von Faktoren, die das Führungsverhalten ersetzen oder verhindern können, wurde herausgearbeitet. Dieser kritische Anstoß für die Führungstheorie blieb jedoch in den nachfolgenden Studien unterentwickelt, was auch mit deren paradigmatischer Ausrichtung zusammenhängt.

Der Ansatz der Führungssubstitute weist paradigmatisch betrachtet zahlreiche funktionalistische Facetten auf. Hier gilt das Erkenntnisinteresse den in Organisationen vorzufindenden Tatbeständen, wie Merkmale der Personen, der Aufgaben und des Arbeitsplatzes. Führungsverhalten wird hier neben den Führungssubstituten als ein objektiv erfassbarer Aspekt angesehen. Diese paradigmatische Basis korrespondiert mit dem Umstand, dass im Rahmen der Forschung zu Führungssubstituten quantitative Erhebungs- und Auswertungsmethoden dominieren. Ansatzweise wurde in der Führungssubstitutionsforschung zwar der soziale Wandel im Sinne der Ersetzbarkeit der Führungskräfte thematisiert. Diese Bemühungen wurden aber nicht eingehend vorangetrieben.

Den Vertretern der Führungssubstitution ist zugute zu halten, dass sie sich um eine Vielzahl empirischer Studien bemüht haben. Diese ermöglichten nicht nur inhaltliche, sondern auch zahlreiche methodologische Fragen und Erkenntnisse. Das sind die Fragen der Nachweisbarkeit von Interaktionseffekten (Dione et al., 2005, S. 178), der Anwendbarkeit der Regressionsverfahren für die gemessenen Moderations- und Mediationseffekte (Dione et al., 2005, S. 172) oder das Problem der gemeinsamen Varianz durch eine Befragungsquelle (en. *common-source bias*) (Dione et al., 2002). Am Rande wird auch reflektiert, dass die überwiegende Anzahl der vorliegenden Studien quantitativ ist, wohingegen die qualitativen Arbeiten nach wie vor sehr selten angetroffen werden können.

In inhaltlicher Hinsicht sind die Ergebnisse der empirischen Studien auf diesem Gebiet zwar vielfältig, aber auch nicht widerspruchsfrei. Die Fragen, was an Führung substituiert wird und welche Substitutionswirkung konkret im Fokus steht, erfahren hier sehr unterschiedliche, nahezu eklektische Deutungen, wie die Ausführungen im Kapitel zeigten. Es mangelt an Übersichtsarbeiten, die diese fragmentierten und widersprüchlichen Ergebnisse der aktuellen Forschung zu Führungssubstituten zusammenfassen.

Ungeachtet der großen Anzahl von empirischen Studien wurde die theoretische Basis der Führungssubstitution bislang nur mangelhaft bearbeitet und blieb daher wenig ausgereift (Villa et al., 2003). Das schließt auch die Definition und Operationalisierung des Konstruktes Führungssubstitut ein, die bis dato eher defizitär sind. Eine zufriedenstellende Klärung wird durch den heterogenen Charakter der Führungssubstitute erschwert, weil hierzu sehr unterschiedliche Aspekte zugeordnet werden: von den individuellen Größen, wie Eigenschaften und Fähigkeiten der Mitarbeiter, bis hin zu strukturellen Facetten, wie die Aufgabengestaltung oder die Rahmenbedingungen der Abteilung und der Organisation. Die von Dione und Kollegen (2005) unterschiedenen fünf Modelle der Substituierbarkeit erfuhren bislang kaum Beachtung. Stattdessen wird in den empirischen Studien meist das Moderationsmodell bedient, indem Führungssubstitute ausschließlich mit Moderatoren gleichgesetzt und mit Hilfe unterschiedlicher Regressionsverfahren mehr oder minder stark bestätigt werden, ohne eine kritische Reflexion oder eine Differenzierung vorzunehmen.

Die analytische Beschäftigung mit den Substituten wird möglicherweise auch durch den Umstand erschwert, dass die Autoren oftmals mit dem Gedanken der Substituierung hadern. Dies wird dadurch deutlich, dass sie stets darauf hinweisen, die Substitute machten zwar manches, aber nicht jedes Führungsverhalten unmöglich oder unnötig. Somit wird die Idee der gänzlichen Substituierung der Führung abgelehnt, und stattdessen von einer partiellen Substituierbarkeit der Führung ausgegangen (Kerr & Jermier, 1978, S. 400; Dione et al., 2005), ohne jedoch die konkreten Rahmenbedingungen dafür eingehend zu klären. Eine mangelnde Differenzierung der Kontextbedingungen der Substituierung kritisiert auch Jermier in seiner späteren, autobiographisch angelegten Veröffentlichung (Jermier, 1997). Aus seiner Sicht sind die Prozesse der Substituierung trotz der vielfältigen Studien weitestgehend ungeklärt geblieben (Jermier, 1997, S. 99).

Selbst der führungskritische Oswald Neuberger weist darauf hin, dass eine vollständige Substituierung personaler Führung problematisch ist. Unter bestimmten Umständen kann Führung doch nicht ersetzt werden, weil sie „subjektives Bedürfnis der Mitarbeiter nach Motivations- und Sinnzusammenhängen" (Neuberger, 2002, S. 443) besser zu erfüllen vermag als jedes Substitut. Mit der Frage, wann solche Sinnzusammenhänge eine besondere Bedeutung in Organisationen gewinnen und wie die Führungskräfte diese nutzen, befasst sich insbesondere die symbolische Führungstheorie, die im Kap. 9 des Lehrbuchs dargestellt wird.

**Zum Nachlesen**

- Oswald Neuberger (2002, S. 436–450) bietet in seinem Lehrbuch eine detaillierte und kritische Darstellung der Führungssubstitute, hier ist auch der überarbeitete Fragebogen zur Messung der Führungssubstitute enthalten.
- Im Originalwerk von Klaus Türk (1981) ist der Ansatz der Führung als Residualfaktor nachzulesen; dabei handelt es sich um die einzige Quelle zum Thema.
- Richard Bolden (2011) gibt einen guten Überblick zum Forschungsstand und weiteren Perspektiven aus der Sicht der Konzepte der verteilten (und geteilten) Führung.

- Eivor Oborn und Kollegen (2013) haben mit dem sozio-materiellen Analyseansatz eine wichtige Perspektiverweiterung des Konzeptes der verteilten Führung vorgenommen, in dem sie auch den Einfluss strukturell-materieller Elemente im Führungsprozess einbezogen haben.
- Tian und Kollegen (2016) stellen paradigmatische Grundlagen, Forschungsstand, Probleme und Perspektiven der beiden zentralen Ansätze der verteilten Führung dar.

### Fragen

1. Vergleichen Sie die Ansätze der Führungssubstitute und der verteilten Führung! Welche Ähnlichkeiten und Unterschiede gibt es?
2. Inwiefern unterscheiden sich die im folgenden Kapitel dargestellten Ansätze von der in Kap. 6 erörterten partizipativen und geteilten Führung?
3. Wie begründet Klaus Türk die Residualität der personalen Führung? Welche „funktionalen Äquivalenten" der Personalführung nennt er in seinem Ansatz?
4. Welche Rolle spielen Kultur und kulturelle Kontextfaktoren für das Auftreten und die Wirksamkeit von verschiedenen Führungsinstanzen und Führungssubstituten?
5. Analysieren Sie den Text zur Führung in Sportorganisationen in Kap. 10 und stellen Sie Bezüge zu den Merkmalen der verteilten Führung und der Führungssubstitute her! Inwiefern unterscheiden sich die Führungskonfigurationen zwischen der Trainings- und der Spielphase?

## Literatur

Alvesson, M., & Blom, M. (2019). Beyond leadership and followership: Working with a variety of modes of organizing. *Organizational Dynamics, 48*(1), 28–37.

Assmann, E. (2017). *Führung in kulturell diversen Sportteams – Eine Analyse aus Sicht der verteilten Führung*. Masterarbeit an der TU Chemnitz.

Bales, R. F., & Slater, P. E. (1969). Role differentiation in small decision-making groups. In C. A. Gibb (Hrsg.), *Leadership* (S. 255–276). Penguin.

Bennett, N., Wise, C., Woods, P. A., & Harvey, J. A. (2003). *Distributed leadership*. National College of School Leadership.

Bleicher, K. (1991). *Das Konzept Integriertes Management*. Campus.

Blom, M., & Alvesson, M. (2014). Leadership on demand: Followers as initiators and inhibitors of managerial leadership. *Scandinavian Journal of Management, 30*, 344–357.

Bolden, R. (2011). Distributed leadership in organizations: A review of theory and research. *International Journal of Management Review, 13*(3), 251–269.

Boltanski, L., & Thevenot, L. (2006). *On justification: Economies of worth*. Princeton University Press.

Breevaart, K., Bakker, A. B., Demerouti, E., & Derks, D. (2016). Who takes the lead? A multi-source diary study on leadership, work engagement, and job performance. *Journal of Organizational Behavior, 37*, 309–325.

Buchanan, D., Addicott, R., Fitzgerald, L., Ferlie, E., & Baeza, J. (2007). Nobody in charge: Distributed change agency in healthcare. *Human Relations, 60*(7), 1065–1090.

Canterino, F., Cirella, S., Piccoli, B., & Shani, A. B. (2020). Leadership and change mobilization. The mediating role of distributed leadership. *Journal of Business Research, 108*, 42–51.

Chreim, S. (2015). The (non)distribution of leadership roles: Considering leadership practices and configurations. *Human Relations, 68*(4), 517–543.

Chreim, S., & MacNaughton, K. (2016). Distributed leadership in health care teams: Constellation role distribution and leadership practices. *Health Care Management Review, 41*(3), 200–212.

Chreim, S., Williams, B. E., Janz, L., & Dastmalchian, A. (2010). Change agency in a primary health care context: The case of distributed leadership. *Health care management review, 35*(2), 187–199.

Contractor, N. S., DeChurch, L. A., Carson, J., Carter, D. A., & Keegan, B. (2012). The topology of collective leadership. *The Leadership Quarterly, 23*(6), 993–1011.

Crevani, L., Lindgren, M., & Packendorff, J. (2007). Shared leadership: A post-heroic perspective on leadership as a collective construction. *International Journal of Leadership Studies, 3*(1), 40–67.

Currie, G., & Locket, A. (2011). Distributing leadership in health and social care: Concertive, conjoint or collective? *International Journal of Management Reviews, 13*(3), 286–300.

Currie, G., Lockett, A., & Suhomlinova, O. (2009). The institutionalization of distributed leadership: A 'Catch-22' in English public services. *Human Relations, 62*(11), 1735–1761.

Den Hartog, D. N., & Belschak, F. D. (2012). When does transformational leadership enhance employee proactive behavior? The role of autonomy and role breadth self-efficacy. *Journal of Applied Psychology, 97*(1), 194–202.

Denis, J.-L., Langley, A., & Sergi, V. (2012). Leadership in the plural. *The Academy of Management Annals, 6*(1), 211–283.

Dionne, S. D., Yammarino, F. J., Atwater, L. E., & James, L. R. (2002). Neutralizing substitutes for leadership theory: Leadership effects and common-source bias. *Journal of Applied Psychology, 87*(3), 454–464.

Dionne, S. D., Yammarino, F. J., Howell, J. P., & Villa, J. (2005). Substitutes for leadership, or not. Theoretical letters. *The Leadership Quarterly, 16*(1), 169–193.

Dust, S. B., & Ziegert, J. C. (2016). Multi-Leader teams in review: A contingent-configuration perspective of effectiveness. *International Journal of Management Reviews, 18*(4), 518–541.

Ebbers, J. J., & Wijnberg, N. M. (2017). Betwixt and between: Role conflict, role ambiguity and role definition in project-based dual-leadership structures. *Human Relations, 70*(11), 1342–1365.

Elias, N. (1976). *Über den Prozess der Zivilisation. Soziogenetische und psychogenetische Untersuchungen.* Suhrkamp.

Empson, L. (2020). Ambiguous authority and hidden hierarchy: Collective leadership in an elite professional service firm. *Leadership.* https://doi.org/10.1177/1742715019886769

Engeström, Y. (1999). Activity theory and individual and social transformation. In Y. Engeström, R., Miettinen, & R.L. Punamaki (Hrsg.), *Perspectives on activity theory* (S. 19–38). Cambridge University Press.

Feng, Y., Hao, B., Iles, P., & Bown, N. (2017). Rethinking distributed leadership: Dimensions, antecedents and team effectiveness. *Leadership and Organization Development Journal, 38*(2), 284–302.

Fitzsimons, D., Turnball, K., & Denyer, D. (2011). Alternative approaches for studying shared and distributed leadership. *International Journal of Management Reviews, 13*, 313–328.

Gordon, R. D. (2010). Dispersed leadership: Exploring the impact of antecedent forms of power using a communicative framework. *Management Communication Quarterly, 24*(2), 260–287.

Gronn, P. (1999). Substituting for leadership: The neglected role of the leadership couples. *The Leadership Quarterly, 10*(1), 41–62.

Gronn, P. (2000). Distributed properties. A new architecture for leadership. *Educational Management & Administration, 8*(3), 317–338.

Gronn, P. (2002). Distributed leadership as a unit of analysis. *The Leadership Quarterly, 13*(4), 423–451.

Gronn, P. (2009). Leadership configurations. *Leadership, 5*(3), 381–394.

Guerrero, S., Chênevert, D., Vandenberghe, C., Tremblay, M., & Ben Ayed, A. K. (2018). Employees' psychological empowerment and performance: How customer feedback substitutes for leadership. *Journal of Services Marketing, 32*(7), 868–879.

Harris, A. (Hrsg.). (2009). *Distributed leadership. Different perspectives.* Springer.

Harris, A. (2013). Distributed leadership: Friend or foe? *Educational Management Administration Leadership, 41*(5), 545–554.

Harris, A. (2014). *Distributed leadership matters: Perspectives, practicalities, and potential.* Corvin.

Harris, A., & DeFlaminis, J. (2016). Distributed leadership in practice: Evidence, misconceptions and possibilities. *Management in Education, 30*(4), 141–146.

Hartley, D. (2010). Paradigms: How far does research in distributed leadership 'stretch'? *Educational Management Administration and Leadership, 38*(3), 271–285.

Hoch, J. E., Andreßen, P., & Konradt, U. (2007). E-Leadership und die Bedeutung verteilter Führung. *Wirtschaftspsychologie, 3*, 50–58.

House, R. J. (1971). A path-goal theory of leader effectiveness. *Administrative Science Quarterly, 16*, 321–338.

House, R. J., & Mitchell, T. R. (1974). Path-goal theory of leadership. *Journal of Contemporary Business, 3*, 81–97.

Howell, J., Dorfman, P., & Kerr, S. (1986). Moderator variables in leadership research. *Academy of Management Review, 11*(1), 88–102.

Howell, J. P., Bowen, D. E., Dorfman, P. W., Kerr, S., & Podsakoff, P. M. (1990). Substitutes for leadership: Effective alternatives to ineffective leadership. *Organizational Dynamics, 19*, 21–38.

Howell, J. P., & Dorfman, P. W. (1981). Substitutes for leadership: Test of a construct. *Academy of Management Journal, 24*(4), 714–728.

Hui, H. C., Chiu, W. C. K., Yu, P. L. H., Cheng, K., & Tse, H. H. M. (2007). The effects of service climate and the effective leadership behaviour of supervisors on frontline employee service quality: A multi-level analysis. *Journal of Occupational and Organizational Psychology, 80*(1), 151–172.

Hussain, G., Wan Ismail, W. K., Rashid, M. A., & Nisar, F. (2016). Substitutes for leadership: Alternative perspectives. *Management Research Review, 39*(5), 546–568.

Jermier, J. M. (1997). Substitutes for leadership: Their meaning and measurement, contextual recollections and current observations. *The Leadership Quarterly, 8*(2), 95–101.

Jernigan, E., & Beggs, J. (2010). Substitutes for leadership and job satisfaction: Is there a relationship? *Journal of Organizational Culture, Communications and Conflict, 14*(2), 97–106.

Jones, J. A. (2011). The role of leadership substitutes theory in adjunct professor preferences for academic leaders: A qualitative examination. *Journal of Academic Administration in Higher Education, 7*(1), 25–35.

Jones, S. (2014). Distributed leadership: A critical analysis. *Leadership, 10*(2), 129–141.

Kerr, S., & Jermier, J. M. (*1978*). Substitutes for leadership: Their meaning and measurement. *Organizational Behavior and Human Decision Processes, 22*(3), 375–403.

Kerr, S., & Mathews, C. (1995). Führungstheorien – Theorie der Führungssubstitution. In A. Kieser, G. Reber, R. Wunderer & R. (Hrsg.), *Handwörterbuch der Führung* (S. 1021–1034). Schäffer-Poeschel.

Kogler Hill, S. E. (2019). Team leadership. In P. G. Northouse (Hrsg.), *Leadership in organizations* (8. Aufl., S. 371–402). Sage.

Konrath, U. (2014). Toward a theory of dispersed leadership in teams: Model, findings, and directions for future research. *Leadership, 10*(3), 289–307.

Kroon, B., van Woerkom, M., & Menting, C. (2017). Mindfulness as substitute for transformational leadership. *Journal of Managerial Psychology, 32*(4), 284–297.

Lave, J., & Wenger, E. (1991). *Situated learning: Legitimate peripheral participation.* Cambridge University Press.

Leithwood, K., Day, C., Sammons, P., Harris, A., & Hopkins, D. (2006). *Successful school leadership: What it is and how it influences pupil learning.* DfES Publications.

Leithwood, K., Mascall, B., Strauss, T., Sacks, R., Memon, N., & Yashkina, A. (2007). Distributed leadership to make schools smarter: Taking the ego out of the system. *Leadership and Policy in Schools, 6*(1), 37–67.

Leontev, A. N. (1978). *Activity, consciousness and personality.* Prentice-Hall.

Luhmann, N. (1987). *Soziale Systeme. Grundriss einer allgemeinen Theorie.* Suhrkamp.

Luhmann, N. (1995). *Funktionen und Folgen formaler Organisation. Mit einem Epilog 1994.* Duncker und Humblot.

Lumby, J. (2019). Distributed leadership and bureaucracy. *Educational Management Administration & Leadership, 47*(1), 5–19.

MacBeath, J., Oduro, G. K. T., & Waterhouse, J. (2004). *Distributed leadership in action: A study of current practice in schools.* National College for School Leadership.

Mailhot, C., Gagnon, S., Langley, A., & Binette, L.-F. (2016). Distributing leadership across people and objects in a collaborative research project. *Leadership, 12*(1), 53–85.

Manz, C. C., & Sims, H. P. (1980). Self-management as a substitute for leadership: A social learning perspective. *Academy of Management Review, 5*(3), 361–367.

Manz, C. C. (1991): Developing self-leaders through Super Leadership. *Supervisory Management, 36*(9), 3.

Mills, K. P. (1983). Self-management: Its control and relationship to other organizational properties. *Academy of Management Review, 8*, 445–453.

Neck, C. P., & Manz, C. C. (2010). *Mastering Self-Leadership: Empowering yourself for personal excellence.* Sage.

Neuberger, O. (2002). *Führen und führen lassen.* UTB.

Northouse, P. G. (2019). *Leadership in organizations* (8. Aufl.). Sage.

Nübold, A., Muck, P. M., & Maier, G. W. (2013). A new substitute for leadership? Followers 'state core self-evaluations. *The Leadership Quarterly, 24*(1), 29–44.

Oborn, E., Barrett, M., & Dawson, S. (2013). Distributed leadership in policy formulation: A socio-material perspective. *Organization Studies, 34*(2), 253–276.

Ospina, S. M., Foldy, E. G., Fairhurst, G. T., & Jackson, B. (2020). Collective dimensions of leadership: Connecting theory and method. *Human Relations, 73*(4), 441–463.

Pearce, C. L., & Sims, H. P. (2000). Shared leadership: Toward a multi-level theory of leadership. *Advances in Interdisciplinary Studies of Work Teams, 7*, 115–139.

Pieterse, A. N., Hollenbeck, J. R., van Knippenberg, D., Spitzmüller, M., Dimotakis, N., Karam, E. P., & Sleesman, D. J. (2019). Hierarchical leadership versus self-management in teams: Goal orientation diversity as a moderator of their relative effectiveness. *The Leadership Quarterly, 30*(6), 101343.

Podsakoff, P. M., & MacKenzie, S. B. (1997). Kerr and Jermier's substitutes for leadership model: Background, empirical assessment, and suggestions for future research. *The Leadership Quarterly, 8*(2), 117–132.

Podsakoff, P. M., MacKenzie, S. B., & Bommer, W. H. (1996a). Meta-analysis of the relationships between Kerr and Jermier's substitutes for leadership and employee job attitudes, role perceptions, and performance. *Journal of Applied Psychology, 81*(4), 380–399.

Podsakoff, P. M., MacKenzie, S. B., & Bommer, W. H. (1996b). Transformational leader behaviors and substitutes for leadership as determinants of employee satisfaction, commitment, trust, and organizational citizenship behaviors. *Journal of Management, 22*(2), 259–298.

Podsakoff, P. M., Nienhoff, B. P., Mackenzie, S. B., & Williams, M. L. (1993). Do substitutes for leadership really substitute for leadership? An empirical examination of Kerr and Jermier's situational leadership model. *Organizational Behavior and Human Decision Processes, 54*(1), 1–44.

Pool, S. W. (1997). The relationship of job satisfaction with substitutes of leadership, leadership behavior, and work motivation. *The Journal of Psychology, 131*(3), 271–283.

Probst, G. J. B. (1987). *Selbstorganisation: Ordnungsprozesse in sozialen Systemen aus ganzheitlicher Sicht.* Berlin & Hamburg.

Rybnikova, I., Lang, R., Toleikienė, R., & Šaparnienė, D. (2015). Leadership in local government organizations in Lithuania and Germany. In L. Gnan, A. Hinna & F. Monteduro (Hrsg.), *Contingency, behavioural and evolutionary perspectives on public and non-profit governance* (Studies in public and non-profit governance, Bd. 4, S. 217–245). Emerald.

Seidel, E. (1978). *Betriebliche Führungsformen.* Poeschel.

Spillane, J. P. (2006). *Distributed leadership.* Jossey-Bass.

Spillane, J. P. (2012). *Distributed leadership. E-Book.* Jossey-Bass.

Spillane, J. P., Halverso, R., & Diamond, J. B. (2001). Investigating school leadership practice: A distributed perspective. *Educational Researcher, 30*(3), 23–28.

Starke, F. A., Sharma, G., Mauws, M. K., Dyck, B., & Dass, P. (2011). Exploring archetypal change: The importance of leadership and its substitutes. *Journal of Organizational Change Management, 24*(1), 29–50.

Stewart, G. L., Courtright, S. H., & Manz, C. C. (2011). Self-Leadership: A multilevel review. *Journal of Management, 37*(1), 185–222.

Thorpe, R., Gold, J., & Lawler, J. (2011). Locating distributed leadership. *International Journal of Management Reviews, 13*(3), 239–250.

Tian, M., Risku, M., & Collin, K. (2016). A meta-analysis of distributed leadership from 2002 to 2013: Theory development. *Educational Management Administration & Leadership, 44*(1), 146–165.

Türk, K. (1981). *Personalführung und soziale Kontrolle.* Lucius und Lucius.

Ullrich, J., Christ, O., & van Dick, R. (2009). Substitutes for procedural fairness: Prototypical leaders are endorsed whether they are fair or not. *Journal of Applied Psychology, 94*(1), 235–244.

Ulrich, H., & Krieg, W. (1974). *St. Galler Management-Modell.* Haupt.

Van De Mieroop, D., Clifton, J., & Verhelst, A. (2020). Investigating the interplay between formal and informal leaders in a shared leadership configuration: A multimodal conversation analytical study. *Human Relations, 73*(4), 490–515.

Villa, J. R., Howell, J. P., Dorfman, P. W., & Daniel, D. L. (2003). Problems with detecting moderators in leadership research using moderated multiple regression. *The Leadership Quarterly, 14*(1), 3–23.

Vygotsky, L. S. (1978). *Mind in society: The development of higher psychological processes.* Harvard University Press.

Weibler, J. (2016). *Personalführung* (3. Aufl.). Vahlen.

Wenger, E. (2000). Communities of practice and social learning systems. *Organization, 7*(2), 225–246.

Whittington, J. L., Goodwin, V. L., & Murray, B. (2004). Transformational leadership, goal difficulty, and job design: Independent and interactive effects on employee outcomes. *The Leadership Quarterly, 15*(5), 593–606.

Wunderer, R. (1996). Führung und Zusammenarbeit. Grundlagen innerorganisatorischer Beziehungsgestaltung. *Zeitschrift für Personalforschung, 4*, 385–408.

Zacher, H., & Jimmieson, N. L. (2013). Leader-follower interactions: Relations with OCB and sales productivity. *Journal of Managerial Psychology, 28*(1), 92–106.

# Mikropolitischer Führungsansatz: Wer führt wen?

8

Rainhart Lang und Irma Rybnikova

## Inhaltsverzeichnis

**Zusammenfassung**

*In den meisten Definitionen der Führung wird diese als ein Prozess der Einflussnahme beschrieben, nach neueren Führungskonzepten als ein Prozess wechselseitiger Einflussnahme. Im mikropolitischen Führungskonzept stellt dieser Führungsaspekt den analytischen Kern dar. Dabei liegt der Schwerpunkt der Führungsbetrachtung auf den*

R. Lang (✉)
Technische Universität Chemnitz, Chemnitz, Deutschland
E-Mail: rainhart.lang@wirtschaft.tu-chemnitz.de

I. Rybnikova
Hochschule Hamm-Lippstadt, Hamm, Deutschland
E-Mail: irma.rybnikova@hshl.de

© Der/die Autor(en), exklusiv lizenziert durch Springer Fachmedien Wiesbaden
GmbH, ein Teil von Springer Nature 2021
I. Rybnikova, R. Lang, *Aktuelle Führungstheorien und -konzepte*,
https://doi.org/10.1007/978-3-658-35543-2_8

*Taktiken, die auf Grundlage von bestimmten Machtquellen oder Ressourcen von Führungskräften und von Mitarbeitern gleichermaßen eingesetzt werden, um die jeweils andere Seite zu bestimmten Handlungen im Interesse eigener Ziele zu bewegen und dadurch die eigene Machtposition sowie die eigenen Interessen in der Führungsbeziehung und in der Organisation zu erhalten und auszubauen. Neben den zentralen Ansätzen und Befunden zu Führungstaktiken gehen wir in dem Kapitel auch auf die Forschung zu politischer Fähigkeit und Geschicklichkeit ein.*

## 8.1   Einordnung des Konzeptes

Führung ist Einflussnahme, nach neueren Führungskonzepten wechselseitige Einflussnahme. Am deutlichsten kommt dieser Gedanke innerhalb der neueren Führungstheorien im mikropolitischen Konzept zum Ausdruck. Dabei liegt der Schwerpunkt der Führungsbetrachtung auf den Taktiken, die auf Grundlage von bestimmten Machtquellen oder Ressourcen von Führungskräften und von Mitarbeitern gleichermaßen eingesetzt werden, um die jeweils andere Seite zu bestimmten Handlungen im Interesse eigener Ziele zu bewegen und dadurch die eigene Machtposition sowie die eigenen Interessen in der Organisation und in der Führungsbeziehung zu erhalten und auszubauen. Eine weitere wichtige Perspektive ist die der politischen Fähigkeit und Geschicklichkeit (en. *political skill*).

Das Konzept der mikropolitischen Führung basiert auf dem in der Organisationstheorie in Deutschland inzwischen recht gut etablierten Konzept der Mikropolitik (vgl. u. a. Küpper & Ortmann, 1988; Neuberger, 1995, 2006). Im deutschen Sprachraum ist das Konzept der Mikropolitik oder des mikropolitischen Handelns als Praxis in Organisationen vor allem durch Bosetzky (1972; Bosetzky & Heinrich, 1985) eingeführt und verbreitet worden (vgl. auch Beiträge in Küpper & Ortmann, 1988). Im internationalen Kontext wird der Begriff „micropolitics" Tom Burns (1961) zugeschrieben (Ortmann, 1988, S. 18 f.). Ortmann (1988) nennt auch verschiedene weitere Autorengruppen, die Fragen der Macht und Politik in Organisationen thematisiert haben. Dazu gehört u. a. der arbeitspolitische Ansatz der Industriesoziologie (z. B. Jürgens & Naschold, 1984; Naschold, 1985; Weltz & Lullies, 1983), die Arbeitsprozesstheorie (en. *Labour Process Theory*) (z. B. Edwards, 1981; Friedman, 1977 oder Burawoy, 1979, 1984), die soziale Systemtheorie (Luhmann, 1984; Hermann, 1984; Schimank, 1985, 1986), oder die Machttheorie von Foucault (1976, 1977). Im näheren Kontext der Mikropolitik sind vor allem noch die Arbeiten von Crozier und Friedberg (1979) zu erwähnen.

Als wesentliche Annahmen und Merkmale einer politischen Perspektive auf das Handeln in Organisationen und damit auch das individuelle Handeln von Führungskräften und Mitarbeitern werden dabei u. a. genannt (Alt, 2005, S. 302 f.):[1]

---

[1] Eine etwas längere Liste mit acht Merkmalen, u. a. auch Mehrdeutigkeit, legt Neuberger (1995, S. 22 ff.) seiner mikropolitischen Betrachtung zugrunde.

- die Existenz von Handlungsspielräumen, die den Akteuren Freiräume bei der Interpretation und bei der Durchsetzung eigener Interessen ermöglichen;
- die Interessenorientierung, die die objektive oder/und subjektive Ausrichtung des Handelns der Akteure vor allem an individuellen oder gegebenenfalls Gruppeninteressen, aus ihrer jeweiligen Situation im Unternehmen oder auch individueller Ziele und Bedürfnisse, festmacht;
- eine Akteursperspektive, bei der der Blick primär auf das Handeln der einzelnen Akteure, ihre Machtposition sowie ihre Strategien und Taktiken gerichtet ist;
- die Einbindung dieses individuellen Handelns in einen kollektiven Handlungskontext, eine legitime Ordnung, die durch gegenseitige Abhängigkeiten geprägt ist und die eine Durchsetzung der eigenen Interessen stets im Kontext der Interessen anderer handelnder Individuen und Gruppen nahelegt;
- eine Machtorientierung, die den Aufbau und den Erhalt sowie den Ausbau von Einflussmöglichkeiten innerhalb der Organisation ins Zentrum der Betrachtung des Handelns stellt, und sich in einem Fokus auf die verfügbaren oder attribuierten Machtquellen oder Machtressourcen der Akteure äußert.

Der Begriff der Mikropolitik betrachtet dabei das Denken und Handeln der einzelnen Organisationsmitglieder innerhalb vorhandener Strukturen im Sinne der alltäglichen „kleinen" Mikrotechniken, mit denen Macht aufgebaut, entwickelt, erhalten und eingesetzt wird (vgl. u. a. Neuberger, 1995, S. 14). Mikropolitisch handelt danach, „[...] wer durch die Nutzung Anderer in organisationalen Ungewissheitszonen eigene Interessen verfolgt." (Neuberger, 2006, S. 18) Eine ausführliche Diskussion der verschiedenen Facetten des Konstrukts Mikropolitik kann bei Neuberger (2006, S. 4–84) nachgelesen werden.

Die bisher dargestellten Merkmale der Mikropolitik machen deutlich, dass damit auch ein geeigneter theoretischer Rahmen zur Beschreibung von Führungsbeziehungen entwickelt wurde. Im deutschen Sprachraum hat vor allem Neuberger (1983, 1984, 2002) das Konzept der Mikropolitik für Führungsprozesse fruchtbar gemacht. Wunderer und Weibler (1992) haben empirische Untersuchungen zur Nutzung von mikropolitischen Einflussstrategien durch Führungskräfte und Mitarbeiter durchgeführt und in diesem Kontext die „Führung von unten" thematisiert (vgl. u. a. auch Weibler, 1998; Wunderer, 2009). In eine ähnliche Richtung geht auch der Beitrag von Blickle (2003). Ortmann et al. (1990) betten das Konzept der Mikropolitik vor allem strukturations- und organisationstheoretisch ein. Ihre qualitativen Prozessanalysen bei der Implementierung von Computern in Unternehmen schließen auch Führungsprozesse mit ein.

Frühe internationale Studien zur Mikropolitik im Führungskontext und insbesondere zu Einflusstaktiken von Führungskräften und Mitarbeitern wurden vor allem von Kipnis und Schmidt sowie verschiedenen Kollegen (1980, 1984, 1988) vorgelegt. Später

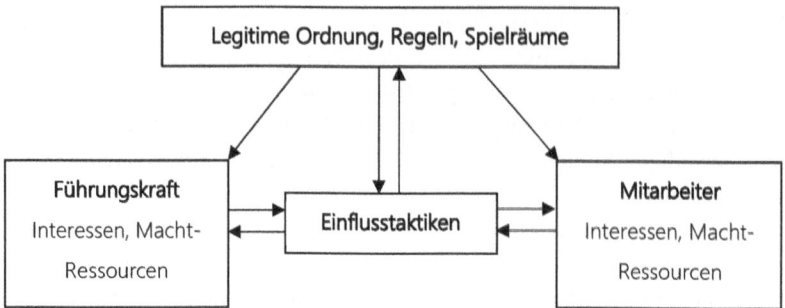

**Abb. 8.1** Grundmodell des mikropolitischen Führungsansatzes [Bildrechte: Urheberrecht bei den Autoren]

haben insbesondere Yukl und Kollegen (1990, 1992, 1993, 1996, 2008) durch eine Erweiterung des Spektrums der betrachteten Einflusstaktiken die Diskussion befruchtet.

Quantitative empirische Studien nutzen dabei vor allem Fragebögen. Daneben finden sich auch qualitative Prozessanalysen, die versuchen, Verlaufsmuster von Führungsinteraktionen aus mikropolitischer Sicht zu betrachten.

Abb. 8.1 zeigt die Gestaltung der Beziehung zwischen Führer und Geführten aus einer mikropolitischen Perspektive. Führungskräfte stützen sich auf personelle und strukturelle Machtgrundlagen bzw. Ressourcen und setzen diese mit dem Ziel der Durchsetzung ihrer Interessen in Form von Einflusstaktiken gegenüber den Geführten ein, um ihre Machtposition zu erhalten oder auszubauen und ihr jeweiliges Führungsziel zu erreichen. Die Geführten versuchen ihrerseits, die Führungskräfte oder Mitarbeiter mit Hilfe von entsprechenden Strategien oder Taktiken zu beeinflussen und greifen auf die ihnen zur Verfügung stehenden personellen und strukturellen Machtquellen oder Ressourcen zurück, um ihre spezifischen Interessen zu sichern.

Die Akteure können dazu die legitime Ordnung einer Organisation, wie z. B. etablierte Regeln der Zusammenarbeit innerhalb der Organisation insgesamt sowie in Führungsprozessen im allgemeinen, aber auch die etablierten Interaktionsregeln im unmittelbaren Kontext der jeweiligen Führungsbeziehung, nutzen. Solche strukturellen Aspekte der Mikro- und vor allem der Mesopolitik[2] werden von den o. g. Verfassern in ihren Konzepten und Analysen in unterschiedlichem Maße berücksichtigt.

---

[2] Die Unterscheidung in Mikro-, Meso- und Makropolitik geht auf Türk (1989, S. 122 ff.) zurück, der darunter drei Grundperspektiven mit einer politikorientierten Organisationstheorie versteht, die zugleich für verschiedene Aggregationsebenen politischer Phänomene stehen. Im Unterschied zur Mikropolitik bezeichnet Mesopolitik die über konkrete Akteure hinausweisenden Mechanismen der Strukturgenese und Strukturentwicklung in Organisationen, während Makropolitik die gesamtgesellschaftlichen Handlungslogiken in den Blick nimmt, die sich in der Mikro- und Mesopolitik niederschlagen.

## 8.2 Theoretische Grundlagen: Zentrale Begriffe

Die mikropolitische Argumentation auch im Führungsbereich stützt sich auf eine Anzahl zentraler Begriffe, die im Folgenden zu erläutern sind. Dazu gehören zum einen die Begriffe Macht, Machtquellen bzw. Machtressourcen, zum anderen die Begriffe Mikropolitik und Einflussstrategien oder -taktiken, sowie, bezogen auf die Rahmenbedingungen des mikropolitischen Handelns der Akteure, der Begriff der Regeln und des Spiels.

### 8.2.1 Macht und Machtressourcen

Unter **Macht** wird allgemein die Chance verstanden, im Rahmen einer sozialen Beziehung andere zu beeinflussen und zu einem bestimmten Handeln zu bewegen. Macht ist nach dieser Definition, aber auch aufgrund der sprachlichen Herkunft von „vermögen" anstatt von „machen", eine Kategorie, die zum einen eine Beziehung beschreibt und zum anderen auf die Möglichkeit des Einflusses verweist (vgl. auch Knoblach & Fink, 2010, S. 14 f.). Die im Folgenden aufgeführten Definitionen, beginnend mit der wohl bekanntesten von Max Weber, unterstreichen diesen Gedanken.

**Ausgewählte Definitionen von Macht**

- „[…] jede Chance, innerhalb einer sozialen Beziehung den eigenen Willen auch gegen Widerstreben durchzusetzen, gleichviel worauf diese Chance beruht." (Weber, 1980, S. 28)
- „[…] Möglichkeit von Personen(gruppen), auf das (die) Handlungsfeld(er) anderer Personen(gruppen) einzuwirken." (Krüger, 1980, S. 230)
- „[…] ist die Fähigkeit zu handeln." (Kanter, 1977, S. 166)
- „[…] ist die Fähigkeit eines Individuums oder einer Gruppe andere zu einem Verhalten zu veranlassen, dass diese sonst nicht zeigen würden." (House, 1991, S. 29)
- „[…] beinhaltet das Potenzial einer Partei (eines Agenten) eine andere Partei (das Ziel) zu beeinflussen." (Yukl, 2013, S. 189) ◄

Neuberger diskutiert ausführlich verschiedene theoretische Zugänge und Konzepte von Macht und ihrer Abgrenzung zu alternativen Konzepten wie Gewalt (1995, S. 52 ff.). Er geht dabei vor allem auf die Interdependenz der Akteure im Sinne einer wechselseitigen Abhängigkeit ein (Neuberger, 1995, S. 65 ff.), wie sie sich in neueren organisationstheoretischen Ansätzen z. B. bei Weick (1985), Luhmann (1984) oder Foucault (1991) zeigt. Daraus leitet er als wichtige Annahme für eine mikropolitische Führungsperspektive ab, dass Macht als Beziehung und nicht als Besitz zu betrachten ist, bei der stets auch die Gegenmacht des Untergeordneten zu beachten ist. Diese Vorstellung schließt ein, dass Macht nie absolut, sondern immer relativ ist, selten total, sondern meist auf bestimmte Personen, Inhalte oder Leistungen beschränkt bleibt (Neuberger, 1995, S. 74). Zugleich werden vor allem im Machtkonzept von Foucault neben der traditionellen Macht weitere wichtige Aspekte der sogenannten Disziplinarmacht herausgestellt: die Unsichtbarkeit von Macht und ihr „Verschwinden" in scheinbar objektiven Regeln und räumlich- zeitlichen (An-)Ordnungen, die als mikrophysische Machttechniken bezeichnet werden (Foucault, 1991, S. 250). Auf die Führungsbeziehung angewendet bedeutet dies, dass der Einfluss der Akteure nicht auf die unmittelbare interpersonale Einflussnahme reduziert werden kann, sondern auch über strukturelle oder kulturelle Mechanismen wirken kann, denen Führungskräfte wie Mitarbeiter gleichermaßen unterworfen sind. Ladkin (2010, S. 38 ff.) bringt diesen Gedanken zum Ausdruck, indem sie auf den starken Führungseinfluss verweist, der von etablierten Erwartungen, Geschichten sowie der unsichtbaren Rolle der verschiedenen Schichten von Kultur ausgeht, unabhängig von der Anwesenheit einer Führungsperson.

Andere Autoren heben den subjektiven und sozialkonstruktivistischen Charakter der Machtbeziehung hervor. So schreiben Knoblach und Fink (2010, S. 15): „Wir gehen davon aus, dass eine Person niemals über objektive Macht verfügt. Ihre Machtressourcen und die positiven wie negativen Folgen, die von ihrem Einsatz ausgehen können, werden von der Gegenseite immer zunächst individuell interpretiert, bevor sie sich entschließt, Widerstand zu leisten oder sich zu fügen […]". Demnach wird der Machthabende erst durch die Zuschreibung der Macht ermächtigt (Knoblach & Fink, 2010, S. 15 ff.).

Macht in Organisationen stützt sich dabei auf bestimmte **Quellen**, die einerseits an Personen gebunden und andererseits in Strukturen verankert sind. Das bekannteste frühe Konzept von Machtquellen bzw. Machtbasen stammt von French und Raven (1959). Sie nennen:

- Legitimation (en. *legitimate power*)
- Einsatz von Belohnungen (en. *reward power*)
- Einsatz von Bestrafung und Zwang (en. *coercive power*)
- Sachkenntnis, Expertentum (en. *expert power*)
- Persönlichkeitswirkung und Identifikation (en. *referent power*).

Später wurde durch Raven (1965) die Informationsmacht ergänzt. Yukl und Kollegen haben eine Differenzierung in Machtquellen der Positionsmacht, d. h. Quellen, die an die Position des Machtinhabers gebunden sind, und Personenmacht, d. h. Machtgrundlagen, die an Eigenschaften der Person geknüpft sind, vorgenommen. Zur Positionsmacht gehören Quellen wie Amtsautorität, Belohnungsmacht, Bestrafungsmacht, Informationsmacht sowie Macht der Situationskontrolle, und zur Personenmacht vor allem Expertenmacht und Identifikationsmacht, wobei Yukl (2013, S. 191 ff.) das klassische Konzept der Referenzmacht durch einen zusätzlichen Verweis auf charismatische Führungswirkungen und Überzeugungsmacht weiter ausdifferenziert bzw. ergänzt. Andere Autoren wie Pfeffer (1981) oder Crozier und Friedberg (1979) haben auf der Grundlage ihres jeweiligen Verständnisses von Machtquellen u. a. Macht durch spezifische (mikro-)politische Fertigkeiten oder Macht durch die Fähigkeit zur Unsicherheitsbewältigung sowie Macht durch Nutzung organisatorischer Regelungen ergänzt (vgl. Tab. 8.1).

**Tab. 8.1**  Ausgewählte Typologien von Machtquellen und Machtressourcen[a]

| French und Raven (1959) | Pfeffer (1981) | Crozier und Friedberg (1979) | Bourdieu (1983) | Ortmann et al. (1990) |
|---|---|---|---|---|
| Macht-quellen/-basen | Machtquellen in Organisationen | Machtquellen | Kapitalarten | Modalitäten der Machtausübung |
| Macht durch Belohnung, basiert auf der Möglichkeit, Belohnungen vergeben zu können | Macht durch zur Verfügung stellen von Ressourcen | | Ökonomisches Kapital als Ressourcen, direkt in Geld konvertierbar, institutionalisiert als Eigentumsrecht | Ökonomisch-technische Machtmittel z. B. Geld und geldwerte Güter, Budgets, Informations-technik |
| Macht durch Zwang, basiert auf der Annahme, dass Bestrafung möglich ist | Macht durch die Fähigkeit der Einflussnahme in Entscheidungsfindungsprozessen | Macht durch die Möglichkeit zur Erpressung und Verhandlung | Kulturelles Kapital als inkorporiert, z. B. Bildung, Wissen, Dispositionen, als objektiviert, z. B. Güter, Bücher, Instrumente, und/oder institutionalisiert, z. B. schulische oder akademische Titel | Autoritative-administrative Machtmittel z. B. Arbeitsorganisation, bürokratischer Apparat, Verwaltungskompetenzen |
| Macht durch Legitimität, basiert auf gemeinsam geteilten Normen und Werten | Macht durch Unersetzbarkeit | Macht durch Benutzung organisatorischer Regeln | Soziales Kapital als soziale Verpflichtungen, Beziehungen, Netzwerke, Gruppenzugehörigkeiten | rechtliche Normen und formelle und informelle organisatorische Regeln z. B. Vorgabe von Entscheidungs-prämissen |
| Macht durch Identifikation, basiert auf der Identifikation mit einer Person | Macht durch politische Fertigkeiten | Macht durch Kontrolle von Kommunikation und Informationen | | Deutungsschemata z. B. Organisationsvokabular, Mythen, Symbole, Leitbilder, Wissen |
| | Macht durch Unsicherheitsbewältigung | Macht durch Beziehungen zwischen Umwelt und Organisation (Unsicherheitsreduktion) | | Wahrnehmungsmuster z. B. Formen von Handlungen und Objekten |
| Macht durch Wissen, basiert auf spezifischen (Experten-) Wissen | Macht durch Konsens-schaffung | Macht durch Spezialisierung, funktionalen Fähigkeiten Expertise | | |

Quelle: Zusammenstellung nach French und Raven (1959), Pfeffer (1981), Crozier und Friedberg (1979), Bourdieu (1983), Ortmann et al. (1990)
[a]Bei der Zusammenstellung wurde versucht, ähnliche Machtquellen und Machtressourcen, z. B. ökonomische, soziale oder auf Nutzung legitimer Regeln beruhende, zusammenzustellen, was natürlich nur begrenzt möglich war.

Ein im Vergleich zur Klassifizierung nach Machtquellen alternatives Konzept von Macht und individuellen Machtressourcen als Basis des politischen Akteurhandelns findet sich im Kapitalkonzept von Bourdieu (1983, S. 183 ff.). Kapital ist dabei definiert als „[…] akkumulierte Arbeit, entweder in Form von Materie oder in verinnerlichter, ‚inkorporierter' Form." (Bourdieu, 1983, S. 183). Bourdieu nennt verschiedene Kapitalarten: ökonomisches Kapital, kulturelles Kapital und soziales Kapital der Akteure. Die verschiedenen Kapitalarten „[…] und damit verschiedene Arten von Macht […]" sind mit bestimmten Einschränkungen untereinander konvertierbar (Bourdieu, 1983, S. 184). Im Weiteren differenziert er das kulturelle Kapital nochmals in inkorporiertes, objektiviertes und institutionalisiertes Kulturkapital Bourdieu, 1983, S. 185 ff.; vgl. Tab. 8.1 für Beispiele) und verweist auf die übergreifende Kategorie des symbolischen Kapitals, das für die Wertschätzung und Anerkennung steht, die eine Person auf Grund ihres Status oder der vermuteten Verfügung über andere Kapitalarten genießt (vgl. Bourdieu, 1992). Im Führungskontext kann die Anwendung dieses strukturalistisch geprägten Konzeptes helfen, die Machtpositionen von Akteuren, Führungskräften wie Mitarbeitern, innerhalb des sozialen Feldes, z. B. einer Organisation, sowie die Veränderung und/oder Reproduktion der jeweiligen Machtposition zu erklären. Ortmann et al. (1990) haben ebenfalls einen alternativen Analyserahmen für mikropolitische Analysen in Organisationen vorgelegt und stützen sich auf die Strukturationstheorie von Giddens (1984). Sie stellen den Strukturdimensionen der Herrschaft die Handlungsdimensionen der Machtausübung in Form von Mikropolitik gegenüber (Ortmann et al., 1990, S. 27). Macht tritt dabei einerseits in den aus den Herrschaftsordnungen abgeleiteten „Modalitäten der Machtausübung", andererseits in Form des mikropolitischen Handelns auf. Modalitäten der Machtausübung im Sinne von Machtressourcen sind danach ökonomisch-technische Machtmittel, autoritativ-administrative Machtmittel, Normen und Deutungsschemata (vgl. Tab. 8.1), die Akteure auch in einer Führungsbeziehung nutzen können, um Einfluss auszuüben. Wesentliche Vorteile dieser Betrachtung von Mikropolitik auch für eine mikropolitische Führungsperspektive liegen darin, dass hier eine stärkere organisatorische Verankerung der Machtgrundlagen in der jeweiligen Herrschaftsordnung erfolgt und zugleich eine größere Breite von Machtressourcen in den Blick kommt, z. B. über die Deutungsschemata auch organisationskulturelle Einflusspotentiale.

Bei der **Anwendung auf Führungsprozesse** ergeben sich damit die nachfolgenden Überlegungen. Die Führungsbeziehung zwischen Führungskraft und Mitarbeiter(n) wird zunächst durch die Verteilung von Ressourcen zwischen den beteiligten Akteuren und die Verfügbarkeit oder Kontrolle über diese Ressourcen bestimmt. Machtressourcen in diesem Sinne können unbeschadet ihrer konkreten Konzeptualisierung sein:

- Materielle Ressourcen (Verfügen über Objekte, z. B. Räume, Computer)
- Finanzielle Ressourcen (Verfügen über Budgets, finanzielle Mittel etc.)
- Informationelle Ressourcen (Verfügen über interne und externe Informationen, Kontrolle von Prozessen etc.)
- Organisationelle Ressourcen (Kontrolle organisationaler Regeln und Entscheidungen)

- Soziale Ressourcen (Verfügen über Beziehungen, Beziehungsnetzwerke zu wichtigen Personen im Interaktionsumfeld)
- Kulturelle Ressourcen (Verfügen über Wissen, Einfluss auf den Prozess der Werteentwicklung etc.)
- Symbolische Ressourcen (Deutungshoheit über Symbole, die auf die genannten anderen Ressourcen verweisen).

Für die Betrachtung von Machtressourcen und Machtquellen ist es wichtig, zwischen der tatsächlichen Verteilung und Aufteilung von Ressourcen auf die Akteure und der subjektiven Wahrnehmung bzw. den subjektiven Annahmen über diese Verteilung zu unterscheiden. Die objektive Ressourcenausstattung einzelner Akteure bildet die strukturelle Basis ihrer Handlungen, auf die sie ggf. zurückgreifen oder durch symbolische Handlungen verweisen können. Sie ist jedoch in ihrer Wirkung immer abhängig von der subjektiven Wahrnehmung seitens der anderen, am Führungsprozess beteiligten Akteure. So spielen etwa die Annahmen über Ressourcen und Ressourcenverfügung des jeweiligen Interaktionspartners eine wichtige handlungs- und verhaltensleitende Rolle auch in nachfolgenden Beeinflussungsprozessen und Führungsinteraktionen (vgl. auch Knoblach & Fink, 2010, S. 16).

---

**Beispiel**

Die Führungskraft handelt jeweils vor dem Hintergrund einer Annahme über das Wissen und der Expertise, die sie dem Mitarbeiter zuschreibt. Der Mitarbeiter handelt wiederum vor dem Hintergrund seiner Annahme darüber, welche Vorstellungen der Vorgesetzte vom seinem/ihrem Wissen hat und welche Belohnungsmöglichkeiten bei Mitteilung und Weitergabe des entsprechenden Wissens an den Vorgesetzten erlangt werden können. Diese Annahme wiederum stützt sich auf Erfahrungen aus vergangenen Interaktionen sowie dem tatsächlichen wie vermeintlichem Wissen über die Ressourcenausstattung des Vorgesetzten und provoziert entsprechende Folgehandlungen und Interpretationen. ◄

## 8.2.2 Mikropolitik und Einflusstaktiken

Der Begriff der **Mikropolitik** wird aus der Übertragung des Begriffs Politik in der Politologie auf Organisationen im Sinne der Regelung öffentlicher Angelegenheiten, Allokation von Ressourcen oder Einsatz von Macht abgeleitet. Er schließt an der organisationalen Politik (en. *organizational politics*) als Interessen- und Tagespolitik der einzelnen Akteure an. Mikropolitik wird daher von Bosetzky als „[…] die Bemühungen, die systemeigenen materiellen und menschlichen Ressourcen zur Erreichung persönlicher Ziele, insbesondere des Aufstiegs im System selbst und in anderen Systemen, zu verwenden, sowie zur Siche-

rung und Verbesserung der eigenen Existenzbedingungen" (1972, S. 382) beschrieben.[3]
Die individualistisch-verhaltenswissenschaftlich orientierte Perspektive der Mikropolitik
stellt den mikropolitisch handelnden Akteur in den Mittelpunkt und konzentriert sich auf
Mikro-Spielräume und Grauzonen, die individuelles politisches Handeln ermöglichen
(vgl. Alt, 2005, S. 304 ff.). Mikropolitik ist dabei entweder als „Kunst der Manipulation"
negativ konnotiert, wie im Konzept des Machiavellismus, oder es findet sich eine neutrale
Sichtweise, die die Verfolgung individueller Interessen mit egoistischen wie altruistischen
Motiven verknüpft und nicht per se wertet. Neuberger betrachtet etwa in seinem Buch
„Mikropolitik: Der alltägliche Aufbau und Einsatz von Macht in Organisationen" Mikropolitik auch als Spiele der einzelnen Akteure, um durch den Einsatz verschiedener Macht-
taktiken und -techniken organisationale Entscheidungen zu beeinflussen. Es geht darum,
„[…] die unterschwellige Feinstruktur in den politischen (Inter-)Aktionen der Akteure
aufzudecken […]" (Neuberger, 1995, S. 15). Akteure verfolgen dabei individuelle Pläne
und rationale Strategien unter Nutzung ihrer jeweiligen Ressourcen, wobei sie die wahrgenommenen Ressourcen der Interaktionspartner mehr oder weniger in Rechnung stellen.
Die Akteure sind jedoch nicht völlig frei: Sie handeln im Kontext einer tatsächlichen und
wahrgenommenen Ressourcenkonstellation innerhalb der Organisation und der konkreten
Führungssituation. Das Handeln selbst unterliegt bestimmten Spielregeln, die mehrdeutig
sind, interpretiert werden müssen und die selbst durch die Akteure entwickelt und in be-
stimmtem Maße weiterentwickelt werden. Vor allem Crozier und Friedberg (1979) haben
diese Aspekte in die mikropolitische Analyse eingebracht: „Das Spiel ist das Instrument,
das die Menschen entwickelt haben, um ihre Zusammenarbeit zu regeln. Es ist das wesentliche Instrument organisierten Handelns. Es vereint Freiheit und Zwang. Der Spieler bleibt
frei, muß aber, wenn er gewinnen will, eine rationale Strategie verfolgen, die der Beschaffenheit des Spiels entspricht, und muß dessen Regeln beachten. Das heißt, daß er zur
Durchsetzung seiner Interessen, die ihm auferlegten Zwänge zumindest teilweise akzeptieren muß" (Crozier & Friedberg, 1979, S. 68).

Danach kann jedes interaktive Handeln als interessengeleitet und politisch angesehen
und interpretiert werden. Konflikte entstehen durch Bestrebungen der individuellen Akteure nach Identitätsbehauptung und Interessendurchsetzung. Strukturen, die sich in Spielregeln und Ressourcenverteilungen äußern, konstituieren den Rahmen für das mikropolitische Handeln der Akteure. Vor allem Ortmann et al. (1990) haben diese Auffassung
weiterentwickelt. Macht als Kategorie der Interaktion wird vorstrukturiert durch die Nutzung von Mitteln aus einer Herrschaftsordnung. Machtausübung bzw. Mikropolitik reproduziert und verändert diese Struktur in einem Prozess sozialer Konstruktion und Rekonstruktion. Mikropolitik fokussiert auf das Handeln der Akteure und schließt die
Analyse von Widerstand, Gegenmacht aber auch die Entstehung und Wirkungen von Konsens und wechselseitigem Einverständnis ein.

---

[3] Neuberger (2002, S. 686) listet Merkmale von Mikropolitik und alternative Definitionen auf. Ausführliche Darstellungen dazu finden sich in Neuberger (2006, S. 4–84).

Neben diesen theoretischen Ansätzen diskutiert Neuberger (1995, S. 219 ff.) als mögliche theoretische Fundierung der Mikropolitik auch die Arbeitsprozesstheorie, die verschiedene Strategien der Managementkontrolle und Formen des Widerstandes, aber u. a. auch der Kontrolle durch Konsens und Spiele (vgl. auch Überblick in Lang & Alt, 2003, S. 307 ff.) im Sinne von Mustern mikropolitischen Handelns näher beleuchtet. Dabei wird deutlich, dass Arbeiten zu Kontrollformen im Kontext der Arbeitsprozesstheorie, z. B. zur Verbindung von organisationalen und außerorganisationalen Kontrollformen bei Clegg und Kollegen (vgl. z. B. Clegg & Dunkerley, 1990), von einer Verankerung von Kontrollstrategien und des Widerstandshandeln der Akteure in übergreifenden gesellschaftlichen Logiken ausgehen.

Die **mikropolitische Führungssicht** knüpft an die dargestellten Überlegungen zur Mikropolitik an, indem sie ebenfalls von einem rekursiven Denkmodell ausgeht. Alles Handeln der Akteure im Führungsprozess wird dabei als politisches Handeln betrachtet. Unterschiedliche Strategien oder Taktiken des Handelns werden mit Rückbezug auf die Ressourcen und ihre Entwicklung erklärt. Erzielte Machtpositionen auf der Basis von Ressourcen und erfolgreich genutzten Strategien bilden zugleich die Grundlage für die nachfolgenden Einflussprozesse. Führungskraft wie auch Mitarbeiter können darauf aufbauend entsprechende Strategien oder Taktiken einsetzen, um die jeweilige Ressource zu erhalten oder auszubauen.

### Beispiel

So ist etwa der Besuch eines Qualifikationslehrgangs, in dem spezielles arbeitsrelevantes Wissen vermittelt wird, eine Maßnahme, die dem Ausbau der informationellen Ressourcen bzw. des kulturellen Kapitals des Mitarbeiters dient. Dies gilt umso mehr, als diese Maßnahme durch die Führungskraft wahrgenommen, mit entsprechenden Abschlüssen und Titeln symbolisch repräsentiert (symbolische Ressource/symbolisches Kapital) und durch den Mitarbeiter in der Interaktion über die Anwendung des neuen Wissens demonstriert wird. ◄

Im anglo-amerikanischen Sprachraum liegt der Schwerpunkt mikropolitischer Betrachtungen stärker auf der politischen Fähigkeit und Geschicklichkeit von Führungskräften (en. *political skills*) sowie insbesondere auf den Einflussstrategien und -taktiken von Führungskräften aber auch Mitarbeitern (en. *influence strategies or tactics*). Yukl (2013, S. 190) unterscheidet dabei nach dem Hauptzweck in Taktiken des Eindrucksmanagements (en. *impression management tactics*), politische Taktiken (en. *political tactics*) und proaktive Einflusstaktiken (en. *proactive influence tactics*). Während Eindrucksmanagement vor allem auf die positive Bewertung der Person zielt und politische Taktiken insbesondere die Beeinflussung von Entscheidungsprozessen in der Organisation im Blick haben, sind proaktive Einflusstaktiken auf die Durchsetzung der Interessen bei konkreten Aufgabenstellungen gerichtet.

Insgesamt bietet die Literatur zur Mikropolitik eine Vielzahl unterschiedlicher Listen von Strategien und Taktiken, die sowohl Führungskräfte als auch Mitarbeiter zur Einflussnahme einsetzen können (vgl. zu einer kritischen Übersicht Neuberger, 2002, S. 696 ff., 2006, S. 85 ff.). Einzelne Taktiken wie

- vernünftig argumentieren und rationale Gründe geben,
- Fachwissen und Überlegenheit demonstrieren,
- angeben,
- an gemeinsame Werte und Überzeugungen appellieren, mit negativen Konsequenzen drohen,
- vollendete Tatsachen schaffen, als Vorbild wirken,
- indoktrinieren und manipulieren.
- sozialen Druck erzeugen,
- Ausdauer zeigen,
- gewinnenden Umgangston und Beziehungen pflegen,
- schmeicheln und heucheln,
- Koalitionen bilden und Netzwerke knüpfen,
- geheime Absprachen treffen, intrigieren,
- Vorteile versprechen,
- ködern usw.

werden dabei in Abhängigkeit von der jeweiligen Auffassung und Definition von Mikropolitik in unterschiedlichen Typologien zusammengefasst (vgl. Tab. 8.2).[4]

Neben Unterschieden zeigen sich auch zahlreiche Ähnlichkeiten. So werden rationale Begründung, Drohung, Tauschhandel, Koalitionsbildung, Freundlichkeit, Beziehungspflege oder Appelle und der Bezug auf legitime Ordnungen besonders oft genannt (vgl. auch Neuberger, 2006, S. 93–97 mit Verweis auf Ferris et al., 2002 oder Blickle, 2003).

Neuberger (1995, S. 154; 2002)[5] betont zusätzlich auf den Aspekt der Legitimität der Nutzung von Strategien und Taktiken. Er unterscheidet bei den Taktiken jeweils eine authentische, offene Anwendung und eine verdeckte und mit Täuschungsabsicht erfolgende Anwendung. Er spannt damit ein Kontinuum auf, das von offenem, authentischen und durch Normen der Organisation oder gesellschaftlich-kulturelle Normen legitimierten Verhalten bis hin zu verdecktem, in Täuschungsabsicht erfolgendem, illegitimen Handeln reicht. Dies verdeutlicht zugleich die Ambivalenz mikropolitischen Handelns, das diese einerseits in den Bereich der Kleinkriminalität verdammt, andererseits als „Intrapreneurship" gefordert wird, um Lücken der unvollkommenen Ordnung in Organisationen zu schließen (Neuberger, 2006, S. 552 f.).

Abb. 8.2 zeigt das Spannungsfeld der von Neuberger genannten offenen und verdeckten Taktiken.

---

[4] Eine ähnliche Liste mit weiteren Autoren findet sich bei Neuberger (2006, S. 95).

[5] In der zweiten Auflage des Buches Mikropolitik von 2006 wird vor allem der Aspekt der Moral in Verbindung mit der Mikropolitik einer grundsätzlichen theoretischen Betrachtung unterzogen. Mit Blick auf die Taktiken unterscheidet Neuberger zunächst in gesittete oder besser neutrale und negativ konnotierte Taktiken (Neuberger, 2006, S. 100) und im Weiteren kontrastiert er Pole und Gegenpole von Taktiken wie z. B. Freundlichkeit vs. Unfreundlichkeit oder Selbstdarstellung vs. Authentizität.

**Tab. 8.2** Ausgewählte Konzepte von Einflussstrategien, -taktiken und -techniken[a]

| Falbo (1977) | Kipnis et al. (1980) | Neuberger (1995) | Yukl (2013) |
|---|---|---|---|
| *Machtstrategien* | *Einflusstaktiken* | *Mikropolitische Taktiken* | *Proaktive Einflusstaktiken* |
| Drohung (en. *threat*) Durchsetzung (en. *assertion*) Beharrlichkeit/ Bestimmtheit (en. *persistence*) | Sanktionen (en. *sanctions*) Durchsetzungskraft (en. *assertiveness*) | Zwang, Druck | Druck (en. *pressure*) |
| Überreden/ Überzeugen (en. *persuasion*)Gründe/ Argumente/Vernunft (en. *reason*) | Rationalität (en. *rationality*) | Rationales Argumentieren | Rationales Überzeugen/ Überreden (en. *rational persuasion*) |
| Verhandlung (en. *bargaining*) Kompromiss (en. *compromise*) | Austausch (en. *exchange*) | Belohnen, Vorteile verschaffen | Austausch (en. *Exchange*) Information über Vorteile (en. *apprising*) |
| Emotion-Agent/Handelnder (en. *emotion-agent*) Emotion-Adressat (en. *emotion-target*) | Anbiederung/ Einschmeichelung (en. *ingratiation*) | Persönliche Anziehungskraft | Persönliche Anziehungskraft (en. *personal Appeals*) Begeisternde Appelle (en. *inspirational appeals*) Anbiederung, Einschmeichelung (en. *ingratiation*) |
| | Koalitionen bilden (en. *coalitions*) | Koalitionen bilden | Koalitionen bilden (en. *coalitions*) Zusammenarbeit (en. *collaboration*) Konsultationen, Beratung (en. *consultation*) |
| | Anrufen höherer Autoritäten (en. *upward appeal*) | Einschaltung höherer Autoritäten Idealisierung, Ideologisierung | Legitimationstaktiken (en. *legitimating tactics*) |
| Einfache Aussagen (en. *simple statement*) Täuschung (en. *deceit*) „Gedanken-manipulation" (en. *thought manipulation*) Andeutung/ Anspielung (en. *hinting*) „Vollendete Tatsache" (lat. *fait accompli*) | Blockieren (en. *blocking*) | | |

Quelle: Zusammenstellung nach Falbo (1977), Kipnis et al. (1980), Neuberger (1995), Yukl (2013)
[a]Je nach Konzept verwenden die Autoren unterschiedliche Begriffe für die zum Teil recht ähnlichen Listen von Einflussaktivitäten. Wenn überhaupt differenziert wird, dann sehen einige Verfasser Strategien als übergeordnete, aus mehreren Taktiken oder Techniken bestehende Muster an, die dann stabiler sind und/oder längerfristig zum Einsatz kommen (vgl. z. B. Neuberger, 2006, S. 107). Taktiken und Techniken selbst sind dann einzelne, situative Einflusshandlungen und bestehen z. T. selbst aus bestimmten Verhaltensweisen (Neuberger 2006, S. 104). Wiederum wurde, mit begrenztem Erfolg, aber hoffentlich Erkenntnisgewinn für den Leser, versucht, ähnliche Taktiken zusammenzustellen.

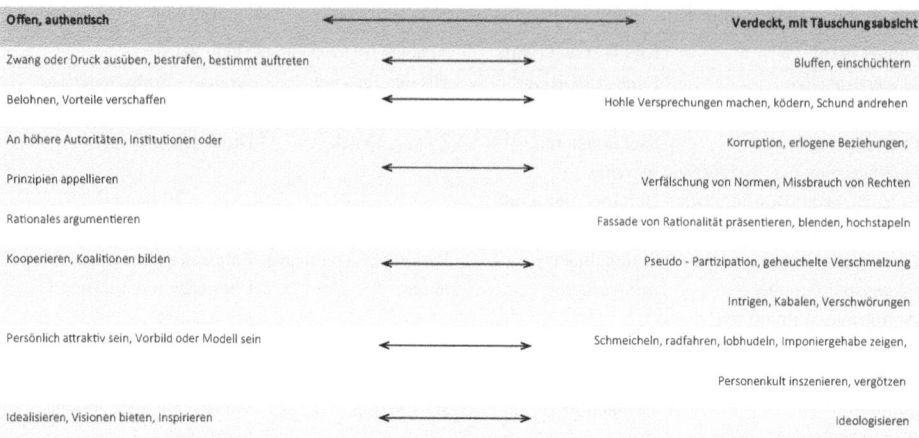

| Offen, authentisch | ←—————————————→ | Verdeckt, mit Täuschungsabsicht |
|---|---|---|
| Zwang oder Druck ausüben, bestrafen, bestimmt auftreten | ←————→ | Bluffen, einschüchtern |
| Belohnen, Vorteile verschaffen | ←————→ | Hohle Versprechungen machen, ködern, Schund andrehen |
| An höhere Autoritäten, Institutionen oder | | Korruption, erlogene Beziehungen, |
| Prinzipien appellieren | | Verfälschung von Normen, Missbrauch von Rechten |
| Rationales argumentieren | | Fassade von Rationalität präsentieren, blenden, hochstapeln |
| Kooperieren, Koalitionen bilden | ←————→ | Pseudo - Partizipation, geheuchelte Verschmelzung |
| | | Intrigen, Kabalen, Verschwörungen |
| Persönlich attraktiv sein, Vorbild oder Modell sein | ←————→ | Schmeicheln, radfahren, lobhudeln, Imponiergehabe zeigen, |
| | | Personenkult inszenieren, vergötzen |
| Idealisieren, Visionen bieten, Inspirieren | ←————→ | Ideologisieren |

**Abb. 8.2**   Offener und verdeckter Gebrauch mikropolitischer Taktiken [Bildrechte: Bearbeitet von den Autoren in Anlehnung Neuberger (1995, S. 154)]

---

**Beispiel**

Als Beispiel kann die Taktik der Nutzung von Wissensressourcen herausgestellt werden, bei der auf der einen Seite die Demonstration von vorhandenem oder neu erworbenem Wissen als legitime Taktik steht. Dem gegenüber wäre eine verdeckte Anwendung eine Demonstration von nicht vorhandenem Wissen, das sich etwa in Verhaltensweisen wie Angeben, Prahlen, Fassaden von Wissen aufbauen etc. äußert. Auch hier spielt die Wahrnehmung der eingesetzten Taktiken eine wichtige Rolle: Die Demonstration von Wissen kann natürlich vom jeweiligen Adressaten auch als Prahlerei interpretiert werden, in Abhängigkeit von Situation und Erfahrungen aus bisherigen Interaktionen. ◀

---

## 8.3   Theoretische Grundlagen: Mikropolitische Führungsmodelle

Ausgehend von ihrem jeweiligen Verständnis von Mikropolitik haben verschiedene Autoren (z. B. Ammeter et al., 2002; Lührmann, 2006; Blickle, 2003; Scholl, 2012; Yammarino & Mumford, 2012; Yukl, 2013) Modelle vorgelegt, die die Einflussprozesse zwischen Führungskräften und Mitarbeitern auf Basis der jeweiligen Machtressourcen und unter Rückgriff auf Strategien und Taktiken der Machtnutzung und Einflussnahme beschreiben. Die meisten Modelle beziehen neben dem Machtaufbau, dem Machterhalt oder dem Machtausbau weitere Ergebnisse, wie Überzeugung, Zustimmung, Verbundenheit, Konformität oder Widerstand (z.B. Yukl 2013), die Zielerreichung im Führungsprozess (z. B. Lührmann, 2006; Ammeter et al., 2002), lang- und kurzfristige Zielerreichung von Führungskraft und Gruppe (z. B. Yammarino & Mumford, 2012; Ammeter et al., 2002) oder organisationale Effektivität und Exzellenz, ein. Sie betrachten unterschiedliche Wirkungsmechanismen der Einflusstaktiken (Scholl, 2012) oder durch den Einflussversuch der Führungskraft ausgelöste Machtdynamiken. Andere analysieren die Ergebnisse als Folge einer ausgehandelten Vereinbarung (en. *leader pragmatic negotiated deal*), die Mitarbeiter und andere relevante Akteure akzeptieren müssen (Yammarino & Mumford, 2012). Insbesondere Ammeter et al. (2002) verweisen noch auf den Aspekt der Zeitlichkeit und Erfahrungen durch aufeinanderfolgende Episoden.

Ein spezielles und in der Öffentlichkeit durchaus beachtetes Modell der mikropolitischen Führung stellt **Führung von unten** (Wunderer, 1992; Weibler, 1998) dar. In konzeptioneller Hinsicht handelt es sich dabei um eine Umsetzung der von Blessin und Wick „polyzentrisch" genannten Führungsauffassung (Blessin & Wick, 2014, S. 439 ff.). Diese besagt, dass jeder Posten in einer Organisation, so auch jede Führungsposition, „sowohl als Quelle wie als Ziel einer großen Zahl von Einflusslinien [...]" (Blessin & Wick, 2014, S. 439) betrachtet werden soll. Das heißt, dass die Beeinflussung der Führungskräfte prinzipiell von jeder Richtung kommen kann, auch unabhängig von dem hierarchischen Status, weil alle organisationalen Akteure Spielräume besitzen, die eine Durchsetzung von individuellen Interessen möglich machen. Führung von unten stellt insbesondere auf die Einflussmöglichkeiten ab, die die Mitarbeitenden gegenüber ihren Vorgesetzten haben oder ergreifen können. Damit wird die einseitige Beeinflussung der Mitarbeiter durch Führungskräfte aufgebrochen und stattdessen der gegenseitige mikropolitische Einfluss in einer Führungssituation postuliert. Zugleich wendet sich Führung von unten explizit der Perspektive der Geführten zu. Mitunter wird Führung von unten auch als eine Form des Mitarbeiterwiderstandes gesehen (Lang et al., 2021). Bei der Führung von unten geht es zwar um die Beeinflussung der Führungskräfte durch Untergeordnete, zugleich wird aber auch eine viel provokantere Frage aufgeworfen: Wie und auf welcher Machtgrundlage führen Mitarbeiter ihre Vorgesetzten?

Ohne einen Bezug zur Führung von unten herzustellen, erarbeiten Oc und Bashshur (2013) mit Hilfe der sozialen Einflusstheorie eine konzeptionelle Basis für die Beeinflussung von Führungskräften durch Mitarbeiter. Dabei analysieren die Autoren, von welchen Rahmenbedingungen es abhängt, ob Mitarbeiter auf ihre Führungskräfte Einfluss auszuüben versuchen. Oc und Bashshur (2013) argumentieren, dass die Macht (z. B. gegenseitige Unterstützung, Gruppengröße) und die Unmittelbarkeit der Mitarbeiter (z. B. niedrige soziale und physische Distanz, häufiger Kontakt zur Führungskraft) sowie die Abhängigkeit der Führungskräfte (z. B. von Informationen) die soziale Beeinflussung durch Mitarbeiter wahrscheinlich machen.

Führung von unten stellt allerdings eher einen Sonderansatz der mikropolitischen Führungssicht dar, so dass die meisten betrachteten Einflussmodelle ausgehend vom Führungsverhalten konzeptualisiert werden und das Mitarbeiterverhalten zum Teil reaktiv betrachten. Rahmenbedingungen werden in unterschiedlichem Maße und oft nicht systematisch einbezogen, obwohl sie eine entscheidende Rolle für die Nutzung und Wirksamkeit von Taktiken haben (vgl. u. a. Neuberger, 2006, S. 154 ff.). Mit Blick auf die Legitimität von Handlungen, aber auch insgesamt auf die organisationale Rahmung des mikropolitischen Handelns, scheint daher gerade der Blick auf die etablierte Ordnung im Sinne von gültigen Spielregeln für das Führungshandeln wichtig. Solche Rahmenbedingungen liegen in der formalen Organisationsverfassung, durch die den Akteuren be-

stimmte Aufgaben- und Handlungsfelder zugewiesen werden, verknüpft mit entsprechenden Rechten und Pflichten. Dazu gehören im weitesteten Sinne auch entsprechende
Regeln zur Gestaltung von Führungsbeziehungen (z. B. Führungsgrundsätze oder
Führungsleitbilder), die allerdings in vielen Fällen hinsichtlich ihrer normativen Wirksamkeit einen eher geringeren Einfluss auf das jeweilige Handeln der Akteure haben (vgl.
bereits Wunderer & Klimecki, 1990). Daneben sind in ihrer faktisch stärkeren Wirksamkeit vor allem die impliziten Regeln im Sinne von sozialen und Gruppennormen hervorzuheben, die bestimmte Handlungen auf Grundlage von Erwartungen positiv oder negativ
sanktionieren. Wichtig für die mikropolitische Führungssicht ist neben dem generellen
Organisationskontext und dem situativen Kontext weiterhin die jeweilige Beziehungs-
geschichte zwischen Führungskraft und dem einzelnem Mitarbeiter. Und schließlich sind
Einflüsse zu beachten, wie die allgemeine Situation in der Organisation, auch im Bezug
zur Organisationsumwelt, die spezifische Problemstellung innerhalb der Gruppe, die konkrete Führungsaufgabe und die Rahmenbedingungen zur Aufgabenerfüllung.

Sie alle bilden zusammenfassend den Rahmen, in dem die wechselseitige Wahrnehmung und Interpretation des Handelns durch die zentralen Akteure, Führungskraft und
Mitarbeiter, stattfinden. Diese wiederum konstituieren und konfigurieren das Feld der jeweils verfügbaren Ressourcen bzw. Kapitalien und ermöglichen oder begrenzen ihre Aktivierung und Nutzung in der aktuellen Interaktionsepisode.

Dabei weist die theoretische Grundkonstruktion der mikropolitischen Führungssicht
gewisse Ähnlichkeiten mit anderen führungstheoretischen Ansätzen auf, die ebenfalls die
wechselseitige Interaktion zwischen Führer und Geführtem ins Zentrum der Betrachtung
stellen. Hier ist zunächst die Austauschtheorie oder LMX-Theorie (en. *leader member
exchange theory*) zu nennen (Yukl, 2013, S. 222). Die Führungsinteraktion wird darin als
Ressourcentausch interpretiert, wobei die Taktik des Austausches (en. *exchange*) in der
mikropolitischen Führungsperspektive dieser Betrachtung am nächsten kommt, während
alle anderen Einflusstaktiken deutlich über einen Ressourcentausch hinausweisen (vgl.
Kap. 3 zur austauschtheoretischen Führungssicht). Bezogen auf wechselseitige Inter-
aktionsprozesse wird in letzter Zeit die relationale Führungstheorie (vgl. z. B. Uhl-Bien,
2006) genannt, die vor allem auch die Rolle der Mitarbeiter (en. *follower*) bei der gemeinsamen sozialen Konstruktion von Führung betont. Die zum Teil konzeptionell-
normative Ausrichtung dieser Theorie fokussiert aber weniger oder kaum auf soziale Einflussprozesse individueller Akteure mit dem Ziel von Machterhalt und Machtausbau. Das
mikropolitische Handeln von Führungskräften (und Mitarbeitern) kann schließlich ergänzend auch aus einer symbolischen Perspektive betrachtet werden. Das Führungshandeln symbolisiert in diesem Falle die durch die Führung vertretenen Interessen. Der
Einsatz von Symbolen erfolgt strategisch mit Blick auf die Durchsetzung der jeweiligen
Interessen bzw. als unterstützender Ausdruck entsprechender Handlungen. Dasselbe gilt
auch für die Symbolinterpretation, die damit selbst zu einer mikropolitischen Aktivität im
Sinne einer Beeinflussungsstrategie wird (vgl. u. a. Brown, 1994 sowie Kap. 9 zur symbolischen Führung im Buch).

## 8.4 Theoretische Grundlagen: (Mikro-)Politische Fähigkeit und Geschicklichkeit von Führungskräften

Einen Zweig der mikropolitischen Sicht stellen Betrachtungen der politischen Geschicklichkeit dar. Diese wird als soziale Kompetenz definiert, die die „Individuen befähigt, ihre Ziele am Arbeitsplatz aufgrund ihres Verständnisses anderer und derer Beeinflussung zu erreichen" (Ferris et al., 2005, S. 127; Gansen-Ammann et al., 2019, S. 718). Es handelt sich also um eine individuelle Fähigkeit, die als multidimensional verstanden wird. Laut Solga und Blickle (2018) besteht die politische Fähigkeit oder Geschicklichkeit aus vier Dimensionen: soziale Scharfsinnigkeit, Netzwerkfähigkeit, wahrgenommene Aufrichtigkeit und interpersonelle Einflussnahme (vgl. auch Blessin & Wick, 2014, S. 457). Dabei stellt die *soziale Scharfsinnigkeit* eine kognitive Facette der politischen Geschicklichkeit dar, die darauf beruht, dass die Motivationen und Bedürfnisse der anderen Personen richtig eingeschätzt werden. Im Unterschied dazu stellt die *soziale Aufrichtigkeit* eine affektive Komponente der politischen Fähigkeit dar. Sie bringt zum Ausdruck, inwiefern die Individuen in der Lage sind, als zuverlässig, ehrlich und authentisch wahrgenommen zu werden. Die *Netzwerkfähigkeit* gehört zusammen mit der *interpersonellen Einflussnahme* zu den Verhaltenskomponenten der politischen Geschicklichkeit. Damit wird auf die Fähigkeit von Individuen abgestellt, Beziehungen mit den anderen zu knüpfen, Netzwerke und Freundschaften zu pflegen, sowie die anderen Akteure zu beeinflussen, indem man rasch die konkrete Situation und die jeweiligen Erwartungen der Anwesenden begreift (Blickle et al., 2018, S. 300).

Die politische Geschicklichkeit wird in einer positiven Beziehung mit dem beruflichen Erfolg, aber auch dem Führungserfolg und dem Charisma der Führungskräfte gesehen (vgl. Blickle et al., 2018). Eine konzeptionelle Begründung für diesen Zusammenhang fehlt jedoch. Vielmehr basiert die diesem Thema gewidmete Forschung auf empirischen Arbeiten. Einen wichtigen Schwerpunkt stellen dabei auch methodische Bemühungen, die politische Geschicklichkeit zu operationalisieren und zu messen (Ferris et al., 2005). Das Konzept wird ganz im Sinne der positivistisch bewendeten Forschung auch in Verbindung mit den anderen benachbarten Konzepten gebracht, wie dem des Machiavellismus (Blickle et al., 2020), worunter ebenfalls eine individuelle Neigung verstanden wird, die anderen Personen rein instrumentell zu behandeln und für die eigenen Karriereziele zu nutzen. Die meisten Arbeiten zur politischen Geschicklichkeit liegen aus dem angelsächsischen Bereich vor. In Deutschland haben Blickle und Kollegen (z. B. Blickle & Gläser, 2009) diese Forschungslinie aufgegriffen und führen diese seitdem fort.

Die aktuelleren Studien aus diesem Bereich verdeutlichen eine Bemühung, die politische Geschicklichkeit in einen größeren Kontext der Organisationspolitik einzubetten. So schlagen Ferris mit den Kollegen (2019) ein neues Meta-Modell der organisationalen Politik vor, welches politische Eigenschaften, politische Aktivitäten und politische Ergebnisse umfasst. Die politische Geschicklichkeit stellt dabei nur eine Facette der politischen Eigenschaften dar, neben z. B. politischem Willen, Narzissmus und Machiavellismus (Ferris et al., 2019, S. 302). Sowohl Ferris und andere (2019) als auch Hochwarter und Kollegen (2020), zu denen ebenfalls Ferris zählt, fassen in ihren Arbeiten meist die von ihnen selbst durchgeführte psychologisch informierte Forschung der letzten Jahrzehnte zur organisationalen Politik zusammen und bieten damit eine Ausgangsbasis für vertiefende Untersuchungen der einzelnen Elemente an.

## 8.5    Empirische Untersuchungen: Methoden und ausgewählte Befunde

Die bisherigen Studien im Bereich der mikropolitischen Führungsauffassung stützen sich vor allem auf quantitativ-statistische Verfahren, deren Daten mittels Fragebogen erhoben wurden. Hier ist eine Anzahl von Fragebogenkonzepten zu erwähnen, die der Erfassung mikropolitischer Taktiken in Organisationen dienen, und auch Führungsprozesse bzw. Einflusstaktiken von Führungskräften und Mitarbeitern nach unten, nach oben und lateral abbilden. Die beiden bekanntesten sind:

- „Profiles of Organization Influence Strategies (POIS)", der von Kipnis und Kollegen auf der Basis einer Untersuchung von Kipnis sowie Schmidt und Wilkenson (1980) entwickelt wurde. Der entsprechende Fragebogen wurde von Wunderer und Weibler ins Deutsche übersetzt und in Vergleichsstudien eingesetzt (1992). Er umfasst 58 Items, die weitgehend den folgenden Dimensionen zugeordnet werden konnten: Durchsetzung, Freundlichkeit/Einschmeicheln, Rationalität, Sanktionen, Tauschhandel, Hierarchie ins Spiel bringen, Blockieren und Koalitionen (Einige Beispiele für Items s.u.).
- „Influence Behavior Questionnaire (IBQ)" von Yukl et al. (1992, 1993). In diesem Fragebogen werden vor allem folgende neun bzw. elf Dimensionen erhoben: rationale Überzeugung, inspirierende Apelle, Freundlichkeit/Einschmeicheln, persönliche Ansprache, Konsultation, Bildung von Koalitionen, beharrlicher Druck, Tauschhandel, Legitimation durch Verweis auf geltende Werte und Grundsätze sowie Vorteile darstellen und Zusammenarbeit. Insbesondere Blickle (1998, 2003) hat mit einem auf dem IBQ beruhenden Instrument mit zusätzlichen Einflusstaktiken verschiedene Erhebungen durchgeführt.

Mit Blick auf machiavellistische Persönlichkeitseigenschaften haben darüber hinaus Henning und Six (1977) eine entsprechende Skala entwickelt, die über 18 Items solcher Persönlichkeitseigenschaften, wie relativ geringe affektive Bindung in interpersonellen Beziehungen bzw. fehlende Empathie, relativ geringe Bindung an konventionelle Moralvorstellungen, Realitätsangepasstheit und relativ geringe ideologische Bindung, messen soll (vgl. die folgenden Beispiele sowie zu Details und Kritik Neuberger 2002, S. 112 ff.). Machiavellistische Persönlichkeitseigenschaften verknüpft vor allem Bosetzky (u. a. 1988) mit dem Typ des Mikropolitikers, der den politischen Erfolg mit allen Mitteln anstrebt und dabei die oben genannten Eigenschaften in Form von Strategien und Taktiken im Handeln umsetzt. Ferris, Treadway und Kollegen haben ein Instrument zur Ermittlung politischer Fähigkeiten und Fertigkeiten („Political Skill Inventory") entwickelt (Ferris et al. 2005) und mehrfach eingesetzt (zum Überblick Yammarino & Mumford, 2012, S. 325–327), u. a. auch in Deutschland durch Blickle und Kollegen (vgl. z. B. Blickle & Gläser, 2009).

**Beispiele für Items**

*Beispiele für Dimensionen von Einflussstrategien nach Kipnis et al. (1980)*

- Durchsetzung, z. B. „Kontrollierte ihn/sie andauernd"
- Einschmeicheln, z. B. „Gab ihm/ihr das Gefühl wichtig zu sein"
- Rationalität, z. B. „Überzeugte ihn/sie durch logische Argumentation"
- Sanktionen, z. B. „Drohte eine Kündigung an"
- Tauschhandel, z. B. „Erinnerte ihn/sie an einen Gefallen, den ich ihm/ihr früher getan hatte"
- Hierarchie ins Spiel bringen, z. B. „Schickte ihn/sie zu meinem Chef"
- Blockieren, z. B. „Drohte die Zusammenarbeit mit ihm/ihr einzustellen, bis er/sie nachgab"
- Koalitionen, z. B. „Sicherte mir Unterstützung von Kollegen, um meiner Forderung Nachdruck zu verleihen"

*Beispiele für Items aus der Machiavellismus-Skala nach Henning und Six (1977)*

- „Im Umgang mit den Menschen ist es am besten, ihnen zu sagen, was sie hören wollen."
- „Jeder ist sich selbst der Nächste."
- „Um eine gute Idee durchzusetzen, ist es unwichtig welche Mittel man anwendet."
- „Sicheres Auftreten ist mehr wert als Empfänglichkeit der Gefühle."
- „Man kann ein Versprechen ruhig brechen, wenn es für einen selbst vorteilhaft ist."

*Beispiele für Items zu Dimensionen der politischen Fertigkeiten nach Ferris et al. (2005)*

- Netzwerkfähigkeit, z. B. „Ich bin gut darin, Beziehungen zu wichtigen Personen in der Arbeit aufzubauen."
- Interpersonaler Einfluss, z. B. „Es fällt mir leicht, mit den meisten Leuten gut zu harmonieren."
- Sozialer Scharfsinn, z. B. „Ich bin besonderes gut darin, die Motivationen und geheimen Anliegen, anderer zu erspüren."
- Scheinbare Aufrichtigkeit, z. B. „Wenn ich mit anderen kommuniziere, versuche ich in dem was ich sage und tue, aufrichtig zu sein."

Quelle: zusammengestellt nach Neuberger (1995, S. 160 f., 112 f., 2006, S. 56 f.) ◄

Weiterhin finden sich auch verschiedene Instrumente zur Ermittlung von Macht-basen, von Machtmotiven von Führungskräften und zur Machtnutzung. Dazu gehören zum Beispiel Ansätze, die grundlegende Motive, wie das Machtmotiv nach McClelland ermitteln (vgl. z. B. McClelland & Boyatzis, 1982). Ein interessantes, auch im Kontext der GLOBE-Studie genutztes Instrument ist dabei z. B. die Kodierung von Macht-, Leis-tungs-, Sozial- oder Verantwortungsmotiven, anhand von Interviewtexten nach Winter (1991, 1992).

Zu den weiteren Verfahren gehören u. a. qualitative Prozessanalysen, die Analyse von Fallstudien, Selbstberichte, die Inhaltsanalyse von Biografien und von Dramen, direkte und teilnehmende Beobachtung, Experimente, Langzeitstudien etc. (vgl. u. a. McFarland et al., 2012, S. 105 ff. oder Neuberger, 1995, S. 136 f., 2006, S. 97 ff. für mikropolitische Taktiken im Allgemeinen). Dabei konzentriert sich die Analyse auf die Handlungen der jeweiligen Akteure sowie auf die von ihnen genutzten Strategien und Taktiken. Sie bezieht aber oft auch die dazu gehörenden Handlungskontexte und die Entstehung, Entwicklung und Nutzung von Spielregeln mit ein. Letzteres findet sich insbesondere in Prozess-analysen des mikropolitischen Handelns (z. B. bei Ortmann et al., 1990).

In den **empirischen Studien** betrachten die Forscher entweder die Nutzung und die Wirkungen von Machtgrundlagen oder die Häufigkeit, Ausprägung und Wirkungen der jeweiligen Einflusstaktiken. Weiterhin wurden auch die Kontextfaktoren mikropolitischer Führungsprozesse thematisiert.

**Empirische Befunde zu Machtgrundlagen und Machtnutzung** zeigen u. a. dass alle Machtquellen mehr oder weniger starke Wirkungen auf Zufriedenheit und Leistung von unterstellten Mitarbeitern haben, wobei vor allem Expertenmacht und Referenz- bzw. Identifikationsmacht besonders positive Korrelationen aufweisen und zugleich auch durch effektive Führungskräfte häufiger genutzt werden. Legitimierte und Belohnungsmacht haben vor allem positive Wirkungen auf ein mit den Erwartungen konformes Verhalten der Mitarbeiter, jedoch nicht auf das Commitment der Mitarbeiter. Allerdings gibt es auch zahlreiche Kritiken an methodischen Aspekten solcher Studien, u. a. an der fehlenden Be-achtung der Verflechtungen zwischen den Machtquellen sowie am Fragebogendesign (vgl. zusammenfassend Yukl, 2010, S. 231 f.). Scholl (2012, S. 208 ff.), der zwischen Macht-ausübung als gegen die Nachgeordneten gerichteten Handlungen, und Einflussnahme, die im Einklang mit den Interessen der anderen Seite erfolgt, unterscheidet, stellt u. a. fest, dass sich Machtausübung hauptsächlich auf legale Machtgrundlagen wie Weisungsbefug-nis stützt. Einflussnahme beruht dagegen vor allem auf Informationsmacht, Legitimität, Sachkenntnis und Belohnungen. Neben unterschiedlichen Mitarbeiterreaktionen wie inne-res Widerstreben und Widerstand, die bei Machtnutzung jeweils höher ausfallen, ist weiterhin interessant, dass ein hohes Machtpotential die Versuchung der Machthaber er-höht, verfügbare restriktivere Mittel einzusetzen (Scholl, 2012, S. 213). Als weiterer Ef-fekt wird ein signifikant positiver bzw. negativer Einfluss von interessengeleiteter Ein-flussnahme bzw. Machtausübung auf den Wissenszuwachs in der Organisation hervorgehoben (Scholl, 2012, S. 217).

Auch die **empirische Forschung zu mikropolitischen Aktivitäten** hat eine Vielzahl von interessanten Ergebnissen hervorgebracht. So konnten z. B. Kipnis et al. (1984) und Kipnis und Schmidt (1988) hinsichtlich der kombinierten Nutzung von Einflusstaktiken zwei grundlegende Strategie-Muster herausarbeiten: eine direkte machtpolitische Einflussstrategie (Androhung von Sanktionen, Einschaltung des höheren Managements, Bestimmtheit im Anliegen) sowie eine nicht-direkte bzw. diskursive, kooperative Einflussstrategie (Begründung, Aushandlung, Freundlichkeit). Hinsichtlich der Verwendung dieser Strategien ergaben sich vier Typen von Führungskräften:

- Macher (en. *shotgun*),
- Beziehungsspezialist (en. *ingratiator*),
- Diplomat (en. *tactician*),
- Mitläufer (en. *bystander*).

Sie weisen jeweils spezifische Muster bei der Nutzung der Einflusstechniken auf, wobei der „Macher" alle Techniken generell sehr stark nutzt, allerdings auch eine Präferenz für machtpolitische Einflussstrategien hat, der „Beziehungsspezialist" in der Regel auf diskursive Strategien zurückgreift, und der „Diplomat" je nach Situation beide Techniken einsetzt, jedoch insgesamt deutlich weniger intensiv Einfluss nimmt als der „Macher". Der „Mitläufer" übt insgesamt kaum Einfluss auf andere aus; offensichtlich handelt es sich um ein Führungsverhalten, das dem Laissez-faire-Stil ähnlich ist. Eine kritische Betrachtung der Befunde mit Blick auf die Grundannahmen mikropolitischen Handelns zeigt, dass eigentlich nur die ersten beiden Typen tatsächlich als Mikropolitiker angesehen werden können. Vor allem der Macher (*shotgun*) weist große Nähe zu dem von Bosetzky entwickelten Typen des „Mikropolitikers" auf (Bosetzky & Heinrich, 1985; Bosetzky, 1988). In weiteren Untersuchungen haben Wunderer und Weibler (1992, vgl. auch Wunderer, 1992, 1996) die Analysen von Kipnis und Kollegen im deutsch-schweizer Kontext nachvollzogen. Die Verfasser fanden dabei ähnliche Ergebnisse: Führungskräfte tendieren danach in beiden Kulturkreisen zunächst zu einer Strategie der rationalen Begründung, wobei zusätzlich Bestimmtheit im Auftreten eine starke Rolle spielt, gepaart mit Freundlichkeit. Vor allem Freundlichkeit scheint im deutsch-schweizer Kontext wichtiger zu sein als in US-amerikanischen Organisationen. Sanktionen treten in jedem Fall als Einflusstaktik erst am Ende der Liste auf. Bezüglich der Führung von unten zeigen sich ähnliche Befunde. Auch hier steht die Begründung an erster Stelle und Freundlichkeit nimmt einen vorderen Platz ein. Interessante Unterschiede gab es jedoch in der jeweils präferierten Taktik: Mitarbeiter in den USA setzen vor allem auf soziale Taktiken wie Koalition, Freundlichkeit und Verhandlung, während im deutschen Kontext Verhandlungen eine geringere Rolle spielen und dafür Bestimmtheit stärker anzutreffen ist.

Wunderer hat mit Blick auf die Führung von unten darüber hinaus auch erfolgreiche und nicht erfolgreiche Taktiken aus der jeweiligen Perspektive analysiert bzw. Gründe und Ursachen für den Misserfolg bei Einflussversuchen von Mitarbeitern herausgearbeitet. Unter anderem zeigt sich hier, dass aus der Vorgesetztenperspektive der Bezug auf organisatorische Regelungen, aber auch das Werben um Gunst oder das Erzeugen von Mitleid als wenig geeignete Taktiken der Mitarbeiter zur Beeinflussung der Führungskräfte angesehen werden. Als zentrale Erfolgs- oder Misserfolgsgründe werden vor allem der Inhalt des Einflussversuchens, die (vorteilhafte) Art der Präsentation sowie die Kompetenz des Mitarbeiters genannt. Daneben spielte auch noch eine gute persönliche Beziehung zum Chef eine wichtige Rolle. Aus der Sicht der Mitarbeiter wird eine offene geistige Haltung des Vorgesetzten als wichtig für Einflussversuche erkannt. Genze und Kollegen (2017) legen eine weitere empirische Untersuchung der Führung von unten vor, und zwar aus kommunalen Verwaltungsorganisationen. Auch hier wird im Wesentlichen bestätigt, dass Führung von unten allgegenwärtig ist und verschiedene Einflusstaktiken von den Beschäftigten genutzt werden, um ihre Vorgesetzten zu beeinflussen. Am häufigsten suchen Mitarbeiter ein Gespräch, argumentieren rational oder schalten höhere Instanzen ein. Aber auch das Beharren, Nachhaken und Eskalieren, also Taktiken, die eher mit Führungskräften in Verbindung gebracht werden, sind den Verwaltungsmitarbeitern nicht fremd. Im Bereich der Beeinflussung der Führungskräfte durch Mitarbeiter legen Fuller et al. (2015) eine weitere empirische Untersuchung vor, bei der es um die Faktoren geht, die eine positive Beeinflussung der Vorgesetzten begünstigen. In ihrer Studie stellen Fuller und Kollegen (2015) fest, dass Vorgesetzte das proaktive Beeinflussen durch Mitarbeiter gutheißen und anschließend die Mitarbeiterleistung besser bewerten, wenn ich die Führungskräfte für positive Veränderungen am Arbeitsplatz verantwortlich fühlen. Ist das nicht der Fall, führen die proaktiven Veränderungsvorschläge von Mitarbeitern nicht zu deren besserer Leistungsbewertung.

Yukl (2013, S. 210) hat die zentralen Befunde verschiedener Autoren zur Wirkung der von ihm genannten proaktiven Einflusstaktiken von Führungskräften und Mitarbeitern zusammengefasst. Dabei unterscheidet er die Taktiken in Bezug auf deren Einsatzrichtung, Ablauffolge, Kombinierbarkeit mit anderen Taktiken sowie die Wirksamkeit der jeweiligen Taktik. Als allgemein wirksam stellt er rationales Überzeugen, einen inspirierenden Appell, Beratung und Zusammenarbeit heraus. Als mäßig wirksam sind hingegen ein persönlicher Appell, Einschmeicheln und der Austausch mit Vorteilen anzusehen. Eine schwache Wirksamkeit wird der Koalitionstaktik, dem Druck und einer legitimierenden Taktik bescheinigt.

Neben den unterschiedlichen Wirkungen betont Yukl (2013) vor allem die zusätzlichen Effekte der Kombination von Taktiken. Rationale Überzeugung erweist sich danach als eine sehr flexible Taktik, die die Wirksamkeit von „weichen Taktiken" (en. *soft tactics*), wie Konsultationen oder inspirierenden Apellen, erhöhen kann. Zugleich ist gerade die Wirksamkeit von weichen Taktiken durch Kombination mit anderen weichen Taktiken höher. Dagegen ist das Ausüben von Druck wenig kompatibel mit anderen, weil sie z. T. deren Effekte unterhöhlt. Weiterhin zeigen die Befunde, dass die sequentielle Nutzung von Taktiken stärker zu beachten ist. Neben verlaufsunabhängigen Taktiken gibt es auch solche, die eher zu Beginn, und andere, die eher am Ende eines Einflussprozesses genutzt werden (sollten). So ist Druck eine Taktik, die in der Regel, wenn überhaupt eingesetzt, erst in späteren Stadien verwendet wurde (Yukl, 2013, S. 211 f.). Auch die Intensität der Nutzung kann unterschiedliche Wirkungen auslösen, wie Neuberger (2006, S. 115) zeigt. Während etwa Rationalität oder Tauschhandel ihre Wirksamkeit bei intensivierter Anwendung steigern können („Je mehr, desto besser"), weisen andere, wie Blockieren oder Vorgesetzte einschalten, degressive Wirkungskurven auf („Ab einem bestimmten Punkt bringt mehr nicht mehr!") oder verkehren sich ins Gegenteil wie Einschmeicheln oder Druck machen („Zuviel des Guten!").

Weitere Studien machen auf die Bedeutung der subjektiven Wahrnehmungen der Einflussversuche durch beteiligte Akteure aufmerksam (vgl. u. a. Rao et al., 1995, S. 162). Blickle hat 2003 für sogenannte Führungstriaden von Vorgesetzten, Kollegen und Unterstellten nachgewiesen, dass die Meinungen der verschiedenen Akteure zu den genutzten Taktiken kaum übereinstimmen. So bemerken Vorgesetzte zum Beispiel kaum rationale Einflussversuche, obwohl deren besondere Eignung und Wirksamkeit allenthalben betont wird (vgl. auch Neuberger, 2006, S. 115 ff.).

Eine nähere Betrachtung der Einflusstaktiken lässt, wie bereits angedeutet, auch eine gewisse Nähe zu anderen Führungskonzepten erkennen. Den Zusammenhang von Führungsverhalten und mikropolitischen Taktiken von Mitarbeitern hat zum Beispiel Krishnan (2004) untersucht. Es wurde sichtbar, dass transformationale Führung bei Mitarbeitern in stärkerem Maße soziale Einflusstaktiken wie Freundlichkeit fördert, während transaktionales, austauschorientiertes Führungsverhalten eher mit rationaler Begründung und dem Einschalten höherer Autoritäten verknüpft ist (Krishnan, 2004, S. 65 ff.).

Auch die Forschung zur **politischen Fähigkeit und Geschicklichkeit** wartet, wie bereits erwähnt, mit zahlreichen empirischen Studien auf. Einstimmig gehen die Forschenden in diesem Bereich davon aus, dass die politische Fähigkeit eine wichtige Voraussetzung oder ein Prädiktor des beruflichen und führungsbezogenen Erfolgs ist (Kranefeld et al., 2020). In zahlreichen Studien wird der Zusammenhang zwischen der politischen Fähigkeit und der Leistung untersucht, wiewohl hier von einer generellen Betrachtung verabschiedet und eine zunehmende Beachtung des konkreten Arbeitskontextes erfolgt. So stellen Gansen-Ammann und Kollegen (2019) fest, dass eine stärkere politische Fähigkeit von Managern dann mit einer hohen Leistung korrespondiert, wenn das Führen von Mitarbeitern in hohem Maße erforderlich ist. Ist dies nicht der Fall, d. h. die Aufgabe oder der Beruf erfordert keinen intensiven Umgang mit Menschen, ist eine hohe politische Geschicklichkeit kontraproduktiv (Gansen-Ammann et al., 2019). Zugleich wird die politische Geschicklichkeit nicht als gegeben angenommen, auch nicht bei Führungskräften. Stattdessen wird sie als eine individuelle Kompetenz aufgefasst, die sich im Laufe der beruflichen Karriere entwickeln kann. Einige Untersuchungen (z. B. Doldor, 2017) weisen darauf hin, dass es sich dabei um einen politischen Reifeprozess handelt, bei dem die Organisationsmitglieder ihr mikropolitisches Geschick verbessern können.

Und schließlich gibt es auch zahlreiche Studien, die den **Einfluss verschiedener personaler und organisationaler Kontextfaktoren** auf die Nutzung und Wirksamkeit von Einflusstaktiken herausarbeiten (vgl. zusammenfassend z. B. Neuberger, 2006, S. 155–163), oder (national-)kulturelle und andere institutionelle Rahmenbedingungen und ihre Wirkung betonen. Dazu gehören u. a. auch interkulturelle Vergleichsstudien zum

Einsatz mikropolitischer Taktiken. So haben Kennedy, Fu und Yukl (2003) versucht, universelle, d. h. kulturunabhängig wirksame Einflusstaktiken der Führungskräfte zu ermitteln. Als universell effektiv haben sich folgende Einflusstaktiken herausgestellt: Überzeugen mit Hilfe von rationalen Argumenten, Beraten und Konsultieren, Kollaborieren, z. B. Unterstützung anbieten, Ressourcen zuweisen oder eine Teilhabe an dem zu erwarteten Nutzen vorschlagen, und Verführen, z. B. Überzeugen mit den Hinweisen auf den Nutzen. Die jeweilige Effektivität der einzelnen Techniken kann jedoch kulturspezifisch variieren. Techniken des Beratens und Kollaborierens sind z. B. vor allem in Kulturen akzeptiert und wirksam, in denen ein hoher Grad an Individualismus und eine niedrige Machtdistanz vorherrscht. Geschenke im Voraus, Umgarnen, z. B. durch „small talk" oder Einsatz von persönlichen Druckmitteln, finden in allen untersuchten Kulturen wenig Akzeptanz (vgl. auch Lang & Rybnikova, 2010 sowie ausführlicher in Kap. 15 zur globalen Führung).

## 8.6    Anwendungsfelder und Implikationen für die Praxis

Die mikropolitische Führungsperspektive ist auch reich an Hinweisen und Tipps, wie die Akteure, und hier eben auch Mitarbeiter, ihre Rechte und Interessen durch Einfluss auf Andere wahrnehmen können. Das Motto des Kapitels „Wer führt wen?" steht dafür. Auch Adams (1999) präsentiert in seinem Buch mikropolitische Strategien für Arbeitnehmer, gibt Ratschläge wie man sich durchsetzen und mit Führungskräften umgehen kann. Während dabei verschiedene Formen des Widerstandes gegenüber Einflussversuchen von Managern und Führungskräften in pointierter Form angesprochen werden, konzentriert sich die „seriöse" wissenschaftliche Literatur eher auf Hinweise zum angemessenen Umgang der Führungskräfte mit den verschiedenen Machtressourcen und Einflusstaktiken. Yukl (2013, S. 202 f.) präsentiert etwa Richtlinien zur Nutzung von Bestrafungsmacht (en. *guidelines for using coercive power to maintain discipline*). So nennt er u. a.

- Erkläre Regeln und Anforderungen und stelle sicher, dass die Menschen die schwerwiegenden Folgen von Verletzungen (der Regeln) verstanden haben!
- Erforsche die Fakten, bevor Du Ermahnungen oder Bestrafungen einsetzt und vermeide schnelle Schlussfolgerungen und voreilige Anschuldigungen!
- Nutze Bestrafungen, die legitim, fair und der Schwere des Vergehens angemessen sind!

Ähnliche „ethisch-normative" Hinweise gibt es für alle anderen Machtquellen. Auch bei den Einflusstaktiken werden jeweils Handlungsempfehlungen (en. *ways to use tactics*) abgeleitet. Bezogen auf die Einflusstaktik „Druck ausüben" (en. *pressure*) nennt Yukl (2013, S. 213 f.) zum Beispiel:

- Frage die Person so lange, bis sie dem Anliegen zustimmt!
- Bestehe auf nachdrückliche Weise, dass die Person tut, was Du gefordert hast!

- Prüfe wiederholt nach, ob die Person Deine Forderung auch umgesetzt!
- Warne die Person durch Hinweis auf Strafen bei Nichterfüllung der Anforderung!

Die genannten Beispiele verdeutlichen, dass ein breites Feld der Anwendung der Mikropolitik im Führungskontext in der Etablierung von legitimen Ordnungen und Spielregeln der Kooperation in der Organisation besteht, die sich z. B. in Unternehmensphilosophien, Führungsleitbildern und Führungsgrundsätzen oder Ethik-Kodizes äußern. Mikropolitische Führungsforschung kann den Blick für vorhandene Verhaltensweisen öffnen und eine Diskussion über erwünschte, akzeptable sowie nicht tolerierte Umgangsformen anstoßen (vgl. auch Kap. 12 zur ethischen und destruktiven Führung). Die Thematisierung der Interessen, Machtressourcen und Einflussmöglichkeiten der Geführten kann überdies zu ihrer Emanzipation beitragen. Neuberger (2002, S. 724 f.) spricht in diesem Kontext aus der Sicht der Führung von Möglichkeiten einer Stimulierung und Förderung von Mikropolitik durch Führungskräfte, u. a. Intrapreneurship propagieren und belohnen, Empowerment fördern, komplexe Bewährungssituationen schaffen oder erfolgsabhängige Belohnungssysteme einführen. Durch die damit verbundene Erweiterung von Handlungsspielräumen und Verantwortung soll formelle Kooperation schrittweise durch Vertrauen als Steuerungsmedium ersetzt werden (vgl. auch Neuberger, 2006, S. 553 ff.).

Schließlich wird mit dem mikropolitischen Führungsansatz auch ein geeignetes Analyseinstrumentarium vorgelegt, dass eine zusätzliche Aussage über das Führungsgeschehen ermöglicht, wie die abschließende Analyse des Falles Mittermayer zeigt.

### Mittermayer als Mikropolitiker

Aus einer mikropolitischen Führungsperspektive lassen sich einige typische Einflusstaktiken erkennen, die Mittermayer im Rahmen seines Führungsprozesses auf Grundlage seiner spezifischen Machtressourcen einsetzt. Dabei ist zu beachten, dass wir nur etwas über die Perspektive von Mittermayer erfahren. Als Eigentümer der Firma verfügt er natürlich über das ökonomische Kapital und als Geschäftsführer über die formale Autorität und damit legitime, Belohnungs- und Bestrafungsmacht.

Im Rahmen seiner Biographie hat er offenbar auch ein ausreichendes Expertenwissen in ökonomischen Fragen und beim Management und der Beratung von Unternehmen erworben. Nach seiner Selbstdarstellung verfügt er auch über soziale Kompetenzen und die entsprechenden diesbezüglichen Einstellungen.

Auf dieser Basis entfalten sich dann die im Text beschriebenen mikropolitischen Einflusstaktiken. So werden Mitarbeitern im Sinne einer Austauschtaktik (en. *exchange*) z. B. Entwicklungsperspektiven mit größerer Verantwortung und soziale Hilfe und Unterstützung im Rahmen einer familialen Unternehmenskultur angeboten. „[…] Da habe ich ganz bewusst entwicklungsfähige Menschen gesucht, die mit dem Unternehmen wachsen können und die sich verändern können. […] Dadurch haben wir auch Mitarbeiter, die sich vom einfachen Service-Dienstleister weiterentwickelt haben und schrittweise eine größere Verantwortung bekommen haben […]. Das ist keine gewöhnliche Unternehmenskultur, sondern das ist eine Kultur, die besonders für uns ist [...]. Und das ist nicht nur Qualität mit Geld und Lohn, sondern auch die Lebensqualität, die sehr hoch sein muss. Das sind Ziele, soziale Ziele, dass es keinem der Mitarbeiter, der bei uns ist, schlecht gehen soll. Das darf nicht vorkommen. [...] Und da geht das Unternehmen rein mit den Möglichkeiten, die wir haben, nicht mit Geld, aber mit unserem Know-How, mit unserem Team und so weiter haben wir ihm eine Arbeit beschafft [...]. Wir haben jetzt auch eine Mitarbeiterbeteiligung."

Die Bedeutung der damit verbundenen Freundlichkeit oder Liebenswürdigkeit (en. *ingratiation*) zeigt sich etwa an folgenden Aussagen: „[...] Der Mitarbeiter ist sehr wesentlich für uns. Das ist ein Ziel, dass wir die Mitarbeiteroptimierung durchführen. [...] Und dann sind wir sehr offen miteinander, alle sind auf „Du" und die Mitarbeiter vom Personal gehen auch heim zu den Leuten. Wir versuchen so eine Familie zu sein. [...] Ich bin sehr menschenorientiert [...]".

Zugleich zeigt sich hier jedoch auch ein Element der Manipulation im Sinne der verdeckt und mit Täuschungsabsicht eingesetzten Techniken. „Die Manager, die hier aufgewachsen sind, im Haus, intern, die kriegen das also schon mit der Muttermilch mit [...]. Aber ich glaube daran, dass ein richtig tüchtiger Chef, der soll so arbeiten, dass sein untergeordneter Chef nicht merkt, dass er da ist. Und der Mitarbeiter soll selber glauben und fühlen, dass er das Ei gelegt hat [...]. Ich berate lieber, in welche Richtung es gehen soll und versuche andere dahin zu steuern, wohin ich ihn haben will."

Und schließlich wird auch Bestimmtheit (en. *assertiveness*) und Druck (en. *pressure*) sichtbar, wenn Mittermayer über das Kontrollsystem und die Verantwortung der Mitarbeiter spricht: „[...] Das Unternehmen hat ein sehr hartes ökonomisches Kontrollsystem. Das bedeutet, dass wir jeden Tag eigentlich ablesen können, was wir verdient haben, was wir hätten verdienen sollen [...]. Die Organisation ist auch dementsprechend angepasst, dass die Verantwortung dafür bei den Mitarbeitern liegt."

Weitere Taktiken, wie rationale Überzeugung auf Basis des Expertenwissens oder inspirierende Apelle, können vermutet werden. Die eingesetzten Techniken verweisen jeweils auf die o.g. Machtbasen und können diese reproduzieren. Sie weisen Herrn Mittermayer als „diplomatischen Macher" aus. ◀

## 8.7    Kritik der mikropolitischen Führungssicht

Obwohl die mikropolitische Perspektive eine der seltenen Zugänge zur Mitarbeiterführung darstellt, die organisatorische und interpersonelle Ebenen zu verschränken verspricht, bleibt sie hinter ihrem konzeptionellen Anspruch schlussendlich zurück. Das ist daran abzulesen, dass die betrieblichen Rahmenbedingungen, die die Ressourcen und Taktiken erheblich beeinflussen, nicht zufriedenstellend berücksichtigt werden. Indem Führung auf die Mikroperspektive beschränkt wird, geht der Blick für strukturelle Machtzusammenhänge mehr oder weniger verloren. Türk nennt das mikropolitische Konzept vor allem mit Blick auf die in den 80er-Jahren dominierende Betrachtung von personellen Machtquellen

und Einflusstaktiken ein „apolitisches Politikkonzept", wobei er aus radikal-
strukturalistischer Perspektive insbesondere den fehlenden Bezug zu konkreten historischen Gesellschaftsformen, z. B. Kapitalismus, kritisiert (Türk, 1989, S. 131). Diese Kritik gilt ohne Zweifel auch für die dargestellten mikropolitischen Führungsmodelle. Auch
wenn in der Spielperspektive (z. B. bei Crozier & Friedberg, 1979) die rahmensetzenden
Spielregeln mit in den Blick genommen werden, wird doch von anderen Strukturen und
Mustern des politischen Handelns abstrahiert, obwohl diese ebenfalls wichtige Rahmenbedingungen darstellen, auf die sich die Akteure im Führungskontext beziehen. So finden
sich für die in der Mikropolitik sehr verbreitete Spielperspektive nur wenige Anwendungen
in der mikropolitischen Führungssicht, wobei insbesondere Neuberger (2002, S. 710 ff.)
hier eine Ausnahme bildet. Ansätze für eine Einbettung der mikropolitischen Führungssicht in einen breiteren organisatorischen und gesellschaftlichen Rahmen bieten etwa die
theoretische Fundierung des mikropolitischen Führungsansatzes durch machtorientierte
strukturalistische Theoriekonzepte, z. B. bei Ortmann et al. (1990), die Arbeitsprozesstheorie oder das Kapitalkonzept.

Die in der Forschung zu politischer Geschicklichkeit vorgenommene Konzeptualisierung
stellt eine Renaissance der Eigenschaftstheorie der Führung und damit einen theoretischen
Rückschritt dar, geht es hier doch im Wesentlichen um die Besitzer (oder Träger) der politischen Geschicklichkeit, von denen der berufliche Erfolg im Allgemeinen sowie der
führungsbezogene Erfolg im Konkreten abhängen soll. Zwar wird diese Eigenschaft
grundsätzlich sowohl den Führungskräften als auch den Mitarbeitern unterstellt und damit
die Geführtenperspektive stark in den Fokus genommen, aber die hier vertretene Grundannahme, dass mit Hilfe einer einzigen Eigenschaft weitreichende Prognosen angestellt
werden können, ist und bleibt problematisch.

Bei vielen Autoren fällt zudem ein oft einseitiger Fokus auf Beeinflussungstaktiken
entweder von Führern oder von Geführten auf, obwohl eine Interaktions- und Prozessperspektive der Führung zunächst betont wird. Dabei liegt vor allem bei den anglo-
amerikanischen Autoren ein deutliches Gewicht auf den Führungskräften, was auch Hinweise zur „richtigen" Nutzung der Machtressourcen und -taktiken durch die Führungskräfte
einschließt (vgl. etwa Yukl, 2013). Auch Prozessmodelle zur Machtnutzung und -re-
produktion durch Einsatz von Einflussstrategien und -taktiken werden meist aus der Sicht
der Führungskraft aufgebaut anstatt als wechselseitige Beeinflussung. Zugleich wird
sichtbar, dass Machtressourcen und Einflusstaktiken gerade in diesem Kontext als objektive Kategorien betrachtet und nicht als Ergebnisse von Attributionsprozessen gesehen
werden. Hier stoßen dann auch die quantitativen Fragebogenanalysen von Einflusstaktiken
an ihre funktionalistischen Grenzen. Prozessaspekte werden vor allem dann stärker angesprochen, wenn es um eine Kombination und eine bestimmte zeitliche Abfolge der Nutzung von verschiedenen Taktiken, z. B. bei Reaktionen auf Widerstand oder auf erfolglose
Einflussversuche, oder um etablierte und stabilisierte Muster von Interaktionen geht. Solche Modelle, die auch Machtgrundlagen als Ergebnis von Zuschreibungsprozessen kon-
zeptualisieren und damit der sozialen Konstruktion der Führungsbeziehung tatsächlich

Rechnung tragen, finden sich eher bei den früheren deutschen Autoren (vgl. z. B. Lühr-mann, 2006, S. 49; Knoblach & Fink, 2010, S. 14).

Ein weiterer Kritikpunkt ist die Annahme, dass die Taktiken auf rationalem Kalkül von Individuen als strategischen Akteuren beruhen. Der Begriff der proaktiven Einflusstaktiken bringt diesen Gedanken gut zum Ausdruck. Der Fokus auf intentionales strategisches Handeln blendet jedoch intuitives Handeln aus und führt damit zu einer reduzierten Annahme über Handlungsmotive. Zugleich wird bei der Betrachtung der Strategien und Taktiken innerhalb der konkreten Führungsbeziehung oft auf einzelne Akteure und Dyaden, selten auf Triaden abgestellt. Alternativ wird eine gesamte Gruppe hinsichtlich ihrer jeweiligen Interessen als gleichförmig, quasi als individuumsähnliches Subjekt, betrachtet. Gruppeneffekte, die sich aus unterschiedlichen Einflussversuchen innerhalb der Gruppe ergeben und den Führungsprozess beeinflussen können, werden oft vernachlässigt. Hier beschränkt der Fokus auf den Führungsprozess zwischen Führungskraft und Mitarbeiter auch mögliche erweiterte Betrachtungen, wie sie das organisationstheoretische Konzept der Mikropolitik gerade anbietet (vgl. Neuberger, 2002, S. 681). Die Einbeziehung der Einflussprozesse zwischen Führungskraft und weiteren Akteuren sowie innerhalb einer Gruppe in eine qualitative Prozessanalyse ist eine wichtige Perspektiverweiterung, die jedoch im Führungskontext noch umfassend einzulösen ist.

Daneben fällt die uneinheitliche und z. T. auch widersprüchliche Konzeptualisierung von Art und Umfang der Einflussprozesse auf. Neben einem recht breiten Fokus auf politische Fähigkeiten wie bei Ferris et al. (2002, 2005) oder Blickle et al. (2018), unterscheidet etwa Yukl (2013, S. 190) die politischen Einflusstaktiken von proaktiven Taktiken in der unmittelbaren Führungsbeziehung und vom Eindrucksmanagement, und suggeriert damit entweder einen a-politischen Charakter anderer Einflusstaktiken oder eine reaktive Nutzung politischer Taktiken und von Taktiken des Eindrucksmanagements. Auch die Begriffe Strategien, Taktiken und Techniken sind bei den Autoren mit unterschiedlicher Bedeutung belegt, und eine sinnvolle Abgrenzung gegenüber Attributen des Führungsverhaltens oder Einflüssen entsprechender Machtbasen wird vermisst (u. a. Neuberger, 2002, S. 714 ff.; Brennan et al., 2003). Die Beziehungen zwischen Ressourcen einerseits und Taktiken andererseits wird oft nicht ausreichend konzeptualisiert; vor allem durch eindirektionale Wirkungsmodelle oder eine Nichtbeachtung von Vorerfahrungen und Folgewirkungen von Einflussprozessen.

In methodologischer und methodischer Hinsicht erschwert vor allem die Dominanz einer quantitativen Fragebogenerhebung eine Erforschung der sozialen Konstruktionen von mikropolitischen Führungsbeziehungen. Die bislang durchgeführten empirischen Studien sind einerseits durch den Feldzugang begrenzt. Andererseits sind gerade mikropolitische Handlungen in Organisationen häufig tabuisiert und die Befragungsergebnisse sind somit durch verschiedene bekannte Effekte beeinträchtigt (vgl. Neuberger, 2006, S. 118). Neuberger verweist zudem darauf, dass es sich bei der Mikropolitik um eine Deutungs- und keine Beobachtungskategorie handelt (Neuberger, 2002, S. 687), d. h. die beobachteten Verhaltensweisen von Führungskräften und Mitarbeitern werden erst durch Deutung und (Re-)Konstruktion als Machtgrundlagen und Einflusstaktiken identifiziert.

Dies führt zu einer starken Abhängigkeit des beobachteten Handelns vom jeweils zugrundeliegenden theoretischen Deutungskonzept und den genutzten Methoden. Vor dem Hintergrund des Prozesscharakters einer mikropolitischen Führungsbeziehung sind daher vor allem qualitative Prozess- und Längsschnittanalysen für eine wissenschaftlich-deutende Rekonstruktion gut geeignet.

### Zum Nachlesen

- Oswald Neuberger (2002) liefert eine ausführliche Darstellung der theoretischen Konzeption wie auch einen Überblick zu empirischen Befunden einer mikropolitischen Analyseperspektive der Führung bis 2002.
- Bianka Knoblach, Torsten Oltmanns, Ivo Hajnal und Dietmar Fink (2010) betrachten in ihrem Herausgeberband gemeinsam mit verschiedenen Autoren das Phänomen Macht aus philosophischer, ökonomischer, soziologischer, psychologischer, sprachwissenschaftlicher und politikwissenschaftlicher Perspektive und liefern interessante Bezüge zur organisationswissenschaftlichen Rahmung mikropolitischer Führung.
- Gary Yukl (2010, 2013) beschreibt in seinem jeweiligen Kapitel zu Macht und Einfluss die wesentlichen Begriffe und Befunde einer mikropolitischen Führungsperspektive und gibt vor allem auch zahlreiche normative Hinweise für einen ethischen Einsatz von Machtressourcen und Einflusstaktiken.

### Ausgewählte weitere Medien zum mikropolitischen Führungsansatz

- Mikropolitik im Rahmen von Führungsprozessen in der Universität kann in dem auch verfilmten Buch „Der Campus" von Dietrich Schwanitz nachgespürt werden. Neben vielen neueren Filmen sind mikropolitische Techniken im Rahmen von Führungsprozessen im Unternehmen nach wie vor sehr gut im Hollywood-Film „Enthüllung" zu studieren.
- Das Buch des bekannten Karikaturisten Scott Adams „Das Dilbert-Prinzip: Die endgültige Wahrheit über Chefs, Konferenzen, Manager und andere Martyrien" unterlegt im Text eine mikropolitische Perspektive einer Führung von unten.

### Fragen

1. Erläutern Sie die mikropolitische Führungsperspektive in Abgrenzung zum organisationstheoretischen Konzept der Mikropolitik!
2. Vergleichen Sie jeweils die verschiedenen Typologien und Listen von Machtquellen und Ressourcen sowie die Typologien von Einflusstaktiken! Welche Ähnlichkeiten und Unterschiede lassen sich erkennen und worin sind sie begründet? Welche Konsequenzen ergeben sich für eine mikropolitische Führungsanalyse?
3. Was bedeutet die Aussage von Neuberger, dass es sich beim mikropolitischen Konzept um ein Deutungs- und kein Beobachtungskonzept handelt, für die mikropolitische Analyse von Führungsbeziehungen?

4. Analysieren Sie ein Führungskonzept Ihrer Wahl aus dem vorliegenden Buch mit Blick auf die zugrundeliegenden Machtressourcen und damit verbundenen Einflusstaktiken!

5. Inwiefern stellt der Fokus aktueller Forschungen auf politische Fähigkeiten und Geschicklichkeit von Führungskräften einen geeigneten Analyseansatz dar und wo liegen die Grenzen?

## Literatur

Adams, S. (1999). *Das Dilbert-Prinzip: Die endgültige Wahrheit über Chefs, Konferenzen, Manager und andere Martyrien.* Verlag Moderne Industrie.

Alt, R. (2005). Mikropolitik. In E. Weik & R. Lang (Hrsg.), *Moderne Organisationstheorien 1: Handlungsorientierte Ansätze* (S. 295–328). Gabler.

Ammeter, A. P., Douglas, C., Gardner, W. L., Hochwarter, W. A., & Ferris, G. R. (2002). Toward a political theory of leadership. *The Leadership Quarterly, 13*(6), 751–796.

Blessin, B., & Wick, A. (2014). *Führen und führen lassen.* UVK.

Blickle, G. (1998). Assessing the convergent and discriminant values of the influence behavior questionnaire. *Psychological Reports, 82*(3), 923–929.

Blickle, G. (2003). Einflusstaktiken von Mitarbeitern und Vorgesetztenbeurteilung: Eine prädikative Feldstudie. *Zeitschrift für Personalpsychologie, 2*(1), 4–12.

Blickle, G., & Gläser, D. (2009). Politische Fertigkeiten und Arbeitsstile: Eine Feldstudie. *Zeitschrift für Arbeits- und Organisationspsychologie, 53*(3), 94–103.

Blickle, G., Frieder, R., & Ferris, G. R. (2018). Political skill. In D. S. Ones, N. R. Anderson, H. K. Sinangil & C. Viswesvaran (Hrsg.), *The SAGE handbook of industrial, work & organizational psychology: Personnel psychology and employee performance* (2. Aufl., Bd. 1, S. 299–319). SAGE.

Blickle, G., Kückelhaus, B., Kranefeld, I., Schütte, N., Genau, H. A., Gansen-Ammann, D.-N., & Wihler, A. (2020). Political skill camouflages Machiavellianism: Career role performance and organizational misbehavior at short and long tenure. *Journal of Vocational Behavior, 118,* 103401.

Bosetzky, H. (1972). Die instrumentelle Funktion der Beförderung. *Verwaltungsarchiv, 63*(4), 372–384.

Bosetzky, H. (1988). Mikropolitik, Machiavellismus und Machtakkumulation. In W. Küpper & G. Ortmann (Hrsg.), *Mikropolitik, Rationalität, Macht und Spiele in Organisationen* (S. 27–37). Westdeutscher Verlag.

Bosetzky, H., & Heinrich, P. (1985). *Mensch und Organisation: Aspekte bürokratischer Organisation. Eine praxisorientierte Einführung in die Soziologie und Sozialpsychologie der Verwaltung.* Kohlhammer.

Bourdieu, P. (1983). Ökonomische Kapital, kulturelles Kapital, soziales Kapital. In R. Kreckel (Hrsg.), *Soziale Ungleichheiten. Soziale Welt* (Sonderband 2, S. 183–198).

Bourdieu, P. (1992). *Rede und Antwort.* Suhrkamp.

Brennan, A., Ferris, P., Paquet, S., & Kline, T. (2003). *Power and leadership: The use and abuse of power.* The University of Calgary.

Brown, A. D. (1994). Politics, symbolic action and myth making in pursuit of legitimacy. *Organization Studies, 15*(6), 861–878.

Burawoy, M. (1979). *Manufacturing constent: Changes in the labor process under monopoly capitalism.* University of Chicago Press.

Burawoy, M. (1984). The contours of production politics. In C. Bergquist (Hrsg.), *Labour in the capitalis worlds economy* (S. 23–48). Sage.

Burns, T. (1961). Micropolitics: Mechanisms of institutional change. *Administrative Science Quarterly, 61*(6), 257–281.

Clegg, S. R., & Dunkerley, D. (1990). *Organization, class and control.* Routledge & Kegan Paul.

Crozier, M., & Friedberg, E. (1979). *Die Zwänge des kollektiven Handelns. Über Macht und Organisation.* Athenäum.

Doldor, E. (2017). From politically naive to politically mature: Conceptualizing leaders' political maturation journey. *British Journal of Management, 28,* 666–686.

Edwards, R. C. (1981). *Herrschaft im modernen Produktionsprozeß.* Campus.

Falbo, T. (1977). Multidimensional scaling of power strategies. *Journal of Personality and Social Psychology, 35*(8), 537–547.

Ferris, G. R., Hochwarter, W. A., Douglas, C., Blass, F. R., Kolodinsky, R. W., & Treadway, S. C. (2002). Social influence processes in organizations and human resource systems. In G. Ferris & J. J. Marmocchio (Hrsg.), *Research in personal and human resource management* (Bd. 21, S. 65–127). JAI Press/Elsevier Science.

Ferris, G. R., Treadway, S. C., Kolodinsky, R. W., Hochwarter, W. A., Kacmar, C. J., Douglas, C., & Frink, D. D. (2005). Development and validation of the political skill inventory. *Journal of Management, 31*(1), 126–152.

Ferris, G. R., Parker Ellen, B. P., III, McAllister, C. P., & Maher, L. P. (2019). Reorganizing organizational politics research: A review of the literature and identification of future research directions. *Annual Review of Organizational Psychology and Organizational Behavior, 6,* 299–323.

Foucault, M. (1976). *Mikrophysik der Macht: Über Strafjustiz, Psychiatrie und Medizin.* Merve.

Foucault, M. (1977). *Der Wille zum Wissen. Sexualität und Wahrheit 1.* Suhrkamp.

Foucault, M. (1991). *Überwachen und Strafen. Die Geburt des Gefängnisses.* Suhrkamp.

French, J., & Raven, B. H. (1959). The bases of social power. In D. Cartwright (Hrsg.), *Studies in social power* (S. 150–167). University of Michigan.

Friedman, A. L. (1977). *Industry and labour: Class struggle and monopoly capitalism.* The Macmillan Press.

Fuller, B., Marler, L. E., Hester, K., & Otondo, R. F. (2015). Leader reactions to follower proactive behavior: Giving credit when credit is due. *Human Relations, 68*(6), 879–898.

Gansen-Ammann, D.-N., Meurs, J. A., Wihler, A., & Blickle, G. (2019). Political skill and manager performance: Exponential and asymptotic relationships due to differing levels of enterprising job demands. *Group & Organization Management, 44*(4), 718–744.

Genze, W., Wavrousek, K., Lang, R., & Rybnikova, I. (2017). Führung von unten in der kommunalen Verwaltung: undenkbar und allgegenwärtig. *Personal Quarterly, 1,* 20–25.

Giddens, A. (1984). *The constitution of society: Outline of the theory of structuration.* University of California Press.

Henning, H. J., & Six, B. (1977). Konstruktion einer Machiavellismus-Skala. *Zeitschrift für Sozialpsychologie, 8*(3), 185–198.

Hermann, U. (1984). *Die Implementierung betrieblicher Rationalisierungshandlungen und der personelle Widerstand.* Vandenhoeck und Ruprecht.

Hochwarter, W. A., Rosen, C. C., Jordan, S. L., Ferris, G. R., Ejaz, A., & Maher, L. P. (2020). Perceptions of organizational politics research: Past, present, and future. *Journal of Management, 46*(6), 879–907.

House, R. J. (1991). The distribution and exercise of power in complex organizations: A MESO theory. *The Leadership Quarterly, 2*(1), 23–58.

Jürgens, U., & Naschold, F. (1984). *Arbeitspolitik.* Westdeutscher Verlag.

Kanter, R. M. (1977). *Men and women of the corporation.* Basic Books.

Kennedy, J., Fu, P. P., & Yukl, G. (2003). Influence tactics across twelve cultures. In W. Mobley & P. Dorfman (Hrsg.), *Advances in global leadership* (Bd. 3, S. 127–148). Emerald.

Kipnis, D., & Schmidt, S. M. (1988). Upward-influence-styles: Relationship with performance evaluations, salary and stress. *Administrative Science Quarterly, 33*(4), 528–542.

Kipnis, D., Schmidt, S. M., & Wilkinson, I. (1980). Intraorganizational influence tactics: Explorations in getting one's way. *Journal of Applied Psychology, 65*(4), 440–452.

Kipnis, D., Schmidt, S., Swaffin-Smith, C., & Wilkinson, I. (1984). Patterns of managerial influence: Shotgun managers, tacticians, and bystanders. *Organisational Dynamics, 12*(3), 58–67.

Knoblach, B., & Fink, D. (2010). Konstruktivismus, Macht und die Realitäten der Manager. In B. Knoblach, T. Oltmans, I. Hajnal & D. Fink (Hrsg.), *Macht in Unternehmen: Der vergessene Faktor* (S. 13–25). Springer Gabler.

Knoblach, B., Oltmans, T., Hajnal, I., & Fink, D. (Hrsg.). (2010). *Macht in Unternehmen: Der vergessene Faktor*. Springer Gabler.

Kranefeld, I., Blickle, G., & Meurs, J. (2020). Political skill at work and in careers. In *Oxford research encyclopedia of psychology*. Oxford: Oxford University Press. https://oxfordre.com/psychology/view/10.1093/acrefore/9780190236557.001.0001/acrefore-9780190236557-e-747.

Krishnan, V. R. (2004). Impact of transformational leadership on followers' influence strategies. *Leadership & Organization Development Journal, 25*(1), 58–72.

Krüger, W. (1980). Unternehmensprozeß und Operationalisierung von Macht. In G. Reber (Hrsg.), *Macht in Organisationen* (S. 223–244). Poeschel.

Küpper, W., & Ortmann, G. (1988). *Mikropolitik. Rationalität, Macht und Spiele in Organisationen*. Westdeutscher Verlag.

Ladkin, D. (2010). *Rethinking leadership: A new look at old leadership questions*. Routledge.

Lang, R., & Alt, R. (2003). Organisationale Kontrolle. In E. Weik & R. Lang (Hrsg.), *Moderne Organisationstheorien 2. Strukturorientierte Ansätze* (S. 307–341). Gabler.

Lang, R., & Rybnikova, I. (2010). „Global leadership made in Germany?" Anforderungen an Führung im Kontext zunehmender Globalisierung. In D. Wagner & S. Herlt (Hrsg.), *Personalmanagement 2015* (S. 87–118). Gabler.

Lang, R., Rego, K., & Rybnikova, I. (2021). Mikropolitische Perspektiven und Widerstand im Arbeitsprozess: Der Elefant im Raum. In H. Heiland & S. Schaupp (Hrsg.), *Widerstand im Arbeitsprozess*. (im Erscheinen).

Luhmann, N. (1984). *Soziale Systeme. Grundriß einer allgemeinen Systemtheorie*. Suhrkamp.

Lührmann, T. (2006). *Führung, Interaktion und Identität: Die Neuere Identitätstheorie als Beitrag zur Fundierung einer Interaktionstheorie der Führung*. Gabler.

McClelland, D. C., & Boyatzis, R. E. (1982). Leadership motive pattern and long-term success in management. *Journal of Applied Psychology, 67*(6), 737–743.

McFarland, L. A., Van Iddekinge, C. H., & Ployhart, R. E. (2012). Measurement and methodology in organizational politics research. In G. R. Ferris & S. C. Treadway (Hrsg.), *Politics in organizations: Theory and research considerations* (S. 99–129). Routledge.

Naschold, F. (1985). *Arbeit und Politik. Gesellschaftliche Regulierung der Arbeit und der sozialen Sicherung*. Campus.

Neuberger, O. (1983). Führen als widersprüchliches Handeln. Psychologie und Praxis. *Zeitschrift für Arbeits- und Organisationspsychologie, 27*, 22–32.

Neuberger, O. (1984). *Führung: Ideologie – Struktur – Verhalten*. Enke.

Neuberger, O. (1995). *Mikropolitik: Der alltägliche Aufbau und Einsatz von Macht in Organisation*. Enke.

Neuberger, O. (2002). *Führen und führen lassen. Ansätze, Ergebnisse und Kritik der Führungsforschung*. Lucius & Lucius.

Neuberger, O. (2006). *Mikropolitik und Moral in Organisationen*. Lucius & Lucius.

Oc, B., & Bashshur, M. R. (2013). Followership, leadership and social influence. *The Leadership Quarterly, 24,* 919–934.

Ortmann, G. (1988). Macht, Spiele, Konsens. In W. Küpper & G. Ortmann (Hrsg.), *Mikropolitik. Rationalität, Macht und Spiele in Organisationen* (S. 13–26). Westdeutscher Verlag.

Ortmann, G., Windeler, A., Becker, A., & Schulz, H.-J. (1990). *Computer und Macht in Organisationen. Mikropolitische Analysen.* Westdeutscher Verlag.

Pfeffer, J. (1981). *Power in Organizations.* Pitman.

Rao, A., Schmidt, S. M., & Murray, L. H. (1995). Upward impression management: Goals influence strategies and consequences. *Human Relations, 48*(2), 147–167.

Raven, B. H. (1965). Social influence and power. In I. D. Steiner & M. Fishbein (Hrsg.), *Current studies in social psychology* (S. 371–382). Holt, Rinehart und Winston.

Schimank, U. (1985). Der mangelnde Akteurbezug systemtheoretischer Erklärungen gesellschaftlicher Differenzierung – Ein Diskussionsvorschlag. *Zeitschrift für Soziologie, 14*(6), 421–434.

Schimank, U. (1986). Technik, Subjektivität und Kontrolle in formalen Organisationen: Eine Theorieperspektive. In R. Seltz, U. Mill & E. Hildebrandt (Hrsg.), *Organisation als soziales System. Kontrolle und Kommunikationstechnologie in Arbeitsorganisationen* (S. 71–92). Edition Sigma.

Scholl, W. (2012). Machtausübung oder Einflussnahme: Die zwei Gesichter der Machtnutzung. In B. Knoblach, T. Oltmanns, I. Hajnal & D. Fink (Hrsg.), *Macht in Unternehmen: Der vergessene Faktor* (S. 204–221). Springer Gabler.

Solga, J., & Blickle, G. (2018). Macht und Einfluss in Projekten. In M. Wastian, I. Braumandl, L. Rosenstiel & M. A. West (Hrsg.), *Angewandte Psychologie für das Projektmanagement. Ein Praxisbuch für die erfolgreiche Projektleitung* (S. 125–147). Springer.

Türk, K. (1989). *Neuere Entwicklungen in der Organisationsforschung: Ein Trend Report.* Enke.

Uhl-Bien, M. (2006). Relational leadership theory: Exploring the social processes of leadership and organizing. *The Leadership Quarterly, 17*(6), 654–676.

Weber, M. (1980). *Wirtschaft und Gesellschaft: Grundriss der verstehenden Soziologie.* Mohr.

Weibler, J. (1998). Management – Führung von unten. *Marktforschung und Management, 42,* 31–32.

Weick, K. E. (1985). *Der Prozeß des Organisierens.* Suhrkamp.

Weltz, F., & Lullies, V. (1983). *Innovationen im Büro.* Campus.

Winter, D. G. (1991). Measuring personality at a distance: Development of an integrated system for scoring motives in running text. In D. J. Ozer, J. M. Healy Jr. & A. J. Stewart (Hrsg.), *Perspectives in personality, Vol. 3. Part A: Self and emotion; Part B: Approaches to understanding lives* (S. 59–89). Jessica Kingsley Publishers.

Winter, D. G. (1992). Content analysis of archival materials, personal documents, and everyday verbal productions. In C. P. Smith, J. W. Atkinson, D. C. McClelland & J. Veroff (Hrsg.), *Motivation and personality: Handbook of thematic content analysis* (S. 110–125). Cambridge University Press.

Wunderer, R. (1992). Managing the boss: „Führung von unten". *Zeitschrift für Personalforschung, 6*(3), 287–311.

Wunderer, R. (1996). Führung und Zusammenarbeit: Grundlagen innerorganisatorischer Beziehungsgestaltung. *Zeitschrift für Personalforschung, 10*(4), 385–409.

Wunderer, R. (2009). *Führung und Zusammenarbeit: Eine unternehmerische Führungslehre.* Luchterhand.

Wunderer, R., & Klimecki, R. (1990). *Führungsleitbilder: Grundsätze für Führung und Zusammenarbeit in deutschen Unternehmen.* Poeschel.

Wunderer, R., & Weibler, J. (1992). Vertikale und laterale Einflußstrategien: Zur Replikation und Kritik des „Profiles of Organizational Influence Strategies (POIS)" und seiner konzeptionellen Weiterführung. *Zeitschrift für Personalforschung, 6*(4), 515–536.

Yammarino, F. J., & Mumford, M. D. (2012). Leadership and organizational politics: A multilevel review and framework for pragmatic deals. In G. R. Ferris & S. C. Treadway (Hrsg.), *Politics in organizations: Theory and research considerations* (S. 323–354). Routledge.

Yukl, G. (2010). *Leadership in organizations*. Prentice Hall.

Yukl, G. (2013). *Leadership in organizations*. Pearson.

Yukl, G., & Falbe, C. M. (1990). Influence tactics and objectives in upward, downward, and lateral influence attempts. *Journal of Applied Psychology, 75*(2), 132–140.

Yukl, G., & Tracey, J. B. (1992). Consequences of influence tactics used with subordinates, peers, and the boss. *Journal of Applied Psychology, 77*(4), 525–535.

Yukl, G., Falbe, C. M., & Youn, J. Y. (1993). Patterns of influence behavior for managers. *Group & Organization Management, 18*(1), 5–28.

Yukl, G., Kim, H., & Falbe, C. M. (1996). Antecedents of influence outcomes. *Journal of Applied Psychology, 81*(3), 309–317.

Yukl, G., Seifert, C. F., & Chavez, C. (2008). Validation of the extended influence behavior questionnaire. *The Leadership Quarterly, 19*(5), 609–621.

# Symbolische Führung: Wie Führungskräfte und Mitarbeiter Sinn stiften

**9**

Irma Rybnikova

*„Bedeutung ist wie ein Rauschgift. Du willst sie nicht, du brauchst sie.
Und du brauchst immer mehr davon.“ (Köhlmeier, 2007, S. 95)*

## Inhaltsverzeichnis

I. Rybnikova (✉)
Hochschule Hamm-Lippstadt, Hamm, Deutschland
E-Mail: irma.rybnikova@hshl.de

© Der/die Autor(en), exklusiv lizenziert durch Springer Fachmedien Wiesbaden
GmbH, ein Teil von Springer Nature 2021
I. Rybnikova, R. Lang, *Aktuelle Führungstheorien und -konzepte*,
https://doi.org/10.1007/978-3-658-35543-2_9

**Zusammenfassung**

*Im Fokus der symbolischen Führung steht das sinnbezogene Handeln von Führungs-*
*kräften und von Mitarbeitern. Dabei geht es nicht nur um den Einsatz von Symbolen,*
*Zeremonien und Ritualen, sondern auch grundsätzlich um Deutung und Umdeutung*
*von Fakten und Sichtweisen in Organisationen. Anders als die funktionalistischen*
*Führungstheorien, die auf universelle Ursache-Wirkungs-Zusammenhänge abstellen,*
*entspringt die symbolische Führung dem interpretativen Paradigma und wendet sich*
*den subjektiven Deutungen und Bedeutungen im Führungsalltag zu. Im Kapitel wird*
*vor allem eine Übersicht über die verschiedenen Konzepte hierzu gegeben. Das um-*
*fasst die symbolisierende und symbolisierte Führung nach Neuberger (1994), die*
*sinnstiftungsbezogene Führung nach Smircich und Morgan (1982), die institutionelle*
*Führung nach Selznick (1957), die bedeutungsorientierte Führung nach van Knip-*
*penberg (2020) sowie die sinnorientierte Führung nach Jung (2020), die auf der*
*Logotherapie nach Frankl (2007) beruht.*

## 9.1   Einleitung

Im Fokus der symbolischen Führung steht das sinnbezogene Handeln von Führungskräften. Dabei geht es um die Entwicklung von Visionen, den Einsatz von Symbolen, Zeremonien und Ritualen, aber auch ganz generell um Deutung und Umdeutung von Fakten,
Gegebenheiten und Sichtweisen. Anders als die funktionalistischen Führungstheorien, die
auf universelle Ursache-Wirkungs-Zusammenhänge der Führung abzielen, entspringt
symbolische Führung dem interpretativen Paradigma und wendet sich den subjektiven Bedeutungen im Führungsgeschehen zu. Man taucht hier in die tiefen Gewässer der Sinnstiftungsprozesse ein, die stets mannigfaltig, widerspruchsreich und dynamisch sind. Aus
Sicht der symbolischen Führung kommt es nicht nur darauf an, was in Organisationen
tatsächlich geschieht, sondern auch darauf, wie das Geschehen durch Führungskräfte und
ihre Mitarbeiter aufgefasst wird.

Die Ursprünge der symbolischen Führung sind vielfältig. Dazu gehört Ernst Cassirer, der den Menschen zum symbolisierenden Wesen erklärt (Cassirer, 1990, S. 63),
wie auch Max Weber, der in Zusammenhang mit der charismatischen Herrschaft die
Rhetorik der Überredung und die Ideologie hervorhebt (Weber, 2010, S. 188). Zahlreiche Ideen aus diesem Erbe flossen in den Ansatz der symbolischen Führung ein.
Insbesondere in den 80er-Jahren des vergangenen Jahrhunderts gewann die symbolische Führung an Bedeutung. Bis dahin gehörten die symbol- und sinnbezogenen Aspekte der Führung nicht auf die Agenda der funktionalistisch dominierten Führungs-

forschung. Vielmehr wurden Symbole als irrationale, störende Anhängsel der Führung angesehen. Im Zuge der sozialkonstruktivistischen Wende und des organisationalen Symbolismus (Pondy et al., 1998) rückten jedoch die subjektiven Deutungen und Konstruktionen und mit ihnen auch Symbole in den Fokus der Führungsforschung. Organisationen wurden als soziale Gebilde angesehen, die mit ähnlichen existenziellen Sinnfragen konfrontiert werden, wie Individuen oder soziale Gruppen (Liebert, 2003, S. 94). Statt struktureller Personalmaßnahmen, wie Auswahl, Ressourcenausstattung oder Aufgabenzuteilung, wird hier der Führungskraft geraten, sich der existenziellen Frage des „Warum" zuzuwenden. Die Sehnsucht nach Sinn und mit ihr das Interesse an symbolischer Führung kann somit als ein Versuch einer Abkehr vom funktionalistischen hin zum interpretativen Paradigma innerhalb der Führungsforschung angesehen werden.

In Deutschland wurde die symbolische Führung insbesondere von Neuberger (1990, S. 89 ff., 1994, S. 244 ff., 2002, S. 624 ff.) und Ulrich (1990) vorangetrieben, auch Weibler (1995) rekurriert auf das Thema. Eine konsequente paradigmatische Abkehr von den funktionalistischen Grundannahmen wurde im Bereich der symbolischen Führung jedoch weder in Deutschland noch im angelsächsischen Raum vollzogen. Neben der kritisch-emanzipatorischen Auffassung der symbolischen Führung von Neuberger (1994), bei der symbolische Führung in eine „phänomenologische symbolisch-interaktionistische Handlungstheorie" (Neuberger, 1990, S. 128) eingebettet wird, vertritt z. B. Weibler (1995) vielmehr eine kulturell-instrumentelle Perspektive, bei der symbolische Führung als eines der vielen Führungsinstrumente betrachtet wird. Die sinnorientierte Führung, die auf die Logotherapie nach Frankl (2006, 2007) zurückgeht, ist wiederum der interpretativen paradigmatischen Richtung zuzuordnen, weil es hier im Kern um die subjektiven Sinnbestandteile geht. Auch im angelsächsischen Sprachraum findet man sowohl Arbeiten sozialkonstruktivistischer Prägung, die symbolische Führung als einen Prozess der Ko-Konstruktion durch Führungskräfte und Mitarbeiter auffassen, wie z. B. Sinnstiftung nach Smircich und Morgan (1982) oder die symbolisch-interaktionistische Perspektive nach Paul (1996). Aber auch instrumentell orientierte Studien sind anzutreffen, die symbolische Führung eine als wichtig angesehene Fähigkeit der Führungskräfte ansehen (Conger, 1991) und es im Wesentlichen als eine Überredungskunst mit Hilfe von professionell eingesetzten symbolischen oder linguistischen Mitteln betrachten (Fairhurst & Sarr, 2000; Nguyen & Umemoto, 2012). Auf diese verschiedenen Auffassungen der symbolischen Führung wird im Folgenden detaillierter eingegangen. Im Sinne einer Übersicht fasst Abb. 9.1 die wesentlichen Bereiche der symbolischen Führung zusammen.

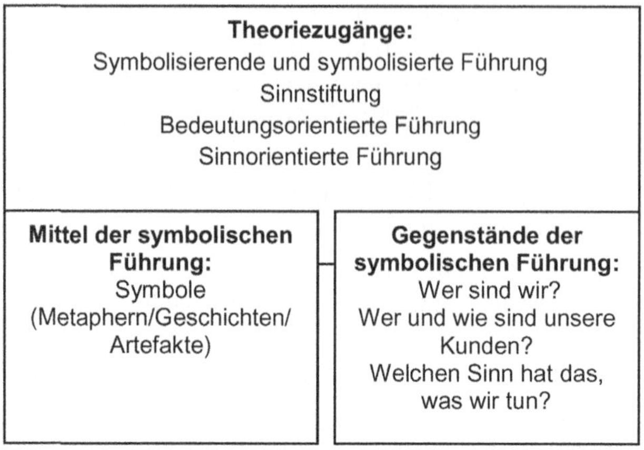

```
┌─────────────────────────────────────────────────────┐
│                   Theoriezugänge:                     │
│        Symbolisierende und symbolisierte Führung      │
│                     Sinnstiftung                      │
│             Bedeutungsorientierte Führung             │
│               Sinnorientierte Führung                 │
├──────────────────────────┬──────────────────────────┤
│   Mittel der symbolischen │      Gegenstände der      │
│          Führung:         │    symbolischen Führung:   │
│           Symbole     ────┤        Wer sind wir?       │
│  (Metaphern/Geschichten/  │   Wer und wie sind unsere  │
│         Artefakte)        │           Kunden?          │
│                           │     Welchen Sinn hat das,  │
│                           │         was wir tun?       │
└──────────────────────────┴──────────────────────────┘
```

**Abb. 9.1**    Grundmodell der symbolischen Führung. [Bildrechte: Urheberrecht bei der Autorin]

## 9.2    Sozialtheoretische Grundlagen

Der Ansatz der symbolischen Führung speist sich aus mehreren Quellen, die sich mehr oder weniger dem interpretativen Paradigma zuordnen lassen. Im Nachfolgenden werden diese konzeptionellen Ursprünge in ihren Hauptelementen dargestellt. Davor aber erfolgt eine kurze Diskussion des Symbols als tragender Begriff in diesem Themenbereich.

### 9.2.1    Symbol

Aus dem Griechischen übersetzt, ist ein „Symbol" als ein Zeichen zu verstehen, welches verschiedene Elemente zu einem Ganzen kombiniert. Einer Legende zufolge brachen Freunde, die für eine längere Zeit getrennt wurden, bei der Verabschiedung einen Gegenstand aus Ton entzwei und behielten jeweils ein Stück davon als Erinnerung. Das jeweilige Stück, was „Symbol" hieß, war keine einfache Tonscherbe, sondern ein Sinnbild für getrennte Freundschaft. Demnach bedeutet Symbol so viel wie „Zusammenfügung" und verweist auf eine übertragene Bedeutung, die erst durch Nachdenken erschlossen („zusammengeführt") werden kann.

Das Symbol als erkenntnistheoretisches Element betrachtete Ernst Cassirer in seinen kulturphilosophischen Werken. Das Symbolische ist für Cassirer der Ausdruck einer Bedeutung (Cassirer, 1997). Mit seiner berühmten Aussage, dass der Mensch ein „animal symbolicum" sei (Cassirer, 1990, S. 63), erklärte er das Symbolisieren zum Wesensmerkmal des Menschen. Ein Mensch ist ausschließlich mittels Symbole und Symbolisierungen in der Lage, die Welt zu erfassen und sich auf sie zu beziehen (Cassirer, 1990, S. 51).

Oswald Neuberger rekurriert sowohl auf die altgriechische als auch auf die Cassirersche Bedeutung des Symbols als Repräsentation einer Idee. Er fasst Symbole als konkrete

Sachverhalte auf, wie Dinge, Wörter oder Zeichen, die eine übertragene Bedeutung besitzen (Neuberger, 2002, S. 644). Durch Symbole wird auf etwas Anderes, Unsichtbares, nicht Gegenständliches oder nicht Präsentes verwiesen. Damit sind sie oftmals doppelseitig: Auf der einen Seite sind Symbole materiell und konkret, auf der anderen Seite sind sie immateriell und kaum greifbar. Der Autor hebt die Relevanz der Symbole hervor, indem er darauf verweist, dass „ungreifbare Ideen, wie Gerechtigkeit, Macht, Vertrauen, nicht als solche, sondern nur vermittelt erfahren werden können, sie müssen sich manifestieren in Worten, Taten, Dingen" (Neuberger, 1989, S. 28).

Zugleich sieht Neuberger ein dialektisches Verhältnis zwischen den Symbolen und Ideen: „In dem Augenblick, in dem man sich von einer Idee ein Bild macht, hat man aber gleichzeitig diese Idee verformt, verdinglicht" (Neuberger, 1989, S. 28). Diese Dialektik ist konstituierend für Symbole und erlaubt, ihre wesentlichen Merkmale abzuleiten. Das primäre Merkmal der Symbole aus Sicht von Neuberger beruht auf der Tatsache, dass Symbole stets konkrete Sinnträger sind (Neuberger, 1990, S. 90), eine Art „Sinndeponie". Die Ambivalenz der Symbole ist ein weiteres Merkmal, welches darauf basiert, dass Symbole verdeutlichen und zugleich verbergen, scheinen und verleugnen müssen (Neuberger, 2002, S. 647). Daraus resultiert die Mehrdeutigkeit der Symbole, ein weiteres essenzielles Merkmal: Da Symbole immer mehrere mögliche Bedeutungen enthalten, bedürfen sie stets einer Interpretation, um diese Mehrdeutigkeit zu reduzieren. Das führt zum nächsten Merkmal der Symbole, ihrer Kontextkontingenz: Was in einem Kontext oder für einige Adressaten eine Bedeutung hat, kann in einem anderen Kontext eine vollständig andere Bedeutung besitzen. Ein Beispiel stellen Kindernamen dar. So galten in der ehemaligen DDR die amerikanisch anmutenden Vornamen, wie Peggy, Maike oder Ronny, als Ausdruck für pro-westliche Orientierung, während die gleichen Namen in der Nach-Wendezeit eher für eine Angehörigkeit zu den unteren sozialen Schichten stehen.

## 9.2.2   Zwischen dem symbolischen Interaktionismus und dem organisationalen Symbolismus

Der symbolische Interaktionismus (Mead, 1973) stellt die erste konzeptionelle und paradigmatische Quelle der symbolischen Führung dar. Hier wird davon ausgegangen, dass der Mensch in einer für ihn bedeutungshaltigen und durch Symbole zum Ausdruck gebrachten Welt handelt. Auch hier werden Symbole als Bedeutungsträger aufgefasst, die das menschliche Agieren steuern. „Die Symbole dienen einfach dazu, Reaktionen auszulösen. […] Sie sind nicht nackte Wörter, sondern Wörter, die bestimmten Reaktionen entsprechen" (Mead, 1973, S. 316). Dieser Theorie zufolge ist der menschliche Geist (en. *mind*), wie auch das individuelle menschliche Handeln oder Sprechen keine Individualleistung, sondern ein soziales Phänomen, welches in und durch soziale Interaktionen hervorgebracht wurde (Mead, 1973, S. 315). Bedeutungen werden in dieser Theorie mit Symbolen gleichgesetzt, weil Symbole jene Formate sind, welche die Bedeutungen übermitteln, wirksam werden lassen oder auch verändern (Mead, 1973, S. 316).

Eine weitere wichtige Quelle für die symbolische Führung sind die Ideen des sozialen Konstruktivismus (Berger & Luckmann, 1980). Wie jedes andere soziale Phänomen kann aus dieser Perspektive auch Führung als Folge der sozialen Konstruktion durch Interaktionen gesehen werden, als Ergebnis der sozialen Konstruktionen und Aktionen der Führungskräfte und deren Mitarbeiter (Smircich & Morgan, 1982, S. 258). Der soziale Konstruktivismus verhalf den Führungsforschern dazu, eine Abkehr von den universalistischen Vorstellungen zu Führung vorzunehmen und die permanente Kontingenz der Führung anzuerkennen. Das beobachtbare Führungshandeln sowie Führungsprobleme gelten aus Sicht des sozialen Konstruktivismus als Ergebnis einer langjährigen Habitualisierung, Sozialisierung und Internalisierung durch alle Beteiligte. Auf den sozialen Konstruktivismus bezieht sich die Führungsforschung auf unterschiedliche Weise. Fairhurst und Grant (2010) entwerfen in ihrem Aufsatz eine Landkarte, die eine Übersicht über die vielfältigen sozial konstruktivistisch geprägten Führungsbetrachtungen bietet. Die Autoren unterscheiden insgesamt acht Strömungen, darunter praxis- vs. theoriebezogene oder pragmatische vs. kritisch-emanzipatorische Führungsansätze (Fairhurst & Grant, 2010, S. 177). Im Ansatz der symbolischen Führung haben sich verschiedene dieser Strömungen niedergeschlagen, darunter die kritisch-emanzipatorische wie auch die pragmatische Dimension, wie später detaillierter dargestellt wird.

Die dritte konzeptionelle Quelle für die symbolische Führung stellt der organisationale Symbolismus (Pfeffer, 1981; Pondy et al., 1998) dar, ein Forschungszweig, im dem die Sinnstiftungsprozesse in Organisationen im Fokus stehen und der wiederum auf die anthropologische Kulturstudien (Geertz, 1973) und die Unternehmenskulturforschung (z. B. Schein, 1985) zurückgeht. Die Vertreter des organisationalen Symbolismus fassen Organisationen als symbolische Felder auf und heben damit die strikte Unterscheidung zwischen der konkret-faktischen und der symbolischen Seite der Organisationen auf, die in der Organisationsforschung bis in den 80ern-Jahren des 20. Jahrhunderts vorherrschte. Dabei wird hier die Tatsache unterstrichen, dass jedem Faktischen auch das Symbolische inhärent ist. Organisationen werden als bedeutungsträchtige Institutionen angesehen, in denen Wirklichkeit konstruiert, interpretiert, verworfen und neu konstruiert wird. Den Symbolen kommt im organisationalen Symbolismus eine prominente Bedeutung zu: die Symbole werden als konstitutiv für die Gesellschaft und die Organisationen aufgefasst, die jedoch ohne eine Interpretationsleistung nicht zu ergründen sind.

## 9.3   Wichtige theoretische Konzepte

### 9.3.1  Symbolisierte und symbolisierende Führung nach Oswald Neuberger

Symbolische Führung fasst Neuberger als einen immanenten und daher nicht wegzudenkenden Bestandteil der Führungsprozesse in Organisationen auf. Die Relevanz der Führung im Allgemeinen und der symbolischen Führung im Besonderen leitet Neuberger aus der Mehrdeutigkeit der betrieblichen Kontexte ab: Die „Institution Führung gibt es, weil objektive organisatorische Regulierungen den widersprüchlichen, instabilen und mehrdeutigen Realitäten nicht Herr werden können" (Neuberger 1994, S. 676). Damit ein gewünschtes Mitarbeiterverhalten erfolgt, müssen sowohl die Führungshandlungen als auch die vorhandenen Strukturen und Systeme durch die Mitarbeiter richtig, in einer vom Management intendierten Weise gedeutet werden. Indem Führungskräfte symbolisch agieren und die Interpretationsvorgänge in einem Unternehmen kontrollieren, sichern sie die Leistungserbringung und den Gehorsam unter den Mitarbeitern. Somit ist symbolische Führung Neuberger zufolge auch eine subtile Kontrollform, bei der Führungskräfte nicht durch Anweisung oder Überwachung operieren, sondern durch das Überzeugen ihrer Untergebenen. Aus Sicht von Neuberger besteht symbolische Führung aus zwei sich gegenseitig beeinflussenden Prozessen: der symbolisierten Führung und der symbolisierenden Führung, oder „sinnkonstituierter" Führung und „sinnkonstituierender" Führung (Neuberger, 2002, S. 644).

Die **symbolisierte Führung** umfasst laut Neuberger bestehende Symbole, Fakten und Regeln, wie sie sich in der Raumgröße, Büroausstattung, Zugangsbarrieren, Gehaltssystemen und organisatorischen Abläufen äußern. Die symbolisierte Führung kann Institutionen, Artefakte oder Sprachregelungen umfassen, deren Bedeutung für alle Beteiligten erkennbar und mehr oder weniger eindeutig ist, so dass sie auch ohne einen aktiven Eingriff der Führungskräfte wirken (Neuberger, 2002, S. 662 ff.), da sie das Verhalten der Mitarbeiter losgelöst von der Führungskraft regulieren. Wenn Ideen wirksam werden sollen, müssen sie zu Fakten gerinnen, sich in Programmen, Vorschriften und Zeremonien konkretisieren bzw. vergegenständlicht werden (Neuberger, 1989, S. 33). Die Handlungssteuerung erfolgt größtenteils über die feststehenden „Fakten" und eine Einmischung durch Führungskräfte sich gewissermaßen erübrigt. Die Wirkung der symbolisierten Führung ist jedoch an eine wichtige Voraussetzung gebunden: Alle betroffenen Mitarbeiter müssen in der Lage und willig sein, die betrachteten Artefakte oder Institutionen homogen zu deuten. Die Elemente der symbolisierten Führung unterteilt Neuberger in drei Kategorien, wie sie in Tab. 9.1 zusammen mit einigen Beispielen dargestellt sind. Das sind zum einen verbale Symbole, zum anderen interaktionale Symbole und zum dritten artifizielle Symbole. Ein verbales Symbol wäre ein neuer Slogan der Firma, der von allen Mitarbeitern ähnlich, und zwar im Sinne der Firma, gedeutet wird. Vorstandsbesuche in einer Firmenfiliale, die als äußerst relevant gelten und meist einem vorgegebenen Prozedere

**Tab. 9.1** Beispiele symbolisierter Führung

| Typen der Symbole | Beispiele |
| --- | --- |
| **Verbale Symbole** | Anekdoten, Geschichten und Legenden über die Firmengründer, Metaphern, Lieder und Hymnen, Slogans, Unternehmensgrundsätze |
| **Interaktionelle Symbole** | Vorstandsbesuche, Firmenfeiern, Einführung neuer Mitarbeiter |
| **Artifizielle Symbole** | Raumarchitektur, Statussymbole, Zeiterfassung, Kleidung |

Quelle: Eigene Zusammenstellung in Anlehnung an Neuberger (2002, S. 663–664)

folgen, illustrieren ein interaktionales Symbol. Zu den artifiziellen Symbolen zählt der Autor materielle Artefakte, wie Statussymbole oder Kleidung. Dass Artefakte „für sich sprechen" und somit eine hochgradig starke symbolische Wirkung haben können, wurde z. B. in der experimentellen Studie von Ornstein (1986) bestätigt. Hier zeigte sich, dass unterschiedliche Artefakte zwar unterschiedliche Bedeutungen vermitteln bzw. entsprechende psychologische Empfindungen evozieren, diese Bedeutungen aber unter den Untersuchungspersonen schlussendlich sehr ähnlich ausfielen. So wirkten die auf dem Tisch zerstreuten Broschüren als „warm", wohingegen die an der Wand angebrachten Diplomzeugnisse als Ausdruck für Autorität und Kälte von Führungskräften. Da in der symbolisierten Führung der Führungskraft eine passive Rolle zugewiesen wird, weil die Symbole mit kollektiven und homogenen Bedeutungen belegt sind, beschreibt sie Neuberger als „Verfestigung".

Die **symbolisierende Führung** hingegen stellt einen aktiven Prozess dar. Hier geht es darum, dass die Führungskräfte den Mitarbeitern ihre Interpretationen der mehrdeutigen Fakten oder Symbole anbieten. Bei der symbolisierenden Führung geht es um die Sinngebung und Sinnkonstruktion durch die Führungskräfte, also um das genuin symbolische Handeln. Nicht umsonst hebt Neuberger die Symbolisierung als das Kernelement der Führung hervor: „Führung ist Sinn-Vermittlung. Sinn entsteht, wenn die schlüssige Einordnung in ein übergreifendes Bezugssystem gelingt. Auch zunächst unverständliche Handlungen machen Sinn, wenn man das Bezugssystem erkennt, in das sie passen" (Neuberger, 1990, S. 97). Im Fall von symbolisierender Führung verlassen sich Führungskräfte nicht auf die Wirkung der Symbole, sondern interpretieren bekannte Tatsachen um, indem sie diese mit neuen oder zusätzlichen Bedeutungen versehen; mitunter erschaffen Führungskräfte auch neue Fakten und Deutungen. Dafür setzen sie verschiedene Methoden ein, angefangen von Überzeugungsversuchen in dafür extra einberufenen Treffen, über hypothetische Szenarien (Gioia & Chittipeddi, 1991) bis hin zur Neubetitelung alter Projekte (Corley & Gioia, 2004). Im übertragenen Sinne setzt Neuberger die symbolisierende Führung mit der „Verflüssigung" gleich, da hier die Bedeutungen durch Führungskräfte verändert werden. Führungskräfte wirken hier als Poeten und Visionäre, die den Tatsachen den „richtigen" Sinn zu entlocken bzw. zuzuweisen versuchen. Indem sie die Aufgaben neu einbetten und mit neuem Sinn füllen, zielen Führungskräfte darauf ab, die Motivationsbarrieren zu beseitigen und ihre Mitarbeiter zu inspirieren. Aus Sicht von Neuberger geht es „bei Symbolisierung anders als beim Deponieren von Sinn in Fakten vor allem um das Herauslesen neuen Sinns aus den Fakten" (Neuberger, 1989, S. 34). Es geht darum, die gewünschte Lesart zu bestimmen und durchzusetzen. Auf diese Weise können in Organisationen auch Veränderungen induziert und neues, insbesondere kollektives Handeln ermöglicht werden (Neuberger, 1989, S. 34). Organisationen werden handlungsfähig, wenn eine Basis für übereinstimmend gedeutete Sinnzusammenhänge und Tatsachen geschaffen wird und andauernde Diskussionen, Infragestellungen und der Deutungsregress beendet werden (Neuberger, 2002, S. 667). Das Ziel der symbolisierenden Führung besteht somit auch darin, den sozialen Konsens und den Gehorsam in Organisationen herbeizuführen.

Die symbolisierte und die symbolisierende Führung verstehe Neuberger weder als zwei Seiten einer Medaille noch als verschiedene Phasen der symbolischen Führung. Vielmehr befinden sie sich in einem wechselseitigen Wirkungszusammenhang, der die Grundlage für die symbolische Führung darstellt. Die Bestandteile der symbolisierten Führung müssen stets aktiviert und von Neuem interpretiert werden, was den Übergang aus der symbolisierten in die symbolisierende Führung hervorhebt. Umgekehrt münden die Interpretationsbemühungen der Führungskräfte im Laufe der Zeit in Symbole mit feststehender Bedeutung, die keiner Deutungsintervention seitens der Führungskräfte mehr bedürfen, sich also zu einer symbolisierten Führung verfestigen. „Von Fakten zur Fiktionen und zurück", so beschreibt Neuberger den Kreis zwischen symbolisierter und symbolisierender Führung und drückt damit die Doppelgesichtigkeit der symbolischen Führung aus: sie umfasst Stabilität und Wandel, Eindeutigkeit und Vieldeutigkeit. Insofern ist Führunghandeln in Organisationen ein dialektischer Prozess des „Verfestigens" und „Verflüssigens" von Sinn: „ eine Organisation schützt sich durch Veränderung vor Erstarrung und bereitet sich durch Stabilität auf Wandel vor" (Neuberger, 1989, S. 36). Vereinfachte Modelle, reduzierte Komplexität der internen und externen Organisationsumwelt sind notwendig, um die Illusion des Überblicks aufrechtzuerhalten. Das koordinierte Handeln kann aber nur dann gelingen, so Neuberger (1989), wenn eine dauerhafte kollektive Einigkeit bezüglich dieser Modelle erreicht werden kann. Der kollektive Konsens ist jedoch immer prekär, da er durch abweichende Interpretationen, wie sie durch Visionäre, Revolutionäre oder Intrapreneure geboten werden, destabilisiert werden kann und sich ständig „auf ein neues Gleichgewicht einpendeln" muss (Neuberger, 1989, S. 27).

## 9.3.2  Sinnstiftung und Führung in Organisationen

Es ist eineBinsenweisheit, dass Führung im Wesentlichen eine Sinngebung und das Steuern von Bedeutungen in Organisationen darstellt. Dabei geht es um Mobilisierung von Bedeutungen und um die Rahmung der sozialen Realität für Organisationsteilnehmer durch überzeugende Sinnangebote. Die Macht der Sinnstiftung und Sinnvermittlung wird gemeinhin den Führungspersonen zugeschrieben.

Dass in Organisationen Sinn generiert, verändert und verhandelt wird, ist das Argument der Sinnstiftungsperspektive, die insbesondere durch Karl Weick Popularität erlangte und das Verständnis der Sinnstiftungsprozesse in Organisationen nachhaltig geprägt hat. In seinem klassischen Werk hebt er hervor, dass die Menschen nicht nur die Realität deuten, sondern diese durch ihre Deutungsbemühungen auch erfinden: „Wir erschaffen die Realität, mit der wir uns auseinandersetzen, mit" (Weick, 1995, S. 30). Der Alleinstellung der Führungskräfte bei der Sinnstiftung in Organisationen steht Weick allerdings kritisch gegenüber. Er negiert die Annahmen des Managerialismus, bei dem davon ausgegangen wird, dass Manager die einflussreichsten Akteure in Organisationen sind, was auch auf ihre Sinnstiftungstätigkeiten zutreffen soll (Weick, 1979). Zwar weist Weick darauf hin, dass die Führungskräfte idie Deutung der Ereignisse in Organisationen durchaus kontrollieren können. Er hebt jedoch auch hervor, dass alle Beteiligten in Organisationen sinnstiftende Bemühungen unternehmen, unabhängig von den Hierarchiestufen.

Im angelsächsischen Sprachraum wird zudem die Unterscheidung zwischen der Sinnstiftung (*en. sensemaking*) und Sinngebung (*en. sensegiving*) vorgenommen, die auf Gioia und Chittipeddi (1991) zurückgeht. Während die Sinnstiftung sich auf die Bemühungen der Führungskraft bezieht, einen Sinn aus den ambivalenten und komplexen Situationen für sich zu gewinnen, bedeutet die Sinngebung, dass der eigens gewonnene Sinn den anderen Mitgliedern, wie Mitarbeitern und Kollegen, gewissermaßen aufgepfropft wird, indem diese von dessen Richtigkeit überzeugt werden (Gioia & Chittipeddi, 1991, S. 442–444). Beide Prozesse sind aus Sicht der Autoren nicht getrennt zu sehen, sondern als interdependente Stufen der Veränderungsprozesse.

Smircich und Morgan (1982) waren diejenigen, die die organisationale Sinnstiftung explizit auf die Führungssituation anwenden. In ihrem Artikel definieren sie Führung als „einen Prozess, während dessen manche Personen erfolgreich die Realität der anderen Personen definieren oder prägen" (Smircich & Morgan, 1982, S. 258). Die Autoren schlagen ein Modell vor, welches den Prozess der Sinnstiftung durch Führungskräfte zu visualisieren und zu erklären sucht. Im Zentrum des Modells steht Symbolisierung als eine Form der Versinnlichung der Erfahrung vor dem Hintergrund des Gesamterfahrungshorizonts. Die Symbolisierung umfasst drei Prozesse, die auch als unterschiedliche Stadien aufgefasst werden können. Den Anfang der Symbolisierung stellt die **Rahmung der Erfahrung** dar. Hier wählen Führungskräfte aus dem beständigen Strom der Erfahrungen bestimmte Erlebnisse oder Erfahrungsausschnitte aus und lenken die Aufmerksamkeit aller Beteiligten darauf. Welche Erfahrungsfragmente werden als wichtig und deutungswürdig erachtet und welche nicht, wird oft nach impliziten Kriterien selektiert. Im zweiten Schritt, der **Interpretation**, betten Führungskräfte die Erlebnisse in einen breiteren Kontext (Bezugsrahmen) ein und weisen den fokussierten Aspekten eine größere Bedeutung zu. Auch wenn die Interpretation formell von den Führungskräften vorgenommen wird, sind die interpretativen Gegenentwürfe durch andere Beteiligte in der Organisation nicht ausgeschlossen. Zuletzt wird die Interpretation der Erfahrung durch konkrete **Handlungen** sowohl auf Seite der Führungskräfte als auch auf Seite der Mitarbeiter vervollständigt bzw. geht in Handlungen über. In ihrer eigenen ethnografischen Fallstudie analysieren Smircich und Morgan (1982), wie in einem Versicherungsunternehmen Kooperation zwischen dem Innen- und dem Außendienst zu verbessern versucht wird. In ihrer Fallstudie beschreiben die Autoren, wie der Geschäftsführer eine Rahmung und Interpretation der Maßnahme vornimmt, und zwar als eine Teamanstrengung zugunsten einer prosperierenden Zukunft. Auch verdeutlichen sie, wie gravierend die Unterschiede des interpretativen Bezugsrahmens zwischen der Geschäftsführung und den anderen Führungskräften sowie den Mitarbeitern waren. Im

Unterschied zum Geschäftsführer sahen die restlichen Führungskräfte und Mitarbeiter das gesamte Unterfangen als eine oberflächliche Verschönerungsmaßnahme an, die an der organisationalen Realität gänzlich vorbeisteuert und die Probleme, wie z. B. mangelnden Teamgeist in und zwischen den Abteilungen, nicht zu lösen hilft. Basierend auf ihrer Studie schlussfolgern Smircich und Morgan, dass eine erfolgreiche Führung sich daran bemisst, inwiefern Mitarbeiter die von den Führungskräften angebotenen Interpretationen als Grundlage für ihr Verhalten nutzen (Smircich & Morgan, 1982, S. 262). Diese Studie ist zugleich eine der ersten Arbeiten, in denen die vom offiziellen Deutungsangebot abweichende Sinnstiftung als ein Aspekt des Mitarbeiterwiderstands in Organisationen betrachtet wird (mehr dazu s. Rybnikova, 2021).

### 9.3.3 Von institutioneller zu bedeutungsorientierter Führung

Neben der Sinnstiftung wird aktuell auch der bedeutungsorientierten Führung mehr Aufmerksamkeit zuteil. Inspiriert werden solche Überlegungen aber nicht durch die Führungsforschung selbst, sondern durch benachbarte Disziplinen, mitunter durch die Organisationsforschung. Zu solchen Inspirationsquellen gehört das Konzept der **institutionellen Führung** von Selznick (1957), der bis vor kurzem nur in der Forschung zur neoinstitutionellen Organisationstheorie Beachtung fand (Washington et al., 2017). Neuerdings finden sich vereinzelte Verweise darauf auch in der Führungsforschung (z. B. van Knippenberg, 2020). Mit institutioneller Führung nimmt Selznick eine Unterscheidung zwischen den Institutionen und den Organisationen vor. Die Institutionen zeichnen sich laut Selznick dadurch aus, dass sie „von Werten durchzogen sind" (Washington et al., 2017, S. 721). Entsprechend ist die Führung in Institutionen auf Werte ausgerichtet. Das wesentliche Element der institutionellen Führung ist die Vermittlung und Verteidigung der Werte durch Führungskräfte mit Hilfe von Visionen und Erzählungen. Diese sorgen für eine Konsistenz zwischen Gesagtem und Getanem, für eine institutionsinterne Stabilität und für Überwindung von Widerständen und Widrigkeiten. Das stellt einen Gegensatz zur traditionellen Führung in Organisationen dar, bei der aus Sicht von Selznick eher das personenorientierte Verhalten, wie Unterstützung, Anleitung und Rückmeldung für Beschäftigte, im Vordergrund steht (Selznick, 1957, S. 28). Aus Sicht von Selznick ist institutionelle Führung daher ein genuin politischer Prozess: „Der Beruf [der institutionellen Führungskräfte] ist die Politik" (Selznick, 1957, S. 61). Allerdings meint Selznick damit nicht die politische Macht, sondern hauptsächlich die Konsensherstellung innerhalb einer Institution.

An die Idee der institutionellen Führung knüpft van Knippenberg (2020) an, um seinen **Ansatz der bedeutungsorientierten Führung** (en. *meaning-based leadership*) vorzustellen. Im Unterschied zu Selznick geht es dem Autor aber weniger um die Werte, sondern ausschließlich um die organisationalen Ziele. Aus seiner Sicht besteht die essenzielle Aufgabe der Führung darin, Menschen für die Verfolgung der von der Organisation beabsichtigten Zwecke und Ziele zu mobilisieren und zu motivieren (van Knippenberg,

2020, S. 7). Das setzt voraus, dass der Bezug zwischen den einzelnen Aufgaben und den organisationalen Zielen stets ersichtlich ist – genau hier setzt die bedeutungsorientierte Führung aus Sicht von van Knippenberg (2020) an. Der Autor bezeichnet seinen Ansatz als „Theorie der Führungseffektivität mittels motivierender Zielausrichtung" (van Knippenberg, 2020, S. 7). Bedeutung ist hier Ergebnis der organisationalen Zielbezogenheit. Ziel und Bedeutung sind miteinander verflochten, so dass eine Führung, die an den Zielen einer Organisation ansetzt, zu motivieren vermag. Ein organisationales Ziel und die damit verbundene Bedeutung sind nicht nur mit Werten assoziiert, sondern können die Frage beantworten, warum man einen Job ausführt und warum das wertvoll oder wichtig sei (van Knippenberg, 2020, S. 9). Der Autor entwickelt ein Modell einer bedeutungsorientierten Führung, welches in positivistischer Manier sowohl die verschiedenen Führungsarten (wie ermächtigende Führung), die moderierenden Faktoren (Werteübereinstimmungen zwischen den Organisationsteilnehmern, Prototypikalität der Führungskräfte, geteilte Ziele und Bedeutungen) und die abhängige Variable (Zielverfolgung) umfasst (van Knippenberg, 2020, S. 10). Eine Analyse der Zusammenhänge bleibt der Autor aber mehr oder weniger schuldig. Durch den ausschließlichen Fokus auf die motivierte Verfolgung von Organisationszielen wird dabei keine inhaltliche Diskussion der organisationalen Werte und Ziele geführt. Auch zahlreiche Spannungsverhältnisse, die durch Zielkonflikte in einer Organisation entstehen, werden weitestgehend ausgeblendet. Damit stellt der Ansatz von van Knippenberg (2020) eine psychologisch-informierte und funktionalistische, damit auch stark verkürzte Interpretation der institutionellen Führung nach Selznick dar, die die Bedeutung mit Motivation zur Zielverfolgung gleichsetzt.

### 9.3.4  Sinnorientierte Führung

Der sinnorientierten Führung wird in der letzten Zeit eine zunehmende Aufmerksamkeit zuteil, ein „Führen mit Sinn" (Jung, 2020) erlebt eine Hochkonjunktur. Die Führungsforschung scheint sich nun verstärkt den Fragen des Sinns und der Bedeutung zuzuwenden. Dabei ist das Thema keinesfalls ein Novum für die Führungsforschung. Bei der Frage danach, wie Führungskräfte Sinn an ihre Beschäftigten vermitteln, verweisen die Autoren allzu gern auf die transformationale oder neocharismatische Führung (z. B. Felfe et al., 2018), was wenig verwundert, spielen hier Visionen, gemeinsame Ziele und der Vorbildcharakter der Führungskräfte eine zentrale Bedeutung (s. dazu auch Kap. 2 im Buch). Bereits Max Weber ging in seinem Konzept der charismatischen Führung davon aus, dass die abnehmende Bedeutung von herkömmlichen Sinnstiftungsinstanzen, wie Religion, Familie oder lokalen Gemeinschaften, in der Moderne dazu führt, dass diese Funktion zunehmend den formalen Organisationsstrukturen oder den charismatischen Personen zufällt (vgl. Podolny et al., 2005). Und doch ist die sinnvermittelnde Komponente der transformationalen Führung oft allgemein geblieben, weil der Schwerpunkt der Forschung auf dem Ergebnis der transformationalen Führung (z. B. Arbeitsmotivation von Beschäftigten) lag. Daher ist eine erneute und explizite Beschäftigung mit dem Sinn und Führung überaus angebracht.

Zu Beginn ist es lohnenswert, sich zumindest kurz mit dem „Sinn" zu befassen. Unter seinen verschiedenen Bedeutungen hebt Merleau-Ponty die der Transzendenz hervor. Ähnlich einem Symbol verweist Sinn auf etwas, was es nicht selber ist (Merleau-Ponty, 1966, S. 488). Diese Transzendenz wohnt auch der Auffassung von einer sinnhaften Führung inne: Sinn ermöglicht den Blick über das Ordinäre und Prosaische und verleiht dem alltäglichen Handeln eine „höhere" Bedeutung. Gern wird in Zusammenhang mit der sinnhaften Führung auf die Logotherapie als sinnorientierten psychotherapeutischen Ansatz von Viktor E. Frankl (2007) verwiesen. Hier wird angenommen, dass dem Menschen eine Sinnstrebigkeit, oder der Wille zum Sinn, charakteristisch ist, die aus der geistigen Existenz des Menschen hervorgeht, unabhängig von der Erfüllung der physischen oder psychologischen Bedürfnisse ist und eine machtvolle Motivationsquelle darstellt (Jung, 2020). Laut Frankl kann der Sinn auf drei Wegen gefunden werden: Durch schöpferische Werte, wie z. B. Fertigstellen von Kunstwerken, durch Erlebniswerte, die sich im Erleben der Natur oder Betrachtung der Kunstwerke niederschlagen, und durch Einstellungswerte, die sich darin äußern, wie tapfer oder würdevoll ein Mensch seine Not, die er oder sie nicht abändern kann, erträgt (Frankl, 2007, S. 33).

Ein sinnvoller Arbeitsplatz ermöglicht die Realisierung der drei Werte für Beschäftigte, sei es durch Hervorbringung der schöpferischen Leistung, sei es durch eine wertschätzende und gerechte Umgangsweise, sei es durch eine würdevolle Haltung bei eigenen psychischen oder körperlichen Beschwerden am Arbeitsplatz (Jung, 2020). Zwar ist Führung für das individuelle Sinnerleben in den Arbeitskontexten der Mitarbeiter nicht zwingend erforderlich, doch kommt der Führungskraft dabei eine konstitutive Rolle zu. In seiner Übersicht unterscheidet Jung (2020) zwei Ansätze, wie Führungskräfte ihren Mitarbeitern ein sinnerfüllendes Arbeiten ermöglichen und sinnorientiert führen können. Das ist zum einen die Unterstützung der Mitarbeiter bei wertebezogenem Handeln, so dass das Wertebegegnen und Sinnfühlen für sie möglich wird. Dies umfasst zahlreiche Aspekte, die von der Verdeutlichung der Bedeutsamkeit der Tätigkeit, die die Mitarbeiter vollbringen, über eine gerechte Behandlung, bis hin zu einer Resonanzerfahrung (Rosa, 2016) reichen. Der zweite Ansatz der sinnorientierten Führung betrifft die Gewährleistung eines guten „Psychophysikums" (Jung, 2020, S. 182) durch die Führungskraft, also eines psychischen und körperlichen Wohlbefindens von Beschäftigten. Das kann durch ergonomische Arbeitsplätze geschehen, aber auch durch leistungsgerechte Entlohnung wie auch durch sinnvolle Maßnahmen zur Personalentwicklung. Als förderlich für sinnorientierte Führung nennt der Autor zudem weitere Aspekte: (1) angstfreies Arbeitsklima und Abbau von Sinnbarrieren, (2) Transparenz durch Kommunikation, (3) Ermöglichung von Freiheit und Verantwortung, nicht selten verbunden mit Erleben von Gemeinschaft unter den Beschäftigten und 4) Sprechen über Wertvorstellungen (Jung, 2020, S. 183–184).

Zusammenfassend lässt sich schlussfolgern, dass die sinnorientierte Führung in Anlehnung an die Logotherapie von Viktor Frankl im Kern auf Werte verweist: Nur das Werteerleben ermöglicht eine Herausbildung vom Sinn. Dabei handelt es sich sowohl bei Werten als auch beim Sinnerleben um eine hochgradig individuelle, subjektive Erlebniskomponente, bei der nicht automatisch davon ausgegangen werden kann, dass sie sich im Einklang mit den organisationalen Werten befindet. Derartige Werte- und Zielkonflikte zwischen dem Individuum und dem Arbeitsplatz bzw. zwischen den Beschäftigten und den Führungskräften werden bei den logotherapeutisch inspirierten Überlegungen jedoch selten thematisiert.

## 9.4     Empirische Befunde zur symbolischen Führung

### 9.4.1    Sinnstiftung durch Führungskräfte

Die Vielfalt der Instrumente, derer sich Führungskräfte bedienen können, um die Mitarbeiter von ihren Deutungen zu überzeugen, gewissermaßen ihre „Sinnangebote zu verkaufen", ist groß. Als die wichtigsten Instrumente der Sinngebung werden verbale Äußerungen und rhetorische Mittel, wie z. B. Metaphern, Witze und Erzählungen, angesehen. Neben den verbalen Mitteln der Sinnstiftung werden aber auch Bilder (Griffey & Jackson, 2010) oder Musik thematisiert (Jackson & Parry, 2018, S. 129).

Erkenntnisse darüber, wie die Prozesse der Sinngebung oder Sinnstiftung durch die Führungskräfte konkret erfolgen, sind jedoch noch recht fragmentiert. Fairhurst und Sarr (2000) entwickeln in ihrer Arbeit die instrumentelle Sicht auf die symbolische Führung. Menschenführung ist aus ihrer Sicht „ein Spiel mit der Sprache" (Fairhurst & Sarr, 2000, S. 9). Dementsprechend stelle die Sprache das wichtigste Führungsinstrument dar, mit dessen Hilfe Führungskräfte ihre Mitarbeiter zum Handeln bewegen, indem sie die Deutung der Ereignisse beeinflussen. Eine erfolgreiche Führung bedürfe einer professionellen Beherrschung symbolischer und sprachlicher Mittel.

Eine der wichtigsten Techniken des Bedeutungsmanagements stellt für die Autoren das sogenannte „Rahmen" (en. *framing*) dar. Darunter verstehen Fairhurst und Sarr die Fähigkeit, „sich so ausdrücken zu können, dass andere Menschen motiviert werden, eine bestimmte Bedeutung einer anderen vorzuziehen" (Fairhurst & Sarr, 2000, S. 10). Dabei kommt es auch „auf das richtige Wort im richtigen Moment an" (Fairhurst & Sarr, 2000, S. 20). Beim Rahmen werden bestimmte Elemente hervorgehoben und andere ausgelassen (Fairhurst & Sarr, 2000, S. 23). Ein erfolgreiches Rahmen lässt sich daran erkennen, dass es keine Zweifel weckt, keine Deutungsalternative übrig lässt und auf diese Weise kollektives Handeln ermöglicht (Fairhurst & Sarr, 2000, S. 43). Sprachliche Mittel, die aus Sicht der Autoren ein wirkungsvolles Rahmen unterstützen, fasst Tab. 9.2 zusammen.

Auch andere Autoren erkannten die Relevanz der Metaphern für Führung. Manche weisen darauf hin, dass Mitarbeiter sich weniger von den Führungskräften selbst, sondern von den von ihnen verwendeten Metaphern leiten lassen (Parry, 2008; Jackson & Parry, 2018, S. 30). Conger (1991) argumentiert gar, dass rhetorische Fähigkeiten und Sinn-

**Tab. 9.2** Sprachliche und narrative Mittel des Rahmens

| Sprachmittel des Rahmens | Wirkung und Beispiele |
|---|---|
| Metaphern | Stellen Zusammenhänge in ein anderes, unerwartetes Licht; Beispiel: „Sie suchen hier eine Nadel im Heuhaufen", um dem Mitarbeiter die Aussichtslosigkeit seiner Bemühungen zu verdeutlichen |
| Insider-Sprache und Schlagwörter | Beispiel: „Yes, we can" für schwierige Vorhaben in Organisationen |
| Kontraste | Schärfen das Thema, indem sie darauf hinweisen, was ein Thema nicht ist oder nicht sein soll; Beispiel: „Wir sind doch keine Fachhochschule!" an den deutschen Universitäten |
| „Spins" | Wendungen, die bestimmte Aspekte des Themas hervorheben, andere aber ausblenden; Beispiel für einen „positiven Spin": „Mit dem anstehenden Umstrukturierungsprogramm werden wir kundennäher und flexibler." |
| Geschichten | Lassen die Botschaften lebendiger und verständlicher erscheinen; Beispiel: Ein Geschäftsführer unterstreicht die Relevanz der Kooperation in seiner Firma mit folgender Erzählung: „Weihnachten stand vor der Tür und das Enkelkind der Familie, die keine vermögende war, benötigte dringend eine neue Hose. Oma und Mutter kauften eine Hose, sie war allerdings etwas zu lang. Nachdem das Geschenk bereits verpackt war, beschloss die Mutter, die Hose doch zu kürzen, damit der Sohn sich darüber richtig freuen kann. Sie schnitt etwas von der Hose ab und packte das Geschenk neu ein. In der Nacht beschloss auch die Großmutter, dem Kind das Fest mit einer zu langen Hose nicht zu vermiesen, packte das Geschenk aus und kürzte die Hose. Am Weihnachtsmorgen konnte sich der Beschenkte nur bedingt darüber freuen: die Hose ging nur bis knapp über seine Knie. Wie in einer Familie, so können auch in einer Firma Absprachen untereinander vor einigen Frustrationen schützen." |

Quelle: Eigene Übersetzung und Zusammenstellung in Anlehnung an Fairhurst und Sarr (2000, S. 43 f.)

stiftung zu einer Führungsanforderung gezählt werden sollen, bei der ein gekonnter Umgang mit Geschichten, Analogien und Metaphern mögliche Techniken darstelle. Im gleichen Sinne schlagen Nguyen und Umemoto (2012) den Begriff der metaphorischen Intelligenz (en. *metaphorical intelligence*) vor. Unter der metaphorischen Intelligenz verstehen die Autoren die Fähigkeit, mit Hilfe von Metaphern die Gedanken und Handlungen von Menschen zu steuern (Nguyen & Umemoto, 2012, S. 45). Damit knüpfen sie implizit an die Tradition der Eigenschaftstheorie der Führung an. Nur statt Attributen, wie Körpergröße oder Intelligenz, geht es diesmal um einen professionellen Einsatz von Metaphern, der eine gute Führungskraft auszeichnen soll. Die Autoren gehen davon aus, dass die Fähigkeit der Führungskräfte, gekonnt Metaphern einzusetzen, den Unternehmenserfolg herbeiführen kann. Es wird deutlich, dass das Konzept der metaphorischen Intelligenz eine instrumentelle und stark rationalistisch verkürzte Auffassung der symbolischen Führung ist, weil es eine Ergänzung für den Instrumentenkoffer einer „erfolgreichen Führungskraft" darstellen soll.

Insbesondere im Kontext des organisationalen Wandels (Snell, 2002; Dunford & Jones, 2000; Humphreys et al., 2011) oder organisationaler Krisen (Bathurst et al., 2010; Stam et al., 2018) werden Geschichten als wichtige Instrumente der Sinnstiftung und der symbolischen Führung angesehen. Beispielsweise stellen Humphreys und Kollegen in ihrer Untersuchung von Jazz-Orchestern fest, dass die Orchester ihre wesentlichen Probleme durch Rezitation von zahlreichen Geschichten und Anekdoten über berühmte Jazzmusiker meistern (Humphreys et al., 2011). Bathurst, Jackson und Stattler verweisen darauf, dass neben dem Einsatz von bestehenden Geschichten auch das Kreieren neuer Geschichten oder Mythen eine wichtige Führungsfähigkeit darstellen kann, vor allem zu Krisenzeiten (Bathurst et al., 2010, S. 319; Armstrong, 2021, S. 46).

Foldy und Kollegen (2008) widmen sich der Frage, auf welche Inhalte sich die Sinnstiftung durch Führungskräfte in Organisationen bezieht. In einer Langzeitstudie begleiten die Forscher mehrere Nicht-Regierungsorganisationen, wie z. B. Umweltorganisationen oder Organisationen zur Unterstützung von HIV-Infizierten. Dabei erkennen sie zwei Hauptlinien, entlang derer die meisten Sinnstiftungsprozesse einzuordnen sind. Die erste Hauptlinie ist die *problembezogene Sinnstiftung*, die die Rahmung der Ursache, des Ausmaßes und der Lösung des Problems umfasst. Die zweite Hauptlinie ist die *zielgruppenbezogene Sinnstiftung*, die im Wesentlichen die Frage adressiert, wie die untersuchten Organisationen ihre Zielgruppen, seien es HIV-Infizierte, illegale Immigranten oder Gefängnisinsassen, auffassen. Da diese Aspekte die wesentlichen Sinnfragen einer jeden Organisationen sind, stellt Tab. 9.3 die gewonnenen Erkenntnisse dar.

Nicht minder interessant ist auch die Frage, worin die Führungskräfte selbst den Sinn ihrer Arbeit sehen. Einige Antworten darauf bietet die Studie von Frémeaux und Pavageau (2020). Ausgehend von der Diskussion um sinnvolles Arbeiten führen die Autoren eine Interviewstudie mit Führungskräften durch. Das Ergebnis der Studie ist eine Reihe von sinngenerierenden Aspekten im Kontext der Mitarbeiterführung. Diese beziehen sich entweder auf die eigene Person, auf die Beschäftigten, auf die Führungsbeziehung oder auf die Gesellschaft insgesamt und werden in Tab. 9.4 zusammengefasst. Damit wird deutlich, dass Führungskräfte in ihrer Tätigkeit zahlreiche Sinnquellen erleben bzw. ihr arbeitsbezogenes Sinnempfinden aus verschiedenen Perspektiven generieren können.

## 9.4.2  Sinnstiftung durch Mitarbeiter

Symbolische Führung umfasst nicht nur das symbolische Handeln der Führungskräfte, sondern auch die Seite der rezipierenden und gegebenenfalls querdeutenden Mitarbeiter. Bereits Neuberger betont die „demokratische Komponente" der symbolischen Führung, indem er darauf verweist, dass der Sinn nicht autoritär vom Sender (Führungskraft) verordnet werden kann, sondern dem Empfänger (Mitarbeiter) „angeboten, verkauft, mit ihm ausgehandelt werden muss" (Neuberger, 1994, S. 256). Mehr noch, Sinn entstehe nur im Auge des Betrachters, nicht des Vermittlers, was die individuellen Sinnzuweisungsprozesse hervorhebt und darauf hinweist, dass ausschließlich Mitarbeiter über die Wir-

**Tab. 9.3** Typen der Sinnstiftung in Nichtregierungsorganisationen aus dem sozialen Bereich

| Kategorie der Sinnstiftung | Subkategorie | Beispiele |
|---|---|---|
| Problembezogene Sinnstiftung | Rahmung des Problems: | |
| | – Neurahmung der Ursache des Problems | Nicht die Kriminellen sind das Problem, sondern die Gefängnisse bringen Kriminelle hervor |
| | – Hervorhebung des Ausmaßes oder der Bedeutung des Problems | Umweltverschmutzung wird im Wesentlichen durch das Profitstreben der Wirtschaftsunternehmen verursacht, die Gesundheitsschäden werden aber durch die Gesamtbevölkerung getragen |
| | Rahmung der Lösung: | |
| | – Darstellung der Lösung als *neu* für die Erreichung ursprünglicher Ziele | Lohnberechnung für Kommunalarbeiter nicht aufgrund von ihren Ausgaben, sondern in Anlehnung an die Armutsgrenze als faires Verfahren |
| Zielgruppenbezogene Sinnstiftung | Konstruktion der eigenen Zielgruppe: | |
| | – als fähig und mächtig, als Experten, nicht Opfer | Mexikanische Immigranten als „Koautoren der Gerechtigkeit" |
| | – als „gute Bürger der Gesellschaft" | Schwarzafrikaner seien keine „faulen Sozialhilfeempfänger", sondern arbeitende Menschen |
| | – als mitleidverdienend | Frauen in Gefängnissen seien häufig dem Missbrauch und Folterungen ausgesetzt |

Quelle: Eigene Übersetzung und Zusammenstellung in Anlehnung an Foldy et al. (2008)

kung symbolischer Führung bestimmen (Neuberger, 1994). So kann ein kurzfristiges Treffens zur Besprechung eines Projektantrags für die Führungskraft die Chance auf eine neue Schwerpunktlegung in der Abteilung bedeuten, während die Mitarbeiter es als eine zusätzliche lästige Aufgabe sehen, die sie von den anderen Tätigkeiten abhält. Auch Fairhurst und Sarr (2000) berücksichtigen die Eigenwilligkeit der Mitarbeiter, indem sie einräumen, dass professionelle Rahmung nicht ausschließen kann, dass die Mitarbeiter eine eigenständige Sinngebung vornehmen und damit neue, unbeabsichtigte Bedeutungen entdecken (Fairhurst und Sarr 2000, S. 174).

Paul (1996) berücksichtigt die Mitarbeiterseite bei den Sinnstiftungsprozessen in Organisationen, indem er hervorhebt, dass Mitarbeiter durch ihre Sinngebung oder Sinnattribuierung den Einfluss der Führungskräfte kreuzen oder schmälern können. Paul verdeutlicht, dass soziale Phänomene im Allgemeinen und Führung im Konkreten nicht zu verstehen sind, solange man den Sinn nicht nachvollzieht, den die betroffenen sozialen Akteure, hier die Mitarbeiter, diesen Phänomenen zuweisen. Der Autor führt in seinem Aufsatz aus, dass die von allen geteilten Bedeutungen lediglich eine kleine Schnittmenge von Sinnbildungsergebnissen darstellen. Weil die Sinngebungsprozesse höchst individuell und situationsabhängig sind, ist deren Ergebnis eine Vielfalt von Meinungen und di-

**Tab. 9.4**   Elemente der sinnhaften Führung

| Dimensionen | Elemente |
|---|---|
| … in Bezug auf die Führungskraft selbst | **Moralisches Vorbild**<br>Übereinstimmung zwischen den propagierten Werten und dem eigenen Verhalten<br>**Möglichkeiten zum Lernen und Entwickeln**<br>Führungstätigkeit als Quelle fürs Lernen und Entwicklung der eigenen Person<br>**Autonomie**<br>Handlungsspielräume als Führungskraft<br>**Anerkennung**<br>Wertschätzung für die Tätigkeit als Führungskraft<br>**Selbst-Reflexivität**<br>Übereinstimmung zwischen dem, wie man ist, und wie man agiert |
| … in Bezug auf die Mitarbeiter | **Möglichkeiten zum Lernen und Entwickeln für Mitarbeiter**<br>Arbeitsfreude für Mitarbeiter ermöglichen; Aufgaben bereitstellen, die persönliche oder professionelle Weiterentwicklung von Mitarbeitern unterstützen<br>**Autonomie für Mitarbeiter**<br>Ausreichend Freiraum zu gewähren;<br>Ermöglichung für Mitarbeiter, das Aufgabenumfeld eigenständig zu beeinflussen<br>**Anerkennung der Arbeitsleistung von Mitarbeitern**<br>Wertschätzung und Respekt für individuelle Leistung und Kompetenzen der Mitarbeiter; Anpassung des Arbeitsumfangs entsprechend individuellen Kompetenzen und Ressourcen; Möglichkeit, das eigene Team konkret zu unterstützen |
| … in Bezug auf die Führungsbeziehung | **Persönliche und berufliche Unterstützung**<br>Bedarfsorientierte Unterstützung für Mitarbeiter<br>**Gemeinschaftsgeist**<br>Schaffen einer gemeinschaftlichen Arbeitsatmosphäre<br>**Arbeitscommitment**<br>Schaffung einer günstigen Umgebung für den Arbeitseinsatz |
| … in Bezug auf die Gesellschaft | **Klare und konsistente Ziele**<br>Klare Orientierungen und motivierende Ziele für Beschäftigte, in Übereinstimmung mit den Organisationszielen<br>**Positive Einstellung Personen und Situationen gegenüber**<br>Vermitteln einer positiven Selbstwahrnehmung und positiver Zukunftsaussichten an Beschäftigte |

Quelle: Eigene Übersetzung und Zusammenstellung in Anlehnung an Frémeaux und Pavageau (2020, S. 6)

vergierenden Bedeutungen. Nicht nur die Sinngebung zwischen den Vorgesetzten und den Mitarbeitern kann Diskrepanzen aufweisen, das kann auch innerhalb der Mitarbeiterschaft beobachtet werden (Paul 1996, S. 89). Zwar bemühen sich die Führungskräfte um eine starke Eingrenzung dieser Vielfalt, und dies mag ihnen hin und wieder gelingen, wie zahlreiche Konsensfindungsprozesse in Organisationen belegen, aber es ist bei weitem nicht die Regel. Die soziale Konstruktion des Sinns und der sinnvollen Wirklichkeit entzieht sich der Kontrolle und weist eine hohe soziale und individuelle Kontingenz auf, derer Führungskräfte nicht (immer) Herr werden können.

Empirisches Beispiel für eine abweichende Sinnstiftung durch Mitarbeiter ist in der Studie von Rybnikova (2014) zu finden. Im Kontext des Interim Managements, einer vorübergehenden Beschäftigung von Führungskräften, wird aufgezeigt, wie Sinnstiftung durch temporäre Führungskräfte misslingt und die betroffenen Mitarbeiter stattdessen eigenständige Sinnstiftungsprozesse initiieren. Aus einer Vielzahl von möglichen Deutungen wählen Mitarbeiter jeweils einen bestimmten Interpretationsrahmen, der sowohl das Agieren von Interim Managern als Scheitern erscheinen lässt als auch Mitarbeiter zu entsprechenden Handlungen motiviert, wie z. B. Einschalten höherer Autoritätspersonen.

## 9.5 Anwendungsfelder symbolischer Führung

Ein bekanntes Zitat, welches gemeinhin der Feder von Antione de Saint-Exupéry (1969) zugeschrieben wird, besagt: „Wenn du ein Schiff bauen willst, dann trommle nicht Männer zusammen, um Holz zu beschaffen, Werkzeuge vorzubereiten, Aufgaben zu vergeben und die Arbeit einzuteilen, sondern lehre die Männer die Sehnsucht nach dem weiten endlosen Meer". Daraus wird deutlich, welch große Bedeutung symbolische Führung für die Personalmotivation hat. Es verwundert daher wenig, dass symbolische Führung vor allem in jenen Fällen Anwendung findet, die vielfältige, diffuse, ambivalente und nicht ausschließlich dem Unternehmen dienende Bedeutungen hervorrufen. Symbolische Führung scheint dann eine wichtige Perspektive zu liefern, um zu beschreiben und zu erklären, wie und mit welcher Wirkung Führungskräfte versuchen, die Deutungshoheit „im Chaos der Eindrücke" (Shotter, 2002, S. 157) in Organisationen zu erlangen. Das betrifft allen voran Krisensituationen und Kontexte, die einen strategischen oder Identitätswandel erfordern (z. B. Gioia & Chittipeddi, 1991, Snell, 2002), sowie Umstände, die mit Unsicherheiten über Maßstäbe, Ziele, legitime Mittel der Organisation einhergehen, und in denen traditionelle Steuerungsformen versagen (Weibler, 1995, S. 2022). So zeigen Lichtenstein und Ashmos Plowman (2009) in ihrer Studie, dass Sinnstiftung durch Führungskräfte eine der wesentlichen Verhaltensweisen von Führungskräften ist, die zur Emergenz von strategischer Neuausrichtung in Organisationen beiträgt.

Als spezifische Anwendungsfelder für symbolische Führung werden außerdem Umstände genannt, bei denen Konsens eine hohe Bedeutung hat, Commitment und Loyalität für den Unternehmenserfolg bezweckt werden sowie die Ansprache von Kollektiven statt Personen erfolgen soll.

Ein weiterer Anwendungsbereich ist eine kritische Reflexion der alltäglichen Führungssituationen. Die Analyse des Fallbeispiels „Mittermayer" mag als ein Beispiel hierfür dienen.

**Mittermayer und Symbole**

Betrachtet man die Fallstudie „Mittermayer", lassen sich beide Facetten der symbolischen Führung nach Neuberger deutlich erkennen. Das ist einerseits die durch die Führungskraft **symbolisierende** und andererseits die **symbolisierte**, in zahlreichen Symbolen festgeronnene, Führung. Eine Sinnstiftung durch Mitarbeiter in Form von aktiven Deutungsversuchen können wir anhand der Fallstudie nicht nachvollziehen, da es sich ausschließlich um ein Interview mit dem Geschäftsführer der Firma handelt.

Das Handeln als Führungskraft beruht im Fall Mittermayer auf mindestens drei hauptsächlichen Rahmungen, die durch verschiedene Symbole und Metaphern zum Ausdruck gebracht werden. Zum einen fasst Herr Mittermayer die (Unternehmens) führung als Handeln in **einer Familie** auf, in der eine klare Grenze zwischen dem Innen- und dem Außenbereich existiert. Die Grenze nach außen hin wird insbesondere bei der Besetzung der Managementpositionen deutlich. Bevorzugt werden im Unternehmen jene, die hier „aufgewachsen" sind und es bereits „mit der Muttermilch" kennen. Die externen Manager dagegen sind zunächst als „Fremdkörper" anzusehen, die möglichst schnell in die „Unternehmenskultur integriert werden müssen". Wie es sich für eine traditionelle Familie gehört, hält der Geschäftsführer alles in seiner Hand, auch wenn er „nicht zu zeigen braucht, dass er der Chef ist". Es reicht, als Berater aufzutreten und den Mitarbeiter „dahin zu steuern, wohin ich ihn haben will".

Diese familienorientierte Sinnstiftung eigenen Handelns schlägt sich auch in den entsprechenden Symbolen nieder, also Elementen der symbolisierten Führung. So werden im Unternehmen „Familienfeste im Sommer" veranstaltet oder jährliche Feiern im Bierkeller. Zudem sind alle hier „auf Du", was die Gleichrangigkeit aller „Familienmitglieder" zum Ausdruck bringen soll. Die Praxis der Mitarbeiterbeteiligung soll darüber hinaus die Demokratie im Unternehmen indizieren, weil auf diese Weise die materiellen und politischen Unterschiede zwischen den Mitarbeitern und dem Management relativiert werden. Es ist auch wenig verwunderlich, dass die „Mitarbeiter vom Personal heim zu den Leuten" gehen, da gegenseitiger Besuch unter den Familienmitgliedern nichts Bedenkliches ist. Die Rahmung des Unternehmens als Familie bietet sowohl für den Geschäftsführer als auch für seine Mitarbeiter eine plausible Erklärung für manche durchaus bemerkenswerte Praktiken (wie z. B. Hausbesuche) und erstickt kritische Fragen im Keim.

Des Weiteren lässt sich in der Fallstudie ein **Rahmen einer quasi-biologischen Entwicklung** feststellen. So gibt der Geschäftsführer gleich am Anfang zu Protokoll, dass er ganz bewusst „entwicklungsfähige Menschen" eingestellt hat, damit sie zusammen mit der Firma wachsen und sich weiterentwickeln können. Die Vorgesetzten in solch einer Firma sind gut beraten, sich unmerklich zu machen und wie unauffällige Natur zu agieren. Die entsprechend formulierte Empfehlung an die Führungskräfte stellt ein Beispiel der symbolisierten Führung dar. Der Mitarbeiter hingegen soll „selber glauben und fühlen, dass er das Ei gelegt hat". Bemerkenswert ist hier, dass der

Glaube alleine nicht ausreicht, Mitarbeiter sollen das „Ei" auch fühlen. Die Symbolisierung erfolgt hier mit Hilfe eines naturalistisch-biologischen Symbols eines Wesens, einer Frucht in der Entwicklung. Damit wird die Unternehmensführung als eine biologische, quasi natürliche Angelegenheit gerahmt und die Führung mit der Naturgewalt gleichgesetzt, die der Mitarbeiter an seinem ganzen Körper spüren soll und sich ihr zu beugen hat.

Die dritte Linie der Sinnstiftung und damit auch der symbolisierenden Führung in diesem Beispiel ist eine **ökonomische Rahmung**. Obwohl nicht derart deutlich vertreten wie die ersten beiden, äußert sich diese symbolische Auffassung anhand solcher Aussagen, wie „unser Ziel ist die Mitarbeiteroptimierung", und das trotz der anfänglichen Beteuerung, dass „der Mitarbeiter sehr wesentlich für uns ist". Damit wird zum Ausdruck gebracht, dass die Mitarbeiter an die Belange des Unternehmens optimiert werden sollen und nicht umgekehrt. Die Optimierung wird durch zahlreiche Artefakte abgebildet, die Indizien für symbolisierte Führung sind, wie z. B. ein „sehr hartes Kontrollsystem" im Unternehmen, einschließlich Jahrespläne, Halbjahrespläne, Monatspläne, so dass „jeder Tag optimiert" werden kann.

Diese Fallstudie illustriert somit plastisch, dass mit Hilfe der symbolischen Führung das System der (oftmals impliziten) grundlegenden Annahmen in einem Unternehmen erfasst werden kann. Zugleich wird deutlich, dass mehrere solcher Wertesysteme in einem einzigen Fall koexistieren können, auf die im Zuge der symbolischen Führung Bezug genommen wird. Unter welchen Umständen diese unterschiedlichen Rahmungen in einen Konflikt geraten und weniger gut korrespondieren als in der analysierten Fallstudie, wäre eine Frage für die weiterführende empirische Forschung. ◄

## 9.6  Kritik der symbolischen Führung

Zunächst sollen die wichtigen Verdienste der symbolischen Führung für die Führungsforschung hervorgehoben werden. Wie Neuberger es formuliert, wird im Lichte dieses Ansatzes „Führung nicht als das effektive Handhaben menschlicher Objekte gesehen, sondern vor allem als ein sinnvermittelnder politischer Prozess, der alle Beteiligten als aktive Gestalter einbezieht" (Neuberger, 1990, S. 128). Bei der symbolischen Führung handelt es sich also um einen Führungsansatz, der seinem Ursprung nach dem interpretativen Paradigma der Sozialwissenschaften zugeordnet werden kann und damit eine Art Abkehr von dem in der Führungsforschung dominierenden funktionalistischen Paradigma darstellen kann. Statt von einer objektiv gegeben sozialen Welt auszugehen, wird im Rahmen der symbolischen Führung angenommen, dass die Mitarbeiterführung ein Ergebnis der stetigen Interpretationen und sozialer Konstruktionen ist, sei es durch die Führungskräfte oder die Mitarbeiter. Auch zählt symbolische Führung zu den wenigen Führungsansätzen, in denen neben den Führungskräften explizit auch die Mitarbeiter in den Blick genommen werden, und zwar in Bezug auf deren sinnstiftendes Handeln.

Zugleich muss eingewendet werden, dass symbolische Führung keinesfalls eine paradigmatisch einheitliche Perspektive darstellt. Wie aus den vorherigen Ausführungen deutlich geworden ist, lassen sich auch im Rahmen der symbolischen Führung durchaus Elemente des funktionalistischen Paradigmas erkennen, z. B. in den Ansätzen, in denen symbolische Führung ausschließlich instrumentell aufgefasst wird und als ein weiteres – sprachliches – Mittel zur Beeinflussung der Mitarbeiter und damit zur Herstellung des organisationalen Gehorsams Verwendung findet. Dazu kann der Ansatz von Fairhurst und Sarr (2000) oder Anwendungen der symbolischen Führung als eine Form des Kulturmanagements gezählt werden. Statt einer kritisch-reflexiven Perspektive auf Führungsgeschehen wird hier die Liste der Führungsinstrumente um weitere, diesmal symbolische, Einwirkungsmethoden ergänzt und das Bild der Führungskräfte als omnipotenter Macher, ausgestattet mit einem prallen Instrumentenkoffer, bedient. Den Mitarbeitern hingegen wird dabei der Status von Objekten der mehr oder weniger subtilen Steuerung durch Sprachmittel zugewiesen. Die Trennung zwischen Führungskräften und Mitarbeitern wird dann erneut zu einer objektiv gegebenen Tatsache und zum Bestandteil der objektiven Ordnung erklärt. Mit dieser zweckrationalen, instrumentellen Ausgestaltung wird der ehemals kritische Anspruch der symbolischen Führung nicht aufrechterhalten und eine paradigmatische Rückkehr zur funktionalistischen Perspektive auf Führung vorgenommen.

Des Weiteren wird am Ansatz der symbolischen Führung kritisiert, dass ein großer Mangel an empirischen Studien zu den Prozessen symbolischer Führung und zur Wirkung von Symbolen besteht. Die wenigen empirischen Studien auf diesem Gebiet beruhen überwiegend auf anekdotischer Evidenz, kaum aber auf „belastbaren" Daten. Einer der Gründe dafür mag darin liegen, dass die symbolische Führung in ihrem Kern eine Prozesstheorie ist (Neuberger, 1990, S. 128) und auf die Prozesse der Sinnvermittlung und Sinnrezeption in Organisationen fokussiert. Der Einsatz der in der Führungsforschung dominierenden quantitativen Methoden, wie Fragebögen, ist hierfür wenig zielführend. Weil prozesssensible qualitative Methoden, wie Feldstudien, Dokumenten- oder Artefaktenanalysen, einen erheblich größeren Aufwand im Vergleich zu Fragebögen verursachen, ist deren Umsetzung oftmals erschwert. Im Ergebnis wurde bisher die tatsächliche Wirkung symbolischer Führung und der Sinnstiftung durch Führungskräfte nur ungenügend erforscht. Die bisher vorgeschlagenen Modelle, wie z. B. das von Smircich und Morgan (1982) oder das der sinnorientierten Führung, sind noch zu allgemein und ermöglichen eine nur vage Betrachtung der Sinnstiftung und Sinnentstehung im organisationalen Alltag. Einige Studien aus der Organisationsforschung zeigen, dass die organisationale Sinnstiftung auf unterschiedliche Arten erfolgen kann: als dominierend, fragmentiert, beschränkt oder nur ansatzweise vorhanden (Maitlis, 2005). Sowohl die verschiedenen Arten der Sinnstiftung durch Führungskräfte als auch die Bedingungen, die jeweils dazu verleiten, sind unzureichend analysiert worden. Ferner bleibt das Verhältnis zwischen der Sinnstiftung der Führungskräfte und seitens der Mitarbeiter im Wesentlichen offen: Inwiefern und wann sind Führungskräfte in der Lage, symbolische Interpretationsverschiebungen in den Sichtweisen der Mitarbeiter vorzunehmen? Die bisher existierenden, vor allem durch Weick inspirierten Studien zur Sinnstiftung durch Führungskräfte in Krisensituationen (z. B. Maitlis & Sonenshein, 2010; Pye, 2005) erfuhren in der deutschsprachigen Führungsforschung bisher kaum Berücksichtigung. Damit eng zusammenhängend stellt sich auch eine in der symbolischen Führung kaum thematisierte Frage, welche Rolle Machtverhältnisse für die Sinnstiftungsprozesse spielen. Inwiefern zeigen Mitarbeiter Resistenz gegenüber symbolischer Manipulation durch Führungskräfte und inwiefern nehmen Mitarbeiter eine widerständige Sinnstiftung vor? Diese Fragen harren noch ausführlicher Antworten.

Zuletzt wird kritisiert, dass die Konzentration auf die sprachlichen Mittel und deren Verwendung in der Führung eine Vernachlässigung von materiellen oder körperlichen Gegebenheiten nach sich ziehen. Die konkreten Arbeitsbedingungen, die Führungskräfte durch ihr Handeln, nicht aber durch ihr Reden schaffen, wie z. B. Fragen des Lohnes, der Arbeitszeit, der Arbeitsräume und Arbeitsausstattung, werden dabei oftmals ausgeklammert. Auch die Körperlichkeit und sinnliche Erfahrungen der Beteiligten erfahren wenig Berücksichtigung. Somit birgt symbolische Führung die Gefahr einer „symbolistischen Reduktion", die mit der verstärkten Diskursivierung der Führung einhergeht. Diese Kritik wird jedoch an die gesamte Sinnstiftungsperspektive gerichtet: das Intellektualisieren der Sinnstiftung durch die Dominanz der kognitiven und sprachlichen Elemente lässt die materiellen Aspekte der Sinnstiftung oftmals zu kurz kommen (z. B. Weiser, 2021), obwohl der Handlungsdimension der Sinnstiftung im Modell von Weick eine prominente Rolle zukommt. Dementsprechend steht eine Beachtung von materiellen, körperlichen Aspekten der Sinnstiftung der Führungsforschung noch bevor.

Zusammenfassend ist festzustellen, dass wir die Erkenntnisse zu Sinnstiftungsprozessen im Rahmen der Mitarbeiterführung sowohl der Führungsforschung als auch der Organisationsforschung verdanken. Eine stärkere Beachtung der aktuellen Entwicklungen zur Sinnstiftungsperspektive in der Organisationsforschung stellt offenbar weiterhin eine wichtige Inspirationsquelle für die Führungsforschung dar. Solange die Sinnstiftungsprozesse den größten Anteil des Führungsalltags in Form von stets aufkommenden Fragen, wie „Was passiert jetzt?" und „Was bedeutet das, was hier passiert?" einnehmen, bleibt der Bedarf nach Erkenntnistransfer zwischen der Organisations- und der Führungsforschung sowie nach einer eingehenden Analyse von sinnstiftenden Führungsprozessen groß.

---

**Zum Nachlesen**

- Bernd Blessin und Alexander Wick (2014, S. 186–202) bieten eine gute Übersicht über die mitunter ideologiekritischen Grundannahmen der symbolischen Führung; empfehlenswert auch zur Vertiefung des Zusammenhangs zwischen der symbolisierten und symbolisierenden Führung.
- Richard Egger (2019) bietet in seinem Buch zahlreiche anschauliche, mitunter unterhaltsame Beispiele aus der Wirtschaftspraxis, wie das „Führen durch Sprache" funktioniert, unter bestimmten Umständen aber auch schmerzlich vermisst wird.

**Fragen**

1. Was hat ein Symbol mit einer Tonscherbe zu tun?
2. Verdeutlichen Sie den Zusammenhang zwischen der symbolischen Führung und dem symbolischen Interaktionismus sowie dem organisationalen Symbolismus!
3. Erläutern Sie mit Hilfe eines der besprochenen theoretischen Konzepte zur symbolischen Führung, was die symbolische Führung ausmacht und wie sie in Organisationen angewendet wird.
4. Erläutern Sie die symbolisierte und die symbolisierende Führung und illustrieren es jeweils mit einem Beispiel.
5. Diskutieren Sie, welche Rolle den Metaphern in der symbolischen Führung zukommt!
6. Geben Sie zwei Beispiele dafür, wie Führungskräfte sinnorientiert führen können!

## Literatur

Armstrong, J. P. (2021). Guest editor's introduction: Storytelling and leadership. *Journal of Leadership Studies, 14*(4), 45–49.

Bathurst, R., Jackson, B., & Statler, M. (2010). Leading aesthetically in uncertain times. *Leadership, 6*(3), 311–330.

Berger, P. L., & Luckmann, T. (1980). *Die gesellschaftliche Konstruktion der Wirklichkeit*. Fischer.

Blessin, B., & Wick, A. (2014). *Führen und führen lassen* (7. Aufl.). UVK Verlagsgesellschaft.

Cassirer, E. (1990). *Versuch über den Menschen*. Fischer.

Cassirer, E. (1997). *Philosophie der symbolischen Formen. Bd. 3: Phänomenologie der Erkenntnis*. Meiner.

Conger, J. A. (1991). Inspiring others: The language of leadership. *Academy of Management Executive, 5*(1), 31–45.

Corley, K. G., & Gioia, D. A. (2004). Identity ambiguity and change in the wake of a corporate spin-off. *Administrative Science Quarterly, 49*(2), 173–208.

de Saint-Exupéry, A. (1969). *Die Stadt in der Wüste*. Karl Rauch.

Dunford, R., & Jones, D. (2000). Narrative in strategic change. *Human Relations, 53*(9), 1207–1226.

Egger, R. (2019). *Führen durch Sprache. Leadership und die Macht der Worte*. Springer Gabler.

Fairhurst, G. T., & Grant, D. (2010). The social construction of leadership: A sailing guide. *Management Communication Quarterly, 24*(2), 171–210.

Fairhurst, G. T., & Sarr, R. A. (2000). *Die Kunst, durch Sprache zu führen*. Metropolitan.

Felfe, J., Krick, A., & Reiner, A. (2018). Wie kann Führung Sinn stiften? – Bedeutung der Vermittlung von Sinn für die Gesundheit. In B. Badura, A. Ducki, H. Schröder, J. Klose & M. Meyer (Hrsg.), *Fehlzeiten-Report 2018, Sinn erleben – Arbeit und Gesundheit* (S. 213–223). Springer.

Foldy, E. G., Goldman, L., & Ospina, S. (2008). Sensegiving and the role of cognitive shifts in the work of leadership. *The Leadership Quarterly, 19*(5), 514–529.

Frankl, V. E. (2006). *Der Mensch vor der Frage nach dem Sinn. Eine Auswahl aus dem Gesamtwerk*. Piper.

Frankl, V. E. (2007). *Ärztliche Seelsorge. Grundlagen der Logotherapie und Existenzanalyse*. Piper.

Frémeaux, S., & Pavageau, B. (2020). Meaningful leadership: How can leaders contribute to meaningful work? *Journal of Management Inquiry*. https://journals.sagepub.com/doi/10.1177/1056492619897126

Geertz, C. (1973). *The interpretation of cultures*. Basic Books.

Gioia, D. A., & Chittipeddi, K. (1991). Sensemaking and sensegiving in strategic change initiation. *Strategic Management Journal, 12*(6), 433–448.

Griffey, E., & Jackson, B. (2010). The portrait as leader: Commissioned portraits and the power of tradition. *Leadership, 6*(2), 1–25.

Humphreys, M., Ucbasaran, D., & Lockett, A. (2011). Sensemaking and sensegiving stories of jazz leadership. *Human Relations, 65*(1), 41–62.

Jackson, B., & Parry, K. (2018). *A very short, fairly interesting and reasonable cheap book about studying leadership* (3. Aufl.). Sage.

Jung, R. H. (2020). Führung und Sinn. Plädoyer für einen existenzanalytischen Umgang mit dem Sinnphänomen. *Gruppe. Interaktion. Organisation. Zeitschrift für angewandte Organisationspsychologie, 51*, 177–185.

Köhlmeier, M. (2007). *Abendland*. Carl Hanser.

Lichtenstein, B. B., & Ashmos Plowman, D. (2009). The leadership of emergence: A complex systems leadership theory of emergence at successive organizational levels. *The Leadership Quarterly, 20*(4), 617–630.

Liebert, W.-A. (2003). Wissenskonstruktion als poetisches Verfahren. Wie Organisationen mit Metaphern Produkte und Identitäten erfinden. In S. Geideck & W.-A. Liebert (Hrsg.), *Sinnformeln. Linguistische und soziologische Analysen von Leitbildern, Metaphern und anderen kollektiven Orientierungsmustern* (S. 83–99). De Gruyter.

Maitlis, S. (2005). The social processes of organizational sensemaking. *Academy of Management Journal, 48*(1), 21–49.

Maitlis, S., & Sonenshein, S. (2010). Sensemaking in crisis and change: Inspiration and insights from Weick (1988). *Journal of Management Studies, 47*(3), 551–580.

Mead, G. H. (1973). *Geist, Identität und Gesellschaft*. Suhrkamp.

Merleau-Ponty, M. (1966). *Phänomenologie der Wahrnehmung*. De Gruyter.

Neuberger, O. (1989). Symbolisierung in Organisationen. *Augsburger Beiträge zu Organisationspsychologie und Personalwesen, 4*, 24–36.

Neuberger, O. (1990). Führung (ist) symbolisiert. Plädoyer für eine sinnvolle Führungsforschung. In G. Wiendeck & G. Wiswede (Hrsg.), *Führung im Wandel. Neue Perspektiven für Führungsforschung und Führungspraxis* (S. 89–129). Enke.

Neuberger, O. (1994). *Führen und geführt werden*. Enke.

Neuberger, O. (2002). *Führen und führen lassen*. UTB.

Nguyen, N. T. B., & Umemoto, K. (2012). Leading with metaphorical intelligence. *Journal of Leadership Studies, 5*(4), 41–51.

Ornstein, S. (1986). Organizational symbols: A study of their meanings and influences on perceived psychological climate. *Organizational Behavior and Human Decision Processes, 38*(2), 207–229.

Parry, K. (2008). The thing about metaphors and leadership. *International Leadership Journal, 1*(1), 6–23.

Paul, J. (1996). A symbolic interactionist perspective on leadership. *Journal of Leadership & Organizational Studies, 3*(2), 82–93.

Pfeffer, J. (1981). Management as symbolic action: The creation and maintenance of organizational paradigms. *Research in Organizational Behavior, 3*, 1–52.

Podolny, J. M., Khurana, R., & Hill-Popper, M. (2005). Revisiting the meaning of leadership. *Research in Organizational Behavior, 26*, 1–36.

Pondy, L. E., Frost, P. J., Morgan, G., & Dandridge, T. C. (1998). *Organizational symbolism*. JAI.

Pye, A. (2005). Leadership and organizing: Sensemaking in action. *Organization, 1*(1), 31–50.

Rosa, H. (2016). *Resonanz. Eine Soziologie der Weltbeziehung* (2. Aufl.). Suhrkamp.

Rybnikova, I. (2014). Managerversagen aus Mitarbeitersicht. Ergebnisse zweier Fallstudien zu Interimsmanagement. *Wirtschaftspsychologie, 3*, 84–92.

Rybnikova, I. (2021). Sinnstiftung und Widerstand. In H. Heiland & S. Schaupp (Hrsg.), *Widerstand im Arbeitsprozess*. (im Erscheinen).

Schein, E. H. (1985). *Organizational Culture and Leadership*. Jossey-Bass.

Selznick, P. (1957). *Leadership in administration: A sociological interpretation*. Harper & Row.

Shotter, J. (2002). *Conversational realities: Constructing life through language*. Sage.

Smircich, L., & Morgan, G. (1982). Leadership: The management of meaning. *Journal of Applied Behavioral Science, 18*(3), 257–273.

Snell, R. S. (2002). The learning organization, sensegiving and psychological contracts: A Hong Kong case. *Organization Studies, 23*(4), 549–569.

Stam, D., van Knippenberg, D., Wisse, B., & Neverveen Pieterse, A. (2018). Motivation in words: Promotion- and prevention-oriented leader communication in times of crisis. *Journal of Management, 44*(7), 2859–2887.

Ulrich, P. (1990). Symbolisches Management. Ethisch-kritische Anmerkungen zur gegenwärtigen Diskussion über Unternehmenskultur. In C. Lattmann (Hrsg.), *Die Unternehmenskultur* (S. 277–302). Physica-Verlag.

van Knippenberg, D. (2020). Meaning-based leadership. *Organizational Psychology Review, 10*(1), 6–28.

Washington, M., Boal, K. B., & Davis, J. N. (2017). Institutional leadership: Past, present, and future. In R. Greenwood, C. Oliver, R. Suddaby & K. Sahlin-Andersson (Hrsg.), *Handbook of organization institutionalism* (S. 721–736). Sage.

Weber, M. (2010). *Wirtschaft und Gesellschaft*. Mohr Siebeck.

Weibler, J. (1995). Symbolische Führung. In A. Kieser, G. Reber & R. Wunderer (Hrsg.), *Handwörterbuch der Führung* (S. 2015–2026). Schäffer-Poeschel.

Weick, K. E. (1979). *The social psychology of organizing*. Mcgraw-Hill.

Weick, K. E. (1995). *Sensemaking in organizations*. Sage.

Weiser, A. K. (2021). The role of substantive actions in sensemaking during strategic change. *Journal of Management Studies, 58*(3), 815–848.

# Intermezzo: Führung überall?! Eine Zusammenschau diverser Führungspraktiken

# 10

Rainhart Lang und Irma Rybnikova

## Inhaltsverzeichnis

R. Lang (✉)
Technische Universität Chemnitz, Chemnitz, Sachsen, Deutschland
E-Mail: rainhart.lang@wirtschaft.tu-chemnitz.de

I. Rybnikova
Hochschule Hamm-Lippstadt,
Hamm, Deutschland
E-Mail: irma.rybnikova@hshl.de

I. Rybnikova, R. Lang, *Aktuelle Führungstheorien und -konzepte*,
https://doi.org/10.1007/978-3-658-35543-2_10

---

### Zusammenfassung

Das Kapitel unterbricht und durchbricht die Darstellung von aktuellen Führungstheorien und Führungskonzepten durch vielfältige Einblicke in eine „andere" Führungspraxis. Der Leser wird zunächst entführt in die Welt der Tiere, vor allem die der Affen
und der Pferde, in die Welt des Tanzes und der Musik, von Sportorganisationen und in
die Führungswelt der militärischen Organisationen am Beispiel der Bundeswehr.
Unsere Zusammenstellung wollen wir mit einer kurzen Einsicht in historische Weis-
heiten und praktische Erfahrungen beim Umgang mit Führungsproblemen von der Antike bis in die nähere Gegenwart abschließen.

## 10.1    Führung im Tierreich: „Von Alpha-Tieren und starken Affen-Weibchen"

„Alpha-Tier", „Platzhirsch" oder „Leitwolf" – dies sind nur einige Beispiele für Analogien zum Tierreich in unserem umgangssprachlichen Vokabular im Zusammenhang mit
Führung. Dies spiegelt wider, dass menschliches Führungsverhalten auf evolutionsbio-
logische Prozesse zurückgeführt werden kann und somit oft Ähnlichkeiten zum Verhalten der Säugetier-Verwandten im Tierreich sichtbar werden. Zugleich zeigen sich jedoch auch im Tierreich Ansätze einer Verteilung der Führung in der Herde (Gruppe), wie
eine aktuelle Studie von Cook, Zill und Bertold (2020) zeigt.

Im Folgenden wollen wir die Führung im Tierreich exemplarisch anhand eines Aus-
schnitts aus einem Interview mit dem Zoologen und Neurobiologen Prof. Dr. Rübsamen
(Universität Leipzig) und einer Studie zum Führungsverhalten von weiblichen Gibbons
beleuchten.

### Beispiel

„[…] bei Säugetieren gibt es sehr viel flexiblere Organisationen von Gruppen. Das hat
sicherlich auch damit zu tun, dass Säugetiere eben eine höhere Variabilität in der Anpassung an bestimmte Umgebungen zeigen. Die Säugetiere […] können in primär ungünstigen Biotopen zurechtkommen. Wir haben Winter und wir haben Sommer – das
sind sehr unterschiedliche Bedingungen. Wenn also ein Tier in dieser Umgebung be-

stehen will, dann muss das Verhalten entsprechend flexibilisiert sein, weil sie den Winter überleben müssen und das sind andere Anforderungen als im Sommer. Das bedingt dann offensichtlich, dass auch die Organisation der Gruppe und die Hierarchie der Gruppe entsprechend flexibler gehandhabt wird."

„Wobei es zwei deutliche Unterschiede gibt: Einmal, dass es eine männlich geleitete Gruppe gibt und eine weiblich geleitete Gruppe gibt. Das ist aber dann artenspezifisch. […] Bei der Auswahl dieses dominanten – sagen wir mal Männchens – da gibt es auch wieder unterschiedliche Mechanismen. Es können Auseinandersetzungen sein. Die Auseinandersetzungen finden in der Regel statt, wenn ein vormaliges Leittier ausfällt, durch Tod. Dann gibt es eine rivalisierende Nachfolge der Männchen zum Beispiel, die um diese Position kämpfen oder sich auseinandersetzen. Das kann auch sehr unterschiedlich organisiert sein; wenn das aber dann einmal etabliert ist, dann ist es in der Regel vergleichsweise stabil."

„Es wird nicht ständig herausgefordert. Wenn natürlich ein Männchen Schwächen oder mangelnde Führungsqualitäten zeigt, dann kann es durchaus passieren. Diese Führungsposition ist dann auch wieder typischerweise verbunden mit einem unmittelbaren Privileg, nämlich dem Zugriff auf die Weibchen. Das heißt, das dominante Männchen hat häufig – das findet man grade zum Beispiel bei Primaten, aber auch bei Nagetieren und anderen Tiergruppen – das Vorrecht der Begattung von Weibchen. Und bei den Weibchen gibt es auch eine Hierarchie. Dann gibt es – häufig bei den Primaten – ein Weibchen, das die engste Beziehung zu diesem dominanten Männchen hat, was die höchste Stellung innerhalb der Weibchen nach sich zieht. Es ist nun so, dass in solchen Gruppen die anderen Männchen entweder reproduktiv überhaupt nicht aktiv sind oder es doch tun, aber sozusagen nur heimlich, wäre der menschliche Ausdruck."

*Ausschnitte aus dem Interview mit dem Zoologen und Neurobiologen Prof. Dr. Rübsamen* ◀

Das Führungsverhalten von weiblichen Primaten wurde eingehend in der Studie der Primatenforscher Barelli, Boesch, Heistermann und Reichard (2008) betrachtet. Im Zentrum der Analyse standen dabei die Führung der Gruppenbewegungen, das Einschlagen einer bestimmten Richtung, der Zugang zu Nahrungsquellen und die Rangordnung beim Fressen von Weißhandgibbons. Da weibliche Säugetiere generell und weibliche Primaten speziell lange Schwangerschafts- und Stillzeiten, damit sozusagen höhere Fortpflanzungskosten haben, stellte sich die Frage, wie sich dies im Führungsverhalten unter den Gruppenmitgliedern und somit auch im Vorrecht auf den Zugang zu Nahrungsquellen äußert.

Untersucht wurden 13 Gruppen von Weißhandgibbons, darunter sechs mit mehreren männlichen Gruppenmitgliedern, in denen die Weibchen voraussichtlich eine verstärkte Konkurrenz um Nahrung erleben. Im Ergebnis konnten die Forscher zeigen, dass Weibchen durchweg die Wanderungen anführten, indem sie ihre Position an der Spitze der Gruppe beibehielten, und dass diese Ordnung innerhalb der gesamten Gruppe zwischen den Wanderungen konstant blieb. Anführende Weibchen kamen meist als Erste an der Futterquelle an und neigten dazu, alleine davon zu fressen, wenn das Nahrungsangebot begrenzt war. Die Phasen der Fortpflanzung scheinen deren Motivation zur Führung der Gruppe zu beeinflussen, da schwangere oder stillende Weibchen die Gruppen seltener anführten. Als Schlussfolgerung leiten die Autoren ab, dass – obwohl Gibbons ko-dominant erscheinen – die weiblichen Mitglieder häufiger die Führungsrolle in der Koordination von Gruppenaktionen übernehmen.

## 10.2    Training mit Pferden: „Erleben statt Erlesen"

Weiterbildungsmaßnahmen für Führungskräfte gehören zu den Klassikern der Weiterbildungsbranche. Trainings mit Pferden stellen dabei eine eher weniger populäre Form des Outdoortrainings für Führungskräfte dar. Auch als „Pferdecoaching" betitelte Lehrgänge gewinnen allerdings langsam an Popularität nicht nur in den USA und England, sondern auch in Deutschland. Mit dem Versprechen, „einen völlig anderen Zugang" zu den Führungsthemen zu ermöglichen und auf die jahrhundertealte Zusammenarbeit zwischen Königen und Pferden aufzubauen, erschließen Anbieter der Pferdetrainings ihre Nischen in den deutschsprachigen Ländern. Zu den wichtigsten deutschen Anbietern der Pferdeseminare für Führungskräfte gehören solche Unternehmen, wie Raslan Training (www.pferdundfuehrung.com), Human Horse (www.human-horse.de) und Leadership Coaching – Epona Spirit (www.epona-spirit.de). Wie präsentieren die Anbieter ihre Pferdetrainings in der Öffentlichkeit? Im Folgenden haben wir die Aussagen verschiedener Anbieter zusammengefasst und die wichtigsten Aspekte herausgearbeitet.

Ihre Trainings richten die Institute an einen breiten *Teilnehmerkreis*: an Führungskräfte, Nachwuchsführungskräfte, Mitarbeiter sowie ganze Teams. Dabei liegt der Fokus auf „Menschen in Entscheidungssituationen, bei denen Entscheidungen zu den alltäglichen Dingen gehören und die sich darüber klar werden wollen, wodurch die eigene Entscheidung maßgeblich beeinflusst wird" (Beier, 2011, S. 17 f.).

Ähnlich vielfältig fallen auch *Ziele für die Teilnehmer* aus. So sollen Teilnehmer einerseits erkennen, wie gut ihre Körpersprache mit ihren Absichten übereinstimmt und welche Führungsposition dem Teilnehmer leicht oder schwer fällt. Auf diese Weise werden Führungs-, Entscheidungs- und Kommunikationsverhalten hinterfragt (vgl. www.boss-trifft-ross.de). Durch die Pferdeerfahrungen und Fragen „[…] reflektiert der Teilnehmer seine Emotionen und sein Verhalten. Dabei folgt ein Abgleich zwischen dem antizipierten Ziel, seinem Vorgehen und seinem Verhalten […]" (Beier, 2011, S. 40). Zugleich sollen Teilnehmer durch Pferdetrainings erkennen, wie sie in Situationen wie Stress oder Angst auf ihr Gegenüber wirken. Neben der Reflexion eigener Interessen und Befindlichkeiten verhelfen Pferdetrainings auch zur genaueren Fremdsicht, indem sie zum Beispiel eine Vorstellung darüber vermitteln können, wann Führung angenehm bzw. unangenehm ist, was die Interessen hinter dem Verhalten der Mitmenschen sind und wie sie zum angestrebten Perspektivenwechsel bewegt werden können.

Als eine *Besonderheit der Pferdetrainings* wird von den Anbietern das Verhaltensfeedback durch Pferde angeführt. Hier erhalten Teilnehmer ein Feedback auch über ihr intuitives und unbewusstes Führungsverhalten, was von Mitarbeitern nur schwer zu bekommen ist. Das Pferd reagiert auf unbewusste Details von Verhalten und Ausstrahlung des Partners Mensch. Pferde sind ein klarer unmittelbarer Spiegel der persönlichen Wirkung in Bezug auf eindeutige Kommunikation, authentisches Auftreten und natürliche Autorität. Sie widerspiegeln die menschliche Widersprüchlichkeit und zeigen, wie wenig glaubwürdig und überzeugend die Teilnehmer manchmal wirken. Pferde empfangen dabei Signale, auf die auch Menschen instinktiv reagieren, nur selten ist die Wahrnehmung bewusst. Durch das ehrliche Feedback der Pferde lernt der Teilnehmer authentisch zu sein. Der Lernerfolg durch die Übungen mit den Pferden in freier Natur und deren direktes unverfälschtes Feedback kann zu sofortigen Korrekturen des eigenen Führungsverhaltens führen. Durch das Feedback der Pferde sollen das Selbstbewusstsein und die Selbsterkenntnis der Teilnehmer gefordert und gefördert werden.

*Hintergründe und Wirkungen von Pferdetrainings* verdeutlichen auch die nachfolgenden Zitate aus Doreen Beier (2011): Überholen mit 1 PS: Wie Manager von Pferden lernen.

---

**Beispiel**

„Das Pferd ist ein Herdentier. Das heißt, es ist darauf programmiert, in einem Verband mit einer sozialen Struktur zu leben und einen festen Platz in dieser sozialen Struktur einzunehmen. […] Das Pferd tritt dann automatisch in eine Kommunikation über Führung ein. Sein Ziel ist es, Antworten auf seine Fragen zu bekommen. […] Es reagiert nicht auf das Gesagte, sondern immer auf das Gemeinte" (Beier, 2011, S. 54).

„Die Teilnehmer erhalten einen Übungsplatz, ihre eigene Wirksamkeit zu erfahren und zu reflektieren. Sie erhalten die Chance, ihre Wahrnehmungen zu schärfen und sich selbst bewusster zu sein" (Beier, 2011, S. 33).

„Viele Teilnehmer sind überrascht, zu spüren, welche Wirkung das Pferd auf sie hat, wenn sie ihm in unmittelbarer Nähe das erste Mal gegenüberstehen. […] In diesen Momenten überwiegt das Fühlen, das Spüren – der Kopf und die Ratio sind ausgeschaltet. […] Die Arbeit am Pferd bietet […], dass die Teilnehmer ihr eigenes Führungsverhalten erleben" (Beier, 2011, S. 37).

„Denn erst wenn uns (wieder) bewusst ist, welche Ängste und Freuden uns steuern, worauf wir reagieren, können wir die Zügel selber in die Hand nehmen und uns bestimmen" (Beier, 2011, S. 49).

„In jeder authentischen Persönlichkeit stecken Intuition und Stärke des Pferdes!" (Beier, 2011, S. 100). ◄

## 10.3    Führungsimpressionen aus der Welt des Tanzes: „Follow the leader!?"

„Wenn getanzt wird, will ich führen. Auch wenn ihr euch alleine dreht. Lasst euch ein wenig kontrollieren. Ich zeige euch wie's richtig geht [...] Ich kenne Schritte, die sehr nützen, und werde euch vor Fehltritt schützen. Und wer nicht tanzen will am Schluss, weiß noch nicht das er Tanzen muss! Wir bilden einen lieben Reigen, Ich werde Euch die Richtung zeigen ..."]
(Rammstein (2004): Amerika. Album Reise, Reise. https://www.songtexte.de/songtexte/ rammstein-amerika-9180328.html sowie Rammstein – Amerika (Official Video) – YouTube)

Außer in der kultur-hegemonialen Politik des Amerikanismus, auf die Rammstein hier anspielt, ist Führung in der Welt des Tanzes ein sehr zentrales Thema, wie die nachfolgenden kurzen Auszüge aus verschiedenen Quellen zeigen werden. Es geht hier darum, wie sich die Rollen des Führens und Folgens bzw. Führens und Führen-lassens beim Tanzen ergeben und welche Anregungen für die Gestaltung von Führung in Organisationskontexten hiervon abgeleitet werden können.

*„Führen und Folgen im Tanz"*[1]
„Im Paartanz werden die Partner als Führender und Folgender bezeichnet. Im Deutschen verwendet man die Worte Herr und Dame, „der Herr führt" und „die Dame folgt". Die Worte Herr und Dame sind dabei als Rollenbezeichnungen zu verstehen, Männer können auch als Damen, Frauen auch als Herren tanzen.

*Derjenige, der führt*, bestimmt, wie der Tanz verläuft. Er bestimmt die Figuren und Schritte, die getanzt werden, und wie der Folgende sich bewegen wird. *Der Folgende folgt* dem *Führenden*. Damit beide miteinander darüber in Verbindung stehen, was und wie sie tanzen wollen und tanzen werden, ist *Verbindung* nötig. Fortgeschrittene Tänzer verstehen vielerlei Hinweise von ihren Tanzpartnern und geben ihr Feedback an den *Führenden* zurück, so [dass sie] ihre Tanzkünste mit in [ihre] Führung und Gestaltung des Tanzes einbeziehen [können].

Wer die Rolle des Herrn erst noch lernt, wird versuchen müssen, 99 [Prozent] des Tanzes zu kontrollieren. Man sagt, [dass] ein guter Tanzherr knappe 51 [Prozent] des Tanzes kontrolliert, und nahezu gleichviel der Dame ermöglicht, ohne sie zum Führen zu bringen. Die Dame tanzt ihre eigenen Schritte in der Weise, wie sie es für richtig erachtet, im Rahmen der Möglichkeiten, die ihr der Herr dazu bietet.

Herr und Dame tanzen unterschiedliche Schritte. In Tanzhaltungen, in denen sich beide gegenüberstehen, *spiegelt* die Dame meist die Schritte des Herrn: tanzt er einen Schritt mit rechts, tanzt sie einen mit links, geht er vorwärts, geht sie rückwärts.

In choreografierten Figuren, im Tandem Charleston oder in anderen Situationen, bei denen die Dame in Hand-to-Hand-, Side-by-Side, Tandem- oder Schattenposition ist, kann es dann auch sein, [dass] Herr und Dame die gleichen Schritte tanzen.

---

[1] Wikipedia: Lead and follow (dance). http://www.ballsaal.de/?F%FChren_und_Folgen. Zugegriffen am 28.06.2021.

Für gewöhnlich beginnt der Herr eine Bewegung, indem er sein Körpergewicht leicht verschiebt – das führt dann zu einer Bewegung, die seinen Körper und damit seine Arme und Beine bewegt. Das wiederum bewirkt, dass die Dame geschoben oder gezogen wird, was ihren Körper und ihr Körpergewicht bewegt, was wiederum auch ihre Füße bewegt. Damit das gelingt, muss der Herr eine zum Takt passende Bewegung minimal vor dem tatsächlich zu hörenden Takt einleiten, damit das Quäntchen Zeit nicht fehlt, dass es braucht, damit seine Bewegungsenergie rechtzeitig bei der Dame ankommt.

Eines der Ziele des Paartanzens ist es, sich so zu bewegen, wie es ein Mensch alleine nicht könnte. Zusammentanzen nennt man dieses Ziel. Es erfordert, dass sich *beide* Partner enormes Vertrauen entgegenbringen und sich ganz auf die Bewegung des Anderen einlassen."

In einem *Gespräch mit einem Chemnitzer Tanzlehrerpaar*[2] werden mögliche Lösungen für Führungsprobleme beim Gesellschaftstanzen deutlich.

---

**Beispiel**

Das Ausgangsproblem wird wie folgt beschrieben:

„[…] beim Tanzen wird häufig davon gesprochen, der Herr führt und die Dame wird geführt […] Ich muss natürlich meine eigenen Füße und sonstige Körperteile erst noch koordinieren […], was stelle ich jetzt mit der Partnerin an, und dann bin ich sogar noch verantwortlich […] für die Fehler, die sie macht. Und deswegen ist es sehr hilfreich, wenn die Partnerin sich also nicht [nur passiv] führen lässt, sondern wenn sie […] die Folgende ist. […] Das heißt, ich als Führungsperson, ich bin ein Impulsgeber und meine Partnerin ist dann die Impulsempfängerin beziehungsweise eben die, die mir folgt. Und das bedeutet, dass sie eine wesentlich aktivere Position hat, also wenn sie die Geführte ist." (Herr D.)

„[…] in vielen Führungssituationen [ist] auch der Grund für Probleme, dass man die Rolle, in der man sich befindet, die einfach das Umfeld, […] die Situation verlangt, entweder nicht will, ob das jetzt der Sich-Führen-Lassende oder der Führer ist, ist egal. Es gibt auch Leute in einer führenden Position, die diese Position gar nicht wollen und sich in der Position unwohl fühlen, [ist] auch bei vielen Tanzpaaren der Fall. Die Frau ist eher der aktive Teil […] Und der Mann, der kriegt vom Tanzlehrer gesagt, du bist der, der führt. [Und er] kennt seine Frau nur als die, die alles im Griff hat zu Hause, die alles managet, die den Urlaub organisiert, die sagt, heute machen wir das, heute machen wir dies, jetzt soll er führen! Und da fühlen sich beide in der Position, in die sie gesetzt sind oder die, die Situation erwartet, unwohl. […] Und da muss man an diesem Grund erst mal feilen, ob es überhaupt eine Chance auf Erfolg hat." (Frau D.)

Und Aspekte einer Lösung werden dann gesehen in:

„Wir müssen Regeln besprechen, wir müssen Normen vereinbaren, was einfach dann die Sicherheit und das Vertrauen schafft […]. Das heißt, je genauer wir kommunizieren, über die

---

[2] Auszüge aus einem Gespräch mit Herrn und Frau Dreischarf, Inhaber der Tanzschule Emmerling, Chemnitz, 2011.

Normen auch sprechen, um so detaillierter werden sie auch befolgt [ … ]. Die persönliche Bereitschaft muss da sein, wir müssen uns drüber ausgetauscht haben und wir müssen bestimmte Parameter festgelegt haben, einfach woran sich jeder orientieren kann." (Herr D.)

„Wenn wir also jetzt eine halbwegs passable Vorführung hier abliefern wollten, dann ist es ganz einfach wichtig, dass jeder seinen Part erfüllt und in der Summe kommt dann was Vernünftiges […] raus." (Herr D.)

„[…] Also ich fühle die Rolle erst mal überhaupt nicht passiv […], ich [kenne] das große Ziel und den großen Plan, nämlich, dass wir jetzt hier zum Beispiel in Harmonie abgegeben haben. […] Das ist mein Wunsch, genauso wie das Ziel. Die persönliche Bereitschaft [und] Wunsch müssen [mit dem Ziel] übereinstimmen. Das ist ganz wichtig. Und ich habe mich gut gefühlt in dieser Position, weil es dem Ziel dient." (Frau D.) ◄

Eine *kulturwissenschaftlich-soziologische Analyse zum Zusammenhang von Tanz, Organisation und Führung*, in der auch die Körperlichkeit der Führung, und die Betrachtung von Discjockeys als Führer beleuchtet werden findet sich bei Brigitte Biehl (2020).[3]

Führen und Folgen kann man/frau auch trainieren, wie die folgende kleine *Zusammenstellung aus einem Kurs „Führen und Folgen" in einem Leipziger Tanzzentrum*[4] zeigt:

**Übung Nummer 1:„Polonaise"**
Die Dame legt ihre Hände, von hinten, auf die Schultern des Herren. Dieser beginnt nun in beliebigem Tempo durch den Raum zu gehen. Vorerst ohne Musik, so dass sie sich vollkommen auf seinen Körper und dessen Bewegung konzentrieren kann.

Im zweiten Schritt nehmen wir langsame, später auch etwas schnellere, Musik hinzu. Seine Aufgabe ist es nun das vorgegebene Tempo der Musik zu halten, während sie, weiterhin mit ihren Händen auf seinen Schultern, durch eine gewisse Grundspannung in den Armen die Verlagerung seines Körperschwerpunktes erkennen/erfühlen kann und so auf seine Bewegung reagiert und ihm folgt.

**Übung Nummer 2:„Tuch"**
Da wir in Übung Nummer 1 schon das Vertrauen des Paares auf eine kleine Probe gestellt haben, steigern wir uns nun, in dem wir der Dame die Augen mit einem leichten Tuch verbinden. So nehmen wir ihr einen ihrer wichtigsten Sinne und steigern den Tastsinn. Durch diese „Hilflosigkeit" der Dame wird dem Herrn die Ver-

---

[3] Vgl. auch Biehl-Missal und Springborg (2016).
[4] Julia Scherf, ADTV Tanzcentrum Seidel & Seidel in Leipzig, Übungen aus einem Kurs Führen und Folgen 2012.

antwortung seiner Partnerin gegenüber deutlicher und er wird sich hier nun selbstbewusster und freier in seiner Führungsrolle entfalten können. Er sollte sie in dieser Situation nicht alleine im Raum stehen lassen und stetigen Körperkontakt halten, z. B. reicht es schon, wenn er neben ihr steht und sie sich seitlich berühren (Arm an Arm).

Nun kann er durch leichtes Schieben und Ziehen an Schulter oder Hüfte die Dame durch den Raum leiten, des Weiteren darf er die Hände der Dame fassen und sie so durch den Raum führen. Beide benötigen dafür genügend Spannung in den Armen.

Nach einer kurzen Übungsphase ohne Musik wird auch hier beliebige Musik eingesetzt.

**Übung Nummer 3: „Spiegel"**
Die Partner stehen sich gegenüber, der Führende beginnt, einen beliebigen Körperteil langsam zu bewegen. Der Folgende agiert als Spiegelbild mit dem gegengleichen Körperteil. Der Folgende muss mit höchster Aufmerksamkeit und Konzentration auf jede Aktion des Führenden reagieren.

**Übung Nummer 4: „Pantomime" oder „Patschen"**
Auch hier stehen die Partner gegenüber in einer sogenannten Doppelhandhaltung (Handflächen aneinander), jetzt löst er eine der Hände und hält sie an eine beliebige (für die Dame erreichbare) andere Position innerhalb der Paarmitte. Diese versucht nun den Kontakt der Hände wiederherzustellen, indem sie ihre freie Hand wieder an seine freie Handfläche legt. Dies kann beliebig oft wiederholt werden, allerdings sollte man nie beide Hände lösen.

Der Herr sollte immer darauf achten, der Dame auch die Chance zu geben, den Kontakt wiederherzustellen.

## 10.4   Führung bei der Bundeswehr: „Zwischen Grundsatz und Führungspraxis"

Als Orientierung für die Führungskräfte der Bundeswehr dient die sogenannte „innere Führung". Zu den Vordenkern des Modells gehörten u. a. die Generalleutnante Dr. Hans Speidel und Adolf Heusinger, Oberst a.D. Johann Adolf Graf von Kielmansegg, Oberstleutnant a.D. Ulrich de Maizière und Major a.D. Wolf Graf von Baudissin, die als Mitarbeiter des sogenannten Amts Blank im Jahre 1951 die Konzeption der inneren Führung entwickelt haben. Die Prinzipien, Wertmaßstäbe und versprochene Wirkungen der inneren Führung der Bundeswehr sind in sechs Kapiteln der öffentlich zugänglichen Schrift „Innere Führung – Selbstverständnis und Führungskultur der Bundeswehr" (Zentrale Dienstvorschrift – ZDv 10/1) niedergeschrieben (BMVg Fü S I 4 (2008). In den folgenden Zitaten beziehen wir uns auf diese Referenz.

Diese sehen vor, dass „[…] Menschenführung [eine] Kernaufgabe aller Vorgesetzten in der Bundeswehr" ist. „Sie legt den Grundstein für die Anerkennung und den Erfolg als militärische Führerin und Führer. Wer Menschenwürde verteidigt, muss Menschen würdig behandeln" (ZDv 10/1, 23/604). Dabei beziehen sich die Grundsätze auf Werte der Verfassung, wie die uneingeschränkte Achtung der Würde des Menschen, die Menschenrechte, die Prinzipien der Gleichheit, der Gerechtigkeit, der Verantwortung und der Toleranz. Die Innere Führung „[…] ist die Grundlage des militärischen Dienstes in der Bundeswehr und bestimmt die Gesamtheit von Führung, Erziehung und Ausbildung (ZDv 10/1, 18/503). […] Menschenführung, auch im Einsatz und im Gefecht, politische Bildung sowie Recht und soldatische Ordnung sind die wichtigsten Bereiche des soldatischen Dienstes, die unmittelbar auf den Menschen bezogen sind. Hier liegen insbesondere für die Vorgesetzten die hauptsächlichen Gestaltungsfelder der Inneren Führung (ZDv 10/1, 18/504). […] Vorgesetzte, die die Grundsätze der Inneren Führung beherzigen, schaffen und fördern die Voraussetzungen dafür, dass Vertrauen und Kameradschaft die Soldatinnen und Soldaten in allen Situationen tragen. Innere Führung ist Grundlage für verantwortungsbewusstes Führen und Entscheiden. Damit ermöglicht sie Handeln aus Einsicht (ZDv 10/1, 7/107). […] Vorgesetzte nehmen ihre Pflicht zur Dienstaufsicht verantwortungsvoll wahr. Einerseits überwachen sie die Einhaltung von Gesetzen, Vorschriften und Befehlen, andererseits ist es ihre Aufgabe, den Untergebenen bei der Auftragserfüllung zu helfen. Sie nutzen Kontrolle als eine Möglichkeit, die Leistungen ihrer Untergebenen zu erkennen und zu würdigen. Lob, aber auch Tadel fördern die Motivation und die Einsatzbereitschaft der Untergebenen. Mit helfender, ebenengerechter Dienstaufsicht in Form von Erklärung, Anleitung und Unterstützung prägen Vorgesetzte den Dienst. Vorgesetzte beugen so Fehlverhalten vor, praktizieren moderne Menschenführung und lernen auf diese Weise ihre Soldatinnen und Soldaten am besten kennen" (ZDv 10/1, 28/624).

---

**Leitsätze für Vorgesetzte in der Bundeswehr**

1. Ich achte und schütze die Menschenwürde.
2. Ich bin an Recht, Gesetz und mein Gewissen gebunden und trage für mein Handeln die Verantwortung.
3. Ich bin Vorbild in Haltung und Pflichterfüllung und teile mit meinen Untergebenen Härten und Entbehrungen.
4. Ich setze meine Befehle in angemessener Weise durch und kontrolliere ihre Ausführung.

5. Ich schaffe die Voraussetzungen für gegenseitiges Vertrauen.

6. Ich bilde meine Soldatinnen und Soldaten bestmöglich aus und fordere sie angemessen unter Beachtung der Menschenwürde, Gesetze, Dienstvorschriften und Sicherheitsbestimmungen.

7. Ich führe partnerschaftlich. Ich nutze die Fähigkeiten und Fertigkeiten meiner Soldatinnen und Soldaten und beteilige sie wann immer möglich an meiner Entscheidungsfindung.

8. Ich kenne meine Soldatinnen und Soldaten und nehme mich ihrer Sorgen und Nöte an.

9. Ich informiere meine Soldatinnen und Soldaten und mache ihnen meine Befehle einsichtig.

10. Ich suche das Gespräch mit meinen Soldatinnen und Soldaten und bin für sie stets ansprechbar.

Quelle: BMVg Fü S I 4 (2008): ZDv 10/1, 46 ◄

Den Vorgesetzten wird dabei eine wichtige Bedeutung zugemessen: „Die Vorgesetzten leben Innere Führung vor und tragen eine besondere Verantwortung für die Gestaltung der Inneren Führung in allen Bereichen des militärischen Dienstes" (ZDv 10/1, 22/622). Sie erziehen durch Vorbild und bilden mit Leidenschaft aus (ZDv 10/1, 22/622).

Innere Führung, so das Selbstverständnis innerhalb der Bundeswehr, verlangt den Vorgesetzten jedoch Einiges ab. So zählen zu den wichtigsten Anforderungen an Vorgesetzte, dass sie

- das Prinzip „Führen mit Auftrag" anwenden, welches sich darin äußert, dass die militärischen Führer der verschiedenen Ebenen ihren jeweils Nachgeordneten zwar ein klar definiertes Ziel und Ressourcen vorgeben, diese den genannten Auftrag aber selbstständig ausführen. Im Gegensatz dazu steht das herkömmliche Prinzip „Führen durch Befehl", welches sich auf hierarchisches Befehlen und vollständiges Gehorchen der Unterstellten bezieht,

- „[…] Ausbildung und Erziehung sinnvoll auf die Aufgaben der Soldatinnen und Soldaten […]" beziehen und „[…] dabei deren Bildung und Persönlichkeitsentwicklung fördern",

- „[…] bei allen Entscheidungen berechtigte Belange und Bedürfnisse ihrer Untergebenen […]" berücksichtigen,

- „für den Wandel in Politik, Gesellschaft, Wirtschaft, Kultur, Wissenschaft und Technik offen" sind und „ihn in ihrem Führungsverhalten berücksichtigen",

- „den Sinn des Auftrages der Bundeswehr sowie Sinn und Notwendigkeit der jeweils gestellten Aufgabe einsichtig und verständlich" machen,

- „Verantwortungsbewusstsein und innere Bereitschaft zur Mitarbeit […] wecken, erhalten und vertiefen" (ZDv 10/1, 17/403).

Außerdem besitzen die Führungskräfte der Bundeswehr „Menschenkenntnis und Einfühlungsvermögen" (ZDv 10/1, 23/605). Sie ertragen „Belastungen, Entbehrungen und Gefahren gemeinsam mit ihren Soldatinnen und Soldaten (ZDv 10/1, 23/606). [...] Es ist ständige Aufgabe der Vorgesetzten, psychische und physische Überlastung anvertrauter Soldatinnen und Soldaten zu erkennen und diese zu vermeiden (ZDv 10/1, 26/616). [...] Wer Menschen führen will, muss Menschen mögen" (ZDv 10/1, S. 24/607) und „Bereitschaft zur Zuwendung besitzen" (ZDv 10/1, 24/608).

„Zur zeitgemäßen Menschenführung gehört es, die Zusammenarbeit im Team zu fördern. Vorgesetzte bilden Teams für die Lösung inhaltlich und zeitlich begrenzter Aufgaben und gegebenenfalls auch abweichend von bestehenden Organisationsstrukturen. Vorgesetzte müssen sich mit der Persönlichkeit und den Kenntnissen, Fähigkeiten und Gefühlen ihrer Untergebenen vertraut machen und um deren Gruppenbeziehungen wissen. Menschenführung richtet sich gleichermaßen an Herz und Verstand" (ZDv 10/1, 26/615).

Führungskräfte müssen bereit sein, „Soldatinnen und Soldaten beteiligen" zu lassen und damit ihre Motivation zu sichern, und „[...] gegebenenfalls andere als die eigenen Lösungsansätze akzeptieren" (ZDv 10/1, 25/612).

Die Akzeptanz anderer Lösungsansätze setzt jedoch ein Kritikvermögen voraus, welches zu einem der umstrittenen Bereiche in der Bundeswehr zu gehören scheint. So stellen die Autoren in einem Artikel der Zeitschrift „Loyal-Magazin für Sicherheitspolitik", herausgegeben vom Verband der Reservisten der Deutschen Bundeswehr e.V. (Hemicker, 2012) einen Widerspruch zwischen den Forderungen nach Kritikfähigkeit und dem Gehorsam in der Bundeswehr fest. Auf der einen Seite monierte bereits Herr zu Gutenberg, der ehemalige Verteidigungsminister, eine „Kultur des Weichzeichnens und der Schönfärberei" in den Streitkräften der Bundeswehr und forderte „mehr Mut" in der inhaltlichen Auseinandersetzung, gerade auch mit Vorgesetzten. Auf der anderen Seite stellen die Führungskräfte der Bundeswehr fest, dass Reflexion, Zweifel, vielleicht auch Änderungen bei der Ausbildung, oder die Frage, „ob wir selbst Teil des Problems sind", nie gestellt wurde. „[...] Männer wie Claus Schenk Graf von Stauffenberg sind für ihre Überzeugung gestorben. Heute halten viele schon mit Blick auf eine drohende schlechte Beurteilung den Mund." Die Arbeit der Bundeswehrakademie wollen die beteiligten Entscheidungsträger dabei als eine „Kritikerschmiede" verstanden wissen: „Wir sind Querdenker", sagt ein Offizier, „profillose Offiziere auszubilden, würde unserem Geist widersprechen." Zudem ist es offensichtlich, dass „es [in der Bundeswehr] eine Generation nachwächst, die sich tagtäglich über Vorschriften im Auslandseinsatz hinwegsetzt, damit es vor Ort funktioniert". „Nicht selten", schrieb Gillner in einem Aufsatz 2010, „passt sich die militärische Elite den Erwartungshaltungen der politischen Führung und der öffentlichen Meinung an oder leistet vorauseilenden Gehorsam." Die politische Geschmeidigkeit und freiwillige Selbstbeschränkung auf einen funktionierenden Militärtechnokraten aber gefährde den politischen Auftrag und koste im Einsatz möglicherweise Menschenleben. Mancher General spricht auch von der Notwendigkeit einer Fehlerkultur. Das Querdenkertum hin oder her, am Ende besinnen sich die Bundeswehroffiziere doch auf einen der Grundsätze der inneren Führung: „Wenn ich es schaffe, als Vorbild in die Truppe zurückzukehren", sagt ein Offizier, „dann habe ich mein Ziel im Generalstabslehrgang erreicht."

## 10.5 Führung in der Musik: „Von Dirigenten und Bandleadern"

Führung in der Musik verbinden wir üblicherweise mit Dirigenten und Bandleadern, letztere oft Namensgeber der von ihnen geleiteten Chöre, Musikgruppen oder Rock-Bands. Im Folgenden wollen wir ein kurzes Schlaglicht auf diese „Führer" im Bereich der Musik werfen. Wir tun dies am Beispiel von Orchesterdirigenten.

Dabei ist kurz auf die Besonderheit der Führung von Musikern und Musikgruppen und der besondere Kontext der Leistungserbringung zu beachten: Führung gibt es sowohl im gesamten Prozess des Einstudierens und Übens eines neuen Stückes als auch in der eigentlichen Aufführung, also in zwei sehr unterschiedlichen Kontexten. Während in den für Außenstehende oft nicht sichtbaren und langwierigen Führungsprozessen in der Vorbereitung auf eine Aufführung oft eine ausgeprägte persönliche Einflussnahme durch die Dirigenten, Chorleiter oder Bandleader erfolgt, beschränkt sich der personelle Führungseinfluss in der Aufführung oft auf wenige verbale Ansagen (Zurufe zum Einsatz, z. B. Springsteens ‚Come on' oder Dylans· ‚Play f*** loud'), Dirigieren, Gesten und Mimik (z. B. Winken, Zunicken) und nonverbale Handlungen (z. B. Anfangen zu Spielen oder zu Singen, Position ändern oder Aufhören/Unterbrechen, wie z.B. Mick Jagger im Mundharmonika-Solo in Londons Roundhouse, als die Band zu langsam spielt).

Die folgenden *Auszüge aus dem Interview des Manager-Magazins mit dem Dirigenten Raphael von Hoensbroech* (Buchhorn, 2015) verdeutlichen die Perspektive eines Dirigenten auf Führung und vermitteln zugleich seine Erfahrungen bei der Durchführung von Führungsseminaren mit Managern aus der Wirtschaft.

Zu seiner Vision von Führung als Gegenentwurf zum machtgierigen, indifferenten oder unsicheren Führer erläutert er:

> „Ich nenne es ‚Leading from behind'. Die Führungskraft soll ihren Mitarbeitern ermöglichen, den Job bestmöglich zu machen. Jeder für sich, und gemeinsam im Team. Im Orchester erreiche ich das, indem ich die Aufmerksamkeit zum Beispiel auf Soloflöte und Erste Violinen lenke, die gerade einen Dialog spielen, und ihnen erlaube, sich dabei aneinander zu orientieren, anstatt an mir. Die anderen Instrumente müssen sich in einem solchen Moment den führenden Stimmen unterordnen. Ich will die Leute dahin bringen, dass sie tatsächlich miteinander spielen und ich als Dirigent das im wahrsten Sinne ‚orchestriere'."

Die Anforderungen an die Führung eines Orchesters (und darüber hinaus) beschreibt er wie folgt:

> „Vision, Orientierung, Vertrauen geben. Ich habe als Dirigent das Privileg, das Stück zu interpretieren und dem Orchester ein Zielbild voranzustellen. Der Dirigent besitzt als Einziger die gesamte Partitur. Alle anderen haben nur ihre Einzelstimmen. Und, ganz wichtig: Mein Höreindruck entspricht am ehesten dem des Publikums."
> [Manager-Magazin: Ihr Herrschaftswissen sozusagen …]

„[ … ] das mich berechtigt, dem Orchester die Richtung vorzugeben. Zugleich muss ich mich aber in die Einzelrealitäten der Musiker einfühlen – jeder Stuhl im Orchester klingt anders – und sie in ihrer Sprache ansprechen können. Und ich darf sie nicht durch Kritik öffentlich demütigen. Leider ein beliebtes Spiel von Dirigenten, die gerne ihre Macht demonstrieren."

Zu seinen Führungsworkshops teilt der Dirigent mit:

„Ich habe viele Managementtrainings erlebt, die Führungsthemen rein rational vermitteln wollten. Am Ende hieß es dann immer: Wenn Sie ein, zwei Dinge in Ihren Alltag übertragen können, sind Sie gut. Ich fand das unbefriedigend: Man muss es doch irgendwie schaffen, emotionale Bilder zu vermitteln, die abrufbar bleiben."

„Wir steigen sanft ein. Ich bitte die Führungskräfte, sich zunächst einmal passiv in die Szene zu wagen und sich einen Platz zwischen den Orchestergruppen zu suchen. Das unmittelbare Klangerlebnis, das man im Zuschauerraum so nicht hat, zieht die Teilnehmer verlässlich in den Bann. Sie erleben hautnah mit, wie sich das Verhalten des Dirigenten auf die Arbeit der Musiker auswirkt. Und weil diese Lernerfahrung emotional erlebbar wird, wird sie im Hirn stärker verankert, wie die Neurowissenschaft weiß."

„Wir reflektieren, was Führen eigentlich bedeutet. Der Dirigent ist der einzige auf der Bühne, der keinen Ton selbst spielt. Aber er hat zwischen 30 und 120 Experten vor sich sitzen, die alle etwas können, was er nicht kann, da der Dirigent kaum eins der benötigten Instrumente selbst beherrscht. Schon das ist eine wichtige Erkenntnis für viele. […] Die Musiker sind alle Multitasker und hocheffizient in ihrem Tun. Wenn ich relativ am Anfang des Workshops das Pult unangekündigt verlasse, übernimmt nach einer kurzen Schrecksekunde der Konzertmeister die Führung und das Orchester bringt das Stück auch ohne mich zu Ende."

Und zur Übung, bei der die Teilnehmer dirigieren müssen:

„Meistens wird es eher lustig. So geht es ja allen, die in ungewohnte Situationen geworfen werden. Man neigt dann dazu, tatsächlich eine Rolle zu spielen, die aber vielleicht gar nicht zu einem passt. Wer den Chef oder den Dirigenten so spielt, wie er sich die Rolle bei anderen abgeguckt hat, verliert seine Authentizität und Glaubwürdigkeit. […] Das große Missverständnis besteht in der Annahme, dass Authentizität eine Eigenschaft sei. Es ist eine Wirkung. Und die erreiche ich nicht dadurch, dass ich versuche, die Wirkung einer anderen Führungskraft auf mich selbst zu kopieren."

Derlin (2016) hat in einem Artikel zur Partitur der Führung mit Bezug auf Raphael von Hoensbroech folgende *Typologie von negativen (Dirigenten)- Führungskräften* zusammengestellt (vgl. auch www.dirigieren.de):

- Mikromanager-Dirigent (pedantisch, auf Perfektion in der Ausführung fixiert)
- Status-Dirigent (sieht sich im Mittelpunkt, betont seine Position)
- Große-Geste-Dirigent (liebt die große Show, statt kleiner Gesten, Blicke)
- Grenzen-überschreitender Dirigent (toleriert zwischenmenschliche Regeln und Autonomie der Musiker nur eingeschränkt)
- Machtdirigent (versucht, seine Vision mit Macht durchzusetzen).

Diese Dirigenten-Typen, zu denen es zweifellos Parallelen im Bereich von Führung und Management anderer Organisationen gibt, lösen dabei jeweils spezifische Reaktionen bei den Musikern aus wie mangelnde Akzeptanz, Abwehrhaltung bis zu Widerstand oder sogar Angst, und verhindern letztlich eine herausragende Leistung des Orchesters.

## 10.6   Führung von und in Sportmannschaften: Chef-Trainer, Mannschaftskapitäne und Abwehrchefs

Führer von Sportmannschaften stehen oft im Mittelpunkt der Öffentlichkeit, seien es nun Bundeliga- oder Nationaltrainer im Fußball, Basketball, Handball oder Eishockey. Mit dem Fokus auf den „Chef" wird oft vergessen, dass gerade bei diesen Mannschaften ganze Trainerstäbe agieren und auch weitere Akteure Einfluss im Führungsprozess nehmen. Die folgenden Zitate aus einer Tiefenstudie zu Führungsinstanzen und -formen einer Handballmannschaft (Assmann, 2017) illustrieren die verschiedenen Facetten der Führung von Sportmannschaften. Die Arbeit beruht auf Interviews mit der Geschäftsführerin, dem Trainer und dem Co-Trainer, Physiotherapeut und mehreren Spielerinnen, darunter auch den Mannschaftskapitäninnen einer Mannschaft der zweiten Handballbundesliga. Zunächst lassen sich im Material zahlreiche *individuelle Akteure* identifizieren, *die Führungsrollen übernehmen*:

„[Anweisungen geben] direkt kann das eigentlich der Trainer. Und zwischen Mannschaft und Trainer, ich sage mal als Bindeglied, ist das der Kapitän oder in unserem Fall die zwei Kapitäne. Das ist praktisch wie ein Vermittler, die Kapitäne. Wobei es bei uns eigentlich schon eher so ist, dass jeder mit jedem redet und auch der Trainer nicht nur zum Kapitän geht und sagt, wir machen dies und das, sondern er spricht eigentlich viel mit der ganzen Mannschaft."

„Also was ich unter Führung verstehe ist zum Beispiel ein Trainer, der sollte so eine Führungsposition haben, dass er quasi vorgibt was man machen soll. Das ist für mich das, woran ich als erstes denke. Dass es eine Person ist, die über anderen Personen steht und denen vorgibt was sie machen sollen."

„Dass es einen Leitstier gibt, der vorweg rennt und der muss das Vertrauen von den anderen hintendran haben und dann geht das geordnet zu. Ich würde sagen, dass das Leittier auch klar der Trainer ist."

„Aber ich denke die Hauptführung und Leitung obliegt immer dem Cheftrainer, weil er muss es ja vor der Öffentlichkeit widerspiegeln."

„Als Co-Trainer versucht man immer das Ohr ein bisschen bei der Mannschaft zu haben."

„Es ist immer so, dass der Co-Trainer auch mal so kleine Hinweise vielleicht auch an einen Spieler direkt geben kann und geben sollte."

„[…] unsere Kapitäne, [d]ie besprechen manche Sachen mit uns und geben unsere Entscheidungen quasi an den Trainerstab weiter."

„Und wir sprechen das dann auch eigentlich bei der Mannschaft an. Weil wir nichts entscheiden wollen, was dann die Hälfte der Mannschaft dann wieder blöd findet. Das wollen wir dann schon, dass jeder sagt ‚okay, wissen wir, damit sind wir einverstanden oder halt nicht'. Das was halt wirklich alle betrifft, wo halt alle mit integriert sein sollen."

„Unsere Mittespieler können entschieden, welchen Spielzug sie spielen oder welche Spielhandlung sie machen" auch „[…] weil sie einfach den meisten Überblick hat."

„Ich kann natürlich Spielzüge vorgeben, aber wie sie dann durchgeführt werden, die Art und Weise, das hängt dann immer von den Mädels ab."

Als wichtige *Führungsinstanzen* werden neben der Geschäftsstellenleitung und der Mannschaftsstab bzw. das Trainerteam und die Mannschaft identifiziert. Beispiele für Führungsverantwortung und -aktivitäten sind:

„Das Trainerteam ist mehr so für den sportlichen Bereich zuständig. […]"

„[…] Trainingsplanung, direkt Saisonplanung, alles obliegt dem Trainerteam."

„Die Kommunikation finde ich sehr wichtig, weil wenn man zum Beispiel Trainer und Co-Trainer nimmt, dann ist das sag ich mal wichtig, dass auch die Mannschaft merkt, dass die beiden die gleiche Linie fahren, dass es da keine Disharmonie gibt. Auch die Kommunikation zwischen Trainer und dem Ärzteteam halte ich für sehr, sehr wichtig, wo sich auch der Trainer, auch wenn das Ärzteteam sagt, dass es vielleicht günstiger wäre den Spieler nicht mehr spielen zu lassen, dass er sich daran zu halten hat […]."

„Wobei es bei uns eigentlich schon eher so ist, dass jeder mit jedem redet und auch der Trainer nicht nur zum Kapitän geht und sagt, wir machen dies und das, sondern er spricht eigentlich viel mit der ganzen Mannschaft."

„Es gibt klar sowas wie Musikbeauftragte, Leibchen-Beauftragte, Harzbeauftragte."

Neben strukturellen Aspekten in Form von verteilten Aufgaben spielen vor allem auch *kulturelle Werte und Rituale* eine Rolle. Insbesondere werden Siegeswille und Kampfgeist erwähnt, aber Einstellungen wie Disziplin und Wertschätzung sowie Rituale wie Musik in der Kabine, Abklatschen usw.

„Im Sport lernt man einfach Disziplin, ohne das geht es nicht."

„Also das ist erstmal eine Wertschätzung untereinander, dass man nicht denkt, dass einer besser ist als der andere."

„Brauch ich mehr Power im Körper, dann gibt es etwas heftigere Musik, muss ich ruhiger werden, dann gibt es etwas ruhigere Musik."

„[…] kurz vor dem Spiel sind wir nochmal in der Kabine und uns umziehen und uns nochmal in der Kabine motivieren und anschreien und nochmal alle abklatschen."

*Im laufenden Spiel* kommt viel auf die Spielerinnen selbst an, wobei einige Führungsrollen übernehmen:

„Im Wettkampf kann ich nur die Aufstellung und das Wechselverhalten entscheiden. Die Leistung durch mein Training im Vorfeld, habe ich meine Aufgabe oder meine Arbeit richtig gemacht. Aber im Spiel kann ich vieles selber nicht beeinflussen, weil […] ich kann mich schlecht selber einwechseln."

„Im Spiel muss ganz klar jeder seine eigenen Entscheidungen treffen. Da kann man sich schlecht vorher absprechen, das ist alles spontan."

„[d]a müssen unsere Führungsspieler die Verantwortung übernehmen und Entscheidungen treffen, wie es weitergeht, was man macht gegen die gegnerische Mannschaft."

„Na klar, als Mitte muss ich ganz viel entscheiden. Meistens kann ich das selber entscheiden, aber manchmal sagt mir auch der Trainer von außen, was gespielt werden soll. Sonst habe ich aber Verantwortung eigentlich."

„In dem Sinne denke ich schon, dass das eine große Rolle spiel,t eigentlich allgemein beim Teamsport, dass man immer die älteren Spieler als erfahrene Spieler sieht und irgendwo, dass das einen voranbringt, wenn die gut spielen bzw. wenn die einen mitziehen können. Also wenn die nicht so gut drauf sind, zieht es sicherlich die ganze Mannschaft mit runter. "

## 10.7 Führungsverständnis im geschichtlichen Verlauf: „Von Qufu[5] bis Bad Harzburg"

Führung ist historisch eng verknüpft mit der Entstehung und Entwicklung arbeitsteiliger und damit koordinationsbedürftiger (Arbeits-)Prozesse sowie mit der Entwicklung von Privateigentum, der Herausbildung von Staaten und der Führung von militärischen Einheiten sowie später mit der Entwicklung von (großen) Organisationen und Industriebetrieben.

Frühe Aussagen zur (Personal-)Führung finden sich daher einerseits im Zusammenhang mit der Lenkung von Staaten, z. B. in der chinesischen Literatur bei Konfuzius oder Laudse, in der Bibel, in Klosteregeln oder im spätmittelalterlichen Europa bei Machiavelli, sowie andererseits mit Blick auf die Heeresführung z. B. in der griechisch-römischen Antike oder bei großen Bauprojekten, z. B. in Ägypten, oder der Leitung und Verwaltung der Agrarproduktion (vgl. z. B. dazu Kaltenstadler, 1995).

---

[5] Qufu gilt als Heimatort von Konfuzius.

### 10.7.1 Chinesisches Altertum: Regeln der guten Herrschaft

Chinesische Philosophen haben vor allem normativ-ethische Regeln einer guten Herrschaft bzw. eines vorbildlichen Herrscherverhaltens aufgestellt. So forderte Laudse: „[…] ein land regiert man nach regel und maß […] je mehr verbote, umso ärmer das volk […] und so sagt der weise: ich tue nichts und das volk wandelt sich von selbst, ich verhalte mich still und das volk findet das maß […] ich bin begierdenlos und das volk findet zur unverdorbenheit […]" (1978, S. 107). Ähnliche Aussagen finden sich bei Konfuzius, der ausführte: „Wer einen Staat von tausend Kriegswagen regiert, der muss bei allem was er tut, korrekt und gewissenhaft sein" oder „Will man Gehorsam durch Gesetze und Ordnung durch Strafe, dann wird sich das Volk den Gesetzen und Strafen zu entziehen versuchen und alle Skrupel verlieren. Wird hingegen nach sittlichen Grundsätzen regiert und die Ordnung durch Beachtung der Riten und der gewohnten Formen des Umgangs erreicht, so hat das Volk nicht nur Skrupel, sondern es wird aus Überzeugung folgen" (1988, S. 43, 46). Er stellte dabei verschiedene ethische Regeln für das Verhalten von Herrschern auf (siehe Kasten). Zu deren Anwendung auf das Management kann bei Schwanfelder (2006) nachgelesen werden.

---

**Ethische Verhaltensregeln für das Führungsverhalten von Herrschern**

„Der Edle wirkt nicht immer gleich: Aus der Ferne erscheint er streng, im Umgang ist er freundlich, in seinen Worten wirkt er fest und entschlossen" (Konfuzius, 1988, S. 136; 19.9).

„Der Edle erwirbt sich zunächst das Vertrauen des Volkes; erst dann verlangt er von ihm die Erfüllung von Aufgaben. Wenn das Volk kein Vertrauen hat, wird es das Gefühl haben, unterdrückt zu werden. Der Edle muss erst Vertrauen haben, dann kann er auch tadeln. Andernfalls wird der Tadel als beleidigend empfunden" (Konfuzius, 1988: 136; 190.10).

„Wer Altes bewahrt und zugleich neues Wissen und neue Erfahrungen zu gewinnen vermag, der kann den Menschen Lehrer und Vorbild sein" (Konfuzius, 1988, S. 48; 2.11).

„Der Weise ist frei von Zweifeln. Der Sittliche ist voll Zuversicht. Der Mutige ist ohne Furcht" (Konfuzius, 1988: 82; 9.29).

„Wer nach sittlichen Grundsätzen regiert, der gleicht dem Polarstern; er behält seinen Platz und die anderen Sterne umkreisen ihn" (Konfuzius, 1988, S. 46; 2.4).

„Dem Volk vorangehen, ihm ein Beispiel geben und es anspornen" (Konfuzius, 1988, S. 99; 13.1).

Was heißt regieren: „Unermüdlich auf dem Posten sein, niemals nachlässig handeln und stets treu die Pflicht erfüllen!" (Konfuzius, 1988, S. 97; 12.14). ◄

## 10.7.2  Europa – Antike: Cäsar als Prototyp des erfolgreichen „Menschenführers"?

Ein besonderes Interesse der Führungsforscher und Biografen mit Blick auf das Führungs-verhalten hat vor allem auch Caesar gefunden. „Wie seine Biografen betonen, nahm Cae-sar weder auf Charakter noch auf Herkunft oder Reichtum Rücksicht, sondern schätzte allein Tapferkeit. Er war streng und gleichzeitig nachsichtig. Er forderte unbedingten Ge-horsam, hielt alle im Zustand ständiger Spannung und Kampfbereitschaft und liebte es, blinden Alarm zu schlagen, besonders bei schlechtem Wetter und an Feiertagen. Gleich-zeitig sah er oft darüber hinweg, wenn seine Soldaten in Ruhepausen oder nach erfolg-reicher Schlacht über die Strenge schlugen. Wenn er Versammlungen einberief und zu den Soldaten sprach, nannte er sie nicht einfach nur „Soldaten", sondern schmeichelnd „Mit-streiter". Tat sich jemand besonders hervor, so zeichnete er ihn mit wertvollen, mit Gold oder Silber verzierten Waffen aus. Durch all das gelang es ihm, eine selten zu findende Ergebenheit der Soldaten zu gewinnen. Besonders deutlich trat dieses Verhältnis zwischen den Soldaten und ihrem Kommandeur in der Zeit der Bürgerkriege in Erscheinung, doch ist es auch schon in den Jahren der Gallierkriege festzustellen. Nicht ohne Verwunderung vermerkten die alten Historiker, dass es in den neun Kriegsjahren in Gallien trotz aller Mühsalen, Entbehrungen und manchmal auch Misserfolge in Caesars Heer niemals eine Meuterei gegeben hat" (Uttschenko, 1982, S. 175 f.).

**Caesar – Führen durch Beispiel**

„Ich habe immer probiert, ihnen [den Unterführern und Mannschaften] irgendwie den Sinn für das Ganze beizubringen, so daß sie auch im Sinne des Vorgesetzten haben handeln kön-nen. Das hat sich sehr bewährt" (Maier, 2001. Caesar, Bellum Gallicum, Kap. 3, 35).

„Man muß so viel wie möglich bei den Leuten sein, bei den Verbänden sein, schauen, was passiert. [...] Meist genügt es, wenn man einfach dasteht, damit die Untergebenen sehen: Aha, der Alte ist auch da, der hockt nicht mehr im Bett" (Maier, 2001. Caesar, Bellum Galli-cum, Kap. 3, 40). ◄

## 10.7.3  Führung in Mittelalter und Renaissance: Vom „guten" Verwalter und „erfolgreichen" Fürsten

Auch im Mittelalter und bis zur Renaissance spielten Regeln für „gute Führung" eine Rolle, ob nun in Form von Klosterregeln für Äbte und Verwalter, Wertvorstellungen und Normen ritterlichen Verhaltens oder erwartete Eigenschaften von Fürsten oder Königen. In der Renaissance, mit verstärkter Orientierung auf das „Diesseits", verändert sich aber der Fokus: von „moralisch gutem", korrektem, erwünschtem Tun zu individuell „erfolg-reichem" Handeln. So empfiehlt Machiavelli in seiner bekannten Schrift über den Prinzi-pal, dem Fürsten machtpolitische Strategien und Taktiken zum Erwerb und Erhalt von Macht und Herrschaft, die sich am Erfolg orientieren. Es folgen einige seiner Handlungs-empfehlungen für geeignete Strategien und Taktiken

**Machiavelli – Strategien und Taktiken des Fürsten**

„Man darf nie seine Absicht zeigen, sondern man muss vorher mit allen Mitteln versuchen, sein Ziel zu erreichen" (Machiavelli, 1976, S. 45).

„Ich glaube, dass nur der erfolgreich ist, der seine Handlungsweise mit dem Zeitgeist in Einklang bringt" (Machiavelli, 1976, S. 47).

„Wir müssen daher bei all unseren Entschlüssen erwägen, wo das kleinere Übel liegt, und den danach gefaßten Entschluss für den besten halten, weil alles auf der Welt seine Schattenseiten hat" (Machiavelli, 1976, S. 58).

„Daher muß ein Fürst, wenn er sich halten will, lernen, schlecht zu sein, und davon je nach Bedarf Gebrauch zu machen" (Machiavelli, 1976, S. 64).

„Daher soll es ein Fürst für nichts erachten, wenn er in den Ruf der Knausrigkeit kommt, falls er dafür seine Untertanen nicht bedrückt, sich verteidigen kann, nicht verarmt, sich zügelt und nicht zum Ausbeuter zu werden braucht; denn dieser eine von den genannten Fehlern erhält ihm seine Herrschaft" (Machiavelli, 1976, S. 66).

„Jeder sieht, was du zu sein scheinst, wenige wissen, was du wirklich bist. Und jene Wenigen wagen es nicht, gegen den Strom der allgemeinen Meinung anzuschwimmen" (Machiavelli, 1976, S. 70).

„Er muß also ein Fuchs sein, um die Schlingen zu kennen, und Löwe, um die Wölfe zu schrecken" (Machiavelli, 1976, S. 71).

„Ferner muß ein Fürst immer der Tüchtigkeit zugetan sein und die Hervorragenden jeden Faches belohnen" (Machiavelli, 1976, S. 88). ◄

## 10.7.4 Europa – Neuzeit – Frühkapitalismus: Disziplinierung des Arbeiters als Führungsaufgabe

Im Zuge der Industrialisierung hat die Beschäftigung mit dem Phänomen Führung in der Wirtschaft zugenommen. Im Folgenden soll mit Hilfe eines ausgewählten Falls der Umgang in den Fabriken sowie die strikte Reglementierung verdeutlicht werden. So heißt es in einem Beschwerdebrief einer Arbeitskraft aus dem Jahr 1796 (zit. nach Breisig, 1990, S. 150):

„So kam der Buchhalter und der Herre, packten mich an und schmissen mich weit über den hoff weg, und Zerreißten mir den Rock, und rissen mich den Ermelauß, und tretteten mit füßen hinter mir Her. So ging ich bey dem Commissarius und klagte es ihm. So sagte er, Ich sollte nicht Tag und Nacht Arbeiten, er könnte mir nicht Helfen. So ging ich wieder hin Meyn saur verdienten Lohn zu Holen […]. So kommt der alte Devin und sagte zu mir, Du Hund, Du

Hundekerl und packte mich bey der Brust und sagte mir, Du Hundekerl willst Du dass Maul halten und Schüttelte auf eine ungestüme Art [...] und faßte mich bey der Brust Und schlug mich mit der Faust, aus aller seiner Forsche auf den Kopf und Ins angesicht mit 8. Schläge [...]."

### 10.7.5 Europa – Anfang 20. Jahrhundert: Patriarchalisch-militärische Führung als Ideal

Auch zu Beginn des 20. Jahrhunderts stehen autoritäre Vorstellungen und militärische Verhaltensmuster im Vordergrund, was an den nachfolgenden Auszügen erkennbar ist.

„[...] dieser disziplinierende Wille muss bestimmt und fest sein, jede Nachgiebigkeit und Unstetigkeit bringt die Masse in Unordnung. Wir denken an unser gutes preußisches Militär und seine wundervolle Zucht [...]" (aus einer Rede von Dunkelmann anlässlich der Gründung des Dinta im Jahre 1925; ohne Quellenangabe zit. bei Fricke, 1926, S. 12).

Die Fabrik ist demnach „[...] eine Organisation wie das Militär. Der Offizier befiehlt, wenn er die Zeit für gekommen hält. Der Soldat wartet, bis er den Befehl bekommt. Disziplin muss sein [...]" (Fischer 1926; zit. nach Schmitz, 1929, S. 169 f.). Als Folge müssen „[...] die Untergebenen, Arbeiter und Beamte [...] in allen Dispositionen die straffe und klare Leitung erkennen" (Fehre 1924; zit. nach Schmitz, 1929, S. 164).

### 10.7.6 Deutschland – 30er-Jahre: Nationalistisch-militärisches Führertum als Bezugspunkt industrieller Führung

Die bereits zu Beginn des Jahrhunderts angelegte Orientierung der Führung am Militär setzt sich nach dem ersten Weltkrieg in Deutschland fort. Die nachfolgenden Auszüge belegen, dass sich bis ca. 1930 Muster industrieller Führung herausgebildet haben, die durch Nationalismus und militärisches Führerideal gekennzeichnet sind.

„Der Führer muß Vorbild sein, und zwar aus der soldatischen Vorstellung heraus. Germanische Menschen sind nur dadurch zu erziehen, daß man es ihnen immer wieder vormacht". „[...]Zum Führertum gehört weiter Kaltblütigkeit, persönlicher Mut, Entschlossenheit und Selbstbeherrschung" (Arnhold, 1939, S. 21 f.).

Aber dabei wird auch auf Grenzen der Entwicklung solcher Führungskräfte verwiesen:

„Gefolgschaftstreue und Führerverpflichtung sind aber in hohem Maße soldatische Tugenden, die nur bei kämpferischen Menschen möglich sind und auf kämpferische Menschen wirken. Es gibt weder Maßnahmen noch Maßregeln, die imstande wären, Treue und Verpflichtung zu schaffen oder auch nur zu erhalten. Insbesondere muss man sich davor hüten, zu glauben, daß es ein Führerkönnen gäbe, das Kameradschaft und Gemeinschaft zu erzwingen oder gar zu organisieren vermöchte" (Arnhold, 1939, S. 46).

### 10.7.7 Deutschland – 50er- bis 70er-Jahre: Führung im Mitarbeiterverhältnis und Versachlichung der Führungsbeziehung

Mit einer gewissen Abkehr von Befehl und Gehorsam begründete Höhn (1966) die „Führung im Mitarbeiterverhältnis" des sogenannten „Harzburger-Modells". Trotz der Beibehaltung von hierarchischen Strukturen wird dem Mitarbeiter, zumindest im Modell, mehr Handlungsverantwortung zugewiesen.

> „Er [der Manager – RL/IR] benötigt Kräfte, die selbstständig denken und handeln. Es ist nicht mehr damit getan, von oben herab Anweisungen zu geben, nach denen sich auch der letzte Arbeiter im Betrieb zu richten hat. Der Untergebene, dessen Pflicht gegenüber seinem Vorgesetzen nur im Gehorchen bestand, wird durch den Mitarbeiter abgelöst, der im Rahmen allgemeiner Richtlinien seine Entscheidungen selbst in eigener Verantwortung trifft" (Höhn, 1966, S. 18 f.).

Aber natürlich gibt es klare Grenzen:

> „Auch wenn der Vorgesetzte eine den Ansichten des Mitarbeiters entgegengesetzte Entscheidung trifft, muß dieser sich ihr fügen. Er kann ihre Ausführung nicht mit der Begründung ablehnen, daß er nicht von ihrer Richtigkeit überzeugt sei. Das würde ein Führungschaos im Unternehmen auslösen. Der Vorgesetzte muß vielmehr vom Mitarbeiter verlangen, daß er seine Anordnungen bzw. sich für ihre Durchführung einsetzt, gleichgültig, ob sie seiner Ansicht entsprechen oder nicht" (Höhn, 1971, S. 14 f.).

Daraus ergibt sich als zentrale Fähigkeit des Führers, dass „[…] der leitende Herr innerhalb seiner sozialen Gruppe und seiner Einordnung in die Hierarchie des Betriebes darauf sehen muß, daß seine Persönlichkeit entsprechend anerkannt wird. Dazu gehört die Einhaltung der formellen Betriebshierarchie – gleichgültig, ob sie im einzelnen sinnvoll, praktisch und begrüßenswert ist oder nicht. […] Es gehört daher mit zu einer [der] wesentlichen Aufgaben der Menschenführung im Betrieb, die formellen und informellen Rangstufen zu erkennen und die von der Organisation oder Tradition gesetzten sozialen Abzeichen zu beachten, um eine harmonische Gemeinschaftsarbeit im Betriebe zu gewährleisten" (Goossens, 1955, S. 200).

In den 70er-Jahren finden sich zwei Tendenzen. Einerseits wird ein starker Fokus auf fachlich geregelte und sachorientierte Führungsbeziehungen deutlich:

> „Der Vorgesetzte soll Fachmann sein. Das heißt: Die Beziehungen zwischen Vorgesetzten und Angestellten sollen sich auf sachliche Funktionen beschränken und auf wechselseitiger Anerkennung beruhen. Der Vorgesetzte soll daher Übersicht haben, selbstständig Arbeit schätzen, nicht dauernd kontrollieren. Er soll diskutieren können und auch die eigene Meinung zur Diskussion stellen. Er soll sich auf die Arbeitsfunktionen beschränken und sich nur im Ausnahmefall um persönliche Dinge kümmern" (Braun & Fuhrmann, 1970, S. 200).

Und es werden auch entsprechende Veränderungen im Vorgesetztenverhalten festgestellt: „Da hat er dazugelernt. Also früher war er halt noch so, in alter Hierarchie, hat er relativ viel vorgegeben, hat relativ viel reingeredet, relativ viel vorweg entschieden. Und ich habe festgestellt, dass man mit ihm jetzt schon relativ gut diskutieren kann. Also genau wie wir's im Team letztendlich machen, eine Entscheidung gemeinsam herbeiführen, durch fachliche Gespräche letztendlich auch eine Entscheidung nach oben hin gemeinsam herbeiführen. Das ist eigentlich eine positive Sache" (Faust et al., 2000, S. 197).

Unbeschadet davon finden sich gerade im Verhältnis Meister-Mitarbeiter nach wie vor paternalistische Züge, wie das folgende Zitat zeigt:

> „Man fühlt sich als der gütige, aber gerechte Vater: Man muß den Abstand wahren, kann aber gut und gerecht sein. Das Verhältnis der Meister zu den Arbeitern wird ihrer Auffassung nach durch ein deutliches Gefälle gekennzeichnet. Der Meister ist der Erfahrene, Überlegene, der dem Arbeiter, scheinbar kollegial, hilft, bei der Arbeit wie im Leben überhaupt zurechtzukommen" (Weltz, 1964, S. 57).

Partizipation wird dabei zur Taktik, zur Scheinpartizipation:

> „Ich versuche das erst mal mit Fingerspitzengefühl und mit einer Taktik. Und notfalls mit Brachialgewalt. […] Aber erst mal mit Taktik. Das ist natürlich der beste Weg. Man muß halt versuchen, dem Mitarbeiter es so zu verkaufen, als wäre es – sagen wir mal – auch seine Idee. […] Und im Grunde, wenn es nicht anders geht, und man ist davon überzeugt, daß es nur so geht, dann muß man es schon durchsetzen" (Walgenbach, 1994, S. 222).

## Literatur

Arnhold, K. (1939). *Der deutsche Betrieb: Aufgabe und Ziele nationalsozialistischer Betriebsführung*. Bibliographisches Institut.

Assmann, E. (2017). *Führung in kulturell diversen Sportteams – Eine Analyse aus Sicht der verteilten Führung*. Masterarbeit an der TU Chemnitz.

Barelli, C., Boesch, C., Heistermann, M., & Reichard, U. H. (2008). Female white-handed gibbons (Hylobateslar) lead group movements and have priority of access to food resources. *Behaviour, 145*(7), 965–981.

Beier, D. (2011). *Überholen mit 1 PS: Wie Manager von Pferden lernen*. Pabst.

Biehl, B. (2020). Tanz, Organisation und Leadership: Eine kritische und ästhetische Perspektive. In R. Hartz & M. Rätzer (Hrsg.), *Ästhetik und Organisation* (S. 69–92). Springer VS.

Biehl-Missal, B., & Springborg, C. (2016). Dance, organization, and leadership. *Organizational Aesthetics, 5*(1), 1–10.

BMVg Fü S I 4 (2008). *Zentrale Dienstvorschrift 10/1: Innere Führung*.

Braun, S., & Fuhrmann, J. (1970). *Angestelltenmentalität. Berufliche Position und gesellschaftliches Denken der Industrieangestellten. Bericht über eine industriesoziologische Untersuchung*. Luchterhand.

Breisig, T. (1990). *Skizzen zur historischen Genese betrieblicher Führungs- und Sozialtechniken*. Hampp.

Buchhorn, E. (15. August 2015). The Conductor's Perspective – was Manager von Dirigenten lernen können. *manager magazin*. http://www.manager-magazin.de/unternehmen/karriere/was-manager-von-dirigenten-lernen-koennen-a-1047808.html.

Maier, F. (2001). *Caesar, Bellum Gallicum: Der Typus des Machtmenschen*. bearbeitet von Friedrich Maier. Buchner.

Cook, A., Zill, A., & Meyer, B. (2020). Observing leadership as behavior in teams and herds – An ethological approach to shared leadership research. *The Leadership Quarterly, 31*(2), 101296.

Derlin, K. (2016). Die Partitur der Führung. *Leipziger Volkszeitung (LVZ),* 16.11.2016.

Die Benediktusregel (lateinisch/deutsch) (Hrsg.). (1992). *Salzburger Äbtekonferenz*. Kunstverlag.

Faust, M., Jauch, P., & Notz, P. (2000). *Befreit und entwurzelt: Führungskräfte auf dem Weg zum „internen Unternehmer"*. Hampp.

Fricke, F. (1926). „Sie suchen die Seele". Die neue psychologische Arbeiterpolitik der Unternehmer. *Vierteljahreshefte der Berliner Gewerkschaftsschule,* 3 (2. vermehrte Aufl.). Verlagsgesellschaft des Allgemeinen Deutschen Gewerkschaftsbundes 1927.

Gillner, M. (2010). Gewissen und Gehorsam. Zur moralischen Verantwortung des Offiziers im General- und Admiralstabsdienst aus der Perspektive christlicher Friedensethik. In P. C. Chittilappilly (Hrsg.), *Ethik der Lebensfelder. Festschrift für Philipp Schmitz* (S. 105–119). Herder.

Goossens, F. (1955). *Das Handbuch der Personalführung. Zugleich: Eine Einführung in die Betriebssoziallehre*. Verlag Moderne Industrie.

Hemicker, L. (2012). Stauffenbergs Erben. *Loyal – Magazin für Sicherheitspolitik, 4,* 22–25.

Höhn, R. (1966). *Führungsbrevier der Wirtschaft*. Verlag für Wissenschaft, Wirtschaft und Technik.

Höhn, R. (1971). *Stellenbeschreibung und Führungsanweisung. Die organisationale Aufgabe moderner Unternehmensführung*. Verlag für Wissenschaft, Wirtschaft und Technik.

Kaltenstadler (1995). Geschichte der Führung – Altertum. In A. Kieser, G. Reber & R. Wunderer (Hrsg.), *Handwörterbuch der Führung* (S. 1093–1102). Schäffer-Poeschel.

Konfuzius, & Moritz, R. (1988). *Gespräche (Lun-Yu)*. Reclam.

Laudse, & Schwarz, E. (1978). *Daudedsching*. Reclam.

Machiavelli, N. (1976). *Der Fürst*. Reclam.

Rammstein (2004): Amerika. *Album Reise, Reise*. https://www.songtexte.de/songtexte/rammstein-amerika-9180328.html.

Schmitz, C. (1929). *Die Welt der modernen Fabrik*. Zwing.

Schwanfelder, W. (2006). *Konfuzius im Management. Werte und Weisheit im 21. Jahrhundert*. Campus.

Uttschenko, S. L. (1982). *Caesar*. Akademie.

Walgenbach, P. (1994). *Mittleres Management. Aufgaben – Funktionen – Arbeitsverhalten*. Gabler.

Weltz, F. (1964). *Vorgesetzte zwischen Management und Arbeitern. Eine industriesoziologische Untersuchung der Situation und Vorstellungen von Meistern und Steigern*. Enke.

# Ethische und destruktive Führung: Gute Führung – schlechte Führung

11

Rainhart Lang und Irma Rybnikova

## Inhaltsverzeichnis

### Zusammenfassung

*In der klassischen Führungsforschung US-amerikanischer Prägung ist Führung ein positiv belegter Begriff. Danach kann es eigentlich keine gute und erst recht keine schlechte Führung geben. Diese Position wurde in den letzten Jahren zurecht hinter-*

R. Lang (✉)
Technische Universität Chemnitz, Chemnitz, Deutschland
E-Mail: rainhart.lang@wirtschaft.tu-chemnitz.de

I. Rybnikova
Hochschule Hamm-Lippstadt, Hamm, Deutschland
E-Mail: irma.rybnikova@hshl.de

© Der/die Autor(en), exklusiv lizenziert durch Springer Fachmedien Wiesbaden GmbH, ein Teil von Springer Nature 2021
I. Rybnikova, R. Lang, *Aktuelle Führungstheorien und -konzepte*,
https://doi.org/10.1007/978-3-658-35543-2_11

*fragt. Aus den zahlreichen theoretischen Ansätzen und empirischen Forschungs-
bemühungen zu verschiedenen Facetten guter und schlechter Führung konzentrieren
wir uns nach einem Überblick auf zwei Repräsentanten: die ethische Führung als
Prototyp guter Führung und die destruktive Führung als Vertreter der schlechten Führung. In beiden Fällen gehen wir auf Ursachen, Einflussfaktoren, Erscheinungsformen
und Wirkungen dieser Formen guter und schlechter Führung näher ein.*

## 11.1  Einleitung

Wie bereits im Kapitel zu impliziten Führungstheorien angedeutet, gibt es innerhalb von
Gesellschaften, aber auch bei jedem Einzelnen, Vorstellungen, wie „gute" oder „schlechte"
Führung aussehen soll. „Gute" Führung wird häufig mit Kategorien der Moral und Ethik
beschrieben und spielt schon frühzeitig in der historischen Führungsliteratur eine Rolle,
etwa mit Blick auf die Erwartungen an „gute Herrscher" (vgl. die entsprechenden Texte in
Kap. 10). Ähnlich ist es mit „schlechter" Führung, die in der Führungstheorie und -for-
schung vor allem mit autoritär-diktatorischem Führungsverhalten verknüpft wurde, im
Gegensatz zur „guten", demokratischen Führung. Auch Machiavellis Ratschläge für den
Fürsten (vgl. Machiavelli, 1976, Beispiele in Kap. 10) gelten in der Gegenwart oft als Aus-
druck „schlechter" Führung und eines (negativen) mikropolitischen Verhaltens. Dabei sieht
Machiavelli seine Hinweise an den Fürsten als Tipps für „gute" Führung: im Sinne von am
Ergebnis und Erfolg orientierten Strategien. Erfolg wird hier im Sinne der Interessen des
Führers und seiner Herrschaft interpretiert, unbeschadet der Auswirkungen für die Ge-
führten und andere betroffene Akteure oder weitergehende moralische Maßstäbe. Das Beispiel verdeutlicht zugleich einige zentrale Probleme der wissenschaftlichen und praktischen
Beschäftigung mit „guter" und „schlechter" Führung. Zunächst wird sichtbar, dass der
historisch-gesellschaftliche Kontext eine zentrale Rolle bei der Zuschreibung von Eigenschaften, Verhaltensweisen und Ergebnissen der Führung als „gut" oder „schlecht" spielt.
Zugleich zeigt sich auch, dass beide Phänomene verschiedene Facetten und Aspekte aufweisen, auf die die Zuschreibung bezogen werden kann: die Eigenschaften der Führungsperson, die Verhaltensweisen von Führungskräften und Geführten, die Führungsbeziehung
oder die Führungswirkungen, bezogen auf Ergebnisse für die jeweilige Organisation, die
Folgen für die Geführten und andere Akteure oder Auswirkungen auf das Gefüge kultureller Normen in der Organisation und darüber hinaus. Entgegen der vor allem in der anglo-amerikanischen Führungsliteratur verbreiteten normativ-positiven Annahme von Führung, die Kellerman (2004, S. 10) kritisch mit den Worten „[…] to be a leader is to be good
and to do good" charakterisiert hat, kann Führung nicht nur negative Ausprägungen annehmen, z. B. im Sinne einer gegen die Organisationsziele und die Mitarbeiter gerichteten
destruktiven Führung, sondern eben auch widersprüchliche Aspekte in sich vereinigen. So
können zum Beispiel Organisationserfolge mit fragwürdigen Methoden und Verhaltensweisen erzielt werden, Führungskräfte mit „gutem", ethischem Führungsverhalten durch

Misserfolge scheitern oder gute Führer mutieren im Lauf der Zeit zu schlechten Führern. Weibler führt das unter anderem auf das typische Verantwortungsdilemma der Führungskräfte zwischen Erfolgsverantwortung und Humanverantwortung im Kontext der durch die Organisation verliehenen Führungsmacht zurück (Weibler, 2012, S. 622 ff.; vgl. auch Kuhn & Weibler, 2012, S. 18 oder Kuhn & Weibler, 2020).

Zahlreiche Führungstheorien und -konzepte weisen eine ausgeprägte Normativität auf, die jeweils eigene Dichotomien von guter, anzustrebender und schlechter, zu vermeidender, nicht geeigneter Führung postulieren. Tab. 11.1 stellt einige der historischen, aber auch der aktuellen, in vorangegangenen Kapiteln teilweise thematisierten dichotomen Führungskategorien zusammen.

Das folgende Kapitel soll sich vor allem mit den Phänomenen und Konzepten der ethischen und destruktiven Führung befassen, die als breit diskutierte Beispiele stellvertretend für gute und schlechte Führung stehen. Wie die Tab. 11.1 zeigt, konstituieren sie jeweils eigenständige Begriffspaare. Unbeschadet davon liegt der Fokus unserer Betrachtung aber auf der ethischen und der destruktiven Führung, während unethische und konstruktive Führung jeweils (nur) den kontrastierenden Referenzrahmen abgeben.

Das **Konzept der ethischen Führung** (en. *ethical leadership*) wurde insbesondere von Linda Trevino, Michael Brown und Kollegen entwickelt (vgl. Trevino et al., 2000, 2003; Brown et al., 2005; Weaver et al. 2005; Brown & Trevino, 2006). Frühere Beiträge haben sich vor allem mit dem Verhältnis von Ethik, Moral und Führung im Allgemeinen be-

**Tab. 11.1** Führungsdichotomien zwischen „guter" und „schlechter" Führung als Ausdruck der Normativität in der Führungstheorie und -literatur

| „Gute" Führung | „Schlechte" Führung | Zentrale Autoren |
|---|---|---|
| Führer | Manager, Nichtführer | Bennis & Nanus, 1985; Kotter, 1990; Rost, 1991 |
| Demokratisch | Autokratisch, Autoritär | Lewin et al., 1939; Lewin, 1975; Tannenbaum & Schmidt, 1958 |
| Effektiv | Ineffektiv | Ashforth, 1994; Kellerman, 2004 |
| Team-Management (9,9) | Laissez-faire (1,1) | Blake & Mouton, 1964 |
| Charismatisch | Nicht-Charismatisch | Conger & Kanungo, 1987 |
| Transformational | Transaktional, Laissez-faire | Bass & Avolio, 1994 |
| Konstruktiv | **Destruktiv** | Einarsen et al., 2007 |
| Partizipativ, Kooperativ | Nicht-Partizipativ, Autoritär, | Tannenbaum & Schmidt, 1958 |
| **Ethisch** | Unethisch | Kellerman, 2004; Brown & Mitchell, 2010 |
| Geteilt | Individuell, Formal-hierarchisch | Pearce & Sims, 2002; Pearce & Conger, 2003 |
| Offen-Authentisch | Nicht authentisch, verdeckt mit Täuschungsabsicht | Neuberger, 1995 |
| Nicht-ideologisch | Ideologisch | Mumford et al., 2007 |
| Positiv | Negativ | Avey et al., 2008, 2011; Schilling, 2009 |
| Agil | Nicht agil, autoritär | Gloger & Rösner, 2014; Hofert, 2018 |

schäftigt, u. a. Ciulla (1998) oder Bass und Steidlmeier (1999). Während diese normative Perspektive zur ethischen Führung die zentrale Rolle von Führern im Allgemeinen in ihrer Einflussnahme auf die Motivation und moralische Entwicklung der Nachgeordneten sieht („Ethics, the heart of leadership", so Ciulla 1998, 2004; zusammenfassend Northouse 2019, S. 335 ff.), streben die Verfasser Brown, Trevino und Kollegen eine deskriptive und explikative Perspektive ethischer Führung an und beziehen sich dabei als theoretische Basis unter anderem auf die soziale Lerntheorie sowie die Sozialisationstheorie und die Philosophie der Moralentwicklung.

Weitere Beiträge zum Konzept der ethischen Führung richten sich auf einzelne spezifische Eigenschaften ethischer Führer wie Integrität und die Bedeutung ihrer Attribuierung durch Nachgeordnete, auf grundlegende Motive der Führungspersonen, wie die Verantwortungsmotivation, und auf den Einfluss von besonderen Kontextfaktoren oder Vermittlungsinstanzen ethischer Führung, z. B. Interaktionsgerechtigkeit, ethisches Klima oder Organisationskultur (vgl. u. a. Palanski & Yammarino, 2009; Fields, 2007; Kalshoven & Den Hartog, 2009; De Hoogh & Den Hartog, 2008; Neubert et al., 2009; Toor & Ofori, 2009; Resick et al., 2011; Zhang et al., 2021; Palanski et al., 2021). Ein Vergleich der verschiedenen Führungsansätze mit Ethik-Bezug stammt von Hoch et al. (2016).

In ihrer Systematisierung von Ansätzen guter Führung haben Kuhn und Weibler (2012, vgl. auch Weibler, 2012) einen Bezugsrahmen ethikbewusster Führung entwickelt, der gute Situationen (Kontextfaktoren) sowie gute Geführte und gute Führer mit ihren Eigenschaften als Determinanten ethischer Führung einerseits sowie gute Mittel bzw. Handlungen und gute Ziele als Ausdruck ethikbewusster Führung andererseits einbezieht. Entgegen einem verbreiteten ethischen Universalismus mit allgemeingültigen normativen Verhaltensregeln und Maßstäben ethischer Führung, betont die interkulturelle Führungsforschung die Bedeutung des jeweiligen kulturellen Kontexts von Normen und Erwartungen an das ethische Führungsverhalten (vgl. u. a. Resick et al., 2006; Martin et al., 2009). Allerdings konnten House et al. (2014) feststellen, dass (moralisch) integres Führungsverhalten in vielen Ländern Teil der zentralen Führungserwartungen ist, und zugleich zu den wichtigsten Erfolgsfaktoren des Führungsverhaltens von Geschäftsführern gehört.

Ein weiteres wichtiges Konzept ethischer Führung ist die eines verantwortungsbewussten ethischen Führungsverhaltens (en. *responsible leader behavior*) bzw. der verantwortungsbewussten Führung (en. *responsible leadership*), u. a. Maak und Pless (2006), Waldman und Siegel (2008), Stahl und Sully de Luque (2014), Voegtlin (2016) sowie Voegtlin et al. (2020).

Wichtige konzeptionell-methodische Beiträge zur ethischen Führung im deutschsprachigen Raum stammen von Rowold et al. (2009), die in verschiedenen Untersuchungen den Fragebogen zu ethischer Führung von Brown et al. (2005) übertragen und getestet haben. Eine alternative Skala zur Messung ethischer Führung wurde zuletzt von Yukl et al. (2013) vorgelegt und geprüft.

Die vor allem quantitative empirische Forschung hat dabei Muster und verschiedene Wirkungen ethischer Führung näher untersucht, z. B. auf die Zufriedenheit, innere Verpflichtung (en. *commitment*), die Motivation oder das ethische Denken und Verhalten der Mitarbeiter sowie auf ökonomische Ergebnisgrößen (vgl. u. a. De Hoogh & Den Hartog, 2008; Walumbwa et al., 2012; Peus et al., 2010). In der Literatur finden sich jedoch auch alternative Beiträge, z. B. von Eisenbeiss (2012), die die zentralen Dimensionen ethischer Führung auf der Basis klassischer und moderner Traditionen der Moralphilosophie des Ostens und des Westens sowie der verschiedenen Weltreligionen reformuliert hat. In methodischer Hinsicht ist auch der Beitrag von Kociatkievicz und Kostera (2012) interessant, die Fragen des nachhaltigen moralischen Verhaltens von Führern mit der Technik der Erzählungscollagen (en. *narrative collage methodology*) untersucht haben, um Archetypen und Wirkungen gutem Führungsverhaltens herauszuarbeiten.

Insbesondere mit Blick auf eine ethische Führung gibt es zahlreiche Anwendungsfelder des Konzeptes, etwa in Form von Ethik-Regeln im Betrieb oder entsprechenden Auswahl- und Trainingsprogrammen (vgl. z. B. Ritter, 2006).

Das **Konzept der destruktiven Führung** (en. *destructive leadership*) hat insbesondere nach 2000 in einzelnen Beiträgen eine stärkere Aufmerksamkeit erfahren. Vor allem die konzeptionellen Artikel von Einarsen et al. (2007) und Padilla et al. (2007) in einem Sonderheft des „Leadership Quarterly" haben die weitere Forschung beeinflusst, in dem sie die zahlreichen konkurrierenden oder sich ergänzenden Konzepte zur schlechten Führung (en. *bad leadership*) systematisiert und in einem tragfähigen Analyserahmen für eine empirische Erforschung zusammengeführt haben. Destruktive Führung wird dabei als systematisches und wiederholtes Verhalten gekennzeichnet, dass die Interessen von Organisation und Geführten untergräbt (Einarsen et al., 2007, S. 208), wobei sich das destruktive Führungsverhalten als Ausdruck und Ergebnis destruktiver Führer(-eigenschaften), empfänglicher Geführter und einer dieses Verhalten begünstigenden Umwelt erklären lässt („toxic triangle" nach Padilla et al., 2007, S. 180 ff.).

Die Diskussion zur „schlechten Führung" hat eine längere Tradition, die insbesondere die von „schlechten Führern" ausgehenden Führungskontexte in den Blick nimmt. Neben dem grundlegenden Buch „Bad Leadership" von Barbara Kellerman sind hier Publikationen zu „abusive supervison" (u. a. Tepper, 2000, 2007), „petty tyranny" (u. a. Ashforth, 1994), „bullying" (u. a. Harvey et al., 2007), „toxic leadership" (u. a. Lipman-Blumen, 2005), „despotism" (u. a. Kets de Vries, 2006) oder „narcissistic leaders" (u. a. Maccoby, 2000) zu erwähnen. Frühere konzeptionelle Beiträge vertiefen u. a. den Zusammenhang zwischen negativen Persönlichkeitseigenschaften der Führer und der Kultur, dem Klima oder den Prozessen in der Organisation (vgl. u. a. Goldman, 2006, 2009), und analysieren implizite Motive und Führungstheorien als Basis destruktiven Führungsverhaltens (u. a. De Hoogh & Den Hartog, 2008). Die Analyse der Rolle der Geführten und der Geführtentypologie („susceptible circle", s. Thoroughgood et al., 2012a) sowie des unterstützenden Mitarbeiterverhaltens stellt eine wichtige Tendenz auch der aktuellen Arbeiten dar (z. B. Fehr et al., 2020; Mergen & Ozbilgin, 2021). Der konzeptionelle Rahmen wird weiterentwickelt (vgl. u. a. Aasland et al., 2010; Kuhn & Weibler, 2012; aktuell Kuhn & Weibler, 2020; Krasikova et al., 2013), zum Beispiel auch mit Blick auf die Berücksichtigung der organisationalen Rahmenbedingungen (vgl. u. a. Schilling, 2009). Andere

Beiträge verweisen auf sozio-kulturelle Kontextfaktoren (u. a. van de Vliert et al., 2010) sowie den Prozessverlauf des Entstehens und der Entwicklung schlechter Führung, z. B. im Interaktionsprozess (Klaussner, 2014).

In methodischer Hinsicht stützt sich die Forschung auch hier in hohem Maße auf quantitative Studien in Form von Querschnittsuntersuchungen mit Hilfe von Fragebögen. Inzwischen häufen sich auch Arbeiten, die auf Längsschnittstudien (z. B. Ågotnes et al., 2018) oder Experimenten (z. B. Fehr et al., 2020; Günther et al., 2021) beruhen. Daneben kommen jedoch auch weitere Forschungsstrategien und Methoden zum Einsatz, z. B. Tiefen-Fallstudien von Führungspersönlichkeiten unter Nutzung narrativer Interviews, und von Persönlichkeitstests. Milosevic und Kollegen (2020) legen eine qualitative fallstudienbasierte Arbeit zum Thema vor. De Hoogh und Den Hartog (2008) haben z. B. in ihrer Multimethoden-Studie halbstrukturierte Interviews und Fragebögen kombiniert. Schwerpunkte der empirischen Forschung waren neben den o. g. Faktoren auch die verschiedenen Vermittlungsinstanzen und Effekte destruktiver Führung, wie das ethische Klima oder Aspekte der Aufgabengestaltung, aber auch Reaktionen der Geführten auf destruktives Führungsverhalten. Breiten Raum nimmt dabei die Frage nach möglichen destruktiven oder konstruktiven Wirkungen verschiedener Führungsmodelle ein, etwa der charismatischen Führung oder der Laissez-faire-Führung.

Anwendungsbeiträge zur destruktiven Führung beschreiben vor allem Rahmenbedingungen, die ein solches Führungsverhalten verhindern sollen, z. B. durch Vermeidung der Einstellung narzisstischer Führungspersonen oder von Anreizsystemen, die negatives Führungsverhalten begünstigen. Ansatzpunkte bietet hier ebenfalls das „toxische Dreieck" von Padilla et al. (2007).

Das zusammenfassende Grundmodell der Konzepte ethischer und destruktiver Führung findet sich in Abb. 11.1.

**Abb. 11.1**  Ethische und destruktive Führung. [Bildrechte: Urheberrecht bei den Autoren]

## 11.2 Ethische Führung

### 11.2.1 Theoretische Grundlagen und Modelle

Eine Darstellung und Diskussion der theoretischen Grundlagen ethischer Führung (en. *ethical leadership*) muss zunächst klären, worüber geredet werden soll und worüber nicht. In der Literatur vermischen sich oft Begriffe wie Führungsethik, Personalführungsethik, Führerethik oder ethisches Führungsverhalten. Während Führungsethik als Teil der Wirtschaftsethik auf der Mesoebene angesehen und im deutschen Sprachraum eher im Sinne der Unternehmensführungsethik betrachtet wird (vgl. Ulrich, 1999; Göbel, 2020), stellt Personalführungsethik auf die Beziehungsgestaltung zwischen Führungskraft und Mitarbeiter (Mikroebene) unter Beachtung ethischer Prinzipien und Normen ab und entspricht damit etwa den anglo-amerikanischen Vorstellungen von Führungsethik (en. *leadership ethics*). Innerhalb der Vorstellung von Führungsethik wird in der Regel zwischen der Ethik einer Führungsperson als Teil ihres eigenen moralischen Wertesystems (en. *ethics of a leader, ethical leaders* bzw. *being ethical*) und ethischem Führungsverhalten (en. *ethical leadership behavior* bzw. *behaving ethically*) unterschieden (vgl. u. a. Bass & Steidlmeier, 1999; Trevino et al., 2000, 2003; Stouten et al., 2012). Ciulla und Forsyth (2011) betonen nach einer Analyse der Herausforderungen an die Führungsethik, dass gute Führer sowohl ethisch als auch effektiv handeln müssen, was mit drei moralischen Facetten der Führungsethik verknüpft sei: die Ethik der Ziele und angestrebten Ergebnisse oder Konsequenzen („What"), die Ethik des Handelns und der Mittel („How") und die Ethik der moralischen Begründungen und Absichten („Why"). Die daraus abgeleitete normative Forderung, dass der gute, ethische Führer stets das Richtige, in der richtigen Art und Weise und mit gutem, richtigem Grund tun soll, stellt zwar einen aus der Ethik-Literatur abzuleitenden normativen Anspruch dar, weist aber nach Meinung der Verfasser nur wenig Bezug zur Führungsliteratur und -praxis auf (Ciulla & Forsyth, 2011, S. 239). Zugleich hat die bisherige Führungstheorie zwar zahlreiche normative Führungskonzepte hervorgebracht, die sich auf ausgewählte ethische Verhaltensweisen beziehen, z. B. transformationale Führung, dienende Führung oder authentische Führung, jedoch mit einer Tendenz zu einer „[…] engen und recht vereinfachten Darstellung von ethischen Konzepten [… ]"(Ciulla & Forsyth, 2011, S. 239).

Daher scheint es sinnvoll, zunächst einen kurzen Blick auf wichtige Kernannahmen ausgewählter ethischer Theorien zu werfen, die für die im Weiteren betrachtenden Konzepte ethischer Führung bedeutsam sind. Ethische Theorien liefern nach Northouse (2019) ein System von Regeln oder Prinzipien, die uns in spezifischen Situationen bei Entscheidungen über falsch oder richtig, gut oder schlecht anleiten können. Bezogen auf die Führung sieht er eine explizite oder implizite Verankerung solcher Prinzipien in den Eigenschaften und Verhaltensweisen von Führungskräften, etwa in Entscheidungssituationen (Northouse, 2019, S. 336 f.). Ethische Theorien können daher mit Blick auf die Führungskräfte in zwei Domänen eingeteilt werden: auf den Charakter und die Persönlichkeitseigenschaften der Führungspersonen bezogene Ethik-Theorien und auf das

Führungsverhalten bezogene Ethiktheorien. Letztere lassen sich nochmals unterscheiden in teleologische Theorien, die Zwecke und Konsequenzen des Führungshandelns beleuchten, und deontologische Theorien, welche die das Führungshandeln leitenden moralischen Prinzipien und Regeln thematisieren (Northouse, 2019, S. 336 f.). Neuberger (2006) differenziert insbesondere die deontologischen Theorien weiter aus, und ergänzt die Liste um weitere Theoriekonzepte. Einen Überblick zu den jeweiligen Kernannahmen der Theorien nach Neuberger als Basis für entsprechende Anwendungen im Führungsbereich findet sich im Anschluss.

## Kurzcharakteristik ausgewählte Ethiktheorien nach Neuberger

*Teleologie I – Hedonismus, Eudämonologie*
Die Person handelt nach dem Denkmodell des homo oeconomicus und entscheidet rational, den eigenen Nutzen maximierend und nach gründlicher Analyse.

*Teleologie II – Utilitarismus*
Die Person entscheidet und handelt nach gründlicher Analyse so, dass für die größte Zahl, oder idealtypisch für alle Betroffenen, der größtmögliche Nutzen entsteht.

*Deontologie I – Tugendethik, Pflichtenethik*
Die Person orientiert sich beim Handeln an verinnerlichten Tugenden, Werthaltungen und Gesinnungen.

*Deontologie II – Prozedurale Vernunftethik*
Die Person handelt nach allgemeinen Verfahrensregeln, die jedoch universelle Gültigkeit beanspruchen.

*Deontologie III – Prozedurale kommunikative Diskursethik*
Die Person berät sich mit Anderen im herrschaftsfreien Dialog, um konsensfähige gemeinsame Regeln des Handelns zu bestimmen.

*Deontologie IV -Vertrags- oder Gerechtigkeitsethik, Kontraktionalismus*
Die Person orientiert sich in ihrer Entscheidung an geltenden Vereinbarungen, Normen oder Gesetzen.

*Rechte und Pflichten*
Die Person orientiert sich in dieser Mischung zwischen materialer Wertethik und Kontraktethik an Katalogen von Rechten, z. B. Arbeitnehmerrechte, wie freie Zustimmung, Privatheit, Gewissensfreiheit, Redefreiheit, faires Verfahren.

*Intuitionismus und Non-Kognitivismus*
Die Person orientiert sich an einem Gefühl oder implizitem Wissen von der Richtigkeit des Handelns, zum Beispiel nach gesundem Menschenverstand.

Quelle: nach Neuberger (2006, S. 336–341) ◄

Die auf den **Charakter und die Persönlichkeitseigenschaften der Führungspersonen bezogenen Ethik-Theorien** (en. *virtue-based theories*) werden in der Führungsliteratur auf griechische Philosophen wie Aristoteles oder Plato zurückgeführt (vgl. u. a. Northouse, 2019). In Anlehnung an diese Klassiker nennt Northouse (2019, S. 341) für moralische Personen Eigenschaften und Charaktermerkmale wie Mut, Mäßigung, Groß-zügigkeit, Selbstkontrolle, Ehrlichkeit, Bescheidenheit, Geselligkeit, Fairness und Ge-rechtigkeit, und ergänzt diese um spezielle Eigenschaften für Führungskräfte wie Integri-tät, Vertrauenswürdigkeit, Zuverlässigkeit, Fürsorge oder Ausdauer. Im Weiteren wird davon ausgegangen, dass diese Werte und Eigenschaften zwar in der Person angelegt sind, jedoch auch durch ein entsprechendes Verhalten in der Familie und der Gemeinschaft er-lernt und erworben werden (Northouse, 2019, S. 341 f.). Weibler (2012, S. 646–651) gibt einen kurzen und kritischen Überblick zu dieser Diskussion im deutschsprachigen Kon-text und verweist auf den normativen Charakter und Grenzen bei der Erstellung von Kata-logen führungsethischer Schlüsselqualifikationen (Weibler, 2012, S. 649).

Die **auf das Führungsverhalten bezogenen Ethiktheorien** (en. *ethical leadership behavior*) lenken den Blick auf spezifische Verhaltensweisen von Führungskräften, die an ethischen Normen bezüglich des Verhaltens sowie ihrer Absichten und Folgen orien-tiert sind.

Die zentrale Unterscheidung aus der Sicht der Absichten und Folgen des Handelns ist die zwischen einem Handeln im ausschließlichen Eigeninteresse (en. *ethical egoism*) und einem Handeln, das darauf gerichtet ist, den maximalen Nutzen für alle zu vermehren und die sozialen Kosten zu minimieren (en. *utilitarianism*), sowie einem Handeln, das seinen Hauptzweck darin sieht, andere zu fördern und in ihrem Interesse zu agieren (en. *altruism*) (vgl. Northouse, 2019, S. 339 ff.).

Frühe Beiträge zu ethischer Führung betonen vor allem die zentrale Rolle der Führungs-kräfte bei der Vermittlung ethischer Werte und Normen an die Nachgeordneten. Sowohl Burns (1978), als auch Heifetz (1994), Kanungo und Medonca (1996), Gini (1998), Ciulla (1998) oder Bass und Steidlmeier (1999) weisen den Führungskräften, dem Führungs-prozess und dem Führungsverhalten die Funktion bzw. Aufgabe zu, den Nachgeordneten die ethischen Werte des Unternehmens zu vermitteln, sie zum Umgang mit Werte- und Normenkonflikten zu befähigen, zu unterstützen und sie auf eine höhere Stufe der Moral zu entwickeln, wobei angenommen wird, dass sich damit auch die Moral der Führungs-kräfte weiterentwickelt.

Die theoretische Basis dieser Annahmen bildet u. a. die Philosophie der Moralent-wicklung von Kohlberg (1981) sowie die soziale Lerntheorie von Bandura (1986). Danach lassen sich die verschiedenen Geltungsgründe des Handelns (vgl. Übersicht oben) in einer schrittweise zu erlernenden bzw. zu erwerbenden Stufenfolge des moralischen Bewusstseins anordnen, die von einer egozentrischen Perspektive präkonventioneller Moral bis zu einer gesellschaftsübergreifenden Perspektive einer postkonventionellen Moral der Gewissens- oder Prinzipienorientierung reichen (vgl. Neuberger, 2002, S. 745, 2006, S. 535). Entscheidungen auf niedrigeren Stufen sind vor allem an der Vermeidung von Strafen oder Tauschhandel und Reziprozität orientiert, während sich Entscheidungen auf mittleren Stufen konventioneller Moral an der Befolgung geltender Normen und Ge-setze ausrichten, und Entscheidungen auf höheren Stufen sich auf die in einem fairen Dis-kurs entstandenen sozialen Abmachungen, auf Grundsätze idealer Kooperation, die für alle Menschen gelten sowie auf entsprechende Gewissens- und Prinzipienentscheidungen beziehen (Neuberger, 2006, S. 535). Der ethische Lernprozess soll durch die Vorbild-wirkung der Führungskräfte bzw. älterer oder hierarchisch höherer Führungskräfte er-reicht werden. Im Weiteren wird auch der Einfluss eines entsprechenden ethischen Klimas in der Organisation auf Moralentwicklung bzw. ethisches Verhalten herausgestellt (Victor & Cullen, 1987, 1988; Simha & Cullen, 2012, S. 27).

Ethische Führung ist dabei jedoch überwiegend **Aspekt, Facette oder Teil des Führungsverhaltens** allgemein oder von spezifischen, normativen Führungsmodellen wie

- sozial-charismatischer Führung (Howell & Avolio, 1992),
- tranformationaler (Kanungo & Medonca, 1996) bzw. authentisch-transformationaler Führung (Bass & Steidlmeier, 1999),
- dienender Führung (Greenleaf, 1977),
- authentischer Führung (Luthans & Avolio, 2003, Avolio et al., 2004) oder
- spiritueller Führung (u. a. Fry et al., 2005).

Tab. 11.2 zeigt Ähnlichkeit und Unterschiede ethischer Führung zu transformationaler, authentischer und spiritueller Führung.

In einer aktuellen Meta-Analyse der ethischen, transformationalen, authentischen und dienenden Führung (Hoch et al., 2016) konnten die Verfasser zeigen, dass es starke Über-

**Tab. 11.2**  Ähnlichkeiten und Unterschiede zwischen dem Konzept der ethischen Führung und den Ansätzen der spirituellen, authentischen und transformationalen Führung

|  | Wesentliche Ähnlichkeiten zur ethischen Führung | Wesentliche Unterschiede zur ethischen Führung |
|---|---|---|
| *Authentische Führung* | – Fürsorge für andere (Altruismus)<br>– ethische Entscheidungsfindung<br>– Integrität<br>– Vorbildfunktion | – ethische Führer betonen moralisches Management (mehr transaktional) und „anderes" Bewusstsein<br>– authentische Führungskräfte betonen Authentizität und Selbstbewusstsein |
| *Spirituelle Führung* | – Fürsorge für andere (Altruismus)<br>– ethische Entscheidungsfindung<br>– Integrität<br>– Vorbildfunktion | – ethische Führer betonen moralisches Management<br>– spirituelle Führer betonen Zukunftsvisionen, Hoffnung/Glaube; Arbeit als Berufung |
| *Transformationale Führung* | – Fürsorge für andere (Altruismus)<br>– ethische Entscheidungsfindung<br>– Integrität<br>– Vorbildfunktion | – ethische Führer betonen ethische Standards und moralisches Management (mehr transaktional)<br>– transformationale Führer betonen Visionen, Werte und intellektuelle Stimulation |

Quelle: Brown und Trevino (2006, S. 598); eigene Übersetzung

lappungen ethischer Führung mit der transformationalen Führung gibt, und lediglich die dienende Führung eine gewisse Eigenständigkeit aufweist.

Eine weitere, ebenfalls normative Richtung ethischer Führung verknüpft diese mit der **Orientierung des Verhaltens an konkreten Prinzipien und Normen** (en. *principles of ethical leadership/leadership ethics*). Ulrich (1999) bezieht sich z. B. bei seinen führungsethischen Normen auf die Anerkennung des Mitarbeiters als Mensch, dessen Würde zu achten und dessen Bedürfnisse ernst zu nehmen sind. Mit Blick auf die Menschenrechte werden folgende Normen für den Umgang von Vorgesetzten und Mitarbeitern genannt (vgl. Ulrich, 1999, S. 238 ff.; Lay, 1989, S. 140 ff.; s. auch Göbel, 2020, S. 195 ff.):

- Respektvoller Umgang miteinander, d. h. keine Schikane, keine Herabsetzung oder sexuelle Belästigung,
- Keine willkürliche und diskriminierende Behandlung, z. B. Fairness und Chancengleichheit bei Einstellung, Bezahlung, Beförderung,
- Schutz der Privatsphäre, z. B. keine heimliche Überwachung, Datenschutz, Akzeptanz der Gewissensfreiheit,
- Gewährung humaner Arbeitsbedingungen, Gesundheitsschutz, Urlaub, angemessene Belohnung,
- Freie Ausübung der gesetzlichen Mitbestimmungsrechte.

Nach Northouse (2019, S. 346 ff.) sollen ethische Führer andere respektvoll behandeln, anderen dienen, Gerechtigkeit zeigen, ehrlich sein und die Gemeinschaftsbildung fördern. Die Begründung der Prinzipien leitet Northouse einerseits aus der Pflichtenethik von Kant, und andererseits aus den o. g. Führungskonzepten wie transformationale und dienende Führung ab. Darüber hinaus bezieht er sich auch auf Prinzipien der Gerechtigkeit, vor allem der Verteilungsgerechtigkeit, wie von Rawls (1971) thematisiert. Göbel (2020, S. 203 ff.) verweist zusätzlich darauf, dass es auch ethische Pflichten für das Mitarbeiterverhalten gibt, die zur Konstituierung einer ethischen Führungsbeziehung und damit zum Prozess ethischer Führung beitragen. Sie nennt ein entsprechendes Arbeitsethos, das z. B. durch Zuverlässigkeit und Gewissenhaftigkeit, Achtsamkeit beim Umgang mit Ressourcen, Qualitätsarbeit oder Einhaltung der Arbeitszeit, durch Kollegialität statt Mobbing, Intrigen oder Informationszurückhaltung sowie durch Integrität bezogen auf den Umgang mit dem Firmeneigentum und Informationen, d. h. zum Beispiel kein Diebstahl, Sabotage, Veruntreuung oder Weitergabe von Informationen gekennzeichnet ist.

Neben diesen mehr oder weniger normativ ausgeprägten Ansätzen ethischer Führung ist vor allem das **Konzept der ethischen Führung** von Brown und Trevino hervorzuheben (vgl. insbesondere Trevino et al., 2000, 2003, Brown et al., 2005; Weaver et al., 2005; Brown & Trevino, 2006; Brown & Mitchell, 2010). Die Verfasser streben eine deskriptive und explikative Perspektive ethischer Führung an. Sie definieren das Konstrukt als „[...] die Demonstration eines normativ angemessenen Verhaltens im persönlichen Handeln und den interpersonellen Beziehungen und die Förderung eines solchen Verhaltens bei den Nachgeordneten durch Zwei-Weg-Kommunikation, Verstärkung und Entscheidungen"

(Brown et al., 2005, S. 120). In entsprechenden Vorarbeiten (Trevino et al., 2000, 2003), u. a. mit einer explorativen qualitativen Studie, wurden Vorstellungen von ethischen Führern und ethischer Führung erhoben. Dabei trennen die Verfasser zwischen Persönlichkeitseigenschaften, Charakter und altruistischer Motivation einer *moralischen Person*, wie Ehrlichkeit, Glaubwürdigkeit, Integrität, Offenheit, Zuwendung, den an gesellschaftlichen Belangen, ethischen Prinzipien und Regeln ausgerichteten Entscheidungen der moralischen Person, und dem Verhalten eines *moralischen Managers* (vgl. Brown & Trevino, 2006, S. 596 f.; zum Überblick Weibler, 2012, S. 649 ff.). Dieser zweite Aspekt der ethischen Führung „[…] repräsentiert die proaktiven Bemühungen des Führers, das ethische und unethische Verhalten der Nachgeordneten zu beeinflussen. Moralische Manager machen Ethik zu einem expliziten Teil ihrer Führungsagenda, indem sie Ethik und Werte kommunizieren, sichtbar und bewusst als ethisches Vorbild und Rollenmodell handeln und ein Belohnungssystem […] nutzen, um die Nachgeordneten zu ethischem Verhalten anzuhalten und verantwortlich zu machen" (Brown & Trevino, 2006, S. 597). Dabei setzt ethisches Führungsverhalten sowohl Eigenschaften und Verhaltensweisen des Führers als einer moralischen Person als auch das Handeln als moralischer Manager voraus; fehlt das „moralische managen", so kann allenfalls eine „ethisch neutrale Führung" erreicht werden (vgl. Trevino et al., 2000, S. 130 ff.). Weibler (2012, S. 651) verweist in seiner kritischen Würdigung des Ansatzes darauf, dass gerade das „moralische managen" den Kontrapunkt zu unethischen oder destruktiven Verhaltensweisen des „Gewinnen um jeden Preis" seitens des Führers oder eines entsprechenden Drucks auf das Mitarbeiterverhalten in Richtung unethischer Verhaltensweisen setzt. Wie in Tab. 11.2 zu erkennen ist, schließt das dann auch Verhaltensweisen ein, die charakteristisch für eine transaktionale Führung sind, wie Belohnungen und Bestrafungen (Brown & Trevino, 2006, S. 600).

Um die Voraussetzungen und Wirkungen ethischer Führung zu erfassen und zu erklären, beziehen sich Brown, Trevino und Kollegen zunächst auf die soziale Lerntheorie von Bandura (1986). Dabei heben sie vor allem vier wichtige Argumente hervor (vgl. Brown & Trevino, 2006, S. 597 f.). Erstens verweist die soziale Lerntheorie darauf, dass Führungskräfte als attraktive und glaubwürdige Rollenmodelle wahrgenommen werden müssen, um Akzeptanz als ethische Führer zu finden. Zweitens zeigt die Theorie auf, wie und unter welchen Bedingungen Personen, hier andere Führungskräfte oder Mitarbeiter, bereit sind, ein entsprechendes ethisches Verhalten zu übernehmen. Indem sich Personen in ihrem Verhalten an Leitbildern mit Macht und Status orientieren, kann dies auch für Mitarbeiter und Führungskräfte angenommen werden, vor allem, wenn sich dieses Verhalten als erfolgreich erweist. Drittens wird die Bedeutung von Bekräftigungen und Verstärkungen für Lernprozesse hervorgehoben. Und schließlich beziehen sich Brown et al. auf die besondere Relevanz des Beobachtungslernens bzw. stellvertretenden Lernens für ethisches und unethisches Verhalten im organisationalen Kontext (Brown und Trevino 2006, S. 598).

**Weitere Beiträge** der genannten Autoren und anderer Verfasser zur Modellentwicklung waren im Folgenden darauf gerichtet, verschiedene Einflussfaktoren ethischer Führung wie Persönlichkeitsmerkmale, basale Motive oder situative, organisationale oder kulturelle Kontextfaktoren sowie den Prozesscharakter ethischer Führung (s. u. a. Shakeel et al., 2019) herauszuarbeiten. Weiterhin wurden Studien vorgelegt, in denen verschiedene Wirkungen ethischer Führung thematisiert wurden. Da dies meist in Verbindung mit empirischen Untersuchungen erfolgte, sollen hier nur kurz einige ausgewählte Aspekte herausgestellt werden.

Bereits Brown und Trevino (2006, S. 596) haben auf der Basis vorliegender empirischer Befunde einen Untersuchungsrahmen vorgeschlagen, der vor allem individuelle Merkmale, situative Einflüsse aber auch zentrale Ergebnisse ethischer Führung auf der individuellen und Gruppenebene hervorhebt. Breiten Raum bei den Persönlichkeitseigenschaften hat die **Integrität der Führungspersonen** als Basis der ethischen Führung und ihrer Wirkung eingenommen. Hier ist z. B. der Beitrag von Palanski und Yammarino (2009) hervorzuheben, die ein Drei-Ebenen-Analyse-Modell entwickelt haben, bei dem sie die Wirkung individueller Integrität des Führungsverhaltens mit Einflüssen auf die Integrität der Gruppe und auf ein ethisches organisationales Klima der Integrität sowie ihren Folgewirkungen auf Vertrauen und Leistung der verschiedenen Ebenen verknüpfen. De Hoogh und den Hartog (2008) haben neben den von Brown und Trevino (2006, S. 604 f.) erwähnten basalen Motiven nach McClelland (1985) vor allem die **Verantwortungsmotivation** mit ihren verschiedenen Ausprägungen als relevanten Faktor für verschiedene ethische Verhaltensweisen herausgearbeitet (vgl. Beispiel zum Codierungssystem für Verantwortung nach Winter in Abschn. 11.2.2). Weibler (2012, S. 646 ff.) sowie Kuhn und Weibler (2012) unterscheiden in ihrem Untersuchungsrahmen zwischen den Determinanten ethischer Führung, „guten" Geführten, „guter" Situation und „guten" Führenden einerseits, und Dimensionen ethischer Führung, „gutem" Führungshandeln bzw. Führungsmitteln und „guten" Führungszielen andererseits. Dabei wird mit Blick auf die **Geführten** vor allem die Bedeutung mündiger Mitarbeiter betont, die nach einem modernen Führungsverständnis eben keine unreifen, an die Hand zu nehmenden Kindern, sondern Partner sind, mit denen sich die Führungskraft auf Augenhöhe verständigen sollte (Weibler 2012, S. 655 f.). Dies stellt jedoch das in vielen normativen Führungsansätzen anzutreffende Ethos der Fürsorge in Frage, das durch eine dialogische Führungsethik der Gegenseitigkeit ersetzt werden soll (Weibler, 2012, S. 659). Dazu gehört, dass die Aktionen oder Reaktionen der Geführten, z. B. auch auf unethisches Verhalten der Führungskräfte, in den Blick genommen werden (en. *upward ethical leadership*) (vgl. z. B. Uhl-Bien & Carsten, 2007). Weiterhin spielen auch Überlegungen aus der impliziten Führungstheorie (vgl. Kap. 3 im Buch) eine Rolle. Kalshoven und Den Hartog (2009) haben z. B. die vermittelnde Rolle prototypischer Führungsvorstellungen des wahrgenommenen ethischen Führungsverhaltens als Grundlage der Führungseffektivität herausgestellt. Ete et al. (2021) haben in ihren empirischen Studien schließlich noch auf die Bedeutung der Identifikation mit Führer und Organisation als wichtigen vermittelnden Prozess hingewiesen.

Hinsichtlich der **Kontextfaktoren** ist insbesondere die Forschung zum ethischen Klima von Interesse, das einerseits als Ergebnis ethischer Führung oder andererseits als Kontextfaktor und Vermittlungsinstanz für die Wirkung ethischer Führung gesehen werden kann (vgl. u. a. Neubert et al., 2009). In dem vor allem auf Victor und Cullen (1987, 1988) zurückgehenden Konzept werden verschiedene Typen eines ethischen Klimas unterschieden, je nach vorherrschender Ethik und den sozialen Referenzgruppen (vgl. Simha & Cullen, 2012). Beispiele sind ein Klima mit einer Orientierung an individuellem Eigeninteresse oder an der persönlichen Moral, ein Klima, das sich am Gruppeninteresse ausrichtet, oder ein an Unternehmensregeln orientiertes Klima. In ähnlicher Richtung weisen Modelle, die den Einfluss der Organisationskultur einer Organisation oder der Eistellungen der Mitarbeiter auf die ethische Führung betrachten (vgl. z. B. Toor & Ofori, 2009; Zhu et al., 2015), oder solche, die Faktoren des gesellschaftlichen Kontexts ethischer Führung einbeziehen, wie die Nationalkultur oder Institutionen (vgl. u. a. Cullen et al., 2004; Resick et al., 2006; Martin et al., 2009; Chen, 2010; Resick et al., 2011; House et al., 2014; Zhang et al., 2021).

Stahl und Sully de Luque (2014) haben insbesondere die verschiedenen Einflussfaktoren in einem Modell zusammengefasst. Sie beziehen sich dabei auf sozial verantwortungsbewusstes Führungsverhalten, das in zwei Komponenten gesehen wird: Schaden vermeiden und Gutes tun. Ihre auch auf internationales oder globales Handeln bezogene Analyse benennt neben personalen Merkmalen der Führenden wie Werte, situativen und organisationalen Kontext wie gültige Verhaltensmuster und ethisches Klima auch den weiteren Kontext mit institutionellen Faktoren, wie Kultur, Rechtssystem, Branchenwettbewerb, auch supranationale Einflüsse wie Rolle der Medien oder globale Kontrollmechanismen.

Hinsichtlich der **Wirkungen** ethischer Führung wurden neben ausgeprägterer Motivation, Vertrauen, Arbeitszufriedenheit und höherem Engagement der Geführten sowie diversen ökonomische Ergebnisgrößen (vgl. u. a. De Hoogh & Den Hartog, 2008; Rowold et al., 2009; Peus et al., 2010; Zhu et al., 2015) auch positive Effekte für Lernprozesse und Wissensteilung (u. a. Bavik et al., 2018), Mitsprache (u. a. Zhu et al., 2015), bürgergemeinschaftliches Verhalten und positive Wahrnehmung durch Stakeholder (u. a. Ete et al., 2021, Voegtlin et al., 2020) sowie weitere ethische Auswirkungen des Führungsverhaltens betont. Die Kritik an einer problematischen Zurechnung zu ethischen Aspekten anstatt zu multiplen Wirkungen unterschiedlicher Führungsverhaltensweisen hat dabei jedoch auch dazu geführt, neben einem stärkeren Fokus auf konkrete Teilprozesse und Handlungen (vgl. Palanski et al., 2021) auch zunehmend die ambivalenten Wirkungen ethischer Führung aufgrund verschiedener ergänzender Einflussfaktoren in den Blick zu nehmen (s. u. a. Stouten et al., 2013; Babalola et al., 2019; Bush et al., 2021; Wang et al., 2021). Palanski et al. (2021) fordern in diesem Sinne, auch negative Wirkungen einer moralisch-rigiden Vorgehensweise sowie emotionale Kosten für Führungskräfte und ethische Dilemmas und Paradoxien stärker zu beachten.

In theoretisch-konzeptioneller Hinsicht sind auch Beiträge interessant, die versuchen, die deskriptive und normative Perspektive der Ansätze zur ethischen Führung zu integrieren. Beispielsweise arbeitet Eisenbeiss (2012) nach einer Analyse zentraler Dimensionen ethischer Führung auf der Basis klassischer und moderner Traditionen der Moralphilosophie des Ostens und des Westens sowie der verschiedenen Weltreligionen vier zentrale ethische Orientierungen der Führungskraft heraus, von denen bisher nur die humane Orientierung und die Gerechtigkeitsorientierung besondere Beachtung gefunden haben.

Weiter nennt sie als bedeutsame Orientierungen: die Verantwortungs- bzw. Nachhaltigkeitsorientierung und Mäßigung, d. h. ein ausgleichendes moderates Verhalten (Eisenbeiss, 2012, S. 706 f.). Neben den Wirkungen auf die Nachgeordneten wird auch der Einfluss eines so orientierten ethischen Führungsverhaltens auf das Vertrauen der Kunden als wichtiger Gruppe von weiteren relevanten Akteuren betont (zu weiteren künftigen Richtungen vgl. auch Brown & Mitchell, 2010 sowie Palanski und Kollegen, 2021).

### 11.2.2 Methoden und ausgewählte empirische Befunde

Im Rahmen der Konzeptentwicklung zur ethischen Führung wie auch bei der empirischen Analyse von Voraussetzungen und Wirkungen ethischer Führung haben, neben qualitativen Erhebungsmethoden, wie Interviews mit Führungskräften, Mitarbeitern, Ethikverantwortlichen etc., vor allem quantitative Analysen auf Basis von verschiedenen Instrumenten zur Messung ethischer Führung eine große Rolle gespielt. Das zentrale Instrument wurde von Brown et al. (2005) entwickelt („Ethical Leadership Survey" – ELS) und von Rowold et al. (2009) ins Deutsche übertragen und getestet (ELS-D). Tab. 11.3 zeigt die Items und beiden Faktoren: Ethische Führung und ethisches Rollenmodell.

Ein weiteres Instrument stammt von Kalshoven et al. (2011), die einen umfassenderen Fragebogen zur ethischen Führung im Arbeitsumfeld (ELW) entwickelt haben, welcher die folgenden Skalen umfasst: Fairness, Machtteilung, Rollenklärung, Personenorientierung, Integrität, ethische Anleitung, und Nachhaltigkeit.

**Tab. 11.3** Deutsche Items und Faktoren der Skala zur Messung ethischer Führung

| Item der „Ethical Leadership scale" (ELS-D) nach Brown et al. | Ethische Führung | Ethisches Rollenmodell |
|---|---|---|
| … hört auf das, was Mitarbeiter zu sagen haben. | X | |
| … bestraft Mitarbeiter disziplinarisch, die ethische Standards verletzen. | * | * |
| … führt ihr/sein Leben in ethischer Weise. | | X |
| … denkt an die Interessen der Mitarbeiter. | X | |
| … trifft faire und ausgewogene Entscheidungen. | X | |
| … ihr/ihm kann vertraut werden. | X | |
| … diskutiert Geschäftsethiken und -werte mit den Mitarbeitern. | | X |
| … gibt Beispiele, wie Dinge aus ethischer Sicht richtig gemacht werden sollten. | | X |
| … beurteilt Erfolge nicht nur nach den Ergebnissen, sondern auch, wie sie erreicht wurden. | X | |
| … wenn sie/er Entscheidungen fällt, fragt sie/er: „Wie kann ich bei dieser Entscheidung das Richtige tun?" | | X |

*Item wurde von den Autoren im Weiteren wegen geringer Trennschärfe entfernt.
Quelle: nach Rowold et al. (2009, S. 62)

Zuletzt hat auch Yukl mit Kollegen (2013) einen Vorschlag für ein Analyseinstrument mit 15 Items unterbreitet, das u. a. solche Aspekte ethischer Führung enthält, wie Ehrlichkeit, Fairness, Integrität, Altruismus, Übereinstimmung von Werten und Handeln und Kommunikation ethischer Werte. Dabei greifen die Verfasser auf verschiedene Items aus bewährten Instrumenten zurück.

Andere Studien haben, wie angedeutet, auch qualitative Erhebungsformen genutzt, nicht nur zur Generierung von Skalen oder für explorative Erhebungen. Ein Beispiel dafür ist die Arbeit von De Hoogh und Den Hartog (2008), die in ihrer multimethodischen Studie auf Daten aus Interviews mit Führungskräften zurückgreifen und diese mit Fragebogendaten aus der Befragung von Nachgeordneten zur ethischen Führung kombinieren. Im folgenden Kasten ist das Vorgehen bei der Umsetzung der Interviewdaten kurz dargestellt.

## Codierungssystem für Verantwortung nach Winter

Auf der Basis der Motivationstheorie von McClelland (1985) sowie weiterer Überlegungen von Winter und Barenbaum (1985) werden bezüglich der Verantwortungsmotivation folgende 5 Kategorien unterschieden: Moralisch-legaler Standard von Verhalten, Innere Verpflichtung, Interesse an Anderen und Sorge um Andere, Sorge wegen negativer Konsequenzen sowie Selbstbeurteilung und Selbsteinschätzung.

Nach Winter (1991a, 1992b, 1992) können diese in Texten, z. B. von Führungskräfteinterviews, kodiert werden. Vor allem im Rahmen des GLOBE-Projektes (CEO-Projekt) wurden die Interviews mit den Geschäftsführern nach dieser Methode kodiert und ausgezählt. Die weitere Berechnung nutzt dann relative Nennungen pro 1000 Wort im jeweiligen Interview. Eine Anwendung bezogen auf das für ethische Führung relevante Verantwortungsmotiv findet sich u. a. im Beitrag von De Hoog und Den Hartog (2008).

*Moralisch-legaler Standard von Verhalten*

Typische Standards sind richtig vs. falsch (wenn es in Verbindung zu Moralität und nicht zu Genauigkeit gehört), gut vs. schlecht, legal vs. illegal, betrügen vs. aufrichtig, ehrlich sein.

*Innere Verpflichtung*

Verpflichtung wird kodiert, wenn eine Person (Gruppe, Nation, oder andere Gemeinschaften) oder eine Figur in einer Geschichte dadurch beschrieben wird, dass sie sich verpflichtet fühlt zu handeln (oder nicht zu handeln) auf Grund von inneren Zwängen.

*Interesse an Anderen und Sorge um Andere*

Interesse an Anderen wird kodiert, wenn eine Person (Gruppe, Nation, etc.) oder eine Figur in einer Geschichte einer anderen hilft, egal ob diese Hilfe erforderlich ist oder nicht, oder mitfühlend um eine andere Person besorgt ist. Dabei schließt „Hilfe" alle helfenden Aktionen ein.

*Sorge wegen negativen Konsequenzen*

Sorge wegen Konsequenzen wird kodiert, wenn eine Person (Gruppe, Nation, etc.) oder eine Figur in einer Geschichte damit beschrieben wird, dass sie innere Unruhe, Angst oder Sorgen über die möglichen negativen Konsequenzen seiner oder ihrer Handlungen hat, hatte oder erwartet.

*Selbstbeurteilung und Selbsteinschätzung*

Selbstbeurteilung wird kodiert, wenn eine Person (Gruppe, Nation, etc.) oder Figur in einer Geschichte als sich selbst kritisch betrachtend, weise, moralisch, selbstkontrollierend, klug, beschrieben wird. ◀

Alternativ und aus einer kritischen Perspektive ist auch das Vorgehen von Kociatkievicz und Kostera (2012) interessant, die die Technik der Erzählungscollagen (en. *narrative collage methodology*) genutzt haben, um Fragen des nachhaltigen moralischen Verhaltens von Führern zu untersuchen. Um sowohl die helle als auch die dunkle Seite der Führungsrolle zutage zu fördern, wählen die Forscher als symbolische Repräsentation des Führers den Archetyp des Königs aus. Mit dem Ziel, entsprechende unbewusste Vorstellungen einer Gruppe von Personen aufzudecken, werden diese aufgefordert, fiktive Geschichten zu einem konkreten Szenario anzufertigen. Im konkreten Fall wurden 22 Personen mit verschiedenen sozialen und Beschäftigungshintergründen und aus fünf verschiedenen Ländern gebeten, eine Kurzgeschichte über einen „guten Manager" zu schreiben, der, wie einst in der Sage König Artus, nach London kommt, um einen Erfolg zu feiern. Die so gewonnenen Geschichten wurden interpretiert und auf ähnliche Verläufe und Muster hin analysiert.

Die quantitative empirische Forschung hat insbesondere die verschiedenen Wirkungen ethischer Führung näher untersucht, mit Blick auf Ergebnisse wie Optimismus, Arbeitszufriedenheit, Vertrauen zur Führungskraft, organisationale Bindung, wahrgenommene Führungseffektivität oder die langfristige, nachhaltige Leistung der Gruppe sowie die Unternehmensleistung. Auch der Einfluss von Persönlichkeitsfaktoren, Verantwortungsmotiven und glaubwürdigem Auftreten der Führungskräfte, in Verbindung mit anderen Führungsstilen sowie von Mitarbeitereigenschaften, dem Klima und der Organisationskultur auf die ethische Führung ist Gegenstand von empirischen Analysen. Und schließlich sind auch Befunde zu interkulturellen Unterschieden von ethischen Führungserwartungen und Verhaltensweisen zu erwähnen. Im Folgenden sollen einige ausgewählte Studien und Ergebnisse kurz dargestellt werden.

Rowold und Borgmann haben 2009 den Zusammenhang ethischer Führung mit der Arbeitszufriedenheit und affektiver Bindung untersucht. Auf der Basis des Ansatzes von Brown et al. (2005) und der deutschen Version des ethischen Führungsfragebogens nach Rowold et al. (2009) wurden 370 Personen anonym zum ethischen Führungsverhalten ihres unmittelbaren Vorgesetzten befragt. Die Forscher konnten eine größere Ausprägung ethischen Führungsverhaltens in Wirtschaftsunternehmen (Profit-Organisationen) im Vergleich zu Non-Profit-Organisationen feststellen. Ethische Führung mit ihren beiden Aspekten des ethisches Rollenmodells und ethischer Mitarbeiterführung hatten jeweils positive Effekte auf die Arbeitszufriedenheit und die affektive Bindung der Mitarbeiter, wobei die ethische Mitarbeiterführung größere Effekte aufwies.

Peus et al. (2010) haben in einer Metaanalyse den Einfluss von ethisch-orientierten Führungsansätzen wie transformationale, ethische, authentische und spirituelle Führung auf die objektive ökonomische Leistung von Organisationen erforscht. In den elf untersuchten Studien wurden dabei zwar ökonomische Effekte für die transformationale Führung sowie die authentische Führung gefunden. Die spirituelle Führung hatte jedoch nur indirekte Effekte und die ethische Führung hatte keine signifikanten positiven Effekte auf den Profit, wirkte aber über Verluste durch negatives, unethisches Führungsverhalten indirekt auf den Profit. Als moderierende Variable des Zusammenhangs zwischen ethisch-orientierter Führung und ökonomischer Leistung vermuten die Verfasser situative Faktoren der Organisationsumwelt, wie Unsicherheit, der Organisation, wie technologischer Wandel und Organisationstyp, z. B. neugründete bzw. etablierte Firmen, des Typs der Arbeit, z. B. Projektteams, sowie Merkmale der Geschäftsführer, z. B. Eigentümer statt angestellten Managern. Insgesamt wird ein erheblicher Bedarf an weiteren Studien in dieser Richtung konstatiert (Peus et al., 2010, S. 209 f.).

De Hoogh und Den Hartog (2008) haben sich mit dem Einfluss der sozialen Verantwortung(smotivation) von Geschäftsführern auf Faktoren der ethischen Führung und im Weiteren auf die Leistung des Top-Management-Teams sowie den Zukunftsoptimismus der Nachgeordneten beschäftigt.[1] Die Stichprobe bestand aus 52 Profitorganisationen und 21 Organisationen aus dem Nonprofit- bzw. ehrenamtlichen Bereich, aus denen kodierte Interviews der Geschäftsführer und Fragebögen der nachgeordneten Manager und Mitarbeiter zur Verfügung standen. Die Forscherinnen fanden einen deutlichen Zusammenhang zwischen sozialen Verantwortungsmotiven und ethischer Führung. Insbesondere die innere Verpflichtung der Führungskraft als Motiv der sozialen Verantwortung hatte jeweils einen hochsignifikanten Einfluss auf alle drei Verhaltensmuster, moralisches und faires Verhalten, Rollenklärung sowie machtteilendes Verhalten, und indirekt, über die ethische Führung insgesamt, auch auf die wahrgenommene Leistung des Top-Management-Teams sowie den Zukunftsoptimismus der Nachgeordneten.

Der Frage nach der Einbettung und Verknüpfung ethischer Führung und ihrer Wirkung mit anderen Führungsstilen sowie der Organisationskultur gingen z. B. Toor und Ofori (2009) nach, wobei vor allem die Beziehung zu den Führungsstilen des so genannten „Full-Range"-Modells nach Avolio und Bass (2004) sowie zu Merkmalen einer transaktionalen und einer transformationalen Organisationskultur analysiert wurden. Die Basis der Analyse waren Einschätzungen der als authentisch eingeschätzten Manager durch gleichrangige bzw. nachgeordnete Manager in der Bauindustrie in Singapur. Die Autoren fanden große Ähnlichkeiten und hochsignifikante Korrelationen der ethischen Führung nach Brown et al. mit der transformationalen Führung und mit allen vier Faktoren der transformationalen Führung sowie einen ähnlich signifikanten Zusammenhang mit dem Faktor der bedingten Belohnung. Während der Laissez-faire-Führungsstil negativ mit ethischer

---

[1] Kontrastierend wurde auch der Einfluss auf und von despotische(r) Führung untersucht.

Führung korrelierte, gab es keine signifikante Korrelation mit transaktionaler Führung. Schließlich konnten Toor und Ofori auch positive Zusammenhänge ethischer Führung mit einer transformationalen und negative Zusammenhänge mit einer transaktionalen Führungskultur nachweisen. Die Forschungsergebnisse stärken somit die Position, dass ethische Führung eine wichtige Facette einer, durch kulturellen Einfluss ergänzten Führungswirkung ist.

Zhu und Kollegen haben in ihrer Studie et al. (2015) den Einfluss ethischer Führung auf die Arbeitsleistung und die aktive Mitsprache von Büroangestellten in drei verschiedenen Industriehandelsorganisationen in Rumänien untersucht. Die Studie beruht auf Fragebogenerhebungen bei den Mitarbeitern zu zwei verschiedenen Zeitpunkten sowie Ratings der Arbeitsleistung und Mitwirkung durch die unmittelbaren Vorgesetzen. Besonderes Augenmerk galt dabei dem moderierenden Einfluss der moralischen Auffassungen der Mitarbeiter sowie ihrer Identifikation mit der Organisation und dem Vorgesetzten. Dabei konnten die Verfasser zeigen, dass sowohl die Identifikation der Mitarbeiter mit der Organisation als auch die Identifikation mit dem Vorgesetzten wichtige Vermittlungsinstanzen für die Wirkung ethischer Führung auf Arbeitsleistung und Mitsprache sind. Insgesamt wurde ein stärkerer Effekt auf die Arbeitsleistung ermittelt. Vor allem die Wirkung auf die aktive Mitsprache war auch von den moralischen Auffassungen der Mitarbeiter abhängig. Hier vermuten die Zhu und Kollegen einen Einfluss der spezifischen rumänischen Nationalkultur mit ausgeprägten Machtunterschieden, in der ethische Führung einen besonderen Einfluss gerade auch für einen Wandel in Richtung auf eine stärkere Mitsprache haben könnte, was jedoch weiterer Untersuchungen bedarf.

Die Wirkung der Ausprägungen ethischer Führung sowie passiver Führung auf das Auftreten von Burnout bei Geführten war Gegenstand einer Studie von Vullinghs et al. (2020). Hier wurden sowohl direkte Einflüsse, aber auch eine Vermittlung über die Rollenklarheit sowie eine Rollenüberlastung betrachtet. Die Studie beruht auf einer Fallstudie in einer großen niederländischen Einzelhandelsorganisation. Mitarbeiter und Führungskräfte aus sieben Abteilungen verschiedener Hierarchieebenen wurden einbezogen, Online befragt und entsprechend gruppiert, so dass 122 Gruppen mit je einer Führungskraft und ein bis zehn Geführten die Basis der Untersuchung bildeten. Im Ergebnis konnte der vermutete direkte Einfluss von ethischer Führung wie auch der indirekte Einfluss ethischer Führung über eine Normensetzung und Rollenklärung auf eine geringere Burnout-Wahrscheinlichkeit ermittelt werden. Der direkte und indirekte Einfluss passiver Führung über geringe Klarheit der Rollen und Rollenüberlastung mit erhöhter Burnout-Gefahr wurde ebenfalls fbestätigt. Bei gleichzeitig stärkerer Ausprägung ethischer wie passiver Führung verringerte sich der positive Effekt ethischer Führung aufgrund von zunehmender Rollenunklarheit und die Tendenz zum Burnout bei Geführten nahm zu.

Auch die Analyse von Babalola, Stouten, Camps und Euwema (Babalola et al. 2019) hat sich mit verschiedenen Faktoren befasst, die die Wirkung ethischer Führung beeinflussen können. Ähnlich wie in früheren Studien, z. B. Stouten et al. (2013), wurde die These verfolgt, dass eine ethische Führung nicht nur positive Effekte haben muss. Die Verfasser stützen sich dabei auf eine Feldstudie mit Beschäftigten verschiedener

Industriezweige sowie experimentellen Szenarios. Es sollte insbesondere die wahrgenommene moralische Überzeugung (en. *ethical convictions*) der Führungskraft sowie die persönliche Kontrolle und die wahrgenommenen Mitwirkungschancen der Mitarbeiter hinsichtlich ihres Einflusses auf die Wirkung von ethischer Führung untersucht werden. Zielgrößen waren zum einen das bürgergemeinschaftsorientierte Verhalten (en. *citizenship behavior*) sowie ein normen-abweichendes Verhalten (en. *deviant behavior*) der Geführten. Beide Teilstudien bestätigten den Einfluss der betrachteten Faktoren auf die Wirkung ethischer Führung. Die Wirkung einer ausgeprägten bzw. wenig ausgeprägten ethischen Führung auf jeweils ein gemeinschaftsorientiertes Verhalten bzw. auf ein normabweichendes Verhalten wurde durch die wahrgenommene ethische Überzeugung der Führungsperson abgeschwächt. Im Einzelnen fanden die Forscher heraus, dass eine flexiblere moralische Überzeugung der Vorgesetzten zu einer stärkeren Gemeinschaftsorientierung und weniger deviantem Verhalten der Mitarbeiter führte. Wenn die Führungskraft dagegen als rigide und beharrend hinsichtlich ethischer Normen gesehen wird, verschlechtert sich die Wirkung ethischen Führungsverhaltens. Als Ursachen fanden die Forscher, dass ein starkes Beharren auf ethischen Normen durch die Führungskraft das Gefühl der Mitarbeiter, das eigene Geschick zu kontrollieren, und die Möglichkeit zur Mitwirkung einschränkt.

Voegtlin und Kollegen (2020) haben in einer neueren Studie zu Rollen einer (sozial) verantwortungsbewussten Führung die Wirkung verschiedener Führungsrollen, Experte, Vermittler und Bürger, auf die Führungseffektivität, die Einstellungen der Geführten und die Wahrnehmung durch die Stakeholder untersucht. Hinsichtlich der Einflussfaktoren wurden vor allem persönliche Einstellungen, Denkweisen und Werte einbezogen. Es wurden drei Teilstudien in verschiedenen Organisationen mit unterschiedlichen Methoden durchgeführt, neben Fragebogen, Aufzeichnungen und Szenario-Manipulationen. In der Analyse und Auswertung des umfassenden Datenmaterials fanden die Verfasser hinsichtlich der Wirkungen der verschiedenen Rollen verantwortlicher Führung sowohl positive Effekte auf die Führungseffektivität, die Verbundenheit und Haltung gegenüber den Kollegen, auf bürgergemeinschaftsorientiertes Verhalten (en. *citizenship behavior*) als auch auf eine positive Wahrnehmung der Führungskraft/des Unternehmens durch die Stakeholder als attraktives Rollenmodell.

Schlussendlich sollen noch drei ausgewählte Befunde zur ethischen Führung aus der interkulturellen Führungsforschung vorgestellt werden. Gestützt auf Annahmen der Anomie-Theorie haben Cullen et al. (2004) den Einfluss nationalkultureller und institutioneller Einflussfaktoren auf die Bereitschaft von Managern zur Rechtfertigung ethisch fragwürdiger Praktiken untersucht. Mit einer Stichprobe von über 3400 Managern aus 28 Ländern konnten erhebliche Unterschiede festgestellt werden. Alle untersuchten kulturellen Variablen (Leistung, Individualismus, Universalismus und Materialismus) und alle Variablen, die den Einfluss sozialer Institutionen in den Bereichen Wirtschaft, Politik, Familie und Bildung messen sollten, hatten einen starken bis mittleren Einfluss auf die Bereitschaft der Manager zur Tolerierung unethischer Praktiken. So wird etwa mit einer zunehmenden Industrialisierung und einer wachsenden Dominanz der Ökonomie über die Gesellschaft eine Zunahme egoistischer Handlungsmotive angenommen, was die größere Bereitschaft von Managern in industrialisierten Gesellschaften erklärt, nichtethische Praktiken zu tolerieren, im Gegensatz zu weniger industrialisierten Gesellschaften. Auch für kulturelle Werte, wie Universalismus oder Materialismus, konnte der theoretisch vermutete Einfluss auf eine stärkere Toleranz gegenüber egoistischen Handlungsmotiven nachgewiesen werden.

Resick et al. (2006) analysierten die Ausprägung von ethischer Führung als implizite Führungserwartung in verschiedenen Regionen der Welt. In ihrer Studie mit Daten des GLOBE-Projektes aus 62 Ländern konnten sie zeigen, dass die Dimensionen Integrität, Altruismus, kollektive Motivation und Ermutigung der Nachgeordneten in allen Ländern und Regionen gleichermaßen zu den Merkmalen eines Prototyps effektiver Führung gehören. Da sich das Ausmaß der Wertschätzung der einzelnen Dimensionen unterscheidet, sprechen die Verfasser von universellen, aber jeweils in der konkreten Ausprägung kulturell variierenden Führungsmerkmalen (en. *variform universal*). Mit Blick auf die einzelnen Dimensionen fanden die Forscher heraus, dass die Erwartung an ein integres Verhalten in den skandinavischen Ländern besonders ausgeprägt ist. Das gilt auch für die Dimension der Ermutigung der Nachgeordneten. Dagegen ist die Altruismus-Dimension, die humane Orientierung mit Stolz auf die Gruppe und Gemeinschaft verbindet, insbesondere in Südostasien eine wichtige Führungseigenschaft. Schließlich findet sich ein starker Fokus auf die kollektive Motivation besonderes in den angelsächsischen Ländern sowie in Lateinamerika.

In der GLOBE-Studie zur strategischen Führung von Geschäftsführern in 24 Ländern haben House et al. (2014) das wahrgenommene Führungsverhalten und seine Wirkung auf das Engagement des Top Management und ökonomische Ergebnisse der geführten Firma untersucht. Dabei wurde auch der Einfluss kultureller Faktoren wie der kulturell bedingten impliziten Führungstheorien (s. auch Kap. 4 im Buch) untersucht. Die Studie beruht auf Fragebogen von unmittelbar Geführten sowie Geschäftsführern, und Geschäftsführer-Interviews in den einzelnen Ländern. Die Ergebnisse belegen den hohen Stellenwert eines integren Führungsverhaltens. Über alle Länder hinweg konnte vor allem eine besondere Wirkung für ein hohes Engagement des Top Management Teams nachgewiesen werden, wo dieses Führungsattribut zu den drei entscheidenden Verhaltensweisen gehörte. Auch wenn der Einfluss auf die Wettbewerbsfähigkeit und Leistung der Firma geringer ausgeprägt war, gehörte Integrität auch hier zu den sieben wichtigsten Führungsfaktoren. Vertrauenswürdige, worthaltende, wertorientiertes und ethisch handelnde Führung waren darüber hinaus die zentralen Merkmale, in denen sich besonders erfolgreiche Geschäftsführer deutlich von weniger erfolgreichen Geschäftsführern unterscheiden. Die landesspezifische Wirkung war dabei von der Übereinstimmung des Führungsverhaltens mit den kulturell bedingten impliziten Führungsvorstellungen der jeweiligen Länder abhängig. Führungskräfte, die den Erwartungen entsprechend wahrgenommen wurden, waren auch erfolgreicher.

## 11.3 Destruktive Führung

### 11.3.1 Theoretisch-konzeptionelle Grundlagen

#### 11.3.1.1 Überblick zu Konzepten schlechter Führung

Der Begriff der Führung wird vor allem im englischen Sprachraum als „Leadership" oft nur mit „guter" oder effektiver Führung gleichgesetzt. Schlechte Führung (en. *bad leadership*) wäre danach die Abwesenheit von Führung. Verschiedene Autoren, darunter auch Kellerman (2004), haben diese normative Position inzwischen vehement kritisiert, und für eine, an neutralen Merkmalen orientierte Führungsdefinition und -konzeption plädiert, die auch Raum für die in der Führungspraxis zahlreich beobachtenden Beispiele von negativem Führungsverhalten lässt. Auch in der Führungsliteratur hat sich längst eine intensive Beschäftigung mit verschiedenen Aspekten schlechter Führer und schlechter Führung etabliert (vgl. auch Kuhn & Weibler, 2020, S. 9 ff.).

Der folgende Kasten enthält eine fast beliebig erweiterbare Liste schlechter Führer und schlechter Führung bzw. schlechten Führungsverhaltens aus Publikationen der letzten Jahre (vgl. auch Zusammenstellungen von Tepper, 2007 oder von Schyns & Schilling, 2012).

---

**The „Bad":**

**Schlechte Führung und ihre Facetten (mit Absicht unsortiert und im Original):**

destructive leader, laissez-faire leadership behaviour, despotic leadership, strategic bullying, narcissist leadership, psychopathic leadership, counterproductive workplace behaviour, supervisor undermining, narcissistic leaders, maladaptive managerial styles, abusive supervision, bully, incompetent leadership, bossing, ideological leadership, exploitative leadership, supervisor aggression, autocrats, corrupt leadership, corporate psychopaths, insular leadership, evil leadership, work place bullying, petty tyrants, derailed leaders, tyrannical leadership, harassing leaders, toxic leaders, victimization etc. ◄

---

Kellerman (2004, S. 32 ff.) unternimmt einen ersten Versuch, einige der Erscheinungsformen schlechter Führung zu systematisieren. Dabei unterscheidet sie zwischen **ineffektiver Führung** und **unethischer Führung**, wobei ineffektive Führung dadurch bestimmt ist, dass die Führungskraft aufgrund mangelnder Kompetenzen die angestrebten Ziele verfehlt. In diesem Sinne nennt sie Führereigenschaften und Verhaltensweisen wie Inkompetenz, Rigidität oder Unbeherrschtheit durch fehlende Selbstkontrolle. Unethische Führer orientieren sich dagegen stärker an eigenen Zielen als an denen der Gemeinschaft, oder sind nicht in der Lage, zwischen guten und schlechten Zielen zu unterscheiden (vgl. auch Weibler, 2012, S. 632). Dazu nennt Kellermann als entsprechende Eigenschaften gefühllos, korrupt, engstirnig und böse. Zugleich verweist sie auf das unterschiedliche Ausmaß schlechter Führung, das die Eigenschaften jeweils verkörpern, wobei unethische Führungseigenschaften besonderes negativ gesehen werden. Als eine spezielle und bislang wenig beachtete Dimension der schlechten bzw. destruktiven Führung stellen Schmid und Kollegen (2019) das Konzept der **ausbeuterischen Führung** (en. *exploitative leadership*) vor, die insbesondere auf ein selbstbezogenes Führungsverhalten mit ausbeuterischen Zielen den Mitarbeitern gegenüber abstellt.

Mit Blick auf den zentralen Fokus schlechter Führung bietet sich, ähnlich wie bei ethischer Führung, eine Unterteilung nach den drei zentralen Aspekten, Eigenschaften und Verhalten von Führungskräften sowie Konsequenzen des Führungshandelns, an. Danach kann unterschieden werden in:

- **Negative Persönlichkeitsmerkmale oder -eigenschaften** und ihr Ausdruck im Verhalten, z. B. narzisstische Führer und ihr Verhalten, das auf narzisstischen Persönlichkeitsmerkmalen beruht und wirksam wird, wenn diese als Führungskräfte arbeiten.
- **Amoralisches oder unethisches Verhalten von Führungskräften**, z. B. böswilliges, korruptes, autokratisches oder tyrannisches Verhalten, wobei die Kennzeichnung als „schlechte" Führung einen Bezug zu einem kulturell-universellen oder kulturell-kontingenten Verhaltensstandard voraussetzt.
- **Negative Ergebnisse oder Konsequenzen für Nachgeordnete, die Organisation oder die Gesellschaft**, z. B. destruktive Führung als ein Verhalten, das die legitimen Interessen der Organisation verletzt, ineffektiv ist oder die Motivation der Mitarbeiter zerstört.

Im Folgenden soll der Schwerpunkt auf der destruktiven Führung liegen, einem Ansatz, der insbesondere auf negative Ergebnisse und Konsequenzen des Führungsverhaltens abstellt.

### 11.3.1.2 Modell der destruktiven Führung

Unter **destruktiver Führung** soll nach einem der zentralen Ansätze ein „[…] systematisches und wiederholtes Verhalten eines Führers, Aufsehers oder Managers verstanden werden, welches die legitimen Interessen der Organisation verletzt, indem es die Organisationsziele, Aufgaben, Ressourcen und Effektivität und/oder die Motivation, das Wohlbefinden oder die Arbeitszufriedenheit der Nachgeordneten untergräbt und/oder sabotiert" (Einarsen et al., 2007, S. 208). Die Verfasser adressieren mit ihrem Ansatz sowohl das Verhalten der Führungskräfte, das auf die Nachgeordneten gerichtet ist, als auch das auf die Organisation gerichtete Verhalten, jeweils mit ihren negativen Wirkungen, unabhängig davon, ob die Wirkungen beabsichtigt waren oder nicht. Wichtig ist dabei, dass es nicht um einzelne Verhaltenssequenzen oder einmalige Handlungen geht. Vielmehr wird ein systematisches, regelmäßiges und wiederholtes Verhalten über eine längere Zeit betrachtet. Auch bei den Organisationszielen muss es sich um legitime Interessen handeln. Organisationen wie auch Beschäftigte sind verpflichtet, sich gemäß den geltenden nationalen und internationalen Normen zu verhalten (Einarsen et al., 2007, S. 210). Die Autoren verweisen auch auf Unterschiede in der Wahrnehmung und Wertung von destruktiven Verhaltensweisen zwischen verschiedenen Gesellschaften und über die Zeit (Einarsen et al., 2007, S. 210).

Durch den relativ breiten Zugriff gelingt es Einarsen und Kollegen, eine größere Anzahl der o. g. Konzepte, etwa missbräuchliche Überwachung, Mobbing bzw. Bullying oder despotische Führung und korruptes Verhalten, in ihr 2007 entwickeltes Modell der destruktiven Führung einzubeziehen. Die Autoren unterscheiden dazu neben einem konstruktiven Führungsverhalten mehrere Aspekte der destruktiven Führung (Einarsen et al., 2007, S. 212–214).

- ein unterstützend-illoyales Führungsverhalten, das heißt ein Führungsverhalten, das die Mitarbeiter unterstützt, aber zugleich ein illoyales Verhalten gegenüber den Organisationszielen darstellt, indem zum Beispiel Betrug durch Mitarbeiter zu Lasten der Firma durch den Chef gedeckt wird,
- ein tyrannisches Führungsverhalten, das zwar Organisationsziele akzeptiert und durchsetzt, jedoch zu Lasten und auf Kosten der Mitarbeiter und durch gegen die Mitarbeiter und ihre legitimen Interessen gerichtetes Führungsverhalten, z. B. indem Mitarbeiter mit geringen Leistungen durch „Bossing" zur Kündigung gedrängt werden, sowie
- die entgleiste Führung, die sowohl der Organisation als auch den Mitarbeitern durch ihr Verhalten Schaden zufügt.

In einer weiteren Studie (Skogstad et al., 2007) verweisen die Autoren noch auf die ebenfalls destruktive Wirkung des liberalen Laissez-faire-Führungsstils (Einarsen et al., 2007, S. 214) (Abb. 11.2).

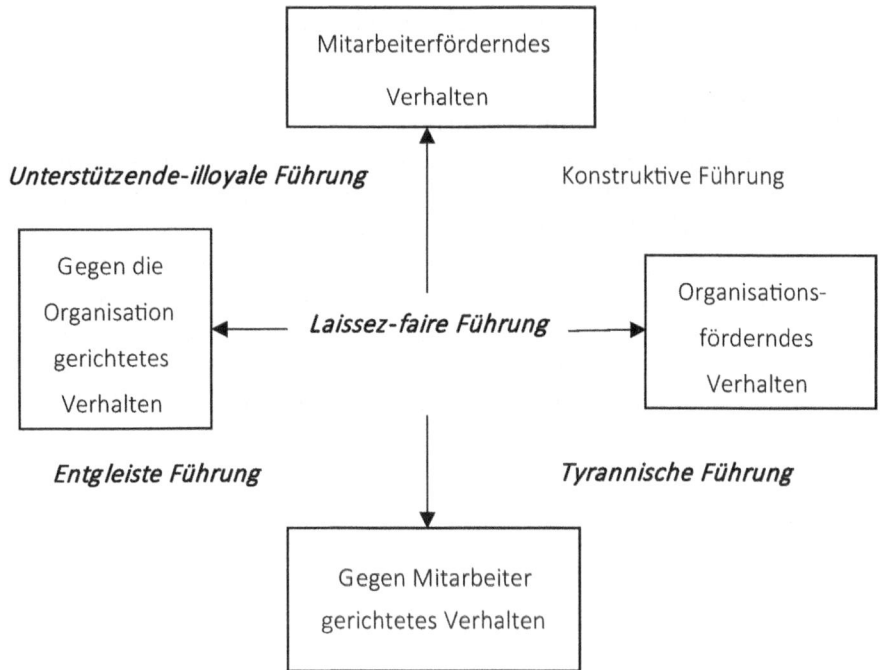

**Abb. 11.2**    Modell des destruktiven Führungsverhaltens. [Bildrechte: Eigene Darstellung, zusammengestellt nach Einarsen et al. (2007, S. 211), Aasland et al. (2010, S. 440) und Skogstad (2007]

Padilla et al. (2007) sowie Thoroughgood et al. (2012a, S. 899, 2018) haben in ihren Beiträgen einerseits die Merkmale destruktiver Führung ergänzt und andererseits gegenüber der bei Einarsen et al. (2007) vorhandenen Führerzentrierung zugunsten der Mitarbeiterzentrierung (insbesondere Thoroughgood et al., 2018) auf wichtige Erklärungsbeiträge für die Entstehung, Ausprägung und Entwicklung destruktiver Führung hingewiesen. Im Einzelnen wurden dabei folgende zentrale Aussagen getroffen:

- Destruktive Führung ist selten immer und vollständig destruktiv. Auch überwiegend destruktive Führer können sowohl beim Mitarbeiterverhalten als auch für die Organisation zum Teil positive Effekte erzielen; konstruktive Führer können andererseits auch teilweise gegen Mitarbeiter oder gegen die Organisationsziele gerichtetes Verhalten zeigen.
- Die destruktiven Führer nutzen in ihrer Einflussnahme überwiegend Kontrolle, Zwang und Manipulation statt Strategien und Taktiken der Überzeugung, Bindung oder Verpflichtung der Nachgeordneten.
- Destruktive Führung ist ihrer Natur nach egoistisch und betont die Ziele und Interessen der Führungskraft statt die der Mitarbeiter, weiterer Gruppen und der Organisation.
- Destruktive Führung beeinträchtigt die Lebensqualität aller davon Betroffenen innerhalb und außerhalb der Organisation und ist daher den Zwecken und Zielen der Organisation abträglich.
- Destruktive Führer arbeiten nicht in einem Vakuum. Destruktive Ergebnisse der Organisation hängen auch von empfänglichen Geführten und einem destruktives Führungsverhalten begünstigenden Umfeld ab.

Insbesondere der letzte Aspekt wurde von Padilla und Kollegen (2007) aufgenommen, die im sogenannten „giftigen Dreieck" (en. *toxic triangle*) die wichtigsten Determinanten destruktiver Führung zusammenfassen. Dabei werden bezogen auf die Führungskräfte vor allem **negative Persönlichkeitseigenschaften**, Motive und Orientierungen herausgestellt, z. B. Charisma, Narzissmus, eine ausgeprägte Machtmotivation bei niedriger Verantwortungsmotivation, personalisierte Macht, negative Lebens- und vor allem auch Kindheitserfahrungen, sowie eine Ideologie des Hasses. Diese Führereigenschaften werden als notwendige, aber noch nicht hinreichende Bedingungen für das Auftreten destruktiver Führung gekennzeichnet (Padilla et al., 2007, S. 180–182). Im Fall des Charismas wird insbesondere auf die Gefährlichkeit der „dunklen Seite" des Charismas hingewiesen (vgl. Kap. 2 zur neocharismatischen Führungstheorien), die sich mit Blick auf destruktive Führung vor allem mit Führereigenschaften und -aktivitäten verbindet, wie Visionen vermitteln, über ausgeprägte Fähigkeiten zur Selbstpräsentation verfügen und ein hohes Maß an Energie aktivieren können (Padilla et al., 2007, S. 180 f.). Diese Eigenschaften können sowohl konstruktiv als auch destruktiv wirken; letzteres vor allem, wenn sie selbstbezogen und eigenen Interessen dienend eingesetzt werden. Neben einer ausgeprägten Machtmotivation im Sinne einer personalisierten Macht, die geringe soziale Verantwortung aufweist, werden vor allem narzisstische Persönlichkeitseigenschaften als Ausgangspunkte destruktiver Führung betrachtet. Kuhn und Weibler (2012, S. 59, 2020, S. 5 ff.) sprechen von Narzissten, Psychopathen und Machiavellisten als der „dunklen Triade" der (Führungs-)Persönlichkeit. Sie erwähnen auch noch den alltäglichen Sadismus als weitere Merkmal (Kuhn & Weibler, 2020, S. 63). Rosenthal und Pittinsky (2006, S. 619 ff.) arbeiten ausgehend von Merkmalen einer narzisstischen Persönlichkeitsstörung u. a. die Schattenseiten narzisstischer Führer und ihres Führungsverhaltens heraus,[2] z. B. Arroganz, Mangel an Empathie, Überempfindlichkeit und Wut, Amoralität, Drang nach Anerkennung, Gefühl der Überlegenheit gegenüber anderen oder Paranoia. Zentrale psychoanalytische Beiträge zu den Schattenseiten der Führung, die von Führungspersonen ausgehen, stammen vor allem von Kets de Vries (u. a. Kets de Vries, 1979, 2006, Kets de Vries & Miller, 1984, zusammenfassend Kets de Vries & Balazs, 2011). Ausgehend von den Basisannahmen eines klinischen Paradigmas gibt es auch für irrationales Verhalten rationale Gründe, die eher in unbewussten Motiven liegen und wiederum auf die Erfahrungen der Vergangenheit zurückgeführt werden können (Kets de Vries & Balazs, 2011, S. 381 ff.), Daraus lassen sich typische Muster einer Psychodynamik der Führungsbeziehung ableiten, die als destruktive, entgleiste Führung bzw. Führungsbeziehung charakterisiert werden können. Die Autoren nennen Konfliktvermeidung, Tyrannisieren der Nachgeordneten, Mikro-Management, Unzugänglichkeit sowie eine, auf wechselseitiger Abhängigkeit beruhende, gemeinsame psychotische Störung („Folie a deux" oder „shared madness", vgl. Kets de Vries, 1979 sowie auch Kap. 5 zur psychoanalytischen Führungssicht). In ähnlicher Richtung, aber mit einem stärkeren Fokus auf destruktive Führung und die negativen Effekte für die Organisation argumentiert Goldman (2006, 2009). In seinem Buch „Destructive leaders and dysfunktional organizations" (2009) beschreibt er die Auswirkungen verschiedener Persönlichkeitsstörungen auf das Verhalten der Führungskräfte und die jeweilige Organisationskultur. Seine zentrale Annahme lautet, dass die individuelle Persönlichkeitsstörung untrennbar mit dem schädlichen Verhalten und den Fehlfunktionen der Organisation als Ganzes verknüpft ist. „[…] In den meisten Organisationen diffundiert eine andauernde Persönlichkeitsstörung eines bedeutenden und aktiven Führers in die Bereiche und in die Belegschaft und verbreitet sich eventuell auch durch große Unternehmen […]" (Goldman, 2009, S. 20).

Wie bereits angedeutet, setzt die destruktive Wirkung des Führungsverhaltens auch ein für das Führerverhalten **empfängliches Gefolge** an Mitarbeitern voraus (vgl. Padilla et al., 2007, S. 182 ff.; Thoroughgood et al., 2012a, S. 901 ff., 2018). Padilla et al. (2007, S. 183) nennen zunächst zwei Gruppen: die Konformisten (en. *conformer*), die das destruktive Führungsverhalten eher passiv annehmen, und die Komplizen (en. *colluder*), die aktiv mittun oder die destruktive Führung sogar auslösen, man denke etwa an Mitarbeiterfehlverhalten, wie Diebstahl, der durch die Führungskraft dann gedeckt oder aktiv gefördert wird. Während die Gruppe der Konformisten vor allem durch nichterfüllte Grundbedürfnisse, geringe geistige Reife oder negative Selbsteinschätzung gekennzeichnet sind, werden mit

---

[2] Wie auch Maccoby (2000) bemühen sich die Autoren jedoch um ein differenzierteres Bild des narzisstischen Führers, indem sie auch Stärken herausarbeiten.

Blick auf die Komplizen Eigenschaften, wie ausgeprägter Ehrgeiz, eine ähnliche oder zu den Führungskräften passfähige Weltanschauung und schlechte Werte wie Gier oder Selbstsucht genannt. Thoroughgood et al. (2012a, S. 902 ff.) differenzieren diese Typologie weiter aus, indem sie den „empfänglichen Zirkel" der Nachgeordneten in insgesamt fünf verschiedene Typen unterteilen. Die Gruppe der Konformisten wird unter Bezug auf unterschiedliche Machtquellen der Führungskraft und Motivationen sowie die unterschiedliche Ausprägung der o. g. Persönlichkeitsmerkmale der Geführten unterschieden in „Autoritätsgläubige" (en. *authoritarians*), „verlorene Seelen" (en. *lost souls*) und „Zuschauer" (en. *bystander*). So kann sich der destruktive Führer bei seinem Einfluss gegenüber den „Autoritätsgläubigen" vor allem auf seine legitimen Machtgrundlagen beziehen, die „verlorenen Seelen", mit unklarem Selbstkonzept, geringem Selbstwertgefühl und/ oder unbefriedigten Grundbedürfnissen, werden vor allem über eine Identifikation mit der Führungskraft zur Akzeptanz oder Mitwirkung an destruktiver Führung veranlasst, während die „Zuschauer" insbesondere über Zwang und Manipulation zum Mitmachen oder Dulden genötigt werden. Bei den Komplizen unterscheiden die Verfasser Gefolgsleute (en. *acolytes*) und Opportunisten (en. *opportunists*). Während die Gefolgsleute eine Werte- und Zielübereinstimmung mit dem destruktiven Führer auszeichnet, sind Opportunisten, auch getrieben durch persönlichen Ehrgeiz, Gier oder machiavellistische Neigungen, eher daran interessiert, eigene Belohnungen und andere Vorteile aus dem Führerverhalten zu ziehen. Basis der Folgebereitschaft ist somit ein entsprechender Austausch.

Neben der Wirkung von Persönlichkeitsmerkmalen der Führer und der Nachgeordneten werden auch bestimmte, das Auftreten und die Wirkung solcher Führungspersönlichkeiten (und Mitarbeiter) und ihrer Verhaltensweisen **„fördernde" Umweltfaktoren** genannt. Dazu zählen Padilla et al. (2007, S. 185 ff.) Instabilität im organisationalen Umfeld oder der konkreten Führungssituation, wahrgenommene Bedrohungen, auch ohne tatsächliche Gefahr, Druck, kulturelle Werte, wie hohe Machtunterschiede, ausgeprägte Unsicherheitsvermeidung und Gruppekollektivismus, eine fehlende Gegenmacht und Kontrolle, die Machtmissbrauch ermöglicht, und ineffektive Institutionen, wie begrenzte, nicht oder schlecht funktionierende Anreiz- und Überwachungsstrukturen. In einer erweiterten Perspektive spielen neben nationalkulturellen Werten oder Anreiz- und Kontrollinstitutionen auch Fragen der Organisationskultur eine wichtige Rolle, etwa in Form einer Misstrauensorganisation, oder einer Organisation, in der ein ethisches Klima des Egoismus oder ein aggressives Arbeitsklima vorherrscht (vgl. z. B. diverse Studien zur Wirkung des ethischen Klimas auf das ethische/unethische Verhalten auch bei Managern in Simha & Cullen, 2012 sowie u. a. Ambrose & Ganegoda, 2020; Zhang & Bednall, 2016). Beide kulturellen Zustände können dabei z. B. mit Goldman (2009) als Ergebnis der destruktiven Führung oder als fördernde Rahmenbedingung für die Entstehung, Entfaltung und Entwicklung destruktiver Führung gesehen werden. So weist etwa Kets de Vries (1979) darauf hin, dass eine isolierte Führungssituation und -umgebung, z. B. isolierte Gruppen mit schwachen Beziehungen zu anderen Gruppen, die Entstehung wechselseitiger Abhängigkeit zwischen Führern und Geführten im Sinne eine „Folie a deux" fördern können, diese Situation zugleich aber auch durch entsprechende Einstellungen und Aktivitäten der Akteure selbst „produziert" und reproduziert wird (vgl. Kets de Vries, 1979, S. 130). In späteren Beiträgen wird auf weitere Einflüsse verwiesen, etwa auf die Blockierung von Zielen, knappe Ressourcen etc. (vgl. z. B. Krasikova et al., 2013, S. 1316 ff.) bis hin zu Einflüssen unterschiedlicher klima-ökonomischer Faktoren auf die Verbreitung destruktiver Führungskulturen (van de Vliert et al., 2010).

Die Abb. 11.3 zeigt eine Zusammenfassung der wichtigsten Faktoren des toxischen Dreiecks der destruktiven Führung.

Wie die bisherige Darstellung verdeutlicht hat, spielen im Fall der destruktiven Führung vor allem verschiedene Persönlichkeitstheorien, insbesondere solche, die sich mit Persönlichkeitsstörungen beschäftigen, eine erhebliche Rolle bei der theoretischen Fundierung destruktiver Führung. Das betrifft sowohl die Führer als auch die Geführten. Daneben werden Motivationstheorien und machttheoretische wie mikropolitische Theorieelemente sichtbar und schließlich finden sich auch eher kontingenztheoretische Rahmungsversuche, etwa bei Padilla et al. (2007) oder Krasikova et al. (2013). Und schließlich wird auf den Einfluss des sozialen Lernens verwiesen, insbesondere mit Blick auf die Übernahme des Führerverhaltens durch Mitarbeitergruppen (Thoroughgood et al., 2012a).

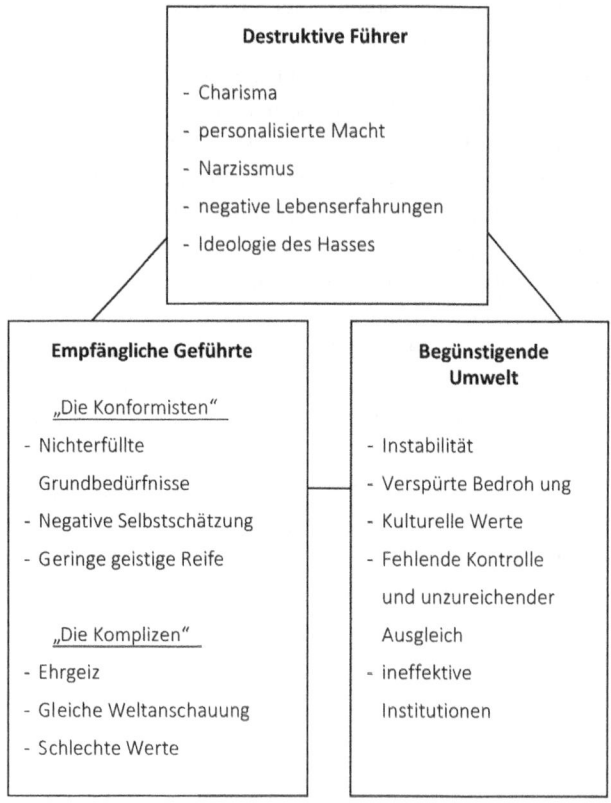

**Abb. 11.3**  Toxisches Dreieck der destruktiven Führung. [Bildrechte: Eigene Darstellung und Übersetzung in Anlehnung an Padilla et al. (2007, S. 180)]

Im Folgenden sollen noch kurz einige weitere konzeptionelle Überlegungen zur destruktiven Führung angesprochen werden. Schyns und Schilling (2012, S. 140) verweisen in ihrem Überblicksartikel auf Unterschiede in der Konzeptualisierung destruktiver Führung. Sie nennen folgende Felder, wobei sie andere, ähnliche Konzepte wie toxische Führung (en. *toxic leadership*) oder missbräuchliche Führung (en. *abusive supervision*) einbeziehen:

- durch Nachgeordnete wahrgenommenes Verhalten vs. tatsächliches Verhalten
- absichtliches oder unabsichtliches Verhalten
- körperliche, verbale oder/und nonverbale Verhaltensweisen
- Einbeziehung der Ergebnisse und Wirkungen oder Fokus auf das Verhalten.

Während etwa Einarsen et al. (2007) noch explizit auf die Absicht als Kriterium verzichtet haben, also sowohl beabsichtigte als nicht intendierte Destruktion von Organisation- und Mitarbeiterinteressen einbezogen haben, ziehen z. B. Krasikova et al. (2013) mit ihrer Definition von destruktiver Führung eine klare Grenze. Sie unterscheiden zwischen ineffektiver und destruktiver Führung als unabsichtlich schädliches Verhalten bzw. mit Absicht erfolgende oder bewusst in Kauf genommene negative Effekte des Verhaltens. Destruktive Führung ist danach ein „[...] absichtsvolles Verhalten eines Führers, das die Organisationsziele oder die Mitarbeiterziele schädigen kann oder dies beabsichtigt, durch (a) Ermutigung der Nachgeordneten, Ziele zu verfolgen, die gegen die legitimen Interessen der Organisation gerichtet sind, oder (b) die Anwendung eines Führungsstils, der die für Geführte schädigenden Mittel und Methoden der Einflussnahme einschließt, unbeschadet der möglichen Rechtfertigungen eines solchen Verhaltens" (Krasikova et al., 2013, S. 1310).

Daneben fällt bei dem Modell von Krasikova et al. (2013) auch ein weiterer Trend auf, der auch in der Diskussion von Schyns und Schilling (2012) seinen Niederschlag findet: die Frage nach dem Unterschied zwischen destruktiver Führung als eigenständigem, auch systematisch auftretendem und abgrenzbarem Führungsphänomen und destruktivem Führerverhalten, das bei manchen Autoren eher als eine Episode oder Facette des Führungsprozesses erscheint, als schädigendes Verhalten, „[...] eingebettet in den Prozess der Führung [...]" (Krasikova et al., 2013, S. 1311).

Auch wenn andere Autoren wie Schyns und Schilling (2012) oder Thoroughgood et al. (2012b) in ihren Definitionen destruktive Führung etwas breiter fassen, so zeigt sich doch auch hier eine Eingrenzung auf die unmittelbare Führer-Geführten-Beziehung; allerdings unter Einbeziehung wahrgenommener Feindlichkeit und Schädigung des Führungsverhaltens durch die Nachgeordneten sowie von physischem, verbalem und auch nonverbalem Verhalten (Schyns & Schilling, 2012, S. 141). Ähnlich wie bei Krasikova et al. wird aber das Laissez-faire-Führungsverhalten aus der destruktiven Führung ausgeschlossen und die unterstützend-illoyale Führung als Sonderfall betrachtet, da sie ja gegenüber den Geführten nicht feindlich auftritt (Schyns & Schilling, 2012, S. 141 f.)

Klaussner (2014) hat sich vor allem mit der Entstehung destruktiver Führung aus all-täglichem Führungsinteraktionen beschäftigt und das Modell einer Eskalationsspirale ent-wickelt, bei der einzelne Führungshandlungen, negativ wahrgenommen, zu einer ent-sprechenden Reaktion der Mitarbeiter führen, die wiederum zu einer Verstärkung der gegen den/die jeweiligen Mitarbeiter gerichteten Führungsaktivitäten führen kann.

### 11.3.2 Methoden der Forschung und ausgewählte empirische Befunde

Die seit nunmehr einigen Jahren systematisch durchgeführte Forschung zu negativen Führungsphänomenen und darunter auch zur destruktiven Führung (vgl. zum Überblick u.a. Schyns & Schilling, 2012; Tepper et al., 2018; Mackey, 2019), stützt sich auf ver-schiedene methodische Zugänge, wobei auch hier die quantitativen empirischen Studien den größten Anteil der Forschung ausmachen.

Je nach Fokus auf Eigenschaften eines destruktiven Führers, auf destruktives Führer-verhalten oder Reaktionen der Mitarbeiter sowie Rahmenbedingungen und Konsequenzen des Verhaltens, lassen sich auch unterschiedliche Forschungsmethoden und -instrumente identifizieren.

Die Gruppe um Einarsen und Skogstad stützt sich bei ihren Erhebungen auf eine Skala zur destruktiven Führung, die die verschiedenen Führungsstile des Modells von Einarsen et al. (2007) berücksichtigt. Typische Items sind (vgl. Aasland et al., 2010, S. 442):

- konstruktives Führungsverhalten, z. B. „erkennt gute Leistungen an" oder „fördert In-novationen",
- unterstützend-illoyales Führungsverhalten, z. B. „ermutigt Sie, extra Privilegien auf Kosten der Firma zu genießen",
- tyrannisches Führungsverhalten, z. B. „demütigt Sie oder andere Beschäftigte, wenn Sie nicht nach seinen Standards leben",
- entgleiste Führung, z. B. „nutzt seine/ihre Position in der Firma, um finanziell/materiell auf Kosten der Firma zu profitieren" oder
- Laissez-faire-Führungsverhalten, z. B. „vermeidet Entscheidungen".

Eine weite Verbreitung erfuhr auch die Skala der missbräuchlichen Führung (eng. *ab-usive leadership*) nach Tepper (2000), die ausschließlich auf subjektive Wahrnehmung durch Mitarbeiter abstellt. Allerdings erfuhr diese Skala in verschiedenen Studien diverse Adaptionen und Veränderungen, was zu schlecht vergleichbaren Ergebnissen geführt hat (Mackey et al., 2017).

Thoroughgood et al. (2012b) haben auf deduktivem und induktivem Weg ein Frage-bogeninventar zur Messung des destruktiven Führungsverhaltens entwickelt. Dazu wurde einerseits die Methode der kritischen Ereignisse genutzt, um entsprechende Verhaltens-weisen zu generieren. Andererseits haben die Autoren auch auf verschiedene Items aus bekannten Fragebögen oder Skalen zu Konzepten wie „abusive supervision", „counterproductive work behaviour" oder „petty tyranny" zurückgegriffen. In einer Verhaltens-systematik ordnen sie den Verhaltensweisen drei Dimensionen destruktiver Führung zu: auf Mitarbeiter gerichtetes Verhalten oder organisations-/unternehmensbezogenes Verhalten, eventuell oder unmittelbar schädigend sowie norm- oder regelverletzend. Als Ergebnis von Skalenentwicklung und des Skalentests präsentieren sie eine Drei-Faktoren-Lösung (Thoroughgood et al., 2012b, S. 242):

- Auf Nachgeordnete/Mitarbeiter bezogenes Verhalten (14 Items), z. B.
  - „beschuldigt/bestraft Nachgeordnete für etwas, wofür sie nicht verantwortlich sind",
  - „sagt das eine und tut etwas anderes".
- Auf Unternehmen/Organisation bezogenes Verhalten (11 Items), z. B.
  - „fälscht Dokumente",
  - „verletzt Politik und Regeln des Unternehmens".
- Sexuell belästigendes Verhalten (3 Items), z. B.
  - „deutet an, dass sexuelle Zugeständnisse zu bevorzugter Behandlung führen".

Wie angedeutet, gibt es zahlreiche weitere Konzepte zur quantitativen Messung oder Bewertung von anderen, verwandten Konzepten des destruktiven Führungsverhaltens, wie beispielsweise die Skala zur ausbeuterischen Führung nach Schmid et al. (2019). Daneben finden sich auch diverse Instrumente zur Ermittlung von narzisstischen, machiavellistischen oder psychopathischen Persönlichkeitseigenschaften (z. B. Machiavellismus vgl. Neuberger, 1995, S. 160 f., 112 f., 2006, S. 56 f.). Qualitative Methoden wie Inhaltsanalysen von Interviewmaterial finden sich neben einer eher exemplarischen Nutzung bei der Skalenentwicklung u. a. im Beitrag von Schilling (2009). Hier wurden 42 mittlere und höhere Manager in halbstrukturierten Interviews zu Rahmenbedingungen, Merkmalen und Konsequenzen negativer Führung befragt. Die inhaltsanalytisch abgeleiteten insgesamt 1525 Aussagen zu den drei Bereichen wurden kodiert und numerisch ausgewertet, zugleich aber auch in Konzept-Landkarten der einzelnen Personen, von Personengruppen oder insgesamt zusammengefasst. Schließlich müssen noch Tiefen-Fallstudien erwähnt werden, wie sie von Goldman (2006, 2009) durchgeführt wurden, um destruktive Führungskräfte im jeweiligen organisatorischen Kontext zu analysieren. Zu den Methoden, die letztlich zu einer dichten Fallbeschreibung von Person und Kontext sowie Interventionen führten, gehören u. a. narrative Interviews sowie die Nutzung von psycho-analytischen Diagnoseinstrumenten.

Einen umfassenden Überblick der empirischen Befunde zur destruktiven Führung und ähnlichen Konzepten geben Schyns und Schilling (2012). Sie analysieren insgesamt 104 Artikel, wobei die meisten zum Konzept der missbräuchlichen Führung verfasst wurden, gefolgt von negativer Führung allgemein und destruktiver Führung. Aktuellere Metaanalysen und Literaturübersichten zum Thema wurden von Tepper et al. (2018) sowie Mackey et al. (2017, 2019) vorgelegt. Einschränkend ist zu sagen, dass diese Metaanalysen vor allem Artikel aus dem psychologischen Bereich berücksichtigen. Autoren wie Goldman, Kets de Vries, oder auch Autoren aus dem Bereich der interkulturellen Führungsforschung, wie z. B. van de Vliert et al., fehlen. Im Ergebnis können die Autoren zeigen, dass insbesondere Themen, wie Einstellungen und Widerstand der Nachgeordneten, Arbeitszufriedenheit, Gerechtigkeit, unproduktives Arbeitsverhalten, Wechselabsichten, Betriebsbindung, Stress, positive Selbstbewertung, Wohlbefinden oder individuelle Leistung der Nachgeordneten im Zentrum der Analysen stehen. Im Vergleich zur konstruktiven Führung zeigen ausgewählte Studien zur destruktiven Führung auf, dass destruktive Führung einen signifikant negativen Effekt auf die Zufriedenheit mit der Führungskraft und auch auf die Arbeitszufriedenheit insgesamt hat. Das Wohlbefinden leidet, die Wechselabsicht nimmt zu und auch die Betriebsbindung/Commitment sowie die individuelle Leistung werden durch destruktive Führung negativ beeinflusst (Schyns & Schilling, 2012, S. 148).

Als ein Beispiel für solche Erhebungen kann die Studie von Aasland et al. (2010) gelten. Die Verfasser haben 2539 zufällig ausgewählte Beschäftigte in Norwegen zur Verbreitung und Ausprägung destruktiver Führung und ihrer verschiedenen Verhaltensmuster befragt. Im Ergebnis zeigt sich im Durchschnitt ein großer Bereich von konstruktiver Führung, gefolgt von Laissez-faire-Verhalten und unterstützend-illoyalem Verhalten. Bei genauerer Betrachtung der destruktiven Verhaltensweisen ist zu erkennen, dass immerhin über 80 Prozent der Befragten bereits das eine oder andere destruktive Verhalten erlebt haben; zusammenfassend ist ca. ein Drittel aller Befragten mehr oder weniger stark von destruktiver Führung betroffen. Korrelationen zwischen den destruktiven Führungsstilen, u. a. auch mit der Laissez-faire-Führung, verweisen auf spezifische Muster destruktiver Führung. In einer anderen Studie aus der Gruppe um Einarsen und Skogstad (Skogstad et al., 2007) mit 2273 norwegischen Beschäftigten wird der These nachgegangen, dass auch Laissez-faire-Führung negative Konsequenzen für Mitarbeiter und/oder die Organisation hat und daher ebenfalls als destruktives Verhalten angesehen werden kann. Dazu wurden Auswirkungen dieses Führungsverhaltens auf die Zunahme der Mehrdeutigkeit von Rollen sowie Rollenkonflikte und mögliche Folgen für die Kooperation innerhalb der Gruppe/Organisation untersucht. Im Ergebnis konnten die wesentlichen Wirkungspfade bestätigt werden: Laissez-faire-Führung bewirkt wachsende Rollenkonflikte und fehlende Reduktion von Mehrdeutigkeit durch die Führungskraft, was Mobbing-Tendenzen und wachsendem negativem Stress bei Nachgeordneten nach sich zieht, und damit letztlich sowohl Nachgeordnete als auch weitergehend die Organisation schädigt (Skogstad et al., 2007, S. 83 ff.).

In seinen Fallstudien hat Goldman die Wirkung destruktiver Führer im organisationalen Kontext untersucht (vgl. Goldman, 2009 zum Gesamtüberblick). Ein gutes Beispiel für die fallorientierte Aktionsforschung liefert die Studie zur Persönlichkeit und Wirkung eines Managers mit Borderline-Störung (Goldman, 2006). Auf der Basis von umfassendem Fallmaterial erfolgt zunächst eine dichte Fallbeschreibung in Form einer chronologischen Erzählung, die sich auf narrative Interviews mit Mitarbeitern, Führungskräften und dem Manager selbst stützt. Der Verfasser beschreibt anschließend seine Coaching-Interventionen mit der Führungskraft sowie Ergebnisse des Persönlichkeitstests, den er individuell, aber auch auf der Organisationsebene durchgeführt hat. In der Analyse wird die festgestellte

Tendenz zu destruktivem Führungsverhalten mit der diagnostizierten Störung verknüpft, deren Ursache in Problemen in der Biografie des Managers, insbesondere in Problemen aus der Zeit des Erwachsenwerdens gesucht wird. Abschließend werden Interventionen und deren Ergebnisse beschrieben.

Die Analyse von Schilling (2009) verfolgt einen eher konstruktivistischen Ansatz zur Analyse der destruktiven Führung, ihrer Voraussetzungen und Konsequenzen. Indem diese Kategorien aus der Sicht zumindest von zwei Gruppen von Akteuren, mittlere Manager und Top Manager, erfasst wurden, und eine auch qualitative Rekonstruktion der Bedeutung und der Zusammenhänge der Kategorien versucht wird, kommt eine alternative Sicht zum Mainstream in den Blick. So wird etwa deutlich, dass es bei den Befragten einen breiten Bereich unsicherer und vermeidender Führung gibt, der ebenfalls der negativen Führung zugerechnet wird, jedoch in der theoretisch-systematischen Literatur kaum oder nicht in diesem Ausmaß auftaucht. Bezüglich der Voraussetzungen dominiert eine externe Attribuierung an Umweltfaktoren im weitesten Sinne (über 70 Prozent); vor allem verschiedene Eigenschaften und Verhaltensweisen der Geführten (ca. 28 Prozent) und der Aufgaben und Rollen (knapp 20 Prozent) werden herausgestellt. Der Verfasser demonstriert schließlich auch anhand der Konzeptmappen jeweils zusammenhängende kognitive Voraussetzungs- und Wirkungsketten sowie Ähnlichkeiten der Facetten negativer Führung bei den Befragten. Damit wird einerseits die Bedeutung der Nachgeordneten bestätigt und die eher objektivistische Perspektive durch eine subjektivierende Sicht ergänzt.

Erickson et al. (2007) bieten einen Beitrag über die Voraussetzungen, Ausdrucksformen und Folgewirkungen schlechter Führung. Über einen internetbasierten Fragebogen wurden dazu Daten zur destruktiven Führung von 335 Personen erhoben. Das Ergebnis, bezogen auf die Folgen schlechter Führung, zeigt, dass die Befragten in fast 45 Prozent der Fälle erfahren haben, dass der schlechte Führer belohnt oder sogar befördert wurde. In weiteren knapp 20 Prozent der Fälle ist nichts passiert. Nur ca. 13 Prozent berichten über ein erzwungenes Ausscheiden, ca. 7 Prozent über eine laterale und 6 Prozent über eine hierarchische Rückversetzung.

Die neueren Arbeiten zum Thema, die in den letzten zehn Jahren überaus zahlreich erschienen sind, befassen sich weiterhin im Wesentlichen mit den Antezedenzien und den Konsequenzen schlechter Führung. Artz et al. (2020) legen eine der aktuellen Studien zur Verbreitung der schlechten Führung vor. Die Autoren entwickeln einen Index der schlechten Führung und stellen fest, dass in Europa 13 Prozent aller Beschäftigten Erfahrung mit solcher Führung gesammelt haben. Im Unterschied zu früheren Arbeiten ist in den aktuelleren Veröffentlichungen eine deutlich stärkere Beachtung der Geführtenrolle für die Entstehung oder Etablierung der schlechten Führung festzustellen. Breevaart et al. (2021) befassen sich beispielsweise mit der Frage, warum Mitarbeiter schlechte Führung teilweise jahrelang ertragen und entwickeln ein Modell der Barrieren, bestehend aus gesellschaftlichen, organisatorischen, führungs- und personenbezogenen Hürden, die aktives Eingreifen bei schlechter Führung verhindern. Milosevic et al. (2020) zeigen in ihrer Studie hingegen, dass Geführte schlechte Führung keinesfalls passiv hinnehmen oder dieser aus dem Weg gehen, sondern sie proaktiv mit Übergangslösungen oder durchs Lernen

unterminieren. Auch ist eine eingehende Auseinandersetzung mit kognitiven und ver-
haltensbezogenen Faktoren auf Seite der Geführten als Antezedenzien oder Auslösern
schlechter Führung festzustellen, wie z. B. moralische Distanzierung (Fehr et al., 2020),
soziale Dominanz von Mitarbeitern (Graham et al., 2019), widerständiges Mitarbeiterverhalten (Günther et al., 2021), psychologische Unsicherheit (Mergen & Ozbilgin, 2021),
implizite Geführtentheorien von Mitarbeitern (Knoll et al., 2017). In Reaktion auf die bisher einseitigen Untersuchungen schlechter Führung aus der Perspektive von Führungskräften oder neuerdings auch Mitarbeitern heraus wurden Studien durchgeführt, bei denen
Führungstriaden im Fokus standen, um sowohl die Sicht der Vorgesetzten von schlechten
Führern als auch deren Untergebenen zu erfassen (Ambrose & Ganegoda, 2020). Hier
stellt sich durchaus überraschend heraus, dass Vorgesetzte zweiten Grades mehr destruktive Führung unter ihren Untergebenen wahrnehmen, die auch Führungskräfte sind, als
Mitarbeiter dieser. Auch der Zusammenhang zwischen der schlechten Führung und ihrer
Folgen für Mitarbeiter werden in den aktuelleren Arbeiten oft als nicht linear, sondern als
kognitiv vermittelt gesehen und abhängig z. B. von der Selbsteinschätzung der Mitarbeiter
(je höher, umso schwerwiegender die Folgen schlechter Führung, Booth et al., 2020), von
der Machtdistanz der Mitarbeiter (je höher, umso harmloser die Folgen der schlechten
Führung, Peltokorpi & Ramaswami, 2021) sowie moralische Identität oder eigen-
brötlerische Neigung, die vor schlechter Führung eher abschirmt (Wu et al., 2020). Zugleich und im Gegensatz dazu legt die von Mackey und anderen (2017) durchgeführte
Metaanalyse nahe, dass es doch eine lineare und keine wie angenommen kurvenförmige
Beziehung zwischen der schlechten Führung und dem Arbeitsverhalten von Mitarbeitern
existiert. Als Bestätigung für den linearen Zusammenhang kann das Ergebnis von Lopes
et al. (2019) gedeutet werden, welches zeigt, dass Erfahrungen mit schlechter Führung
eine paranoide Neigung unter den Mitarbeitern fördert, auch in harmlosem Verhalten Bös-
artiges zu sehen.

## 11.4   Anwendungsfelder und praktische Implikationen

Kuhn und Weibler (2012, S. 139 ff.) beschreiben in ihrem Buch recht umfassend die verschiedenen Möglichkeiten, eine ethikbewusste Führung durch entsprechende Situations-
gestaltung zu beeinflussen. Ihre grundlegende Schrittfolge umfasst die Proklamierung
ethischer Führung zur Schaffung eines notwendigen Problembewusstseins, die Re-
formierung relevanter Führungssysteme im Sinne führungsethischer Personalbeschaffung
und -auswahl, Personalbeurteilung, Personalhonorierung und Personalentwicklung sowie
die Herausbildung einer integritätsorientierten Führungskultur, bei der integre Führer und
Geführte auf Basis geteilter ethischer Werte und Normen kooperieren (Kuhn & Weibler,
2012, S. 149). Die Verfasser verweisen aber auch auf die Fallstricke entsprechender Maßnahmen. Als Beispiel kann hier der Hinweis dienen, dass Zielvorgaben nur mit gebotener
Vorsicht einzusetzen sind, weil sie durch die damit verbundene Einengung der Perspektive

und ggf. erhöhte Risikobereitschaft auch Schaden für die Organisation nach sich ziehen oder unethische Verhaltensweisen zur Zielerreichung legitimieren können.

Insbesondere der von Kuhn und Weibler (2012, S. 148 f.) postulierte Dialog einer auf Ethikgrundsätze bezogenen geteilten Führung (en. *ethically shared leadership*) weist große Ähnlichkeiten mit dem Konzept der herrschaftsfreien Diskurse nach Habermas (1981, S. 68) auf. Im folgenden Beispiel findet sich eine Zusammenstellung der zentralen Verfahrens- und Verhaltensbedingungen des Konzeptes. Zur weiteren Diskussion auch über die Probleme der Verwirklichung eines solchen idealtypischen Modells kann auf Neuberger (2006, S. 439 ff.) verwiesen werden.

---

**Verfahrens- und Verhaltensbedingungen für idealtypischen Diskurs nach Habermas**

1. Beteiligung aller Betroffenen zur Beachtung aller Bedürfnisse und Wertungen
2. Diskursive Einigung auf der Basis allgemein akzeptierter Argumente
3. Chancengleichheit durch gleiche Verhandlungsmacht der Akteure
4. Zwanglosigkeit durch Verzicht auf Überredung und Sanktion
5. Unbeschränkter Zugang aller Beteiligten zu allen Informationen
6. Argumentative Kompetenz als Fähigkeit aller Beteiligten zu vernunftbasierter Argumentation
7. Rationale Motivation als „Wille zur Vernunft" und zur Erzielung eines allgemein akzeptierten Konsenses

Zur **Umsetzung** der oben genannten programmatischen Schritte zur Entwicklung einer ethischen Führung in Organisationen finden sich in der Führungsliteratur zahlreiche Vorschläge für Maßnahmen und Instrumente (vgl. z. B. Neuberger, 2002, S. 750–761 bzw. 2006, S. 395):

- Ethikgrundsätze
- Wertanalyse von Praktiken
- Moralbilanzen und Ethikaudits
- Ethik-Kommissionen und „Moralbeauftragte"
- Öffentlichkeitswirksamkeit durch Diskussionsforen, Erfahrungsaustausch oder Moralpreise
- Sanktionsrepertoire, z. B. durch Ehrengerichte, Stigmatisierung schwarzer Schafe, Strafpunkte-Konto
- Ethik-Training als Teil der Personalentwicklung
- Förderung von Traditionen durch Verweis auf Gründerwerte und -verhalten bzw. auf vorbildhaftes ethisches Verhalten in kritischen Situationen
- Ausgestaltung der Rekrutierung durch entsprechende Regeln und Kriterien. ◄

---

Als Hilfsmittel im Personalmanagement kann auch auf verschiedene Instrumente der Personalauswahl oder Personalbeurteilung zurückgegriffen werden, so z. B. bezüglich der Personalauswahl auf Instrumente zur Überprüfung der moralischen Argumentations- oder

Urteilsfähigkeit oder des moralischen Entwicklungsstandes (vgl. Verbos et al., 2007, S. 23 f. bzw. im Überblick Kuhn & Weibler, 2012, S. 144 f.). Hinsichtlich der Personal- bzw. Führungskraftbeurteilung können die o. g. Fragebögen von Brown et al. (2005) bzw. Rowold et al. (2009) oder Kalshoven et al. (2011) Anwendung finden.

Auch für eine ethikorientierte Personalentwicklung oder ein Ethiktraining gibt es zahlreiche Vorschläge in der Literatur (vgl. z. B. Brown & Trevino, 2006, S. 609; Jordan et al., 2011, S. 19; Kuhn & Weibler, 2012, S. 148 f.; Zhang & Bednall, 2016). So fordert etwa Eisenbeiss (2012, S. 806), dass Trainingskurse darauf ausgerichtet sein sollten, ethisches Bewusstsein und Sensitivität der Führungskräfte für moralische Dilemma-Situationen zu erhöhen, und die Fähigkeit von Managern zu verbessern, moralisch begründbare Lösungen zu entwickeln. Besonders reale Fallstudien, Rollenspiele und Gruppendiskussionen sollen die Vermittlung zentraler Prinzipien und ethischer Orientierungen aktiv ergänzen. Verschiedene Autoren, u. a. Kuhn und Weibler (2012, S. 148 f.), verweisen kritisch auf die notwendige, aber leider oft fehlende oder kontraproduktive Einflussnahme auf das ethische Bewusstsein an Hochschulen, auch wenn sich hier erste Verbesserungen zeigen. Andere Autoren, z. B. Ritter (2006), zeigen einerseits Effekte von solchen Ethik-Trainings mit Studierenden auf, gehen jedoch auch auf das Problem des Transfers so verstärkter Orientierungen in den Wirtschaftsalltag ein. Sie schlussfolgern, dass Studierende aufgrund fehlender praktischer Erfahrungen in einem Training kaum stabile ethische Einstellungen herausbilden können (Ritter (2006, S. 155). Edwards und Kollegen (2015) schlagen die Nutzung von Filmanalysen vor, um einen kritischen Blick auf Phänomene schlechter, aber auch guter Führung zu gewinnen, und um vor allem die komplexe, relationale und veränderliche Natur von Führung zu verdeutlichen.

Brown und Trevino (2006, S. 609) betonen neben dem Ethik-Training vor allem die Bedeutung der vorhandenen Führungskräfte als Rollenmodelle der Führungsethik für junge Führungskräfte und Mitarbeiter bei der Übernahme erwarteter Muster ethischer Führung. Viele Verfasser gehen, explizit oder implizit, davon aus, dass durch ein ethikorientiertes Personalmanagement und eine entsprechende Unternehmens- und Führungskultur bzw. ein ethisches Klima in der Organisation auch eine destruktive Führung vermieden werden kann (vgl. z. B. Simha & Cullen, 2012). Danach ist insbesondere der Typ des instrumentalen ethischen Klimas zu vermeiden, das auf der Dominanz eines egoistischen individuellen oder gruppenbezogenen Selbstinteresses basiert. Als Merkmale solcher „schlechten Situationen", die ein destruktives Verhalten befördern, nennen Kuhn und Weibler in einer Zusammenschau der Literatur vor allem Druck und Stress, aber auch Privilegierung und Korrumpierung (2012, S. 80 ff.). Danach wären neben einseitig ökonomischer und zum Teil unrealistischer Zielvorgaben insbesondere so genannte „Lotterie-Einkommen" in Kombination mit weiteren übermäßigen Vergünstigungen zu vermeiden, weil sie ethisch problematische Wirkungen nach sich ziehen können. Price (2006, S. 152) betont etwa, dass die Gewährung solch enormer Privilegien dazu führt, dass wir „[…] Situationen schaffen, die es ihnen [Führungskräften/RL] leichtmachen, zu glauben, dass sie jenseits des Maßstabes der Moral stehen, nach dem der Rest der Gesellschaft lebt." Aber auch der organisationale Umgang mit „schlechten" Führern kann entscheidend dazu beitragen, dass destruktive Führung vermieden wird oder allenfalls eine zu über-windende Episode bleibt. Mit Blick auf die oben bereits erwähnten Befunde von Erickson et al. (2007), nach denen schlechte Führer oft sogar befördert oder belohnt werden, lassen sich mögliche Handlungen ableiten, die z. B. von einer Verweigerung oder Kürzung von Belohnungen und Versetzung über eine hierarchische Abstufung bis zur Trennung von der Führungskraft reichen können. Beförderungen oder gar Belohnungen wären in jedem Fall auszuschließen. Da solche Führungskräfte aber durchaus oft Merkmale aufweisen, die Organisationen schätzen, wie charismatische Eigenschaften, die Fähigkeit, andere leicht zu beeinflussen und zu lenken, Risikofreudigkeit oder innere Flexibilität, muss das „[…] Bestreben von Organisationen […] – paradoxerweise – sein, genau jene Personen von Führungspositionen fern zu halten, die sich nach gängigen Vorstellungen gerade hierfür besonders eignen" (Kuhn & Weibler, 2012, S. 53).

## 11.5 Einordnung und Kritik der Konzepte

Ethische Führung wie auch destruktive Führung verweisen auf aktuelle Führungs-phänomene, die zuvor und auch weiterhin oft im Kontext anderer Führungstheorien und -ansätze betrachtet wurden und werden. So finden sich u. a. Bezüge ethischer oder destruktiver Führung zu den Persönlichkeitstypen und Führungstypen der psycho-analytischen Führungssicht (vgl. Kap. 5), zu impliziten Führungstheorien im Sinne von Prototypen und Antiprototypen von Führern (vgl. Kap. 4), zu neocharismatischen Führungsansätzen, z. B. bezogen auf die helle und dunkle Seite des Charismas (vgl. Kap. 2), zur mikropolitischen Führungssicht mit ihren offenen und verdeckten Taktiken der Einflussnahme (vgl. Kap. 8) oder zu Führungsmythen, etwa den positiven Archetypen wie Helden oder Heilsbringer (vgl. Kap. 9).

Zugleich handelt es sich jedoch auch um Führungsansätze, die versuchen, Phänomene „guter" sowie „schlechter" Führung selbst konzeptionell zu beschreiben und Auftreten und Wirkung solcher Phänomene zu erklären. Die folgende kritische Würdigung wird sich daher insbesondere auf die Art und Weise der Thematisierung „guter" und „schlechter" Führung durch die Konzepte ethischer Führung und destruktiver Führung beziehen.

Beide Konzepte beschreiben, und hier liegt ihre grundlegende Bedeutung, aktuelle Führungsphänomenen, die nicht nur positive und negative Auswirkungen für Mitarbeiter und Organisation, sondern häufig auch positive wie negative Auswirkungen für das Werte-system der Gesellschaft und grundlegende Normen und Standards des Umgangs von Men-schen innerhalb von vielfältigen Typen von Organisationen haben. Indem ethische oder destruktive Verhaltensweisen sowie ihre Intensionen und Konsequenzen auch medial ein starkes Echo finden, erfahren auch die Konzepte und die entsprechenden empirischen Be-funde eine größere Aufmerksamkeit, die zu Veränderungen oder Anpassungen von Werte-ordnungen, Normen oder Regeln auf verschiedenen Ebenen des gesellschaftlichen Lebens führen können und auch für die künftige Bewertung und das Verhalten von Führungs-kräften bedeutsam werden.

Auch wenn die Mehrzahl der gegenwärtig vorzufindenden empirischen Studien eher einem funktionalistischen Analyseraster folgt, so ist doch zu konstatieren, dass die mit der Thematisierung und vertieften Analyse verbundenen Wirkungen und abgeleiteten praktischen Implikationen geeignet sind, einen Wandel in den Führungsbeziehungen zu fördern. Allerdings wird das kritische Potential der Ansätze durch den gegenwärtigen Fokus auf die Mikro- oder allenfalls Meso-Ebene der Führungsbeziehung noch kaum ausgeschöpft

Weiterhin werden auch bei den einschlägigen Modellen vor allem die Führungswirkungen und allenfalls der Einfluss der Geführten als Faktoren thematisiert, ohne dass die Aufmerksamkeit dem Prozess der ethischen und destruktiven Führung mit all seinen Konflikten sowie der Entstehung und/oder Zuschreibung und Aktivierung entsprechender ethischer Normen gilt. Sowohl dieser soziale Konstruktionsprozess guter und schlechter, ethischer und destruktiver Führung als auch eine kritische Perspektive auf den Prozess im Sinne eines radikal-strukturalistischen oder radikal-humanistischen Analyseansatzes sind nur in Ausnahmen anzutreffen. Als Beispiel sind hier Alvessons und Willmotts grundsätzliche Kritik an der Führung als Ideologie (2012, S. 123 f.), z. B. an der Betonung der moralischen Überlegenheit guter Führer als Heilige oder Heilsbringer (vgl. Alvesson, 2011), Mumford und Frieds Kritik an der Normativität des Konzepts ethischer Führung (2014), auch durch den Einfluss der Forscher und deren Moralvorstellungen selbst (s. Palanski et al., 2021), oder die Analyse und Rekonstruktion guter Führung als archetypische Metapher vom Königtum durch Kociatkievicz und Kostera (2010) zu nennen.

Zu den weiteren Perspektiven für die Rahmung ethischer Führung gehört die stärkere Einbeziehung von Neuro- und sprachwissenschaftlichen Ansätzen und Methoden dar (vgl. u. a. Waldman et al., 2017; Palanski et al., 2021). In methodischer Hinsicht wird die Notwendigkeit von Tiefenanalysen von Führungsprozessen und -interaktionen gefordert, um Friktionen, Dilemmas und Paradoxien und damit auch Wandel in den Führungsbeziehungen sichtbar zu machen anstatt von stabilen Mustern „guter" ethischer und „schlechter" destruktiver Führung (vgl. u. a. Einola & Alvesson, 2021; Palanski et al., 2021).

---

**Kritische Perspektive der „guten Führung"**

**Eine traurige Geschichte vom „guten" Manager in der Praxis**

Das ist es, was sie in ihren Broschüren und ihren Videopräsentationen sagen wollen, die sie in allen Büros rund um die Welt senden: Sie erzählen Dir über Leistung, gleiche Chancen, Zugang, Erfolg und Belohnung. Sie erzählen Dir überwachsende Verantwortlichkeiten und darüber, etwas zu tun, das eine Bedeutung hat […] Die Wirklichkeit ist leicht anders. Der „gute" Manager ist extrem ehrgeizig und das macht ihn einsam. Er ist auf der sozialen Leiter in einem schier erdrückenden Wettbewerb emporgestiegen, durch aggressives Führungshandeln zur Kostensenkung und zu Lasten der Nachgeordneten, durch Gestaltung von guten Beziehungen zu den Senior-Managern […]. In seiner Suche nach Erfolg, hat der „gute" Manager sich selbst zerstört. Aber in einer Welt, wo Erscheinung zählt und das Prinzip der Kurzlebigkeit von Erfolgen und Erinnerungen daran, interessiert das bald niemanden mehr […]

*Nacherzählt auf Basis einer Praktiker-Geschichte, die von Kociatkievicz und Kostera (2012, S. 882) mit Hilfe einer Technik der Erzählcollagen generiert wurde (RL)* ◄

Die Geschichte thematisiert einige wichtige Themenfelder einer künftigen Forschung zu ethischer, aber auch destruktiver Führung, wie Nachhaltigkeit, Widersprüche zwischen postuliertem Anspruch, legitimierender Oberfläche und Realität, die Fragilität von „guter", ethischer Führung im Kontext wirkmächtiger gesellschaftlicher Rahmenbedingungen, sowie Kosten, Lasten und unerwartete Konsequenzen eines Bemühens um ethische Führung. Zugleich markiert das Beispiel auch ein konzeptionell vernachlässigtes Phänomen: destruktive Führung als gegen die Führungskraft selbst (!) gerichtetes, sie schädigendes Verhalten.

Abschließend kann für beide Ansätze konstatiert werden, dass sie hinsichtlich ihrer konzeptionellen Einordnung ambivalent sind und je nach Autor zwischen dem Anspruch auf ein eigenständiges Konzept und ihrer Einbettung als Facette, Aspekte oder Episode in den Führungsprozess oder als Ergänzung zu anderen Führungsmustern und -stilen schwanken, was die Aussagen empirischer Befunde zur Wirkung ethischer und destruktiver Führung einschränkt.

### Die Mittermayer-Ethik!?

Der Text verweist an verschiedenen Stellen auf Intentionen, Einstellungen und Verhaltensweisen von Herrn Mittermayer, die im Licht der Konzepte ethischer bzw. destruktiver Führung gelesen werden können.

Mittermayer hat eine Vision der Firma und der Organisationskultur mit entsprechenden Werten, lebt diese offenbar auch vor, und seine Einflussprozesse sind auch so gestaltet, dass sie am Nutzen für die Mitarbeiter orientiert sind.

> „Der Mitarbeiter ist sehr wesentlich für uns. Das ist ein Ziel, dass wir die Mitarbeiteroptimierung durchführen. Und das ist nicht nur Qualität mit Geld und Lohn, sondern auch die Lebensqualität, die sehr hoch sein muss. Das sind Ziele, soziale Ziele, dass es keinem der Mitarbeiter, der bei uns ist, schlecht gehen soll. […] Das ist keine gewöhnliche Unternehmenskultur, sondern das ist eine Kultur, die besonders für uns ist. […] Dazu gehört, dass es wichtig ist, dass die Familien einander kennen […] Wir versuchen so eine Familie zu sein. Wir haben jetzt auch eine Mitarbeiterbeteiligung".

Besonders wird die Entwicklung von Fähigkeiten und die Stärkung des Selbstvertrauens der Mitarbeiter betont, wie die nachfolgenden kurzen Ausschnitte zeigen:

> „Da habe ich ganz bewusst entwicklungsfähige Menschen gesucht, die mit dem Unternehmen wachsen können und die sich verändern können, […] sich vom einfachen Service-Dienstleister. weiterentwickelt haben und schrittweise eine größere Verantwortung bekommen haben. Professionalität ist für uns also sehr wichtig, und die musste durch eigene Erfahrungen der Mitarbeiter entwickelt [werden]."

Schließlich wird auch deutlich, dass Mittermayer die Einhaltung von Prinzipien im Sinne einer Normen- und Pflichtenethik für wichtig erachtet:

> „Da bin ich sehr konsequent gewesen. Das ist wichtig, glaube ich, dass man an sich selber in die Augen schauen kann und dass man stolz ist und so weiter. Dass man eine Linie hat, und dass man diese Linie und die Werte und Bewertung versucht, in der Firma zu verbreiten."

Es werden aber auch einige Grenzen der Mitarbeiterorientierung sichtbar, die, wenn nicht destruktiv, so doch ethisch etwas fragwürdig sind:

> „Und da muss man besondere Maßnahmen haben, weil man einen Fremdkörper [gemeint ist Mitarbeiter von außen/RL] reingetan hat. Externe müssen sich so schnell wie möglich in die Unternehmenskultur integrieren. Das ist ganz wichtig."

Das bedeutet aber zugleich ein Verhalten, das im Interesse des Unternehmens, aber potentiell gegen den neuen Mitarbeiter gerichtet sein kann. Auch der Beratungs- und Coaching-Stil von Mittermayer hat seine Schattenseite: Manipulation im bestenfalls wohlgemeinten, vermuteten Interesse des Mitarbeiters:

> „Aber ich glaube daran, dass ein richtig tüchtiger Chef, der soll so arbeiten, dass sein untergeordneter Chef nicht merkt, dass er da ist. Und der Mitarbeiter soll selber glauben und fühlen, dass er das Ei gelegt hat […] Ich berate lieber, in welche Richtung es gehen soll und versuche andere dahin zu steuern, wohin ich ihn haben will. Das kann ich." ◀

---

### Zum Nachlesen

- Thomas Kuhn und Jürgen Weibler (2012) geben in ihrem Buch zur Führungsethik in Organisationen einen guten Überblick zur hellen und dunklen Seite der Führung.
- Oswald Neuberger (2002, S. 731 ff. und 2006, S. 319 ff.) erläutert verschiedene Zugänge zur Führungsethik im Allgemeinen und mit Bezug zur Mikropolitik; zugleich stellt er wesentliche Kritikpunkte und Grenzen der ethischen Führung heraus.
- Michael Brown mit Linda Trevino (2006) sowie mit Marie Mitchell (2010) greifen in ihren Beiträgen den jeweils aktuellen Stand der Forschung zu ethischer (und unethischer Führung) auf und verweisen auf zukünftige Forschungsrichtungen. Stale Einarsen, Merethe Schanke Aasland und Anders Skogstad (2007) haben mit ihrem grundlegenden Beitrag zur destruktiven Führung die nachfolgende Diskussion und Forschung stark beeinflusst.
- Den Stand und Perspektiven der quantitativen empirischen Forschung zur ethischen Führung im Kontext der Unternehmensethik diskutieren die Ko-Herausgeber des Journals of Business Ethics, Michael Palanski und Alexander Newman, mit Exper-

ten aus dem Feld der ethischen Führung (Palanski et al., 2021). Der Text verdeutlicht zugleich aus einer kritischen Perspektive, wie die Produktion und Verbreitung von Wissen zu ethischer Führung durch wissenschaftliche Zeitschriften normativ reguliert wird.

- Eine eher literarisch-linguistische Erarbeitung des Themas unethischer und schlechter Führung bis zum Machtmissbrauch stammt von Petra Morsbach (2021). Der Elefant im Zimmer. Über Machtverhältnisse und Widerstand. München: Penguin Verlag.

### Fragen und Aufgaben

1. Erläutern Sie die Bezugspunkte einer Charakterisierung einer Führung als „ethisch" oder „destruktiv"! Welche theoretisch-konzeptionellen und praktischen Probleme ergeben sich daraus?
2. Ordnen Sie die dargestellten Perspektiven der ethischen Führung den verschiedenen Ethiktheorien nach Neuberger zu!
3. Vergleichen Sie jeweils Aussagen zu Merkmalen ethischer Führung mit den Merkmalen der geteilten Führung sowie mit Prototypen guter Führung und arbeiten Sie Unterschiede und Ähnlichkeiten heraus!
4. Wie unterscheiden sich unethische und destruktive Führung?
5. Welche konkreten Konzepte und Instrumente können für die Vermeidung destruktiver und für die Förderung ethischer Führung genutzt werden? Suchen Sie nach Beispielen im Internet!

## Literatur

Aasland, M. S., Skogstad, A., Notelaers, G., Nielsen, M. B., & Einarsen, S. (2010). The prevalence of destructive leadership behaviour. *British Journal of Management, 21*(2), 438–452.

Ågotnes, K. W., Einarsen, S. V., Hetland, J., & Skogstad, A. (2018). The moderating effect of laissez-faire leadership on the relationship between co-worker conflicts and new cases of workplace bullying: A true prospective design. *Human Resource Management Journal, 28*(4), 555–568.

Alvesson, M. (2011). Leaders as saints: Leadership through moral peak performance. In M. Alvesson, M. & A. Spicer (Hrsg.), *Metaphors we lead by: Understanding leadership in the real world* (S. 51–75). Routledge.

Alvesson, M., & Willmott, H. (2012). *Making sense of management.* Sage.

Ambrose, M. L., & Ganegoda, D. B. (2020). Abusive according to whom? Manager and subordinate perceptions of abusive supervision and supervisors' performance. *Journal of Organizational Behavior, 41*, 737–756.

Artz, B., Goodall, A. H., & Oswald, A. J. (2020). How common are bad bosses? *Industrial Relations, 59*(1), 3–39.

Ashforth, B. (1994). Petty tyranny in organizations. *Human Relations, 47*(7), 755–778.

Avey, J. B., Hughes, L. W., Norman, S. M., & Luthans, K. W. (2008). Using positivity, transformational leadership and empowerment to combat employee negativity. *Leadership & Organization Development Journal, 29*(2), 110–126.

Avey, J. B., Palanski, M., & Walumbwa, F. (2011). When leadership goes unnoticed: The moderating role of follower self-esteem on the relationship between ethical leadership and follower behavior. *Journal of Business Ethics, 98*(4), 573–582.

Avolio, B. J., & Bass, B. M. (2004). *Multifactor leadership questionnaire manual and sampler set.* Mind Garden.

Avolio, B. J., Gardner, W. L., Walumbwa, F. O., Luthans, F., & May, D. R. (2004). Unlocking the mask: A look at the process by which authentic leaders impact follower attitudes and behaviors. *The Leadership Quarterly, 15*(6), 801–823.

Babalola, M. T., Stouten, J., Camps, J., & Euwema, M. (2019). When do ethical leaders become less effective? The moderating role of perceived leader ethical conviction on employee discretionary reactions to ethical leadership. *Journal of Business Ethics, 154*(1), 85–102.

Bandura, A. (1986). *Social foundation of thought and action: A social cognitive theory.* Prentice-Hall.

Bass, B. M., & Avolio, B. J. (1994). *Improving organizational effectiveness through transformational leadership.* Sage.

Bass, B. M., & Steidlmeier, P. (1999). Ethics, character, and authentic transformational leadership behavior. *The Leadership Quarterly, 10*(2), 181–217.

Bavik, Y. L., Tang, P. M., Shao, R., & Lam, L. W. (2018). Ethical leadership and employee knowledge sharing: Exploring dual-mediation paths. *The Leadership Quarterly, 29*(2), 322–332.

Bennis, W., & Nanus, B. (1985). *Leadership: The strategies for taking charge.* Harper & Row.

Blake, R. R., & Mouton, J. (1964). *The managerial grid: The key to leadership excellence.* Gulf Publishing.

Booth, J. E., Shantz, A., Glomb, T. M., Duffy, M. K., & Stillwell, E. E. (2020). Bad bosses and self-verification: The moderating role of core self-evaluations with trust in workplace management. *Human Resource Management, 59*, 135–152.

Breevaart, K., Wisse, B., & Schyns, B. (2021). Trapped at work: The barriers model of abusive supervision. *Academy of Management Perspectives.* https://journals.aom.org/doi/10.5465/amp.2021.0007.

Brown, M. E., & Mitchell, M. S. (2010). Ethical and unethical leadership: Exploring new avenues for future research. *Business Ethics Quarterly, 20*(4), 583–616.

Brown, M. E., & Trevino, L. K. (2006). Ethical leadership: A review and future directions. *The Leadership Quarterly, 17*(6), 595–616.

Brown, M. E., Trevino, L. K., & Harrison, D. A. (2005). Ethical leadership: A social learning perspective for construct development and testing. *Organizational Behavior and Human Decision Processes, 97*(2), 117–134.

Burns, J. M. (1978). *Leadership.* Harper & Row.

Bush, J. T., Welsh, D. T., Baer, M. D., & Waldman, D. (2021). Discouraging unethicality versus encouraging ethicality: Unraveling the differential effects of prevention- and promotion-focused ethical leadership. *Personnel Psychology, 74*(1), 29–54.

Chen, S. (2010). The role of ethical leadership versus institutional constraints: A simulation study of financial misreporting by CEOs. *Journal of Business Ethics, 93*(1), 33–52.

Ciulla, J. B. (1998). *Ethics, the heart of leadership.* Praeger.

Ciulla, J. B. (2004). *Ethics, the heart of leadership.* Greenwood Publishing.

Ciulla, J. B., & Forsyth, D. F. (2011). Leadership ethics. In A. Bryman, D. Collinson, K. Grint, B. Jackson & M. Uhl-Bien (Hrsg.), *The SAGE handbook of Leadership* (S. 229–254). Sage.

Conger, J. A., & Kanungo, R. N. (1987). Toward a behavioral theory of charismatic leadership in organizational settings. *Academy of Management Review, 12*(4), 637–647.

Cullen, J. B., Parboteeh, K. P., & Hoegl, M. (2004). Cross-national differences in managers' willingness to justify ethically suspect behaviors: A test of institutional anomie theory. *Academy of Management Journal, 47*(3), 411–421.

De Hoogh, A. H. B., & Den Hartog, D. N. (2008). Ethical and despotic leadership, relationships with leader's social responsibility, top management team effectiveness and subordinates' optimism: A multi-method study. *The Leadership Quarterly, 19*(3), 297–311.

Edwards, G., Schedlitzki, D., Ward, J., & Wood, M. (2015). Exploring critical perspectives of toxic and bad leadership through film. *Advances in Developing Human Resources, 17*(3), 363–375.

Einarsen, S., Aasland, M. S., & Skogstad, A. (2007). Destructive leadership behaviour: A definition and conceptual model. *The Leadership Quarterly, 18*(3), 207–216.

Einola, K., & Alvesson, M. (2021). When ,Good' leadership backfires: Dynamics of the leader/follower relation. *Organization Studies, 42*(6), 845–865.

Eisenbeiss, S. A. (2012). Re-thinking ethical leadership: An interdisciplinary integrative approach. *The Leadership Quarterly, 23*(5), 791–808.

Erickson, A., Shaw, J. B., & Agabe, Z. (2007). An empirical investigation of the antecedents, behaviors, and outcomes of bad leadership. *Journal of Leadership Studies, 1*(3), 26–43.

Ete, Z., Epitropaki, O., Zhou, Q., & Graham, L. (2021). Leader and organizational behavioral integrity and follower behavioral outcomes: The role of identification processes. *Journal of Business Ethics*. https://doi.org/10.1007/s10551-020-04728-6.

Fehr, R., Fulmer, A., & Keng-Highberger, F. T. (2020). How do employees react to leaders' unethical behavior? The role of moral disengagement. *Personnel Psychology, 73*, 73–93.

Fields, D. L. (2007). Determinants of follower perceptions of a leader's authenticity and integrity. *European Management Journal, 25*(3), 195–206.

Fry, L. W., Vitucci, S., & Cedillo, M. (2005). Spiritual leadership and army transformation: Theory, measurement, and establishing a baseline. *The Leadership Quarterly, 16*(5), 835–862.

Gini, A. (1998). Moral leadership and business ethics. In J. B. Ciulla (Hrsg.), *Ethics, the heart of leadership* (S. 25–45). Praeger.

Gloger, B., & Rösner, D. (2014). *Selbstorganisation braucht Führung. Die einfachen Geheimnisse agilen Managements.* Hanser.

Göbel, E. (2020). *Unternehmensethik. Grundlagen und praktische Umsetzung* (6. Aufl.). UTB.

Goldman, A. (2006). High toxicity leadership: Borderline personality disorder and the dysfunctional organization. *Journal of Managerial Psychology, 21*(8), 733–746.

Goldman, A. (2009). *Destructive leaders and dysfunctional organizations: A therapeutic approach.* Cambridge University Press.

Graham, K. A., Mawritz, M. B., Dust, S. B., Greenbaum, R. L., & Ziegert, J. C. (2019). Too many cooks in the kitchen: The effects of dominance incompatibility on relationship conflict and subsequent abusive supervision. *The Leadership Quarterly, 30*(3), 351–364.

Greenleaf, R. K. (1977). *Servant leadership: A journey into the nature of legitimate power and greatness.* Paulist Press.

Günther, A. V., Klasmeier, K. N., Klonek, F. E., & Kauffeld, S. (2021). The power of followers that do not follow: Investigating the effects of follower resistance, leader implicit followership theories and leader negative affect on the emergence of destructive leader behavior. *Journal of Leadership & Organizational Studies, 28*(3), 349–365.

Habermas, J. (1981). *Theorie des kommunikativen Handelns.* Suhrkamp.

Harvey, M. G., Buckley, M. R., Heames, J. T., Zinko, R., Brouer, R. L., & Ferris, G. R. (2007). A bully as an archetypal destructive leader. *Journal of Leadership & Organizational Studies, 14*(2), 117–129.

Heifetz, R. A. (1994). *Leadership without easy answers.* University Press.

Hoch, J. E., Bommer, W. H., Dulebohn, J. H., & Wu, D. (2016). Do ethical, authentic, and servant leadership explain variance above and beyond transformational leadership? A meta-analysis. *Journal of Management, 44*(2), 501–529.

Hofert, S. (2018). *Agiler Führen: einfache Maßnahmen für bessere Teamarbeit, mehr Leistung und höhere Kreativität* (2. Aufl.). Springer Gabler.

House, R. J., Dorfman, P. W., Javidan, M., Hanges, P. J., & Sully de Luque, M. F. (2014). *Strategic leadership across cultures: The GLOBE study of CEO leadership behavior and effectiveness in 24 countries*. SAGE.

Howell, J. M., & Avolio, B. J. (1992). The ethics of charismatic leadership: Submission or liberation? *The Executive, 6*(2), 43–54.

Jordan, J., Brown, M. E., Trevino, L. K., & Finkelstein, S. (2011). Someone to look up to: Executive-follower ethical reasoning and perceptions of ethical leadership. *Journal of Management, 39*(3), 660–683.

Kalshoven, K., & Den Hartog, D. N. (2009). Ethical leader behavior and leader effectiveness: The role of prototypicality and trust. *The International Journal of Leadership Studies, 5*(2), 102–120.

Kalshoven, K., Den Hartog, D. N., & De Hoogh, A. H. B. (2011). Ethical leadership at work questionnaire (ELW): Development and validation of a multidimensional measure. *The Leadership Quarterly, 22*(1), 51–69.

Kanungo, R. N., & Medonca, M. (1996). *Ethical dimensions of leadership*. Sage.

Kellerman, B. (2004). *Bad leadership: What it is, how it happens, why it matters*. Harvard Business Press.

Kets de Vries, M. F. R. (1979). Managers can drive their subordinates mad. *Harvard Business Review, 57*(4), 125–134.

Kets de Vries, M. F. R. (2006). The spirit of despotism: Understanding the tyrant within. *Human Relations, 59*(2), 195–220.

Kets de Vries, M. F. R., & Balazs, K. (2011). The shadow side of leadership. In A. Bryman, D. Collinson, K. Grint, B. Jackson & M. Uhl-Bien (Hrsg.), *The SAGE handbook of leadership* (S. 380–392). Sage.

Kets de Vries, M. F. R., & Miller, D. (1984). *The neurotic organization: Diagnosing and changing counterproductive styles of management*. Wiley.

Klaussner, S. (2014). Engulfed in the abyss: The Emergence of abusive supervision as an escalating process of supervisor-subordinate interaction. *Human Relations, 67*(3), 311–332.

Knoll, M., Schyns, B., & Petersen, L.-E. (2017). How the influence of unethical leaders on followers is affected by their implicit followership theories. *Journal of Leadership & Organizational Studies, 24*(4), 450–465.

Kociatkievicz, J., & Kostera, M. (2012). The good manager: An archetypical quest for morally sustainable leadership. *Organization Studies, 33*(7), 861–878.

Kohlberg, L. (1981). *The philosophy of moral development*. Harper & Row.

Kotter, J. P. (1990). *A force for change: How leadership differs from management*. Free Press.

Krasikova, D., Green, S. G., & LeBreton, J. M. (2013). Destructive leadership: A theoretical review, integration, and future research. *Journal of Management, 39*(5), 1308–1338.

Kuhn, T., & Weibler, J. (2012). *Führungsethik in Organisationen: Organisation und Führung*. Enke.

Kuhn, T., & Weibler, J. (2020). *Bad Leadership. Von Narzissten & Egomanen, Vermessenen & Verführten: Warum uns schlechte Führung oftmals gut erscheint und es guter Führung häufig schlecht ergeht*. Vahlen.

Lay, R. (1989). *Ethik für Manager*. ECON.

Lewin, K. (1975). *Die Lösung sozialer Konflikte*. Christian.

Lewin, K., Lippitt, R., & White, R. K. (1939). Patterns of aggressive behavior in experimentally created "social climates". *The Journal of Social Psychology, 10*(2), 269–299.

Lipman-Blumen, J. (2005). *The allure of toxic leaders: Why we follow destructive bosses and corrupt politicians – And how we can survive them*. Oxford University Press.

Lopes, B. C., Kamau, C., & Jaspal, R. (2019). Coping with perceived abusive supervision: The role of paranoia. *Journal of Leadership & Organizational Studies, 26*(2), 237–255.

Luthans, F., & Avolio, B. J. (2003). Authentic leadership: A positive developmental approach. In K. S. Cameron, J. E. Dutton & R. E. Quinn (Hrsg.), *Positive organizational scholarship* (S. 241–261). Berrett-Koehler.

Maak, T., & Pless, N. M. (2006). Responsible leadership in a stakeholder society – A relational perspective. *Journal of Business Ethics, 66*, 99–115.

Maccoby, M. (2000). Narcissistic leaders. *Harvard Business Review, 78*(1), 69–77.

Machiavelli, N. (1976). *Der Fürst*. Reclam.

Mackey, J. D., Frieder, R. E., Brees, J. R., & Martinko, M. J. (2017). Abusive supervision: A meta-analysis and empirical review. *Journal of Management, 43*(6), 1940–1965.

Mackey, J. D., McAllister, C. P., Maher, L. P., & Wang, G. (2019). Leaders and followers behaving badly: A meta-analytic examination of curvilinear relationships between destructive leadership and followers' workplace behaviors. *Personnel Psychology, 72*(1), 3–47.

Martin, G. S., Resick, C. J., Keating, M. A., & Dickson, M. W. (2009). Ethical leadership across cultures: A comparative analysis of German and US perspectives. *Business Ethics: A European Review, 18*(2), 127–144.

McClelland, D. C. (1985). *Human motivation*. Scott, Foresman and Co.

Mergen, A., & Ozbilgin, M. F. (2021). Understanding the followers of toxic leaders: Toxic illusio and personal uncertainty. *International Journal of Management Reviews, 23*, 45–63.

Milosevic, I., Maric, S., & Lončar, D. (2020). Defeating the toxic boss: The nature of toxic leadership and the role of followers. *Journal of Leadership & Organizational Studies, 27*(2), 117–137.

Morsbach, P. (2021). *Der Elefant im Zimmer. Über Machtverhältnisse und Widerstand*. Penguin.

Mumford, M. D., Espejo, J., Hunter, S. T., Bedell-Avers, K. E., Eubanks, D. L., & Connelly, S. (2007). The sources of leader violence: A comparison of ideological and non-ideological leaders. *The Leadership Quarterly, 18*(3), 217–235.

Mumford, M. D., & Fried, Y. (2014). Give them what they want or give them what they need? Ideology in the study of leadership. *Journal of Organizational Behavior, 35*(5), 622–634.

Neuberger, O. (1995). *Mikropolitik: Der alltägliche Aufbau und Einsatz von Macht in Organisation*. Enke.

Neuberger, O. (2002). *Führen und führen lassen: Ansätze, Ergebnisse und Kritik der Führungsforschung*. UTB.

Neuberger, O. (2006). *Mikropolitik und Moral in Organisationen: Herausforderung der Ordnung*. UTB.

Neubert, M., Carlson, D., Kacmar, K., Roberts, J., & Chonko, L. (2009). The virtuous influence of ethical leadership behavior: Evidence from the field. *Journal of Business Ethics, 90*(2), 157–170.

Northouse, P. G. (2019). *Leadership: Theory and practice*. Sage.

Padilla, A., Hogan, R., & Kaiser, R. B. (2007). The toxic triangle: Destructive leaders, susceptible followers, and conducive environments. *The Leadership Quarterly, 18*(3), 176–194.

Palanski, M., Newman, A., Leroy, H., Moore, C., Hannah, S., & Den Hartog, D. (2021). Quantitative research on leadership and business ethics: Examining the state of the field and an agenda for future research. *Journal of Business Ethics, 168*, 109–119.

Palanski, M. E., & Yammarino, F. J. (2009). Integrity and leadership: A multi-level conceptual framework. *The Leadership Quarterly, 20*(3), 405–420.

Pearce, C. L., & Conger, J. A. (2003). *Shared leadership: Reframing the hows and whys of leadership*. Sage.

Pearce, C. L., & Sims, H. P. (2002). Vertical versus shared leadership as predictors of the effectiveness of change management teams: An examination of aversive, directive, transactional, transformational, and empowering leader behaviors. *Group Dynamics, 6*(2), 172–197.

Peltokorpi, V., & Ramaswami, A. (2021). Abusive supervision and subordinates' physical and mental health: The effects of job satisfaction and power distance orientation. *The International Journal of Human Resource Management, 23*(4), 893–919.

Peus, C., Kerschreiter, R., Frey, D., & Traut-Mattausch, E. (2010). What is the value? Economic effects of ethically-oriented leadership. *Zeitschrift für Psychologie/Journal of Psychology, 218*(4), 198–212.

Price, T. L. (2006). *Understanding ethical failures in leadership*. Cambridge University Press.

Rawls, J. (1971). *A theory of justice*. Harvard University Press.

Resick, C. J., Hanges, P. J., Dickson, M. W., & Mitchelson, J. K. (2006). A cross-cultural examination of the endorsement of ethical leadership. *Journal of Business Ethics, 63*(4), 345–359.

Resick, C. J., Martin, G. S., Keating, M. A., Dickson, M. W., Kwan, H. K., & Peng, C. (2011). What ethical leadership means to me: Asian, American, and European perspectives. *Journal of Business Ethics, 101*(3), 435–457.

Ritter, B. A. (2006). Can business ethics be trained? A study of the ethical decision-making process in business students. *Journal of Business Ethics, 68*(2), 153–164.

Rosenthal, S. A., & Pittinsky, T. L. (2006). Narcissistic leadership. *The Leadership Quarterly, 17*(6), 617–633.

Rost, J. C. (1991). *Leadership for the twenty-first century*. Praeger.

Rowold, J., & Borgmann, L. (2009). Zum Zusammenhang zwischen ethischer Führung, Arbeitszufriedenheit und affektivem Commitment. *Wirtschaftspsychologie, 11*(2), 58–66.

Rowold, J., Borgmann, L., & Heinitz, K. (2009). Ethische Führung – Gütekriterien einer deutschen Adaptation der Ethical Leadership Scale (ELS-D) von Brown et al. (2005). *Zeitschrift für Arbeits- und Organisationspsychologie, 53*(2), 57–69.

Schilling, J. (2009). From ineffectiveness to destruction: A qualitative study on the meaning of negative leadership. *Leadership, 5*(1), 102–128.

Schmid, E. A., Pircher Verdorfer, A., & Peus, C. (2019). Shedding light on leaders' self-interest: Theory and measurement of exploitative leadership. *Journal of Management, 45*(4), 1401–1433.

Schyns, B., & Schilling, J. (2012). How bad are the effects of bad leaders? A meta-analysis of destructive leadership and its outcomes. *The Leadership Quarterly, 24*(1), 138–158.

Shakeel, F., Kruyen, P. M., & Van Thiel, S. (2019). Ethical leadership as process: A conceptual proposition. *Public Integrity, 21*(6), 613–624.

Simha, A., & Cullen, J. B. (2012). Ethical climate and their effect on organizational outcomes: Implications from the past and prophecies for the future. *Academy of Management Perspectives, 26*(4), 20–34.

Skogstad, A., Einarsen, S., Torsheim, T., Aasland, M. S., & Hetland, H. (2007). The destructiveness of laissez-faire leadership behavior. *Journal of Occupational Health Psychology, 12*(1), 80–92.

Stahl, G. K., & Sully de Luque, M. (2014). Antecedents of responsible leader behavior: A research synthesis, conceptual framework, and agenda for future research. *Academy of Management Perspectives, 28*(3), 235–254.

Stouten, J., van Dijke, M., & De Cremer, D. (2012). Ethical leadership: An overview and future perspectives. *Journal of Personnel Psychology, 11*(1), 1–6.

Stouten, J., van Dijke, M., Mayer, D. M., De Cremer, D., & Euwema, M. C. (2013). Can a leader be seen as too ethical? The curvilinear effects of ethical leadership. *The Leadership Quarterly, 24*(5), 680–695.

Tannenbaum, R., & Schmidt, W. H. (1958). How to choose a leadership pattern. *Harvard Business Review, 36*(2), 95–102.

Tepper, B. J. (2000). Consequences of abusive supervision. *Academy of Management, 43*(2), 178–190.

Tepper, B. J. (2007). Abusive supervision in work organizations: Review, synthesis, and research agenda. *Journal of Management, 33*(3), 261–289.

Tepper, B. J., Simon, L., & Park, H. M. (2018). Abusive supervision. *Annual Review of Organizational Psychology and Organizational Behavior, 5*, 387–414.

Thoroughgood, C. N., Padilla, A., Hunter, S. T., & Tate, B. W. (2012a). The susceptible circle: A taxonomy of followers associated with destructive leadership. *The Leadership Quarterly, 23*(5), 897–917.

Thoroughgood, C. N., Sawyer, K. B., Padilla, A., & Lunsford, L. (2018). Destructive leadership: A critique of leader-centric perspectives and toward a more holistic definition. *Journal of Business Ethics, 151*, 627–649.

Thoroughgood, C. N., Tate, B. W., Sawyer, K. B., & Jacobs, R. (2012b). Bad to the bone: Empirically defining and measuring destructive leader behavior. *Journal of Leadership & Organizational Studies, 19*(2), 230–255.

Toor, S.-u.-R., & Ofori, G. (2009). Ethical leadership: Examining the relationships with full range leadership model, employee outcomes, and organizational culture. *Journal of Business Ethics, 90*(4), 533–547.

Trevino, L. K., Brown, M., & Hartman, L. P. (2003). A qualitative investigation of perceived executive ethical leadership: Perceptions from inside and outside the executive suite. *Human Relations, 56*(1), 5–37.

Trevino, L. K., Hartman, L. P., & Brown, M. (2000). Moral person and moral manager: How executives develop a reputation for ethical leadership. *California Management Review, 42*(4), 128–142.

Uhl-Bien, M., & Carsten, M. K. (2007). Being ethical when the boss is not. *Organizational Dynamics, 36*(2), 187–201.

Ulrich, P. (1999). Führungsethik. In W. Korff (Hrsg.), *Handbuch der Wirtschafsethik. Band 4: Ausgewählte Handlungsfelder* (S. 230–248). Gütersloher Verlagshaus.

Van de Vliert, E., Matthiesen, S. B., Gangsøy, R., Landro, A. B., & Einarsen, S. (2010). Winters, summers, and destructive leadership cultures in rich regions. *Cross-Cultural Research, 44*(4), 315–340.

Verbos, A. K., Gerard, J. A., Forshey, P. R., Harding, C. S., & Miller, J. S. (2007). The positive ethical organization: Enacting a living code of ethics and ethical organizational identity. *Journal of Business Ethics, 76*(1), 17–33.

Victor, B., & Cullen, J. B. (1987). A theory and measure of ethical climate in organizations. In L. E. Preston & W. C. Frederick (Hrsg.), *Research in corporate social performance and policy* (S. 57–71). JAI Press.

Victor, B., & Cullen, J. B. (1988). The organizational bases of ethical work climates. *Administrative Science Quarterly, 33*(1), 101–125.

Voegtlin, C. (2016). What does it mean to be responsible? Addressing the missing responsibility dimension in ethical leadership research. *Leadership, 12*(5), 581–608.

Voegtlin, C., Frisch, C., Walther, A., & Schwab, P. (2020). Theoretical development and empirical examination of a three-roles model of responsible leadership. *Journal of Business Ethics, 167*(3), 411–431.

Vullinghs, J. T., De Hoogh, A. H. B., Den Hartog, D. N., & Boon, C. (2020). Ethical and passive leadership and their joint relationships with burnout via role clarity and role overload. *Journal of Business Ethics, 165*(2), 719–733.

Waldman, D. A., & Siegel, D. (2008). Defining the socially responsible leader. *The Leadership Quarterly, 19*(1), 117–131.

Waldman, D. A., Wang, D., Hannah, S. T., & Balthazard, P. B. (2017). A neurological and ideological perspective of ethical leadership. *Academy of Management Journal, 60*(4), 1285–1306.

Walumbwa, F. O., Morrison, E. W., & Christensen, A. L. (2012). Ethical leadership and group in-role performance: The mediating roles of group conscientiousness and group voice. *The Leadership Quarterly, 23*(5), 953–964.

Wang, Z., Xing, L., Xu, H., & Hannah, S. T. (2021). Not all followers socially learn from ethical leaders: The roles of followers' moral identity and leader identification in the ethical leadership process. *Journal of Business Ethics, 170*(3), 449–469.

Weaver, G. R., Trevino, L. K., & Agle, B. (2005). "Somebody I look up to". Ethical role models in organizations. *Organizational Dynamics, 34*(4), 313–330.

Weibler, J. (2012). *Personalführung* (2. Aufl.). Vahlen.

Winter, D. G. (1991a). Measuring personality at a distance: Development of an integrated system for scoring motives in running text. In A. J. Stewart, J. M. Healy Jr. & D. J. Ozer (Hrsg.), *Perspectives in personality: Approaches to understanding lives* (S. 61–91). Jessica Kingsley Publishers.

Winter, D. G. (1991b). *Manual for scoring motive imagery in running text* (S. 8–30). Department of Psychology, University of Michigan.

Winter, D. G. (1992). Scoring system for responsibility. In C. P. Smith (Hrsg.), *Motivation and personality: Handbook of thematic content analysis* (S. 506–511). Cambridge University Press.

Winter, D. G., & Barenbaum, B. B. (1985). Responsibility and the power motive in women and men. *Journal of Personality, 53*(2), 335–355.

Wu, X., Kwan, H. K., Ma, Y., Lai, G., & Yim, F. H.-i. (2020). Lone wolves reciprocate less deviance: A moral identity model of abusive supervision. *The International Journal of Human Resource Management, 31*(7), 859–885.

Yukl, G., Mahsud, R., Hassan, S., & Prussia, G. E. (2013). An improved measure of ethical leadership. *Journal of Leadership & Organizational Studies, 20*(1), 38–48.

Zhang, Y., & Bednall, T. C. (2016). Antecedents of abusive supervision: A meta-analytic review. *Journal of Business Ethics, 139*, 455–471.

Zhang, Y., Guo, Y., Zhang, M., Xu, S., Liu, X., & Newman, A. (2021). Antecedents and outcomes of authentic leadership across culture: A meta-analytic review. *Asia Pacific Journal of Management.* https://doi.org/10.1007/s10490-021-09762-0.

Zhu, W., He, H., Trivino, L. K., Chao, M. M., & Wang, W. (2015). Ethical leadership and follower voice and performance: The role of follower identifications and entity morality beliefs. *The Leadership Quarterly, 26*(5), 702–718.

# Mythen, Metaphern und Romantik der Führung: Über die wirkmächtigen Wunschvorstellungen

# Mythen, Metaphern und Romantik der Führung: Über die wirkmächtigen Wunschvorstellungen

**12**

Irma Rybnikova

## Inhaltsverzeichnis

**Zusammenfassung**

*Führung ist keine objektive Gegebenheit, sondern eine soziale Konstruktion, und zwar eine, die auf den gesellschaftlichen Vorstellungen beruht und funktionell für die Erhaltung des Status quo in Organisationen ist. Welche unhinterfragten Grundannahmen*

I. Rybnikova (✉)
Hochschule Hamm-Lippstadt, Hamm, Deutschland
E-Mail: irma.rybnikova@hshl.de

© Der/die Autor(en), exklusiv lizenziert durch Springer Fachmedien Wiesbaden GmbH, ein Teil von Springer Nature 2021
I. Rybnikova, R. Lang, *Aktuelle Führungstheorien und -konzepte*,
https://doi.org/10.1007/978-3-658-35543-2_12

355

*von den populären Führungstheorien und der Führungspraxis geteilt werden, stellt den Analysefokus der Führungsmythen dar. In kritischer Absicht werden dabei einige Selbstverständlichkeiten der Führungstheorien hinterfragt und die Führungsforschung als eine Brutstätte verschiedener Mythen über Führung vorgeführt. Einer der Führungsmythen, der Heldenmythos, erfuhr im Rahmen der sogenannten Romantik der Führung eine besonders starke Beachtung durch die Führungsforschenden und lief dabei die Gefahr, auf eine individuelle Eigenschaft reduziert zu werden. Die hier besprochenen Ansätze thematisieren Führung an sich als einen möglichen Mythos der Gegenwart und regen an zu einer kritischen Distanz den Führungstheorien gegenüber.*

## 12.1    Einleitung

Auch wenn zahlreiche Führungsforschende lange Zeit davon ausgegangen sind, dass Führung eine objektive Gegebenheit ist, die jederzeit beobachtet und vermessen werden kann, besagen die in diesem Kapitel zu analysierenden Führungsansätze, dass Führung eine soziale Konstruktion ist. Sie wird durch Führungskräfte, durch deren Mitarbeiter, durch mehr oder weniger entrückte Beobachter, wie Publizisten, Journalisten, nicht zuletzt auch durch Führungsforschende selbst, tagein tagaus aufrechterhalten. Es handelt sich um den Ansatz der Führungsmythen einerseits und das Konzept der Romantik der Führung andererseits. Indem beide Ansätze von der sozialen Konstruiertheit jeglicher Führungsvorstellungen ausgehen, machen sie die häufig impliziten Annahmen über Führung explizit und hinterfragen deren Selbstverständlichkeit. Im Unterschied zu den restlichen Lehrbuchkapiteln handelt es sich hier also um Ansätze, die nicht die Führung adressieren, sondern sich mit der Frage befassen, wie über die Führung gedacht, geschrieben und gesprochen wird. Es geht auch um die Reflexion der Führungsforschung selbst. Sowohl die Führungsmythen als auch die Romantik der Führung sind als kritische Führungsansätze anzusehen, die die Selbstverständlichkeiten der Führungsforschung herausfordern.

Im deutschsprachigen Raum wurde der Ansatz der Führungsmythen insbesondere von Oswald Neuberger (1995, 2002) vertreten, der eine plausible Taxonomie der Mythen im Führungsbereich entwickelte. Das Konzept der sogenannten Romantik der Führung (en. *romance of leadership*) ist hingegen amerikanischen Ursprungs; entwickelt und eingehend untersucht wurde es zunächst durch die Forschenden um James Meindl (Meindl et al., 1985; Meindl & Ehrlich, 1987), später durch einen weitaus breiteren Kreis von Autoren (z. B. Bligh & Schyns, 2007; Schyns et al., 2007a; Schyns et al., 2007b; Bligh 2011). Im Unterschied zu den Führungsmythen ist das Konzept der Führungsromantik vor allem psychologisch geprägt und beruht auf der Attributionstheorie. Während im Ansatz der Führungsmythen von den gesellschaftlichen Wertevorstellungen ausgegangen wird, die sich in den Führungsmythen widerspiegeln und ihre Existenz sichern, erachtet man bei der Romantik der Führung die Verherrlichung von Führungskräften als einen individuellen Attributionsfehler, sodass dem sozialen Kontext hier nur eine marginale Bedeutung zugeschrieben wird.

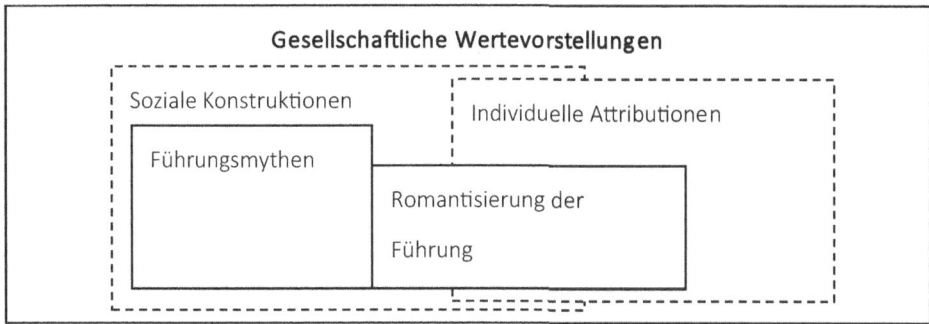

**Abb. 12.1** Grundmodell der Führungsmythen und der Romantik der Führung. [Bildrechte: Urheberrecht beim Autor]

Beide Ansätze haben sich separat und unabhängig voneinander entwickelt, sowohl geografisch, als auch in Bezug auf ihre theoretische Einbettung. Aus diesem Grund wurden die beiden Theorien bislang in keinen Zusammenhang gebracht. In diesem Kapitel werden sie jedoch als zwei verschiedene Beispiele der kritischen Perspektive auf Führung behandelt, wobei die Romantik der Führung ein Beispiel für den Heldenmythos darstellt. Den Rahmen des vorliegenden Kapitels verdeutlicht Abb. 12.1.

## 12.2 Führung und Mythen

### 12.2.1 Wesentliche Begriffe

Der Begriff „Mythos" ist aus dem Griechischen entlehnt und bedeutet im ursprünglichen Sinne das „Wort" oder die „Geschichte". Im Allgemeinen werden Mythen mit Erzählungen gleichgesetzt, die Antworten auf essenzielle Fragen des menschlichen Lebens liefern, wie die Fragen über das Gute und das Böse, die Götter und die Menschen, das Leben und den Tod (Neuberger, 1995). Laut Neuberger handelt es sich beim Mythos um „[…] Aussagen, die mit Wahrheitsanspruch auftreten, die Wirklichkeit aber nicht umfassend abbilden, sondern einseitig und selektiv beleuchten und damit einen anderen Teil der Wirklichkeit abdunkeln oder verleugnen" (Neuberger, 2002, S. 101). Mit Verweis auf Reinwald (1991) unterscheidet Weik (2001, S. 17 ff.) fünf verschiedene sozialwissenschaftliche Auffassungen vom Mythos:

1. Die ritualistische Auffassung: Hier wird Mythos im Wesentlichen als Bestandteil von primitiven Kulturen gesehen und mit alogischem und irrationalem Glauben sowie mit religiösen oder normativen Überzeugungen gleichgesetzt. Somit gilt hier Mythos pejorativ als ein fehlerhaftes Denken. Zu den wichtigen Vertretern dieser Auffassung werden die Klassiker der Soziologie und Anthropologie, wie Émile Durkheim, James Georg Frazer, Bronislaw Malinowski und Marcel Mauss, gezählt.

2. Die strukturalistische Auffassung: Der Mythos wird hier als eine spezifische, vom rationalen Denken abweichende, deswegen aber nicht minder legitime Denkweise verstanden. Sie ist in den sogenannten primitiven Gesellschaften, aber auch in den vermeintlich entwickelten westeuropäischen Kulturen anzutreffen. Der wichtigste Verfechter dieser Perspektive ist Claude Lévi-Strauss.
3. Die transzendentale Auffassung: Das mythische Denken wird hier als eine Quelle von universellen (transzendentalen) Ideen angesehen, die einen Gegensatz zum wissenschaftlichen Denken darstellen. Während das wissenschaftliche Denken mit den abstrakt-analytischen Begriffen operiert, beruht das mythische Denken auf den konkreten und synthetischen Konzepten. Als die hauptsächlichen Vertreter dieser Auffassung werden Ernst Cassirer und Kurt Hübner angesehen.
4. Die psychoanalytische Auffassung geht davon aus, dass Mythos vor allem ein psychologisches Phänomen ist, welches unbewusste Prozesse widerspiegelt, wie unerfüllte Triebregungen nach Sigmund Freud oder Archetypen nach Carl Gustav Jung.
5. Die symbolische Auffassung versteht Mythos als einen Ausdruck des kollektiven Geistes und als einen integralen Bestandteil jeder Kultur. Im Mythos drückt sich die nicht-rationale, nicht empirische Erfahrung einer Kulturgruppe aus. Unterstrichen wird dabei die lokale oder nationale Spezifizität vom Mythos. Das mythische Denken wird zudem als komplexer und vollständiger denn das wissenschaftlich-rationale Denken angesehen (Weik, 2001, S. 17). Zu den Vertretern dieser Deutungsweise werden solche Autoren wie Johann Gottfried Herder oder Mircea Eliade gezählt.

Die seit Hesiod bekannte und populäre Gegenüberstellung zwischen „mythos" und „logos" lehnt an die ritualistische und transzendentale Auffassung an. Während Logos mit systematischem Denken und exaktem Interpretieren gleichgesetzt wird, steht Mythos für bilderreiche, aber vieldeutige, diffuse und damit interpretationsbedürftige Erzählung oder Denkweise (Neuberger, 2002, S. 101). Zugleich wird diese vermeintlich klare Trennung kritisiert, z.B. Neuberger (2002) zeigt eine enge Verbindung zwischen Mythos und Logos auf. Mitunter fungiert die Logos-Seite, der bester Repräsentant die Wissenschaft positivistischer Prägung ist, auch als Brutstätte für moderne Mythen, die statt Erklärungen eher Verklärungen liefern. Die nachfolgenden Ausführungen zeigen, dass die Mythenverständnisse in der Literatur zu Führungsmythen sich im Wesentlichen zwischen der ritualistischen Auffassung und der symbolischen Deutung bewegen. Entweder werden Führungsmythen in der Tradition der ritualistischen Auffassung als „falsche, da unbegründete Vorstellungen" von Führung angesehen, die es zu enthüllen und zu entmythologisieren gilt (Kubicek, 1984), oder aber Führungsmythen gelten als gegebene Bestandteile der westeuropäischen Kultur des 21. Jahrhunderts, die nicht bezwungen, sondern beschrieben werden können.

Unter **Führungsmythen** sind allgemein akzeptierte Aussagensysteme über Führung oder Führungskräfte zu verstehen, die eine Erklärung über die Berechtigung der Führung oder über die Art der Führung anbieten. Der Grund für die Existenz der Führungsmythen wird darin gesehen, dass Führung ein komplexes, unübersichtliches, unverständliches Phänomen ist, dessen Gesamtbetrachtung überfordert. Führungsmythen schaffen hierfür Abhilfe, weil sie die Komplexität stark reduzieren. Statt einer Gesamtsicht enthalten Führungsmythen selektive Aussagen und bieten damit eine vereinfachte, nachvollziehbare Sichtweise auf die Führung, welche auf der Ausblendung komplexer Zusammenhänge beruht (Neuberger, 2002, S. 101). Ihre Legitimation erhalten die Führungsmythen aus dem direkten Bezug zu den akzeptierten gesellschaftlichen Werten. Wenn „rationales Handeln" einen gesellschaftlichen Wert der Moderne darstellt, dann erntet ein Führungsmythos, der den Führungskräften eine vollkommene Rationalität unterstellt, breite Akzeptanz und gilt als legitim.

Führungsmythen sind höchst funktionell für die Gesellschaft und Organisationen. So tragen sie dazu bei, bestimmte Anschauungen und Praktiken narrativ zu normalisieren, egal wie irritierend oder befremdlich sie zunächst erscheinen mögen (Kubicek, 1984). Um es mit Weick (1995) zu sagen, erschaffen Führungsmythen die organisationale Realität, die sie hervorbringt. Eine weitere gesellschaftlich relevante Funktion von Führungsmythen besteht darin, dass sie eine direkte Kontrolle und Überwachung ersetzen. So kann ein verbreiteter und als selbstverständlich geltender Führungsmythos, wie z. B. der Mythos, dass Führungskräfte wichtig sind, etliche Fragen und Akzeptanzprobleme ersparen. Damit können Führungsmythen auch als Führungssubstitute (mehr dazu s. Kap. 7 im Buch) fungieren. Des Weiteren immunisieren Führungsmythen gegen alternative Betrachtungen (Gemmill & Oakley, 1992). Indem Führungsmythen bestimmte Zusammenhänge als gegeben und unveränderbar darstellen anstatt sozial konstruiert, machen sie jede Kritik obsolet (Neuberger, 2002, S. 102) und die „Alternativlosigkeit" der bestehenden Sicht unvermeidbar. Eine relevante Funktion von Führungsmythen besteht darin, ein Zusammengehörigkeitsgefühl in Organisationen herbeizuführen und damit neue, organisations- oder führungsbezogene Identitäten zu stiften. Das gelingt den Führungsmythen vor allem dadurch, dass sie einen Orientierungsrahmen für Handlungen in ambivalenten Situationen bieten (Neuberger, 2002, S. 102) und kollektive Identitäten stiften (Popper & Castelnovo, 2018). Führungsmythen erfüllen auch einige psychologische Grundbedürfnisse, wie das Bedürfnis nach Sicherheit, nach einer Erklärung für das, was passiert, oder nach der Bedeutung für das eigene Agieren (Popper & Castelnovo, 2018). Popper und Castelnovo (2018) argumentieren zudem, dass die Mythologisierung in Zusammenhang mit Führung auch eine wichtige evolutionäre Bedeutung besitzt, weil sie für den generationenübergreifenden Transfer des kulturellen Wissens sorgt.

## 12.2.2 Sozialer Konstruktivismus als Hintergrundtheorie

Der Ansatz der Führungsmythen, wie er von Neuberger aufgefasst wird, fußt in der Tradition des sozialen Konstruktivismus. Wichtige Vorarbeiten dazu sind im symbolischen Interaktionismus (Mead, 1973) sowie im klassischen Werk von Berger und Luckmann zu verorten (2007/1966). Inzwischen gehört der soziale Konstruktivismus zu den einflussreichsten theoretischen Schulen der Wissenssoziologie, die auch in die benachbarten Disziplinen ausstrahlt, wie z. B. Betriebswirtschaft oder Psychologie.

Die Grundannahmen des sozialen Konstruktivismus lassen sich in Kürze folgendermaßen darstellen: Die soziale Wirklichkeit ist keine unverrückbare, objektive Gegebenheit, sondern eine soziale Konstruktion. Menschen sind, ähnlich den beruflichen Konstrukteuren, unentwegt damit beschäftigt, sich ihre Welt auf eine für sie sinnvolle Weise zurechtzulegen, das heißt, diese sozial zu konstruieren.

Die sozialkonstruktivistischen Anleihen haben in der Organisationswissenschaft zu zahlreichen Forschungszweigen geführt. Eine der relevantesten Anwendungen ist der organisationale Symbolismus (dazu siehe auch Kap. 9 im Buch). In der Führungsforschung ist eine breite Anwendung des sozialkonstruktivistischen Gedankenguts bislang jedoch ausgeblieben. Die wenigen sozialkonstruktivistischen Ansätze zu Führung gehören nicht zu den Haupttrends der Führungsforschung, sondern sind an den Rändern des „Mainstreams" zu finden (z. B. Grint, 2000, Fairhurst & Grant, 2010). Während diese Diagnose auch auf Führungsmythen zutrifft, errang die Romantik der Führung, der zweite Ansatz, der in diesem Kapitel behandelt wird, eine deutlich prominentere Stellung innerhalb der Führungsforschung.

### 12.2.3 Kategorien von Führungsmythen

Mit der Frage, welche Führungsmythen unterschieden werden können, hat sich Neuberger in seinen Arbeiten (1995, 2002) befasst. Das Ergebnis ist eine Liste von stark verbreiteten Führungsmythen, die wichtigsten davon sind in Tab. 12.1 zusammengefasst. Auch wenn sich diese Liste erweitern bzw. differenzieren ließe, ist ihre Weiterentwicklung nicht das Ziel dieses Kapitels. Die folgenden Ausführungen dienen vor allem der Erläuterung der von Neuberger unterschiedenen Führungsmythen.

Der **Rationalitätsmythos** besagt, dass Führungskräfte in ihrem Handeln ausschließlich dem Primat des Rationalen folgen. Dieser Mythos bezieht seine Akzeptanz aus den gesellschaftlichen Vorstellungen der Rationalität als einen Wert an sich. Als ein Gegensatz zur Irrationalität und Emotionalität, zum Chaos und zur Unvorhersehbarkeit, wird Rationalität zum Merkmal der Führung und der Führungskräfte auserkoren. Davon profitiert die Institution der Führung, weil sie sich mit Hilfe dieses Mythos in die Liste der erstrebenswerten Zustände eingliedert. Der Rationalitätsmythos sorgt für die Legitimität des Handelns von Führungskräften: Egal wie irritierend, befremdlich und ärgerlich Führungsentscheidungen oder -handeln ausfallen mögen, diese Bedenken werden mit Hilfe des Rationalitätsmythos beiseite gewischt oder für irrtümlich erklärt.

Der **Machbarkeitsmythos** ist ein Ableger des Rationalitätsmythos, weil hier eine grundsätzliche Vernünftigkeit der Führungsentscheidungen nahegelegt wird. Wie abwegig die Führungsentscheidungen auch erscheinen mögen, mit Hilfe des Machbarkeitsmythos werden sie für machbar und erreichbar erklärt, sind damit auch als sinnvoll anzusehen. Dieser Mythos zielt besonders stark darauf ab, dass die kritischen Einwände oder Widerstände seitens der Mitarbeiter ausgeblendet werden können, da jeder Widerstand seine Legitimität verliert, sobald er sich gegen eine „vernünftige" Angelegenheit wendet. Dieser Mythos eignet sich somit hervorragend für die Herstellung der Konformität unter den Untergebenen, blendet er doch etliche Umstände aus, die Zweifel an Führungsentscheidungen entstehen ließen, wie Selbstüberschätzung von Unternehmensleitern oder unbegründete Forderungen der Leistungssteigerung.

**Tab. 12.1** Die populärsten Führungsmythen nach Neuberger (2002)

| Führungsmythos | Erläuterung |
|---|---|
| Rationalitätsmythos | – Führungskräfte lösen Probleme sachlich<br>– Führungskräfte haben klare Ziele und Mittel; sie sind Sozialingenieure, die die Maschine Organisation steuern |
| Machbarkeitsmythos | – Alle Ziele, die Führungskräfte setzen, sind erreichbar und alles Vorgegebene ist machbar |
| Der-Beste-setzt-sich-durch Mythos | – Führungskräfte sind die besten und die fähigsten Personen<br>– Führungskräfte sind deswegen dazu befähigt, den eigenen Willen anderen Personen aufzuzwingen |
| Heldenmythos | – Der Erfolg und Misserfolg einer Organisation hängt ausschließlich von den Führungskräften ab<br>– Über das Schicksal der Unternehmen entscheiden alleine ihre Führungskräfte |
| Kontrollmythos | – Führungskräfte haben alles „im Griff" |
| Erfolgsmythos | – Führungskräfte bezwecken einzig und allein den Erfolg für Organisationen |
| Gemeinschaftsmythos | – Führungskräfte sind für alle Mitarbeiter da, alle Mitarbeiter sind für Führungskräfte da<br>– Führungskräfte wie Mitarbeiter bemühen sich um das „Wir-Gefühl" und das „Familiengefühl" |

Quelle: In Anlehnung an Neuberger (2002, S. 100–105); eigene Zusammenstellung

Der Mythos **„Der Beste-setzt-sich-durch"** propagiert Leistung und Erfolg als die wichtigsten Werte, um die es in Unternehmen geht. Die herausragende persönliche Leistung gilt dabei als Begründung dafür, warum bestimmte Personen Führungsposten einnehmen und andere nicht. Es liegt schlichtweg an der persönlichen Leistung: nur die leistungsstärksten und die fachlich kompetentesten Personen setzen sich als Führungskräfte durch. Jahrelang diente dieser Mythos als Basis für die Diskussion um Frauen und Führung. Der Mythos bot eine bequeme Erklärung dafür, warum nur wenige Frauen in Führungspositionen anzutreffen sind (es läge ja nur an ihrem individuellen Leistungsverhalten), und erlaubte es, Frauen als grundsätzlich leistungsschwach oder leistungsschwächer denn Männer hinzustellen, sei es aufgrund von angeblichen Erfahrungsmängeln, sei es wegen der kinderbedingten Unterbrechungen. Hier entfaltete der Mythos seine selektive Wirkung: Indem eine Komponente, nämlich Leistung, hervorgehoben wird, werden andere Gründe ausgeblendet. Jegliche Diskussion um eine strukturelle Benachteiligung wurde damit verhindert (vgl. Kap. 14 im Buch). Hinzu kommt, dass dank des Mythos die faktischen Besetzungskriterien von Führungspositionen kaum in Augenschein genommen werden mussten, obwohl Leistung oftmals weder ausschlaggebendes noch ausreichendes Kriterium ist, sondern solche Aspekte von Bedeutung sind, wie z. B. soziale Netzwerke oder soziale Ähnlichkeit zu Entscheidungsträgern. Im Fall von weiblichen Führungskräften büßte der Mythos an seiner suggestiven Kraft erst ein als der gesellschaftliche Druck erheblich stärker geworden ist.

Der **Heldenmythos** ist der am häufigsten anzutreffende Führungsmythos. Er konstruiert eine heldenhafte Führungskraft, die den Erfolg und Misserfolg des Unternehmens alleine verantwortet. Die komplexen Zusammenhänge, die zum Erfolg oder Misserfolg eines Unternehmens führen können, blendet der Mythos aus und bietet stattdessen eine bemerkenswert schlichte, konkrete und deswegen höchst suggestive Ursache: das Heldentum der leitenden Führungskraft. Campbell (2011), einem amerikanischen Anthropologen und Mythenforscher, zufolge sind Heldenmythen in den Heldengeschichten verankert. Diese stellen oft Abenteuerreisen dar, die eine Verwandlung der Protagonisten zum Thema haben: von üblichen Individuen zu Akteuren mit übernatürlichen Kräften, nicht selten unterstützt von Fabelwesen, die sie zu ungewöhnlichen Siegen verleiten. Eine der Folgen dieses Mythos besteht darin, dass Führungskräfte bei den Erfolgen eines Unternehmens zelebriert werden, bei den Misserfolgen hingegen ihre Posten räumen müssen. Wenn eine Führungskraft das Scheitern verursacht, dann sorgt alleine ihr Auswechseln für die Besserung der Lage. Dass Führungskräfte häufig weder mit Erfolg noch mit Misserfolg einer Organisation unmittelbar zu tun haben, vermag den Mythos nicht zu verunsichern. Die anhaltende Überzeugungskraft des Heldenmythos speist sich aus dem Wunsch nach einfachen Erklärungen für hochkomplexe, durch zahlreiche Rückkopplungsmechanismen gekennzeichnete Organisationen. Dass der Heldenmythos stark in der angelsächsischen Popkultur verbreitet ist, zeigt Fournout (2017). Bröckling (2020) wiederum legt eine auch für Führungsforschende überaus lesenswerte Studie zu verschiedenen Merkmalen des Heroischen vor, in der er auch den Zusammenhang zwischen dem Heroischen und dem Mythos ausführlich und vor allem kritisch beleuchtet. Unter anderem arbeitet Bröckling zahlreiche Tücken des Heldenmythos heraus, wie die unterstellte Einfachheit, die Entpolitisierung des Heldenhaften und das Aufrechterhalten der Herrschaftsideologie.

Der **Kontrollmythos** kann als ein Zweig des Heldenmythos angesehen werden, da er hervorhebt, dass Führungskräfte (und nur sie!) alles im Unternehmen unter Kontrolle haben. Implizit unterstellt dieser Mythos den Führungskräften orakelhafte Fähigkeiten, wer sonst könnte stets eine Gesamtsicht behalten, die Zukunft genau vorhersehen und immer genau wissen, welche Handlung welche Folgen nach sich ziehen kann. Alle Erkenntnisse, die bereits seit einem halben Jahrhundert in der deskriptiven Managementforschung vorliegen und aussagen, dass Führungskräfte, nicht anders als Mitarbeiter, nur begrenzt rational handeln, von ihren zahlreichen Aufgaben und den engen Zeitplänen gehetzt sind und insgesamt das „Durchwursteln" statt eines gottähnlichen wohlüberlegten Handelns praktizieren, werden dabei stillschweigend ausgespart.

Auch der **Erfolgsmythos** gesellt sich zu den Führungsmythen, in denen den Führungskräften nahezu unmenschliche Eigenschaften zugeschrieben werden. Neben der fachmännischen Perfektion, unbegrenzter Rationalität und der Kontrollfähigkeit legt der Erfolgsmythos nun nahe, dass Führungskräfte ausschließlich auf den Erfolg des Unternehmens bedacht sind. Hier wird ein moralisch schlichtes „homo institutionis" konstruiert, welches ausschließlich die Erfolgssicherung einer Organisation im Sinn hat. Während Führungskräfte zu Moralaposteln von Unternehmen auserkoren werden, ignoriert man stillschweigend alle opportunistischen Neigungen eines „homo oeconomicus". Damit sorgt dieser Mythos für eine grundsätzliche Legitimität jeglicher Führungsentscheidungen und unterbindet jeden Zweifel, Kritik oder Widerstand dagegen.

Der **Gemeinschaftsmythos** stellt im Unterschied zu den obigen Mythen nicht auf die Besonderheiten der Führungskräfte ab, sondern fokussiert auf die Gemeinsamkeit zwischen den Führungskräften und ihren Mitarbeitern. Der Mythos basiert auf den Werten der Demokratie und des Egalitarismus. Hervorgehoben wird hier die Einhelligkeit zwischen den Führungskräften und ihren Untergebenen, die nach dem Prinzip „einer für alle, alle für einen" agieren, nicht unähnlich den drei Musketieren von Alexandre Duma. Durch diesen Mythos werden familiär anmutende Vorstellungen von friedfertigen harmonischen Gemeinschaften in Organisationen heraufbeschworen. Dabei blendet der Gemeinschaftsmythos sowohl die Interessenunterschiede zwischen Führungskräften und Mitarbeitern, das strukturelle Macht- und Hierarchiegefälle in Organisationen, als auch manches Konkurrenzverhalten zwischen Führungskräften und Mitarbeitern aus.

### 12.2.4 Metaphern der Führung als Ausdruck von Führungsmythen

Soziale Konstruktion ist vor allem ein sprachgeleiteter Prozess. Sprache bildet die soziale Realität nicht nur ab, sondern erschafft diese auch (Fairhurst & Grant, 2010). Eines der wichtigsten sprachlichen Mittel sind dabei die Metaphern, die nicht nur ausschmückende sprachliche Ausdrücke, sondern auch Kategorien unseres Denkens und Erlebens (Liebert, 2003) darstellen. Dabei müssen Metaphern nicht nur auf bestimmte, bereits vorhandene Fakten oder Zusammenhänge referieren, sondern sie können diese auch neu herstellen (Liebert, 2003, S. 86). Auch zwischen Führungsmythen und Metaphern besteht eine enge Verbindung. Metaphern wie Führungsmythen sind stets selektiv, heben eine bestimmte Perspektive hervor (Liebert, 2003, S. 86) und blenden anderweitige Facetten aus. Zugleich sind Metaphern jene sprachliche Mittel, die Führungsmythen zum Ausdruck bringen.

Die Frage, mit Hilfe welchen Metaphern Führung verbildlicht und konstruiert wird, wurde inzwischen in einer Reihe von Studien behandelt. Die Listen der Metaphern, die man im Bereich der Führung unterscheidet und derer man sich bedient, um Führung zu erfassen, zu beschreiben und verständlich zu machen, sind unterschiedlich. Jackson und Parry (2011) thematisieren drei populäre Führungsmetaphern: Führung als Elternschaft, als ein Lehrprozess oder als eine Armeeführung. Die Metapher der Führung als Elternschaft legt eine große Verantwortung nahe, die die Führungskräfte tragen. Gemeint wird die Verantwortung für die Wirtschaft, für Mitarbeiter, Umwelt und den gesellschaftlichen Wohlstand. Ein Widerspruch, welchen diese Metapher nicht auflöst, besteht aus Sicht der Autoren im Verhältnis zwischen den Führungskräften und den Mitarbeitern. Einerseits konstruiert diese Metapher eine infantile Gefolgschaft, die sich den Entscheidungen der Führungskräfte beugt. Andererseits besteht das Ziel der „elterlichen" Führer auch darin, die Mitarbeiter aus ihrer Abhängigkeit zu lösen und sie zu souveränen Organisationsmitgliedern „zu erziehen" (Jackson & Parry, 2011, S. 132).

Führung als ein Lehrprozess, eine weitere Metapher, stellt aus Sicht der Autoren genau darauf ab. Führung wird als ein Prozess der Entwicklung und der Reifung hin zum autonomen Verhalten gesehen. Der Schule nicht unähnlich beruht auch Führung in Organisationen auf Erwartungen hinsichtlich des Gehorsams und der Disziplin, aber auch des Wissens und der Unabhängigkeit. In der Schule wie in Unternehmen wird mit Anreizen, aber auch mit Drohungen gearbeitet, mit deren Hilfe erwünschtes Verhalten erreicht oder belohnt wird. Beim Lehren wie beim Führen handelt es sich darum, die Schüler bzw. die Mitarbeiter zu bilden und zu entwickeln, den weiteren Weg oder die Karriere vorzubereiten oder sie unter bestimmten Umständen zu verabschieden.

Der Feldherr einer Armee ist eine weitere verbreitete Metapher für Führungskräfte. Ihre semantischen Bezüge umfassen sowohl eine militärisch-disziplinierende Anleitung einer Gruppe als auch die Erzeugung eines Gruppenzusammenhalts. Jeder Feldherr ist um Kooperation innerhalb seiner geführten Mannschaft bedacht und versucht stets, den Team- und Kampfgeist zu entfachen und aufrechtzuerhalten (Jackson & Parry, 2011, S. 132; vgl. Beispiele im Intermezzo Kap. 10).

Alvesson und Spicer (2011) sowie ihre Mitautoren legen in ihrem Buch eine differenziertere Analyse der in unserer Gesellschaft verbreiteten metaphorischen Verständnisse von Führung und Führungskräften vor. Basierend auf konzeptionellen und Medienanalysen werden insgesamt acht Metaphern der Führung unterschieden. Diese metaphorischen Bilder mitsamt ihrer Erläuterungen fasst Tab. 12.2 zusammen.

Diese Metaphern und entsprechende Verständnisse von Führungskräften sind oftmals implizit und werden erst bei kritischer Analyse von spontanen Erzählungen deutlich. So zeigte Gabriel (1997) in seiner Studie die Dominanz der Gott-Metapher in den Erzählungen von studentischen Praktikanten auf, die ihre seltenen persönlichen Treffen mit dem Geschäftsführer der Firma tendenziell als eine religiös-göttliche Begegnung schildern. Zugleich wird aus der Tabelle deutlich, dass jede der Metaphern eine selektive Sichtweise auf Führungskräfte bietet, die entweder auf positive oder negative Aspekte abstellt und eine Reihe von Aspekten ausschließt, um die Komplexität der Führung zu reduzieren. So fußt die Metapher der Führungskräfte als Kumpel und Kameraden auf der Vorstellung, dass die hierarchischen Unterschiede zwischen den Mitarbeitern und Führungskräften zu ignorieren sind und ein egalitärer Umgang miteinander nicht nur eine Wunschvorstellung, sondern ein durch Metapher vorgeschriebener Arbeitsalltag sein kann. Diese Sichtweise stößt in der unternehmerischen Praxis aber oft an ihre Grenzen, sobald Meinungs- oder Interessenkonflikte zwischen Mitarbeitern und Führungskräften auftreten.

Indem Metaphern grundlegende Verständnisse über die Führung zum Ausdruck bringen, korrespondieren sie stark mit den sogenannten Archetypen der Führung (s. Neuberger, 1995, 2002; Kostera, 2012). Unter den Archetypen versteht Neuberger Ur-Bilder der Führung, die implizite Erwartungen an Führungskräfte bündeln und eine symbolische Wirkung haben (Neuberger, 1995, S. 41). Die vom Autor angebotene Klassifikation der Führungsarchetypen in Archetyp Vater, Archetyp Held und Archetyp Heilsbringer kommen den besprochenen Metaphern der Führungskräfte sehr nahe. Beispielsweise wird im

**Tab. 12.2** Metaphern der Führungskräfte nach Alvesson und Spicer (2011)

| Metaphern der Führungskräfte | Erläuterung |
|---|---|
| Heiliger | – Moralisches Vorbild<br>– Märtyrer, der durch die Selbstopfung die Dinge zum Guten dreht<br>– Altruistisch, selbstvergessen und aufopferungsbereit<br>– Ansteckend mit positiven Einstellungen |
| Gott | – Weit über „normalen" Organisationsmitgliedern stehend<br>– Omnipotent<br>– Schützend, aber auch drohend |
| Gärtner | – Beschäftigt mit dem Entwickeln Anderer (v. a. Mitarbeiter)<br>– Wesentliche Aufgaben: „Aussuchen richtiger Samen", „Platzieren der Samen", „Düngen", „Wässern", „Unterstützen", „Entfernen falscher Triebe", „genussvolles Ernten" |
| Kumpel und Kamerad | – Egalität, Ausblenden von Hierarchieunterschieden<br>– Formen: Gastgeber, Alle(s)-Versteher, Gleichmacher, Interessenvertreter für Mitarbeiter |
| Feldherr | – Überzeugen durch klare Anweisungen und eigenes Beispiel<br>– Ausgeprägter Aktivitätsmodus, niedrige Reflexivität<br>– Niedrige Kritiktoleranz<br>– Erschaffen von Feinden als Aktionsfokus |
| Cyborg | – Überzeugen durch fachliche Expertise<br>– Auf der Grenze zwischen dem Menschlichen (Mitarbeitern) und dem Unmenschlichen/Technischen<br>– Perfektionismus |
| Tyrann | – Wirkung durch Einschüchterung<br>– Bosheit, Tücke, Respektlosigkeit den Mitarbeitern gegenüber |

Quelle: In Anlehnung an Alvesson und Spicer (2011); eigene Zusammenstellung

Rahmen des Vater-Archetypus die Führungskraft als eine überlegene, aber verständnisvolle und schützende Person in Bezug auf die Mitarbeiter konstruiert. Zugleich impliziert diese Metapher infantile, unreife, schutz- und führungsbedürftige Mitarbeiter. Damit werden auch Parallelen zur psychoanalytischen Führungssicht, die Infantilisierung der Gefolgschaft durch Führung oder Führungsforschung anprangert, deutlich (vgl. Kap. 5 im Buch). Der Archetyp eines Helden hingegen schreibt einer Führungskraft heldenhafte Eigenschaften einer aufopferungsbereiten und zugleich erfolgreichen Person zu, während der Archetyp eines Heilsbringers Führungskräfte in Verbindung mit übermenschlichen, nahezu magischen Fähigkeiten bringt (Neuberger, 1995, S. 41), angesichts deren von den Mitarbeitern eine religiös anmutende Ergebenheit und Unterwerfung erwartet wird. Im Unterschied dazu behandelt Kostera (2012) die Archetypen aus der Organisationsperspektive und unterscheidet eine Reihe von weiteren Archetypen, die nicht nur die Führung an sich, sondern Führung im organisationalen Kontext thematisieren, wie z. B. das Selbst, der Schatten, die Anima und der Animus, der Weise, der König, der Abenteurer oder der Gauner.

## 12.2.5 Fundstellen für Führungsmythen

Nachdem die mythologische und metaphorische Vielfalt der modernen Führungswelt deutlich werden konnte, stellt sich die Frage, wo Führungsmythen auftreten und zu finden sind. Die Fundstellen können überaus verschieden sein. Das sind zum einen jegliche Annahmen und Aussagen über Führung und Führungskräfte. Sowohl in den persönlichen Berichten von Führungskräften, in den journalistischen Reportagen als auch in den Führungstheorien selbst lassen sich Führungsmythen feststellen.

Führungsmythen sind vor allem dort und dann zu erwarten, wenn Führung suggestiv, einseitig und wenig kritisch dargestellt wird. Dazu gehören zunächst praktische Bestrebungen oder Praktiken in Unternehmen. Dass einzelne Personalinstrumente unterschiedlichen Führungsmythen aufgesessen sein können, zeigt Neuberger in seiner kritischen Analyse der Assessment Center für Führungskräfte (Neuberger, 1989). Der Autor prangert insbesondere den Führerkult als Ausdruck des Heldenmythos an, wie er in Assessment Centern für Führungskräfte zutage tritt.

---

**Beispiel**

„In ACs [Assessment Centern, Anm. der Autorin] feiert sich der Primat der Tat. Es wird etwas Eindrucksvolles gemacht, um sich selbst davon abzulenken, dass man im Grunde nicht weiß, was zu tun ist. ACs aber haben eine ganz zentrale Funktion: Sie halten den Glauben aufrecht, dass es ‚auf die da oben' ankommt, denn von ihnen kommt das Gute in der Welt – so wie von den Hexen das Böse kam". (Neuberger, 1989, S. 41) ◄

---

Die These von Neuberger ist, dass, ähnlich den Hexenprozessen in der frühen Renaissance, die gegenwärtigen Assessment Center den Heldenmythos bedienen. Gute Führungskräfte werden zum wichtigsten Erfolgsfaktor der Organisationen und der Wirtschaft verklärt, ähnlich der Zeit, als Hexen zu Agenten des Teufels und des Bösen in der Gesellschaft verklärt worden sind. Die Aufgabe der Wissenschaftler, so Neuberger, sei es, ähnlich den katholischen Priestern, diese Agenten des Guten und des Wohlstands ausfindig zu machen und sie in entsprechende Positionen zu befördern. Die Geschichtsschreibung weist darauf hin, dass die Hexenprozesse zu ihrer Zeit vom eigentlichen gesellschaftlichen Grundproblem ablenken mussten, dem absolutistischen Herrscher (Neuberger, 1989, S. 42). Von welchen aktuellen gesellschaftlichen Problemen Assessment Center für Führungskräfte ablenken sollen, ist noch offen, wiewohl eine Liste der denkbaren Probleme durchaus lang wäre.

Kubicek (1984) analysiert in seiner Studie die von Unternehmen verfassten Führungskonzepte und -grundsätze als potenzielle Mythenträger. Er zeigt, dass diese Dokumente vor allem den partizipativen und kooperativen Führungsstil als effizienz- und produktivitätssteigernde Führungsart, die den demokratischen Werten dienlich ist, hervorheben. Bemerkenswert ist aus Sicht des Autors ein klarer Widerspruch zwischen den propagierten

Führungsgrundsätzen und den in Unternehmen vorherrschenden Betriebs- und Arbeitsordnungen, nach denen ausschließlich regelkonformes Mitarbeiterverhalten zu dulden ist
und jede Abweichung von den Vorschriften zu bestrafen ist (Kubicek, 1984, S. 15).

Deutlich subtilere, da wissenschaftlich legitimierte Mythen lassen sich in zahlreichen
Führungstheorien ausfindig machen. So gingen Theoretiker der sogenannten Eigenschaftstheorien der Führung lange Zeit davon aus, dass Führungskräfte sich von den anderen
Menschen aufgrund ihrer besonderen Persönlichkeitseigenschaften unterscheiden. Das
war mal ein besonders hoher Intellekt, mal die Durchsetzungsstärke oder eine hervorragende fachliche Kompetenz. Derartige Aussagen waren nichts anderes als Ausdruck für
den Mythos „Der-Beste-setzt-sich-durch", mit dessen Hilfe die hierarchische Höherstel-
lung der Führungskräfte begründet wurde. Dies galt etliche Jahre als plausibel, bis es mit
Hilfe von empirischen Studien wiederlegt wurde. Die charismatische Führung, die den
Führungskräften Charisma, eine schwer definierbare seltene Eigenschaft zuschreibt, kann
als ein Ableger des Heldenmythos angesehen werden. Jahrelang bedienten Führungstheorien, wie z. B. das Kontingenzmodell der Entscheidungsfindung nach Vroom und Yetton
(1973), auch den Rationalitätsmythos, weil hier Führung mit einem ausschließlich rationalen Entscheidungsprozess gleichgesetzt wird.

Neben den Führungstheorien sind es öffentliche Diskurse über Führung und Führungskräfte, in denen Führungsmythen, Archetypen und Metaphern der Führung unentwegt produziert und reproduziert werden. Sowohl die Selbst- als auch die Fremddarstellungen der
Führungskräfte bedienen sich zahlreicher metaphorischer Bilder, um das komplexe und
meist widersprüchliche Tun der Führungskräfte plausibel und nachvollziehbar zu machen
und eine gesellschaftliche Legitimation dafür zu sichern.

Auch in den aktuellen Medien oder in den Selbstberichten von Führungskräften sind
zahlreiche Führungsmythen zu entdecken, unter anderem dank einer regen Verwendung
von metaphorischen Bildern. Einige der prägnanten Führungsmythen und Führungsmetaphern stellt Tab. 12.3 dar. Diese entstammen der Analyse von Tagespresseberichten und
von Interviews mit Führungskräften, durchgeführt im Rahmen von Abschlussarbeiten am
Lehrstuhl für Organisation und Arbeitswissenschaft an der TU Chemnitz.

Deutlich wird, dass die in den öffentlichen Diskursen verwendeten Metaphern sehr
stark mit den Führungsmythen, wie vorhin thematisiert, zusammenhängen. Führungskräfte werden abwechselnd als Gott, Vater oder als Held (selbst)dargestellt, wobei die semantischen Bedeutungen dieser drei Bilder stark überlappen. Führung als Institution wird
vor allem durch die Vorstellung geprägt, dass es sich hierbei um ein komplexes Unterfangen handelt, bei dem alleine die Führungskraft Kontrolle behält. Eine kontrollarme Führung suggeriert hingegen die Vorstellung, dass in der Führung das Egalitätsprinzip dominiert, bei dem die Hierarchieunterschiede keine große Rolle mehr zu spielen scheinen.
Dass es sich dabei oftmals um einen doppelbödigen Mythos handelt, bei dem zwar die
Wunschidee der Demokratie am Arbeitsplatz zum Ausdruck gebracht wird, der die
eigentliche Führungspraxis aber nicht unbedingt folgt, zeigen auch Kap. 6 und 7 zur geteilten und verteilten Führung im Lehrbuch.

**Tab. 12.3**   Führungsmythen und Führungsmetaphern im öffentlichen Diskurs

| Führungsmythen und Führungsmetaphern | Beispielaussagen |
| --- | --- |
| Führungskraft als Gott | „Er grollt ganz gewaltig. Hätte er die Macht, würde er wohl Donner, Blitz und Hagelsturm niederfahren lassen." |
| Führungskraft als Vater | „Diese Firma war mein Baby, meine Seele, mein Herz." „Den Weg vorzuzeigen und die Pfähle einzuschlagen, zwischen denen sich die Mitarbeiter frei bewegen dürfen." |
| Führungskraft als Held | „Ich bin eben der Kapitän, das Schiff fährt auch mal ein paar Wochen, Monate ohne Kapitän, aber die Weltumsegelung gelingt nicht ohne Kapitän." |
| Führung als Kontrolle | „Ihre Aufgabe sei es, die Fäden in der Hand zu halten." „Wenn Sie 100 Pferde haben und die lenken müssen als Kutscher, wenn Sie auf dem Kutscherbock sitzen, dann ziehen Sie, vielleicht solange die Peitsche reicht, und die anderen laufen alle mit." |
| Egalität in der Führung | „Meine Rolle sehe ich vor allem als Teamplayer oder Moderator innerhalb des Führungsteams." |

Quelle: In Anlehnung an Tetzner (2012) und Duwe (2012); eigene Zusammenstellung

## 12.2.6  Führung als Mythos

Nicht nur ranken sich zahlreiche Mythen darum, wie Führung und die Führungskräfte gesehen und erklärt werden können. Auch die Institution Führung selbst betrachten einige Autoren als einen Mythos. Grint (2010) vertritt die Meinung, dass Führung in unserer Kultur als ein sakrales Phänomen gesehen wird, dessen Existenz jedem Hinterfragungsversuch trotzt. Ausgehend von anthropologischen und historischen Betrachtungen hebt Grint (2010) drei Grundannahmen hervor, die das Sakrale der Führungsinstitution ausmachen. Das ist zum einen die Trennung zwischen der Führungskraft (Führer) und den Mitarbeitern (Geführten), ein Spiegelbild der Trennung zwischen dem Heiligen und dem Profanen (Grint, 2010, S. 93). Nicht selten wird diese Trennung im Führungsbereich mit Hilfe von Strafen für die Übertreter dieser Grenzlinie aufrechterhalten (Grint, 2010, S. 95). Das zweite sakrale Element der Führung beinhaltet aus Sicht des Autors das Stillschweigen des Führers angesichts der Ängste und Widerstände von Geführten (Grint, 2010, S. 101). Das Ignorieren und das Verschweigen, manchmal das Totschweigen profaner Sorgen und widerständiger Sichtweisen betonen den sakralen, menschenfernen Charakter der Führung. Das dritte Element des Sakralen bei Führung ist die Aufopferung. Hier ist einerseits die Selbstaufopferung der Führungskräfte gemeint, die diese mit allen Mitteln zu demonstrieren versuchen, unter anderem durch zahlreiche Arbeits- und Überstunden. Andererseits zählt hierzu auch die Opferung der Führungskräfte als ein reinigender Prozess; in der Vergangenheit wurden hierfür Staatsherrscher gestürzt, heutzutage kündigt man den Geschäftsführern. Auch die Opferung der profanen Geführten, beispielsweise für aussichtslose Projekte und Vorhaben, gehört zum Ritual, das Ordnung sichert und den sakralen Status der Führung aufrechterhält.

Die Idee der Führung als Mythos bestärken auch kritische Überlegungen von Gemmill und Oakley (1992). Aus ihrer Sicht blendet Führung als Mythos jegliche alternativen Formen der menschlichen Zusammenarbeit aus und sorgt für eine andauernde individuelle Entfremdung. Ausgehend von einer humanistisch-psychoanalytischen Perspektive, kritisieren die Autoren, dass in unserer Kultur Hierarchie als eine selbstverständliche Art des Organisierens angesehen wird, in der Führungskräfte unverzichtbar sind (Gemmill & Oakley, 1992, S. 113). Aus Sicht der Autoren ist die Institution Führung ein Mythos und eine Ideologie, deren wesentliche Funktion darin besteht, die unerfüllten Bedürfnisse und Emotionen, die bei einer Zusammenarbeit entstehen, zu verhindern. Zusammenarbeit, die unter Ambivalenzen und Unklarheiten stattfinden muss, verursacht Unsicherheiten, Ängste und Hilflosigkeit. Anstatt diese Zustände auszuhalten, sucht sich die Gruppe unbewusst einen „Führer", auf den die Hoffnungen projiziert werden. Jeder Einzelne kann sich auf diese Art seiner Ängste entledigen. Zugleich entledigt man sich aber auch alternativer Formen und Strukturen der Zusammenarbeit, die jenseits von zentralistischer Führung oder gänzlich ohne Führung möglich sind, so Gemmill und Oakley (1992).

In den neueren Arbeiten werden neben der Führung auch die Führungsforschung bzw. die Führungstheorien als jene kritisiert, die zahlreiche religiöse Elemente beinhalten und zur Mythologisierung der Führung beitragen (Spoelstra, 2013). Besonders oft werden einige der Theoriekonzepte gescholten, wie z. B. transformationale, spirituelle oder dienende Führung, weil hier den Führungskräften geradezu sakrale Eigenschaften zugesprochen werden. Alvesson und Spicer (2013) argumentieren gar, dass Führung mit ihren mythischen Elementen eine Verdummung der Nicht-Führenden bewirkt, indem die kognitiven Fähigkeiten des analytischen Denkens, Reflektierens und Hinterfragens zugunsten der führungsbezogenen Disziplin systematisch eingeschränkt werden, damit jene der Führungskräfte herausgestellt werden können. Führungstheorien erfüllen damit vielmehr die Funktion einer Ideologie als die einer emanzipativen Anstrengung.

## 12.3  Romantik und Romantisierung der Führung

Während Führungsmythen als Ausdruck der gesellschaftlichen Wertevorstellungen gelten, legt das Konzept der Romantik der Führung nahe, dass jedes Individuum eine Neigung dazu hat, die Führungskraft als den wichtigsten oder gar den einzigen Grund für den Unternehmenserfolg und Misserfolg anzusehen, d. h., es zu romantisieren. Bei der Romantik der Führung handelt es sich also weder um eine Epoche der Führungsforschung, wie man in Anlehnung an das Zeitalter der Romantik annehmen könnte, noch um eine neue Kunstrichtung. Aus dem Englischen stammend, ist die Romantik der Führung (en. *romance of leadership*) eine Metapher, mit der das Phänomen der Romantisierung von Führungskräften bezeichnet wird. Ähnlichkeiten zwischen der Romantik der Führung und Romantik als Kulturepoche sind jedoch naheliegend. Im 18. und 19. Jahrhundert zeichnete sich die Romantik dadurch aus, dass hier eine Wiederbesinnung auf die folkloristischen Märchen, Sagen und Mythen des Mittelalters als ein Gegenpol zum aufklärerischen Rationalismus stattfand. Auch die Romantik der Führung ist gewissermaßen eine Mär, eine Fantasie über die Wirkung der Führungskräfte. Führungskräften werden dabei heldenhafte Eigenschaften zugeschrieben, konkret die Fähigkeit, den Erfolg oder Misserfolg von Unternehmen alleine zu verantworten. Meindl und Koautoren (1985), jene Forscher, die das Phänomen als erste beschrieben haben, verstehen unter der Romantik der Führung eine individuelle Tendenz, den Erfolg oder das Scheitern von Wirtschaftsunternehmen auf die Führungskräfte alleine zurückzuführen. Da es hierbei allen voran um die Neigung der Mitarbeiter geht, die Führungskräfte als Helden des Unternehmens zu sehen, wird dieses Konzept als einer der Vorläufer der sogenannten mitarbeiterorientierten (en. *follower-centered*) Führungsansätze angesehen (Bligh, 2011; Bligh & Schyns, 2007, S. 345).

### 12.3.1  Hintergrundtheorie

Im Unterschied zu Führungsmythen beruht die Romantik der Führung im Wesentlichen auf den Grundannahmen der Attributionstheorie (Kelley, 1973; Calder, 1977). Zwar spielt hier der soziale Konstruktivismus eine Rolle, weil auch im Rahmen der Romantik der Führung davon ausgegangen wird, dass die Führung ein Ergebnis von sozialen Konstruktionen ist. Die Art und Richtung der sozialen Konstruktionen werden aber ausschließlich auf Basis der Attributionstheorie abgeleitet.

Die Attributionstheorie postuliert, dass Ursachenzuschreibung eine genuin menschliche Tätigkeit ist. Insbesondere komplexe und unübersichtliche Situationen lösen individuelle Attribuierung aus. Dabei folgt die Attribuierung bestimmten Grundprinzipien. Entweder werden die Ursachen intern, d. h. in den Gegenständen oder Personen selbst, gesucht (interne Attribuierung), oder aber extern, und zwar in den Faktoren außerhalb der Person (externe Attribuierung) (Kelley, 1973). Zudem wird die Attribuierung danach getrennt, ob sie sich auf situative oder auf dispositive Faktoren bezieht. Eine wichtige Bedeutung kommt dabei dem sogenannten „kardinalen Attributionsfehler" (en. *fundamental attribution error*) (Ross, 1977, S. 184) zu. Damit wird eine Tendenz bezeichnet, die persönlichen Faktoren als potenzielle Ursachen zu überschätzen, die situativen Einflüsse hingegen zu unterschätzen. Wenn beispielsweise Studierende bei guten Prüfungsleistungen alleine ihren Fleiß, ihre Intelligenz oder gar Genialität anführen, dann sitzen sie dem „kardinalen Attributionsfehler" auf, denn situative Faktoren, wie z. B. die günstige Uhrzeit der Prüfung, eine gute Tagesform, leichte Prüfungsfragen u. ä. bleiben außen vor.

Auch die Romantisierung der Führung ist als ein Ausdruck für diesen Attributionsfehler anzusehen. Indem Führungskräfte als die wichtigste Ursache für den Erfolg oder Misserfolg des Unternehmens verantwortlich gemacht werden, rücken die situativen Bedingungen, wie z. B. das politische Machtgerangel innerhalb des Unternehmens oder die politische, ökonomische und soziale Umwelt, in den Hintergrund. Angesichts der komplexen Zusammenhänge, die in der Regel das Scheitern oder den Erfolg eines Unternehmens verantworten, bedient man sich der Romantik der Führung und damit einer gut auszumachenden und beobachtbaren Ursache: der Person der Führungskräfte. Auf ihre heldenhaften Eigenschaften und Taten wird der Erfolg des Gesamtunternehmens zurückgeführt, mit ihrer Unfähigkeit oder ihrem Opportunismus wird das Scheitern von Unternehmen erklärt. Auch wenn die attributionstheoretische Fundierung die Romantik der Führung als ein kognitives Phänomen und eine Anomalie der menschlichen Informationsverarbeitung erscheinen lässt, weist sie im Kern direkte Bezüge zu Führungsmythen auf: Die Romantik der Führung kann als eine Ausprägung des Heldenmythos angesehen werden. Wie alle Führungsmythen geht die Romantik der Führung aus dem Wunsch hervor, die Komplexität zu reduzieren und eine eingeschränkte, aber nachvollziehbare Erklärung für den Erfolg oder Misserfolg des Unternehmens zu haben.

## 12.3.2  Verständnis der Romantik der Führung

Unter der Romantik der Führung verstehen Meindl, Ehrlich und Duckerich (1985) die Attributionsneigung, ausschließlich Führungskräfte als verantwortlich für die unternehmerischen Resultate zu sehen. Dabei handelt es sich aus ihrer Sicht um eine verbreitete soziale Konstruktion, die die Komplexität der organisationalen Welt reduziert und in vermeintlich einfache Begriffe, wie Führung und Führungskräfte, übersetzt, so dass es von allen Beteiligten schnell verstanden und weiter kommuniziert werden kann (Meindl et al., 1985, S. 92). Aus Sicht von Meindl und Kollegen ist die Romantik der Führung eine Art Sinnstiftungsschema für komplexe und unübersichtliche Zusammenhänge in Organisationen. Zwischen dem Handeln der Führungskräfte und den Ergebnissen der Organisation wird durch die Romantik der Führung eine quasi-kausale Beziehung hergestellt.

Die Grundlage für das Konzept der Romantik der Führung haben die Arbeiten von James Meindl und Kollegen in den 80er-Jahren des vergangenen Jahrhunderts gelegt. In ihren Studien analysieren die Autoren zunächst wissenschaftliche und publizistische Berichte über amerikanische Unternehmen, um zu erforschen, wie stark Erfolge und Misserfolge ausschließlich den Führungskräften von Unternehmen zugeschrieben werden. Diese Dokumentenanalysen werden ergänzt um eine Reihe von experimentellen Untersuchungen, in denen Studierende die wichtigsten wahrgenommenen Ursachen für das Ergebnis von Unternehmen nennen (Meindl et al., 1985; Meindl, 1990). Die wesentliche Botschaft ihrer Studien ist, dass die Neigung, die Führungskräfte zu romantisieren und sie als Ursache für Unternehmenserfolg darzustellen, stark ausgeprägt ist. Das Phänomen betiteln die Autoren als Romantik der Führung.

Die Bestätigung für Führungsromantik sehen die Autoren auch in der unternehmerischen Praxis, nach einer Serie von Misserfolgen dem Geschäftsführer eines Unternehmens oder dem Trainer einer Sportmannschaft zu kündigen. Dass diese Praxis keinen „rationalen" Grund hat, zeigen inzwischen auch empirische Studien (Arnulf et al., 2012). Die Beharrlichkeit dieser Praxis und der zugrunde liegenden Mechanismen regt weitere Forschung an.

### 12.3.3 Methodische Arbeiten

Die Romantik der Führung war im Unterschied zu Führungsmythen von Anfang an ein von Psychologen dominiertes Thema. Es ist daher nicht verwunderlich, dass eine beachtliche Mühe dafür aufgebracht wurde, die Messmethoden zur Erforschung von Romantik der Führung zu entwickeln.

Während die Initiatoren des Ansatzes, Meindl, Ehrlich und Koautoren, in ihren Untersuchungen eine ganze Reihe von qualitativen und quantitativen Methoden einsetzen, wie Dokumentenanalysen und Experimentierstudien, beruhen die späteren Arbeiten ausschließlich auf der Erforschung des Phänomens mit Hilfe von quantitativen Zugängen. Ausschlaggebend ist dafür auch die Entwicklung des Fragebogens zur Romantik der Führung, der auf Arbeiten von Meindl und Ehrlich zurückgeht (1988). In mehreren Studien mit Studierenden wurde eine erste Version des Fragebogens mit 32 Items entwickelt; darauf wurden zwei Kurzversionen mit jeweils 21 und 11 Items gebildet (vgl. Schyns et al., 2007b). Inzwischen liegen Übersetzungen des Fragebogens in unterschiedlichen Sprachen vor, darunter auch in Deutsch (Schyns et al., 2004). Beispielitems aus der deutschen Version des Fragebogens zur Romantik der Führung gibt Tab. 12.4 wieder.

Trotz der breiten Verwendung der Skala ist ihre interne Konsistenz umstritten: Misst sie einen Faktor oder mehrere? Während sich in einigen Studien eine Einfaktorlösung bestätigt, stellt sich in den anderen Untersuchungen heraus, dass der Skala drei Faktoren zugrundeliegen, und das unabhängig von der verwendeten Skalenversion (Schyns et al., 2007b, S. 33). Obwohl eine Einfaktorlösung erwünscht oder angestrebt ist, weil es sich konzeptionell um ein Phänomen handelt, bestätigen Schyns und Koautoren (2007) die dreifaktorielle Lösung mit folgenden Faktoren (a) Einfluss der Führungskraft, (b) Austauschbarkeit der Führungskraft und (c) Einfluss anderer Faktoren (Schyns et al., 2007b, S. 46), wobei der erste Faktor die meisten (17) der verwendeten 32 Items abbildet. Die Skepsis, ob der Fragebogen ausschließlich die Romantik der Führung misst, bleibt daher bestehen, auch wenn der Skala eine hohe Validität bescheinigt wird (Schyns & Hansbrough, 2012).

**Tab. 12.4**   Beispielitems aus dem Fragebogen zur Romantik der Führung

| |
|---|
| „Im Grunde ist Führungsqualität der wichtigste Einfluss auf das Funktionieren eines Unternehmens." |
| „Jeder, der eine der Führungspositionen in einem Unternehmen innehat, hat die Macht, es zum Erfolg zu führen oder zu ruinieren." |
| „Der große Zeit- und Energieaufwand bei der Wahl einer Führungskraft ist gerechtfertigt durch den bedeutenden Einfluss, den diese wahrscheinlich ausüben wird." |
| „Ohne hochwertige Führungsspitze kann ein Unternehmen nicht erfolgreich sein." |
| „Mit einer wirklich ausgezeichneten Führungskraft gibt es eigentlich nichts, was ein Unternehmen nicht erreichen kann." |
| *(Antworten sind möglich auf einer fünfstufigen Likert-Skala, von „-2 – stimme überhaupt nicht zu" bis „+2 – stimme völlig zu")* |

Quelle: Schyns et al. (2004)

Durch die methodischen Auseinandersetzungen geriet der grundlegende Unterschied zwischen der ursprünglichen Konzeption der Romantik der Führung und der Operationalisierung dieses Konzeptes außer Acht. Während Meindl und seine Koautoren nahelegen, dass die Romantik der Führung ein soziales Phänomen ist, welches situationsbedingt stark oder niedrig ausgeprägt ist, beruht der Fragebogen zur Romantik der Führung auf der Annahme, dass diese Neigung eine individuelle sei und zudem dispositiv, d. h. stabil und mit Persönlichkeitseigenschaften vergleichbar (Bligh & Schyns, 2007). Es ist also eine Eigenschaft, die auf die impliziten Theorien jeweiliger Person zurückgeht und bei manchen Personen höher und bei anderen niedriger ausgeprägt ist (vgl. auch Kap. 4 zu impliziten Führungstheorien im Lehrbuch). Die Diskussion, inwiefern Romantik der Führung eine Eigenschaft oder doch ein situativer Zustand (en. *trait-like vs. state-like*) ist, ist weiterhin nicht abgeschlossen, denn es liegen Argumente für beide Sichtweisen vor (Bligh & Schyns, 2007, S. 349). Festzustellen ist jedoch, dass die Konstruktion des Fragebogens die Forscher dazu verleitete, Romantik der Führung ausschließlich als individuelles Attribuieren aufzufassen, wohingegen die sozial-konstruktive Komponente des Phänomens in Vergessenheit geriet. Auf diese Art büßt die Romantik der Führung an ihrem Status eines gesellschaftlichen Mythos stark ein und wird ausschließlich als eine Art intellektuelles Defizit angesehen, an dem einige Personen stärker leiden als andere.

### 12.3.4  Empirische Ergebnisse

Von Anfang an wurde das Konzept der Romantik der Führung durch zahlreiche empirische Studien begleitet und dadurch vorangetrieben. Inzwischen liegen zahlreiche empirische Erkenntnisse zur Romantik der Führung vor, die hier in Kurzform zusammengefasst werden. Im Wesentlichen kann die empirische Forschung zur Romantik der Führung in vier Bereiche unterteilt werden.

Auf der einen Seite sind es Arbeiten, die sich mit der Existenz und den Rahmenbedingungen des Konzeptes befassen. Zu denen gehören nicht nur die Studien von Meindl und Kollegen, sondern auch spätere Untersuchungen. Gray und Densten (2007) zeigen in ihrer Studie, dass Führungskräfte zur Romantisierung der Führung erheblich beitragen, indem sie selbst daran glauben und mit Hilfe von Beeinflussungstechniken (en. *impression management*) ihre Untergebenen zur Romantisierung verleiten. Bligh und Kollegen (2007) stellen wiederum fest, dass Romantisierung der Führung nicht nur mit der Attribuierung des Erfolgs, sondern auch des Misserfolgs auf Führungskräfte einhergeht, was mitunter bedeutet, dass Führungskräfte auch fälschlicherweise für Probleme zuständig gemacht werden. Somit bestärkt die Romantisierung der Führungskräfte auch den Sündenbock-Effekt, d. h. dass Führungskräfte beim Erfolg bejubelt, bei seinem Ausbleiben aber beschuldigt werden. Eine weitaus kritischere Arbeit legt Schilling (2007) vor. In seiner qualitativen Studie befragt der Autor 42 Führungskräfte zu ihren alltäglichen Verständnissen darüber, welche Wirkungen sie im Betriebsalltag haben. Die Ergebnisse zeigen, dass die Befragten zahlreiche Folgen thematisiert haben. Insbesondere wurde der Einfluss der

Führung auf die Mitarbeiter, ihre Einstellungen und Arbeitsleistung angesprochen, gefolgt von den Auswirkungen für den Erfolg der Organisation. Der Autor schlussfolgert, dass die Alltagstheorien der befragten Führungskräfte über ihre eigene Wirkung differenzierter sind als die Romantik der Führung es nahelegt, weil sich Führungspersonen nur als einen der vielen Faktoren, die zum organisationalen Erfolg führen, erachten. Den Zusammenhang zwischen der Romantisierung der Führung und dem Geschlecht analysieren Kulich, Ryan und Haslam (2007) und stellen fest, dass weibliche wie männliche Führungskräfte gleichermaßen romantisiert werden. Ein Unterschied zwischen den Geschlechtern besteht aber den Autoren zufolge in Bezug auf die leistungsbezogene Bezahlung von Führungskräften: bei Frauen ist die leistungsbezogene Bezahlung weniger vom Unternehmenserfolg abhängig als bei Männern. Damit werden Frauen finanziell benachteiligt, wenn Unternehmen Erfolge verzeichnen, müssen aber in weniger erfolgreichen Zeiten kaum finanzielle Einbußen hinnehmen.

Andererseits beschäftigen sich empirische Studien mit den Voraussetzungen der Romantik der Führung. Bereits Forschungen von Meindl und Kollegen (1985) haben gezeigt, dass die Romantisierung der Führung von einigen situativen Bedingungen abhängt. Eine davon ist die Höhe des Erfolgs oder des Misserfolgs in Unternehmen. In den experimentellen Studien konnten die Autoren zeigen, dass vor allem die extremen Leistungen und die extremen Leistungseinbußen von Unternehmen auf Führungskräfte zurückgeführt werden, wohingegen mittlere Änderungen der Leistung durch situative Rahmenbedingungen, wie die Marktlage oder die Qualität der Produktion, erklärt werden (Meindl et al., 1985). Zudem sind die Forscher der Meinung, dass Unternehmenskrisen die Romantisierung der Führungskräfte fördern, allerdings nicht nur im negativen Sinne (Führungskräfte als Sündenböcke), sondern auch im Sinne der Messianisierung der Führungskräfte als einzige Retter aus der ausweglosen Situation (Bligh & Schyns, 2007, S. 352). Auch das Verhältnis zwischen Führungskräften und Mitarbeitern scheint eine Bedeutung für die Ausprägung der Romantik der Führung zu haben. So nimmt Shamir (1992) an, dass Romantisierung der Führung eher bei einem emotional distanzierten Führungsverhältnis vorliegt. Je inniger das Verhältnis, umso eher würden Mitarbeiter auch situative Umstände in Betracht ziehen (vgl. Bligh & Schyns, 2007, S. 348).

Eine dritte Forschungsrichtung sind die Untersuchungen der Folgen von Romantisierung der Führung. Hier wurden bereits sehr unterschiedliche Facetten analysiert, begonnen mit dem Entscheidungsverhalten, über die Leistung bis hin zur Führungsmotivation. So analysieren Herrmann und Felfe (2009) sowie Felfe und Petersen (2007), wie sich die Romantisierung der Führung auf das Entscheidungsverhalten auswirken kann. Die Ergebnisse der beiden Studien zeigen, dass Personen, die stärker zur Romantisierung der Führungskräfte tendieren, schlechtere Entscheidungen treffen. In der experimentellen Untersuchung von Felfe und Petersen (2007) stellt sich heraus, dass sich die zur Romantisierung tendierenden Individuen auch bei Projektbeurteilungen stärker von der Information über die Führungskräfte leiten lassen und situative Rahmenbedingungen eher ignorierten. Bligh und Schyns (2007) nehmen zudem an, dass eine Romantisierung der Führung sich auch in der Leistung der Mitarbeiter niederschlagen kann. Entweder könnte es die Leistung senken, weil der eigene individuelle Beitrag eines Mitarbeiters zum Unternehmenserfolg im Vergleich zur omnipotenten Führungskraft marginal ausfällt. Oder es kann zu einer Leistungssteigerung kommen, weil Mitarbeiter, die die Führungskräfte stark romantisieren, selbst zum Erfolg des Unternehmens beitragen wollen, damit sich ihre Annahme bewahrheitet (Bligh & Schyns, 2007, S. 354). Empirisch belegt wurde bisher aber keine der beiden Annahmen. Des Weiteren untersuchen Felfe und Schyns (2014) den Zusammenhang zwischen der Romantisierung der Führung und Führungsmotivation und stellen fest, dass jene Personen, die zum Romantisieren der Führungskräfte tendieren, auch selbst eher eine Führungsposition anstreben.

Der vierten Forschungsrichtung gehören Arbeiten an, die Beziehungen zwischen der Romantik der Führung und anderen Führungskonzepten beleuchten. Vor allem der Zusammenhang zwischen der Romantik der Führung und der transformationalen Führung wurde mehrfach untersucht (mehr zu transformationaler Führung im Kap. 2 des Lehrbuchs). Bereits Meindl (1990) wies darauf hin, dass charismatische Führung als ein Fall der extremen Romantisierung (en. *hyper romanticism*) der Führung angesehen werden kann. Die empirischen Erkenntnisse hierzu sind jedoch widersprüchlich. Während Schyns, Felfe und Blank (2007) den Zusammenhang zwischen der Romantik der Führung und der Zuschreibung des Charismas in ihrer Metaanalyse bestätigen können, widersprechen andere Studien diesem Ergebnis (z. B. Awamleh & Gardner, 1999).

## 12.4 Mythen und Romantik der Führung: Anwendungsfelder

Der hier präsentierte Ansatz zu Führung und Mythen ist ein rein analytischer. Seine Anwendungsmöglichkeiten liegen vor allem in einer kritischen Hinterfragung der Aussagen über Führung, die sowohl in den Führungstheorien als auch in den Medienberichten oder Dokumenten von Unternehmen zu finden sind. Fasst man Führungsmythen als mystifizierende, verschleiernde Annahmen oder Behauptungen auf, bietet sich die Entmythologisierung als geeignetes Vorgehen an, um die Führungsmythen zu erkennen. Ein Beispiel der Entmythologisierung stellt Kubicek (1984) in seiner bereits erwähnten Studie dar. Unter Entmythologisierung versteht der Autor einen „[...] Versuch, Mythen auf ihren rationalen Kern hin zu analysieren und mit anderen Weltbildern zu konfrontieren" (Kubicek, 1984, S. 8). Um die Führungsgrundsätze ausgewählter Unternehmen zu entmythologisieren, arbeitet Kubicek zunächst die impliziten, in den betrachteten Aussagen oder Dokumenten enthaltenen Prämissen heraus. Im zweiten Schritt prüft der Autor, inwiefern diese Prämissen mit anderen Regelungselementen, hier den Betriebs- und Arbeitsordnungen, übereinstimmen, und deckt die inhaltlichen Widersprüche auf.

Edwards, Hawkins und Sutherland (2021) zeigen in ihrer Arbeit, wie Archetype der Führung zur kritischen Reflexion des Führungsgeschehens eingesetzt werden können. Am Beispiel des Archetyps eines „Gauners" analysieren die Autoren implizite Grundannahmen im Bereich der Führungsweiterbildung. In ethnografischer Manier durchleuchten die

Autoren ihre eigenen Erfahrungen als Führungsdozierende, betrachten sich selbst als „Gauner" und arbeiten dabei die filigranen Machtzusammenhänge in solchen Seminaren heraus. Mit ihrer Arbeit illustrieren die Autoren, wie ein Führungsarchetyp als analytisches Mittel zur Reflexion der vorliegenden Mythen angewendet werden kann.

Für die Aufspürung von Führungsmythen kommt auch die Dekonstruktion in Frage. Dabei handelt es sich um eine kritische Philosophierichtung und zugleich eine Analysetechnik, welche die Aufdeckung der impliziten Annahmen und impliziter Machtverhältnisse zum Ziel hat (Czarniawska, 2004, S. 96). Unterschiedliche analytische Techniken finden ihre Verwendung bei der Dekonstruktion (Czarniawska, 2004, S. 97). Einige davon scheinen sich für die Analyse von Führungsmythen besonders zu eignen:

1. Aufdeckung und Hinterfragung von Dichotomien (z. B. Mitarbeiter vs. Führungskraft)
2. Aufdeckung besonders auffälliger und prominent platzierter Elemente oder Aspekte
3. Analyse des Verschwiegenen: Was wird nicht gesagt und nicht thematisiert? (z. B. Analyse, wer bei der Verwendung von „Wir" gemeint ist und wer nicht)
4. Aufdeckung von Unterbrechungen und Widersprüchen im Text (z. B. prozentuale Angaben, ohne die Gesamtheit zu beschreiben)
5. Analyse der im Text enthaltenen Metaphern (Czarniawska, 2004, S. 97).

Ein Beispiel der Entmythologisierung und der Dekonstruktion, zumindest ansatzweise, beinhaltet die nachfolgende Analyse der Selbstdarstellung im Fall Mittermayer. Dabei werden die grundlegenden Prämissen des Selbstverständnisses der Führungskraft sowie die Bilder, derer sich Herr Mittermayer bedient, herausgearbeitet und auf die Widersprüche hin analysiert.

## Mittermayer und Führungsmythen

In den Interviewauszügen von Herrn Mittermayer sind zum einen Ansätze des **Heldenmythos** zu erkennen. Indem Herr Mittermayer explizit darauf hinweist, dass er „in den ersten paar Jahren Personalarbeit alleine gemacht hat" oder dass er alles, was er in den 17 Jahren seiner Beratertätigkeit in den größten Unternehmen des Landes gelernt und für gut befunden hat, in seinem Unternehmen umgesetzt hat, bringt er zum Ausdruck, dass sein individuelles Wirken unmittelbar mit dem Erfolg des Unternehmens zusammenhing: Er hat das Unternehmen auf Basis seiner Beratungserfahrungen aufgebaut, er hat gute Mitarbeiter ausgesucht. Während die eigene Person als zuständig und entscheidend für Prozesse im Unternehmen dargestellt wird, werden weitere wichtige Faktoren ausgeblendet. Auch wenn der Unternehmenserfolg in den Interviewauszügen nicht explizit angesprochen wird, handelt es sich dabei doch um eine ausgeprägte Romantik der Führung.

Neben dem Heldenmythos verwendet Herr Mittermayer auch einprägsame Metaphern, um sein Wirken als Führungskraft zu beschreiben. Zunächst sieht sich Herr Mittermayer als einen **Vater** an. Entsprechend sind Mitarbeiter „entwicklungsfähige" Wesen, die in einem unreifen Zustand dem Unternehmen beitreten, zu ihrer eigenen Entwicklung aber angeregt und dabei unterstützt werden müssen, am besten durch den Vater in Person ihrer Führungskraft. Nicht zufällig verwendet Herr Mittermayer mehrfach die Metapher seines „Unternehmens als eine Familie".

Die Idee der entwicklungswilligen und -fähigen Mitarbeiter hängt auch mit der Metapher der Führungskraft als **Gärtner** zusammen. Dieser selektiert die zarten Mitarbeiterpflanzen nach dem Kriterium der Wachstumsfähigkeit („ich habe ganz bewusst entwicklungsfähige Menschen gesucht"), umsorgt sie und setzt sie den von der Führungskraft wohldosierten Herausforderungen aus.

Später kommt die Metapher eines **Beraters** zum Tragen. Dieser berät Beschäftigte, „in welche Richtung es gehen soll und andere dahin zu steuern versucht, wohin ich ihn haben will". Wie ein blindes Huhn wird der Mitarbeiter vom Berater so lange gesteuert, bis er „selber glaubt und fühlt, dass er das Ei gelegt hat". Durch die Metapher des Beraters zeigt die Führungskraft aber auch, dass sie sich von den Ergebnissen des Mitarbeiters distanziert: Der Berater liefert zwar teure Ratschläge, ist für ihre Umsetzung jedoch nicht zuständig. Brisant wird es, wenn das ausgebrütete Ei sich als schlecht erweist. Ist dann das Huhn oder sein Berater verantwortlich? Die Antwort bleibt das Interview (oder Herr Mittermayer) schuldig. ◀

## 12.5 Kritische Würdigung

Sowohl der Ansatz der Führungsmythen als auch die Romantik der Führung stellen zwei theoretische Perspektiven dar, die Führung, Führungsannahmen und Führungslehre kritisch beleuchten. Sie hinterfragen die selbstverständlichen Vorstellungen über Führung und sehen diese grundsätzlich als sozial konstruiert an. Beide Ansätze verdeutlichen, dass Führung eine Projektionsfläche für mythische und nicht selten religiöse Vorstellungen der säkularisierten Leistungsgesellschaft ist. Führung als soziale Konstruktion ist in die grundlegenden Wertevorstellungen der sogenannten westlichen Gesellschaft eingelassen, wie die der Rationalität („Alles-geht-rational-zu-Mythos") oder des Erfolgs („Der-Beste-setzt-sich-durch-Mythos"). Romantik der Führung wiederum, die als Ausdruck für den Heldenmythos gesehen werden kann, ist eng mit dem gesellschaftlichen Individualismus verschränkt: Indem Führungskräften heldenhafte Fähigkeiten zugeschrieben werden, wird das Individuum und seine Wirkmächtigkeit heraufbeschworen.

Führung erscheint aus Sicht dieser Ansätze als eine Religion, die die grundlegenden Wertevorstellungen einer Gesellschaft zum Ausdruck bringt und sich zugleich ihrer Relevanz und Richtigkeit rückversichert. Hierdurch legitimiert sich die Gesellschaft, aber auch die Institution der Führung. Auf diese Weise tragen Führungsmythen und Romantik der Führung zur Entmythologisierung der Führung (und der Gesellschaft) bei. Auch die Führungstheorien geraten in den kritischen Blick und können geprüft werden, welcher Mythen sie sich bedienen oder welche neuen Mythen sie entwickeln.

Ungeachtet des gemeinsamen kritischen Anspruchs beruhen beide Ansätze auf sehr unterschiedlichen paradigmatischen Grundannahmen. Der Ansatz der Führungsmythen lässt sich zwischen dem interpretativen Paradigma und dem radikalen Strukturalismus im Sinne von Burrell und Morgan (1979) platzieren, weil hier Führung als grundsätzlich veränderbar und hinterfragbar dargestellt wird. Dabei wird der subjektiven Komponente der Führungsmythen (interpretatives Paradigma), aber auch ihrer objektiven Bedingtheit durch die gesellschaftlichen Wertevorstellungen (radikaler Strukturalismus) wichtige Bedeutung zugeschrieben. Romantik der Führung hingegen ist in ihrer frühen Phase im interpretativen Paradigma zu verorten, da die subjektive Konstruktion im Vordergrund stand, ohne einen Anspruch auf die Veränderbarkeit der bestehenden Verhältnisse zu erheben. In den späteren Arbeiten erfuhr das Konzept der Romantik der Führung eine eindeutige funktionalistische Wende, die sich nicht zuletzt in der Dominanz der quantitativen Methoden niederschlug, welche hier entwickelt und zahlreich erprobt wurden.

Obwohl Neuberger (2002) mit seiner Übersicht der Führungsmythen ein wichtiges Analyseschema liefert, stehen weiterführende Arbeiten im Rahmen dieses Ansatzes jedoch noch bevor. In der deutschen wie in der angelsächsischen Führungsforschung erfuhr der Ansatz von Neuberger kaum eine Beachtung. Bedauerlich ist das auch deswegen, weil der Ansatz einiger analytischer Klärungen bedarf. Eine davon wäre die begriffliche Trennung zwischen „Führungsmythos", „Führungsarchetyp" und „Führungsmetapher". Fraglich bleibt auch, ob und wann Mythen mit den Metaphern gleichzusetzen sind (Alvesson & Spicer, 2011). Möglicherweise können diese Fragen erst durch Hinzuziehung weiterer Theorien, z. B. aus dem Bereich der Linguistik und Semantik (z. B. Lakoff & Jonson, 1980), beantwortet werden.

Die Romantik der Führung ist einer der Ansätze in der Führungsforschung, die sich den Geführten anstatt den Führungskräften zuwenden. Der Ansatz gilt daher zu Recht als Vorreiter der geführten-bezogenen Perspektive in der Führungstheorie (Bligh, 2011). Positiv sind zudem zahlreiche empirische Studien zu werten, die im Rahmen dieses Ansatzes durchgeführt werden. Es waren die Studien zur Romantik der Führung, die aufzeigten, von welch großer Relevanz die Medien als soziale Konstrukteure der Führung sind (Chen & Meindl, 1991). Bemerkenswert ist nur, dass während die allermeisten Untersuchungen sich mit Romantik der Führung im Fall von Erfolgen befassten, die Attribuierung des Misserfolgs auf Führungskräfte weitaus weniger untersucht blieb (Bligh et al., 2007; Bligh et al., 2011).

Die Dominanz der funktionalistischen Annahmen in den Studien zur Romantik der Führung ist problematisch. Die mit dem Fragebogen zur Romantik der Führung beforschte individuelle Neigung zum Romantisieren stellt einen konzeptionellen Rückschritt dar, da hierbei der Aspekt der sozialen und damit gesellschaftlich geprägten Konstruktion von Führung weitestgehend ausgeblendet wird. Eine Rückbesinnung auf die frühen Studien zur Romantik der Führung durch Meindl und Koautoren würde das Konzept der Romantik der Führung vom psychologischen Reduktionismus befreien und für eine stärkere Differenzierung und möglicherweise Prozessorientierung sorgen. Ein Beispiel für eine derartige Rückbesinnung auf die Ursprünge des Konzeptes stellt der Vorschlag nach Uhl-Bien und Pillai (2007) dar. Die Autoren weisen darauf hin, dass nicht nur Führungskräfte, sondern auch Geführte auf eine einseitige Art sozial konstruiert werden, und zwar als unterstellte, passive Wesen. Äquivalent zur Romantik der Führung unterscheiden die Autoren die „Unterordnung der Geführten" (en. *subordination of followership*), eine soziale Konstruktion von Mitarbeiterschaft, die der Komplexitätsreduktion in Bezug auf die Mitarbeiter dient und einer kritischen Auseinandersetzung bedarf (Uhl-Bien & Pillai, 2007). Die Arbeiten, welche sich um eine Klassifikation der Geführtenmythen in Anlehnung an Neuberger (2002) bemühen, stehen ebenfalls noch aus. Die ersten Klassifikationen von impliziten Annahmen über Geführte existieren aber bereits und können im Kap. 4 zu impliziten Führungstheorien in diesem Lehrbuch nachgelesen werden.

Obwohl zu Beginn der 2000er-Jahre die quantitative Erforschung der Romantik der Führung ein sehr bewegtes Forschungsfeld dargestellt hat, sind solche Arbeiten inzwischen eher rar geworden. Stattdessen häufen sich in der aktuellen Forschung kritische Studien, die den ursprünglichen Gedanken weiterführen. Das sind zum einen Appelle, mit der Romantisierung der Führung in der Führungsforschung aufzuhören, wie es z. B. Ladkin (2020) am Beispiel von Donald Trump ausführt. Zum anderen sind es Arbeiten, die durch die Heranziehung neuer theoretischer Perspektiven für eine grundsätzliche Erweiterung der Romantik der Führung argumentieren. So zeigen Clifton und Mueni (2020) in ihrer diskursanalytisch basierten Untersuchung, dass eine soziomaterielle Ergänzung der Führungsromantik sinnvoll ist, um menschliche wie nicht menschliche Objekte stärker zu berücksichtigen. Zum dritten sind es Arbeiten, die das Romantisieren der Führung als eine grundsätzliche und daher zu kritisierende Tendenz in der Führungsforschung erkunden. Dazu gehört die Studie von Collinson, Smolović Jones und Grint (2018), in der die Autoren die Romantisierung der Führung als eine in den Führungstheorien tief verankerte Tradition thematisieren und mehrere Dimensionen der Romantisierung unterscheiden: Neben der Romantisierung der Führungsperson, die aus Sicht der Forscher insbesondere in den Konzepten der spirituellen und der authentischen Führung zu erkennen ist, identifizieren die Autoren die Romantisierung der harmonischen Kollektive, von der z.B. die Theorie der geteilten Führung nicht gefeit ist, sowie die Romantisierung der Gefolgschaft (en. *followers*). Damit entwickeln die Autoren eine weitaus kritischere und explizit auf die Führungstheorien ausgerichtete Lesart der Führungsromantik, die zwar ursprünglich von Meindl (1990) angedacht war, aber zwischenzeitlich verloren zu gehen drohte.

**Zum Nachlesen**

- Das dem Thema gewidmete Kapitel im Buch von Oswald Neuberger (2002, S. 100–140) kann inzwischen als der deutsche Klassiker zu Führungsmythen bezeichnet werden, welches nicht nur einer der wenigen deutschen, sondern auch sehr lesenswerten Texte zum Thema ist.
- Michelle C. Bligh und Birgit Schyns (2007, S. 343–360) sowie Michelle C. Bligh (2011, S. 425–436) bieten informative Übersichten über die angelsächsische Forschung zur Romantik der Führung sowie den Geführtentheorien.

- Das von Mats Alvesson und André Spicer herausgegebene Buch (2011) versammelt eine Reihe von konzeptionellen Aufsätzen, die sich mit den Führungsmetaphern aus dem angelsächsischen Sprachraum auseinandersetzen.
- Bücher von Keith Grint (2000, 2005) bieten eine lesenswerte Lektüre zum Mythischen der Führungsforschung.

**Fragen**

1. Was wird unter Führungsmythos verstanden? Erläutern Sie Führungsmythen mit Hilfe eigens gewählter Beispiele!
2. Wie hängen Metaphern der Führung mit den Führungsmythen zusammen?
3. Analysieren Sie eine aktuelle Reportage oder einen Medienbericht zum Thema Führung! Welche Metaphern können Sie dabei ausmachen, die zur Beschreibung der Führung bzw. der Führungskraft verwendet werden? Auf welche Führungsmythen verweisen diese Metaphern?
4. Was wird mit Romantik der Führung bezeichnet? Was ist die theoretische Fundierung dieses Führungskonzeptes?
5. Welche wesentlichen Erkenntnisse liefert die bisherige Forschung zur Romantik der Führung?
6. Verorten Sie die Romantik der Führung zwischen den vier Forschungsparadigmen (d. h. radikaler Humanismus, radikaler Strukturalismus, interpretatives Paradigma und Funktionalismus). Erläutern Sie Ihre Wahl!
7. Inwiefern können Führungstheorien als Führungsmythen angesehen werden? Führen Sie einige Beispiele an!

## Literatur

Alvesson, M., & Spicer, A. (2011). *Metaphors we lead by: Understanding leadership in the real world*. Sage.

Alvesson, M., & Spicer, A. (2013). Does leadership create stupidity? In J. Lemmergaard & S. L. Muhr (Hrsg.), *Critical perspectives on leadership. Emotion, toxicity, and dysfunction* (S. 183–202). Edward Elgar.

Arnulf, J. K., Mathisen, J. E., & Hærem, T. (2012). Heroic leadership illusions in football teams: Rationality, decision making and noise-signal ration in the firing of football managers. *Leadership, 8*(2), 169–185.

Awamleh, R. A., & Gardner, W. L. (1999). Perceptions of leader charisma and effectiveness: The effects of vision content, delivery and organizational performance. *The Leadership Quarterly, 10*(3), 345–373.

Berger, P. L., & Luckmann, T. (2007/1966). *Die gesellschaftliche Konstruktion der Wirklichkeit. Eine Theorie der Wissenssoziologie*. Fischer.

Bligh, M. C. (2011). Followership and follower-centered approaches. In A. Bryman, D. L. Collinson, B. Jackson, M. Uhl-Bien & K. Grint (Hrsg.), *The Sage handbook of leadership* (S. 425–436). Sage.

Bligh, M. C., & Schyns, B. (2007). The romance lives on: Contemporary issues surrounding the romance of leadership. *Leadership, 3*(3), 343–360.

Bligh, M. C., Kohles, J. C., Pearce, C. L., Justin, J. E., & Stovall, J. F. (2007). When the romance is over: Follower perspectives of aversive leadership. *Applied Psychology: An International Review, 56*(4), 528–557.

Bligh, M. C., Kohles, J. C., & Pillai, R. (2011). Romancing leadership: Past, present, and future. *The Leadership Quarterly, 22*(6), 1058–1077.

Bröckling, U. (2020). *Postheroische Helden: Ein Zeitbild.* Suhrkamp.

Burrell, G., & Morgan, G. (1979). *Sociological paradigms and organizational analysis.* Routledge.

Calder, B. J. (1977). Endogenous-exogenous versus internal-external attributions: Implications for the development of attribution theory. *Personality and Social Psychology Bulletin, 3*(3), 400–406.

Campbell, J. (2011). *Der Heros in tausend Gestalten.* Insel.

Chen, C. C., & Meindl, J. R. (1991). The construction of leadership images in the popular press: The case of Donald Burr and People Express. *Administrative Science Quarterly, 36*(4), 521–551.

Clifton, J., & Mueni, J. (2020). The romance of human leaders? A socio-material analysis of a follower's account of being inspired. *Culture and Organization.* https://www.tandfonline.com/doi/abs/10.1080/14759551.2020.1844203.

Collinson, D., Smolović Jones, O., & Grint, K. (2018). ,No more heroes': Critical perspectives on leadership romanticism. *Leadership, 39*(11), 1625–1647.

Czarniawska, B. (2004). *Narratives in social science research.* Sage.

Duwe, D. (2012). *Metaphern, Symbole und Mythen der Führung.* Bachelorarbeit an der TU Chemnitz.

Edwards, G., Hawkins, B., & Sutherland, N. (2021). Problematizing leadership learning facilitation through a trickster archetype: An investigation into power and identity in liminal spaces. *Leadership.* https://journals.sagepub.com/doi/full/10.1177/1742715021998229.

Fairhurst, G. T., & Grant, D. (2010). The social construction of leadership: A sailing guide. *Management Communication Quarterly, 24*(2), 171–210.

Felfe, J., & Petersen, L.-E. (2007). Romance of leadership and management decision making. *European Journal of Work and Organizational Psychology, 16*(1), 1–24.

Felfe, J., & Schyns, B. (2014). Romance of leadership and motivation to lead. *Journal of Managerial Psychology, 29*(7), 850–865.

Fournout, O. (2017). The hero-leader matrix in business and cinema. *Journal of Business Ethics, 141*, 27–46.

Gabriel, Y. (1997). Meeting god: When organizational members come face to face with the supreme leaders. *Human Relations, 50*(4), 315–342.

Gemmill, G., & Oakley, J. (1992). Leadership: An alienating social myth? *Human Relations, 45*(2), 113–129.

Gray, J. H., & Densten, I. L. (2007). How leaders woo followers in the romance of leadership. *Applied Psychology: An International Review, 56*(4), 558–581.

Grint, K. (2000). *The arts of leadership.* Oxford University Press.

Grint, K. (2005). *Leadership: Limits and possibilities.* Palgrave Macmillan.

Grint, K. (2010). The sacred in leadership: Separation, sacrifice and silence. *Organization Studies, 31*(1), 89–107.

Herrmann, D., & Felfe, J. (2009). Romance of Leadership und die Qualität von Managemententscheidungen. *Zeitschrift für Arbeits- und Organisationspsychologie, 53*(4), 163–176.

Jackson, B., & Parry, K. (2011). *A very short, fairly interesting and reasonably cheap book about studying leadership.* Sage.

Kelley, H. H. (1973). The process of causal attribution. *American Psychologist, 28*, 107–128.

Kostera, M. (2012). *Organizational archetypes.* Edward Elgar.

Kubicek, H. (1984). Führungsgrundsätze als Organisationsmythen und die Notwendigkeit von Entmythologisierungsversuchen. *Zeitschrift für Betriebswirtschaft, 54*(1), 4–29.

Kulich, C., Ryan, M. K., & Haslam, A. S. (2007). Where is the romance for women leaders? The effects of gender on leadership attributions and performance-based pay. *Applied Psychology: An International Review, 56*(4), 582–601.

Ladkin, D. (2020). What Donald Trump's response to COVID-19 teaches us: It's time for our romance with leaders to end. *Leadership, 16*(3), 273–278.

Lakoff, G., & Jonson, M. (1980). *Metaphors we live by*. University of Chicago Press.

Liebert, W.-A. (2003). Wissenskonstruktion als poetisches Verfahren. Wie Organisationen mit Metaphern Produkte und Identitäten erfinden. In S. Geideck & W.-A. Liebert (Hrsg.), *Sinnformeln. Linguistische und soziologische Analysen von Leitbildern, Metaphern und anderen kollektiven Orientierungsmustern* (S. 83–101). De Gruyter.

Mead, G. H. (1973). *Geist, Identität und Gesellschaft. Aus der Sicht des Sozialbehaviorismus.* Suhrkamp.

Meindl, J. R. (1990). On leadership: An alternative to the conventional wisdom. *Research in Organizational Behavior, 12*, 159–203.

Meindl, J. R., & Ehrlich, S. B. (1987). The romance of leadership and the evaluation of organizational performance. *The Academy of Management Journal, 30*(1), 96–109.

Meindl, J. R., & Ehrlich, S. B. (1988). Developing a romance of leadership scale. *Proceedings of the Eastern Academy of Management, 30*, 133–135.

Meindl, J. R., Ehrlich, S. B., & Duckerich, J. M. (1985). The romance of leadership. *Administrative Science Quarterly, 30*(1), 78–102.

Neuberger, O. (1989). Hexenwahn und Führerkult. *Augsburger Beiträge zu Organisationspsychologie und Personalwesen, 4*, 37–41.

Neuberger, O. (1995). *Führen und geführt werden.* Enke.

Neuberger, O. (2002). *Führen und führen lassen.* UTB.

Popper, M., & Castelnovo, O. (2018). The function of myths about great leaders in human culture: A cultural evolutionary perspective. *Leadership, 14*(6), 757–774.

Reinwald, H. (1991). *Mythos und Methode. Zum Verhältnis von Wissenschaft, Kultur und Erkenntnis.* Wilhelm Fink.

Ross, L. (1977). The intuitive psychologist and his shortcomings: Distortions in the attribution process. In Berkowitz, L. (Hrsg.). *Advances in Experimental Social Psychology, 10*, 173–220.

Schilling, J. (2007). Leaders' romantic conceptions of the consequences of leadership. *Applied Psychology: An International Review, 56*(4), 602–623.

Schyns, B., & Hansbrough, T. (2012). The romance of leadership scale and causal attributions. *Journal of Applied Social Psychology, 42*(8), 1870–1886.

Schyns, B., Meindl, J. R., & Croon, M. A. (2004). *Überprüfung der Skala zur Erfassung von Romantisierung von Führung.* Unveröffentlichtes Manuskript.

Schyns, B., Felfe, J., & Blank, H. (2007a). Is charisma hyper-romanticism? Empirical evidence from new data and a meta-analysis. *Applied Psychology: An International Review, 56*(4), 505–527.

Schyns, B., Meindl, J. R., & Croon, M. A. (2007b). The romance of leadership scale: Cross-cultural testing and refinement. *Leadership, 3*(1), 29–46.

Shamir, B. (1992). Attribution of influence and charisma to the leader: The romance of leadership revisited. *Journal of Applied Social Psychology, 22*(5), 386–407.

Spoelstra, S. (2013). Leadership studies: Out of business. In J. Lemmergaard & S. L. Muhr (Hrsg.), *Critical perspectives on leadership. Emotion, toxicity, and dysfunction* (S. 171–182). Edward Elgar.

Tetzner, M. (2012). *Metaphern der Führung.* Bachelorarbeit an der TU Chemnitz.

Uhl-Bien, M., & Pillai, M. (2007). The romance of leadership and the social construction of leadership. In R. P. B. Shamir, M. Bligh & M. Uhl-Bien (Hrsg.), *Follower-centered perspectives on leadership: A tribute to the memory of James R. Meindl* (S. 187–209). Information Age Publishing.

Vroom, V. H., & Yetton, P. W. (1973). *Leadership and decision making*. University of Pittsburgh Press.

Weick, K. E. (1995). *Sensemaking in organizations*. Sage.

Weik, E. (2001). Myths in transformation processes: Theoretical interpretation and empirical data. *International Studies of Management & Organisation, 31*(2), 9–27.

# Virtuelle Führung – Mit neuen Medien führen

Peter M. Wald

## Inhaltsverzeichnis

### Zusammenfassung

*Jede Epoche zeichnet sich durch besondere Formen der Führung aus. Dabei ist Füh-rung nicht statisch, sondern unterliegt vielfältigen technisch-organisatorischen und gesellschaftlich begründeten Veränderungen. Organisationen und Führung haben in den letzten Jahren vielfältige Änderungen erfahren, die sich in erster Linie auf die Aus-wirkungen der laufenden digitalen Transformation zurückführen lassen. So erfolgt der-*

P. M. Wald (✉)
Hochschule für Technik, Wirtschaft und Kultur Leipzig, Leipzig, Deutschland
E-Mail: peter.m.wald@htwkleipzig.de

© Der/die Autor(en), exklusiv lizenziert durch Springer Fachmedien Wiesbaden
GmbH, ein Teil von Springer Nature 2021
I. Rybnikova, R. Lang, *Aktuelle Führungstheorien und -konzepte*,
https://doi.org/10.1007/978-3-658-35543-2_13

*zeit aufgrund der Distanz bzw. des Mangels an direkten Kontakten die wechselseitige Einflussnahme zwischen Führungskräften und Geführten hauptsächlich mit Hilfe digitaler Kommunikationsmittel bzw. mittels sozialer Medien. Diese Einflussnahme wird in diesem Kapitel als virtuelle Führung verstanden. Da traditionelle Führungsmodelle grundsätzlich auf direkten Interaktionen basieren, sind diese Modelle nicht geeignet, um virtuelle Führung zu beschreiben. Es ist deshalb sinnvoll zu analysieren, inwieweit der Einsatz digitaler Medien die Führung verändert bzw. ob hier eine neue Form der Führung entsteht. Oder ergänzen, ersetzen oder erweitern diese neuen Medien den Einfluss der Führungskräfte auf die Mitarbeiter?*

## 13.1    Einführung

Jede Epoche zeichnet sich durch besondere Formen der Führung aus. Dabei ist Führung nicht statisch, sondern unterliegt vielfältigen organisatorisch und gesellschaftlich begründeten Veränderungen. Derzeit zeigen sich diese Veränderungen als Übergänge zu neuen Formen der Führung, deren Neuigkeitswert Malone (2008, S. x) wie folgt beschreibt: „[…] die Art von Führung, die in diesen neuen Organisationen nötig ist, wird sich von der Führung in Organisationen des 20. Jahrhunderts unterscheiden, wie die Führung im Römischen Reich von der Führung bei Jägern und Sammlern." Organisationen und Führung haben in den letzten Jahren vielfältige Änderungen erfahren, die sich in erster Linie auf die Auswirkungen der laufenden digitalen Transformation zurückführen lassen. Mit Cloud-Lösungen, mobile Computing, Machine Learning, künstlicher Intelligenz sowie der Verfügbarkeit von großen Datenmengen (Big Data) betrafen technologische Innovationen vor allem soziale Interaktionen (Vgl. Cascio & Montealegre, 2016). Obwohl das Internet eine ähnliche infrastrukturelle Rolle wie in der Vergangenheit die Elektrizität übernommen hat (Barley, 2015), gibt es erstaunlich wenig Erkenntnisse darüber, wie sich die Arbeit oder die Formen der Führung von Mitarbeitern grundlegend ändern. Diese neuen Formen der Führung, die sich vor allem durch den konzentrierten Einsatz verschiedener digitaler IuK bzw. von sozialen Medien (social media), d. h. durch e-Mail, instant messaging, video-conferencing, document sharing und apps sowie die Arbeit in geografisch und zeitlich verteilten Strukturen auszeichnen, sollen hier näher betrachtet werden sollen. Erfolgt aufgrund des Mangels an direkten Kontakten die wechselseitige Einflussnahme zwischen Führungskräften und Geführten hauptsächlich mit Hilfe digitaler Kommunikationsmittel bzw. mittels sozialer Medien, so wird dies hier grundsätzlich als virtuelle Führung verstanden. Da nach Zigurs (2003) traditionelle Führungsmodelle auf direkten Interaktionen basieren, sind diese Modelle nicht geeignet, um virtuelle Führung zu beschreiben. Es ist deshalb sinnvoll zu analysieren, inwieweit der Einsatz digitaler Medien die Führung verändert.

Entsteht hier eine neue Form der Führung? Ergänzen, ersetzen oder erweitern diese neuen Medien den Einfluss der Führungskräfte auf die Mitarbeiter (Sosik et al., 1997)?

Einen wichtigen Ausgangspunkt für die Betrachtung dieser neuen Führung als virtuelle Führung bildet das 1992 erschienene Buch „The Virtual Corporation" von Davidow und Malone. Damit gelang es den Autoren, den Begriff virtuelles Unternehmen zur Beschreibung dieser neuen Organisationsform zu etablieren. Sie lösten damit auch eine erste Welle von Überlegungen zur virtuellen Führung aus, die sich im Zeitraum zwischen den frühen 1990er-Jahren bis zur Jahrtausendwende beobachten lässt. Die betreffenden Veröffentlichungen bezogen sich auf die Implikationen virtueller Organisationen im Allgemeinen, hatten aber zum Teil auch die Konsequenzen für Führung und Personalmanagement im Besonderen zum Inhalt (Greiner & Metes, 1995). Zu nennen sind hier auch deutschsprachige Beiträge zu Fragen der virtuellen Organisation von Scholz (1994, 1996) sowie Drumm (1998) mit einem Beitrag zur Virtualisierung der Personalarbeit. Weiterhin sind die umfassenden Betrachtungen von Scherm und Süß (2000) zur Führung in virtuellen Organisationen hervorzuheben.

Die auch in den USA feststellbaren Überlegungen starteten nach Cortellazzo et al. (2019) in den frühen 2000er-Jahren und zeigten sich in zahlreichen Beiträgen zur Führung mit modernen IuK, die mit dem Begriff E-Leadership belegt wurden (vgl. Avolio et al., 2000, 2003). Dabei ging es um die Betrachtung der konkreten Auswirkungen des Einsatzes von IuK und digitalen Medien auf die Führung. Bei einem Teil der Forscher rückte hier zunehmend die Arbeit in und die Führung von virtuellen Teams in den Mittelpunkt. Diese Fokussierung auf die Führung virtueller Teams setzt sich bis heute fort und lässt sich an einer Reihe entsprechender Beiträge ablesen (u. a. Avolio & Kahai, 2003; Cascio & Shurygailo, 2003; Nemiro et al., 2008; Breuer et al., 2016; Hertel et al., 2017; Larson & De-Church, 2020; Kozlowski et al., 2021). Insgesamt ist jedoch festzustellen, dass abgesehen von Avolio et al. (2014) virtuelle Führung bzw. E-Leadership bislang nur eine vergleichsweise geringe akademische Aufmerksamkeit erhalten hat (vgl. Kahai et al., 2017; Roman et al., 2019; Van Wart et al., 2016).

Neben den Begriffen virtuelle Führung und E-Leadership werden auch andere Termini zur Beschreibung dieser neuen Formen der Führung benutzt. Hierzu zählen vor allem Telekooperation (Hertel & Konradt, 2007), Führung mittels Fernzugriff (Remote Leadership) (Eikenberry & Turmel, 2018; Kelley & Kelloway, 2012; Neufeld et al., 2010) bzw. Führung auf Distanz (Hermann et al., 2012) bzw. „Distance Leadership" (Eichenberg, 2007) und „Social Leadership" (Schütt, 2013; Stodd, 2016). Im Sinne der Nutzung digitaler Medien zur Führung von Mitarbeitern und der fortschreitenden digitalen Transformation wird seit 2010 zunehmend auch von digitaler Führung bzw. „Digital Leadership" gesprochen (Buhse, 2012; Ciesielski & Schutz, 2016; Kane et al., 2019a; Petry, 2019). Dies zeigt sich auch international bspw. bei Brett (2018), Van Outvorst et al. (2017), aber auch bei Roman et al. (2019). Im Unterschied dazu wird Digital Leadership auch zur Be-

schreibung der „digitalen" Unternehmensführung benutzt (u. a. Gall et al., 2017; Kollmann, 2020).

Dies macht auch deutlich, dass die Diskussionen zur virtuellen Führung bis heute an-
dauern und auch Themen wie die Führung im Unternehmen 2.0 (Enterprise 2.0) (Autorenkollektiv, 2013; Jäger & Petry, 2012) sowie die Folgen für Gruppen (Hauptmann et al.,
2012) erfassten. Die Einflüsse von Konzepten wie Industrie 4.0 auf die Führung lassen
sich auch daran ablesen, dass relevante Termini mit dem Label 2.0, 3.0 und später auch 4.0
ergänzt wurden. Als Beispiele können hier Leadership 2.0 (Lehky, 2011; Richter & Wagner, 2014), Enterprise 2.0 (McAfee, 2006, 2008) aber auch Management 3.0 (Appelo,
2010) und Leadership 4.0 (Albrecht, 2017) angeführt werden. In die Diskussionen zur
virtuellen Führung hat Schmidt (2019) auch Fragen der Führung und Zusammenarbeit mit
Gig-Workern einbezogen. In den Jahren 2020 und 2021 hat das Thema virtuelle Führung
durch die intensive Nutzung von Lösungen zur ortsflexiblen Arbeit wie Homeoffice und
mobiler Arbeit in der Corona-Pandemie einen weiteren Schub erhalten (u. a. Torre &
Sarti, 2020).

Kahai et al. (2017) differenzieren bei der Betrachtung des Einsatzes von IuK bzw.
digitaler Medien bei der Führung von Mitarbeitern grundsätzlich zwischen drei Szenarien. Zum einen geht es um die Unterstützung durch IuK bei Beratungen, die synchron,
d. h. zur gleichen Zeit am gleichen Ort durchgeführt werden und andererseits beim Einsatz und der Führung virtueller Teams. Im dritten Szenario werden die Implikationen
sozialer Medien für die Führung betrachtet. In diesem Beitrag soll es weniger um den
Einsatz von IuK bei Beratungen oder die Beobachtung virtueller Teams gehen, sondern
mehr um eine allgemeine Betrachtung virtueller Führung. Demzufolge stehen hier die
beobachtbaren Veränderungen bei der Führung von Mitarbeitern mittels moderner IuK
und sozialer Medien im Mittelpunkt. Dabei wird davon ausgegangen, dass Mitarbeiter
z. T. in Teams sowie in Distanz zu ihren Führungskräften, d. h. räumlich und zeitlich
verteilt tätig sind (vgl. Hoch et al., 2007, S. 51). Zur Überbrückung dieser Distanzen
braucht es die erfolgreiche Nutzung digitaler Medien für die virtuelle Kommunikation
(Cheol et al., 2018; Roman et al., 2019; Van Wart et al., 2019). Unbedingt zu berücksichtigen ist dabei auch, dass diese digitalen Medien und die durch sie mögliche Verfügbarkeit von Informationen deutliche Verschiebungen bei den Beziehungen zwischen Geführten und Führungskräften, d. h. bei Formen und Folgen von Führung und
Zusammenarbeit mit sich bringen (Dinh et al., 2014). Nicht näher betrachtet werden
hier die Geführten bzw. ihre Charakterisierung als Vertreter der Generationen Y und Z
oder als sogenannte „Digital Natives".

Vor einer Beschreibung der derzeit identifizierbaren Perspektiven des Begriffs virtuelle
Führung bei den zentralen Autoren dieser Konzepte werden ausgewählte Termini und Zusammenhänge erläutert, die für das Verständnis wichtig sind. Zur Verdeutlichung der gewählten Sichtweise und des weiteren Vorgehens dient Abb. 13.1.

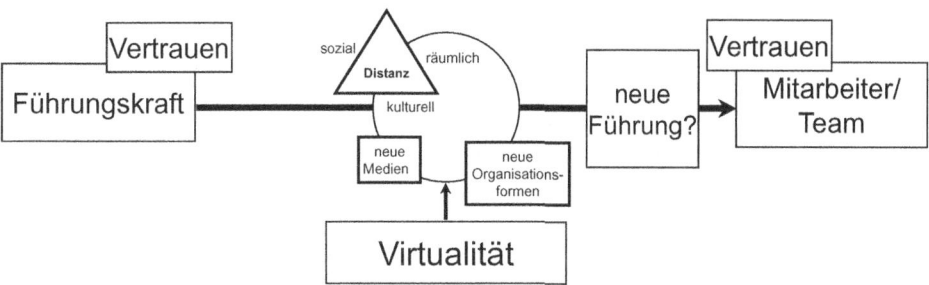

**Abb. 13.1**   Virtuelle Führung: Zusammenhänge. [Bildrechte: Urheberrecht beim Autor]

## 13.2  Theoretische Grundlagen

### 13.2.1 Virtualität und virtuelle Organisation – und jetzt auch virtuelle Führung?

Was bedeutet Virtualität? Bei der Betrachtung von Virtualität wird auf Überlegungen von Scholz (1994, 1996) zurückgegriffen. Für ihn steht virtuell fachsprachlich für „nicht wirklich", „scheinbar" bzw. „der Anlage nach vorhanden". Scholz definiert virtuell als „Eigenschaft einer Sache […], die zwar nicht real ist, aber doch in der Möglichkeit existiert; Virtualität spezifiziert also ein konkretes Objekt über Eigenschaften, die nicht physisch, aber doch der Möglichkeit nach vorhanden sind" (1994, S. 5). Virtualität beschreibt somit Eigenschaften eines konkreten Objekts, die nicht physisch, aber durch den Einsatz von Zusatzspezifikationen (z. B. von IuK oder sozialen Medien) realisiert werden können. Bei virtueller Führung kann mit Hilfe dieser Zusatzeigenschaften trotz physischer Abwesenheit von Führungskräften geführt werden. Dies bedeutet auch, dass Virtualität per se nicht existiert, jedoch als Bezug zu konkreten Objekten, wie virtuellen Unternehmen, virtuellen Produkten und auch virtueller Führung vorhanden ist. Zaccaro und Bader (2003, S. 377) verweisen daher auch darauf, dass der Begriff „virtuell" durchaus Missverständnisse im Sinne eines „Nichtvorhandenseins" mit sich bringen kann. Ihnen ist zuzustimmen, geht es hier doch um die Führung realer Mitarbeiter mit Hilfe von modernen IuK bzw. sozialen Medien. Neben der Betrachtung des „Nichtvorhandenseins" kann virtuelle Führung auch in Anlehnung an die o. g. Einteilung von Scholz als Führung der Möglichkeit nach betrachtet werden. Weibler (2021) spricht in diesem Zusammenhang auch von „Unnahbarkeit" (Entferntheit) und der „Unfassbarkeit" (Nichtgreifbarkeit) der Führenden.

Nützlich scheint die Betrachtung virtueller Teams nach Cohen und Gibson (2003, S. 5) zu sein. Beide gehen von einem Kontinuum aus, in dem der Grad an Virtualität sowohl durch die räumliche Verteilung der Akteure als auch deren Abhängigkeit von Kommunikationsmedien bestimmt wird. Nachfolgend wird die durch den Einsatz besonderer Medien konstituierte Führung beschrieben.

## 13.2.2 Medien virtueller Führung und ihre Wirkungen

Virtuelle Organisationen wie auch virtuelle Führung lassen sich nur durch den Einsatz besonderer Medien, den hier als IuK und soziale Medien (Social Media) bezeichneten, realisieren. Diese Medien bieten für die Führung (Avolio et al., 2000, 2014) eine Vielzahl neuer Möglichkeiten des Zugriffs auf Informationen und zum Informationsaustausch, aber auch neue Möglichkeiten zur Informationsweitergabe und damit schließlich auch zur Vernetzung. Zu den klassischen IuK zählen E-Mail-Dienste, Intranet-Lösungen, Foren und Chats im betrieblichen und überbetrieblichen Rahmen. Stand mit den klassischen IuK vor allem die von den Unternehmen gesteuerte Informationsbereitstellung und der geregelte Informationsaustausch im Vordergrund, so vollzog sich seit dem Beginn der 2000er-Jahre eine bemerkenswerte Entwicklung von den klassischen IuK über das sogenannte Web 2.0 und die sozialen Medien hinzu modernen Kollaborationslösungen bzw. Enterprise Social Networks. Diese zeichnen sich dadurch aus, dass sie weit stärker als bisher synchrone und asynchrone Interaktionen ermöglichen und die Informationen sowohl durch die Organisationen bereitgestellt als auch durch die Nutzer selbst eingebracht und zwischen diesen ausgetauscht werden können. Insbesondere die Medien, für die seit ca. 2004 der Begriff Web 2.0 benutzt wurde, haben Veränderungen in Richtung eines „Mitmach-Netzes" mit sich gebracht. Tim O'Reilly (2005) beschrieb die Eigenschaften dieses Web 2.0 wie folgt: Es stehen Dienste statt Software im Fokus, deren Angebote auf verschiedenen Endgeräten nutzbar sind. Die unmittelbare Interaktion der Nutzer steht im Vordergrund. Daten können neu kombiniert bzw. transformiert werden. Der Schwerpunkt bei Nutzung und Bereitstellung von Informationen liegt beim Anwender. Wurden betriebliche Lösungen in der Vergangenheit zur kontrollierten Weitergabe von Informationen genutzt, ist es seit einigen Jahren möglich und gewünscht, dass die Nutzer, d. h. Führungskräfte und Mitarbeiter, selbst Inhalte bereitstellen und diese mit anderen austauschen (O'Reilly, 2005). Zu diesen Informationen gehören auch die Bewertung und Einschätzung von Organisationen sowie Personen und Situationen, die der Beziehungsebene der Führung eine neue Qualität verleihen können. Es werden demzufolge Medien genutzt, die bei „[…] entsprechender Ausgestaltung […] geeignet (sind), jede Art interner und externer Interaktion zu organisieren. Daraus resultiert die Möglichkeit, über Information und Kommunikation hinauszugehen und die Kooperation und Koordination der Beteiligten zu ermöglichen bzw. zu unterstützen" (Krüger, 2011, S. 110). Durch den intensiven Einsatz dieser Medien können die neuen Formen der Zusammenarbeit bis hin zur durchgehenden Anwendung im betrieblichen Rahmen reichen. Nach Kahai (2012) ist es Führungskräften mit Sozialen Medien möglich, hierarchische und räumliche Distanzen zu überwinden und sich mit den Mitarbeitern zu vernetzen. Hoyt (2013, S. 181) betont, dass Führungskräfte durch diese Medien einen breiteren und geänderten Kontakt zu ihren Mitarbeitern haben. Die Frage nach den Wirkungen dieser Medien auf die Führung stellt auch Mintzberg (2010), der vor allem die Folgen der Nutzung von E-Mails betrachtet, aber auch das Internet einbezieht. Der Autor (2010, S. 61) merkt hierzu kritisch an, ob „das Internet nur scheinbar zusätzliche Lenkungs- und Kontrollmöglichkeiten bereitstellt, in Wahrheit aber den Managern die Kontrolle entreißt?" (ebd., S. 61–62). Den Mitarbeitern ermöglichen diese Medien zumindest potentiell einen umfassenderen Zugriff auf Informationen, was v. a. eine höhere Transparenz aber auch Gefahren (Kahai, 2012) mit sich bringen kann. Stopfer und Gosling (2013) sowie Schmidt (2014) beschreiben das durch die sozialen Medien mögliche, grundlegend geänderte Kommunikations- und Informationsverhalten im betrieblichen und privaten Kontext. Diese Medien stellen damit die bislang üblichen Kommunikations- und Interaktionsformen und damit wichtige Grundlagen der Führung in Frage.

### 13.2.3 Wichtige Voraussetzungen virtueller Führung: Kommunikation und Vertrauen

Der Einsatz von IuK und sozialen Medien modifiziert den Kontext der Führung. Hier sind vor allem der Mangel an physischer Interaktion, Verluste bei der Zusammenarbeit von Angesicht zu Angesicht (face-to-face), Verlust an Vertrauen, größere Besorgnis hinsichtlich der Berechenbarkeit und Zuverlässigkeit und ein Verlust an sozialer Interaktion zu nennen (Cascio & Shurygailo, 2003). Daraus resultieren notwendigerweise besondere Anforderungen an Kommunikation und die Kommunikationsfähigkeit der Beteiligten, die von vielen Autoren hervorgehoben wird (u. a. Jarvenpaa & Leidner, 1999; Kayworth & Leidner, 2002). So wird hauptsächlich schriftlich kommuniziert, nonverbale Elemente der Kommunikation fehlen größtenteils, spontane Treffen lassen sich nur schwer organisieren. Avolio und Kahai (2003) betonen, dass Führungskräfte Informationen schnell weitergeben und dabei sichern müssen, dass diese Informationen empfangen und verstanden wurden. Sie müssen in der Lage sein, mit verschiedenen digitalen Medien zu führen (Darics, 2020). Dies führt auch zu geänderten Anforderungen an Verständnis und Wahrnehmungsfähigkeiten der Führungskräfte. Hunsaker und Hunsaker (2008) unterstreichen die Fähigkeit zum Zuhören und zur Wahrnehmung nicht sichtbarer Vorgänge. Sie nutzen dafür den Begriff Aufmerksamkeit und differenzieren in Anlehnung an Weisband (1992) zwischen vier Arten: Aufmerksamkeit hinsichtlich der Aktivitäten, die sich auf die Teammitglieder und deren Projekte bezieht, Aufmerksamkeit hinsichtlich der zeitlichen Verfügbarkeit der Teammitglieder, Aufmerksamkeit hinsichtlich des Ablaufs der Projekte und der Anforderungen an die Teammitglieder und die soziale Aufmerksamkeit, die sich auf die Kenntnisse über die Teammitglieder und ihre sozialen Belange bezieht. Nicht zuletzt müssen die Führungskräfte in der Lage sein, IuK und soziale Medien zu bedienen (Van Wart et al., 2019) und ggf. die Geführten damit vertraut zu machen. Virtuelle Bedingungen können aus Sicht von Cascio und Shurygailo (2003) den Führungskräften zum Teil die Kontrolle der Mitarbeiter erschweren und darüber hinaus ermöglichen, dass Mitarbeiter weitgehender als bisher Zugriff auf Informationen erhalten, die bisher den Führungskräften vorbehalten waren (vgl. Avolio & Kahai, 2003). Dadurch kann das „Informationsmonopol" der Führungskräfte geschwächt werden oder verschwinden und deshalb sollten diese fähig sein, ihre Entscheidungen schneller als bisher zu rechtfertigen (ebd., S. 327).

Durch die zunehmend fehlenden Möglichkeiten des direkten Kontakts und die neuen Möglichkeiten des Zugriffs auf Informationen bzw. der Beteiligung der Mitarbeiter wird vor allem das gegenseitige Vertrauen der Akteure in seiner steuernden Funktion betont (Cascio & Shurygailo, 2003). Bereits 1995 hat Handy die Bedeutung des Vertrauens unter virtuellen Bedingungen hervorgehoben: „Vertrauen ist der zentrale Begriff. […] Wenn wir die Wirtschaftlichkeit und andere Vorteile der virtuellen Organisation genießen, müssen wir neu entdecken, wie Organisationen mehr auf Vertrauen als auf Kontrolle basieren. Virtualität braucht Vertrauen, um zu funktionieren, die Technologie an sich ist nicht genug". Handy (1995) weiter: „Paradoxerweise ist es so, dass je virtueller eine Organisation ist, um so mehr müssen sich die Personen treffen. Auch die Treffen unterscheiden sich. Diese beziehen sich eher auf die Abläufe und das Kennenlernen der Personen als auf die zu bewältigende Aufgabe." Vertrauen wirkt dabei in viele Richtungen. Es verfügt über koordinierende Effekte, beeinflusst Handeln und Kommunikation. Jarvenpaa und Leidner (1999) betonen, dass erfolgreiche Zusammenarbeit vom Vertrauen abhängt. Vertrauen gibt den Beteiligten Sicherheit und kann die Zusammenarbeit positiv beeinflussen. Es bietet sich die Unterscheidung zwischen dem Vertrauen auf der Ebene von Personen – dem interpersonalen Vertrauen – und dem Vertrauen in Systeme, Medien bzw. auch abstrakte Gebilde – dem Systemvertrauen – an (vgl. auch Giddens, 1990). Der Bedeutung und den Wirkungen des Vertrauens steht die Tatsache entgegen, dass virtuelle Bedingungen dazu führen, dass sich Vertrauen komplizierter entwickelt. Es muss sich größtenteils ohne direkten Kontakt bzw. über Distanzen hinweg entwickeln. Hinzu kommt, dass mittels IuK bzw. sozialer Medien im Vergleich zum direkten Kontakt weniger persönliche Informationen übertragen werden können (Zaccaro & Bader, 2003). Der Kommunikation kommt deshalb für die Herausbildung von Vertrauen unter virtuellen Bedingungen eine herausragende Bedeutung zu (Ford et al., 2017; Jarvenpaa & Leidner, 1999; Newman et al., 2020). Hierbei können nach Jarvenpaa und Leidner (1999) Zeitpunkt, Form und Inhalt der Kommunikation gezielt zur Entwicklung des Vertrauens eingesetzt werden. Voraussetzung für die beschriebene Entwicklung von Vertrauen scheint jedoch die Sicherheit im Umgang mit den erwähnten Medien zu sein.

### 13.2.4  Perspektiven virtueller Führung

In der aktuellen Führungsliteratur finden sich unterschiedliche theoretisch-konzeptionelle Perspektiven zum Phänomen der virtuellen Führung, die wichtigsten sollen im Folgenden dargestellt werden.

**Virtuelle Führung als Führung aus der Distanz – Aus der Entfernung führen**

Mit der Vorstellung einer freien Straße in einer Metropole zur Hauptverkehrszeit haben Cascio und Shurygailo (2003) versucht, Vor- und Nachteile virtueller Zusammenarbeit zu beschreiben, bei der die Beteiligten einerseits virtuell zusammengebracht, andererseits aber räumlich und zeitlich getrennt sind. Damit richten sie den Blick auf Möglichkeiten und Grenzen der Zusammenarbeit räumlich verteilter Einheiten oder Personen. Mit den Vorteilen der Zusammenarbeit über physische Grenzen hinweg gehen auch Nachteile, wie fehlende physische Nähe, einher. Dies beschränkt die Möglichkeiten der Einflussnahme der Führung (Eichenberg, 2007) und es kann zu Defiziten beim Gefühl der Zusammengehörigkeit führen (Poulsen & Ipsen, 2017). Die Führung räumlich entfernter Personen wird als Führung aus der Distanz (en. distance leadership) bezeichnet. Eichenberg (2007) unterstreicht, dass hierzu bislang keine bestimmte Theorie existiert. Remdisch und Utsch (2006; vgl. auch Boos et al., 2017; Hamilton, 2015; Lewandowski & Lisk, 2013; Ocker et al., 2011; Rawitzer & Hefti, 2020) interpretieren Führung aus der Distanz als Führung mit zusätzlichen Charakteristika, zu denen sie drei Aspekte zählen.

Erstens: Die zwischen Führungskraft und Mitarbeiter bestehende Distanz ist nicht nur in räumlicher Natur, sondern besteht auch in sozialer und kultureller Hinsicht (vgl. auch Weisband, 2008). Durch die vorhandene Distanz sind der Aufbau und der Erhalt persönlicher Beziehungen weit schwieriger als unter konventionellen Bedingungen.

Zweitens: Zur Überbrückung der Distanz wird die Führung durch Medien unterstützt, was in Folge die Abnahme direkter Kommunikation mit sich bringt (Remdisch & Utsch, 2006, S. 33).

Drittens: Die Führung findet unter veränderten Organisationsformen, wie z. B. zunehmender Projektarbeit, statt.

Im „Virtual Distance Model" nach Lojeski und Reilly (2020, S. 69) finden sich drei andere Komponenten der virtuellen Distanz: physische (zeitlich/örtlich), operative (mentale Lücken, die in der täglichen Arbeit aufgrund der Distanz entstehen) und beziehungsbezogene (en. affinity distance) Elemente. Führungskräfte dürften somit weit stärker als bisher als Beziehungsmanager (Jarvenpaa & Tanriverdi, 2003) und als „relationship builder" (Caulat, 2006, auch Liao, 2017) gefragt sein. Sie müssen in der Lage sein, Distanzen zu überwinden, d. h. sowohl persönlich als auch mit Hilfe elektronischer Medien zu kommunizieren und systematisch Vertrauen aufzubauen, denn ohne Vertrauen wird Führung aus der Distanz nicht zu realisieren sein. Eichenberg (2007) geht auf die folgenden Gestaltungsfelder der Führung aus der Distanz ein. Vertrauensbildende und -erhaltende Maßnahmen stehen unter den Bedingungen einer kulturellen und beziehungsorientierten Distanz im Vordergrund. Im Zusammenhang mit dem Führungsstil bzw. der Sensibilisierung für die Aufgaben- und Mitarbeiterorientierung sollten sich Führungskräfte einem „partizipativen Führungsstil" annähern (Eichenberg, 2007, S. 261). Mit der von Eichenberg (Ebd.) empfohlenen Nutzung kompensatorischer Anreize werden Vergütungsfragen, die Aufgabengestaltung bzw. Möglichkeiten der Weiterbildung thematisiert. Hinzu kommt die zielgerichtete Mediennutzung, d. h. die vorrangige Nutzung reichhaltiger Medien bzw. deren situationsgerechtem Einsatz durch Führungskräfte und Mitarbeiter (Eichenberg, 2007, S. 198–199, vgl. auch Van Wart et al., 2019). Nach Kahai (2012) ist es Führungskräften möglich, mit sozialen Medien hierarchische und räumliche Distanzen zu überwinden. Zur Auswahl der jeweiligen Medien können das „Media-Richness-Modell" (Daft & Lengel, 1986) aber auch die Mediensynchronizitätstheorie (Dennis et al., 2008) herangezogen werden. Wichtig für den Medieneinsatz scheint auch die Anwendung von Prozess- bzw. Phasenmodellen der virtuellen Führung zu sein. Eichenberg (2007, S. 201) differenziert hier zwischen den Phasen Initiierung, Kernführung und Auflösung. Im Lebenszyklus-Modell virtueller Teams nach Hertel et al. (2005, S. 73) sind die Phasen Vorbereitung, Start, Leistungsphase, Teamentwicklung und Auflösung zu finden. Beide Modelle lassen die Notwendigkeit einer schrittweisen Umsetzung und der Berücksichtigung der aktuellen Situation, in der virtuell geführt wird, erkennen. Bei der Führung aus Distanz ist der Einsatz von IuK bzw. sozialer Medien keine notwendige, sondern nur hinreichende Bedingung. Virtuelle Führung scheint jedoch ohne den gezielten Einsatz von IuK bzw. sozialer Medien nicht umsetzbar zu sein.

**Virtuelle Führung als E-Leadership – Mit neuen Medien führen**
Virtuelle Führung lässt sich vor allem durch den Einsatz besonderer Führungs- bzw. Kommunikationsmedien kennzeichnen. Diese Medien werden neben dem Begriff IuK auch mit Termini wie AIT (Advanced Information Technology) bei Avolio et al. (2000, S. 617) und Telemedien (Scherm & Süß, 2000) belegt. Die Führung basiert hier auf computerunterstützter Kommunikation (Fischer & Manstead, 2004) bzw. wird durch IuK vermittelt (Avolio & Kahai, 2003, Avolio et al., 2000, 2014) und zunehmend durch die neuen sozialen Medien realisiert. Durch die hiermit mögliche zeitliche und räumliche Verteiltheit der Arbeitsformen (Hoch et al., 2007 – en. distance work) und die entstandenen Einschränkungen klassischer Führung entstand nach Scherm und Süß (2000, S. 86) ein virtueller Raum („Führungsvakuum"), der durch Telemedien auszufüllen ist. Die Frage ist, ob der Einsatz computerbasierter Medien geeignet ist, dieses Führungsvakuum zu füllen. Drumm (1998) und Scherm und Süß (2000) sehen deshalb den Einsatz von Telemedien bzw. die digitale (virtuelle) Führung nur als Ergänzung der interaktionellen Führung und demzufolge zwar als geeignet, das Führungsvakuum zu reduzieren, aber nicht, um es auszufüllen. Scherm und Süß (2000, S. 97) konstatieren sogar ein Führungsparadoxon zwischen der zunehmenden Notwendigkeit der Führung unter virtuellen Bedingungen auf der einen und den eingeschränkten Möglichkeiten der Führung auf der anderen Seite. Die genannten neuen Medien können auch als Führungssubstitute betrachtet werden (Avolio et al., 2009). Dies soll hier jedoch nicht weiterverfolgt werden (vgl. hierzu die Ausführungen im Kap. 7).

Für die Führung mit IuK benutzen Avolio et al. (2000, S. 617) erstmals den Begriff E-Leadership, den sie nach einer Überarbeitung 2014 als „a social influence process embedded in both proximal and distal contexts mediated by AIT that can produce a change in attitudes, feelings, thinking, behavior, and performance" definieren (Avolio et al., 2014,

S. 107). Im Vergleich zur Definition von 2000 wurden hier stärker die Spezifika des Einsatzes der IuK berücksichtigt. Als Zweck der E-Leadership beschreiben Avolio und Kahai (2003) die Erweiterung der Beziehungen zwischen den Organisationsmitgliedern unter den Bedingungen der Anwendung von IuK. Hoch et al. (2007, vgl. auch Müller, 2008, S. 55 f.) schlagen zur näheren Beschreibung der E-Leadership die Dimensionen Gegenstand, Führungsfunktion und Analyseeinheit vor. Hinsichtlich des Gegenstandes geht es hier sowohl um die Führung von Mitarbeitern in ortsverteilten und computerunterstützten Arbeitsstrukturen (virtuelle Teams) mit Hilfe verschiedener Führungsmedien als auch die Führung von Mitarbeitern mit IuK an sich. Hinsichtlich der Führungsfunktion wird die Führung von Mitarbeitern und nicht die Führung von Unternehmen betrachtet. Als Analyseeinheit dient die wechselseitige Beeinflussung von Führungskräften und Mitarbeitern. Ausgehend von diesen Dimensionen sehen Hoch et al. (2007, S. 51) E-Leadership „[…] als eine Form der Personalführung […], die unter Einsatz computerbasierter Medien erfolgt und auf die Beeinflussung von Mitarbeitern in Teams ausgerichtet ist, die unter zeitlicher und räumlicher Verteiltheit zusammenarbeiten". Zu nennen ist neben Weibler (2016, S. 551) auch Müller (2008, S. 55), der an die Überlegungen von Zaccaro und Bader (2003) anknüpft und E-Leadership als „[…] eine Form der direkten, interaktionellen Personalführung, die über computerbasierte Medien erfolgt und die Beeinflussung von Individuen, Gruppen und/oder Organisationen zum Ziel hat und sowohl innerhalb als auch ortsverteilt stattfinden kann". Weitere Aspekte zur Betrachtung von E-Leadership fügen Van Wart et al. (2019, S. 83) hinzu, die darunter die effektive Nutzung und Verbindung von elektronischen und traditionellen Kommunikationsmethoden, das Bewusstsein für und die selektive Übernahme neuer IuK für sich selbst und die Organisation sowie technische Kompetenz bei der Nutzung der gewählten IuK verstehen (vgl. hierzu auch Liu et al., 2018). Auf die Bedeutung der Medien gehen auch Hermann et al. (2012, S. 47 und 53) ein. Sie präsentieren einen interessanten Überblick, indem sie die Medien nach dem Zeitaspekt, der Form der Zusammenarbeit und nach ihrer Unterstützungsfunktion unterteilen. Beim Zeitaspekt differenzieren sie zwischen asynchroner bzw. synchroner Kommunikation, bei der Aufgabe zwischen Kommunikation, Kooperation oder Koordination und bei der Unterstützungsfunktion zwischen Aufmerksamkeit (en. awareness) und Sicherheit. Hervorgehoben wird der ziel- bzw. situationsgerechte Einsatz dieser Medien. Kriterien ihres Einsatzes ergeben sich aus der Komplexität der Aufgabe und dem Reichtum des angewandten Mediums.

**Virtuelle Führung als digitale Führung – Führung, um die digitale Transformation zu ermöglichen**

Virtuelle Führung ist Führung mit dem massiven Einsatz digitaler Medien. Hierfür wird seit 2010 in Deutschland (u. a. Buhse, 2012; Ciesielski & Schutz, 2016; Petry, 2019) und in den letzten Jahren auch zunehmend international der Begriff „Digitale Führung" bzw. „Digital Leadership" (Brett, 2018; Hüsing et al., 2013; Weibler, 2016) z. T. auch als Synonym für E-Leadership (Roman et al., 2019) benutzt. Wird hier die Betrachtung von E-Leadership von Cheol et al. (2018) herangezogen, kann virtuelle Führung als die erfolgreiche Nutzung digitaler Medien für die virtuelle Kommunikation betrachtet werden. Bei anderen Autoren fällt auf, dass diese den Begriff digitale Führung recht weitgehend interpretieren. So ist für van Dick et al. (2016, S. 3) „Digital Leadership … die Führung in Unternehmen durch Nutzung von neuen Methoden und Instrumenten durch die Führungskräfte, wie zum Beispiel zur Kollaboration in sozialen Medien, in der Leistungsbewertung durch onlinebasierte, mobile Systeme oder auch im Projektmanagement durch Methoden wie Scrum, BarCamp o. ä." Hofmann und Wienken (2018, S. 32) gehen hier noch weiter, denn aus ihrer Sicht umfasst der Begriff Digital Leadership „das Führen über Distanz via digitaler Kommunikationsmedien", jedoch „nicht nur die Mittel der praktischen Umsetzung von Führungsarbeit, sondern auch die Adressierung der mit der digitalen Transformation verbundenen geschäftlichen, organisatorischen und personellen Anforderungen." Zu diesen gehören: „Die aktive Förderung von Innovation, das Meistern der Unsicherheiten in Bezug auf die Marktsituation, der Umgang mit einer deutlich selbstbewussteren Mitarbeiterschaft, die stringente Ausrichtung auf den gemeinsamen „Purpose" bei gleichzeitig kontinuierlicher Weiterentwicklung der Mitarbeitenden zur Bewältigung der Veränderlichkeit der Wettbewerbsumwelt". Van Wart et al. (2019) setzen den Schwerpunkt bei E-Leadership auf die Mischung elektronischer und konventioneller Methoden der Kommunikation, wozu neben der Kenntnis aktueller ICTs, ihrer selektive Anwendung (Adoption) für sich selbst und die Organisation auch die technische Fähigkeit zählt, die gewählten ICT zu nutzen (Van Wart et al., 2019, S. 83). Die Anwendung der IuK für die Organisation macht deutlich, dass Digital Leadership auch als Synonym für die „digitale" Unternehmensführung benutzt werden kann. Offensichtlich gehen eine Reihe von Autoren (Hofmann & Wienken, 2018; Kane et al., 2019b) davon aus, dass es einen engen Zusammenhang zwischen digitaler Transformation und digitaler Führung gibt. Von diesen wird digitale Führung als grundlegende Voraussetzung für den Erfolg der digitalen Transformation angesehen. Die Zusammenhänge zwischen digitaler Führung und digitalen Führungskräften auf der einen und der Gesamtorganisationen auf der anderen Seite werden hier jedoch nicht näher betrachtet.

### Virtuelle Führung als Führung mit neuen Beziehungen – Neue Führungsbeziehungen gestalten

Virtuelle Führung wird nach dieser Perspektive vor allem als veränderte Beziehung zwischen Führenden und Geführten diskutiert, die der intensive Einsatz von IuK bzw. sozialen Medien mit sich bringt (u. a. Barley, 2015; Caulat, 2006; Eichenberg, 2007; Hoyt, 2013; Scherm & Süß, 2000). So sprechen Avolio & Kahai (2003, S. 50) in diesem Zusammenhang davon, dass sich die Beziehung zwischen Führungskräften und Mitarbeitern in den Organisationen und zwischen den Organisationen grundlegend gewandelt hat. Aus Sicht von Weibler (2021, S. 35) ist entscheidend, dass „Führungsbeziehungen (unter virtuellen Bedingungen) nun phasenweise oder sogar ausschließlich ohne physische Anwesenheit der daran Beteiligten funktionieren müssen". Pauleen (2003) beschreibt Notwendigkeit,

Ablauf und Folgen des systematischen Beziehungsaufbaus unter virtuellen Bedingungen. Zimmermann et al. (2008) betonen, wie bedeutsam es hier ist, dass sich Mitarbeiter als Teil des Teams fühlen und dass Führungskräfte für den schnellen Aufbau und den Erhalt effektiver Beziehungen sorgen sollten. Die Beziehung zwischen Führenden und Geführten erfährt nach dieser Auffassung auch Veränderungen durch den neuen Zugriff auf Informationen und die sich daraus ergebenden weitergehenden Kontroll- und Einflussmöglichkeiten (Hertel & Konradt, 2007; Li, 2010; Weinberger, 2008). Wie und wann z. B. Informationen verfügbar sind und damit öffentlich werden, kann nicht mehr (vollständig) von den Unternehmen kontrolliert werden. Vielmehr hängt es gerade vom Verhalten bzw. der Initiative von Mitarbeitern und Kunden ab, zu welchem Zeitpunkt und wie weitgehend Informationen, Meinungen und Einschätzungen im Internet oder in den Unternehmen bereitgestellt werden. Beispiele hierfür sind die verschiedenen Formen der Bewertungen (z. B. die Bewertung der Mitarbeiterführung bzw. der Arbeitgeber über die Plattformen kununu und glassdoor). Auf die möglichen Folgen der Verfügbarkeit über Informationen nimmt Mintzberg (2010) Bezug, indem er die mit dem Internet einhergehende Tendenz der Statusnivellierung erwähnt. Dieser Sachverhalt wurde von Sproull und Kiesler bereits 1986 thematisiert und von Zeichhardt (2016) hinsichtlich der geänderten Anwendung von Machtquellen im Führungsprozess beschrieben. Für Li (2010) bildet der durch soziale Medien mögliche Kontrollverlust den Ausgangspunkt ihrer Überlegungen zum Konzept der offenen Führung. Weinberg (2008) betont, dass das Konzept Unternehmen 2.0 nur innerhalb des Kontextes einer Veränderung der Kontrollmechanismen verstanden werden kann. Für ihn ist Verlust an Kontrolle Voraussetzung für das Funktionieren eines Unternehmens 2.0., weil die hier zu erwartenden Netzwerkeffekte erst dann zustande kommen, wenn das Beziehungsgeflecht „[…] eine Größe und Komplexität erlangt, die es unberechenbar und im Grunde unkontrollierbar macht" (Weinberger, 2008, S. 91). Demzufolge sind massive Änderungen bei Führung und Kontrolle „vorprogrammiert". In „Open Leadership" (2010) entwickelt Li Überlegungen, wie mit dem Kontrollverlust der formalen Führer, den sie als Machtverschiebung interpretiert, umgegangen werden kann. Die neuen Beziehungen zu den Mitarbeitern sollten aus ihrer Sicht auf den fünf Leitlinien basieren: Anerkennung der Machtverschiebung, Aufbau von Vertrauen, Neugier praktizieren, Verlässlichkeit der Reaktionen und Fehler verstehen. Das neue Verhältnis zwischen Offenheit und Kontrolle bezieht sich dabei einerseits auf die Weitergabe von Informationen und andererseits auf das Treffen von Entscheidungen. Entscheidungen können nach Li zentral oder dezentral, nach demokratischen Prinzipien, getroffen werden. Offenheit lässt sich nach Li durch offenes Lernen, den offenen Dialog, die offene Beziehungspflege und offene Innovationen erreichen. Die beschriebene Machtverschiebung, die Übernahme von Kontrollaufgaben durch Mitarbeiter und der Umgang mit Offenheit setzt Vertrauensaufbau bei Mitarbeitern und Führungskräften voraus. Umgesetzt werden soll das mit Führungskonzepten wie dem Empowerment (Kirkman et al., 2004) aber auch durch den zielgerichteten Umgang mit Botschaften und mit den digitalen Medien (Norman et al., 2020).

**Virtuelle Führung als emergente Führung – Entstehende Führung nutzen**

Durch für virtuelle Bedingungen typische räumliche und zeitliche Verteilung ist es möglich, dass Führungsaufgaben ungeplant von Mitarbeitern übernommen werden (Carte et al., 2006; Tyran et al., 2003). Dafür wird der Begriff emergente Führung benutzt, wobei Emergenz mit der Entstehung neuer Eigenschaften von Systemen assoziiert wird. Krüger (2011) stellt emergente, d. h. weitgehend ungeplante und eigengesetzliche Entwicklungen, der bewussten Gestaltung gegenüber. Er betont, dass gerade soziale Medien durch die Einbeziehung der Nutzer emergente Prozesse ermöglichen und fördern können. Auf diese Weise können sich Produkte, Geschäftsmodelle und ganze Unternehmungen und natürlich auch die Führung emergent entwickeln. Uhl-Bien et al. (2007, S. 309) differenzieren zwischen hierarchischen, strukturellen und adaptiven Führungsformen, wobei die adaptive Führung als emergentes Verhalten unter den Bedingungen von Interaktion, Interdependenz, asymmetrischer Informationen, der Dynamik komplexer Netzwerke und Spannungen beschrieben wird. Ging es also bislang eher um bewusste „[…] Gestaltung, also eine intendierte Aufgabenerledigung […] kann das Web 2.0 auch die […] emergenten Prozesse zulassen und fördern, also eine weitgehend ungeplante und eigengesetzliche Entwicklung […]" ermöglichen (Krüger, 2011, S. 113). Das derzeitige Verständnis von Emergenz in der Führung formuliert Weisband (2008, S. 5) wie folgt: Führungskräfte können „[…] entweder ernannt oder sich aus einer Gruppe von Mitarbeitern heraus entwickeln". Northouse (2021, S. 9) beschreibt emergente Führung als Führung, „die nicht durch eine Position", sondern „im Verlauf der Zeit durch Kommunikation entsteht". Insbesondere die unter virtuellen Bedingungen stattfindende bzw. durch soziale Medien mögliche, verstärkte informelle und ungeplante Kommunikation dürfte damit die Entstehung emergenter Führung befördern. Balthazard et al. (2008) erläutern die Emergenz transformationaler Führung unter virtuellen Bedingungen, und dass diese von der Kommunikationsfähigkeit der jeweiligen Person beeinflusst wird. Dies korrespondiert mit Aussagen von Sudweeks und Simoff (2005) zu den Eigenschaften emergenter Führungskräfte. Diese partizipieren frühzeitig und häufig, konzentrieren sich gleichermaßen auf Qualität und Quantität der Kommunikation, zeigen Kompetenz und fördern das Wir-Gefühl. Auch Yoo und Alavi (2004) berichten von der Entstehung emergenten Führungsverhaltens unter virtuellen Bedingungen und heben ebenfalls die Bedeutung der Kommunikationsfähigkeiten hervor. Butler et al. (2008) betonen die Rolle von Freiwilligen beim ungeplanten Beziehungsaufbau innerhalb von Online-Communitys und Johnson et al. (2015) zeigen auf, dass es bei der emergenten Führung in Online-Communitys auf die Häufigkeit der Kommunikation, die positive Tonalität und die verständliche Sprache der Akteure ankommt. Cascio und Shurygailo (2003) empfehlen, zu emergenter Führung zu ermutigen. Aktuelle Studien von Purvanova et al. (2020) zeigen auf, dass der konkrete Grad an Virtualität die Wirkung von Leistung oder Eigenschaften der Führungskraft für die Entstehung von emergenter Führung beeinflusst. So haben bei hoher Virtualität die konkreten Leistungen und das Verhalten der Führungskräfte offensichtlich eine stärkere Wirkung auf die Emergenz als die Eigenschaften der Führungskräfte. Für das

Auftreten von Emergenz besitzen demzufolge Eigenschaften und Verhaltensweisen der Akteure eine differenzierte Wirkung.

Im Weiteren geht es um Aussagen zur Anwendung ausgewählter führungstheoretischer Ansätze im virtuellen Kontext. Zu diesem Zweck sollen das Konzept der geteilten Führung (vgl. Kap. 6 im Buch) und der transformationalen/transaktionalen Führung (vgl. Kap. 2 zu neo-charismatischen Ansätzen im Buch) herangezogen werden. Daneben lässt sich auch die Entstehung weiterer Ansätze erkennen, die in erster Linie einzelne Aspekte – wie die neue Beziehung zwischen Führungskraft und Mitarbeiter – herausgreifen, um daraus konzeptuelle Handlungsempfehlungen für die Führungspraxis abzuleiten (vgl. hierzu die Ausführungen im vorhergehenden Abschnitt zur offenen Führung von Li, 2010).

**Virtuelle Führung als geteilte und transformationale Führung und als erfolgreicher Umgang mit Paradoxien**

Hoch et al. (2007) gehen davon aus, dass unter virtuellen Bedingungen die Arbeit räumlich und zeitlich verteilt erfolgt und die Führung deshalb von verschiedenen Instanzen übernommen wird (vgl. Kap. 6 zur verteilten Führung). Sowohl die räumliche Distanz als auch der Einsatz von Medien für die Kommunikation einschließlich ihrer Effekte, wie Isolation, fehlende Bindung und Vertrauensverlust (Van Wart et al., 2016; Roman et al., 2019), schränken die direkte (interaktionale) Führung ein und bringen dadurch eine stärkere Wirkung situativer und auf das Team bezogener Führung mit sich. Schwarzmüller et al. (2018) gehen auf die unter virtuellen Bedingungen zunehmende Verfügbarkeit von Informationen und die dadurch mögliche Autonomie ein und plädieren deshalb für einen die Mitarbeiter mehr einbeziehenden Führungsstil. Überlegungen zur geteilten Führung in Teams unter virtuellen Bedingungen finden sich u. a. auch bei Gressick und Derry (2010), Hoch und Kozlowski (2014) und Wassenaar et al. (2010). Hill und Bartol (2016) nehmen einen direkten Zusammenhang zwischen steigender Virtualität und zunehmender geteilter Führung an. Hoch et al. (2007) beschreiben interaktionale, strukturelle und die Teamführung als Inputfaktoren, die individuelle Selbstführung als Prozessfaktor und die Teameffektivität als Ergebnis- bzw. Outputfaktor. Führung kann demzufolge unter virtuellen Bedingungen auf verschiedene Instanzen „verteilt konzipiert werden" (Hoch et al., 2007, S. 55; Hoegl & Muethel, 2016) (vgl. auch das Kapitel zur partizipativen und geteilten Führung im Buch). Hoch und Dulebohn (2017) beschreiben geteilte Führung als kollektiven Führungsprozess, bei dem die Teammitglieder schrittweise Führungsaufgaben übernehmen oder sich an diesen beteiligen. Geteilte Führung scheint demzufolge unter virtuellen Bedingungen empfehlenswert zu sein, weil damit die Selbststeuerungsfähigkeit des Teams erhöht wird. Gemeinsam ausgeübte Führung beeinflusst dabei die Leistung stärker als in konventionellen Teams (Hoch et al., 2007). Bell und Kozlowski (2002) erläutern, dass es aufgrund der verminderten Kontrollmöglichkeiten bei den Führungskräften eher zur Übernahme von Mentoring- und Entwicklungsaufgaben kommt. Purvanova und Bono (2009) sehen in der Unsicherheit und Mehrdeutigkeit von virtuellen Situationen den

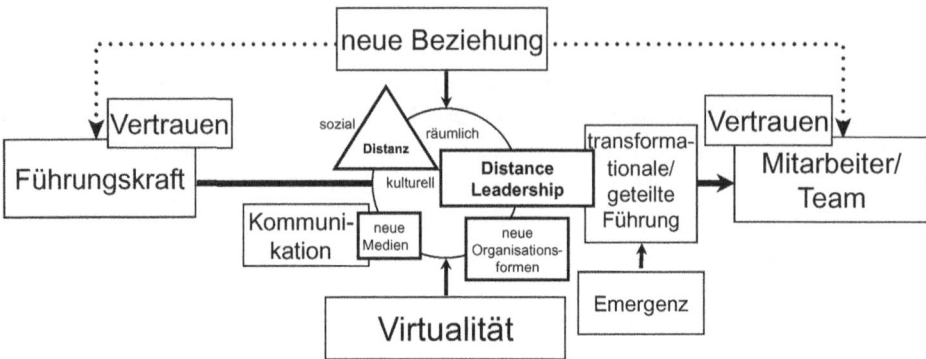

**Abb. 13.2**  Voraussetzungen und Aspekte virtueller Führung. [Bildrechte: Urheberrecht beim Autor]

Grund dafür, dass hier insbesondere durch die Schaffung von Strukturen und sozialem Kontext transformationale Führung ihre Wirkung entfalten kann. Sinclair et al. (2021) beschreiben die Vorteile der Anwendung transformationaler Führung bei der Motivation von Mitarbeitern unter virtuellen Bedingungen. Die verschiedenen Möglichkeiten zur Führung verweisen auf den komplexen und widersprüchlichen Charakter virtueller Führung. Purvanova und Kenda sehen deshalb in einem Beitrag aus dem Jahr 2018 die Kernaufgabe der virtuellen Führung im Umgang mit den Paradoxien der Virtualität. In ihrem Modell der virtuellen Führung beschreiben sie drei verschiedene Arten der Führung. Bei der stagnieren Führung werden die aufgrund der Virtualität nötigen Veränderungen ignoriert. Es wird wie bislang agiert und es kommt defacto zum Stillstand durch Untätigkeit. Im Falle der selektiven Führung wird die Virtualität als Produktivitätsfaktor oder als Anregung für das Erreichen höherer Leistungen genutzt. Hinzu kommen die Möglichkeiten zum verbesserten Management der Prozesse oder das Ermutigen zu Individualität. Synergistische Führung bedeutet demgegenüber die bewusste Nutzung der Virtualität als Produktivitätsfaktor und Inspirationsquelle für höhere Leistungen. Hinzu kommt die Nutzung der Möglichkeiten zum Setzen klarer Ziele und dem Aufbau bedeutsamer Beziehungen sowie das erfolgreiche Managen von Prozessen bei gleichzeitiger Ermutigung zur Individualität und Flexibilität.

Fragen nach dem Verhältnis der genannten Führungsformen, Wirkungen ihres simultanen Einflusses und die Umsetzung interaktionaler Führung unter virtuellen Bedingungen werden zwar thematisiert, bleiben aber hinsichtlich konkreter Aussagen weithin unbeantwortet.

Die bislang dargestellten konzeptionellen Überlegungen und Erkenntnisse zur virtuellen Führung sollen hier in der Abb. 13.2 als Erweiterung der Abb. 13.1 verdeutlicht werden

Die Tab. 13.1 fasst die verschiedenen Perspektiven auf virtuelle Führung und ihre Kernaussagen zusammen.

**Tab. 13.1** Beschreibung von Kernaussagen zur virtuellen Führung (Eigene Zusammenstellung in Anlehnung an die genannten Quellen)

| Perspektive | Spezifische Sicht | Kernaussagen | Zentrale Autoren |
|---|---|---|---|
| Distanz | Virtuelle Führung ist Führung aus der Entfernung | Virtuelle Führung ist Führung räumlich entfernter Personen, ist Führung mit zusätzlichen Charakteristika, wie räumliche, soziale, kulturelle Distanz, ist medienunterstützte Führung und findet unter veränderten Organisationsformen statt. | Antonakis & Atwater, 2002, Eikenberry, 2007, Eikenberry & Turmel, 2018, Handy, 1995, Hoch et al., 2007, Neufeld et al., 2010, Lojeski & Reilly, 2020, Remdisch & Utsch, 2006 |
| Neue Medien | Virtuelle Führung als Führung unter Nutzung von Neuen Medien, d. h. von IuK und sozialen Medien, Führung als E-Leadership, die neue Fähigkeiten voraussetzt | Kern der virtuellen Führung ist ein sozialer Einflussprozess, der durch Medien vermittelt wird, in einem konkreten Kontext stattfindet, um Veränderungen in Einstellungen, Emotionen, dem Denken und Verhalten und/oder der Leistung von Individuen, Gruppen und/oder Organisationen zu erreichen | Avolio et al., 2000, 2014, Avolio & Kahai, 2003, Hertel & Lauer, 2012, Müller, 2008, O'Reilly, 2005, Scherm & Süß, 2000, Stopfer & Gosling, 2013, Zaccaro & Bader, 2003, Van Wart et al., 2019, Roman et al., 2019, Weibler, 2016 |
| Digitale Transformation | Virtuelle Führung als die digitale Transformation ermöglichende Führung | Virtuelle Führung als Führung unter den Bedingungen der digitalen Transformation, die deren Erfolg durch die gezielte Anwendung besonderer Hilfsmittel sichert. | Ciesielski & Schutz, 2016, Cortellazzo et al. 2019, Hofmann & Wienken, 2018, Kane et al., 2019a, Petry, 2019, Van Dick et al., 2016 |
| Neue Beziehung | Virtuelle Führung als Führung mit veränderten Führungsbeziehungen sowie neuen Einfluss- und Kontrollmöglichkeiten | Virtuelle Führung ist Führung, die Vertrauen voraussetzt und den veränderten Möglichkeiten einer veränderten Verteilung von Informationen insbesondere durch verstärkten Einsatz von sozialen Medien Rechnung trägt | Avolio und Kahai, 2003, Cascio & Shurygailo, 2003, Gajendran & Joshi (2012) Höddinghaus & Hertel (2021), Li, 2010, Mintzberg, 2010, Roman et al., 2019, Schwarzmüller et al., 2018, Yoo & Alavi, 2004, Zigurs, 2003, Zimmermann et al., 2008 |

(Fortsetzung)

**Tab. 13.1**    (Fortsetzung)

| Perspektive | Spezifische Sicht | Kernaussagen | Zentrale Autoren |
|---|---|---|---|
| Emergenz | Virtuelle Führung kann einerseits emergieren und andererseits kann es bei virtueller Führung zu Emergenzen kommen. | Emergenzen im Kontext virtueller Führung werden vom Verhalten sowie von den Kommunikationsfähigkeiten sowie der -häufigkeit und dem -stil der Akteure beeinflusst | Johnson et al., 2015, Purvanova et al., 2020, Weisband, 2008 |
| Führungsstile/ Führungsstil- präferenzen | Virtuelle Führung als Führung unter den Bedingungen der Virtualität, die eine differenzierte Nutzung spezifischer Führungskonzepte bedingt, virtuelle Führung als Umgang mit Paradoxien | Unter virtuellen Bedingungen oder bei verstärkter Nutzung von IuK kommt es zu veränderten Präferenzen hinsichtlich der verschiedenen Führungskonzepte: geeignet scheinen v. a. geteilte/ transaktionale/transformationale sowie partizipative und zielorientierte Führung | Cascio & Shurygailo, 2003, Gressick & Derry, 2010, Hoch et al., 2007, Hoyt & Blascovich, 2003, Howell et al., 2005, Hambley et al., 2007, Hoch & Dulebohn, 2017, Purvanova & Bono, 2009, Schwarzmüller et al., 2018 |

## 13.3 Empirische Befunde zur virtuellen Führung

Zur virtuellen Führung liegen mittlerweile zahlreiche empirische Befunde vor. Diese betreffen zum Teil unmittelbar die virtuelle Führung, beziehen sich aber auch auf Besonderheiten der Arbeit unter virtuellen Bedingungen allgemein und die Führung virtueller Teams. Die hier zu referierenden Studien bauen zum Teil auch auf älteren Arbeiten zu Gruppenthemen auf. Eine Reihe von Untersuchungen im Kontext der Führung virtueller Teams wurden zum großen Teil bereits Anfang der 2000er-Jahre durchgeführt. Neben wenigen Feldstudien wurden dabei häufig kontrollierte Experimente, auch mit Studierenden als Versuchspersonen, durchgeführt (vgl. hierzu Gibbs et al., 2017). Viele Ergebnisse dieser kontrollierten Experimente lassen allgemeine Schlussfolgerungen hinsichtlich der virtuellen Führung zu, es bleiben aber zum Teil Fragen nach den Wirkungen im Unternehmenskontext offen (vgl. hierzu Hambley et al., 2007). Hinzu kamen Studien mit geringen Probandenzahlen, Studien, deren wissenschaftliche Qualität nicht ohne weiteres überprüft werden kann und Berichte zu konkreten Erfahrungen von Unternehmen mit virtueller Führung (z. B. Cordery et al., 2009). In den letzten Jahren sind eine Reihe von Studien mit größeren Probandenzahlen und anderen Settings hinzugekommen (vgl. Bonet & Salvador, 2017; Eisenberg et al., 2019; Haines et al., 2018; Hill & Bartol, 2016; Hoegl & Muethel, 2016; Nordbäck & Espinosa, 2019). Insbesondere zur virtuellen Führung mit sozialen Medien bzw. mittels sozialer Netzwerke liegen bisher nur vergleichsweise wenige Studien vor. Im Vergleich zu anderen Führungskonzepten kann geschlussfolgert werden, dass die Betrachtung der virtuellen Führung bzw. von E-Leadership nach wie vor ein Stiefkind wissenschaftlicher Betrachtung ist (Roman et al., 2019; Van Wart et al., 2019).

Die Mehrheit der Autoren ist sich weitgehend darüber einig, dass unter virtuellen Bedingungen eine spezifische Führung notwendig ist, da es keinen direkten Kontakt zwischen den Akteuren gibt (Den Hartog et al., 2007) und nicht wie bisher direkt kontrolliert und koordiniert werden kann (Hertel et al., 2005, S. 80). Die damit thematisierte Distanz stellt sich als zentrales Problem virtueller Führung dar. Dabei spielt die Distanz keine Rolle für die Effektivität der Kommunikation (Neufeld et al., 2010), wohl aber für die Effektivität der Führung. Der fehlende persönliche Bezug und fehlende Informationen zum sozialen Kontext erschweren den Aufbau sozialer Beziehungen und von Vertrauen (Gallenkamp et al., 2010). Dies kann Passivität und Leistungszurückhaltung der Mitarbeiter mit sich bringen und es kann die Wahrnehmung der Isolation oder das Gefühl fehlender Zugehörigkeit entstehen (Gilson et al., 2015). Antonakis und Atwater (2002) konnten Zusammenhänge zwischen der Häufigkeit der Interaktion und den Fähigkeiten und Leistungen der Mitarbeiter identifizieren. Im Rahmen einer umfassenden Literaturstudie gingen sie auf den Distanzbegriff ein und erläuterten, dass für die Überbrückung der Distanzen virtuelle Führung notwendig ist. Remdisch und Utsch (2006) fanden im Projekt „Distance Leadership" mit 131 befragten Führungskräften heraus, dass Führungskräfte insbesondere zu Beginn der virtuellen Zusammenarbeit Kontakt zum Team suchen, die Menschen kennenlernen sowie soziale Kontakte und Kommunikation fördern sollten, was 71 Prozent der befragten Führungskräfte auch machen (vgl. dazu Gallenkamp et al., 2010). Auf diese Weise kann Klarheit geschaffen und Fehlverhalten der Mitarbeiter vermieden werden. Dies korrespondiert mit den Ergebnissen der Untersuchungen von Eichenberg (2007, S. 262), der die negativen Wirkungen beziehungsorientierter Distanz herausstellt und deshalb zu Beginn der Führung auf Distanz (Initiierungsphase) eine hohe Mitarbeiterorientierung empfiehlt. In der Kern-Führungsphase sollte aus Sicht von Eichenberg (2007) ein partizipativer Führungsstil angestrebt werden (vgl. hierzu Aussagen zum Management by Objectives und zum Feedback bei Hertel et al., 2005, S. 81). Nach Beendigung bzw. in der Auflösungsphase sollte dieser partizipative Stil beibehalten werden, um Lerneffekte zu stabilisieren und Feedback für eine ggf. anstehende Fortsetzung der virtuellen Führung zu ermöglichen. Zu berücksichtigen ist, dass die erwähnte Vertrauensbildung einige Zeit und stabile Rahmenbedingungen benötigt. Häufige Kommunikation kann dabei Unsicherheit reduzieren.

Kommunikation (Neufeld et al., 2010) und der erfolgreiche Umgang mit den Medien (Kayworth & Leidner, 2002; Roy, 2012) beeinflussen maßgeblich den Führungserfolg. Dabei hängt dieser Erfolg insbesondere von den richtig eingesetzten Medien (Kahai et al., 2012) und auch deren Reichhaltigkeit ab (Daft & Lengel, 1986; Cordery et al., 2009). Die zentrale Funktion der Kommunikation für die Führung im virtuellen Kontext fanden auch Malhotra et al. (2007) heraus. Übereinstimmendes Ergebnis einer Reihe von Studien ist, dass die Führungskraft über eine hohe Kommunikationsfähigkeit (Albrecht & Albrecht-Göpfert, 2012; Caulat, 2006; Kayworth & Leidner, 2002) und die ausgeprägte Fähigkeit zur schriftlichen (Balthazard et al., 2009) und zur Kommunikation mit IuK (Roman et al., 2019) verfügen sollte. Dies korrespondiert mit Aussagen zur Kommunikations- und Medienkompetenz bei Hermann et al. (2012, S. 34 f.). Untersuchungen von Huffaker (2010) bei 33.540 Nutzern, die sich mit 632.622 Nachrichten an 16 verschiedenen Diskussionsgruppen beteiligten, zeigen, dass Führungskräfte ihren Einfluss über umfangreiche Kommunikationsaktivitäten, Glaubwürdigkeit, die Position im Kommunikationsnetzwerk und die Vielfalt ihrer sprachlichen Mittel beeinflussen. Kayworth und Leidner (2002) fanden die Bedeutung zeitnaher und regelmäßiger Kommunikation heraus. Weitere Studien fokussieren sich auf die Implikationen der bei virtueller Führung genutzten Medien. Es wurde festgestellt, dass die eingesetzten Medien (Videokonferenzen, Chats) über spezifische Wirkungen auf die Qualität der Interaktion und der Kohäsion des Teams verfügen, aber hinsichtlich ihrer Wirkung auf die Leistung offensichtlich nicht so verschieden sind (Hambley et al., 2007), weil diese nicht direkt, sondern über die Führung und Kooperation ihre Wirkung entfalten. Newman et al. (2020) konnten bei der Analyse von 68 Teams feststellen, welchen Einfluss die Wahrnehmung des effektiven Einsatzes von Kommunikationsmitteln und -techniken durch ihre Führungskräfte für die Teamleistung besitzen. Darüber hinaus wurde auch die Rolle des Vertrauens bei der Moderation der Beziehung zwischen den Wahrnehmungen der virtuellen Teammitglieder über den effektiven Einsatz von Kommunikation durch ihre Führungskräfte und der Teamleistung betont.

Mitchel (2012) zeigte auf, dass unter virtuellen Bedingungen besondere Interventionen nötig sind, um die Führung zu verbessern, und erläutert die Möglichkeiten proaktiver und reaktiver Video-Interventionen. Nach Darics (2020) ist Führung im virtuellen Raum für viele Führungskräfte mittlerweile zur Routine geworden, doch es fehlt auch an Verständnis darüber, wie Führung in medialen Kontexten – insbesondere in reinen Textkanälen – umgesetzt wird. Durch Analysen von Instant-Messaging-Konversationen konnte aufgezeigt werden, wie Führungskräfte komplexe Kommunikationsziele erreichen, d. h. anstehende Aufgaben werden erledigt und gleichzeitig wird Informalität und Kollegialität gefördert. Auf diese Weise kann auch das Gefühl einer „realen" Zusammenarbeit zwischen den Teammitgliedern erzeugt werden.

Viele Studien lassen eine breite Übereinstimmung hinsichtlich der Bedeutung des Vertrauens zwischen den Akteuren der Führung als Erfolgsfaktor für die Führung im virtuellen Kontext erkennen (u. a. Avolio et al., 2009; Breuer et al., 2016; Albrecht & Albrecht-Göpfert, 2012; Malhotra et al., 2007, auch umfassende Metastudie von Hacker et al., 2019). Hier ist jedoch eine paradoxe Situation festzustellen: Einerseits ist die Entwicklung des gegenseitigen Vertrauens unter virtuellen Bedingungen erschwert (Cheng et al., 2016; Wilson et al. 2006 nach Wittchen et al., 2011). Vertrauen ist dadurch oft geringer ausgeprägt bzw. fragiler (Bos et al., 2002; Jarvenpaa & Leidner, 1999), entwickelt sich zeitlich verzögert (Bos et al., 2002) oder sinkt beträchtlich (Lojeski & Reilly, 2020, S. xii). In Anlehnung an Meyerson et al. (1996) thematisieren Crisp und Jarvenpaa (2013) das sich rasch entwickelnde Vertrauen (swift trust) im virtuellen Kontext. Dabei besitzt das Vertrauen bei virtueller Führung aufgrund der Anwendung von Medien zur Kommunikation bzw. der örtlichen und zeitlichen Distanz der Akteure eine besondere, weil koordinierende, Rolle. Vertrauen ist für die Leistung von Mitarbeitern und Teams unter virtuellen Bedingungen unabdingbar. Kayworth und Leidner (2002) konnten mit ihrer quantitativen und qualitativen Analyse von 13 kulturell diversen virtuellen Teams von Studenten zeigen, wie wichtig es ist, dass Führungskräfte den Geführten im virtuellen Kontext deutlich Empathie und Verständnis entgegenbringen. Jarvenpaa und Leidner (1999) beschrieben, dass ein Drittel der virtuellen Teams das Projekt mit hohem Vertrauen begann, es aber mit niedrigem Vertrauen und geringer Leistung abschloss. Demgegenüber lieferten Teams mit anhaltend hohem Vertrauen gute Leistungen ab, genau wie die Teams, denen es gelang, das niedrige Vertrauen zu überwinden. Aufbau und Erhalt von Vertrauen scheinen also unter virtuellen Bedingungen zentrale Elemente einer entsprechenden Führung zu sein. Crisp und Jarvenpaa (2013) konnten bei ihrer Längsschnittstudie von 68 Teams (mit gleicher Teamgröße und gleichen Aufgaben unter quasi-experimentellen Bedingungen) zeigen, dass Vertrauen als unverzichtbarer „Klebstoff" virtueller Zusammenarbeit wirkt und dass sich Vertrauen rasch entwickeln kann (swift trust), wenn normative Handlungen begleitend ausgeführt werden. Für die Entwicklung des Vertrauens ist es wichtig, inwieweit die Führungskräfte durch die Geführten als kompetent bei der Nutzung der Medien wahrgenommen werden (vgl. Norman et al., 2020).

Dubé und Robey (2009, S. 9) beschreiben auf der Basis von Interviews mit 42 in virtuellen Teams tätigen Personen ausführlich die Bedeutung des Aufbaus von Beziehungen und Vertrauen mittels Medien (dazu auch Pauleen, 2003) und die Unterstützung der Flexibilität durch strukturelle Mechanismen (u. a. durch Standardisierung der Kommunikation). Pauleen (2003) berichtet von der Herausforderung für Führungskräfte, Beziehungen mit den Mitarbeitern aufzubauen. Dazu wurden sieben Leiter von virtuellen Teams aus verschiedenen Branchen im Rahmen eines Action Learning Programms mit den Grundlagen virtueller Führung vertraut gemacht und die Erfahrungen der Teilnehmer bei der Führung ihrer Teams umfassend analysiert. Im Ergebnis gelang es ihm, ein 3-Schritte Modell für den Aufbau von Beziehungen im virtuellen Kontext vorzulegen. Zu den Schritten gehören die Analyse der Bedingungen, die Festlegung zum Niveau der angestrebten Beziehung und die Anwendung einer geeigneten Strategie (Pauleen, 2003, S. 239). Wichtig für die Beziehungen ist die Vertrauenswürdigkeit der Führungskräfte, die in engem Zusammenhang mit den wahrgenommenen Fähigkeiten der Führungskraft und ihrem Hang zu Sozialisation stehen (vgl. hierzu Gallenkamp et al., 2010). Führungskräfte, die Kontakt zum Team suchen, d. h. die Beziehungen bewusst pflegen, beeinflussen die Teamarbeit positiv (Gallenkamp et al., 2010). Sie verfügen deshalb über einen positiveren Einfluss auf Teamarbeit als diejenigen, die sich vom Team distanzieren. Dieses Verhalten bewährt sich in der Findungsphase eines Teams sowie bei der Integration neuer Mitarbeiter. Gajendran und Joshi (2012) betonen ebenfalls die Bedeutung der Beziehung zwischen Mitarbeiter und Führungskraft, schließen hierbei aber auch den Austausch zwischen den Akteuren ein. Beziehung und Austausch bedingen sich nach ihrer Annahme wechselseitig. Sie analysierten daher den Einfluss des Austauschs, die Häufigkeit von Kommunikation und den Einfluss der Teammitglieder auf Teamentscheidungen bei insgesamt 224 global verteilten Mitarbeitern eines Großkonzerns aus den USA. Ausgangspunkt war die Tatsache, dass sich Mitglieder virtueller Teams oft isoliert fühlen und deshalb weniger Ideen einbringen. Gajendran und Joshi (2012) fanden heraus, dass gute Beziehungen dafür sorgen können, dass sich Mitarbeiter stärker einbringen. Sie haben damit die Schlüsselfunktion der Beziehungen im virtuellen Kontext bestätigt. Golden und Veiga (2008) konnten bei einer Befragung von 375 unter virtuellen Bedingungen tätigen Mitarbeitern herausfinden, dass diese bei guten Beziehungen ein vergleichsweise hohes Commitment, hohe Arbeitszufriedenheit und hohe Arbeitsleistungen zeigen. Kayworth und Leidner (2002) definieren spezifische beziehungsorientierte Anforderungen an virtuelle Führungskräfte: Diese können mit widersprüchlichen Situationen umgehen, gleichzeitig verschiedene Rollen übernehmen, als Mentoren agieren, verfügen über Empathie und können ihre Autorität ausüben ohne als unflexibel zu erscheinen (vgl. dazu auch Schwarzmüller et al., 2018). Dabei handelt es sich um Eigenschaften, die die Beziehungen zwischen Führungskräften und Mitarbeitern positiv beeinflussen dürften (vgl. Cortellazzo et al., 2019).

Die Zusammenhänge zwischen Kommunikation, Vertrauen und Kultur wurden von Gallenkamp et al. (2010, S. 297f.) untersucht. Nach ihren Erkenntnissen beeinflusst die Kommunikation positiv und signifikant die Vertrauenswürdigkeit der Führungskraft. Damit sind Breite und Tiefe virtueller Kommunikation gemeint, d. h. Teammitglieder besitzen das Gefühl, mit ihrer Führungskraft über eine große Bandbreite (Kommunikationsbreite) und auch über persönliche Themen (Kommunikationstiefe) sprechen zu können. Kommunikation beeinflusst sowohl die Beziehung zwischen den Akteuren als auch das Vertrauen in die Führungskraft positiv (ebd.). Des Weiteren zeigte sich in diesen Untersuchungen, dass auch die erhöhte Frequenz der über IuK vermittelten Kommunikation die Wahrnehmung der Vertrauenswürdigkeit der Führungskraft signifikant beeinflusst. Damit wurden die Befunde von Jarvenpaa und Leidner (1999) zur Vertrauensentwicklung globaler virtueller Teams (Beobachtungen von 350 Studenten bei der Bearbeitung von Fallstudien) bestätigt.

Bei virtueller Führung entstehen neue Anforderungen an die Führung, denn Führungsaufgaben werden auch von Geführten übernommen und es kommt zu geänderten Einschätzungen der Wirkung von Persönlichkeitseigenschaften (Balthazard et al., 2009). Die Wirkung der Persönlichkeit bzw. von Verhaltensweisen unter virtuellen Bedingungen ist nicht mit konventionellen Situationen zu vergleichen. Nach Ocker et al. (2011, kontrolliertes Experiment mit 71 Studenten) wirkt die emergente Führung bei virtuellen Teams positiv auf Motivation und Commitment und damit auch auf die Teamleistung (dazu auch Hoch & Dulebohn, 2017). Yoo und Alavi (2004) betonen, nach einer umfangreichen Textanalyse von E-Mails bei 63 Personen, dass emergente Führungskräfte häufiger und umfassender zu Themen mit Bezug zur Arbeitsaufgabe kommunizieren. Sie konnten dabei 3 Rollen emergenter Führungskräfte identifizieren: Den Initiator, den Scheduler und den Integrator. Was begünstigt die Entstehung emergenter Führung? Yoo und Alavi (2004) erläutern Einflüsse der Kommunikation bzw. die Beiträge der Initiierung einer regelmäßigen Kommunikation in frühen Phasen der Zusammenarbeit für die Emergenz transformationaler Führung. Dies korrespondiert mit Erkenntnissen von Carte et al. (2006) zur Emergenz von Führung in selbst geführten virtuellen Teams. Balthazard et al. (2009) kommen bei ihrem Vergleich von virtuellen und konventionellen Teams (untersucht unter simulierten Bedingungen bei Universitätsstudenten) zu dem Schluss, dass für das Entstehen transformationaler Führung unter virtuellen Bedingungen weniger persönliche Eigenschaften als vor allem die linguistische Qualität der schriftlichen Kommunikation verantwortlich ist. Auf den Zusammenhang zwischen sprachlicher Qualität und einem verstärkten sozialen Einfluss von Personen in Online-Communities weist auch Huffaker (2010) hin.

Unter virtuellen Bedingungen ändern sich die Wirkungen verschiedener Formen von Führung. Sosik et al. stellten bereits 1998 fest, dass Aspekte transaktionaler und transformationaler Führung unter virtuellen Bedingungen existieren und dass diese die Ergebnisse virtueller Teams positiv beeinflussen können. Hambley et al. (2007, S. 3) konnten zeigen, dass die Anwendung transformationaler Führung mit höheren Leistungen verbunden ist. Purvanova und Bono (2009) fanden bei der Beobachtung von Gruppenübungen mit 301 Studenten unter virtuellen und konventionellen Bedingungen heraus, dass vor allem transformationale und partizipative Führungsformen von besonderer Bedeutung sind. Daraus schließen sie, dass Führungskräfte, die ihre transformationalen Verhaltensweisen verstärken, höhere Teamleistungen erreichen können. Wie lässt sich transformationale Führung im virtuellen Kontext erkennen? Durch Befragungen und Interviews von Leitern, Mitgliedern und Sponsoren virtueller Teams über einen Zeitraum von insgesamt 7 Jahren sowie einer anschließenden groß angelegten Befragung virtueller Teams und die Beobachtung von Teamberatungen bei insgesamt 55 virtuellen Teams in 33 verschiedenen Unternehmen konnten Malhotra et al. (2007) sechs Verhaltensweisen erfolgreicher Leiter virtueller

Teams identifizieren. Hierzu zählen Aufbau von Vertrauen, die Absicherung, dass sich Teammitglieder verstanden und akzeptiert fühlen, Organisation virtueller Meetings, Kontrolle der Teamergebnisse, Ausbau der Sichtbarkeit des Teams nach außen und Aktivitäten dafür, dass die Beteiligten persönlichen Nutzen aus der Mitarbeit ziehen können. Diese Verhaltensweisen lassen sich der transformationalen Führung zuordnen. Jedoch ist transformationale Führung im virtuellen Kontext nicht frei von Widersprüchen. So haben Whitford und Moss (2009) bei einer Befragung von 165 Mitarbeitern verschiedener Unternehmen herausgefunden, dass bei steigender Virtualität mehr transaktionale und weniger transformationale Strategien notwendig sind. Der Grund dafür liegt nach einer Studie mit insgesamt 681 befragten Mitarbeitern und 116 Teamleitern in 129 Teams (Andressen et al., 2012) in der schwächeren Wirkung transformationaler Führung unter virtuellen Bedingungen im Vergleich zu konventionellen Bedingungen. Dies ist auf den geringeren Einfluss auf die Selbstführung zurückzuführen. Weitere Erkenntnisse hierzu liefern Eisenberg et al. (2019). Aus ihrer Sicht kann transformationale Führung zwar die negativen Effekte der Verteiltheit der Teammitglieder reduzieren, aber weniger wirksam zur Verbesserung der Leistung von stark verteilten Teams beitragen. Als Erklärung wird angeführt, dass es für eine transformationale Führungskraft schwierig ist, die Teamkommunikation in hochgradig verteilten Teams zu fördern, so dass sich ihr Einfluss sogar kontraproduktiv auswirken könnte. Dies zeigte sich auch bei Howell et al. (2005), die eine mit zunehmender räumlicher Distanz abnehmende Wirkung transformationaler bei gleichzeitig steigender Wirksamkeit transaktionaler Führung konstatierten. Dieser Zusammenhang lässt sich wie folgt begründen: Austauschorientierte oder transaktionale Führung mit klar definierten Zielen funktioniert über kurze Distanz weniger gut, dürfte aber mit der entstehenden Autonomie der Mitarbeiter über größere Distanzen besser umsetzbar sein (Howell et al., 2005). Hill und Bartol (2016) arbeiten im Ergebnis einer Befragung von 194 regional breit verteilt tätigen Personen die positiven Effekte der größeren Autonomie der Mitarbeiter für die Teamleistung heraus. Die dadurch auch erkennbare Fokussierung auf Strategien der zielorientierten Führung kann jedoch auch Nachteile mit sich bringen, weil die Optimierung der Teamkommunikation unterbleibt und damit Aufbau und Erhalt von Vertrauen erschwert wird (Balthazard et al., 2008; Wittchen et al., 2011, vgl. auch die Ausführungen zum Vertrauen in vorhergehenden Abschnitten). Wittchen et al. (2011) schlagen deshalb auf der Basis einer Befragung von 20 Teams mit durchschnittlich drei Nationalitäten bei zu 67 Prozent elektronisch vermittelter Teamkommunikation vor, zielorientierte Führung mit Maßnahmen zur Optimierung der Teamkommunikation zu ergänzen. Dabei sollte weniger auf direktiv als auf partizipativ festgelegte Ziele zurückgegriffen werden. Dieser Vorschlag hat seinen Grund in den in virtuellen Teams feststellbaren defensiven Kommunikations- und Interaktionsmustern, wie z. B. dem Zurückhalten von Informationen (Balthazard et al., 2008, S. 129). Wittchen et al. (2011) haben hervorgehoben, dass es deshalb notwendig ist, die zielorientierte Führung durch regelmäßige, zeitnahe und inhaltliche (nicht nur aufgabenbezogene) Kommunikation zu ergänzen.

Neben der zielorientierten Führung ist an den aufgeführten Erkenntnissen auch die Bedeutung der geteilten Führung unter virtuellen Bedingungen erkennbar. Hierzu arbeiten

Hoch und Dulebohn (2017) in einer groß angelegten Metastudie den positiven Einfluss geteilter Führung auf die Leistung virtueller Teams heraus. Diese Wirkung der geteilten Führung auf die Leistung von Teams bestätigen auch Hoegl und Muethel (2016), Bei geteilter Führung übernehmen Mitarbeiter die Verantwortung für den Aufbau von Vertrauen und Beziehungen zwischen den Teammitgliedern (Liao, 2017). Weitere Vorteile ergeben sich nach Hoch und Dulebohn (2017) aus der emotionalen Stabilität und Verträglichkeit sowie den mediierenden Effekten für die Beziehung zwischen Persönlichkeitsstruktur und Teamleistung. Geteilte und auch emergente Führung beeinflussen die Beziehungen zwischen Gewissenhaftigkeit, emotionaler Stabilität und Offenheit, so dass sie in Teams mit höherer Virtualität stärker sind als in Teams mit niedrigerer Virtualität und bringen Engagement, Vertrauen und Zusammenhalt unter den Teammitgliedern mit sich. Geteilte Führung steigert die Zufriedenheit in virtuellen Teams sowohl direkt als auch indirekt durch die Förderung von Vertrauen und moderiert die Beziehungen von individuellem Vertrauen und individueller Autonomie mit Zufriedenheit. Zufriedenheit auf Teamebene hat sich bei der Studie von Robert und You (2018) mit 163 Personen in 44 virtuellen Teams als ein starker Prädiktor für die Leistung herausgestellt. Der notwendige Wissensaustausch in virtuellen Teams wird durch informelle Gespräche, Geselligkeit außerhalb der Arbeit und durch Meetings ermöglicht, was in virtuellen Teams jedoch oft weniger üblich und möglich ist. Unternehmen sollten deshalb geteilte Führung durch Schulungen erleichtern (Hoch & Dulebohn, 2017). Dies bestätigen auch Erkenntnisse von Hoch und Kozlowski (2014), die hier auch die Bedeutung der strukturellen Unterstützung bei virtueller Führung herausgearbeitet haben. Sie meinen damit vor allem ein faires Vergütungssystem und offene Kommunikation, aber auch die Bereitstellung technischen Supports (vgl. dazu Paul et al., 2016; Haines et al., 2018).

Die hier exemplarisch dargestellten empirischen Erkenntnisse lassen die vielfältigen Widersprüche virtueller Führung erkennen. Nach Kahai et al. (2017) bringt zunehmende Virtualität neben einer reduzierten Bedeutung von Führung gleichermaßen auch deren steigende Relevanz, aber auch wirksamere Führungsinstrumente mit sich. Hinzu kommt ein Rollenwandel bei Führungskräften und Mitarbeitern. Führungskräfte agieren unter virtuellen Bedingungen mehr als unterstützende Begleiter und Mitarbeiter werden zu Partnern (Torre & Sarti, 2020). Welche Möglichkeiten es zur erfolgreichen Umsetzung virtueller Führung gibt, ist Gegenstand der Ausführungen im folgenden Abschnitt.

## 13.4 Gestaltungsansätze – Vorliegende Hinweise zur Umsetzung virtueller Führung

Bei den vorliegenden Aussagen zur Gestaltung virtueller Führung stehen derzeit vor allem die neuen Anforderungen an die Führungskräfte im Mittelpunkt. Hier kann davon ausgegangen werden, dass Führungsfähigkeiten aus dem klassischen offline-Kontext nicht ohne weiteres auf die virtuelle Führung übertragen werden können (Lu et al., 2014, S. 55). Wichtig ist auch die Erkenntnis, dass es bei virtueller Führung nicht ausschließlich um einen umfassenderen Einsatz von IuK bzw. sozialen Medien geht. Vielmehr geht es um die mit ihrer Anwendung jeweils konkret erreichbaren Vorteile. Außerdem ist es wichtig, die IuK und sozialen Medien kompetent zu nutzen sowie ihren Einsatz auch mit den Möglichkeiten physischer Präsenz zu verbinden (Van Wart et al., 2019). Nach Klus und Müller (2021) werden mögliche Aussagen erschwert, weil der Zusammenhang zwischen spezifischen Führungskompetenzen und der Fähigkeit zum Umgang mit den Herausforderungen der Digitalisierung leider bislang nicht im Fokus der Forschung stand (auch Lilian, 2014; Kahai et al., 2017).

Trotzdem gibt es Hinweise zur Umsetzung virtueller Führung, zunehmend auch ab 2010 (vgl. Cortellazzo et al., 2019), in einer Reihe der nachfolgend referierten Veröffentlichungen. Hier lassen sich einerseits Beiträge mit normativen Aussagen finden, die größtenteils Auflistungen und Beschreibungen von Anforderungen an die Kompetenzen der Führungskräfte zum Inhalt haben (Hertel & Lauer, 2012, S. 115; Kauffeld et al., 2016). Hierzu zählen auch Beiträge mit konzeptionellem Charakter (vgl. Rawitzer & Hefti, 2020). Andererseits gibt es in den letzten Jahren häufiger Beiträge, die auf empirischen Studien basieren. In beiden Beitragsarten finden sich zahlreiche Empfehlungen für die Einführung und Gestaltung virtueller Führung. Dies betrifft auch Aussagen aus der Beraterliteratur.

Den Ausgangspunkt der ersten Gruppe von Veröffentlichungen bilden häufig Vergleiche zwischen erforderlichen Führungsfähigkeiten unter konventionellen und virtuellen Bedingungen. Exemplarisch ist hier auf Dennis et al. (2013) zu verweisen, die eine Umfrage der ASTD (Forum's Virtual Leadership Survey der American Society for Training & Development) aus dem Jahr 2012 referieren. Folgende Fähigkeiten wurden dabei als für den virtuellen Kontext spezifisch herausgearbeitet. Die Fähigkeiten, Beratungen zu führen, Arbeitsfortschritte des Teams aus der Distanz zu kontrollieren, die Work-Life-Balance trotz ständiger Verfügbarkeit rund um die Uhr zu erreichen, Vertrauen bei kultureller und anderweitiger Diversität aufzubauen und zu erhalten sowie kommunikative Fähigkeiten, d. h. Zuhören und Sondieren, um die Standpunkte der Teammitglieder vollständig zu verstehen. Zu den erfolgskritischen Faktoren zählten Dennis et al. (2013) die Nutzung von Methoden, um Projektfortschritte und die Zielerreichung zu messen, hohe Klarheit bei Zielen und die Ausrichtung auf die Gesamtzusammenhänge, der Umgang mit einer hohen Komplexität und die Förderung des organisationalen Commitments der Mitarbeiter.

In der anderen Gruppe von Beiträgen geht es oft um ausgewählte Charakteristika virtueller Führung, die identifiziert sowie hinsichtlich ihrer Wirkung analysiert und beschrieben werden. In vielen dieser Studien stehen die Spezifika virtueller Führung im Mittelpunkt, wie z. B. das Fehlen non-verbaler Kommunikation und die Bedeutung technischer Fragen. Daraus ergibt sich nach Roy (2012) eine hohe Bedeutung der Frustrationstoleranz und Konfliktfähigkeit der Führungskräfte. Häufig zu erkennen ist die Fokussierung auf kommunikative Fähigkeiten (u. a. Kayworth & Leidner, 2002). So betont Roy (2012), dass die Kommunikation stets klar, deutlich und für Mitarbeiter verschiedener Kulturen verständlich sein muss. Darics (2020) beschreibt, dass auch mittels textbasierter Kommunikation Informalität und Kollegialität gefördert und das Gefühl einer realen Zusammenarbeit erreicht werden kann. Ziek und Smulowitz (2014) beschäftigen sich mit den Kompetenzen, die das Entstehen von Führung im virtuellen Kontext befördern und konnten dabei die Bedeutung der Kompetenzen „Fragen stellen", „kognitive und kreative Fähigkeiten" und „Visionen setzen" herausarbeiten. Da sich Mitarbeiter auch im virtuellen Kontext an ihrer Führungskraft orientieren, sollte diese als Rollenmodell fungieren (Roy, 2012). Bell und Kozlowski (2002) sowie Hoch und Kozlowski (2014) thematisieren die Bedeutung des strukturellen Supports unter virtuellen Bedingungen. Damit beschreiben sie die Etablierung von Strukturen und Routinen, den Einsatz von IuK sowie faire Vergütung, Faktoren, die unter virtuellen Bedingungen als Ersatz oder Unterstützung der Führung dienen können.

Einen strukturierten Blick auf die Umsetzung virtueller bzw. digitaler Führung bieten konzeptionelle Beiträge wie der von Boos et al. (2017). Die Autoren unterscheiden hier zwischen den Kompetenzbereichen De-Lokalisierung, Diversität, medienvermittelte Kommunikation und Netzwerkorganisation. Weniger spezifisch ist die oft gebrauchte Unterscheidung zwischen digitalem Mind- und Skillset von Führungskräften (u. a. Hensellek, 2019) oder auch der Terminus „Digital Literacy" (Malczok & Kirchhoff 2019). Dorozalla und Klus (2019, vgl. hierzu auch Torre & Sarti, 2020; Radman, 2020) beschreiben demgegenüber vier Dimensionen digitaler Führung, zu denen sie Skills, Styles, Areas for Action und Tools zählen. Bei den Skills geht es um die Kombination sozialer und technischer Fähigkeiten der Führungskräfte. Hinsichtlich der Führungsstile wird die Neuinterpretation bestehender Ansätze insbesondere zur differenzierten Anwendung transformationaler und partizipativer Führung betont. Im Bereich der Maßnahmen („Areas for Action") werden Lernen und Weiterentwicklung thematisiert (vgl. hierzu auch von Hahn, 2018). Den größten Gestaltungsbedarf leiten Dorozolla und Klus aus neuen Produkten und Apps ab, denen sie aufgrund ihrer Anwendbarkeit ein großes Potenzial für die Weiterentwicklung des Führungsverhaltens und eine Rückkopplung mit den anderen Dimensionen zuschreiben.

Aus den vorliegenden Hinweisen lassen sich unter Berücksichtigung der empirischen Kenntnisse (vgl. Abschn. 1.3) fünf Bereiche von Anforderungen an Führungskräfte im virtuellen Kontext ableiten. Zu diesen Bereichen zählen Kommunikation, Vertrauen, Beziehungsaufbau und -pflege, Distanzführung sowie Lernen und Entwicklung. In Tab. 13.2 finden sich Erkenntnisse zu diesen Anforderungen mit Angaben zu den jeweiligen Autoren.

Wichtig bei der Umsetzung virtueller Führung ist, dass nicht nur die formalen, sondern auch die informalen Beziehungen zwischen Führungskraft und Mitarbeitern beachtet werden. Empfehlungen richten sich deshalb auf die Stärkung dieser informalen Beziehungen durch Maßnahmen wie virtuelle persönliche Events (Geburtstage), gemeinsame virtuelle Pausen bzw. „Coffee Breaks" und schließen auch sogenannte „Care Calls" durch die Führungskräfte ein (vgl. Lepsinger & DeRosa, 2015). Hier lassen sich auch Hinweise von Weibler (2021) einordnen, nach denen der Führende in allen Formaten zwischen leiblicher Präsenz und Virtualität dennoch die Pflicht hat, eine gelingende Führung anzustreben. Zu diesem Zweck empfiehlt er, einen lernorientierten Dialog anzustreben.

**Tab. 13.2**   Ausgewählte Anforderungen an Führungskräfte im virtuellen Kontext (Eigene Zusammenstellung in Anlehnung an die genannten Quellen)

| Anforderungen | Beispiele | Vertreter |
|---|---|---|
| Kommunikation bzw. kommunikative Fähigkeiten | Zuhören, Sondieren, Beratungen führen sowie Fragen stellen | Dennis et al., 2013, Ziek & Smulowitz, 2014 |
| | Regelmäßig, schnell und klar, deutlich sowie kultursensibel kommunizieren | Morgan et al., 2014, Roy, 2012 |
| | Anreicherung der Kommunikation durch zielgerichtete Nutzung verschiedener Medien in Abhängigkeit vom Inhalt bzw. der Aufgabe | Cordery et al., 2009, Sudweeks & Simoff, 2005 |
| | Medienkompetenz und Fähigkeit zum konstruktiven Feedback, Kommunikation einer klaren Vision | Torre & Sarti, 2020, Remdisch & Utsch, 2006, DeRosa & Lepsinger, 2010 |
| | Einsatz der IuK bzw. der sozialen Medien entsprechend der Situation | Darics, 2020 |
| Vertrauen | Förderung von Bindung und Commitment | Dennis et al., 2013 |
| | Aufbau von Vertrauen durch klare Erwartungen, Bedingungen für die Entwicklung von Vertrauen | Marlow et al., 2017, Breuer et al., 2020 |
| | Aufbau und Unterstützung des Vertrauens durch neue Medien, Sicherstellung, dass Diversität angenommen wird | Malhotra et al., 2007, Lilian, 2014, Boos et al., 2017, Breuer et al., 2017 |
| | Als positives Rollenmodell fungieren | Roy, 2012 |
| | Fairnessbewusstsein, hohe Integrität und Vertrauensbereitschaft | Remdisch & Utsch, 2006 |
| Umgang mit Beziehungen | Gezielter Aufbau und Erhalt der Beziehungen (auch durch geeignete IuK/soziale Medien) sowie Möglichkeiten zur „virtuellen" Sozialisation | Cordery et al., 2009, Dubé & Robey, 2009, Paul et al., 2016 |
| | Erkennen der besonderen Bedürfnisse der Mitarbeiter, die auf die Distanz zurückzuführen sind, sowie partizipative Orientierung | Remdisch & Utsch, 2006, Malczok & Kirchhoff, 2019 |
| | Schaffung einer Atmosphäre der Zusammenarbeit und des Empowerments, Aufbau und Stärkung der informalen Beziehungen („Care Calls"), Förderung von Informalität und Kollegialität | DeRosa & Lepsinger, 2010, 2015, Darics, 2020 |
| | Unterstützung/Prozessbegleitung und Teamentwicklung | Huang et al., 2010 |
| Distanzführung | Arbeitsfortschritte erkennen, Zielerreichung kontrollieren auch durch entsprechende Hilfsmittel (heute auch Apps) und Abstimmungen, Work-Life-Balance sichern, Umgang mit Komplexität | Dennis et al., 2013, Paul et al., 2016 |

(Fortsetzung)

**Tab. 13.2**   (Fortsetzung)

| Anforderungen | Beispiele | Vertreter |
|---|---|---|
| | Gefühl der Anwesenheit erzeugen | Hoegl & Muethel, 2016 |
| | Bewusste Berücksichtigung der bestehenden Distanz bzw. der Implikationen der Delokalisierung | Boos et al., 2017, Lilian, 2014 |
| | Steuerung virtueller Work-Life-Zyklen, Teamfortschritte (mit Medien beobachten), Ausbau der Sichtbarkeit der Teammitglieder | Malhotra et al., 2007 |
| | Niedriges Kontrollbedürfnis und realistische Zielsetzung | Remdisch & Utsch, 2006 |
| | Strukturelle Unterstützung (Etablierung von Routinen und Kommunikationssystemen) | Bell & Kozlowski, 2002, Hoch & Kozlowski, 2014 |
| Lernen und Entwicklung | Lernorientierter Dialog zwischen Führungskraft und Mitarbeitern | Weibler, 2021 |
| | Lernen und Weiterentwicklung als eine „Area for Action" | Dorozalla & Klus, 2019 |

Die besonderen Anforderungen an Führungskräfte im virtuellen Kontext sind der Grund dafür, deren Auswahl und Entwicklung an die virtuellen Gegebenheiten anzupassen (vgl. Rawitzer & Hefti, 2020). Dadurch sollen Führungskräfte befähigt werden, Engagement und Bindung der Mitarbeiter positiv beeinflussen zu können (Andressen et al., 2012). Ausgangspunkt sind häufig Modelle mit konkreten Anforderungen an Führungskräfte, die mit sozialen Medien führen. Deiser und Newton (2013) differenzieren hier zwischen den Fähigkeiten als Produzenten, Verteiler, Rezipienten, Betreuer/Inszenierer, Architekten und Analysten. Weitere Hinweise lassen sich auch dem KSAO-Ansatz (Krumm & Hertel, 2013; Schulze & Krumm, 2017) entnehmen. Hier werden Wissen, Fähigkeiten, Fertigkeiten und andere Charakteristika (Knowledge, Skills, Abilities, other characteristics) herangezogen, um insbesondere die Anforderungen an die Medienkompetenz bzw. die Voraussetzungen für Arbeit und Führung im virtuellen Kontext zu beschreiben. Hinzu kommen Aussagen zu sechs sogenannten E-Kompetenzen (Van Wart et al., 2019, S. 92) und zahlreiche Analysen zu den Digital Skills von Führungskräften (u. a. Van Laar et al., 2017).

Klus und Müller (2021) heben hervor, dass bei der Auswahl und Einstellung neuer Führungskräfte besonders darauf zu achten ist, dass diese über hohe (Selbst-)Organisations- und IT-Kenntnisse sowie ausgeprägte Fähigkeiten, andere zu motivieren und unternehmerisch zu handeln verfügen sollten (vgl. auch Burkus, 2021). Die Anforderungen im Zusammenhang mit Organisations- und IT-Kenntnissen sowie den erforderlichen kommunikativen Fähigkeiten von Führungskräften lassen sich mit dem Begriff Medienkompetenz abbilden. Damit ist vor allem die Fähigkeit gemeint, Medien konsequent in Abhängigkeit von der jeweiligen Situation einzusetzen (Daft & Lengel, 1986 bzw. ausführlicher bei Hertel & Orlikowski, 2012, S. 333). Dies bedeutet: Je komplexer die zu bearbeitende Thematik, je unklarer die Situation ist, je verschiedener die Ansichten der Beteiligten sind, desto reichhaltiger sollte das zu verwendende Medium sein. Auch der Symbolgehalt eingesetzter Medien sollte keinesfalls unterschätzt werden. So soll Lob vorzugsweise nicht per Mail, sondern mittels reichhaltigerer Medien erfolgen (ebd., S. 333). Weiterhin gilt es, Medien entsprechend der Synchronizität, d. h. in Abhängigkeit davon, wieviel Personen zur gleichen Zeit an der gleichen Aufgabe arbeiten, einzusetzen (Dennis et al., 2008). Hinzu kommt Vertrauensfähigkeit im virtuellen Kontext. Die hier genannten Kompetenzen gilt es mit entsprechenden diagnostischen Verfahren der Personalauswahl zu identifizieren (vgl. Wald, 2018).

Zur Entwicklung von Führungskräften gibt es konkrete Vorschläge in den Bereichen Kommunikation, Einsatz von Medien mit Schwerpunkten v. a. hinsichtlich des Aufbaus und des Erhalts von Vertrauen durch konkrete Handlungen. Dennis et al. (2013) empfehlen dazu folgende Maßnahmen für Führungstrainings: Training für Kommunikation und Teamaufbau sowie zur Definition von Grundregeln, um Vertrauen aufzubauen und zu erhalten. Da sich Vertrauen mittels gezielter Kommunikation aufbauen lässt, sollte nicht nur über die Aufgaben, sondern insbesondere zum Start der Zusammenarbeit auch über soziale Aspekte der Zusammenarbeit kommuniziert werden. Hinzu kommt die ständige Beachtung der Entwicklung der Beziehungen (Zigurs, 2003), ein systematischer Beziehungsaufbau (relationship building) bzw. auch ein ggf. notwendiges Training zum Umgang mit Beziehungen (Gajendran & Joshi, 2012). Führungskräfte sollten befähigt werden zu allen Mitarbeitern eine gute Beziehung etablieren, den Kontakt zu halten und über Erfolge zu sprechen. Hierzu gehört es, sich nicht nur über Inhalte auszutauschen, sondern ebenfalls über die Beziehung und über Gefühle zu sprechen. Da es unter virtuellen Bedingungen auch zur geteilten Führung kommt, empfehlen Hoch und Dulebohn (2017), diese Führung durch Trainingsmaßnahmen zu fördern. Weitere konkrete Hinweise beziehen sich auf wichtige Fähigkeiten und Vorgehensweisen bei der täglichen Arbeit unter virtuellen Bedingungen. Hier sind die kurzen und prägnanten Vorschläge von Hunsaker/Hunsaker (2008, dazu auch Hoch & Dulebohn, 2017) zu erwähnen, wie das Vertrauen unter digitalen Bedingungen verstärkt werden kann: Schaffung von Face-Time, Setzen von Zielen und Definieren von Erwartungen (auch Marlow et al., 2017), ständiges Feedback-Geben, das Verdeutlichen der Kompetenzen der einzelnen Teammitglieder und das Forcieren des gegenseitigen kulturellen Verständnisses bei internationaler Zusammenarbeit. Die Führungskraft muss lernen, unter virtuellen Bedingungen „Nicht-Gesagtes" zu erkennen bzw. Intimität herzustellen. Hohe Anforderungen sind an die Medienkompetenz hinsichtlich der Frequenz und Regelmäßigkeit der Kommunikation zu stellen. Es ist eine offene Kommunikation, insbesondere bei Konflikten, und der Verzicht auf das Zurückhalten von Informationen anzustreben. Balthazard et al. (2009) und Huffaker (2010) heben die grundlegende Bedeutung bzw. die Notwendigkeit zur Stärkung der schriftlichen Kommunikationsfähigkeit der Führungskräfte hervor.

Andere Empfehlungen zur Umsetzung virtueller Führung beziehen sich auf ein, den vorhandenen Distanzen angepasstes, Verhalten der Führungskräfte und die Gestaltung von adäquaten Führungssystemen. Damit sind Maßnahmen zur strukturellen Unterstützung (Hoch & Kozlowski, 2014) sowie zur Verbesserung des Informationsflusses, die Einführung einer formalen Kommunikationsstruktur (Hunsaker & Hunsaker, 2008) bzw. von Kommunikationsstandards (Zigurs 2003) aber auch die gezielte Nutzung der vorhandenen technischen Möglichkeiten (Hacker et al., 2019) gemeint. Hertel et al. (2004) beschreiben die positiven Wirkungen von klaren Zielen aber auch von entsprechenden Führungssystemen, z. B. wirken sich gruppenbasierte Leistungsprämien positiv auf die Effektivität unter virtuellen Bedingungen aus. Dies dürfte in erster Linie bei größeren Distanzen zwischen Führungskräften und Mitarbeitern hilfreich sein. Demgegenüber braucht es bei kleineren Distanzen, d. h. Führung mit größeren Präsenzanteilen, eine hohe Beziehungsorientierung, um transformational führen zu können. Empfehlungen zur systematischen Einführung von virtueller Führung in Unternehmen liefert auch Müller (2008, S. 264 ff.). Er nennt hier die Elemente strategische und umfassende Planung und Kommunikation, Einsatz von E-Leadership als Kommunikationsmedium, Unterstützung von E-Leadership durch Personal- und Entwicklungsmaßnahmen (auch Zigurs, 2003 sowie Hoch & Dulebohn, 2017), Optimierung der technischen Möglichkeiten, um den Umgang mit Informationen zu erleichtern sowie die Berücksichtigung rechtlicher Implikationen.

In den letzten Jahren haben sich die technischen Voraussetzungen zur virtuellen Führung deutlich verbessert. So können größere Informationsmengen, die auch zunehmend mobil zur Verfügung stehen, verarbeitet werden. Führungskräfte und Mitarbeiter nutzen neue Möglichkeiten zur Kommunikation bzw. zur Vernetzung, ob beruflich oder privat, ob mit Geräten des Unternehmens oder mit eigenen Kommunikationsmitteln (Zafar, 2017). Videokonferenzen mit ihren Implikationen für die Führung werden intensiver genutzt und hinsichtlich ihrer Wirkungen diskutiert (Larsen, 2015). Darüber hinaus sind eine Reihe von Werkzeugen mit Bezug zur Führung, wie zum Teilen umfangreicher Daten („Social Tagging"), zur individuellen Recherche, zur schnellen Kommunikation (Microblogging z. B. mit Twitter), zum Beziehungsaufbau bzw. zur Vernetzung (Schönfelder, 2019) und zum Umgang mit Ideen und Wissen („Crowdsourcing") aber auch zur Analyse von Führung (Ghaffar et al., 2018) und Kommunikation („Social Listening/Monitoring bzw. Sentiment-Analysen") eingeführt worden. In vielen Unternehmen ist ein Trend zur Nutzung immer komplexerer Kollaborationswerkzeuge bzw. von Enterprise Social Networks (Meske et al., 2019; Petry, 2019) zu erkennen. Dazu gehören auch die vielfältigen Möglichkeiten zur asynchronen Kommunikation. Außerdem stehen Instrumente für die Bewertung interner Prozesse sowie des Verhaltens der Führungskräfte und anderer Mitarbeiter zur Verfügung. Dies kann den Druck zur Nutzung dieser Möglichkeiten aber auch zur Realisierung einer größeren Teilhabe der Mitarbeiter (Gajendran & Joshi, 2012; Malczok & Kirchhoff, 2019; Silverman et al., 2013) und zur Etablierung adäquater neuer Führungsformen erhöhen (vgl. zum Empowerment auch Kirkman et al., 2004; Dinh et al., 2014; Kahai, 2020; Kahai et al., 2017). Aufgrund zunehmend erkennbarer Risiken durch hohen Alltagsstress, erhöhtes Arbeitstempo und Arbeiten an der Belastungsgrenze sowie mögliche Vertrauens- und Motivationsverluste durch fehlende persönliche Kontakte rücken in den letzten Jahren zunehmend auch gesundheitliche Fragen virtueller Führung in den Mittelpunkt der Diskussion (Efimov et al., 2020; Staar et al., 2019).

Insbesondere aus den Hinweisen zur Integration physischer Präsenz (Van Wart et al., 2019) in die virtuelle Führung lassen sich aktuelle Entwicklungen in Richtung hybrider Lösungen ablesen (vgl. Rawitzer & Hefti, 2020). Hinzu kommen aktuelle Überlegungen, die darauf hindeuten, dass technische Lösungen eine weit aktivere Rolle als bisher im virtuellen Kontext spielen können (vgl. „Technology as Teammate" Larson & DeChurch, 2020). Insgesamt scheint es jedoch nach wie vor der Fall zu sein, dass die technischen Möglichkeiten den verfügbaren Konzepten für die systematische Einführung virtueller Führung bzw. für die Entwicklung und Auswahl von geeigneten Führungskräften davoneilen. Hier besteht Nachholbedarf, um auf der Basis entsprechender Erkenntnisse systematischer als bisher vorgehen zu können.

## 13.5    Kritische Würdigung und Perspektiven

Bei der virtuellen Führung handelt es sich um einen neuen Führungsansatz, mit dem der besondere Charakter der Führung im virtuellen Kontext erklärt werden soll. Die bislang erkennbaren Entwicklungen lassen sich mit den vorliegenden empirischen Erkenntnissen und den vorhandenen Modellen weitgehend erklären, weisen aber gleichermaßen auch auf eine Reihe von Defiziten sowohl bei der Analyse als auch der konkreten Umsetzung und Gestaltung hin. Zum großen Teil hat sich dies auch in den Jahren 2020 und 2021 beim Umgang mit den Herausforderungen der Pandemie gezeigt (Rawitzer & Hefti, 2020). Viele der vorliegenden Erfahrungen können darauf zurückgeführt werden, dass virtuelle Führung zahlreiche Widersprüche mit sich bringt:

1. Einerseits nimmt die Distanz zwischen Führungskräften und Geführten zu. Andererseits kann diese Distanz, v. a. durch die Kommunikation mit modernen Medien sowie durch gezielten Aufbau und Erhalt von Vertrauen erfolgreich überbrückt werden.
2. Einerseits wird es komplizierter, eine anhaltende Beziehung zwischen Mitarbeitern und Führungskräften aufzubauen, andererseits kommt es durch den zunehmenden Einsatz von verschiedenen Medien durch die Führungskräfte und Mitarbeiter zu einem breiteren und geänderten Kontakt und es entsteht möglicherweise eine neue Beziehung zwischen den Akteuren.
3. Einerseits nehmen die Möglichkeiten zur direkten persönlichen Einflussnahme und Kontrolle durch die Führungskräfte ab, andererseits ist häufig nicht deutlich genug erkennbar, worin die neuen Aufgaben der Führungskräfte und Mitarbeiter bestehen
4. Einerseits erhalten Mitarbeiter bzw. die Teams durch den Zugriff auf Informationen weitergehende Kontroll- und Einflussmöglichkeiten als bisher bzw. auch neue Möglichkeiten zur eigenständigen Führung, andererseits gibt es hier zwar Ideen für die Umsetzung, aber nur wenige, klar erkennbare organisatorische Lösungen.

5. Einerseits sollen die Mitarbeiter aufgrund der erhofften positiven Wirkungen transformational geführt werden, andererseits ist mit konkreten Zielen (eher) transaktional zu verfahren, damit die Mitarbeiter mit zunehmender räumlicher Distanz die Zielrealisierung selbst steuern können.

6. Einerseits scheinen virtuelle Bedingungen vor allem technisch geprägt und damit planbar zu sein, andererseits kann es bei der Umsetzung virtueller Führung zu unerwarteten positiven wie negativen Entwicklungen kommen (Emergenzen bei der Führung, Gefühl der Isolation bei Mitarbeitern).

Vom konkreten Umgang mit diesen Widersprüchen hängt letztlich die erfolgreiche Umsetzung der virtuellen Führung ab. Fatal wäre es, von einem Verschwinden oder einem sinkenden Bedarf an Führung auszugehen. Im virtuellen Kontext verschieben sich jedoch die Schwerpunkte der Führung nachhaltig. Es geht hier sowohl um Beziehungsaufbau und -erhalt als auch den gezielten Umgang mit den verfügbaren Medien. Empirisch sollten weitere Erkenntnisse zur Vertrauensentwicklung, zur Gestaltung der Kommunikation und dem Umgang mit Beziehungen im Rahmen beruflicher und ggf. auch privater Netzwerke im Vordergrund stehen. Der hier vorhandene Erkenntnisbedarf hat sich in den Jahren 2020 und 2021 in besonderer Weise gezeigt. Es empfiehlt sich in weit stärkerem Maße als bisher, begleitende Studien bei Führungskräften und Geführten, die vollständig oder zumindest teilweise unter virtuellen Bedingungen tätig sind, durchzuführen, um Erfahrungen mit der virtuellen Führung systematisch zu erfassen und zu verarbeiten. Hierbei dürfte es zunehmend um die systematische Betrachtung der neu gestalteten Beziehungen und zukünftig auch um Erkenntnisse zur stärkeren Teilhabe der Mitarbeiter an Entscheidungen im Unternehmen gehen. Vorteile ergeben sich aus der Einbeziehung weiterer Disziplinen neben der Arbeits- und Organisationspsychologie. Zu denken ist hier auch an die Soziologie und die Arbeitswissenschaft.

Hinzu kommt die Notwendigkeit zur weiteren empirischen Absicherung bereits vorhandener und neu gewonnener Erkenntnisse. Hertel et al. (2006) und Krumm und Hertel (2013) nennen hier die Voraussetzungen und Kompetenzen der Führungskräfte, die sie in erster Linie als bloße Auflistungen interpretieren. Hinweise für weitere Analysen liefern Gilson et al. (2015) mit verschiedenen Möglichkeiten für die künftige Forschung. Sie erwähnen hier u. a. Studiensettings, die konkreten Wirkungen neu aufkommender Technologien, Fragen der Anpassung von Teams sowie Fragen der Kreativität und des Wohlbefindens von Mitarbeitern.

Aus Sicht der Unternehmen empfiehlt es sich, dass bereits vorliegende Erkenntnisse effektiver in die Praxis transferiert und aus den bislang gesammelten Erfahrungen intensiver gelernt wird, damit Führungskräfte und Mitarbeiter besser mit virtuellen Situationen umgehen können. Dies betrifft vor allem Defizite in den Bereichen Kommunikation und Vertrauen. Den Unternehmen ist auch zu raten, Führungskräfte hinsichtlich der Eignung für den virtuellen Kontext auszuwählen bzw. entsprechende Personalentwicklungsangebote („Beziehungstraining", Vermittlung von Medienkompetenz) zu erarbeiten. Auch unter der Berücksichtigung des künftig zunehmenden Wechsels zwischen der Arbeit unter klassischen und virtuellen Bedingungen („hybride Lösungen") dürfte es von großem Vorteil sein, wenn zeitliche und organisatorische Ressourcen der Unternehmen besser an die Erfordernisse virtueller Führung ausgerichtet werden.

Bislang basiert die Interpretation des Phänomens virtuelle Führung größtenteils auf der Übertragung v. a. funktionalistischer Führungstheorien. Es zeigt sich deutlich, dass vor allem aufgrund der Bedeutung der Kommunikation mit neuen Medien und der neuen Beziehung zwischen Führungskraft und Geführten auch andere Interpretationsmuster stärker berücksichtigt werden sollten. Hierzu gehört es, verschiedene Forschungsansätze zusammenzuführen. Die Perspektive sollte letztlich in der detaillierten Definition einer eigenständigen virtuellen Führung liegen, deren Basis über bisherige funktionalistische Führungstheorien hinausgeht.

## 13.6   Epilog

Die COVID-19-Pandemie in den Jahren 2020 und 2021 verschaffte auch dem Thema virtuelle Führung eine unerwartete und derzeit anhaltende Konjunktur. Virtuelle Führung hat vielerorts ihren Besonderheitscharakter verloren. Nach Ribbat et al. (2021) rückten derzeit zunehmend die „Tätigkeitsbedingungen derjenigen in den Blick …, die Führungs- und Managementtätigkeiten ausführen". Hofmann et al. (2020, S. 12) haben die geänderten Anforderungen als „Bootcamp" für die Führungskräfte beschrieben. In vielen Unternehmen wurde deutlich, wie wichtig bei Homeoffice und mobiler Arbeit Erkenntnisse zur virtuellen Führung und deren praktische Umsetzung sind. Es ist deutlich geworden, dass hier auf eine neue Weise kommuniziert und geführt werden muss und dass dabei die neuen Kommunikationswerkzeuge kompetent angewendet werden müssen. Wurde in ersten Studien 2020 noch auf die Vorbehalte der Führungskräfte hingewiesen, stehen in aktuellen Studien die geänderten Anforderungen vor allem an die Vertrauensbereitschaft und -fähigkeit sowie die Kommunikation der Führungskräfte im Mittelpunkt (Hofmann et al., 2021). Auf diese und andere Aspekte virtueller Führung, wie z. B. den Vertrauensaufbau sowie Fragen der Leistungsbewertung und der besonderen Lernmöglichkeiten unter virtuellen Bedingungen, wird auch in einem umfassenden Statement führender Psychologen der USA (Kniffin et al., 2020) hingewiesen.

Spezifische Herausforderungen scheinen die sogenannten hybriden Lösungen mit sich zu bringen (Citrin & DeRosa, 2021), bei denen die Mitarbeiter abwechselnd Tage zu Hause und Tage im Büro verbringen (Mitchell & Brewer, 2021). Dies scheint die derzeit präferierte Lösung zu sein (Hofmann et al., 2021). Aus Sicht der virtuellen Führung ist es wichtig, dass sich Führungskräfte mit den besonderen Herausforderungen dieser Hybridlösungen, d. h. dem Wechsel zwischen virtueller und direkter Führung auseinandersetzen, weil dies besondere Anforderungen beim Beziehungsaufbau und der -pflege aber auch bei der Einbeziehung und der Fairness gegenüber den Mitarbeitern mit sich bringen dürften.

Newman und Ford (2021) fassen die derzeit vorliegenden Erkenntnisse in 5 Schritten zur geänderten Führung von Teams unter COVID-19 Bedingungen zusammen. Diese Schritte reichen von Erklärungen bzw. der Akzeptanz der neuen Realität über das Etablieren und Pflegen einer Kultur des Vertrauens, die Verbesserung der Kommunikation auch durch die von Führungskräften genutzten Kommunikationswerkzeuge für die bessere Information der Mitarbeiter, die Förderung der gemeinsamen Führung der Teammitglieder bis hin zur regelmäßigen Durchführung sogenannter „Alignment Audits", um die kulturellen Werte des Unternehmens auch virtuell erfolgreich zu vermitteln.

Es ist deutlich, dass virtuelle Führung aufgrund der sich weiterhin rasant ändernden technischen und organisatorischen Möglichkeiten und der Änderungen bei den Erwartungen der Akteure vielfältige Ansatzpunkte für weitere Überlegungen und neue Erkenntnisse liefern wird.

**Fall Mittermayer aus der Sicht der virtuellen Führung**

Wenn auch nicht auf den ersten Blick, so lassen sich im Text doch ausgewählte Aspekte virtueller Führung erkennen. Herr Mittermayer schenkt seinen Mitarbeitern und Führungskräften Vertrauen, er beschreibt sich als menschenorientiert und glaubt „an die Fähigkeit des Menschen, sich zu entwickeln". Er agiert als „Coach" bzw. Berater seiner Führungskräfte und Mitarbeiter. „Ich bin also Berater der Führungskräfte und Mitarbeiter. Und nicht derjenige, der sagt, wie man Sachen machen soll. Ich berate lieber, in welche Richtung es gehen soll und versuche andere dahin zu steuern, wohin ich ihn haben will. Das kann ich. Das habe ich als Berater gelernt. Zu steuern." Dieses „Steuern aus der Distanz" bzw. die Übernahme von Führungsaufgaben durch die Mitarbeiter statt unmittelbarer personaler Führung in Ko-Präsenz adressiert ein wichtiges Merkmal virtueller Führung, nur dass hier (höchstwahrscheinlich) ohne zielgerichteten Einsatz von IuK bzw. von sozialen Medien geführt wird.

An seinem Bericht lässt sich auch erkennen, dass er es gelernt hat, Distanzen zu überwinden, neben räumlichen (Niederlassungen „in Rumänien und in Bulgarien"), auch soziale und kulturelle Distanzen. Dies ist an den Aussagen zur „Mitarbeiteroptimierung" und zu den sozialen Zielen ablesbar. Der erfolgreiche Umgang mit Distanz ist ein wichtiges Merkmal virtueller Führung. Letztlich ist auch erkennbar, dass Herr Mittermayer mittels gezielter beziehungsorientierter Kommunikation die Beziehung zu den Mitarbeitern und Führungskräften zu beeinflussen sucht (Benutzung des „Du"; Unterstützung bei familiären Problemen). „Ich brauche nicht zu zeigen, dass ich Chef bin."

Für die Vermittlung seiner Ideale dürfte Herr Mittermayer auch über die entsprechenden kommunikativen Fähigkeiten verfügen, Fähigkeiten zu regelmäßiger strukturierter Kommunikation und entsprechende Führungssysteme (u. a. „hartes ökonomisches Kontrollsystem") sind auch essentiell für den Erfolg der Führung im virtuellen Kontext. ◄

**Zum Nachlesen**

Einige Ausführungen und aktuelle Überlegungen zur virtuellen Führung finden Sie in folgenden Werken:

- Das „The Wiley Blackwell handbook of the psychology of the internet at work – Blackwell" (Hrsg. G. Hertel, D. L. Stone, R. D. Johnson, & J. Passmore) bietet informative und breite Einblicke in die gegenwärtigen Erkenntnisse zur virtuellen Führung und den angrenzenden Gebieten.
- Jürgen Weibler (Personalführung 2016) gibt einen guten Überblick zu Digital Leadership (S. 547–565) und zu Distance Leadership (S. 541–547).
- In „Digital Leadership" von Petry (2019) finden sich eine Reihe von Erfahrungen und Hinweisen zum Umgang mit virtueller Führung vor allem aus Anwendungssicht.
- James M. Citrins und Darleen DeRosas (2021) Buch „Leading at a Distance" enthält zahlreiche aktuelle und praxisorientierte Empfehlungen zur erfolgreichen Führung im virtuellen Kontext.

**Internetquellen:**

- https://julianstodd.wordpress.com
- In Julian Stodds Learning Blog finden sich Überlegungen zum Thema Social Leadership und angrenzenden Themen.
- https://harald-schirmer.de
- Der Blog von Harald Schirmer zeichnet sich durch vielfältige, vor allem praxisorientierte, Anregungen zum Umgang mit virtueller Führung aus.
- https://leadershipgarage.de
- Im Blog der Leadership-Garage (Universität Lüneburg) gibt es Informationen und Ideen zum Thema „Distanzführung"
- https://leipzig-hrm-blog.blogspot.com
- Zu den Schwerpunkten des Leipziger HRM-Blogs gehört auch das Thema virtuelle Führung.
- https://blog.iao.fraunhofer.de
- Der Blog des Fraunhofer-Instituts für Arbeitswirtschaft und Organisation bietet auch Informationen und Forschungsergebnisse zum Themenbereich „Virtuelle/digitale Führung"

**Aktuelle Diskussionen auf Twitter und auf LinkedIn:**
**Hashtags #virtualleadership #digitalleadership #remoteleadership**

**Fragen und Aufgaben**

1. Erläutern Sie die Besonderheiten virtueller Führung! Welche Rolle spielen klassische (IuK) und soziale Medien bei der Umsetzung virtueller Führung?
2. Was ist unter Distanz bei virtueller Führung zu verstehen? Warum stellt die Distanz die zentrale Herausforderung virtueller Führung dar? Wie kann mit dieser Distanz umgegangen werden?
3. Bitte nennen und beschreiben Sie kurz die verschiedenen Perspektiven virtueller Führung!
4. Was dürfte bei der Auswahl und der Entwicklung von Führungskräften, die virtuell führen sollen, besonders wichtig sein?
5. Wie würden Sie sich persönlich auf die virtuelle Führung vorbereiten?
6. Welche konkreten Erfahrungen haben Sie in den Jahren 2020/2021 unter den Bedingungen der Corona-Pandemie mit der virtuellen Führung gemacht? Was kann daraus gelernt werden?

## Literatur

Albrecht, A. (2017). Leadership 4.0: Virtuelle Organisationsformen. In H. Jung & P. Kraft (Hrsg.), *Digital vernetzt. Transformation der Wertschöpfung* (S. 19–34). Hanser.

Albrecht, A., & Albrecht-Göpfert, E. (2012). Vertrauen, Verantwortung, Motivation und Kommunikation: Was Führung in virtuellen Strukturen von klassischer Teamarbeit unterscheidet. *Personalführung, 45*(6), 44–50.

Alsharo, M., Gregg, D., & Ramirez, R. (2017). Virtual team effectiveness: The role of knowledge sharing and trust. *Information Management, 54*(4), 479–490.

Antonakis, J., & Atwater, L. (2002). Leader distance: A review and a proposed theory. *The Leadership Quarterly, 13*(6), 673–704.

Andressen, P., Konradt, U., & Neck, C. (2012). The relation between self-leadership and transformational leadership. Competing models and the moderating role of virtuality. *Journal of Leadership & Organizational Studies, 19*(1), 68–82.

Appelo, J. (2010). *Management 3.0: Leading agile developers, developing agile leaders*. Addison-Wesley Professional.

Autorenkollektiv. (2013). *Enterprise 2.0. Social Software im Unternehmen*. Leitfaden des Bundesverbandes Digitale Wirtschaft (BVDW) e.V.

Avolio, B. J., Kahai, S., & Dodge, G. E. (2000). E-leadership: Implications for theory, research, and practice. *The Leadership Quarterly, 11*(4), 615–668.

Avolio, B. J., & Kahai, S. S. (2003). Adding the „E" to E-leadership: How it may impact your leadership. *Organizational Dynamics, 31*(4), 325–338.

Avolio, B. J., Sosik, J. J., Kahai, S. S., & Baker, B. (2014). E-leadership: Re-examining transformations in leadership source and transmission. *Leadership Quarterly, 25*(1), 105–131.

Avolio, B. J., Walumba, F. O., & Weber, T. J. (2009). Leadership: Current theories, research, and future directions. *Annual Review of Psychology, 60*(1), 421–449.

Balthazard, P. A., Waldman, D. A., & Atwater, L. E. (2008). Leadership and interaction style in face-to-face and virtual teams. In S. Weisband (Hrsg.), *Leadership at a distance: Research in technologically-supported work* (S. 127–150). Taylor & Francis.

Balthazard, P. A., Waldman, D. A., & Warren, J. E. (2009). Predictors of the emergence of transformational leadership in virtual decision teams. *The Leadership Quarterly, 20*(5), 651–663.

Barley, S. R. (2015). Why the Internet makes buying a car less loathsome: How technologies change role relations. *Academy Management Discovery, 1*(1), 31–60.

Bell, B. S., & Kozlowski, S. W. J. (2002). A typology of virtual teams: Implications for effective leadership. *Group & Organization Management, 27*(1), 14–49.

Bonet, R., & Salvador, F. (2017). When the boss is away: Manager–worker separation and worker performance in a multisite software maintenance organization. *Organization Science, 28*(2), 244–261.

Boos, M., Hardwig, T., & Riethmüller, M. (2017). *Führung und Zusammenarbeit in verteilten Teams*. Hogrefe.

Bos, N., Olson, J., Gergle, D., Olson, G., & Wright, Z. (2002). *Effects of four computer-mediated communications channels on trust development*. Collaboratory for Research on Electronic Work (CREW) School of Information, University of Michigan.

Brett, J. (2018). *Evolving digital leadership. How to be a digital leader in tomorrow's disruptive world*. Apress.

Breuer, C., Hüffmeier, J., & Hertel, G. (2016). Does trust matter more in virtual teams? A meta-analysis of trust and team effectiveness considering virtuality and documentation as moderators. *Journal of Applied Psychology, 101*, 1151–1177.

Breuer, C., Hüffmeier, J., & Hertel, G. (2017). Vertrauen per Mausklick: Wie Vertrauen in virtuellen Teams entstehen kann. *PERSONALquarterly, 2*, 10–16.

Breuer, C., Hüffmeier, J., Hibben, F., & Hertel, G. (2020). Trust in teams: A taxonomy of perceived trustworthiness factors and risk-taking behaviors in face-to-face and virtual teams. *Human Relations, 73*(1), 3–34.

Buhse, W. (2012). Changing the Mindset: Die Bedeutung des Digital Leadership für die Enterprise 2.0-Strategienentwicklung. In G. Lembke & N. Soyez (Hrsg.), *Digitale Medien im Unternehmen: Perspektiven des betrieblichen Einsatzes von neuen Medien* (S. 237–252). Springer-Gabler.

Burkus, D. (2021). *Leading from anywhere*. Houghton Mifflin Harcourt.

Butler, B., Sproull, L., Kiesler, S., & Kraut, R. (2008). Community effort in online-groups: Who does the work and why? In S. Weisband (Hrsg.), *Leadership at a distance: Research in technologically-supported work* (S. 171–194). Taylor & Francis.

Carte, T. A., Chidambaram, L., & Becker, A. (2006). Emergent leadership in self-managed virtual teams. *Group Decision and Negotiation, 15*(4), 323–343.

Cascio, W. F., & Montealegre, R. (2016). How technology is changing work and organizations. *Annual Review of Organizational Psychology and Organizational Behavior, 3*(1), 349–375.

Cascio, W. F., & Shurygailo, S. (2003). E-leadership and virtual teams. *Organizational Dynamics, 31*(4), 362–376.

Caulat, G. (2006). Virtual leadership. *The Ashridge Journal, 3*, 6–11.

Cheng, X., Yin, G., Azadegan, A., & Kolfschoten, G. (2016). Trust evolvement in hybrid team collaboration: A longitudinal case study. *Group Decision Negotiation, 25*(2), 267–288.

Cheol, L., Ready, D., Roman, A., Van Wart, M., Wang, X., Mccarthy, A., & Kim, S. (2018). E-leadership: an empirical study of organizational leaders' virtual communication adoption. *Leadership & Organization Development Journal, 39*(7), 826–843.

Ciesielski, M. A., & Schutz, T. (2016). *Digitale Führung – Wie die neuen Technologien unsere Zusammenarbeit wertvoller machen*. Springer.

Citrin, J. M., & DeRosa. (2021). *Leading at a distance: Practical lessons for virtual success*. John Wiley & Sons.

Cohen, S. G., & Gibson, C. B. (2003). In the beginning: Introduction and framework. In C. B. Gibson & S. G. Cohen (Hrsg.), *Virtual teams that work: Creating conditions for virtual team effectiveness* (S. 1–13). Jossey-Bass.

Cordery, J., Soo, C., Kirkman, B., Rosen, B., & Mathieu, J. (2009). Leading parallel global virtual teams: Lessons from Alcoa. *Organizational Dynamics, 38*(3), 204–216.

Cortellazzo, L., Bruni, E., & Zampieri, R. (2019). The role of leadership in a digitalized world: A review. *Frontiers in Psychology, 10*, 1–21.

Crisp, C. B., & Jarvenpaa, S. L. (2013). Swift trust in global virtual teams trusting beliefs and normative actions. *Journal of Personnel Psychology, 2*(1), 45–56.

Daft, R. L., & Lengel, R. H. (1986). Organizational information requirements, media richness and structural design. *Management Science, 32*(5), 554–571.

Darics, E. (2020). E-leadership or „How to be boss in Instant Messaging?" The role of nonverbal communication. *International Journal Business Communication, 57*(1), 3–29.

Davidow, W. H., & Malone, M. S. (1992). *The virtual corporation: Structuring and revitalizing the corporation for the 21st century.* Harpercollins.

Deiser, R., & Newton, S. (2013). *Six social-media skills every leader needs.* https://www.mckinsey.com/industries/technology-media-and-telecommunications/our-insights/six-social-media-skills-every-leader-needs. Zugegriffen am 19.05.2021.

Den Hartog, D. N., de Hoogh, A. H. B., & Keegan, A. E. (2007). The interactive effects of belongingness and charisma on helping and compliance. *Journal of Applied Psychology, 92*(4), 1131–1139.

Dennis, A. R., Fuller, R. M., & Valacich, J. S. (2008). Media, tasks, and communication processes: A theory of media synchronicity. *MIS Quarterly, 32*(3), 575–600.

Dennis, D. J., Meola, D., & Hall, M. J. (2013). Effective leadership in a virtual workforce. *Training + Development, 67*(2), 46–51.

DeRosa, D., & Lepsinger, R. (2010). *Virtual team success.* Pfeiffer.

Dinh, J. E., Lord, R. G., Gardner, W. L., Meuser, J. D., Liden, R. C., & Hu, J. (2014). Leadership theory and research in the new millennium: Current theoretical trends and changing perspectives. *The Leadership Quarterly, 25*(1), 36–62.

Dorozalla, F., & Klus, M. F. (2019). Digital Leadership – Status quo der digitalen Führung. In M. Groß, M. Müller-Wiegand & D. Pinnow (Hrsg.), *Zukunftsfähige Unternehmensführung* (S. 89–103). Springer Gabler.

Drumm, H. J. (1998). Virtualität in Organisation und Personalmanagement. *Zeitschrift für Führung und Organisation, 67*(4), 196–200.

Dubé, L., & Robey, D. (2009). Surviving the paradoxes of virtual teamwork. *Info Systems Journal, 19*(1), 3–30.

Efimov, I., Harth, V., & Mache, S. (2020). Health-oriented self- and employee leadership in virtual teams: A qualitative study with virtual leaders. *International Journal of Environmental Research and Public Health, 17*(18), 6519.

Eichenberg, T. (2007). *Distance leadership.* Gabler.

Eikenberry, K., & Turmel, W. (2018). *The long-distance leader: Rules for remarkable remote leadership.* Berrett-Koehler.

Eisenberg, J., Post, C., & DiTomaso, N. (2019). Team dispersion and performance: The role of team communication and transformational leadership. *Small Group Research, 50*(3), 348–380.

Fischer, O., & Manstead, A. S. R. (2004). Computer-mediated leadership: Deficits, hypercharisma, and the hidden power of social identity. *Zeitschrift für Personalforschung, 18*(3), 306–328.

Ford, R. C., Piccolo, R. F., & Ford, L. R. (2017). Strategies for building effective virtual teams. Trust is key. *Business Horizons, 60*(1), 25–34.

Gajendran, R. S., & Joshi, A. (2012). Innovation in globally distributed teams: The role of LMX, communication frequency, and member influence on team decisions. *Journal of Applied Psychology, 97*(6), 1252–1261.

Gall, B., Creusen, U., & Hackl, O. (2017). *Digital Leadership: Führung in Zeiten des digitalen Wandels. Deutschland.* Springer.

Gallenkamp, J., Picot, A., Welpe, I., & Drescher, M. (2010). Die Dynamik von Führung, Vertrauen und Konflikt in virtuellen Teams. *Gruppendynamik und Organisationsberatung, 41*(4), 289–303.

Ghaffar, F., Peirce, N., & Serlie, A. (2018). Assessing leadership competencies through social network analysis. In V. Pammer-Schindler, M. Pérez-Sanagustín, H. Drachsler, R. Elferink & M. Scheffel (Hrsg.), *Lifelong technology-enhanced learning* (EC-TEL 2018. Lecture notes in computer science, Bd. 11082). Springer.

Gibbs, J. L., Sivunen, A., & Boyraz, M. (2017). Investigating the impacts of team type and design on virtual team processes. *Human Resource Management Review, 27*(4), 590–603.

Giddens, A. (1990). *The consequences of modernity.* Stanford University Press.

Gilson, L. L., Maynard, M. T., Jones Young, N. C., Vartiainen, M., & Hakonen, M. (2015). Virtual teams research: 10 years, 10 themes, and 10 opportunities. *Journal of Management, 41*(5), 1313–1337.

Golden, T. D., & Veiga, J. F. (2008). The impact of superior–subordinate relationships on the commitment, job satisfaction, and performance of virtual workers. *The Leadership Quarterly, 19*(1), 77–88.

Greiner, R., & Metes, G. (1995). *Going virtual: Moving your organization into the 21st century.* Prentice Hall.

Gressick, J., & Derry, S. J. (2010). Distributed leadership in online groups. *International Journal of Computer-Supported Collaborative Learning, 5*(2), 211–236.

Hacker, J. V., Johnson, M., Saunders, C., & Thayer, A. L. (2019). Trust in virtual teams: A multidisciplinary review and integration. *Australasian Journal of Information Systems, 23.* https://doi.org/10.3127/ajis.v23i0.1757.

von Hahn, N. (2018). Die digitale Zukunft wird nicht von alleine gut – Der essenziell menschliche Faktor der Digitalisierung und Führung in digitaler Transformation. In M. Ciesielski & T. Schutz (Hrsg.), *Digitale Führungskräfteentwicklung* (S. 165–178). Springer Gabler.

Haines, R., Scamell, R. W., & Shah, J. R. (2018). The impact of technology availability and structural guidance on group development in workgroups using computer-mediated communication. *Information Systems Management, 35*(4), 348–368.

Hambley, L., O'Neil, T., & Kline, T. (2007). Virtual team leadership: The effects of leadership style and communication medium on team interaction styles and outcomes. *Organizational Behavior and Human Decision Processes, 103*(1), 1–20.

Hamilton, R. (2015). Managing yourself bridging psychological distance. *Harvard Business Review, 3*(93), 116–119.

Handy, C. (1995). Trust and the virtual organization. *Harvard Business Review, 63*(3), 40–50.

Hauptmann, S., Lang, R., & Steger, T. (2012). Individuen und Kollektive in Organisationen in Zeiten des Web 2.0. In S. Armutat & A. Seisreiner (Hrsg.), *Differentielles Management. Individualisierung und Organisation in systemischer Kongruenz* (S. 15–34). Wiesbaden.

Hensellek, S. (2019). Digital Leadership – Ein Rahmenwerk zur erfolgreichen Führung im digitalen Zeitalter. In T. Kollmann (Hrsg.), *Handbuch Digitale Wirtschaft. Springer Reference Wirtschaft* (S. 1–19). Springer Gabler.

Hermann, D., Hüneke, K., & Rohrberg, A. (2012). *Führung auf Distanz.* Gabler.

Hertel, G., Geister, S., & Konradt, U. (2005). Managing virtual teams: A review of current empirical research. *Human Resource Management Review, 15*(1), 69–95.

Hertel, G., & Konradt, U. (2007). *Telekooperation und virtuelle Teamarbeit.* Oldenbourg.

Hertel, G., Konradt, U., & Orlikowski, B. (2004). Managing distance by interdependence: Goal setting, task interdependence, and team-based rewards in virtual teams. *European Journal of Work and Organizational Psychology, 13*(1), 1–28.

Hertel, G., Konradt, U., & Voss, K. (2006). Competencies for virtual teamwork: Development and validation of a web-based selection tool for members of distributed teams. *European Journal of Work and Organizational Psychology, 15*(4), 477–504.

Hertel, G., & Lauer, L. (2012). Führung auf Distanz und E-Leadership: Die Zukunft der Führung. In S. Grote (Hrsg.), *Die Zukunft der Führung* (S. 103–118). Springer Gabler.

Hertel, G., & Orlikowski, B. (2012). Projektmanagement bei ortsverteilten „virtuellen" Teams. In M. Wastian, I. Braumandl & L. von Rosenstiel (Hrsg.), *Angewandte Psychologie für das Projektmanagement* (S. 327–346). Springer.

Hertel, G., Stone, D. L., Johnson, R. D., & Passmore, J. (2017). *The Willey Blackwell handbook of the psychology of the Internet at work.* John Wiley & Sons.

Hill, N. S., & Bartol, K. M. (2016). Empowering leadership and effective collaboration in geographically dispersed teams. *Personnel Psychology, 69*(1), 159–198.

Hoch, J. E., Andressen, P., & Konradt, U. (2007). E-Leadership und die Bedeutung verteilter Führung. *Wirtschaftspsychologie, 9*(3), 50–58.

Hoch, J. E., & Dulebohn, J. H. (2017). Team personality composition, emergent leadership and shared leadership in virtual teams: A theoretical framework. *Human Resource Management Revue, 27*(4), 678–693.

Hoch, J. E., & Kozlowski, S. W. J. (2014). Leading virtual teams: Hierarchical leadership, structural supports, and shared team leadership. *Journal of Applied Psychology, 99*(3), 390–403.

Höddinghaus, M., & Hertel, G. (2021). Trust and leadership: Implications of digitization. In B. Blöbaum (Hrsg.), *Trust and communication* (S. 185–203). Springer. https://doi.org/10.1007/978-3-030-72945-5_9

Hoegl, M., & Muethel, M. (2016). Enabling shared leadership in virtual project teams: A practitioners' guide. *Project Management Journal, 47*(1), 7–12.

Hofmann, J., Piele, A., & Piele, C. (2020). *Arbeiten in der Corona-Pandemie. Auf dem Weg zum New Normal.* http://publica.fraunhofer.de/eprints/urn_nbn_de_0011-n-5934454.pdf. Zugegriffen am 30.06.2021.

Hofmann, J., Piele, A., & Piele, C. (2021). Arbeiten in der Corona-Pandemie. Folgeergebnisse. Führung im neuen Normal. https://www.iao.fraunhofer.de/content/dam/iao/images/iao-news/arbeiten-in-der-corona-pandemie-folgeergebnisse-fuehrung.pdf. Zugegriffen am 30.06.2021.

Hofmann, J., & Wienken. (2018). *Digital Leadership – Führung in der digitalen Transformation.* https://www.dgfp.de/fileadmin/user_upload/DGFP_e.V/Medien/Publikationen/Studien/Studie_DGFP_Fraunhofer_Digital_Leadership_2018.pdf. Zugegriffen am 30.04.2021.

Howell, J. M., Neufeld, D. J., & Avolio, B. J. (2005). Examining the relationship of leadership and physical distance with business unit performance. *The Leadership Quarterly, 16*(2), 273–285.

Hoyt, C. L. (2013). Leadership within virtual context. In Y. Amichai-Hamburger (Hrsg.), *The social net: Understanding our online behavior* (S. 180–200). Oxford University Press.

Hoyt, C. L., & Blascovich, J. (2003). Transformational and transactional leadership in virtual and physical environments. *Small Group Research, 34*(6), 678–715.

Huang, R., Kahai, S., & Jestice, R. (2010). The contingent effects of leadership on team collaboration in virtual teams. *Computers in Human Behavior, 26*(5), 1098–1110.

Huffaker, D. (2010). Dimensions of leadership and social influence in online communities. *Human Communication Research, 36*(4), 593–617.

Hunsaker, P. L., & Hunsaker, J. S. (2008). Virtual teams: A leader's guide. *Team Performance Management, 14*(1/2), 86–101.

Hüsing, T., Korte, W. B., Fonstad, N., Lanvin, B., Cattaneo, G., Kolding, M., Lifonti, R., & Welsum, v. D. (2013). *E-leadership: E-skills for competitiveness and innovation vision, roadmap and foresight scenarios. Final report.* European Commission/Empirica.

Jäger, W., & Petry, T. (2012). Enterprise 2.0: Herausforderungen für Personal, Organisation und Führung. In W. Jäger & T. Petry (Hrsg.), *Enterprise 2.0: Die digitale Revolution der Unternehmenskultur* (S. 17–35). Hermann Luchterhand Verlag.

Jarvenpaa, S. L., & Leidner, D. E. (1999). Communication and trust in global virtual teams. *Organization Science, 10*(6), 791–815.

Jarvenpaa, S. L., & Tanriverdi, H. (2003). Leading virtual knowledge networks. *Organizational Dynamics, 31*(4), 403–412.

Johnson, S. L., Safadi, H., & Faraj, S. (2015). The emergence of online community leadership. *Information Systems Research, 26*(1), 165–187.

Kahai, S. (2012). Leading in a digital age: What's different, issues raised, and what we know. In M. C. Bligh & R. E. Riggio (Hrsg.), *Exploring distance in leader-follower relationships: When near is far and far is near* (S. 63–108). Taylor & Francis/Routledge.

Kahai, S. (2020). e-Leadership. In T. Bondarouk & S. Fisher (Hrsg.), *Encyclopedia of electronic HRM* (S. 131–137). De Gruyter Oldenbourg.

Kahai, S., Avolio, B. J., & Sosik, J. J. (2017). E-leadership. In G. Hertel, D. L. Stone, R. D. Johnson & J. Passmore (Hrsg.), *The Wiley Blackwell handbook of the psychology of the internet at work* (S. 285–314). Wiley.

Kahai, S., Huang, R., & Jestice, R. J. (2012). Interaction effect of leadership and communication media on feedback positivity in virtual teams. *Group & Organization Management, 37*(6), 716–751.

Kane, G. C., Phillips, A. H., Copulsky, J. R., & Andrus, G. R. (2019a). *The technology fallacy: How people are the real key to digital transformation.* MIT Press.

Kane, G. C., Phillips, A. N., Copulsky, J., & Andrus, G. (2019b). How digital leadership is(n't) different: Leaders must blend traditional and new skills to effectively guide their organizations into the future. *MIT Sloan Management Review, 60*(3), 34–39.

Kauffeld, S., Handke, L., & Straube, J. (2016). Verteilt und doch verbunden: Virtuelle Teamarbeit. *Gruppe. Interaktion. Organisation. Zeitschrift für Angewandte Organisationspsychologie (GIO), 47*, 43–51.

Kayworth, T. R., & Leidner, D. E. (2002). Leadership effectiveness in global virtual teams. *Journal of Management Information Systems, 18*(3), 7–40.

Kelley, E., & Kelloway, E. K. (2012). Context matters: Testing a model of remote leadership. *Journal of Leadership & Organizational Studies, 19*(4), 437–449.

Kirkman, B. L., Rosen, B., Tesluk, P. E., & Gibson, C. B. (2004). The impact of team empowerment on virtual team performance: The moderating role of face-to-face interaction. *Academy of Management Journal, 47*(2), 175–192.

Klus, M. F., & Müller, J. (2021). The digital leader: what one needs to master today's organisational challenges. *Journal of Business Economics.* https://doi.org/10.1007/s11573-021-01040-1.

Kniffin, K. M., Narayanan, J., Anseel, F., Antonakis, J., Ashford, S. P., Bakker, A. B., Bamberger, P., Bapuji, H., Bhave, D. P., Choi, V. K., Creary, S. J., Demerouti, E., Flynn, F. J., Gelfand, M. J., Greer, L. L., Johns, G., Kesebir, S., Klein, P. G., Lee, S. Y., Ozcelik, H., Petriglieri, J. L., Rothbard, N. P., Rudolph, C. W., Shaw, J. D., Sirola, N., Wanberg, C. R., Whillans, A., Wilmot, M. P., & Vugt, M. v. (2020). COVID-19 and the workplace: Implications, issues, and insights for future research and action. *American Psychologist.* Advance online publication. https://doi.org/10.1037/amp0000716.

Kollmann, T. (2020). *Digital Leadership: Grundlagen der Unternehmensführung in der Digitalen Wirtschaft.* SpringerGabler.

Kozlowski, W. J., Chao, G. T., & Van Fossen, J. (2021). Leading virtual teams. *Organizational Dynamics, 50*(1) https://doi.org/10.1016/j.orgdyn.2021.100842.

Krüger, W. (2011). Formen und Folgen virtueller Interaktion (Collaboration). In B. Eggers, F. Ahlers & T. Eichenberg (Hrsg.), *Integrierte Unternehmungsführung* (S. 109–126). Springer Gabler.

Krumm, S., & Hertel, G. (2013). Knowledge, skills, abilities and other characteristics (KSAOS) for virtual teamwork. In A. Bakker & D. Derks (Hrsg.), *The psychology of digital media and work* (S. 80–100). Psychology Press.

Larsen, S. (2015). Videoconferencing in business meetings: An affordance perspective. *International Journal of e-Collaboration, 11*(4), 64–79.

Larson, L., & DeChurch, L. A. (2020). Leading teams in the digital age: Four perspectives on technology and what they mean for leading teams. *The Leadership Quarterly, 31*(1). https://www.sciencedirect.com/science/article/pii/S104898431830835X

Lehky, M. (2011). *Leadership 2.0: Wie Führungskräfte die neuen Herausforderungen im Zeitalter von Smartphone, Burn-out & Co. managen*. Campus.

Lepsinger, R., & DeRosa, D. (2015). *How to lead an effective virtual team*. https://iveybusinessjournal.com/how-to-lead-an-effective-virtual-team. Zugegriffen am 20.05.2021.

Lewandowski, J., & Lisk, T. C. (2013). Foundations of distance. In M. C. Bligh & R. E. Riggio (Hrsg.), *Exploring distance in leader-follower relationships: When near is far and far is near* (S. 13–38). Routledge.

Li, C. (2010). *Open leadership*. Jossey-Bass.

Liao, C. (2017). Leadership in virtual teams: A multilevel perspective. *Human Resource Management Review, 27*(4), 648–657.

Lilian, S. C. (2014). Virtual teams: Opportunities and challenges for e-leaders. *Procedia – Social and Behavioral Sciences, 110*, 1251–1261.

Lu, L., Shen, C., & Williams, D. (2014). Friending your way up the ladder: Connecting massive multiplayer online game behaviors with offline leadership. *Computers in Human Behavior, 35*(4), 54–60.

Liu, C., Ready, D., Roman, A., Van Wart, M., Wang, X., McCarthy, A., & Kim, S. (2018). E-leadership: An empirical study of organizational leaders' virtual communication adoption. *Leadership Organizational Development Journal, 39*(7), 826–843.

Lojeski, K. S., & Reilly, R. R. (2020). *The power of virtual distance: A guide to productivity and happiness in the age of remote work*. John Wiley & Sons.

Malczok M., & Kirchhoff S. (2019). Digitalisierung und Partizipation – Brauchen wir ein neues Skill Set für Führungskräfte? In M. Stumpf (Hrsg.), *Digitalisierung und Kommunikation. Europäische Kulturen in der Wirtschaftskommunikation* (S. 211–229). Springer.

Malhotra, A., Majchrzak, A., & Rosen, B. (2007). Leading virtual teams. *Academy of Management Perspective, 21*(1), 60–70.

Malone, T. W. (2008). Foreword. In S. Weisband (Hrsg.), *Leadership at a distance: Research in technology-supported work* (S. ix). Taylor & Francis.

Marlow, S. L., Lacerenza, C. N., & Salas, E. (2017). Communication in virtual teams: A conceptual framework and research agenda. *Human Resource Management Review, 27*(4), 575–589.

McAfee, A. P. (2006). Enterprise 2.0: The dawn of emergent collaboration. *Sloan Management Review, 47*(3), 21–28.

McAfee, A. P. (2008). Eine Definition von Enterprise 2.0. In W. Buhse & S. Stamer (Hrsg.), *Die Kunst loszulassen. Enterprise 2.0* (S. 17–36). Rhombos-Verlag.

Meske, C., Wilms, K., & Stieglitz, S. (2019). Enterprise social networks as digital infrastructures – Understanding the utilitarian value of social media at the workplace. *Information Systems Management, 36*(4), 350–367.

Meyerson, D., Weick, K., & Kramer, R. (1996). Swift trust and temporary groups. In R. Kramer & T. Tyler (Hrsg.), *Trust in organizations* (S. 166–195). SAGE Publications.

Mintzberg, H. (2010). *Managen*. Gabal.

Mitchel, A. (2012). Interventions for effectively leading in a virtual setting. *Business Horizons, 55*(5), 431–439.

Mitchell, A., & Brewer, P. E. (2021). Leading hybrid teams: Strategies for realizing the best of both worlds (im Druck). *Organizational Dynamics*. https://doi.org/10.1016/j.orgdyn.2021.100866.

Morgan, L., Paucar-Caceres, A., & Wright, G. (2014). Leading effective global virtual teams: The consequences of methods of communication. *Systemic Practice and Action Research, 27*(6), 607–624.

Müller, R. C. (2008). *E-Leadership: Neue Medien in der Personalführung*. Books on demand GmbH.

Nemiro, J., Beyerlein, M. M., Bradley, L., & Beyerlein, S. (2008). *The handbook of high performance virtual teams: A toolkit for collaborating across boundaries*. Jossey-Bass.

Neufeld, D., Wan, Z., & Fang, Y. (2010). Remote leadership, communication effectiveness and leader performance. *Group Decision and Negotiation, 19*(3), 227–246.

Newman, S. A., & Ford, R. C. (2021). Five steps to leading your team in the virtual COVID-19 workplace. *Organizational Dynamics, 50*(1), 1–11.

Newman, S. A., Ford, R. C., & Marshall, G. W. (2020). Virtual team leader communication: Employee perception and organizational reality. *International Journal of Business Communication, 57*(4), 452–473.

Nordbäck, E. S., & Espinosa, J. A. (2019). Effective coordination of shared leadership in global virtual teams. *Journal of Management Information Systems, 36*(1), 321–350.

Norman, S. M., Avey, J., Larson, M., & Hughes, L. (2020). The development of trust in virtual leader–follower relationships. *Qualitative Research in Organizations and Management, 15*(3), 279–295.

Northouse, P. G. (2021). *Leadership: Theory and practice*. Sage.

O'Reilly, T. (2005). *What is Web 2.0: Design patterns and business models for the next generation of software*. http://oreilly.com/web2/archive/what-is-web-20.html. Zugegriffen am 20.05.2021.

Ocker, R. J., Huang, H., Benbunan-Fich, R., & Hiltz, S. R. (2011). Leadership dynamics in partially distributed teams: An exploratory study of the effects of configuration and distance. *Group Decision Negotiation, 20*(3), 273–292.

Paul, R., Drake, J. R., & Liang, H. (2016). Global virtual team performance: The effect of coordination effectiveness, trust, and team cohesion. *IEEE Transactions on Professional Communication, 59*(3), 186–202.

Pauleen, D. J. (2003). An Inductively derived model of leader-initiated relationship building with virtual team members. *Journal of Management Information Systems, 20*(3), 227–256.

Petry, T. (2019). *Digital Leadership: Erfolgreiches Führen in Zeiten der Digital Economy*. Haufe-Lexware.

Poulsen, S., & Ipsen, C. (2017). In times of change: How distance managers can ensure employees' wellbeing and organizational performance. *Safety Science, 100*(Part A), 37–45.

Purvanova, R. K., & Bono, J. E. (2009). Transformational leadership in context: Face-to-face and virtual teams. *The Leadership Quarterly, 20*(3), 343–357.

Purvanova, R. K., Charlier, S. D., Reeves, C. J., & Greco, L. M. (2020). Who emerges into virtual team leadership roles? The role of achievement and ascription antecedents for leadership emergence across the virtuality spectrum. *Journal of Business and Psychology*. https://doi.org/10.1007/s10869-020-09698-0

Radman, G. (2020). *e-Leadership competence framework 1.0*. https://eleadspeed.eilab.eu/wp-content/uploads/2020/09/e-Leadership_Competence-Framework.pdf. Zugegriffen am 25.05.2021.

Rawitzer, H., & Hefti, J. (2020). Distance leadership – Die virtuelle Zusammenarbeit erfolgreich gestalten. *Zeitschrift für Führung und Organisation, 89*(6), 400–402.

Remdisch, S., & Utsch, A. (2006). Führen auf Distanz: Neue Herausforderungen für Organisation und Management. *Organisationsentwicklung, 25*(3), 32–43.

Ribbat, M., Weber, C., Tisch, A., & Steinmann, B. (2021). *Führen und Managen im digitalen Wandel: Anforderungen und Ressourcen.* https://www.baua.de/DE/Angebote/Publikationen/Preprint/Fuehrung.pdf?__blob=publicationFile&v=12. Zugegriffen am 03.07.2021.

Richter, A., & Wagner, D. (2014). Leadership 2.0: Engaging and supporting leaders in the transition towards a networked organization. In *Proceedings of the 2014 47th Hawaii international conference on system sciences* (S. 574–583). IEEE Computer Society.

Robert, L. P., & You, S. (2018). Are you satisfied yet? shared leadership, individual trust, autonomy, and satisfaction in virtual teams. *Journal of the Association for Information Science and Technology, 69*(4), 503–513.

Roman, A. V., Van Wart, M., Wang, X., Liu, C., Kim, S., & McCarthy, A. (2019). Defining E-leadership as competence in ICT-mediated communications: An exploratory assessment. *Public Administration Review, 79*(6), 853–866.

Roy, S. R. (2012). Digital mastery: The skills needed for effective virtual leadership. *International Journal of e-Collaboration, 8*(3), 56–66.

Scherm, E., & Süß, S. (2000). Personalführung in virtuellen Unternehmen: Eine Analyse diskutierter Instrumente und Substitute der Führung. *Zeitschrift für Personalforschung, 14*(1), 79–104.

Schmidt, G. B. (2014). Virtual leadership: An important leadership context. *Industrial and Organizational Psychology, 7*(2), 182–187.

Schmidt, G. B. (2019). The future of leadership is virtual. *Journal Leadership Studies, 12*, 63–64.

Scholz, C. (1994). *Die virtuelle Organisation als Strukturkonzept für die Zukunft?* Diskussionsbeitrag Nr. 30, Lehrstuhl für Betriebswirtschaftslehre. Saarbrücken: Universität des Saarlandes.

Scholz, C. (1996). Virtuelle Organisation: Konzeption und Realisation. *Zeitschrift für Führung und Organisation, 65*(4), 204–210.

Schönfelder, C. (2019). Digitale Kommunikation und Führung 4.0 – zum Potenzial neuer Kommunikationsinstrumente für aktuelle Führungsrollen. In M. Stumpf (Hrsg.), *Digitalisierung und Kommunikation. Europäische Kulturen in der Wirtschaftskommunikation* (S. 199–210). Springer VS.

Schulze, J., & Krumm, S. (2017). The "Virtual Teamplayer": A review and initial model of knowledge, skills, abilities, and other characteristics for virtual collaboration. *Organizational Psychology Review, 7*(1), 66–95.

Schütt, P. (2013). *Der Weg zum Social Business: Mit Social Media Methoden erfolgreicher werden.* Springer Gabler.

Schwarzmüller, T., Brosi, P., Duman, D., & Welpe, I. M. (2018). How does the digital transformation affect organizations? Key themes of change in work design and leadership. *Management Revue, 29*(2), 114–138.

Silverman, M., Bakhshalian, E., & Hillman, L. (2013). *Social media and employee voice: The current landscape.* http://www.silvermanresearch.com/home/wp-content/uploads/2013/04/Social-media-and-employee-voice-the-current-landscape.pdf. Zugegriffen am 20.05.2021.

Sinclair, M. A., Stephens, K., Whiteman, K., & Swanson-Biearman, B. (2021). Managing and motivating the remote employee using the transformational leadership model, *Nurse Leader 2021.* https://doi.org/10.1016/j.mnl.2021.01.001.

Sosik, J. J., Avolio, B. J., & Kahai, S. S. (1997). Effects of leadership style and anonymity on group potency and effectiveness in a group decision support system environment. *Journal of Applied Psychology, 82*(1), 89–103.

Sosik, J. J., Avolio, B. J., Kahai, S. S., & Jung, D. I. (1998). Computer- supported work group potency and effectiveness: The role of transformational leadership, anonymity, and task interdependence. *Computers in Human Behavior, 14*(3), 491–511.

Sproull, L., & Kiesler, S. (1986). Reducing social context cues: Electronic mail in organizational communication. *Management Science, 32*(11), 1492–1512.

Staar, H., Gurt, J., & Janneck, M. (2019). Gesunde Führung in vernetzter (Zusammen-)Arbeit – Herausforderungen und Chancen. In B. Badura, A. Ducki, H. Schröder, J. Klose & M. Meyer (Hrsg.), *Fehlzeiten-Report 2019* (S. 217–235). Springer.

Stodd, J. (2016). *The social leadership handbook.* Sea Salt Learning.

Stopfer, J. M., & Gosling, S. D. (2013). Online social networks in the work context. In D. Derks & A. B. Bakker (Hrsg.), *The psychology of digital media at work.* Psychology Press.

Sudweeks, F., & Simoff, S. J. (2005). Leading conversations: Communication behaviors of emergent leaders in virtual teams. In *Proceedings of the 38th Annual Hawaii International Conference on System Sciences.* https://doi.org/10.1109/HICSS.2005.383.

Torre, T., & Sarti, D. (2020). The „way" toward E-leadership: Some evidence from the field. *Frontiers in Psychology, 11*, 554253. https://doi.org/10.3389/fpsyg.2020.554253.

Tyran, K. L., Tyran, C. K., & Shepherd, M. (2003). Exploring emerging leadership in virtual teams. In C. B. Gibson & S. G. Cohen (Hrsg.), *Virtual teams that work* (S. 183–195). Jossey-Bass.

Uhl-Bien, M., Marion, R., & McKelvey, B. (2007). Complexity leadership theory: Shifting leadership from the industrial age to the knowledge era. *The Leadership Quarterly, 18*(4), 298–318.

Van Dick, R., Gross, M., Helfritz, K. H., Holz, F., & Stickling, E. (2016). *Digital Leadership – Die Zukunft der Führung in Unternehmen.* https://www.goethe-university-frankfurt.de/62788532/Digital_Leadership_Studie.pdf? Zugegriffen am 20.05.2021.

Van Laar, E., van Deursen, A. J. A. M., van Dijk, J. A. G. M., & de Haan, J. (2017). The relation between 21st-century skills and digital skills: A systematic literature review. *Computers in Human Behavior, 72*, 577–588.

Van Outvorst, F., Visker, C., & De Waal, B. (2017). Digital leadership: The consequences of organizing and working in a digital society. In Z. Ndaba & T. Mokoteli (Hrsg.), *Proceedings of the 5th international conference on management, leadership & governance, ICMLG 2017* (S. 443–471). ACPI.

Van Wart, M., Roman, A., & Pierce, S. (2016). The rise and effect of virtual modalities and functions on organizational leadership: Tracing conceptual boundaries along the e-management and e-leadership continuum. *Transylvanian Review of Administrative Sciences, 12*(SI), 102–122.

Van Wart, M., Roman, A., Wang, X., & Liu, C. (2019). Operationalizing the definition of e-leadership: Identifying the elements of e-leadership. *International Review of Administrative Sciences, 85*(1), 80–97.

Wald, P. M. (2018). Arbeitswelten 2025: Recruiting. In S. Werther & L. Bruckner (Hrsg.), *Arbeit 4.0 aktiv gestalten* (S. 164–174). Springer.

Wassenaar, C., Pearce, C. L., Hoch, J. E., & Wegge, J. (2010). Shared leadership meets virtual teams: A match made in cyberspace. In P. Yoong (Hrsg.), *Leadership in the digital enterprise: Issues and challenges* (S. 15–27). IGI Global.

Weibler, J. (2016). *Personalführung.* Vahlen.

Weibler, J. (2021). *Digitale Führung. Beziehungsgestaltung zwischen Sinnesarmut und Resonanz, RHI-Position,* Nr. 16, München. https://www.romanherzoginstitut.de/publikationen/detail/digitale-fuehrung.html. Zugegriffen am 10.02.2021.

Weinberger, D. (2008). Kontrolle als Risiko. In W. Buhse, S. Stamer & S. (Hrsg.), *Die Kunst loszulassen: Enterprise 2.0* (S. 89–98). Rhombos-Verlag.

Weisband, S. P. (1992). Group discussion and first advocacy effects in computer-mediated and face-to-face decision making groups. *Organizational Behavior and Human Decision Processes, 53*(3), 352–380.

Weisband, S. P. (2008). *Leadership at a distance: Research in technologically-supported work.* Taylor & Francis.

Whitford, T., & Moss, S. (2009). Transformational leadership in distributed work groups: The moderating role of follower regulatory focus and goal orientation. *Communication Research, 36*(6), 810–837.

Wilson, J. M., Straus, S. G., & McEvily, B. (2006). All in due time: the development of trust in computer-mediated and face-to-face teams. *Organizational Behavior and Human Decision Processes, 99*(1), 16–33.

Wittchen, M., Kleinlein, N., & Hertel, G. (2011). Zielvereinbarungen und Kommunikationsmanagement als komplementäre Führungsstrategien in virtuellen Teams. *Wirtschaftspsychologie, 13*(3), 31–40.

Yoo, Y., & Alavi, M. (2004). Emergent leadership in virtual teams: What do emergent leaders do? *Information and Organization, 14*(1), 27–58.

Zaccaro, S. J., & Bader, P. (2003). E-Leadership and the challenges of leading E-Teams: Minimizing the bad and maximizing the good. *Organizational Dynamics, 31*(4), 377–387.

Zafar, H. (2017). Mobile computing and hand-held devices at work. In G. Hertel, D. L. Stone, R. D. Johnson & J. Passmore (Hrsg.), *The Wiley Blackwell handbook of the psychology of the internet at work* (S. 195–210). Wiley.

Zeichhardt, R. (2016). E-Leadership: Führung und Leistungssteigerung in digitalen Kontexten. In H. Künzel (Hrsg.), *Erfolgsfaktor Performance Management. Erfolgsfaktor Serie* (S. 125–140). Berlin/Heidelberg.

Ziek, P., & Smulowitz, S. (2014). The impact of emergent leadership competencies on team effectiveness. *Leadership and organization Development Journal, 35*(2), 106–120.

Zigurs, I. (2003). Leadership in virtual teams: Oxymoron or opportunity? *Organizational Dynamics, 31*(4), 339–351.

Zimmermann, P., Wit, A., & Gill, R. (2008). The relative importance of leadership behaviours in virtual and face-to-face communication settings. *Leadership, 4*(3), 321–337.

# Führung und Frauen: Ein zähes Ringen um die Gleichberechtigung

Irma Rybnikova und Viktoria Menzel

**14**

## Inhaltsverzeichnis

I. Rybnikova (✉)
Hochschule Hamm-Lippstadt, Hamm, Deutschland
E-Mail: irma.rybnikova@hshl.de

V. Menzel
Hochschule Hamm-Lippstadt, Hamm-Lippstadt, Deutschland
E-Mail: viktoria.menzel@hshl.de

© Der/die Autor(en), exklusiv lizenziert durch Springer Fachmedien Wiesbaden GmbH, ein Teil von Springer Nature 2021
I. Rybnikova, R. Lang, *Aktuelle Führungstheorien und -konzepte*,
https://doi.org/10.1007/978-3-658-35543-2_14

**Zusammenfassung**

*Die Unterrepräsentanz von Frauen in Führungspositionen ist ein weithin bekanntes Thema, welches einen inzwischen hochgradig aktiven Forschungsbereich entfacht hat. Für eine weitere Dynamik sorgen politische Entwicklungen, wie z. B. gesetzliche Regelungen zu Geschlechterquoten. In diesem Kapitel werden zunächst die klassischen und die neueren theoretischen Erklärungsansätze diskutiert, darunter das ökonomische Kapital, die „gekennzeichnete Frau" (Kanter, 1977), die Theorie der Rolleninkongruenz (Eagly & Karau, 2002) und der Ansatz einer impliziten Geschlechterquote (Smith & Parrotta, 2018). Zudem betrachten wir gesellschaftliche Konstruktionen und Rollenbilder in Bezug auf weibliche Führungskräfte, wie Frauen als Ressource, als „andere Führungspersonen" oder „weibliche Führung" (Rosener, 1990). Wir gehen auf die Aussagefähigkeit der „gläsernen Decke" (Hymowitz & Schellhardt, 1986) und der „gläsernen Klippe" (Ryan & Haslam, 2005) ein und bieten eine Forschungsübersicht zur Wirkung von gesetzlichen Geschlechterquoten.*

## 14.1   Einleitung

Obwohl das Thema „Führung und Frauen" inzwischen zum Kanon der Führungsforschung gehört, dem die ganzen Kapitel in den gängigen Führungslehrbüchern gewidmet werden (z. B. Simon & Hoyt, 2019), ein genuines Führungsthema ist es nicht. Weder handelt es sich hierbei um eine Führungstheorie noch um einen Führungsansatz. Vielmehr entspricht das Thema der Erwartung einer geschlechtergerechten Teilhabe in Wirtschaftsorganisationen, problematisiert es doch die ungleiche Beteiligung von Arbeitnehmer*innen unterschiedlichen Geschlechts an Führungspositionen. Es sind vor allem Männer, die in den Führungspositionen der Organisationen zu finden sind. Allen Emanzipationsbewegungen und -bemühungen der letzten Jahrhunderte zum Trotz bleibt der Frauenanteil in den Führungspositionen und damit ihre formelle Beteiligung an der Macht unterhalb den statistisch zu erwartenden 50 Prozent. Nach der politischen Gleichstellung der Frauen in Form der Wahlberechtigung, dem zuerkannten Recht auf Ausbildung und Studium und der Anerkennung der selbstständigen Beteiligung am Arbeitsmarkt gelten die Führungspositionen als eine weitere Hürde auf dem Weg zur gesellschaftlichen Gleichstellung der Geschlechter.

Auch wenn die gegenwärtig in Deutschland intensiv geführten Debatten um Frauen in Führungspositionen den Eindruck erwecken mögen, dass es ein ziemlich aktuelles Thema ist, reichen die vorläufigen Überlegungen dazu jedoch bis in die Anfänge der Frauenbewegung zurück. Zu den ersten Grundsteinen dieser Debatte gehört das Buch „Das andere Geschlecht" von Simone de Beauvoir, welches 1951 in deutscher Übersetzung erschienen ist und sich mit der Frage der sozialen Konstruktion des weiblichen Geschlechts auseinandersetzte. Eine der ersten Autorinnen, die sich explizit den Frauen in Führungspositionen zuwandte, war Rosabeth Moss Kanter, die in ihrem 1977 erschienenen Buch „Men and Women of the Corporation" die Situation der wenigen Frauen in den Führungsetagen der amerikanischen Unternehmen von damals beleuchtete und unter anderem das Konzept der „gekennzeichneten Frau" (en. *token woman*) vorschlug. Die McKinsey Studie zum Thema „Women matter" im Jahr 2007 regte die Diskussion über Frauen in Führungspositionen in Deutschland erneut an, indem sie vor allem den betriebswirtschaftlichen Nutzen der Frauen hervorhob und damit Frauen als eine nicht genügend ausgeschöpfte betriebswirtschaftliche Ressource darstellte. Dazwischen liegen Jahre, in denen zahlreiche Analysen und Studien durchgeführt worden sind, die den gesellschaftlich tradierten Konflikt zwischen den Vorstellungen über Frauen einerseits und über Führungskräfte andererseits wiederholt vor Augen führten oder neue Konzepte zu Frauen in Führungspositionen entwickelten. Auch die Praxis in Unternehmen wurde stärker unter die Lupe genommen, um solche Phänomene, wie das der „gekennzeichneten Frau", den „Effekt der gläsernen Decke" oder der „gläsernen Klippe" zu untersuchen.

Die inzwischen kaum zu überblickende Debatte zum Thema Führung und Frauen changiert in ihren grundlegenden Argumentationsstrukturen zwischen den ökonomistischen Argumenten, die die Nutzbarmachung der Frauen für Betriebe hervorheben, und den feministisch-emanzipatorischen Argumenten, die sich auf die Ursachen der Benachteiligung von Frauen fokussieren. Das Ziel des vorliegenden Kapitels ist es, die wichtigsten dieser vielfältigen Überlegungen und Konzepte, die das Thema Führung und Frauen bislang geprägt haben, vorzustellen und kritisch zu kommentieren.

Die in Abb. 14.1 dargestellten wesentlichen Bestandteile des Kapitels sollen die enge Verzahnung zwischen den Argumentationsmustern in Bezug auf Frauen und Führung verdeutlichen. Sowohl die theoretischen Erklärungsansätze als auch Unternehmenspraktiken sind stark mit den gesellschaftlich tradierten Denkweisen und Konstruktionen verschränkt und darin eingebettet. Solange Frauen als „andere" Führungsakteure aufgefasst werden und ihnen speziell „weibliches" Führen unterstellt wird, spiegelt sich dies sowohl in den

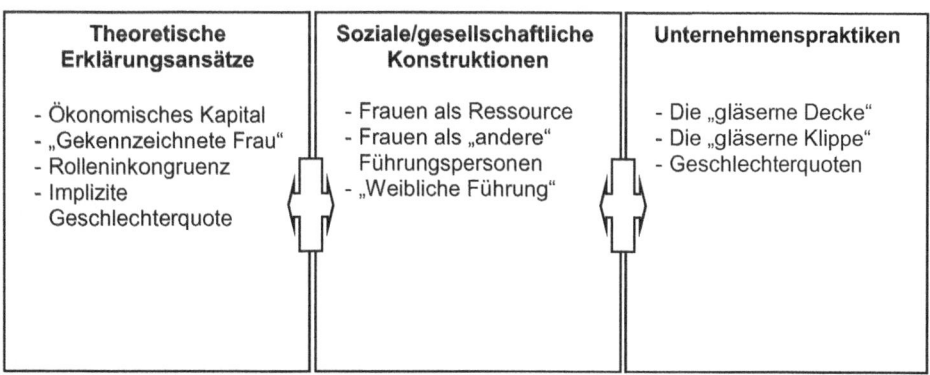

**Abb. 14.1** Die Grundstruktur der Diskussionslinien zu Führung und Frauen. [Bildrechte: Urheberrecht bei den Autorinnen]

Erklärungsansätzen wider, die dies einzufangen und zu hinterfragen versuchen, als auch in den alltäglichen Unternehmenspraktiken, sofern gesetzliche Regelungen diese nicht durchkreuzen. Die Komplexität der Führung und Frauen erschließt sich nur durch die Berücksichtigung dieser verschiedenen Zugänge. Auch emanzipative politische oder betriebliche Bemühungen zugunsten der Geschlechtergerechtigkeit in den Führungsetagen setzen eine Beschäftigung mit dieser Komplexität voraus.

---

**Einige stilisierte Fakten**

---

Ende des 19. Jahrhunderts durften Frauen in Deutschland zwar als „Gasthörerinnen" an den Universitätsvorlesungen teilnehmen, einen Abschluss durften sie jedoch nicht absolvieren. 1900 erlaubte Baden als erstes Bundesland Frauen das Hochschulstudium. Nicht zuletzt versuchte man damit, den zur damaligen Zeit relativ hohen Anteil der russisch-jüdischen Gasthörerinnen, die an den deutschen Universitäten eingeschrieben waren, zu reduzieren (Mazón, 2003).

Obwohl bereits das Bürgerliche Gesetzbuch von 1900 keine Zustimmung von Ehemännern zur Berufstätigkeit von volljährigen Ehefrauen mehr erforderte, wurde dies bis 1977 breitflächig praktiziert (Plett, 2020).

Das Grundgesetz der Bundesrepublik Deutschland sieht vor, dass Männer und Frauen gleichberechtigt sind. Dabei fördert der Staat die tatsächliche Durchsetzung der Gleichberechtigung von Frauen und Männern und wirkt auf die Beseitigung bestehender Nachteile hin (Art 3 GG, Satz 2 und 3). ◄

---

## 14.2   Zur Lage der Frauen in Führungspositionen

Im Vergleich zur Situation der Frauen vor 100 Jahren hat sich in den westlichen Gesellschaften, darunter auch in Deutschland, einiges getan. Die positiven Entwicklungen im Sinne zunehmender Frauenbeteiligung am gesellschaftlichen Leben weisen jedoch in vielen Bereichen ein ähnliches Muster auf: Während in den niedrigen Hierarchie- und Autoritätsstufen die Verteilung zwischen Frauen und Männern nahezu gleichmäßig ist, bleibt der Frauenanteil in den höheren Hierarchieebenen weiterhin niedrig. Der Wissenschaftsbereich ist stellvertretend dafür. Wenn man das Jahr 2019 zugrunde legt, waren hier knapp 52 Prozent aller Hochschulabsolvent*innen in Deutschland Frauen (Statistisches Bundesamt, 2020). Der Frauenanteil unter den Promovierten betrug 45,4 Prozent; unter den Habilitierten machten Frauen 31,9 Prozent aus (Statistisches Bundesamt, 2020). Der Frauenanteil unter den hauptberuflichen Professor*innen lag bei 25,4 Prozent, unter den höchstdotierten C4- bzw. W3-Professuren bei 21,2 Prozent (CEWS, 2020).

Die Situation in der Wirtschaft ist nicht wesentlich anders. Dem IAB-Betriebspanel von 2018 zufolge, das auf einer langfristigen Befragung von rund 16.000 Betrieben in der Privatwirtschaft und im öffentlichen Sektor durch das Institut für Arbeitsmarkt- und Berufsforschung beruht, sind 44 Prozent aller Beschäftigten in der deutschen Privatwirtschaft Frauen; im öffentlichen Dienst beträgt der Frauenanteil 60 Prozent (Kohaut & Möller, 2019, S. 2, 4). Der Frauenanteil in den Führungspositionen ist erheblich niedriger, wiewohl hier auch beträchtliche Unterschiede zwischen den Führungspositionen verschiedener Ebenen hinzukommen. So zeigt das IAB-Betriebspanel von 2018, dass der Frauenanteil in Führungspositionen in der Wirtschaft sich seit 2016 nicht verändert hat. Der Studie zufolge beträgt die Häufigkeit von Frauen auf der ersten Führungsebene, worunter die Positionen der Zweigstellen- und Filialleiter verstanden werden, 26 Prozent in der Privatwirtschaft und 36 Prozent im öffentlichen Sektor. Frauen in der zweiten Führungsebene, wobei hier Abteilungs- und Gruppenleitungen subsumiert werden, sind in 40 Prozent der Fälle in der Privatwirtschaft bzw. in 43 Prozent im öffentlichen Dienst anzutreffen (Kohaut & Möller, 2019, S. 2, 4). Weiterhin fällt der Frauenanteil in beiden Führungsebenen im ehemaligen Ostdeutschland höher aus als in den westdeutschen Betrieben. Obwohl im öffentlichen Sektor höhere Frauenanteile in den Führungspositionen vorliegen, sind die Karriereaussichten für Frauen hier nicht besser als in der Privatwirtschaft, wenn man den relativ hohen Anteil der Frauen an allen Beschäftigten des öffentlichen Sektors in Betracht zieht. Die Auswertung des IAB-Betriebspanels von 2018 verdeutlicht zudem, dass die Verbreitung der Frauen in den wirtschaftlichen Betrieben stark mit der Betriebsgröße zusammenhängt. Während der Frauenanteil in der Führungsspitze je nach Betriebsgröße zwischen 14 und 27 Prozent variiert und am höchsten in den Kleinbetrieben mit bis zu 49 Beschäftigten ist, machen in Großbetrieben mit über 500 Mitarbeitern Frauen in den höchsten Führungspositionen 14 Prozent aus (Kohaut & Möller, 2019). Zusätzlich zur Betriebsgröße stellt die Studie auch einige Zusammenhänge zwischen dem Frauenanteil in den Führungspositionen und den Betriebsbranchen fest. Am häufigsten sind Frauen unter den Führungskräften in jenen Branchen anzutreffen, die insgesamt einen höheren Anteil von weiblichen Beschäftigten haben, wie das Gesundheits- und Sozialwesen oder der Groß- und Einzelhandel. Im Jahr 2018 betrug der Frauenanteil in der ersten Führungsebene hier 49 respektive 38 Prozent. Die als traditionell männlich geltenden Branchen, wie das Baugewerbe sowie Energie, Wasser, Abfall und Bergbau, weisen entsprechend niedrige Frauenanteile auf: acht Prozent respektive 15 Prozent der höchsten Führungsposten werden hier von Frauen besetzt (Kohaut & Möller, 2019, S. 3). Ergänzend hierzu zeigt die Analyse von Holst und Friedrich (2016), dass auch die Finanzbranche zu den Wirtschaftssektoren zählt, in denen Führungspositionen relativ selten von Frauen übernommen werden.

Ungeachtet erheblicher Bemühungen auf politischer und betrieblicher Ebene ist in den vergangenen Jahren eine nur langsam fortschreitende Erhöhung der Anteile von Frauen in Führungspositionen zu verzeichnen. Einen wichtigen politischen Meilenstein für die Erhöhung des Frauenanteils in den höchsten Führungspositionen stellt in Deutschland das Gesetz für gleichberechtigte Teilhabe für Frauen und Männer an Führungspositionen in der Privatwirtschaft und im öffentlichen Dienst (FüPOG) von 2015 dar. Es bezieht sich auf die Aufsichtsratspositionen in börsennotierten und paritätisch mitbestimmten Unternehmen in Deutschland und sieht eine Geschlechterquote in Höhe von 30 Prozent vor. Auch wenn vom Gesetz nur knapp 100 Unternehmen in Deutschland betroffen sind, hat das Gesetz bewirkt, dass der Frauenanteil auch in den 200 größten deutschen Unternehmen gestiegen ist, hauptsächlich in den Aufsichts-/Verwaltungsräten, aber auch in den Vorständen. Zwischen 2006 und 2020 hat sich der Frauenanteil in den Verwaltungs-/Aufsichtsräten von 7,8 Prozent auf 29,9 Prozent entwickelt; der Frauenanteil in den Vorständen dieser 200 Unternehmen betrug 1,2 Prozent in 2006 und 11,5 Prozent 2020 (Kirsch & Wrohlich, 2021, S. 23). Der gravierende Unterschied des Frauenanteils in den Aufsichtsrats- und den Vorstandspositionen war mitunter der Grund für den Gesetzesentwurf zur Ergänzung und Änderung des FüPoG in 2021, der eine gesetzliche Geschlechterquote in Höhe von 30 Prozent auch für die Vorstände börsennotierter und paritätisch mitbestimmter Unternehmen vorsieht: bei mindestens drei Mitgliedern eines Vorstandes muss mindestens ein Mitglied eine Frau sein.

Im europäischen Vergleich des Frauenanteils in den höchsten Führungspositionen (Vorstände und Aufsichtsräte) schneidet Deutschland im Jahr 2019 mit 29,4 Prozent Frauenanteil weiterhin unterdurchschnittlich ab. Den höchsten Wert weist mit 45,8 Prozent Lettland auf, gefolgt von Polen mit 43 Prozent und Schweden mit 40,3 Prozent. Die geringsten Werte haben die Länder Griechenland mit 28 Prozent, Italien mit 27,8 Prozent, vor allem aber Zypern mit 21,3 Prozent (Statistisches Bundesamt, 2021).

Dass der Zugang zu Führungskräftepositionen alleine noch keine Gleichstellung zwischen Frauen und Männern sichert, verdeutlicht auch die geschlechtsspezifische Gehaltsdifferenz (en. *gender pay gap*). Gerade im Fall von Führungspositionen sind die Gehaltsunterschiede zwischen Frauen und Männern gravierend. Laut dem Bericht des Deutschen Instituts für Wirtschaftsforschung waren zwischen 2010 und 2016 die durchschnittlichen Bruttogehälter von Frauen in Führungspositionen der deutschen Privatwirtschaft 30 Prozent niedriger als jene der Männer (Holst & Marquardt, 2018). Im Fall von Vorständen der deutschen Aktiengesellschaften wird die durchschnittliche Lohndifferenz zwischen Frauen und Männern im Zeitraum 2005 bis 2010 mit 20,8 Prozent beziffert (Lindstädt et al., 2011).

## 14.3    Erklärungsansätze für Unterrepräsentanz von Frauen in Führungspositionen

Eine Reihe von theoretischen und quasitheoretischen Ansätzen befasst sich mit der Frage, warum Frauen in den höheren und höchsten Führungspositionen von Organisationen unterrepräsentiert sind. Diese reichen von ökonomischen, über psychologische bis hin zu soziologischen Ansätzen verschiedener Prägungen. Einen eher exotischen Charakter haben dabei z. B. psychoanalytische Erklärungen, die die Unterrepräsentanz von Frauen in Führung auf die frühen Kindheitserfahrungen zurückführen: Menschen haben eine universelle Angst vor Frauen, insbesondere von denen in Führungspositionen, weil man unbewusst an die frühkindliche Ohnmacht, Verletzlichkeit und massive Abhängigkeit erinnert wird, in der man der Liebe und Sorge der eigenen Mutter ausgeliefert wurde (Brody, 2019, S. 120). Es wäre daher eine kaum zu leistende Aufgabe, nachfolgend alle Erklärungsversuche aufzuführen. Daher konzentrieren wir uns auf vier geläufige und aktuelle Erklärungsperspektiven aus dem Forschungsfeld zu Führung und Frauen: a) den Ansatz des ökonomischen Kapitals, b) den Ansatz der gekennzeichneten Frau, c) die Theorie der Rolleninkongruenz und d) den Ansatz der impliziten Geschlechterquote. Tab. 14.1 fasst die wesentlichen Argumente der betrachteten Erklärungsansätze zusammen.

## 14.3.1 Ökonomisches Kapital

Einer der ersten Erklärungsversuche beruht im Wesentlichen auf der Humankapitaltheorie. Diese geht davon aus, dass das individuelle Einkommen in einem direkten Zusammenhang mit den Investitionen in das Humankapital steht: Je höher die Investitionen in das Humankapital eines Individuums, z. B. in Form von Ausbildung oder Arbeitserfahrung, umso höher seine Produktivität und das entsprechende Einkommen. In Bezug auf die Unterrepräsentanz von Frauen in Führungspositionen besagt der Ansatz des ökonomischen Kapitals, dass Frauen deswegen relativ selten in den Führungspositionen anzutreffen sind, weil sie im ungenügenden Maße Fähig-

**Tab. 14.1** Theoretische Erklärungsansätze hinsichtlich des niedrigen Frauenanteils in Führungspositionen

| Theoretische Erklärungsversuche | Wesentliche Argumente |
|---|---|
| Ökonomischer Ansatz | Frauen weisen ungenügend Kompetenzen auf, die für Führungspositionen erforderlich sind, weil sie familiäre Verpflichtungen bevorzugen und auf hohe Investitionen in ihre Ausbildung verzichten oder sich auf Positionen in den „weichen Abteilungen" fokussieren. Die Gehaltsunterschiede zwischen Frauen und Männern sind auf das niedrige Humankapital von Frauen zurückzuführen. |
| Gekennzeichnete Frau | Die Minoritätenposition verleiht Frauen in Führungspositionen den Status von „Gekennzeichneten". Dies führt zu einer starken Beschränkung ihrer Machtposition, wenigen Bündnismöglichkeiten und schlechten Aufstiegsperspektiven. Aus dieser Benachteiligung resultiert mitunter solches Führungsverhalten wie das „Bossiness". |
| Theorie der Rolleninkongruenz | Die Erwartungen an die Führungskräfte sind geschlechtspezifisch: Ideale Führungskräfte werden vor allem mit männlichen Attributen beschrieben, die als weiblich bezeichneten Eigenschaften spielen nur eine nachrangige Rolle. Da implizite Erwartungen an Frauen nicht mit denen an Führungskräfte übereinstimmen, ernten weibliche Führungskräfte negative Einschätzungen. |
| Implizite Geschlechterquote | In Unternehmen existieren implizite Vorstellungen, wie hoch ein akzeptabler Frauenanteil sein soll. Wird dieser erreicht, z. B. durch eine einzige Frau im Führungsgremium, sinkt die Wahrscheinlichkeit, dass weitere Frauen hinzugezogen werden, sehr stark. |

Quelle: Eigene Zusammenstellung.

keiten und Kompetenzen aufweisen, die Führungspositionen voraussetzen. Da Frauen oftmals familiäre Verpflichtungen bevorzugen und auf die hohen Investitionen in ihre Ausbildung verzichten, erwerben sie weniger Kompetenzen und gefragte Arbeitserfahrung, weswegen sie bei der Konkurrenz um Führungspositionen den Männern unterlegen sind. Auch die Gehaltsunterschiede zwischen Frauen und Männern sind auf die Unterschiede des Humankapitals (und angenommener Produktivität) zurückzuführen.

Ergänzt wird diese Erklärung durch die Beobachtung, dass Frauen nur ungenügend strategisch wichtige Erfahrungen im Bereich der Unternehmensleitung besitzen, weil sie sich in der Regel auf das sogenannte „Ghetto der weichen Abteilungen" (en. *velvet ghetto*) fokussieren, wie das Personalmanagement oder das Controlling (Bowles & McGinn, 2005, S. 195) und eher dort, wenn überhaupt, führende Positionen einnehmen. Da diesen Abteilungen gemeinhin niedrige strategische Relevanz zugeschrieben wird, bleiben die Posten der Unternehmensleitung den männlichen Kollegen beibehalten, die aus Abteilungen kommen, welche strategisch einschlägigere Bedeutung haben. Würden Frauen von Anfang an in ihr Humankapital investieren und sich nicht auf die „weichen" Abteilungen beschränken, stünden ihnen mit der Zeit und Erfahrung alle Bürotüren an der Unternehmensspitze offen, so die ökonomische Argumentation.

Inzwischen wurde dieser Erklärungsansatz vielfach kritisiert. Das Humankapital alleine ist nicht in der Lage, die verschiedenen Karriereverläufe und die Gehaltsunterschiede zwischen Frauen und Männern zu erklären. Studien verweisen darauf, dass ungeachtet eines ähnlichen Humankapitals Frauen und Männer eine unterschiedliche Behandlung in Unternehmen erfahren oder dass Frauen oftmals mehr Humankapital vorweisen müssen als ihre männlichen Kollegen, um gleichbehandelt zu werden (vgl. Wajcman, 1998, S. 35).

## 14.3.2 Gekennzeichnete Frauen

Das Konzept der „gekennzeichneten Frauen" oder des „Tokens" geht auf die Studie „Men and Women of the Corporation" von Rosabeth Moss Kanter, einer US-amerikanischen Managementforscherin, zurück, die sie in den späten 1970er-Jahren publizierte (Kanter, 1977/1993) und die eine beachtliche Popularität erlangte. Zur Erklärung der Unterrepräsentanz von Frauen in Führungspositionen, die in dieser Zeit im Vergleich zu heute noch größer war, lässt Kanter zunächst die bisherigen Erklärungsansätze revue passieren und geht auf die gesellschaftlichen Geschlechterstereotype ein, die den Männern grundsätzlich Rationalität und den Frauen Emotionalität zuschreiben (Kanter, 1993, S. 63). Im Unterschied dazu vertritt sie eine strukturalistische Perspektive auf geschlechtsspezifische Ungleichheit in Führungspositionen. Dabei verdeutlicht sie, dass das Verhalten aller Organisationsmitglieder, unabhängig vom Geschlecht, durch ihre Position und ihren Status innerhalb der Organisation geprägt wird. Inwiefern es einer Person gelingt, eine hohe Position innerhalb einer Organisation einzunehmen, erklärt Kanter anhand von drei Kriterien: **Gelegenheit**, **Macht** und **Verhältnis**. Für die Ausprägung aller drei Kriterien ist aus Sicht der Autorin das Geschlecht entscheidend.

Die **Gelegenheit** spiegelt Angebote zu Förderungen und Aufstiegschancen wider. Dabei ergeben sich in den männlich besetzten Domänen einer Organisation, wie dem Management, für gewöhnlich zahlreiche Gelegenheiten, wohingegen die weiblich dominierten Bereiche, wie Sekretariatsstellen, sich durch geringe Aufstiegsmöglichkeiten auszeichnen. Die sich bietenden Gelegenheiten gehen oft mit einem hierarchischen Aufstieg einher, der das zweite Kriterium, **Macht**, ermöglicht. Darunter versteht Kanter schlichtweg Zugang zu Ressourcen, die für die Erledigung der Aufgaben erforderlich sind (Kanter, 1993, S. 166). Aus Sicht der Autorin gehen die formal höherrangigen Positionen nicht automatisch mit der Macht einher, solange diese nicht auch durch informelle Macht und Netzwerkstrukturen flankiert wird. Kanter zufolge sind Gelegenheiten und Macht eng miteinander verschränkt und führen zu einer selbstverstärkenden Dynamik, die auch eindeutige geschlechtsspezifische Züge trägt. In männlich dominierten Domänen existieren nicht nur mehr Gelegenheiten zum Aufstieg, sondern aufgestiegene Männer profitieren von ihrer Sichtbarkeit, sind eher in der Lage, ihre Kontakte und Netzwerke auszubauen und damit ihre Macht zu festigen. Das letzte Kriterium, das **Verhältnis**, kommt bei der Erklärung der Gruppendynamiken zum Tragen. Der Autorin geht es dabei nicht primär um das Geschlecht, sondern um die Gruppenstruktur. Und zwar handelt es sich dabei um das numerische Verhältnis zwischen der Mehrheit und der Minderheit einer Gruppe, das die Gruppendynamiken bedingt. Die Autorin unterscheidet dabei vier Gruppenstrukturen: die einheitliche Gruppe (en. *uniform group*), bestehend aus einer sozialen Kategorie, die ausgeglichene Gruppe (en. *balanced group*), die sich aus gleich großen Untergruppen zusammensetzt, die schiefe Gruppe (en. *tilted group*), die von einer Majorität und einer Minorität gebildet wird, und die verzerrte Gruppe (en. *skewed group*), die neben der dominanten Untergruppe einige wenige Andersartige (en. *tokens*) enthält (Kanter, 1993, S. 209).

Aus Sicht von Kanter stellt das Verhältnis von Männern und Frauen in den höchsten Führungskräftepositionen eine verzerrte Gruppe dar: Die wenigen Frauen, die von einer Vielzahl männlicher Kollegen umgeben sind, erhalten den Status der „einzigen, gekennzeichneten Frau", werden also zu „Tokens" (Kanter, 1993, S. 207). Diese zunächst rein strukturelle Eigenschaft zieht zahlreiche Folgen für den Status und das Verhalten von Frauen als Führungskräfte nach sich, die Kanter zu drei verschiedenen Effekten aggregiert: Sichtbarkeit, Kontrast und Assimilation. Zunächst erhält die „Token"-Frau mehr Aufmerksamkeit und eine höhere Sichtbarkeit. Diese führt aber dazu, dass das physische Erscheinungsbild und das Aussehen, einschließlich der Kleidung, am stärksten beachtet werden, wohingegen ihr Können und ihre Erfolge in den Hintergrund gedrängt werden (Kanter, 1993, S. 216). Sie wird genau beobachtet und steht unter großem Druck, da jeder Fehler, den sie macht, nicht unbemerkt bleibt (Kanter, 1993, S. 210). Vom Unternehmen werden „Tokens" ausschließlich als Repräsentanten ihrer Gruppe, hier Frauen, behandelt (vgl. Kanter, 1993, S. 215) und jeder ihrer Handlung wird symbolische Bedeutung zugeschrieben (Kanter, 1993, S. 214). Nicht nur werden Frauen bei bestimmten Veranstaltungen als Vorzeigeobjekte der Öffentlichkeit vorgeführt (Kanter, 1993, S. 213), sondern wird in Meetings anstatt nach ihrer persönlichen Meinung vielmehr nach der Perspektive einer Frau (Kanter, 1993, S. 215) gefragt und diese auf Frauen im Allgemeinen generalisiert. Dies führt dazu, dass bei Problemen die Gründe häufig in der Person der Frau und nicht in der Situation gesucht werden (Kanter, 1993, S. 214). Weil die Anwesenheit eines „Token" das Bewusstsein der dominanten Gruppe sowohl für die Unterschiede zwischen ihnen und dem „Token" als auch für die Gemeinsamkeiten innerhalb der dominanten Gruppe erhöht, ist zudem die Tendenz zur Polarisierung zu beobachten. Von „Tokens" gehen für die Dominierenden die Gefahr aus, dass sie ihre Ansprüche streitig machen (Kanter, 1993, S. 222), was für Ausschlusstendenzen sorgt und die Polarisierung innerhalb der Managementgruppe vertieft. Durch diesen Kontrast unterstreichen „Token" die Kultur der dominanten Gruppe anstatt diese zu unterminieren (Kanter, 1993, S. 223). Die Assimilation wiederum bezieht sich darauf, dass „Tokens" ihr Verhalten den existierenden Stereotypen anpassen, um in der Gruppe eine größere Akzeptanz zu erlangen (Kanter, 1993, S. 211).

Die Gemengelage aus der Sichtbarkeit, dem Kontrast und der Assimilation verursacht eine Reihe von Spannungen. Frauen müssen eine hervorragende Leistung erbringen, um bei weiteren Beförderungen berücksichtigt zu werden, aber sie können es sich nicht leisten, ihre Fähigkeiten zur Schau zu stellen, um ihre männlichen Kollegen nicht zu brüskieren, auf deren Unterstützung sie angewiesen sind. Um diese Gratwanderung zwischen der erbrachten Leistung und der Anerkennung zu meistern, ist neben der berufsbezogenen Kompetenz ein politisches Feingefühl erforderlich, was vor allem den Einsteigerinnen fehlt und aus Sicht von Kanter einen Grund für die hohe Fluktuation von Frauen in Führungspositionen darstellt (Kanter, 1993, S. 219).

Der Status der Gekennzeichneten hat zur Folge, dass diesen Personen tendenziell Führungspositionen anvertraut werden, die sicher und routinebehaftet sind (Kanter, 1993 S. 55). Meist sind es auch Positionen mit einer niedrigen strategischen Relevanz, so dass die weiteren Aufstiegschancen so gut wie ausgeschlossen sind. Hinzu kommt, dass die Gekennzeichneten von der dominanten Gruppe eher gemieden werden, weil sie als schwierig oder unvorhersehbar in der Kommunikation gelten. Dies führt dazu, dass es „Tokens" deutlich schwieriger fällt, sich Respekt in hohen Führungspositionen zu verschaffen oder Macht durch Bündnisse und Allianzen zu erlangen, da sie aus den Netzwerken der dominanten Gruppe meist ausgeschlossen werden und im Unterschied zu ihren männlichen Kollegen selten Unterstützung finden können, weil andere Frauen in Spitzenpositionen selten sind (Kanter, 1993, S. 248). Daher entwickeln Frauen in „Tokens"-Positionen laut Kanter eine Präferenz für Beziehungen unter den Gleichgestellten, was ihre Karrieremöglichkeiten zusätzlich einschränkt (Kanter, 1993, S. 249).

Alles in allem führt der Status von Gekennzeichneten dazu, dass sie sich trotz ihrer Führungsposition in einer relativ ohnmächtigen Lage befinden (Kanter, 1993, S. 247). Ohne einen entsprechenden Handlungsspielraum und strategische Bedeutung, ohne innerbetriebliche Netzwerke tendieren die Gekennzeichneten zum herrischen Führungsverhalten und einer stärkeren Kontrolle ihrer Mitarbeiter*innen. Kanter führt dieses „Bossiness" auf die strukturelle Machtlosigkeit von Frauen zurück, begünstigt durch Verunsicherung und mangelnde Führungskompetenz sowie -erfahrung (Kanter, 1993, S. 202–204).

Nicht das Geschlecht, sondern der Status der Gekennzeichneten und die erlebte Macht-losigkeit rufen einen kontrollierenden Führungsstil, mangelnde Förderung der Unter-gebenen, mitunter auch destruktives Führungsverhalten hervor, um auf diese Weise den eigenen prekären Status zu kompensieren und die mögliche Bedrohung durch Mit-arbeitende abzuwenden (Kanter, 1993, S. 203 f., 248). In Folge ergeben sich aus der Situ-ation der „Tokens" sowohl organisatorische als auch soziale und persönliche Spannungen, die bei den Betroffenen zu einem erhöhten Leistungsdruck, Isolierung und psycho-logischem Stress führen (Kanter, 1993, S. 239).

Mit dem Konzept des Tokenism verdeutlicht Kanter, dass das Führungsverhalten von Frauen nicht durch individuelle Eigenschaften und erst recht nicht durch sogenannte „weibliche" Neigungen zu erklären ist, sondern hauptsächlich durch den strukturellen Minderheitenstatus innerhalb einer Organisation (Kanter, 1993, S. 264). Das Führungsver-halten von Frauen ist im Wesentlichen eine Reaktion auf die Struktur, hier, auf die zahlen-mäßig bedingte Minderheitenposition. Der Status quo kann durch eine Erhöhung des Frauenanteils abgeändert werden und so wesentlich zur Lösung zahlreicher Spannungen in Führungspositionen beitragen (vgl. Kanter, 1993, S. 239).

### 14.3.3 Theorie der Rolleninkongruenz

Die Theorie der Rolleninkongruenz (en. *role incongruity theory*) (Eagly & Karau, 2002) basiert auf der Annahme, dass die Beurteilung von Führungskräften auf impliziten und oftmals unbewussten Erwartungsmustern beruht. Es sind tradierte Vorstellungen darüber, wie eine gute Führungskraft auszusehen und wie sie zu handeln hat. Implizite Annahmen und Rollenvorstellungen betreffen auch die Geschlechter in Bezug darauf, was eine typi-sche Frau oder einen typischen Mann charakterisiert. Führungskräfte, deren Verhalten und Aussehen mit den Erwartungen der Betrachter übereinstimmen, ernten positive Be-urteilungen. Entsprechend gut schneiden auch Frauen und Männer ab, die sich gemäß der Geschlechterstereotype verhalten.

Zahlreiche Studien legen nahe, dass implizite Führungsvorstellungen nicht geschlechts-neutral sind, sondern Attribute enthalten, welche gemeinhin als männlich gelten. Unter-suchungen, in denen das sogenannte Bem Sex Role Inventory (Bem, 1974) eingesetzt wurde, eine in diesem Bereich häufig verwendete Methodik, belegen mehrfach, dass die Vorstellung von einer Führungskraft viel eher den Vorstellungen von einem Mann ent-sprechen; die weiblichen Eigenschaften spielen nur eine nachrangige Rolle. Auch eine mit Hilfe dieser Methodik im deutschen Raum durchgeführte Studie von Gmür (2004) zeigt, dass ideale Führungskräfte sowohl von den Arbeitstätigen als auch von den Studierenden vordergründig mit männlichen Eigenschaften beschrieben werden. Diese Tendenz nimmt sogar zu, wenn es um Beschreibungen von idealen Führungsfrauen geht (Gmür, 2004, S. 412). Diese und weitere Studienergebnisse belegen zum wiederholten Male, dass die impliziten Erwartungen hinsichtlich der Führungspositionen stark männlich geprägt sind und dass weibliche Führungskräfte im zweifachen Widerspruch zu den Rollenerwartungen stehen: Einerseits zu der Rolle einer Führungsperson und andererseits zu der Rolle einer Frau. Diese impliziten Erwartungen lassen sich mit dem geflügelten Sprichwort zusammenfassen: „think manager – think male" (Schein, 1973).

Die impliziten Annahmen über Führung und Geschlechterverhalten sind nicht nur beschreibend, sondern auch im höchsten Maße vorschreibend. Sie prägen nicht nur die Erwartungen, sondern auch das alltägliche Verhalten der sozialen Akteure. Da zwischen den Erwartungen, die an eine Frau und an eine Führungskraft herangetragen werden, eine große Diskrepanz festzustellen ist, sind aus Sicht von Eagly und Karau (2002) starke Vorurteile den weiblichen Führungskräften gegenüber zu erwarten, darunter eine tendenzielle Unterschätzung weiblicher Führungskräfte und eine schlechtere Einschätzung der Führungspotenziale für weibliche Führungsanwärter, auch wenn sie sich nicht anders benehmen als ihre männlichen Kollegen.

Eagly und Karau (1991) wenden sich in ihrer Studie der Frage zu, unter welchen Rahmenbedingungen sich die weiblichen und männlichen Führungskräfte in den führungslosen Gruppen herausbilden. Auf Basis einer Metaanalyse schlussfolgern die Autorinnen, dass in Gruppen ohne formelle Führer Männer häufiger Führungspositionen einnehmen. Allerdings stellen die Autorinnen hier einen Geschlechterunterschied fest: Während Männer vor allem in jenen Gruppen zu Führungspersonen werden, deren Zusammenarbeit auf eine kurze Zeit beschränkt ist und dessen Fokus auf Aufgaben liegt, für deren Erledigung keine intensive soziale Interaktion zwischen den Mitgliedern erforderlich ist, bilden sich Frauen als Führungskräfte dann heraus, wenn es um die Gruppen von längerer Dauer geht, die sozial anspruchsvolle Aufgaben zu meistern haben. Ihre Erkenntnisse begründen die Autorinnen mit der Geschlechtsrollentheorie: Verhalten, welches den gesellschaftlichen Geschlechtsstereotypen entspricht, führt zur Herausbildung der Führungsrolle. Die Aufgaben mit klarer Aufgabenfokussierung fördern eher die Führung durch männliche Gruppenmitglieder, während die sozial intensiven Aufgaben günstige Bedingungen für die stereotypen weiblichen Verhaltensweisen und damit die Führung durch Frauen schaffen. Ungeachtet interessanter Ergebnisse sind die Aussagen skeptisch zu werten, denn diese Studie reproduziert die Dualität zwischen Männern und Frauen einerseits und der Aufgabenorientierung und der Mitarbeiterorientierung einer Führungskraft andererseits.

### 14.3.4  Implizite Geschlechterquote

Der Ansatz der impliziten Geschlechterquote in Unternehmen adressiert die Frage, warum die Anwesenheit von Frauen in den Führungspositionen keine selbstverstärkende Dynamik entwickelt und nicht zu einem rapiden Anstieg der Frauenquote verhilft. Der eher ordinäre Weg hin zur Erklärung dieses Phänomens endet oft in solchen metaphorischen Stilblüten wie „Stutenbissigkeit" (z. B. Erpenbeck, 2004) oder das „Bienenköniginnen-Syndrom" von Frauen (Mavin, 2008). Dabei wird auf das Konkurrenzverhalten von Frauen in Führungspositionen abgestellt, die angeblich keine weiteren Frauen neben sich dulden und dagegen arbeiten, dass der Frauenanteil sich erhöht. Zwar ist die Konkurrenzorientierung dieser Frauen (wie auch jener Männer) nicht abzusprechen, aber der Versuch einer Erklärung ausschließlich über diese mutmaßlich individuelle Neigung von Frauen ist zugegebenermaßen schlicht. Neben dem „Tokenismus" oder der gekennzeichneten Frau nach Kanter (1993), in dem das sogenannte Konkurrenzverhalten von Frauen auf gruppenstrukturelle Gründe zurückgeführt wird, wie oben ausgeführt, stellt die implizite Geschlechterquote eine weitere, etwas differenziertere Perspektive dar. Hierbei handelt es sich um eine konkrete Vorstellung von Entscheidungsträger*innen über einen gerechtfertigten Frauenanteil in Unternehmen. Erreicht der Frauenanteil die als gerechtfertigt angesehene Grenze der Akzeptanz, werden weitere Frauen abgelehnt, um die gefühlte Balance nicht zu gefährden. Im Ergebnis sinkt die Wahrscheinlichkeit für weitere Frauen, Führungspositionen einzunehmen, nachdem diese bereits mit Frauen besetzt wurden. Dezsô et al. (2016) sind die ersten, die dieses Phänomen als „implizite Geschlechterquote" bezeichnen und es als eine Hürde für den beruflichen Aufstieg von Frauen diskutieren. Ihren Ansatz untermauern die Forscher (allesamt Männer) mit empirischen Daten aus 1500 US-amerikanischen Unternehmen aus dem Zeitraum von 1992 bis 2011, mit deren Hilfe sie die Existenz einer impliziten Geschlechterquote und deren negative Wirkung für Frauenkarrieren bestätigen können. Es wirkt sich negativ auf die Einstellung weiterer Frauen in der Geschäftsführung aus, wenn bereits eine einzelne Frau eine gleiche oder ähnliche Stellung im Unternehmen innehat (Dezsô et al., 2016). Am Beispiel von Vorständen in privatwirtschaftlichen Betrieben mit über 50 Beschäftigten in Dänemark wird diese Tendenz auch in der Studie von Smith und Parrotta (2018) bekräftigt. Bereits wenige Frauen in Führungspositionen werden als „genug" und als eine erfüllte implizite Geschlechterquote angesehen. Nicht nur ist die Wahrscheinlichkeit niedrig, dass nach der Aufnahme der ersten Frau in das Managementteam eine weitere aufgenommen wird. Wenn einem Vorstand eine Frau vorsitzt, sind die Chancen für weitere Frauen noch schlechter. Hieraus kann man auch Befürchtungen erklären, die in Bezug auf die verpflichtende Geschlechterquote geäußert wurden. So geben manche Autor*innen zu bedenken, dass die Geschlechterquote zwar Unternehmen zu deren Einhaltung zwingt, aber weitere Bemühungen, den Anteil der Frauen über die Geschlechterquote hinaus zu steigern, eher unterminiert (Hansen et al., 2012). Die implizite Geschlechterquote wird zwar per Gesetz auf das Niveau des verpflichtenden Frauenanteils gehoben, eine freiwillige paritätische Besetzung der Führungsgremien wird aber nicht erreicht.

## 14.4   Soziale Konstruktion weiblicher Führungskräfte

Wie die Theorie der Rolleninkongruenz verdeutlicht, verursachen Frauen in Führungspositionen ein Spannungsverhältnis zwischen den Rollenerwartungen an Frauen und Führungskräfte. Mit Hilfe welcher sozialen Konstruktionen die Forschung und die sogenannte „Praxis" diesem Spannungsverhältnis beizukommen versucht, wird im Folgenden kurz dargestellt, wobei sich die Analyse auf die bekanntesten Beispiele solcher sozialer Konstruktionen beschränkt.

## 14.4.1 Frauen als Ressource

In der Diskussion um Führung und Frauen lassen sich mindestens zwei gegensätzliche Diskursstränge ausmachen. Neben der frauenbezogenen Managementforschung ist die managementbezogene Frauenforschung zu unterscheiden. Die eine fasst Frauen als eine ökonomische Ressource auf, von der Unternehmen profitieren können. Die zweite verortet das Thema im Kontext einer moralischen Wende hin zu einer gesellschaftlichen Gleichberechtigung.

Aus Sicht der frauenbezogenen Managementforschung stellen Frauen eine ökonomisch wertvolle Ressource dar, die es auszuschöpfen und nicht zu verschwenden gilt. Die Gleichstellung in den Organisationen lässt sich allein damit rechtfertigen, dass hierdurch eine Erschließung dieser bislang zu wenig beachteten Ressource möglich wird. Im Vordergrund der Diskussion stehen somit nicht Frauen, sondern die Leistung von Organisationen. Die Nutzung der Ressource Frauen verspricht zahlreiche Erträge, sei es Kreativitätsgewinne, Kompetenzerträge oder Legitimationszuwachs. Dieses Argumentationsmuster ist z. B. in der McKinsey-Studie zu sehen, deren Ergebnisse gern auf kurze, mediengerechte Slogans zusammengefasst wurden, wie „Performancesteigerung möglich durch mehr Frauen an der Spitze" (McKinsey & Company, 2007, S. 1) oder „Unternehmen, in denen am meisten Frauen in der obersten Führungsetage vertreten sind, sind am erfolgreichsten – sowohl in organisatorischer als auch in finanzieller Hinsicht" (McKinsey & Company, 2007, S. 12). Auch wenn dieser Studie eine Neuentdeckung des Themas Frauen und Führung in Deutschland zu verdanken ist, ist ihre ausschließliche Fokussierung auf die ökonomischen Effekte der Frauenbeteiligung in Unternehmen überaus einseitig und daher problematisch.

Der Komplexität von Führung und Frauen versucht die managementbezogene Frauenforschung gerecht zu werden. Dabei handelt es sich um eine mehr oder weniger feministisch geprägte Argumentation, bei der die Instrumentalisierung von Frauen für ökonomische Ziele grundsätzlich kritisch hinterfragt und die Aufmerksamkeit auf Mechanismen gerichtet wird, die für den Ausschluss von Frauen aus den Führungspositionen sorgen. Die managementbezogene Frauenforschung ist durch unterschiedliche Strömungen gekennzeichnet, die jeweils ihre eigenen Argumentationsmuster entwickeln. So unterscheiden Blessin und Wick (2014) in diesem Kontext drei wesentliche Theorien. Zum einen gehört hierzu die Gleichheitstheorie, welche auf der Grundannahme beruht, dass Frauen und Männer gleich und gleichwertig sind, so dass eine Gleichverteilung von Frauen und Männern in allen, darunter auch in den machtvollen Positionen, ein quasi natürlicher Zustand sein soll (Blessin & Wick, 2014, S. 309). Im Rahmen dieser Tradition wird stark für die Gleichstellungspolitik und die Maßnahmen der Frauenförderung plädiert. Die Differenztheorie zum anderen stellt hingegen auf die Unterschiede zwischen Frauen und Männern ab. Innerhalb dieser Theorie wird auf die (oftmals vermeintlichen) Eigenschaften und Verhaltensweisen von Frauen fokussiert, die Männer nicht haben und nicht erwerben können. Nicht selten werden die Übergänge zur frauenbezogenen Managementforschung fließend, insbesondere wenn auch hier die Nutzung der Potentiale von Frauen für die Wirtschaft in den Vordergrund gestellt wird (vgl. Blessin & Wick, 2014, S. 314–317). Die Dekonstruktion ist die dritte von den Autoren unterschiedene Theorie, die im Unterschied zu den ersten beiden darauf abzielt, die Situation der Frauen nicht als gegeben hinzunehmen, sondern als sozial konstruiert zu betrachten. Das Ziel besteht darin, die soziale Konstruiertheit der Vorurteile, Vorannahmen oder Einschätzungen, die oftmals als selbstverständlich und quasi natürlich daherkommen, aufzudecken und ihre internen Widersprüche offenzulegen. Große Bedeutung kommt im Rahmen des dekonstruktiven Paradigmas den historischen Studien zu, weil damit die Kontingenz und die grundsätzliche Möglichkeit von Alternativen für vorliegende soziale Verhältnisse offensichtlich werden (Blessin & Wick, 2014, S. 318). So zeigt Hausen (1976) in ihrer Studie „Die Polarisierung der ‚Geschlechtscharaktere'– Eine Spiegelung der Dissoziation von Erwerbs- und Familienleben", dass die verallgemeinerten Charaktere von Frauen und Männern erst am Ende des 18. Jahrhunderts entstanden sind. Davor wurden Frauen und Männer je nach Land und Stand ganz unterschiedlich aufgefasst. Erst im 18. Jahrhundert wurden die Ideal- bilder der „Weiblichkeit" und der „Männlichkeit" erfunden. Die Fabrikation des Weib- lichen im Sinne eines „anderen Geschlechts", wie Simone de Beauvoir es betitelt, nahm ihren Lauf (Hausen, 1976, S. 369) und allmählich wurden „Geschlechtsunterschiede" na- turalisiert. Damit wurde ein Grundstein für die soziale „Geschlechtsfabrikation" gelegt, die sich in geschlechtsspezifischen Zuordnungen von Eigenschaften widerspiegelte, wie Emotionalität als ein Attribut der Frauen und Rationalität als eine männliche Charakter- eigenschaft (Krell & Weiskopf, 2006, S. 75). Die Autorin zeigt, dass aus dieser Zeit auch die räumliche Geschlechterzuordnung stammt: Die Frau wird in den Bereich der Familie, des Privaten eingeordnet, während der Mann für den öffentlichen, beruflichen und politi- schen Bereich zuständig gemacht wird (Hausen, 1976).

## 14.4.2   Frauen als „andere" Führungspersonen

Es ist noch nicht lange her, dass m(M)an den Frauen unterstellte, den Anforderungen einer Führungsposition grundsätzlich schlechter gerecht werden zu können als Männer aufgrund der fehlenden „männlichen" Eigenschaften, wie Konkurrenzorientierung, Unabhängig- keitsstreben oder Ansporn. Frauen und weibliches Verhalten hingegen seien für Leitungs- positionen weniger geeignet, weil sie nur geringen Ehrgeiz und niedrig ausgeprägten „Führungshunger" an den Tag legen (vgl. Bowles & McGinn, 2005, S. 195). Entsprechend fehle es Frauen an Verbissenheit und Motivation, Führungspositionen zu ergattern. Mit solchen vorurteilsbehafteten Aussagen wurde jahrelang nicht nur eine andersartige, son- dern eine per se führungsdefizitäre weibliche Persönlichkeit konstruiert.

Zahlreiche Studien belegen die Wirksamkeit solcher Vorstellungen, die den Frauen an- dere Charaktereigenschaften als den männlichen Führungspersonen zuschreiben. In einer Studie gelang es Rodler und Koautoren (2001) sowohl die Ausprägung der Geschlechter- stereotype bei den Führungspositionen als auch deren Wandel über mehrere Jahre darzustellen. In einer Inhaltsanalyse von Todesanzeigen, verfasst von den Arbeitgebern der verstorbenen Führungskräfte, die zwischen 1974 und 1998 in vier deutschsprachigen Tageszeitungen veröffentlicht wurden, stellten die Forscher fest, dass weibliche und männliche Führungskräfte häufig unterschiedlich beschrieben wurden. Während die Traueranzeigen die verstorbenen, weiblichen Führungskräfte deutlich häufiger als „verehrungswürdig", „engagiert", „fürsorglich" und „treu" oder als „Wegbereiter" bezeichneten, hoben die analysierten Todesanzeigen bei den männlichen Führungspersonen vor allem die „Expertise", „Kameradschaftlichkeit" und „Verdienste" hervor. Allerdings wurden die Beschreibungen der Führungskräfte beider Geschlechter zwischen 1992 und 1998 zunehmend ähnlicher, da für Frauen stärker „männliche" Attribute angewandt wurden. Die Autoren schlussfolgern, dass die verstorbenen Führungskräfte vor allem über ihr Geschlecht charakterisiert wurden, wobei diese geschlechtsbezogene Stereotypisierung der Führungskräfte auf Dauer abnahm.

Die Andersartigkeit von weiblichen Führungskräften schlägt diskursiv mitunter auch in die gegenteilige Position aus: Den Frauen wird ein überaus männliches Verhalten unterstellt, was solche Metaphern, wie „Bossiness" (Kanter, 1977), „Stutenbissigkeit" (vgl. Erpenbeck, 2004) oder das „Bienenköniginsyndrom" (en. *queen been syndrom*) (Kanter, 1977, S. 230; Mavin, 2008) zum Ausdruck bringen. Wir haben bereits oben darauf verwiesen, dass Kanter (1993) dieses Verhalten als typisch für Frauen wie für Männer ansieht, die sich in den machtlosen Positionen befinden. Auch eine Unterstellung, dass Frauen zu „männlich" seien, gereicht nicht zu deren Vorteil. So zeigen die Untersuchungen von Bosak und Sczesny (2011) oder von Katila und Eriksson (2013), dass weibliche Führungskräfte zunehmend mit maskulinen Eigenschaften assoziiert werden, weswegen sie aber kritischere Urteile ernten. Während männliche Top-Manager von den Studierenden als charismatische und kompetente Persönlichkeiten dargestellt werden, galten Top-Managerinnen als weniger emphatisch (Katila & Eriksson, 2013, S. 81).

Diese Vorstellungen bedient auch das Konstrukt der sogenannten „Alpha-Frau" (en. *alpha female*), eine weitere Entwicklung der sozialen Konstruktion weiblicher Führungskräfte. In Anlehnung an das populärbiologische „Alpha-Tier" als Gruppenführer, der das Reproduktionsverhalten seiner Gruppe dominiert, wird insbesondere in der US-amerikanischen Literatur neben dem Alpha-Mann auch die Alpha-Frau thematisiert (z. B. Kindlon, 2006). Damit wollen die Autor*innen an der sich ändernden sozialen Rolle von Frauen in den westlichen Gesellschaften anknüpfen (Ward et al., 2010, S. 309) und den Frauen solche Eigenschaften der Alpha-Menschen, wie Extraversion, Motivation und Führungswillen (Kindlon, 2006), aber auch soziale Aggressivität und Dominanz (Hawley et al., 2008), zuschreiben. Es wurde zudem ein Messinstrument entwickelt, welches die Alpha-Frauen zu diagnostizieren erlaubt. Der Messvorschlag von Ward und Koautoren (Ward et al., 2010) besteht aus 14 Aussagen, die drei Faktoren abdecken („Führung", „Stärke" und „Niedrige Introversion"). Um einen Eindruck von diesem Instrument zu gewinnen, sind einige der verwendeten Items in Tab. 14.2 aufgeführt.

**Tab. 14.2** Beispielitems aus der Skala zur Alpha-Führung

| Faktoren | Aussagen |
|---|---|
| „Führung" | Führung ist meine Bestimmung. |
| | Ich mag es, Gruppen zu führen. |
| „Stärke" | Ich denke, ich bin hartnäckig. |
| | Ich bin stärker als die meisten Mädchen, die ich kenne. |
| „Niedrige Introversion" | Ich betrachte mich eher als schüchtern. (negativ gepolt) |
| | Lieber bin ich „hinter der Bühne" als vorne. (negativ gepolt) |

Quelle: Ward et al. (2010, S. 314); eigene Übersetzung

Den Autoren zufolge kann das Instrument vor allem bei Personalentscheidungen, wie der Auswahl neuen Personals, eingesetzt werden. Die Frage der sozialen Erwünschtheit, die bei solchen Aussagen eine wichtige Rolle spielt, thematisieren sie jedoch nicht. Bedenklich ist auch der Umstand, dass das Grundkonzept der Alpha-Frau und dessen implizite Annahmen nicht hinterfragt werden. Dabei zeigt sich bei einer genaueren Betrachtung, dass das Konzept der Alpha-Frau eine „ge-genderte" Auferstehung der als überholt geglaubten Eigenschaftstheorie der Führung darstellt, weil es auf unveränderlichen, individuellen Dispositionen beruht, die den Führungserfolg („Alpha-Führungserfolg") alleine herbeiführen und die mit naturwissenschaftlich anmutenden Messmethoden diagnostiziert werden können.

### 14.4.3 „Weibliche Führung"

Ein weiteres stereotypenentlehntes Konstrukt betrifft die sogenannte „weibliche Führung" oder den „weiblichen Führungsstil". Die Frage, ob weibliche Führungskräfte anders führen als männliche, beschäftigt die Sozialwissenschaftler*innen seit den siebziger Jahren des vergangenen Jahrhunderts. Die Idee einer „weiblichen Führung" kann auf den Artikel von Rosener (1990) zurückgeführt werden, in dem sich die Autorin der Frage widmet, wie Frauen führen. Nicht nur legt Rosener mit dem Titel ihrer Publikation einen Grundstein für die Debatte, dass Frauen anders führen als Männer. In ihrer Publikation entwirft sie auch die wesentlichen und einflussreichen Konturen eines vermeintlich atypischen, da nicht männlichen, Führungsstils, den Frauen in den Führungsetagen praktizieren und damit Erfolge erzielen. Statt zu befehlen und zu kontrollieren, womit Rosener den männlichen Führungsstil meint, legen Frauen aus Sicht der Autorin einen anderen, durch die weibliche Sozialisation geprägten Führungsstil an den Tag, den sie „interaktive Führung" (en. *interactional leadership*) nennt. Dieser Führungsstil fokussiert aus Sicht von Rosener auf a) Partizipation und Beteiligung der Mitarbeiter*innen, auch um die Zugehörigkeit zur Abteilung oder geführten Gruppe zu erhöhen, b) Macht- und Informationsteilung mit Mitarbeiter*innen, c) Erhöhung des Selbstwertes der Mitarbeiter*innen und d) Motivierung der Mitarbeiter*innen durch eine Art Ansteckung mit dem eigenen

Enthusiasmus (Rosener, 1990). Zudem würden aus Sicht der Autorin die weiblichen Führungskräfte eher einen transformationalen Führungsstil pflegen, während die männlichen Führungskräfte dem transaktionalen Führungsstil anhängen (zur Unterscheidung zwischen der transaktionalen und transformationalen Führung siehe Kap. 2 in diesem Buch). Wenig beachtet wurde nur, dass diese Schlussfolgerungen nicht auf beobachteten Verhaltensweisen basieren, sondern sich ausschließlich auf die Selbstbeschreibung der von Rosener befragten Führungskräfte beziehen. Dass darin die Geschlechterstereotype reproduzieren wurden, soll kaum überraschen, tendieren Vertreter*innen beider Geschlechter doch dazu, ihr Verhalten entsprechend den kulturellen Erwartungen auszurichten (Briskin, 2006, S. 365). Dessen ungeachtet wurde die Veröffentlichung von Rosener breit rezipiert, in akademischen wie in praxisbezogenen Bereichen. Das Konstrukt der „interaktiven Führung" wurde kurzerhand mit der weiblichen Führung gleichgesetzt und büßt bis heute kaum an seiner Popularität ein.

In zahlreichen Studien wurde die Annahme, dass der weibliche Führungsstil vom männlichen Führungsstil zu unterscheiden ist und der transformationalen Führung nahekommt, weiter bestärkt und damit popularisiert (Eagly & Carli, 2003; Briskin, 2006; Wunderer & Dick, 1997). Der transformationale Führungsstil wird mitunter nicht nur als eine Besonderheit weiblicher Führung hervorgehoben, sondern als jener Führungsstil stilisiert, der für Frauen besonders geeignet und vorteilhaft ist, umfasst er doch Verhaltensweisen, die mit den Rollenerwartungen an Frauen stark korrespondieren (Eagly & Carli, 2003, S. 825). Zugleich wird die weibliche-transformationale-interaktive Führung für die Wirtschaftspraxis instrumentalisiert: Bereits Rosener (1990) verwies darauf, dass die interaktive Führung in Zeiten des Wandels erfolgreicher ist als die herkömmlich männliche Führungsart. Dem pflichten auch Loden (1988) und Helgesen (1991) bei, indem sie darauf hinweisen, dass „der männliche Führungsstil" in die Krise geführt hatte und selbst an Ansehen verloren hat. Auch manche Autorinnen im Bereich industrieller Beziehungen lassen sich zur Behauptung verleiten, der weibliche Stil könne Gewerkschaften vor dem Scheitern bewahren oder diese zu neuem Leben erwecken, sorgt er doch für eine zunehmende Demokratisierung der Gewerkschaften und Gleichbehandlung marginalisierter Mitgliedergruppen (Briskin, 2006, S. 376).

Die Kritik des Konzepts der „weiblichen Führung" bleibt jedoch nicht aus. Auf der einen Seite wird die Aussagefähigkeit der „weiblichen Führung" hinterfragt. So weist Wajcman (1998) in ihrer Studie darauf hin, dass der konkrete Führungsstil nicht vom Geschlecht der Positionsinhaberin abhängt, sondern vielmehr von den Rahmenbedingungen innerhalb der Organisationen. Unter ähnlichen Rahmenbedingungen handeln weibliche wie männliche Führungskräfte ähnlich (Wajcman, 1998, S. 159). Zum Beispiel führen Frauen wie Männer in den „raueren" Zeiten oder unter Kostenstrategie eher bestimmend und kontrollierend, wohingegen unter restriktionsfreieren Rahmenbedingungen ein partizipativer Führungsstil zu beobachten ist. Das nachfolgende Zitat aus einer wöchentlichen Kolumne im Zeit-Magazin bringt diese Bedenken gut auf den Punkt:

„Dass es so etwas wie „weiblichen Führungsstil" gibt, bezweifle ich. Bei den weiblichen Führungskräften, die ich aus der Nähe beobachten durfte, habe ich, abgesehen von der Kleidung, nie einen weiblichen Stil feststellen können. Die waren wie männliche Chefs. Manche bekamen Wutanfälle und brüllten herum. Andere waren die Höflichkeit in Person. Auch Faulheit oder Fleiß scheinen nicht durch den Östrogengehalt im Blut vorherbestimmt zu sein" (Martenstein, 2012).

Auf der anderen Seite wird die stereotypenreproduzierende Wirkung der „weiblichen Führung" kritisiert. So bezeichnen Krell und Weiskopf die Gegenüberstellung des maskulinen und des weiblichen Führungsmodells bei Loden (1988) als eine weitere Polarisierung und damit Naturalisierung der gängigen „Geschlechtscharaktere", mit dem Unterschied, dass die als „männlich" angesehenen Merkmale nun abgewertet und jene als „weiblich" geltenden Attribute aufgewertet werden (Krell & Weiskopf, 2006, S. 80). Zugleich betonen sie, dass die Aufwertung „weiblicher" Führungsqualitäten nicht zu einer besseren Positionierung von Frauen in Organisationen führt. Vielmehr mündet die Debatte um den „weiblichen Führungsstil" in Appelle an die männlichen Führungskräfte, ihren traditionellen Führungsstil zu reformieren und mit den „weiblichen" Elementen aufzuwerten (Krell & Weiskopf, 2006, S. 80). Das Konzept der „weiblichen Führung" und der um dieses Konzept entstandene Diskurs dient, so die Autoren, vielmehr einer Machtausübung durch die Subjektivierung der weiblichen Führungskräfte. Indem dieser Diskurs ein bestimmtes Identitätsangebot für weibliche Führungskräfte konstruiert, hält er die stereotypen Vorstellungen von vermeintlich weiblichen und männlichen Verhaltensweisen in den Führungsetagen aufrecht und sorgt für einen Ausschluss von Personen, die von diesen Identitätsangeboten abweichen (Krell, 2004, S. 388).

In den diskursiven Sog der vermeintlich weiblichen Eigenschaften oder Verhaltensweisen werden auch ursprünglich überaus reflektierte Ansätze einbezogen. Dazu können die Überlegungen zu geschlechtsspezifischen Beeinflussungsstrategien in Organisationen gezählt werden, die Morgan (2000) in seinem berühmten Werk „Bilder von Organisationen" auslotet. In der Darstellung der Organisation als einer mikropolitischen Arena nimmt der Autor an, dass sich Frauen, nicht anders als Männer, im Machtgefüge einer Organisation zu behelfen wissen, indem sie auf (geschlechts-)spezifische Einflusstaktiken zurückgreifen. Damit vertritt der Autor die Annahme, dass Frauen in Organisationen keinesfalls machtlos sind, aber ihre Taktiken der Beeinflussung anders als die der männlichen Kollegen sind. Neben den acht „männlichen" mikropolitischen Strategien unterscheidet Morgan neun Strategien, die er als „weiblich" bezeichnet und für die in den meisten Fällen berühmte weibliche Persönlichkeiten Patinnen gestanden haben, wie Dalila („Setze deine Verführungskünste ein und gewinne Leute in Schlüsselpositionen [...] für dich!"), Johanna von Orleans („Nutze die Macht der gemeinsamen Sache, um dich über die Tatsache hinwegzusetzen, dass du eine Frau bist, und sichere dir allgemeine männliche Unterstützung zu!") oder Königin Elisabeth I („Regiere mit starker Hand und umgib dich so weit wie möglich mit unterwürfigen Männern!") (Morgan, 2000, S. 263 ff.) (vgl. auch die mikropolitischen Strategien im Kap. 8 des Buches). Immerhin weist Morgan selbstkritisch darauf hin, dass die aufgeführten Strategien lediglich Rollenklischees darstellen (Morgan,

2000, S. 263). Aus seiner Sicht hat nicht die Geschlechtszugehörigkeit, sondern die Wahl der konkreten Einflussstrategien damit zu tun, wie viel Einfluss die konkrete Person in ihrer Organisation hat (Morgan, 2000, S. 265). Dass in Organisationen vorstrukturierte Machtpositionen existieren und dass für manche Teilnehmende von vornherein unterschiedliche Regeln gelten als für andere, thematisiert er allerdings nicht.

## 14.5    Frauen in Führungspositionen: Zwischen gläserner Decke und gläserner Klippe

Die nächsten Ausführungen adressieren zwei Ausgrenzungsmechanismen von weiblichen Führungskräften in der Unternehmenspraxis. Metaphorisch werden diese Mechanismen als „gläserne Decke" und „gläserne Klippe" bezeichnet. Ergänzend besprechen wir auch die in der Forschung vorgeschlagene Metapher eines „Labyrinths".

### 14.5.1  Gläserne Decke

Einer großen Popularität in Verbindung mit Frauen und Führung erfreut sich die sogenannte „gläserne Decke" (en. *glass ceiling*). Es stellt kein wissenschaftliches Konzept, sondern eine einprägsame Metapher dar, die dazu herangezogen wird, die Unterrepräsentation von Frauen in den hierarchisch höheren Führungspositionen zu erklären. Die gläserne Decke verweist auf eine unsichtbare Hürde, die die Frauen daran hindert, bis an die Spitze der Hierarchie hinaufzusteigen (Benschop & Brouns, 2009), und zwar nicht aufgrund ihrer individuellen Unzulänglichkeiten, sondern alleine ihres Geschlechts wegen. Unter der gläsernen Decke werden jegliche Karrierehindernisse für Frauen und Minderheiten verstanden, die die Diskriminierung am Arbeitsplatz widerspiegeln (Cotter et al., 2001, S. 656). Die Metapher der gläsernen Decke in Bezug auf die weiblichen Führungskräfte wird dem sogenannten „gläsernen Aufzug" (en. *glass escalator*) gegenübergestellt, der sich auf die männlichen Führungskräfte bezieht und deren unbeschwerten, aber genauso unsichtbaren Weg auf der Karriereleiter zu versinnbildlichen sucht (Williams, 1992).

Der Ursprung der „gläsernen Decke" wird auf 1986 datiert, als Hymowitz und Schellhardt (1986) es zum ersten Mal in ihrem Artikel über das Nicht-Vorankommen von Frauen auf der Karriereleiter erwähnten. Bald wurde es von akademischen Autor*innen übernommen und erfuhr auch in der wissenschaftlichen Diskussion eine starke Beachtung. Die wesentlichen Gründe für die gläserne Decke werden auf drei Ebenen angesiedelt: strukturelle Barrieren (Diskriminierung, Entlohnungsunterschiede und Arbeitsorganisation, wie Teilzeit), kulturelle Barrieren (Netzwerke und Beziehungen, Stereotype und Vorurteile) und personelle Barrieren (Selbstunterschätzungssyndrom, exkludierende Haltung unter den Männern) (Preißing, 2019, S. 58 ff.).

In ihrer Forschungsübersicht unterscheiden Benschop und Brouns (2009) drei Verwendungsarten des Begriffs in der akademischen Literatur:

1. Die gläserne Decke als Erklärungsansatz für die Unterzahl von Frauen in den Top-Positionen von Unternehmen wie auch für die niedrigeren Frauengehälter. Manche Autor*innen sprechen gar von einer „Theorie der gläsernen Decke" und stellen auf die Besonderheiten dieser Theorie im Vergleich zu anderen Ansätzen ab (Cotter et al., 2001).
2. Auseinandersetzung mit dem ontologischen Status der gläsernen Decke und ihren Folgen. Dabei wird angenommen, dass eine gläserne Decke nicht real existieren muss, sondern die Wahrnehmung ihrer Existenz bereits ausreicht, um die Effekte herbeizuführen.
3. Die gläserne Decke als ein Etikett oder ein Schlagwort, welches erwähnt wird, ohne sich ernsthaft darauf zu beziehen. Als ein „Eyecatcher" dient die Metapher primär der Aufmerksamkeitssteigerung. Ein paar Beispiele für solche Arbeiten erwähnen Benschop und Brouns in ihrer Studie (2009, S. 264).

Zur Identifizierung der Effekte der gläsernen Decke am Arbeitsplatz schlagen Cotter und andere (2001) vier Kriterien vor: 1) Existenz von geschlechtsbezogenen Ungleichheiten bzw. Minderheiten, die nicht auf die Aufgaben zurückgeführt werden können, 2) Vergrößerung der geschlechtsbezogenen Ungleichheiten mit steigender Hierarchiestufe, 3) Verhinderung des Aufstiegs für konkrete Individuen und 4) die mit zunehmender Karriereerfahrung steigende Differenzierung aufgrund des Geschlechts.

Benschop und Brouns (2009) nehmen einen Messversuch für die gläserne Decke kritisch in den Blick. Es geht um den Index der gläsernen Decke (en. *glass ceiling index*), welcher vom niederländischen Ministerium für Arbeit und Soziales eingeführt worden ist, um die Situation in einheimischen Betrieben zu erfassen. Dabei handelt es sich um ein quantitativ angelegtes Instrument, welches die Ausprägung der gläsernen Decke in den einzelnen Unternehmen messen soll. Hierfür werden zwei Merkmale erfasst: die Anteile der Frauen aus den zwei höchsten Hierarchieebenen in Unternehmen und die Anteile der Frauen in der Gruppe der Höchstverdienenden sowie in der Gruppe darunter. Die Ausprägung der gläsernen Decke bemisst sich nach der Diskrepanz zwischen diesen zwei höchsten Ebenen: je unterschiedlicher die erfassten Anteile, umso stärker die gläserne Decke. Ironischerweise wird eine „schwache" gläserne Decke dabei auch den Unternehmen bescheinigt, in denen Frauen in beiden betrachteten Hierarchieebenen kaum vertreten sind (Benschop & Brouns, 2009, S. 267). Solche handwerklich-dilettantischen Messfehler führen die Autor*innen auf die Metapher der gläsernen Decke selbst zurück, die, buchstäblich gedeutet, eine greifbare und messbare Hürde suggeriert, welche behoben werden kann, sobald sie festgestellt wird. Ungeachtet dieser Kritik legt die Studie von Weissenrieder und anderen (2017), durchgeführt in der Logistikbranche, nahe, dass die gläserne Decke keine Annahme, sondern weiterhin existent und aktuell ist sowie quantitativ gemessen werden kann.

Die Metapher der gläsernen Decke verleitet aus Sicht der Autor*innen jedoch zu Denkweisen und Methoden, die der Komplexität der Lage nicht gerecht werden können. Das Konzept diene vielmehr einer Komplexitätsreduktion als einem verbesserten Verständnis für die genannten Probleme (Benschop & Brouns, 2009, S. 267). Ähnlich kritisieren auch Calás und Smircich (1996) die gläserne Decke. Statt die Komplexität des Themas Frauen in Führungspositionen zu adressieren, bedient sich das Konzept einer einfachen bildhaften Vorstellung, vermag es aber kaum zu erklären. Ferner bemängeln die Autorinnen, dass das Konzept der gläsernen Decke die Aufmerksamkeit auf die Probleme der wenigen, vergleichsweise privilegierten Frauen mit Führungsansprüchen richtet, wohingegen die Situation der schlechter situierten Frauen am Fuße der unternehmerischen Hierarchie außen vor gelassen wird. Zudem erweist sich das Konzept der gläsernen Decke als theoretisch substanzlos, da die der Metapher zugrundeliegenden Machtprozesse, wie maskuline Arbeits- und Leistungskulturen oder der maskuline Widerstand, sowie deren Effekte in Organisationen ausgeklammert bleiben (Benschop & Brouns, 2009, S. 268). Es ist weder klar, wie die gläsernen Decken in einem Unternehmen zustande kommen, noch wie viele davon in einem Unternehmen existieren können. Stattdessen wird Indizienforschung betrieben, indem die Existenz der gläsernen Decke aus solchen indirekten Hinweisen, wie Gehaltsunterschiede, abgeleitet wird (Benschop & Brouns, 2009, S. 263).

Diese Unzulänglichkeiten der gläsernen Decke erwidern Eagly und Carli (2007, S. 62–71) mit dem Vorschlag einer weiteren Metapher, und zwar die des Labyrinths. Aus Sicht der Autorinnen fasst die gläserne Decke das eigentliche Problem viel zu eng, weil sie sich ausschließlich auf die höheren oder die höchsten Führungspositionen bezieht. Dabei begegnen Frauen zahlreichen Hindernissen nicht nur auf ihrem Wege zu den obersten Hierarchieebenen, sondern in ihrem gesamten Karriereverlauf. Die Autorinnen sind der Meinung, dass die Komplexität der Karriereverläufe von Frauen mit Hilfe der Metapher eines Labyrinths besser abgebildet werden kann. Wie in einem Labyrinth, passieren Frauen auf ihrem Weg nach oben zahlreiche Kreuzungen, bei denen man im Vorfeld nicht weiß, welche Folgen die getroffenen Entscheidungen nach sich ziehen. Den Weg ins Zentrum säumen zahlreiche Hindernisse, wie Vorurteile, diskriminierende Gehalts- und Beförderungsstrukturen oder der Ausschluss aus wichtigen Netzwerken, aber auch Irrwege, die in die Sackgassen oder direkt ins Abseits führen. Schlussendlich gelingt es nur wenigen Frauen, einen Weg ins Zentrum der Macht zu finden und eine angestrebte Karriere als Führungskraft zu absolvieren. Laut Carli und Eagly (2016) ist der analytische Vorteil der Labyrinthmetapher darin zu sehen, dass sie die gesamten Erwerbskarrieren von Frauen in den Blick nimmt, anstatt sich nur auf den Berufseinstieg oder die fortgeschrittenen Stadien zu beschränken. Auch wohnt dieser Metapher eine optimistische Botschaft inne: die Hindernisse sind zu erwarten, und zwar zahlreich und im gesamten Verlauf des Erwerbslebens, sie sind aber nicht unüberwindbar (Carli & Eagly, 2016, S. 518). Um den richtigen Weg im Labyrinth herauszufinden, bedarf es Ausdauer, Navigationskünste und Bemühungen. Auf diese Weise wird mit Hilfe der Labyrinthmetapher weder die Situation alleine, noch die individuelle Person für das berufliche Scheitern verantwortlich gemacht, sondern die gesamte Konfiguration vielfältiger Umstände und getroffener Entscheidungen.

## 14.5.2 Gläserne Klippe

Die unsichtbare Hürde in Form der gläsernen Decke, mit der weibliche Führungskräfte auf dem Weg zur höchsten Führungsebene konfrontiert werden, kann unter Umständen behoben werden. Zu solchen Umständen gehören beispielsweise Unternehmenskrisen. Das adressiert ein weiteres metaphorisches Konzept zu Führung und Frauen: die gläserne Klippe (en. *glass cliff*). Die Idee geht auf die Veröffentlichung der britischen Autor*innen Ryan und Haslam (2005) zurück, in der sie der Annahme nachgehen, dass jene Frauen, die die gläserne Decke durchbrechen, in prekären und risikoreichen Positionen landen, sich also auf eine gläserne Klippe begeben. Das Konzept ist ein Versuch, sich mit den konkreten Praktiken der geschlechtsbezogenen Stellenbesetzung und den Mechanismen der Exklusion in den obersten Führungsetagen auseinanderzusetzen.

Im Gegensatz zum Vorurteil, dass Frauen in Vorstandspositionen die Unternehmen gefährden (Judge, 2003), gehen Ryan und Haslam davon aus, dass der Misserfolg des Unternehmens günstige Rahmenbedingungen für den Aufstieg der weiblichen Führungskräfte bereitet. In ihrer Studie stellen sie fest, dass Unternehmen, welche Männer in die Position der Vorstandsvorsitzenden berufen, finanziell stabil sind, wohingegen die in den Vorstand aufgestiegenen Frauen mit Unternehmen zu tun haben, die bereits im Vorfeld eine schlechtere Leistung erbrachten (Ryan & Haslam, 2005, S. 86). Unternehmen, die längere Zeit keinen finanziellen Erfolg verbuchen können, befördern also häufiger Frauen in den Vorstandsvorsitz und bieten damit eine gläserne Klippe für die frisch Aufgestiegenen. In solchen prekären Führungspositionen ist es überaus schwer, erfolgreich zu sein. Wenn Frauen als Vorstandsvorsitzende scheitern, wird es ihnen aber allzu schnell individuell angelastet, anstatt die ungünstige Ausgangssituation in Betracht zu ziehen. Somit stellt die gläserne Klippe eine Beobachtung und zugleich einen Ansatz dar, den Misserfolg in Führungspositionen durch strukturelle Bedingungen zu erklären.

Die Existenz der gläsernen Klippe konnten die Autor*innen auch in Laboruntersuchungen feststellen, in denen sie den Untersuchungsteilnehmer*innen, in einigen Fällen Studierende, in anderen gestandene Manager*innen, eine(n) Nachfolger*in für den Vorstandsvorsitz wählen ließen (Haslam & Ryan, 2008). Mehrfach hat es sich bestätigt, dass die weiblichen Nachfolgerinnen von den Untersuchungsteilnehmern nur dann gegenüber den männlichen Kandidaten bevorzugt wurden, wenn der Entscheidung eine andauernde kritische Situation im Unternehmen vorausging und das Unternehmen bereits öffentliche Imageverluste erlitten hatte. Interessant ist auch das Ergebnis, dass die weiblichen Vorgängerinnen diesen Effekt reduzierten, so dass die weiblichen Führungskräfte bei weiblichen Vorgängerinnen sowohl für die harmlosen als auch für die kritischen Situationen gleichermaßen als Nachfolgerinnen in Frage kamen (Bruckmüller & Branscombe, 2011).

Die Autor*innen führen den Effekt der gläsernen Klippe auf mehrere Ursachen zurück. Zum einen sehen sie die impliziten Theorien über Führung und Geschlecht als potenziellen Erklärungsansatz an: Bei einer Krise werden die typisch „weiblichen" Eigenschaften, wie Kommunikationsfähigkeit oder Zuwendung zu Mitarbeiter*innen, im Gegensatz zu den typisch „männlichen" Attributen als wichtiger angesehen. Daher bieten Krisensituationen eine seltene Gelegenheit, bei der die impliziten Erwartungen an Frauen und an Führungskräfte ineinandergreifen können, ohne einen Rollenkonflikt zu verursachen (Ryan & Haslam, 2007, S. 558). Eine Bestätigung für diese Erklärung und für die Tendenz, Frauen als geeignete Führungskräfte unter Krisenbedingungen anzusehen (en. *think crisis – think female*), wurde in mehreren experimentellen Studien erbracht (Ryan et al., 2011; Bruckmüller et al., 2014). Zum anderen wird angenommen, dass mit der weiblichen Besetzung des Vorstandsvorsitzes Unternehmen einen Wandel im Sinne einer Abkehr von den „männlichen" Werten und Zielen hin zu einer „weiblichen" und damit partizipations- und demokratieorientierten Ausrichtung signalisieren wollen, um ihren öffentlichen Ruf aufzubessern (Ryan & Haslam, 2007, S. 560). Drittens erklären die Autor*innen das Phänomen der gläsernen Klippe durch gruppendynamische Prozesse, insbesondere die gruppeninterne Vetternwirtschaft. In Männernetzwerken werden sowohl die begehrten Posten verteilt als auch Informationen über die prekären vakanten Positionen gegenseitig ausgetauscht, so dass diese für die weiblichen Führungskräfte vakant bleiben (Ryan & Haslam, 2007, S. 558).

Nichtsdestotrotz ist das Konzept der gläsernen Klippe nicht unumstritten, liegen einige Untersuchungen aus dem amerikanischen und europäischen Raum vor, die die Existenz der gläsernen Klippe bestreiten (Adams et al., 2009; Bechtoldt et al., 2019). Ryan et al. (2016) fassen das Ergebnis einer zehnjährigen Forschung zur Existenz der gläsernen Klippe als „gemischt" zusammen. Einige Analysen bestätigen die Annahmen der gläsernen Klippe, werfen aber auch neue Fragen auf. Gupta et al. (2020) belegen in ihrer Studie, dass Frauen ceteris paribus häufiger aus dem Vorstandsvorsitz entlassen werden als Männer, und zwar unabhängig vom Unternehmenserfolg, d. h. auch bei positiven Unternehmensergebnissen wird ihnen eher gekündigt als den männlichen Vorstandsvorsitzenden. Die Arbeit von Elsaid und Ursel (2018) untermauert zunächst die Existenz der gläsernen Klippe, weil Frauen in der untersuchten Stichprobe aus USA häufiger als Männer den Vorstandsvorsitz in prekären Situationen übernehmen. Zugleich zeigen die Ergebnisse aber, dass die eingesetzten Frauen trotz der prekären Ausgangslage länger in ihren Positionen verbleiben als Männer, was den Annahmen der gläsernen Klippe widerspricht und was die Autor*innen als Befürchtung um Imageverluste seitens des Unternehmens erklären. Main und Gregory-Smith (2018) stellen in ihrer Analyse zu UK-Unternehmen heraus, dass die in die Vorstände neu berufenen Frauen nicht nur kurzfristig Gefahr laufen, ihre Position zu verlieren, sondern auch langfristig kürzer im Vorstand verbleiben als Männer. Rigolini und Kolleginnen (2021) zeigen wiederum, dass wenn Frauen auf Männer in den Vorstandsvorsitz von Unternehmen folgen, die bereits von einer Krise gezeichnet sind, sich die Wahrscheinlichkeit einer Verbesserung für das Unternehmen erhöht. Die Besetzungen von Vorstandspositionen erweisen sich somit als komplex, multideterminiert und kontextabhängig, was den Bedarf nach weiteren empirischen Analysen unterstreicht.

## 14.6   Geschlechterquoten und ihre Folgen

Freiwillige oder verpflichtende Geschlechterquoten für Aufsichtsräte oder Vorstände in Unternehmen haben nicht nur gesellschaftliche und politische Brisanz weltweit erlangt, sondern entwickelten sich auch zu einem lebhaften Forschungsbereich. Es wurden verschiedene ländervergleichende Studien durchgeführt, die Gemeinsamkeiten wie Unterschiede zwischen den Ländern in Bezug auf die Ausgestaltung der Geschlechterquote untersuchen. So nehmen Mensi-Klarbach und Seierstad (2020) einen Vergleich von insgesamt zehn westeuropäischen Ländern in Bezug auf die länderspezifische Gestaltung der jeweiligen Quote vor. Die auf Basis von Dokumentenanalysen gewonnenen Ergebnisse legen nahe, dass es bei der gelungenen Einführung von Geschlechterquoten nicht darauf ankommt, ob die Quoten freiwillig oder verpflichtend sind, sondern vielmehr darauf, ob ein günstiger institutioneller Kontext (politische und gesellschaftliche Unterstützung) vorliegt, wie z. B. in Norwegen und Island. Eine ungünstige institutionelle Situation, wie das teilweise in Deutschland der Fall ist, führt nicht automatisch zu einer Verweigerung einer Geschlechterquote, vielmehr wirkt sie sich hemmend auf die Umsetzung der Quoten aus (Mensi-Klarbach & Seierstad, 2020).

Im Zuge der Ankündigung der gesetzlichen Regelungen zu Geschlechterquoten oder deren Umsetzung hat sich die Forschung zunehmend der Frage angenommen, welche Folgen eine höhere geschlechtliche Diversität oder eine verpflichtende Quotenregelung in den Aufsichtsräten und/oder Vorständen nach sich ziehen kann. Der Fall Norwegens als ein natürliches Experiment zog eine besonders starke Aufmerksamkeit von Forschenden auf sich, denn seit 2006 existiert hier eine verpflichtende Geschlechterquote für Verwaltungsräte in Höhe von 40 Prozent, für deren Nichteinhaltung durchaus sensible Strafen vorgesehen sind. Die seit 2016 geltende gesetzliche Geschlechterquote in Aufsichtsräten börsennotierter und paritätisch mitbestimmter Unternehmen in Deutschland regte ebenfalls eine Reihe an Untersuchungen zum Thema an. Die vorliegenden Studien zu den Folgen der Geschlechterquote behandeln verschiedene Facetten. Hier fassen wir die Ergebnisse zu den ökonomischen Auswirkungen der Geschlechterquote, den Folgen für die Repräsentanz von Frauen, der geschlechterspezifischen Einkommensdifferenz und der Arbeit in Führungsgremien zusammen.

In Bezug auf die Auswirkungen der Geschlechterquote auf die ökonomische Leistung von Unternehmen sind die Ergebnisse uneinheitlich. Während die McKinsey-Studie von 2007 (McKinsey & Company, 2007) einen positiven Zusammenhang zwischen der Diversität der Führungsgremien und dem Unternehmenserfolg postulierte, sind die vorliegenden empirischen Untersuchungen aus Norwegen keinesfalls derart eindeutig. Obgleich einige Studien einen negativen Effekt der Geschlechterquote auf das finanzielle Ergebnis von Unternehmen nahelegen (Ahern & Dittmar, 2012), wird in anderen Studien kein nennenswerter Einfluss der Geschlechterquote auf die kurzfristige unternehmerische Leistung festgestellt (Dale-Olsen et al., 2013), wohingegen die langfristigen ökonomischen Folgen zum Zeitpunkt der Studie nicht beobachtet werden konnten.

In Bezug darauf, inwiefern die gesetzlichen Geschlechterquoten die Repräsentanz von Frauen in den Führungsgremien erhöht haben, sind sich die Forschenden einig: Die verpflichtende Geschlechterquote geht mit einem Anstieg des Frauenteils einher. Die im Vorfeld der Quoteneinführung oftmals geäußerten Befürchtungen, keine qualifizierten Frauen für die Arbeit in den Verwaltungs- oder Aufsichtsräten finden zu können, erwiesen sich als unbegründet (Heidenreich, 2013). So bewirkte die Einführung der Geschlechterquote für die Verwaltungsräte in Norwegen einen rapiden Anstieg des Frauenanteils innerhalb von nur vier Jahren zwischen 2006 und 2010 von 18 Prozent bis zu erforderlichen 40 Prozent (Hoel, 2008; Hansen et al., 2012). Auch in Deutschland stieg der Frauenanteil in den Aufsichtsräten der vom Gesetz betroffenen Organisationen bereits im Jahr 2015 auf 22,6 Prozent und hat sich im Vergleich zum Jahr 2010 mehr als verdoppelt. Gleiche Tendenzen sind auch im kommunalen sowie kommunalpolitischen Bereich (Geys & Sørensen, 2019) sowie in den Parteien zahlreicher Länder zu beobachten (Schwindt-Bayer, 2009). Die Höhe der Geschlechterquote hat somit einen entscheidenden Einfluss auf die Repräsentanz von Frauen in den wirtschaftlichen wie politischen Führungspositionen.

Als eine der Folgen der Geschlechterquote für Aufsichtsräte wird die Erhöhung des Frauenanteils in den Vorständen oder im höheren Management diskutiert. Es wird vermutet, dass die in einem einzelnen Bereich vorherrschende Geschlechterquote einen Ausstrahlungseffekt auf die anderen Bereiche hat. Die Ergebnisse sind jedoch uneinheitlich: So zeigen Wang und Kelan (2013), dass die Geschlechterquote in den Aufsichtsräten einen positiven Effekt auf den Frauenanteil in den Vorständen hat. Kirsch und Wrohlich (2021) beobachten einen stärkeren Anstieg des Frauenanteils in den Vorständen der quotengebundenen Unternehmen Deutschlands als in den übrigen Top-200 Unternehmen. Gleichzeitig stellt Fleischer (2021) in Bezug auf den Frauenanteil keinen Ausstrahlungseffekt von den Aufsichtsräten auf die Vorstände deutscher Unternehmen fest.

In Zusammenhang mit Mehrfachmitgliedschaften von Frauen in den norwegischen Verwaltungsräten wird das Phänomen der „goldenen Röcke" (en. *golden skirts*) thematisiert. Dahinter verbirgt sich die Befürchtung, dass die Kandidatinnen, die über die nötige Erfahrung verfügen, viele Angebote für einen Posten im Verwaltungsrat erhalten und dadurch die Posten in Verwaltungsräten monopolisieren (Heidenreich, 2013). Die Studie von Huse (2011) bestätigt die Tendenz: in den Jahren 2007 bis 2010 hatten eher Frauen als Männer Mehrfachmandate (mehr als drei oder vier Verwaltungsratspositionen). Gleichwohl haftet dieser Diskussion ein diskriminierender Aspekt an, wurde z. B. der Effekt der „goldenen Hosen" bei männlichen Mehrfachmitgliedschaften niemals zum Thema gemacht, obwohl es eine durchaus verbreitete Aufsichtsratspraxis ist.

Eine weitere in Zusammenhang mit der Geschlechterquote betrachtete Thematik stellt der „gender pay gap" dar, der die Frage stellt, inwiefern die Geschlechterquoten zur Reduzierung der geschlechterbezogenen Gehaltsdifferenz führen. Maume und Kolleg*innen (2019) stellen in ihrer ländervergleichenden Studie, die auf einer Datenbasis aus dem Jahr 2010 beruht, fest, dass in den Ländern, in denen verpflichtende Geschlechterquoten existieren, der gender pay gap in den Führungsgremien niedriger ausfällt. Das bestätigen auch Bertrand und andere (2015) in ihrer Studie zu Norwegen. Die Einkommensunterschiede zwischen Männern und Frauen im Zeitraum von 1986 bis 2014 gehen durch die Geschlechterquote in den Verwaltungsräten leicht zurück (von 38 Prozent vor der Quotenregelung auf 28–32 Prozent danach). Die Einkommensunterschiede in den niedrigeren Hierarchieebenen bleiben allerdings bestehen.

Die Arbeitsweise der Führungsgremien gehört zu den am häufigsten untersuchten Folgen der Geschlechterquoten. Die früheren Studien, die unabhängig von den gesetzlichen Geschlechterquoten und meist im angelsächsischen Kontext durchgeführt wurden, legen nahe, dass ein größerer Frauenanteil in Aufsichtsräten eine stärkere Unabhängigkeit des Gremiums und eine häufigere Teilnahme an den Sitzungen bewirkt (Adams & Ferreira, 2009) oder gar die Diskussionen mit ethischen Standpunkten fördert und auf diese Art kurzsichtige und unethische Entscheidungen einschränkt (Arfken et al., 2004). Einige Autor*innen (z. B. Matsa & Miller, 2014; Rao & Tilt, 2016; Chen & Kao, 2021) argumentieren, dass ein größerer Frauenanteil im Vorstand zu einer stärkeren Beachtung der sozialen Verantwortung und Nachhaltigkeit führt, indem z. B. Arbeitsplatzsicherheit und die Interessen der Aktionär*innen sowie Kund*innen oder der Umwelt stärker in die Entscheidungen einbezogen werden. Bezogen auf die gesetzlichen Geschlechterquoten weisen die Studien übereinstimmend darauf hin, dass die neuen weiblichen Mitglieder sich gut in die Aufsichts- oder Verwaltungsräte integrieren und dazu beitragen, die Effizienz und Transparenz der Aufsichtsratsarbeit zu verbessern, z. B. durch gute Vorbereitungen oder eine Arbeitsatmosphäre, die ausführlichere Diskussionen unterstützt und Vorschläge des Vorstandes stärker hinterfragt (Schulz-Strelow, 2013; Kirsch & Wrohlich, 2021). Eine stärkere ethische Ausrichtung der Aufsichtsräte im Ergebnis der Geschlechterquoteneinführung konnte in diesen Studien allerdings nicht bestätigt werden, weder in der Privatwirtschaft (Kirsch & Wrohlich, 2021), noch in der Kommunalpolitik, weil ein größerer Frauenanteil in den politischen Führungspositionen keine Änderung von politischen Maßnahmen, sei es Steuerpolitik oder Spendenprogramme, nach sich zog (Geys & Sørensen, 2019).

## 14.7 Anwendungsfelder der Forschung zu Führung und Frauen

Die Diskussion um Führung und Frauen kann insgesamt als ein emanzipatorisches Projekt angesehen werden, in dessen Rahmen deutlich wird, dass die männliche Dominanz in den Führungsetagen nicht als gegeben, sondern als ein gesellschaftlich bedingtes Ergebnis aufgefasst werden kann, dessen Unausweichlichkeit hinterfragt und angezweifelt werden soll.

Im Unterschied zu manch anderen Führungstheorien besitzt nahezu alles, was zum Thema Führung und Frauen geäußert oder diskutiert wurde, eine unmittelbare Anwendungsrelevanz. Langjährige Diskussion um Frauen und Führung, auch auf politischer Ebene, hat schlussendlich auch hierzulande zu den gesetzlichen Regelungen zur Geschlechterquote geführt. Des Weiteren wurden und werden zahlreiche andere Vorschläge diskutiert, die zur Erhöhung des Frauenanteils unter den Führungskräften führen sollen. Diese Überlegungen beruhen vorwiegend auf der soziologisch informierten Perspektive, die das familiäre und arbeitsplatzbezogene Umfeld von Frauen als mitverantwortlich für die weibliche Unterrepräsentanz in den Führungsetagen betrachten. Es geraten Beschäftigungskonstellationen in den Blick, wie Teilzeitarbeit, oder defizitäre Betreuungsangebote für Kinder, die dazu führen, dass Frauen faktisch keine Entscheidungswahl haben, auch wenn sie Führungspositionen anstreben möchten.

Die nachfolgende Liste ist eine Zusammenfassung der wesentlichen bisher geäußerten Vorschläge dazu, wie Individuen, Organisationen und Gesellschaft zur Erhöhung des Frauenanteils beitragen können. Eine fundierte Übersicht darüber, welche Ausprägungen diese Vorschläge in der Unternehmenspraxis erfahren und welche Spannungsverhältnisse und Widerstände jeweils zu beobachten sind, bietet das von Krell und seinen Kollegen (2011) herausgegebene Band zum Thema.

## Maßnahmen zur Erhöhung des Frauenanteils in Führungsetagen

### Gesellschaftliche Maßnahmen:

- Stärkere Institutionalisierung der Kinderbetreuungsmöglichkeiten für Männer
- Enttabuisierung von familienbedingten Berufsunterbrechungen

### Organisationale Maßnahmen:

- Gender-reflektierte Kriterien für Personalselektion, -beurteilungen und Entlohnung
- Maßnahmen zur besseren Vereinbarkeit von Beruf und Familie (z. B. Kinderbetreuung)
- Flexible Arbeitszeiten für die oberen Führungsetagen
- Geschlechterdiversität in den oberen Führungsetagen, auch über die Geschlechterquoten hinaus
- Stellenangebote für Frauen jenseits der „weiblichen Bereiche"
- Karriere- und Mentoring-Programme für Mitarbeiterinnen und weibliche Führungskräfte
- Frauensensible Organisationskultur

### Individuelle Maßnahmen:
*Am Arbeitsplatz:*

- Kollegiale Verhandlung von Leistungserwarten in den Abteilungen

*Im privaten Bereich:*

- Gleiche Verteilung der häuslichen Pflichten zwischen Frauen und Männern
  Quelle: In Anlehnung an Simon und Hoyt (2019) sowie Krell et al. (2011) ◄

Als ein weiterer Anwendungsbereich des Themas Frauen und Führung kann eine kritische Reflexion des Führungsalltags im Lichte der hier besprochenen Konzepte gelten. Am Beispiel der Fallstudie „Mittermayer" soll das an dieser Stelle illustriert werden.

### Mittermayer und Frauen

Das Fallbeispiel ist wenig dankbar für das Thema Frauen und Führung: Hier handelt es sich weder um Frauen noch um Frauen in Führungspositionen. Dennoch liefern einige indirekte Indizien ein paar Ansatzpunkte für die Analyse des Fallbeispiels im Hinblick auf Frauen und Führung.

Es ist bereits bezeichnend, dass es sich im Fallbeispiel nicht um eine weibliche Führungskraft handelt, sondern um einen männlichen Geschäftsführer und seine Selbstdarstellung. Diese Tatsache spiegelt zum einen den Umstand wider, dass in den Führungspositionen Männer immer noch häufiger anzutreffen sind als Frauen, sind sie demnach auch wahrscheinlichere Lieferanten des Materials für akademische Fallstudien. Andererseits spiegelt die Wahl dieses Fallbeispiels für das Lehrbuch möglicherweise unsere eigenen impliziten Annahmen darüber wider, dass ein Interview mit einer männlichen Führungskraft für das Thema Führung repräsentativer und für eine Analyse im Lichte unterschiedlicher theoretischer Perspektiven zugänglicher ist als Fallstudien zu weiblichen Führungskräften.

Bemerkenswert ist auch die betont maskuline Sprechweise von Herrn Mittermayer. Die Interviewauszüge enthalten keine femininen Sprachformen. Neben dem dominierenden „Ich" verwendet der Gesprächspartner stets das vermeintlich geschlechtsneutrale Plural, wie „Manager", „Mitarbeiter" oder „wir", bis auf eine einzige Stelle, in der sich das Gespräch um eine „Mitarbeiterin" dreht. Bezeichnenderweise konstruiert Herr Mittermayer diese weibliche Person als doppelt defizitäres und hilfsbedürftiges Wesen: Einerseits aufgrund ihrer Schwangerschaft und andererseits aufgrund finanzieller Engpässe, die nach der Entbindung zu erwarten sind, da der Ehemann arbeitslos ist. Anstatt der finanziell angespannten Lage der Mitarbeiterin auf den Zahn zu fühlen und ihr möglicherweise niedriges Gehalt zu hinterfragen, nutzt Herr Mittermayer diese Konstellation als Projektionsfläche für seine mäzenenhaft-patriarchalische Geste: Eine neue Stelle für den arbeitslosen Ehemann (sic!). Nicht nur bezieht sich die feminine Ausdrucksform hier ausschließlich auf eine Mitarbeiterin und nicht eine Führungskraft. Das „weibliche" Beispiel wird von Herrn Mittermayer auch noch für eine soziale Konstruktion eines Mängelwesens in Person erwähnter Mitarbeiterin verwendet, die in Form einer Anstellung ihres Ehemannes tatkräftige Unterstützung erfährt. Als selbstverständlich gilt es, dass der arbeitslose Ehemann eine Stelle erhält und damit möglicherweise seine Machtstellung als Familienernährer zurückerlangt. Die Situation der

Mitarbeiterin selbst, ihre Wünsche, Ängste, möglicherweise ihr Stolz darauf, alleine die kleine Familie ernähren zu können, spielen hier keine Rolle.

Die Inhalte der Selbstdarstellung von Herrn Mittermayer lassen einen weiteren Bezug zum Thema Frauen und Führung erkennen. Es wird offensichtlich, dass die als „weiblich" geltenden Attribute nicht unwichtig sind. Herr Mittermayer hebt hervor, besonders „menschenorientiert" zu sein und an die „Fähigkeit des Menschen, sich zu entwickeln" zu glauben. Zudem betont er seinem Zuhörer oder Zuhörerin gegenüber, „als Berater" zu agieren, sowohl für Führungskräfte als auch für Mitarbeiter. Es wird deutlich, dass Herr Mittermayer nicht das Phänomen „think manager – think male" beschwört, sondern umgekehrt, ganz explizit jene Verhaltensweisen in seine Selbstbeschreibung einfließen lässt, die stark an den „weiblichen Führungsstil" anlehnen: Mitarbeiterorientierung statt Aufgabenorientierung, Unterstützen statt Befehlen, alle Mitarbeiter und Führungskräfte egalitär behandeln statt jemanden aufgrund seiner Position zu bevorzugen. Es muss offen bleiben, ob diese gesellschaftlich als wünschenswert angesehenen Verhaltensweisen einer Führungskraft dem Alltag im Unternehmen entsprechen oder vielmehr einer gelungenen Außendarstellung von Herrn Mittermayer dienen. ◄

## 14.8   Kritische Würdigung

In der kritischen Würdigung der Forschung zu Führung und Frauen nehmen wir zunächst die paradigmatische Vielfalt der im Rahmen des Themas anzutreffenden Konzepte in den Blick und betrachten anschließend die inhaltlichen Schwerpunkte und Defizite der vorliegenden Bemühungen.

In paradigmatischer Hinsicht ist das Thema Führung und Frauen wie selten fragmentiert und ein Paradebeispiel für die Heterogenität der aktuellen Führungsforschung. Das Thema ist ein Sammelbecken für unterschiedlichste Forschungstraditionen, was auch damit zusammenhängt, dass es sich hierbei nicht um eine Führungstheorie oder einen theoretischen Ansatz handelt, sondern um einen Gegenstand, der eine starke Beachtung in der Führungsforschung erfuhr. Hier verquicken sich die genuinen Führungsansätze mit jenen, die aus anderen Sozialdisziplinen stammen: Soziologie, Psychologie, Geschichte oder gar Zoologie. Man findet zahlreiche Ansätze und Konzepte unterschiedlicher theoretischer Provenienz und paradigmatischer Prägung vor, so dass eine einheitliche Zuordnung zu einer paradigmatischen Richtung nicht möglich ist. Entsprechend ist es wenig verwunderlich, dass im Bereich Führung und Frauen Ansätze aus nahezu allen vier paradigmatischen Richtungen anzutreffen sind. Neben den traditionell funktionalistischen Konzepten, wie z. B. der „Alpha-Frau", die auf den Annahmen der objektiv existierenden und daher messbaren Zustände beruhen, lassen sich hier Ansätze finden, die dem interpretativen Paradigma oder dem radikalen Humanismus zuzuordnen sind. Im interpretativen Paradigma eingebettet ist beispielsweise die Forschung um das Konzept „think manager – think male", in der die Annahme vertreten wird, dass die Existenz und Bewertung der weiblichen Führungskräfte auf sozialen (und häufig impliziten) Vorannahmen und Konstruktionen beruhen. Die dekonstruktive Kritik der sogenannten „weiblichen Führung" kann hingegen als Ausdruck des radikalen Humanismus gelten, wird hier doch neben der sozialen Konstruiertheit von weiblichen Führungskräften auch der emanzipatorische Anspruch deutlich. Den radikalen Strukturalismus kann man im Ansatz der gekennzeichneten Frau nach Kanter (1993) erkennen, weil der strukturalistische Zugang sich mit einer emanzipativen Kritik der geschlechtlichen Segregation der Führungspositionen verschränkt.

Fasst man die bisherige empirische Forschung zu Führung und Frauen zusammen, offenbaren sich zahlreiche Probleme, aber auch Stärken. So krankt der Großteil der bisher diskutierten und untersuchten Ansätze an der ausschließlich individualistischen Perspektive: Es werden die Einstellungen und Geschlechterstereotype der individuellen Personen erfragt, das Führungsverhalten von einzelnen Frauen untersucht und die Unterschiede zwischen den individuellen Führungskräften gesucht. Die individualistische Tendenz hängt auch mit den Hintergrundtheorien zusammen. In diesem Bereich dominierten psychologische Ansätze, wie die Rolleninkongruenztheorie, oder die normativen manageriellen Konzepte, die die weiblichen Führungskräfte je nach der aktuellen Diskussion mal als eine Gefahr oder als ein Potenzial für Unternehmen betrachten, sie als defizitäre Führungswesen oder als omnipotente Macherinnen konstruieren. Die konkreten organisatorischen Rahmenbedingungen und der organisatorische Kontext, in dem die „gläserne Decke" oder die „gläserne Klippe" sich konstituieren, wurden bisher noch unzureichend berücksichtigt. Die Forschung zur sogenannten „gläsernen Klippe", die darauf abzielt, die Rahmenbedingungen zu untersuchen, unter denen weibliche Führungskräfte die Vorstandspositionen erreichen, stellt einen Vorstoß in eine erkenntnisversprechende Richtung dar.

Positiv ist zudem hervorzuheben, dass jenseits von dominierenden psychologisch-individualistisch geprägten Studien indes eine Anzahl von reflektierten, kontextsensiblen Untersuchungen zum Thema vorliegt. Das sind in der Regel soziologische Arbeiten, die auf qualitativen Forschungsmethoden basieren oder kritische Reflexion anwenden, um die Reproduktion von Geschlechterstereotypen im Alltagsleben (z. B. von Bevan & Learmonth, 2012) oder die Widersprüchlichkeit der Vorurteile aufzuzeigen, wie z. B. die Studie von Mavin (2008) zum sogenannten „Bienenkönigin-Syndrom".

Einige Facetten erfuhren in der bisherigen Literatur zu Frauen und Führung jedoch eine nur marginale Beachtung. Die Beziehungen unter den weiblichen Führungskräften ist ein bislang wenig beforschtes Feld, sieht man von wenigen Beiträgen ab (Mavin, 2008, S. 79; Mavin et al., 2014). Durch welche organisationalen Strukturen und Prozesse die Solidarität (oder die Feindlichkeit) zwischen den führenden Frauen in Unternehmen geprägt wird, bleibt eine noch vielversprechende Forschungsrichtung. Des Weiteren kam in der bisherigen Forschung die geschichtliche Betrachtung von Frauen als Führungskräften zu kurz. Dabei zeigt z. B. die Studie von Klenke (2011), dass Frauen in Führungspositionen kein Novum darstellen, sondern beispielsweise in den Vereinigten Staaten von Amerika seit jeher wichtige Posten innerhalb der politischen Regierungen inne hatten und damit auch die staatlichen Entscheidungen im Wesentlichen mitprägten, ohne die Präsidentenposition einzunehmen. Derartige historische Untersuchungen mit Fokus auf den europäischen Raum und auf andere Gesellschaftsbereiche stehen noch aus. Der gesellschaftliche Kontext ist in der Forschung zu Führung und Frauen ebenfalls stark vernachlässigt worden. Zwar finden die meisten Untersuchungen im angelsächsischen oder westeuropäischen Gebiet statt, aber es wird stillschweigend von der weltweiten Gültigkeit der Ergebnisse ausgegangen, ohne dies kritisch zu hinterfragen. Die Ergebnisse zu Führung und Frauen in den anderen Weltregionen liegen entweder kaum vor oder sie werden wenig rezipiert. So sind beispielsweise Untersuchungen zu Frauen und Führung in den postsozialistischen Ländern bislang selten geblieben, sieht man von den wenigen Beiträgen ab (z. B. Rybnikova et al., 2020), obwohl gerade das Erkunden des sozialistischen Erbes, welches für Frauen angeblich zum großen Vorteil gereicht, hochgradig informativ für heutige Diskussion sein kann.

### Zum Nachlesen

- Bernd Blessin und Alexander Wick (2014, S. 307–325) geben in ihrer Neuauflage des Klassikers unter den deutschsprachigen Führungslehrbüchern von Oswald Neuberger (2002) eine ausführliche und kritische Übersicht über die unterschiedlichen Diskursstränge innerhalb der Forschung zu Führung und Frauen.
- Stefanie Simon und Crystal L. Hoyt (2019, S. 403–431) bieten eine weniger kritische, aber pragmatische und übersichtliche Zusammenfassung der angelsächsischen Forschung zum Thema.

### Fragen

1. Welche Erklärungsansätze für die Unterrepräsentanz von Frauen in Führungspositionen lassen sich in der Forschung unterscheiden? Erläutern Sie, was diese jeweils aussagen. Wie sind diese Erklärungsansätze vor dem Hintergrund der neueren Forschungsergebnisse auf diesem Gebiet jeweils zu bewerten?
2. Wie ist die Aussage „think manager – think male" zu verstehen? Diskutieren Sie, welcher paradigmatischen Perspektive diese Aussage zuzuordnen ist.
3. Was versteht man unter „weiblicher Führung" und welche kritischen Einwände werden zu diesem Konzept erhoben?
4. Aus welchen Gründen wird das Konzept der „gläsernen Decke" kritisiert?
5. Erläutern Sie das Konzept der „gläsernen Klippe". Welche Erklärungen für dieses Phänomen werden in der Literatur diskutiert?
6. Was ist mit „think crisis – think female" gemeint? Im Rahmen welches Ansatzes wird diese Tendenz diskutiert und warum?

## Literatur

Adams, R. B., & Ferreira, D. (2009). Women in the boardroom and their impact on governance and performance. *Journal of Financial Economics, 94*, 291–309.

Adams, S. M., Gupta, A., & Leeth, J. D. (2009). Are female executives over-represented in precarious leadership positions? *British Journal of Management, 20*(1), 1–12.

Ahern, K. R., & Dittmar, A. K. (2012). The changing of the boards: The impact on firm valuation of mandated female board representation. *Quarterly Journal of Economics, 127*(1), 137–197.

Arfken, D. E., Bellar, S. L., & Helms, M. M. (2004). The ultimate glass ceiling revised: The presence of women on corporate boards. *Journal of Business Ethics, 50*, 177–186.

Beauvoir, S. d. (1951). *Das andere Geschlecht. Sitte und Sexus der Frau.* Rowohlt.

Bechtoldt, M. N., Bannier, C. E., & Rock, B. (2019). The glass cliff myth? Evidence from Germany and the U.K. *The Leadership Quarterly, 30*(3), 273–297.

Bem, S. L. (1974). The measurement of psychological androgyny. *Journal of Consulting and Clinical Psychology, 42*, 155–162.

Benschop, Y., & Brouns, M. (2009). The trouble with the glass ceiling: Critical reflections on a famous concept. In J. W. Cox, T. G. Le Trent-Jones, M. Voronov & D. Weir (Hrsg.), *Critical management studies at work. Negotiating tensions between theory and practice* (S. 259–270). Edward Elgar.

Bertrand, M., Black, S. E., Jensen, S., & Lleras-Muney, A. (2015). *Breaking the glass ceiling.* Centre for Economic Policy Research. Discussion paper series, No. 10467. https://repec.cepr.org/repec/cpr/ceprdp/DP10467.pdf. Zugegriffen am 24.04.2021.

Bevan, V., & Learmonth, M. (2012). 'I wouldn't say it's sexism, except that…It's all these little subtle things': Healthcare scientists' accounts of gender in healthcare science laboratories. *Social Studies of Science, 43*(1), 136–158.

Blessin, B., & Wick, A. (2014). *Führen und führen lassen. Ansätze, Ergebnisse und Kritik der Führungsforschung* (7. Aufl.). UTB.

Bosak, J., & Sczesny, S. (2011). Exploring the dynamics of incongruent beliefs about women and leaders. *British Journal of Management, 22*, 254–269.

Bowles, H. R., & McGinn, K. L. (2005). Claiming authority: Negotiating challenges for women leaders. In D. M. Messick & R. M. Kramer (Hrsg.), *The psychology of leadership: New perspectives and research* (S. 191–208). Lawrence Erlbaum Associates.

Briskin, L. (2006). Victimisation and agency: The social construction of union women's leadership. *Industrial Relations Journal, 37*(4), 359–378.

Brody, S. (2019). Leadership and women. Opportunity mobilized. In S. Brody & F. Arnold (Hrsg.), *Psychoanalytic perspectives on women and their experience of desire, ambition and leadership* (S. 114–134). Routledge.

Bruckmüller, S., & Branscombe, N. R. (2011). How women end up on the „Glass Cliff". *Harvard Business Review, 89*(1/2), 26–28.

Bruckmüller, S., Ryan, M. K., Rink, F., & Haslam, S. A. (2014). The glass cliff: Examining why women occupy leadership positions in precarious circumstances. In S. Kumra, R. Simpson & R. J. Burke (Hrsg.), *The Oxford handbook of gender in organisations* (S. 314–331). Oxford University Press.

Calás, B. M., & Smircich, L. (1996). From the woman's' point of view: Feminist approaches to organization studies. In S. R. Clegg, C. Hardy & W. R. Nord (Hrsg.), *The handbook of organization studies* (S. 218–257). Sage.

Carli, L. L., & Eagly, A. H. (2016). Women face a labyrinth: An examination of metaphors for women leaders. *Gender in Management: An International Journal, 31*(8), 514–527.

CEWS. (2020). *Kompetenzzentrum Frauen in Wissenschaft und Forschung. Frauen- und Männeranteile im Qualifikationsverlauf: Analyse idealtypischer Karriereverläufe: Studienbeginn (2000) bis Berufung (2017–2019).* http://www.gesis.org/cews/unser-angebot/informationsangebote/statistiken. Zugegriffen am 21.04.2021.

Chen, M.-Y., & Kao, Ch.-L. (2021). Women on boards of directors and firm performance: The mediation of employment downsizing. *The International Journal of Human Resource Management.* https://www.tandfonline.com/doi/abs/10.1080/09585192.2020.1867617?journalCode=rijh20.

Cotter, D. A., Hermsen, J. M., Ovadia, S., & Vanneman, R. (2001). The glass ceiling effect. *Social Forces, 80*(2), 655–682.

Dale-Olsen, H., Schøne, P., & Verner, M. (2013). Diversity among Norwegian boards of directors: Does a quota for women improve firm performance? *Feminist Economics, 19*(4), 110–135.

Dezsô, C. L., Gaddis Ross, D., & Uribe, J. (2016). Is there an implicit quota on women in top management? A large-sample statistical analysis. *Strategic Management Journal, 37*, 98–115.

Eagly, A. H., & Carli, L. (2007). Women and the labyrinth of leadership. *Harvard Business Review, 9*, 62–71.

Eagly, A. H., & Carli, L. L. (2003). The female leadership advantage: An evaluation of the evidence. *The Leadership Quarterly, 14*(6), 807–834.

Eagly, A. H., & Karau, S. J. (1991). Gender and emergence of leadership. A meta-analysis. *Journal of Personality and Social Psychology, 60*(5), 685–710.

Eagly, A. H., & Karau, S. J. (2002). Role congruity theory of prejudice toward female leaders. *Psychological Review, 109*(3), 573–598.

Elsaid, E., & Ursel, N. D. (2018). Re-examining the glass cliff hypothesis using survival analysis: The case of female CEO tenure. *British Journal of Management, 29*, 156–170.

Erpenbeck, M. (2004). „Stutenbissig"?! – Frauen und Konkurrenz: Ursachen und Folgen eines missachteten Störfalls. *Wirtschaftspsychologie aktuell, 1*, 20–25.

Fleischer, D. (2021). Does gender diversity in supervisory boards affect gender diversity in management boards in Germany? An empirical analysis. *German Journal of Human Resource Management.* https://journals.sagepub.com/doi/abs/10.1177/2397002221997148.

Geys, B., & Sørensen, R. J. (2019). The impact of women above the political glass ceiling: Evidence from a Norwegian executive gender quota reform. *Electoral Studies, 60*, 1–10.

Gmür, M. (2004). Was ist ein ‚idealer Manager' und was ist eine ‚ideale Managerin'? Geschlechtsrollenstereotypen und ihre Bedeutung für die Eignungsbeurteilung von Männern und Frauen in Führungspositionen. *Zeitschrift für Personalforschung, 18*(4), 396–417.

Gupta, V. K., Mortal, S. C., Silveri, S., Sun, M., & Turban, D. B. (2020). You're fired! Gender disparities in CEO dismissal. *Journal of Management, 46*(4), 560–582.

Hansen, K., Bührmann, A. D., & Heidenreich, V. (2012). „Women on Boards". Wie kann Deutschland von Norwegen lernen? In G. Krell, D. Raststetter & K. Reichel (Hrsg.), *Geschlecht Macht Karriere in Organisationen. Analysen zur Chancengleichheit in Fach- und Führungspositionen* (S. 99–121). Edition Sigma.

Haslam, A. S., & Ryan, M. K. (2008). The road to the glass cliff: Differences in the perceived suitability of men and women for leadership positions in succeeding and failing organizations. *The Leadership Quarterly, 19*(5), 530–546.

Hausen, K. (1976). Die Polarisierung der „Geschlechtscharaktere" – eine Spiegelung der Dissoziation von Erwerbs- und Familienleben. In W. Conze (Hrsg.), *Sozialgeschichte der Familie in der Neuzeit Europas* (S. 363–393). Klett.

Hawley, P. H., Little, T. D., & Card, N. A. (2008). The myth of the alpha male: A new look at dominance-related beliefs and behaviors among adolescent males and females. *International Journal of Behavioral Development, 32*, 76–88.

Heidenreich, V. (2013). Consequences of the Norwegian gender quota regulation for public limited company boards. In S. Machold, M. Huse, K. Hansen & M. Brogi (Hrsg.), *Getting women on to corporate boards: A snowball starting in Norway* (S. 119–125). Edward Elgar.

Helgesen, S. (1991). *Frauen führen anders. Vorteile eines neuen Führungsstils.* Gabler.

Hoel, M. (2008). The quota story: Five years of change in Norway. In S. Vinnicombe, V. Singh, R. J. Burke, D. Bilimoria & M. Huse (Hrsg.), *Women on corporate boards of directors – International research and practice* (S. 79–82). Routledge.

Holst, E., & Friedrich, M. (2016). Hohe Führungspositionen: In der Finanzbranche haben Frauen im Vergleich zu Männern besonders geringe Chancen. *DIW Wochenbericht, 83*(37), 827–838.

Holst, E., & Marquardt, A. (2018). Die Berufserfahrung in Vollzeit erklärt den Gender Pay Gap bei Führungskräften maßgeblich. *DIW Wochenbericht, 85*(30+31), 670–678.

Huse, M. (2011). The golden skirts: Changes in board composition following gender quotas on corporate boards. *Australian and New Zealand Academy of Management, 2011*, 5–9. https://www.anzam.org/?s=The+golden+skirts%3A+Changes+in+board+composition+following+gender+quotas+on+corporate+boards&submit=Search. Zugegriffen am 17.08.2020.

Hymowitz, C., & Schellhardt, T. D. (1986). The glass ceiling: Why women can't break the invisible barrier that blocks them from top jobs. *The Wall Street Journal, 1*, 5 D.

Judge, E. (11. November 2003). Women on board: Help or hindrance? *The Times*, 21.

Kanter, R. M. [1977] (1993). *Men and women of the corporation*. Basic Books.

Katila, S., & Eriksson, P. (2013). He is a firm, strong-minded and empowering leader, but is she? Gendered positioning of female and male CEOs. *Gender, Work and Organization, 20*(1), 71–84.

Kindlon, D. (2006). *Alpha girls: Understanding the new American girl and how is she changing the world*. Rodale Books.

Kirsch, A., & Wrohlich, K. (2021). Mehr Frauen in Spitzengremien großer Unternehmen, Dynamik aber verhalten – Gesetzliche Vorgabe könnte Schwung bringen. *DIW Wochenbericht, 88*(3). https://www.diw.de/de/diw_01.c.808794.de/publikationen/wochenberichte/2021_03_2/mehr_frauen_in_spitzengremien_grosser_unternehmen__dynamik_a___r_verhalten_____gesetzliche_vorgabe_koennte_schwung_bringen.html

Klenke, K. (2011). *Women in leadership: Contextual dynamics and boundaries*. Emerald Group Publishing.

Kohaut, S., & Möller, I. (2019). Frauen in leitenden Positionen. Leider nichts Neues auf den Führungsetagen. *IAB-Kurzbericht, 23*. http://doku.iab.de/kurzber/2019/kb2319.pdf. Zugegriffen am 21.04.2021.

Krell, G. (2004). „Vorteile eines neuen, weiblichen Führungsstils": Ideologiekritik und Diskursanalyse. In G. Krell (Hrsg.), *Chancengleichheit durch Personalpolitik* (S. 377–392). Gabler.

Krell, G., & Weiskopf, R. (2006). *Die Anordnung der Leidenschaften*. Passagen.

Krell, G., Ortlieb, R., & Sieben, B. (2011). *Chancengleichheit durch Personalpolitik. Gleichstellung von Frauen und Männern in Unternehmen und Verwaltungen*. Gabler.

Lindstädt, H., Fehre, K., & Wolff, M. (2011). *Frauen in Führungspositionen: Entgeltunterschiede bei Vorständen*. Bundesministerium für Familie, Senioren, Frauen und Jugend. http://www.bmfsfj.de. Zugegriffen am 21.04.2021.

Loden, M. (1988). *Als Frau im Unternehmen führen – Feminine Leadership*. Haufe.

Main, B. G. M., & Gregory-Smith, I. (2018). Symbolic management and the glass cliff: Evidence from the boardroom careers of female and male directors. *British Journal of Management, 29*, 136–155.

Martenstein, H. (15. März 2012). Über die Frauenquote und weiblichen Führungsstil: „Ich hätte gern eine Chefin wie Meryl Streep". *Zeit Magazin*, 8.

Matsa, D. A., & Miller, A. R. (2014). Workforce reductions at women-owned businesses in the United States. *ILR Review, 67*(2), 422–452.

Maume, D. J., Heymann, O., & Ruppanner, L. (2019). National board quotas and the gender pay gap among European managers. *Work, Employment and Society, 33*(6), 1002–1019.

Mavin, S. (2008). Queen bees, wannabees and afraid to bees: No more 'best enemies' for women in management? *British Journal of Management, 19*, 75–84.

Mavin, S., Grandy, G., & Williams, J. (2014). Experiences of women elite leaders doing gender: Intra-gender micro-violence between women. *British Journal of Management, 25*, 439–455.

Mazón, P. (2003). *Gender and the modern research university. The admission of women to German higher education, 1865–1914*. Stanford University Press.

McKinsey & Company (2007). Women matter: Gender diversity. A corporate performance driver. .

Mensi-Klarbach, H., & Seierstad, C. (2020). Gender quotas on corporate boards: Similarities and differences in quota scenarios. *European Management Review, 17*, 615–631.

Morgan, G. (2000). *Bilder der Organisation*. Klett-Cotta.

Neuberger, O. (2002). *Führen und führen lassen*. UTB.

Plett, K. (2020). Seit wann ist eine Zustimmung des Ehemannes zur Erwerbstätigkeit der Ehefrau nicht mehr erforderlich? *Zeitschrift des Deutschen Juristinnenbundes, 23*(1), 29–32.

Preißing, D. (2019). Unterrepräsentanz von Frauen in Führungspositionen – Auch ein Phänomen der Arbeitswelt 4.0. In D. Preißig (Hrsg.), *Frauen in der Arbeitswelt 4.0. Chancen und Risiken für die Erwerbstätigkeit* (S. 41–118). De Gruyter.

Rao, K., & Tilt, C. (2016). Board composition and corporate social responsibility: The role of diversity, gender, strategy and decision making. *Journal of Business Ethics, 138*(2), 327–347.

Rigolini, A., Gabaldon, P., & Le Bruyn Goldeng, E. (2021). CEO succession with gender change in troubled companies: The effect of a new woman CEO on firm risk and firm risk perceived. *Scandinavian Journal of Management, 37*(1), 101138.

Rodler, C., Kirchler, E., & Hölzl, E. (2001). Gender stereotypes of leaders: An analysis of the contents of obituaries from 1974 to 1998. *Sex Roles, 45*(11-12), 827–843.

Rosener, J. (1990). Ways women lead. *Harvard Business Review, 68*(6), 119–125.

Ryan, M. K., & Haslam, A. S. (2005). The glass cliff: Evidence that women are over-represented in precarious leadership positions. *British Journal of Management, 16*, 81–90.

Ryan, M. K., & Haslam, A. S. (2007). The glass cliff: Exploring the dynamics surrounding the appointments of women to precarious leadership positions. *Academy of Management Review, 32*(2), 549–572.

Ryan, M. K., Haslam, A. S., Hersby, M. D., & Bongiorno, R. (2011). Think crisis–think female: The glass cliff and contextual variation in the think manager–think male stereotype. *Journal of Applied Psychology, 96*(3), 470–484.

Ryan, M. K., Haslam, S. A., Morgenroth, T., Rink, F., Stoker, J., & Peters, K. (2016). Getting on top of the glass cliff: Reviewing a decade of evidence, explanations, and impact. *The Leadership Quarterly, 27*, 446–455.

Rybnikova, I., Soulsby, A., & Blazejewski, S. (Hrsg.). (2020). *Women in management in central and eastern European countries* (Special Issue of Journal of East European Management Studies). Nomos.

Schein, V. E. (1973). The relationship between sex role stereotypes and requisite management characteristics. *Journal of Applied Psychology, 57*, 95–100.

Schulz-Strelow, M. (2013). Women on boards: Lessons learnt from Norway. In S. Machold, M. Huse, K. Hansen & M. Brogi (Hrsg.), *Getting women on to corporate boards: A snowball starting in Norway* (S. 179–183). Edward Elgar.

Schwindt-Bayer, L. A. (2009). Making quotas work: The effect of gender quota laws on the election of women. *Legislative Studies Quarterly, 34*(1), 5–28.

Simon, S., & Hoyt, C. L. (2019). Gender and leadership. In P. G. Northouse (Hrsg.), *Leadership. Theory and practice* (8. Aufl., S. 403–431). Sage.

Smith, N., & Parrotta, P. (2018). Why so few women on boards of directors? Empirical evidence from Danish companies in 1998–2010. *Journal of Business Ethics, 147*, 445–467.

Statistisches Bundesamt. (2020). *Frauenanteile nach akademischer Laufbahn an Hochschulen. Stand 2020.* https://www.destatis.de/DE/Themen/Gesellschaft-Umwelt/Bildung-Forschung-

Kultur/Hochschulen/Tabellen/frauenanteile-akademischelaufbahn.html. Zugegriffen am 21.04.2021.

Statistisches Bundesamt. (2021). *Frauenanteil in Führungspositionen in der EU. Stand 2019.* https://www.destatis.de/Europa/DE/Thema/Bevoelkerung-Arbeit-Soziales/Arbeitsmarkt/Qualitaet-der-Arbeit/_dimension-1/08_frauen-fuehrungspositionen.html. Zugegriffen am 21.04.2021.

Wajcman, J. (1998). *Managing like a man: Women and men in corporate management.* Penn State University Press.

Wang, M., & Kelan, E. (2013). The gender quota and female leadership: Effects of the Norwegian gender quota on board chairs and CEOs. *Journal of Business Ethics, 117,* 449–466.

Ward, R. M., Poson, H. C., & DiPaolo, D. G. (2010). Defining the alpha female: A female leadership measure. *Journal of Leadership and Organization Studies, 17*(3), 309–320.

Weissenrieder, C. O., Graml, R., Hagen, T., & Ziegler, Y. (2017). Ist die gläserne Decke noch aktuell? Untersuchung wahrgenommener Aspekte der Unternehmenskultur und der geschlechterspezifischen Unterschiede in Karrierechancen. *Gender: Zeitschrift für Geschlecht, Kultur und Gesellschaft, 1,* 115–132.

Williams, C. L. (1992). The glass escalator: Hidden advantages for men in the 'female' professions. *Social Problems, 39,* 253–267.

Wunderer, R., & Dick, P. (1997). Frauen im Management. Besonderheiten und personalpolitische Folgerungen – eine empirische Studie. In R. Wunderer & P. Dick (Hrsg.), *Frauen im Management. Kompetenzen, Führungsstile, Fördermodelle* (S. 5–208). Luchterhand.

# Globale Führung: Leadership is going global   15

Rainhart Lang

## Inhaltsverzeichnis

### Zusammenfassung

*Mit der Globalisierung von Wirtschaft und Gesellschaft hat sich auch ein neuer globaler Führungskontext herausgebildet, der zu spezifischen Führungssituationen und -beziehungen führt und veränderte Anforderungen an Werte, Einstellungen, Fähigkeiten und Erfahrungen von global agierenden Führungskräften und ihren Mitarbeitern stellt. In diesem Kapitel werden die zentralen Perspektiven des Konzeptes der globalen Führung näher betrachtet. Dabei werden einerseits universelle Führungseigenschaften und Verhaltensweisen in den Blick genommen. Andererseits ist globale Führung vor allem mit der Fähigkeit verbunden, die jeweils unterschiedlichen kulturellen Konstruktionen*

R. Lang (✉)
Technische Universität Chemnitz, Chemnitz, Deutschland
E-Mail: rainhart.lang@wirtschaft.tu-chemnitz.de

© Der/die Autor(en), exklusiv lizenziert durch Springer Fachmedien Wiesbaden
GmbH, ein Teil von Springer Nature 2021
I. Rybnikova, R. Lang, *Aktuelle Führungstheorien und -konzepte*,
https://doi.org/10.1007/978-3-658-35543-2_15

*von Führung und unterschiedliche Führungserwartungen in den jeweiligen globalen, regionalen und lokalen Kontexten zu beachten.*

## 15.1   Einleitung

Mit dem fortschreitenden Prozess der Globalisierung von Wirtschaft und Gesellschaft gewinnt auch die Frage nach weltweit akzeptierten, anerkannten und erfolgreichen Führungseigenschaften und -verhaltensweisen an Bedeutung. Globalisierung wird dabei mit
Beck (1998, S. 29 ff.) nicht nur als Prozess der weltweiten Verbreitung von Waren und
Gütern oder Dienstleistungen verstanden, sondern vor allem auch als Prozess der Diffu-
sion von Informationen, Ideen, Konzepten und Institutionen, und der Herausbildung transnationaler Institutionen und Strukturen. Globalisierung hinsichtlich der Führung zielt vor
allem auf das Handeln von Managern und Mitarbeitern in transnationalen Kontexten, wie
z. B. in internationalen Firmen und Arbeitsstrukturen ab (vgl. z. B. Gessner et al., 1999,
S. XV; Mendenhall, 2018, S. 19 ff).

In der Forschung zur internationalen und globalen Führung lassen sich drei verschiedene Phasen unterscheiden. Im ersten Zeitraum in den 1960 und 1970er-Jahren galt das
wissenschaftliche Interesse einer international orientierten Führungsforschung den multinationalen Unternehmen und dem landesspezifischen Management sowie der Führung
von und in Tochterfirmen. In der zweiten Phase, besonders in den 1980er- und 1990er-Jah-
ren, richtet sich die Aufmerksamkeit verstärkt auf nationalkulturelle Besonderheiten in
Management und Führung in unterschiedlichen Ländern, und später vor allem auf die
Rolle sowie notwendige Qualifikationen und Verhaltensweisen von Expatriates, der ins
Ausland entsandten Manager und Mitarbeiter (s. Mendenhall, 2018, S. 18 ff. sowie Osland, 2018b, S. 48 f.). Dabei spielen auch interkulturelle oder kulturvergleichende Managementstudien, etwa von Hofstede (1980, 1991), Trompenaars und Hampden-Turner
(1997) oder später Den Hartog et al. (1999) und House et al. (2004), eine wichtige Rolle.
Unbeschadet der Fokussierung auf nationalkulturell bedingte Unterschiede werden auch
Ähnlichkeiten in den nationalen Führungskontexten herausgearbeitet. Vor allem in den
1990er-Jahren zeigen sich jedoch auch die Unterschiede zwischen interkulturellen Führungsansätzen und einer globalen Führung, die den Übergang zur dritten Phase ab 2000
mit einem Fokus auf globale Führungsfragen und -probleme markieren. Beechler und Javidan (2007) sowie Guthey und Jackson (2011) verweisen z. B. neben dem bereits genannten unterschiedlichen Fokus insbesondere auf die eher psychologische Perspektive der
unmittelbaren Führungsbeziehungen in der interkulturellen (en. *cross-cultural*) Führungsforschung gegenüber einer erweiterten Perspektive auf die Beziehung zu mehreren und
unterschiedlichen Partnern bei der globalen Führung (Guthey und Jackson 2011, S. 175 f.).
Diese besondere Konstellation eines globalen Führungskontextes mit ihren spezifischen
Anforderungen an Führung und Führungskräfte bildet nach Ansicht der meisten Autoren
die Basis für eine qualitativ neue, andersartige Form von Führung (z. B. Osland & Bird,
2005; Mendenhall, 2018, S. 22), die gesonderte Forschungsbemühungen erfordert (Dickson et al., 2012, S. 489).

Neben einem wissenschaftlichen Interesse an dem neuen Phänomen der globalen Führung erweisen sich auch die transnationalen Unternehmen und Organisationen mit ihren spezifischen Bedürfnissen und Interessen als Treiber einer Entwicklung zu globalem Management und globaler Führung. Die von diesen Unternehmen vor allem in frühen Phasen betriebene ethnozentrische Personalpolitik ist im Kontext globaler Entwicklungen oft an ihre Grenzen gestoßen und hat einer veränderten Sicht auf die Führung und Führungskräfteentwicklung in internationalen und globalen Kontexten Platz gemacht (vgl. u. a. Scullion & Collings, 2006). Folglich haben viele Unternehmen eine geozentrische oder globale Strategie ins Auge gefasst, bei der Führungskräfte aus verschiedenen Herkunftsländern ausgewählt, geschult und eingesetzt werden (vgl. u. a. Scullion & Collings, 2006; Tarique & Schuler, 2010). Auch die zunehmende kulturelle Vielfalt (en. *cultural diversity*) in großen bzw. international ausgerichteten Unternehmen mit entsprechenden kulturell gemischten Gruppen hat zum wachsenden Interesse an geeigneten Führungsmodellen beigetragen.

In diesem Zusammenhang ist also ein starkes wirtschaftspraktisches Interesse an Merkmalen, Eigenschaften und Verhaltensweisen einer (erfolgreichen) globalen Führung und dafür geeigneter Führungskräfte festzustellen, das sich sehr vielfältig in entsprechenden praxisnahen Forschungen und Institutionen zum Thema globale Führung äußert. Die kurze Zusammenstellung von Internetquellen am Ende des Beitrages gibt nur einige wenige dieser Bemühungen wieder.

Schließlich zeigt sich globale Führung und ein Bedarf an möglicherweise anderer globaler Führung auch im politischen Raum. Globale Hegemoniebestrebungen oder die Versuche, moralische Führerschaft zu erlangen, sind gerade in der US-Politik und darüber hinaus im westlichen Staatenbündnis verbreitet. Ähnliche Bestrebungen zeichnen inzwischen auch die chinesische Politik in Asien oder Afrika aus. Diese Führerschaft kann aber auch aberkannt werden, wie nicht nur das Beispiel Donald Trumps zeigt, oder wieder angestrebt werden, wie die Bemühungen von Joe Biden zeigen. Zugleich gibt es als Teil einer globalen Führung im politischen Kontext auch immer Gegenbewegungen, entweder von Regionalmächten, die selbst hegemonial Bestrebungen haben, oder als Abwehr und Rückweisung von Fremdbestimmung. Hier deutet sich auch der Kampf um ein plurales Verständnis von globaler Führung an.

Hinsichtlich der Forschung zum Thema globale Führung haben Steers, Sanchez-Runde und Nardon (2012, S. 480) drei Gruppen von Ansätzen identifiziert: universalistische Ansätze, die universell gültige Eigenschaften und Verhaltensweisen von Führungskräften betonen, normative Ansätze, die spezifische Eigenschaften eines effektiven globalen Managers ins Zentrum ihrer Analyse rücken, und Kontingenzansätze, die die kulturelle Einbettung von Führung als Prozess in jeweils lokalen Kontexten annehmen. Darüber hinaus verweisen die Verfasser auf zentrale Perspektiven des Konzeptes der globalen Führung, die sie vor allem in der Beachtung unterschiedlicher kultureller Konstruktionen von Führung sowie der Bedeutung von unterschiedlichen Führungserwartungen in den jeweiligen globalen, regionalen und lokalen Kontexten als weiterführende Aspekte sehen.

Wie bereits erwähnt, richtet sich die konkrete empirische Forschung zur globalen Führung jeweils auf unterschiedliche Objekte, wie Eigenschaften globaler Manager oder das

Führungsverhalten von Expatriates in unterschiedlichen Kontexten oder das Handeln von Führern multikultureller oder globaler Teams. Vor allem Forschungen zu Eigenschaften globaler Führungskräfte, ihrer Auswahl und Weiterbildung sind dabei mit der Entwicklung von Messkonzepten verbunden, etwa zur globalen Denkweise (en. *global mindset*), zur kulturellen Intelligenz (en. *cultural intelligence*) oder zu globalen Führungskompetenzen (en. *global leadership competencies*). Zugleich gehen Forschungsbemühungen zur globalen Führung aufgrund ihrer interdisziplinären Wurzeln auch weit über klassische Führungsthemen hinaus, etwa beim Fokus auf interkulturelle Kommunikation. Typische Anwendungsfelder sind neben der Auswahl, Entwicklung und Training globaler Manager, dem Einsatz von Expatriates, dem Coaching zu angemessener interkultureller Kommunikation und Konfliktbewältigung auch Themenfelder wie das globale Talentmanagement.

Entsprechend der Vielfalt und Verschiedenartigkeit der Definitionen, konkreten Ansätze und Forschungsobjekte verwundert es auch nicht, dass eine theoretische Fundierung des Konzeptes der globalen Führung ebenfalls sehr abhängig von der konkreten Forschungsfrage und dem disziplinären Zugriff ist. Psychologische Theorien der Persönlichkeit, soziale Lerntheorien, Kommunikationstheorien oder Kulturtheorien stellen nur einige wenige Ansätze dar, neben einer z. T. auch theoriefreien und rein normativen Vorgehensweise. Einen systematischen und detailreichen Überblick der multidisziplinären Wurzeln der globalen Führung bietet Osland (2018a, S. 28 ff.).

Frühe Arbeiten im Bereich der globalen Führung zu Beginn der 1990er-Jahre stammen von Tichy et al. (1992) zu den Eigenschaften von globalen Führern („true globalists"). Weitere Autoren mit starkem Blick auf die Führungspraxis sind Rhinesmith (1992, 1996), von dem erste Überlegungen zu globalen Denkweisen und ein Leitfaden für Manager zur Globalisierung stammen, sowie Brake (1997), der ein Modell des globalen Führungsprozesses und von erforderlichen Eigenschaften und Fähigkeiten entworfen hat, das vom Hinduismus inspiriert ist und sich u. a. auf Interviews mit Managern stützt (im Detail vgl. Osland 2018b, S. 61 ff.). Auch Adler (1997) ist zu erwähnen, die insbesondere auf die Eignung von Frauen als globale Führer(innen) hinweist. Eine Übersicht zur Forschungsliteratur der globalen Führung findet sich bei Osland (2018b, S. 68–73)

Wichtige neuere Autoren sind unter anderen Mobley und Kollegen, die mit der seit 1999 verlegten Buchreihe „Advances in Global Leadership" sowohl die wissenschaftliche Diskussion als auch die Praxis zum Konzept beeinflusst haben, die Gruppe um Mark Mendenhall und Joyce Osland, die sich insbesondere um die konzeptionelle Aufarbeitung des Themas verdient gemacht haben, sowie die Autoren aus dem Umfeld der GLOBE-Studien, die wichtige empirische Beiträge zur weltweiten Verbreitung von Führungsidealen und -praktiken liefern konnten. Zu der letzten Gruppe zählen, mit Blick auf globale Führung, insbesondere Javidan, Dorfman und Den Hartog sowie Dickson. Weitere wichtige Autoren im Feld der globalen Führung sind Stahl, Steers, Reiche, Schuler sowie Dachler, der bereits recht früh auf mögliche konstruktivistische Alternativen zum funktionalistischen Mainstream des Konzeptes hingewiesen hat (z. B. Dachler, 1999). Kritik am Konzept über die paradigmatische Einengung hinaus richtet sich u.a. auf den Führerfokus, bei dem Geführte und Prozesse eher unterbelichtet sind, die konzeptionelle Unklarheit sowie die normative

Globaler Führung skontext

Abb. 15.1   Grundmodell globaler Führung [Bildrechte: Urheberrecht beim Autor]

Orientierung vieler Studien und Forschungsbeiträge. Insgesamt sind sich die meisten Autoren einig, dass sich das Konzept der globalen Führung nach wie vor in einem frühen Stadium der Entwicklung befindet (z. B. Dickson et al., 2012, S. 489; Mendenhall 2018, S.22). Abb. 15.1 zeigt eine grobe Skizze der Grundidee des Konzeptes.

## 15.2   Globaler Kontext, globale Führer und globale Führung – Begriffe und Merkmale

Die **Globalisierung** als zentraler Referenzpunkt des Konzeptes meint „[…] die Prozesse, in deren Folge Nationalstaaten und ihre Souveränität durch transnationale Akteure, ihre Machtchancen, Orientierungen, Identitäten und Netzwerke unterlaufen und querverbunden werden […]" (Beck, 1998, S. 29). Globalisierung führt zu einer weiteren Ausprägung der Globalität einer Weltgesellschaft, die sich schon früher im Kontext der Entwicklung des modernen Kapitalismus herausgebildet hat, wobei der Prozess der Globalisierung verschiedene Dimensionen aufweist und in diesen unterschiedlichen Feldern durchaus auch differenziert verlaufen ist und verläuft. Beck nennt ohne Anspruch auf Vollständigkeit folgende Dimensionen: die ökonomische, die ökologische, die arbeitsorganisatorische, die kulturelle und die zivilgesellschaftliche Dimension der Globalisierung (1998, S. 42). Die Besonderheit in der Gegenwart wird vor allem in der zunehmenden raum-zeitlichen Ausdehnung und Dichte wechselseitiger regional-globaler Beziehungsnetzwerke und ihrer Repräsentation in den Massenmedien gesehen. Neu ist, wie Beck schreibt:

„[…] nicht nur das alltägliche Leben und Handeln, über nationalstaatliche Grenzen hinweg, in dichten Netzwerken mit hoher wechselseitiger Abhängigkeit und Verpflichtungen; neu ist die Selbstwahrnehmung dieser Transnationalität in den Massenmedien, im Konsum, in der Touristik; neu ist die ‚Ortlosigkeit' von Gemeinschaft, Arbeit und Kapital; neu sind auch das globale ökologische Gefahrenbewußtsein und die korrespondierenden Handlungsarenen; neu ist die unausgrenzbare Wahrnehmung transkultureller Anderer im eigenen Leben mit all den sich widersprechenden Gewißheiten; neu ist die Zirkulationsebene ‚globaler Kulturindustrie' […]; neu sind auch das Heranwachsen eines europäischen Staatengebildes, die Zahl und

Macht transnationaler Akteure, Institutionen und Verträge; schließlich ist auch das Ausmaß ökonomischer Konzentration, das allerdings abgebremst wird durch die neue grenzübergreifende Weltmarktkonkurrenz." (1998, S. 31 f.)

Beck (1998, S. 70 ff.) leitet daraus einige Schlussfolgerungen ab, die auch und insbesondere für das Phänomen der globalen Führung bedeutsam sind. Zunächst verweist er auf verschiedene, sich entfaltende Handlungsfelder und Kontexte von individuellen Akteuren wie vielfältige transnationale Unternehmen und Organisationen, transnationale Probleme und Ereignisse, transnationale Gemeinschaften und transnationale Strukturen, Arbeits- und Kooperationsformen. Mit Bezug auf die Kulturtheorie wird die Dialektik der Globalisierung hervorgehoben, die zugleich „Entgegengesetztes" ermöglicht. Globales kann sich danach nur durch den Ausbau verschiedener lokaler Bindungen realisieren, muss an mehreren Orten gleichzeitig, also translokal, umgesetzt werden, wobei der translokale Austausch, Dialog und auch Konflikte eine wichtige Rolle spielen. Begriffe und Konzepte wie De-Lokalisierung, Re-Lokalisierung oder „Glokalisierung" bringen die neue Rolle des Lokalen in ihrer Verbindung mit dem Prozess der Globalisierung zum Ausdruck.

Der Prozess der Globalisierung hin zu einem höheren Ausmaß an Globalität prägt damit auch die globalen Rahmen- und Handlungsbedingungen (en. *global context*) von Organisationen und die Aufgaben von und Arbeitsanforderungen an Führungskräfte, die in diesem Rahmen handeln (Osland et al., 2009, S. 248). Während einige Autoren den globalen Kontext von Unternehmen über Dimensionen, wie geografisch (Umfang und Ausmaß der Unternehmensaktivitäten), kulturell (Art grenzüberschreitender sozialer Interaktionen) und intellektuell (Anforderung an individuelle Akteure in globalen Organisationen) beschreiben (Osland et al., 2006), haben Lane, Maznevski und Mendenhall bereits 2004 eine detailliertere Zusammenstellung von relevanten Faktoren herausgearbeitet, die den Handlungsrahmen von global agierenden Führungskräften bestimmen. Dazu gehören:

- **Komplexität und Vielfalt** im Sinne einer Vielzahl von unterschiedlichen Faktoren, Trends, Herausforderungen und Beziehungen zu wichtigen Umweltbereichen und Akteuren mit ihren jeweiligen Einflüssen und Grenzen, die beim Handeln zu berücksichtigen sind;
- **Interdependenz** innerhalb und außerhalb der Organisation, zu und zwischen verschiedenen Partnern sowie dem sozio-kulturellen, politischen, ökonomischen und dem Umweltsystem;
- **Mehrdeutigkeit** im Sinne eines Mangels an eindeutigen Informationen, Irrtümern bei der Einschätzung von Ursachen und Wirkungen, Doppeldeutigkeiten und Schwierigkeiten bei der Interpretation von Hinweisen und Signalen, um sinnvolle Ziele und geeignete Handlungen abzuleiten;
- **Fluss und ständiger Wandel** in Gestalt von den sich schnell ändernden Systemen, Werteverschiebungen, entstehenden neuen Mustern organisatorischer Strukturen und des Organisationsverhaltens.

Osland et al. (2009) ergänzen noch um **kulturelle Unterschiede** im Sinne von Werten, Einstellungen, Erwartungen, Sprachen und Perspektiven. Daraus leiten Osland et al. (2012b, S. 109) auf der Basis früherer Arbeiten **spezielle Arbeitsanforderungen** (en. *job demands*) an globale Führungskräfte ab, die aus Sicht der Autoren zugleich einen Unterschied zu traditioneller und lokaler Führung (en. *domestic leadership*) markieren (vgl. zusammenfassend die Darstellung von Mendenhall et al., 2012 im nachfolgenden Kasten).

---

**Spezielle Arbeitsanforderungen an Führungskräfte im globalen Kontext**

- Bedarf an breiterem Wissen, das funktionale und nationale Grenzen übersteigt,
- Erfordernis an breitere und häufigere grenzüberschreitende Aktivitäten sowohl bezüglich der Organisation als auch des Heimatlandes,
- Druck, die Interessen einer größeren Zahl verschiedener Kooperationspartner und Interessengruppen (stakeholder) zu beachten,
- besondere Anforderungen an die Fähigkeit, bei verschiedenen kulturellen Rahmenbedingungen mit den Mehrdeutigkeiten, Konflikten und Spannungen innerhalb und außerhalb der Tätigkeit und ethischen Dilemmata umzugehen und kulturell diverse Belegschaften zu integrieren,
- gesteigerte Anforderungen an die Fähigkeiten zum Umgang mit permanentem Wandel und Wettbewerb sowie die kognitive Komplexität und eine entsprechende Verhaltensflexibilität

Quelle: Mendenhall et al. (2012, S. 494); eigene Übersetzung ◀

---

Adler hat bereits 1997 darauf verwiesen, dass sich globale Führung weder auf lokale noch multilokale Führung reduzieren lässt. Vielmehr werden die Unterschiede nicht nur als Unterschiede im Grad der Anforderungen, sondern mit Blick auf neue translokale, globale Kontexte hinsichtlich ihrer qualitativen Neuartigkeit gesehen (vgl. auch Osland et al., 2012b, S. 109 f.). Zugleich wird betont, dass dies eine grundsätzlich veränderte Denkweise erfordert und sich vor allem auch der Prozess der Entwicklung zum und von globalen Führern wesentlich von klassischen Führungskarrieren und Führungskräfteentwicklungsprogrammen unterscheidet (vgl. Mendenhall, 2001; Osland et al., 2009).

Ein großer Teil der Literatur zur globalen Führung konzentriert sich, wie in der Einleitung schon betont, auf die Person des globalen Führers. Das zeigt sich auch in einer Vielzahl von Definitionen, die globale Führung ausschließlich über die Eigenschaften und das Verhalten der Führungskraft oder über die Aufgaben und Rollen globaler Führungskräfte bestimmen.

Mendenhall et al. (2012, S. 494 f.) unterscheiden in der Vielfalt der Definitionen daher zwischen Status- und Prozessdefinitionen, wobei Statusdefinitionen neben dem formalen Status, etwa der Stellenbezeichnung als „globaler Manager", insbesondere Aufgaben, Rollen und erwartete Aktivitäten sowie daraus abgeleitete notwendige Kompetenzen von Führungskräften thematisieren, während Prozessdefinitionen globaler Führung auf Prozesse der Einflussnahme der globalen Führer auf verschiedene Akteure im globalen Kontext verweisen. Daneben nennen Mendenhall und Kollegen auch Definitionen von globaler Führung, die beide Aspekte umfassen (Mendenhall et al., 2012).

**Globale Führer** (en. *global leader*) können zunächst in einer ersten Annäherung als Sammelbegriff für Führungskräfte gesehen werden, die in einem internationalen Umfeld und/oder in transnationalen bzw. multinationalen Unternehmen und Organisationen agieren, international bzw. weltweit tätig sind, und dabei entsprechende Erfahrungen erworben haben. So definieren Spreitzer, McCall und Mahoney (1997, S. 7) die globale Führung bzw. globale Führer als Führungskräfte in einer Tätigkeit mit einem gewissen internationalen Aufgabenspektrum, entweder als Expatriate oder in einer Tätigkeit, die eher allgemein mit internationalen Aufgaben befasst ist; mit sehr unterschiedlichen Anforderungen an Persönlichkeit, Qualifikationen und Verhaltensweisen der Führungskräfte (vgl. Mendenhall et al., 2012, S. 496). Suutari (2002, S. 229) sieht globale Führer dagegen als Manager mit Verantwortung für globale Integrationsprozesse in globalen Organisationen.

Tab. 15.1 zeigt einige weitere führungskraftbezogene Statusdefinitionen globaler Führung (vgl. Mendenhall et al., 2012, S. 495).

Mendenhall et al. (2012) verorten das Hauptproblem in der allgemeinen Unklarheit, was mit „global" gemeint ist, schlagen die Definition eines Merkmalsraumes für globale Führung vor und entwickeln dazu zunächst drei Dimensionen für den Tätigkeits- und Anforderungsrahmen globaler Führung: Komplexität, Flow und Präsenz (Mendenhall et al., 2012, S. 496–499). Die **Komplexit**ätsdimension soll den globalen Kontext widerspiegeln und bezieht sich auf das Ausmaß von Vielfalt und Verschiedenartigkeit, Interdependenz, Mehrdeutigkeit und Wandel. Die Dimension **Flow** soll die Beziehungskomponente der Globalität ausdrücken und betrachtet insbesondere die Ausprägung der grenzüberschreitenden Informationsflüsse hinsichtlich Frequenz, Qualität und Richtung sowie Quantität

**Tab. 15.1**  Ausgewählte Statusdefinitionen von globaler Führung

| Status vs. Prozess | Autoren | Definition |
|---|---|---|
| Status | Gregersen, Morrison und Black (1998, S. 23) | Führungskräfte, die Organisation leiten können, die verschiedene Länder, Kulturen und Kunden umfassen. |
| | McCall und Hollenbeck (2002, S. 32) | Globale Führungskräfte sind diejenigen, die weltweit arbeiten. Aufgrund vieler Arten von globaler Arbeit, [...] gibt es offensichtlich nicht nur die eine Art von globaler Führung. Führungskräfte wie auch Positionen sind mehr oder weniger global abhängig von den Rollen, die sie spielen, ihrer Verantwortung, was sie erledigen müssen, und von dem Ausmaß, in dem sie Grenzen überschreiten. |
| | Harris, Moran und Moran (2004, S. 25) | Globale Führer sind in der Lage, effektiv in einem globalen Umfeld zu arbeiten, während sie gleichzeitig die kulturelle Vielfalt respektieren. |

Quelle: Eigene Zusammenstellung unter Nutzung von Gregersen et al. (1998), McCall und Hollenbeck (2002), Harris et al. (2004)

und genutzte Kanäle. **Präsenz** fokussiert auf die raum-zeitliche Dimension des Globalen. Sie zeigt sich im Umfang notwendiger grenzüberschreitender physischer Präsenz an verschiedenen Orten in verschiedenen Kulturen und in grenzüberschreitenden Aktivitäten unterschiedlichen zeitlichen Ausmaßes. Die drei Kriterien erlauben eine systematische Einordnung der verschiedenen global-agierenden Führungskräfte anhand von Profilen.

### Beispiel

So ist das Profil eines globalen Führers, der in einer regionalen Zentrale als Führungskraft arbeitet, durch ein hohes Maß an Komplexität und Präsenz gekennzeichnet, während der Faktor Flow eher durchschnittlich ausgeprägt ist, da die Informationsflüsse auf die regionalen Unternehmen beschränkt sind. Die verantwortliche Managerin für Informationstechnologie in der Unternehmenszentrale eines transnationalen Unternehmens weist eine auf den funktionalen Bereich beschränkte Komplexität auf, und ist hinsichtlich raum-zeitlicher Präsenz auch eher eingeschränkt global aktiv. Dafür ist der Bereich Flow im spezifischen Profil mit Sicherheit sehr ausgeprägt, da die Tätigkeit umfassende wechselseitige Informationsflüsse in alle Tochterunternehmen und ggf. in andere Zentralbereiche weltweit mit sich bringt. Der Leiter eines globalen virtuellen Teams schließlich weist ein hohes Maß an grenzüberschreitenden Informationsflüssen in Qualität und Quantität auf, und bedingt durch die vielen verschiedenen Kulturen auch ein mittleres bis hohes Maß an Komplexität, in Abhängigkeit vom konkreten Aufgabenbereich. Dagegen ist die physische Präsenz an verschiedenen Orten und in anderen Kulturen eher niedrig bis mittel und dürfte sich auf wenige kurze Vor-Ort-Besuche beschränken. ◄

In einer neueren Arbeit wurde das Modell in Richtung auf verschiedene globale Führungsrollen weiterentwickelt. Reiche und Kollegen (2017) unterscheiden in Abhängigkeit von der Ausprägung der Aufgabenkomplexität und der Beziehungskomplexität zwischen inkrementaler, operationaler, konnektiver und integrativer globaler Führung (vgl. auch Mendenhall & Reiche, 2018).

Die Modelle legen nahe, dass damit auch jeweils qualitativ unterschiedliche Anforderungen an die Persönlichkeitseigenschaften und Qualifikationen der jeweiligen global tätigen Führungspersonen verbunden sind, die sich in einer jeweils unterschiedlichen Ausprägung der in der Literatur anzutreffenden übergreifenden Eigenschaften und Kompetenzen bestimmen lassen. Osland et al. (2012b, S. 112) nennen diesbezüglich:

- Globale Führung ist ein multidimensionales Konstrukt.
- Fähigkeiten und Kompetenzen globaler Führung (Führer) schließen die Bereiche Wahrnehmung (z. B. Neugier, Umgang mit Mehrdeutigkeit), Beziehungsmanagement (z. B. Sozialkompetenz) und Selbstmanagement (Integrität, Stressmanagement, Belastbarkeit) ein.
- Zentrale Eigenschaften, Fähigkeiten und Kompetenzen sind kognitive Komplexität, globale Denkweise, Verhaltensflexibilität, interkulturelle Kompetenz, Lernfähigkeit und Integrität.
- Globale Führer sind in der Lage, mit Paradoxien, Dualität und Unsicherheit umzugehen.
- Globale Führer benötigen umfassendes globales Wissen und Organisationswissen.

**Tab. 15.2**   Ausgewählte Prozessdefinitionen globaler Führung

| Status vs. Prozess | Autor | Definition |
|---|---|---|
| Prozess | Adler (1997, S. 174) | Globale Führung beinhaltet die Fähigkeit zu inspirieren und das Denken, Einstellungen und Verhaltensweisen von Menschen weltweit zu beeinflussen […]. Sie kann als Prozess kennzeichnet werden, bei dem „[…] Mitglieder der Weltgemeinschaft ermächtigt werden, synergetisch an einer gemeinsamen Vision und einem gemeinsamen Ziel zusammenzuarbeiten, die dazu führt, die Qualität des Lebens auf und für unserem Planeten zu verbessern." Globale Führer sind danach Personen, die besonderen Einfluss auf diesen Prozess nehmen. |
| | Petrick, Scherer, Brodzinski, Quinn und Ainina (1999, S. 58) | Globale strategische Führung besteht aus der individuellen und kollektiven Kompetenz in Stil und Inhalt, sich Strategien vorzustellen, zu formulieren und umzusetzen, die die weltweite Reputation verbessern und Wettbewerbsvorteil schaffen. |
| | Osland und Bird (2005, S. 123) | Globale Führung ist der Prozess der Beeinflussung des Denkens, der Einstellungen und Verhaltensweisen einer globalen Gemeinschaft, um synergetisch auf eine gemeinsame Vision und ein gemeinsames Ziel hinzuarbeiten. |

Quelle: Eigene Zusammenstellung unter Nutzung von Adler (1997), Petrick et al. (1999), Osland und Bird (2005)

Auf ausgewählte Konzepte und Befunde zu globalen Kompetenzen und ihrer Messung wird später in 15.4 noch näher eingegangen.

Im Gegensatz zu den führungskraftzentrierten Statusdefinitionen globaler Führung beziehen sich die Prozessdefinitionen auf das Handeln globaler Führer und die Einflussprozesse, wobei auch hier die Perspektive auf die Führungskraft überwiegt (vgl. Tab. 15.2). Eine erste Annäherung findet sich bei Gessner, Arnold und Mobley (1999, S. XV) im ersten Band der „Advances in Global Leadership":

> „Führung deutet auf die Beeinflussung von Gedanken und Verhalten der Anderen, um die Geschäftsziele zu erreichen. Fügen wir der Führung das Attribut ‚global' hinzu, sind wir uns einig, dass es sich dabei um die Führung in großen, multinationalen Kontexten handelt".

Andere Autoren haben den Kontext globaler Führung näher untersetzt und/oder fokussieren stärker auf die Interaktion zwischen Führungskraft und Mitarbeiter. Als Beispiel kann hier zunächst die Definition von Beechler und Javidan (2007, S. 140) gelten: „Globale Führung ist der Prozess der Beeinflussung von Individuen, Gruppen und Organisationen (innerhalb und außerhalb der Grenzen der globalen Organisation), die jeweils verschiedene kulturelle, politische und institutionelle Systeme repräsentieren, um zur Erreichung der Ziele der globalen Organisation beizutragen". Adler (1997, S. 174) hat bereits sehr früh auf den Interaktionscharakter globaler Führung hingewiesen, indem sie globale Führung als Prozess kennzeichnet, bei dem „[…] Mitglieder der Weltgemeinschaft ermächtigt werden, synergetisch an einer gemeinsamen Vision und einem gemeinsamen Ziel zusammenzuarbeiten, die dazu führt, die Qualität des Lebens auf und für unseren Planeten zu verbessern." Globale Führer sind danach Personen, die besonderen Einfluss auf diesen Prozess nehmen. Weitere Prozessdefinitionen sind in Tab. 15.2 zusammengestellt.

Einige Autoren verknüpfen nach Mendenhall et al. (2012) Status- und Prozessdefinitionen, wobei die Trennschärfe der von den Verfassern gewählten Gruppen oft recht schwach ist. Ein Beispiel für eine Definition, die Status- und Prozessaspekte verknüpft, geben Mendenhall und Kollegen in der Neuauflage des 2008 erschienenen Buches zu globaler Führung selbst (Mendenhall et al., 2013, S. 20). Sie verstehen unter globaler Führung

„[…] Individuen, die bedeutsame positive Veränderungen in Organisationen herbeiführen, indem sie durch Entwicklung von Vertrauen und Gestaltung von Strukturen und Prozessen Gemeinschaften bilden. [Sie arbeiten …] in einem Kontext, der multiple grenzüberschreitende Interessengruppen, multiple Quellen externer grenzüberschreitender Autorität und multiple Kulturen [aufweist], unter Bedingungen zeitlicher, geografischer und kultureller Komplexität."

Im Ergebnis ihrer konzeptionellen Analyse kommen Mendenhall et al. (2012) zum Schluss, dass es sinnvoll ist, mit zwei separaten Definitionen für globale Führer und globale Führung zu arbeiten, die jedoch beide auf die für Globalität charakteristischen Dimensionen zurückgreifen, und mit den Begriffen Komplexität, Flow und Präsenz gekennzeichnet sind. Globale Führung ist danach

- ein Prozess zur Beeinflussung Anderer,
- um eine gemeinsame Vision durch (geeignete) Strukturen und Methoden umzusetzen,
- die einen positiven Wandel fördern,
- individuelle und kollektive Entwicklung und Wachstum unterstützen,
- in einem Kontext, der durch einen bedeutenden Grad von Komplexität, Flow und Präsenz gekennzeichnet ist.

In der dritten Auflage ihres Buches liefern die Verfasser darauf aufbauend folgende Definition globaler Führung:

„Globale Führung sind Prozesse und Handlungen, mit denen ein Individuum eine Anzahl interner und externer anderer Akteure aus vielfältigen nationalen Kulturen und Ländern beeinflusst, in einem Kontext, der durch Aufgaben und Beziehungskomplexität gekennzeichnet ist." (Mendenhall 2018, S. 23)

Globale Führer sind demnach Individuen, die eine Gruppe von Menschen zur Umsetzung einer solchen Vision im globalen Kontext inspirieren (Mendenhall et al., 2012).

Mit diesen Definitionen grenzt sich die aktuelle wissenschaftliche Diskussion unbeschadet mancher Defizite auch deutlich von Auffassungen in der Unternehmenspraxis ab, die globale Führung vor allem mit der Unternehmensführung globaler Unternehmen und

Organisationen verknüpfen (vgl. z. B. Ackermann, 2006) und die entsprechenden Manager bzw. sogar nur einige wenige ihrer Top Manager als globale Führer bezeichnen. Die darin zum Ausdruck kommende Vorstellung einer Hegemonie oder zumindest von Hegemoniebestrebungen bestimmter individueller und vor allem kollektiver transnationaler Akteure stellt zweifellos ein Phänomen der Globalisierung dar (vgl. z. B. Beck, 1998, S. 71), das jedoch den Rahmen des Kapitels zu globaler Führung sprengen würde.

## 15.3  Globale Führung – Theoretisch-konzeptionelle Ansätze

Im Folgenden sollen die bereits erwähnten zentralen theoretischen Ansätze zur globalen Führung näher betrachtet werden. Zu den **universalistischen Ansätzen** zählen Steers, Sanchez-Runde und Nardon (2012) vor allem Arbeiten, die sich mit neocharismatischen Führungsmodellen, wie der transformationalen Führung, befassen, und diesen eine universelle Gültigkeit zuschreiben (s. auch Kap. 2 im Buch). Die Vertreter nehmen an, dass entsprechende Eigenschaften und Verhaltensweisen abgesehen von geringfügigen Variationen überall wirksam sind, und insofern auch globale Führungsmerkmale darstellen (vgl. u. a. Bass, 1997; Den Hartog et al., 1999). Ein Vergleich der Merkmale lässt erkennen, dass dies nicht ganz unberechtigt ist; viele der Merkmale, wie visionäres und gemeinschaftsbildendes Verhalten, Eingehen auf individuelle Besonderheiten der Geführten oder Integrität, finden sich in beiden Konzepten. Andererseits verweisen auch aktuelle empirische Studien darauf, dass transformationale Führung in unterschiedlichen kulturellen Kontexten unterschiedlich ausgeprägt, wahrgenommen und akzeptiert wird, und unterschiedliche Wirksamkeit entfaltet (u. a. Takahashi et al., 2012; Sanchez-Runde et al., 2011; House et al. 2014, S. 60 f.). Zugleich haben Untersuchungen zum Verhalten von Geschäftsführern in verschiedenen Ländern gezeigt, dass diese ihr Führungsverhalten an die jeweiligen kulturbedingten Führungserwartungen des Landes anpassen (vgl. House et al., 2014, S. 209 ff.), unbeschadet von dennoch deutlich sichtbaren universellen Erwartungen an Führungseigenschaften und Verhaltensweisen. Anderseits zeigen neuere Studien durchaus auch kulturelle Ähnlichkeiten sehr unterschiedlicher Regionen, wie Vernik und Brewer (2019) am Beispiel von angelsächsischen und konfuzianischen Gesellschaften zeigen.

**Normative Ansätze** nach Steers et al. (2012) ähneln universalistischen Ansätzen insofern, als auch sie bestimmte spezifische Eigenschaften und z. T. Verhaltensweisen globaler Führungskräfte betonen, die diese generell zum erfolgreichen Handeln im globalen Umfeld befähigen sollen. Im Unterschied dazu sind sie in der Regel stärker auf die Eigenschaften und Qualifikationen der Person des globalen Managers oder Führers fokussiert, weniger auf sein Verhalten, und kaum auf den Führungsprozess als Interaktion von Führern und Geführten. Und schließlich sind die normative Orientierung im Sinne eines Soll-Modells globaler Führungseigenschaften und die Praxisorientierung in diesen Ansätzen stärker ausgeprägt. Zu den normativen Ansätzen gehören vor allem die in der Tradition von Brake (1997) stehenden Forschungsansätze zur Entwicklung von Modellen globaler Denkweise (en. *global mindset*), z. B. Javidan et al. (2007), Beechler und Javidan

(2007), Levy et al. (2007), Osland et al. (2012a) oder auch Konzepte zur kulturellen Intelligenz (en. *cultural intelligence*), z. B. von Earley und Ang (2003) oder zu globalen Kompetenzen (en. *global leadership competencies*), z. B. Jokinen (2005). Auch weitere in diesem Zusammenhang entwickelte Messinstrumente, z. B. das „Global Competencies Inventory (GCI)" nach Bird et al. (2000), das „Global Executive Leadership Inventory (GELI)" von Kets de Vries et al. (2004) oder das „Thunderbird Global Mindset Inventory" (TGME, siehe z. B. Javidan & Teagarden, 2011) sind in diesem Zusammenhang zu erwähnen, da sie die Brücke zur Anwendung in der Managementpraxis bilden. Die Beiträge von Bird (2018) sowie Bird und Stevens (2018) geben einen aktuellen Überblick zu den Modellen und den darauf aufbauenden Mess- und Bewertungsinstrumenten globaler Führung in diesem Kontext.

Durch die gemeinsame Grundannahme eines universalistischen Führungsmusters globaler Führung teilen die beiden Ansätze auch bestimmte theoretische Grundannahmen. Dazu gehören die in der Regel funktionalistisch-normativen paradigmatischen Annahmen und aus dem anglo-sächsischen oder zumindest westlichen Kulturraum stammenden Vorstellungen von Management und Führung, die beim Konzept der Eigenschaften und Verhaltensweisen globaler Führung in diesen Ansätzen oft Pate stehen (vgl. u. a. Takahashi et al., 2012; Steers et al., 2012, S. 480 f.). Hofstede hat bereits 1993 darauf hingewiesen, dass die US-basierten Managementtheorien zahlreiche Hintergrundannahmen enthalten, die nicht überall geteilt werden (Hofstede, 1993, S. 81; Hofstede, 1996). House et al. (2004, S. 56) heben vor allem eine Betonung von Rationalität, Individualismus, Verantwortung der Nachgeordneten statt Mitarbeiterrechte, hedonistische statt altruistischer Motivation, Zentralität der Arbeit und von (westlichen) demokratischen Werten hervor, die eine Generalisierung von Merkmalen global erfolgreicher Führung erschweren dürften, zumindest wenn sie nicht darüber hinaus gehende kulturellen Erwartungen anderer Regionen mit einbeziehen.

Neben Eigenschaftstheorien der Führung auf der Basis von verschiedenen Theorien und Konzepten der Persönlichkeit werden vor allem Kognitionstheorien und soziale Lerntheorien für eine Fundierung der einzelnen Konzepte und Modelle globaler Führungseigenschaften und globaler Führung genutzt. Mit Blick auf das Führungsverhalten beziehen sich die Konzepte und empirischen Studien, wie bereits erwähnt, auf neocharismatische Führungstheorien wie visionäre Führung oder transformationale Führung (s. Kap. 2 im Buch).

**Kontingenzansätze** unterscheiden sich von den ersten beiden Ansätzen dadurch, dass sie die lokalen kulturellen und institutionellen Besonderheiten herausstellen. Führung wird eher im Sinne eines nicht nur sozialen, sondern kulturellen Konstrukts gesehen. Dazu gehört die Annahme, dass auch Führungseigenschaften und -kompetenzen sowie Verhaltensweisen in einem bestimmten kulturellen und institutionellen Kontext eingebettet sind, in dem ihnen eine je kulturspezifische Bedeutung zugewiesen wird. Führung liegt „im Auge des Betrachters" (Javidan et al., 2006). Führungstheorien und -praktiken entstehen vor dem Hintergrund der kultur-historischen Entwicklung einer Gesellschaft oder Organisation. Historische „Prototypen" erfolgreicher Führung fördern die Herausbildung von kulturspezifischen Führungsidealen und -erwartungen, die ihrerseits wiederum das aktuelle Führungshandeln und seine Wirksamkeit beeinflussen (s. auch Kap. 4 zu impliziten

Führungstheorien). Durch aktuelles Handeln politischer und wirtschaftlicher Führer sowie durch Medien und öffentliche Führungsdiskurse, aber auch durch die Erwartungen der Geführten werden solche Muster reproduziert oder modifiziert. Globale Führung gestaltet sich vor diesem Hintergrund in verschiedenen Ländern sehr unterschiedlich, abhängig vom kulturellen, institutionellen, organisatorischen und (führungs-)situativen Kontext (vgl. u. a. Steers et al., 2012, S. 481). Globale Führer müssen daher über die Fähigkeit verfügen, entsprechend des kulturellen Umfeldes zu agieren.

> „Führungsstandards auf Basis nur einer Kultur festzulegen, wäre so, als wenn man entscheiden würde, nur den Rest des Lebens eine Art von Essen zu sich zu nehmen. Gute Führung ist wie gutes Essen und sieht von verschieden Plätzen auch unterschiedlich aus." (Laddin, 2003, S. 381)

Globale Führung wird demnach dadurch gekennzeichnet, dass sie diese Verschiedenartigkeit mit in den Blick nimmt und unterschiedliche lokale kulturelle Traditionen beachtet. Die Fähigkeit zu globaler Führung zeigt sich vor allem darin, wie gut es Führungskräften gelingt, sich an lokale Gegebenheiten anzupassen und unter diesen Bedingungen erfolgreich zu handeln (Chong & Fu, 2020).

Vor allem im Rahmen des GLOBE-Projektes wurden neben universalistischen auch kulturell-kontingente Führungserwartungen ermittelt (vgl. u. a. Den Hartog et al., 1999; House et al., 2004; Dorfman et al., 2012; Dickson et al., 2012), wobei der Fokus auf den Erwartungen mittlerer Manager in 62 verschiedenen Gesellschaften bzw. Kulturen lag. Im Ergebnis der oben erwähnten Studie zu Verhalten und Wirksamkeit von Geschäftsführern in verschiedenen Ländern (House et al., 2014) wurde festgestellt, dass die verschiedenen Kulturdimensionen wie Machtunterschiede, Kollektivismus oder Unsicherheitsvermeidung nicht direkt auf das Führungsverhalten von Top-Managern einwirken, sondern indirekt über die jeweils kulturspezifischen Führungserwartungen wirken. Führungskräfte werden akzeptiert, können erfolgreich handeln oder werden als erfolgreich angesehen, wenn sie sich in ihrem Verhalten an die jeweiligen kulturellen Erwartungen des Landes anpassen (House et al., 2014, S. 99 f.).

Neben National- oder Organisationskulturkonzepten beziehen sich die Autoren kontingenztheoretischer Ansätze globaler Führung auch auf kognitive Theorien, insbesondere zu Führungsprototypen und impliziten Führungstheorien. Weitere relevante Führungstheorien und -konzepte sind die kulturelle und symbolische Führung bei Bezug auf lokale und universelle Symbolsysteme (s. auch Kap. 9 im Buch) sowie die mikropolitische Führungssicht (s. Kap. 8) bei einem Fokus auf universell und lokal akzeptierte, oder aber ethisch problematische Taktiken und Verhaltensweisen globaler Führer. Auch die unterschiedliche lokale Konstruktion und Akzeptanz weiblicher globaler Führung ist hier zu nennen (vgl. Adler, 1997; s. auch Kap. 14 zu Führung und Frauen im Buch).

Neben den Kulturtheorien finden sich in der Literatur auch Ansätze, welche die gesellschaftlichen Unterschiede in den Führungsprozessen und -mustern auf institutionelle Rahmenbedingungen, z. B. nationale Geschäftssysteme (en. *national business systems*) (Whitley, 1999, 2005), oder auf Varianten des Kapitalismus (en. *varieties of capitalism*) (Hall & Soskice, 2001) zurückführen. Weltweite Ähnlichkeiten von Führungspraktiken werden dagegen häufig durch neoinstitutionalistische Theorien erklärt (z. B. Scott & Meyer, 1991 zur Verbreitung von Managementtrainingsprogrammen). Die zuletzt genannten Theorien können dabei die jeweils ähnliche oder unterschiedliche Ausprägung des globalen und lokalen Kontextes der Führung erklären, während z. B. kulturell bedingte implizite Führungstheorien zu einem besseren Verständnis der kulturspezifischen Konstruktion globaler Führung beitragen.

Die Unterscheidung zwischen den drei verschiedenen Ansätzen ist jedoch nicht immer einfach, wie ja auch schon die Schwierigkeiten einer terminologischen Abgrenzung zwischen den Status- und Prozessansätzen zeigen. Im Bereich der Handlungsempfehlungen führt das letztlich oft zu ähnlichen Empfehlungen für Auswahl und Training globaler Führungskräfte.

## 15.4 Globale Führer und globale Führung: Ausgewählte Konzepte und Befunde

### 15.4.1 Eigenschaften und Kompetenzen global agierender Führungskräfte

In der Literatur werden vor allem kognitive Komplexität, globale Denkweise, Verhaltensflexibilität, interkulturelle Kompetenz, Lernfähigkeit und Integrität als zentrale Eigenschaften, Fähigkeiten und Kompetenzen globaler Führer und Führung herausgestellt, die die Bereiche Wahrnehmung, Beziehungsmanagement und Selbstmanagement umfassen (Osland et al., 2012b, S. 112). In diesem Zusammenhang wurden verschiedene Konzepte entwickelt und vielfach auch empirisch getestet, die jeweils eine übergreifende Beschreibung und Erfassung der notwendigen Eigenschaften und Kompetenzen globaler Führer erlauben sollen. Im Folgenden sind die Konzepte der kulturellen Intelligenz, der globalen Denkweise und der globalen Führungskompetenzen näher zu betrachten.

Der Ansatz der **kulturellen Intelligenz** (vgl. u. a. Earley & Ang, 2003; Alon & Higgins, 2005; Ang et al., 2007; Ng et al., 2009) baut auf Überlegungen zur sogenannten relationalen oder Beziehungskompetenz (en. *relational competence*) und zur emotionalen Intelligenz auf. Beziehungskompetenz wird als das Ausmaß verstanden, in dem Personen ihre Beziehungen effektiv und angemessen innerhalb und über Organisations- und Landesgrenzen hinaus gestalten können (vgl. Clark & Matze, 1999, S. 131). Diese Fähigkeit erfordert Werte, Wahrnehmungsmuster, Eigenschaften, Verhaltensweisen, Emotionen und kommunikative Kompetenzen, die ein Verständnis und eine Akzeptanz multipler Weltsichten, Perspektiven oder Positionen erlauben und es gestatten, positive Beziehungen zu Personen verschiedener Kulturen aufzubauen, um dadurch Kreativität, Wachstum und wechselseitiges Lernen zu fördern (s. auch Lang & Rybnikova, 2010, S. 91 f.). Hierbei wird die Fähigkeit, einen grenzüberschreitenden kulturellen Dialog zu initiieren und zu realisieren, besonders herausgestellt. Dachler (1999) schlussfolgert, dass die globale Führung aufgrund eines stetigen Umgangs mit den lokalen sozialen Gegebenheiten und Beziehungen auch ein höheres Maß an Beziehungsarbeit und Beziehungskompetenz als die herkömmliche, lokale Führung erfordert. Zugleich verweist er gerade hinsichtlich globaler Führung auf die Notwendigkeit einer interaktions- und beziehungsorientierten statt individualführerzentrierten Führungstheorie.

Neben einer rationalen, logik-basierten Intelligenz schlagen Alon und Higgins (2005) daher als Kern globaler Führung die emotionale Intelligenz (en. *emotional intelligence*) und die kulturelle Intelligenz (en. *cultural intelligence*) vor. Emotionale Intelligenz ist die Fähigkeit einer Person, angemessen mit ihren eigenen Emotionen und mit den Emotionen anderer Individuen umzugehen (Alon & Higgins, 2005). Daran knüpft die Forschung zur globalen Führung an und sieht emotionale Intelligenz als Bestandteil der kulturellen Intelligenz (zur emotionalen Intelligenz s. Goleman, 1996 sowie kritisch, Sieben, 2007). In diesem Zusammenhang wird zum Teil auch auf den femininen Charakter globaler Führung und globaler Führungseigenschaften verwiesen. So betont Adler (1997) die Feminisierung globaler Führung mit Blick auf die speziellen Stärken und Fähigkeiten im Bereich relationaler Kompetenzen und emotionaler Intelligenz, die generell eher weiblichen Führungskräften zugeschrieben werden. Kulturelle Intelligenz definieren Earley und Ang (2003, S. 9) als Fähigkeit einer Person, sich erfolgreich an neue kulturelle Umfelder anzupassen. Im Anschluss an mehrdimensionale Intelligenzkonzepte bestimmen sie vier Dimensionen kultureller Intelligenz:

- **Meta-kognitive kulturelle Intelligenz** als mentale Prozesse, die es Individuen erlauben, kulturelles Wissen zu erwerben und zu verstehen;
- **Kognitive kulturelle Intelligenz** als Wissen über Normen, Praktiken, Sitten und Gebräuche in verschiedenen Kulturen;
- **Motivationale kulturelle Intelligenz** als Fähigkeit, Aufmerksamkeit und Energie einzusetzen, um in Situationen zu handeln, die durch kulturelle Unterschiede gekennzeichnet sind;
- **Verhaltensorientierte kulturelle Intelligenz** als Fähigkeit, bei der Interaktion mit Personen unterschiedlicher Kulturen verbal und non-verbal angemessen zu handeln.

Ein erfolgreiches globales Handeln, so die Annahme, setzt eine hohe Ausprägung aller vier Dimensionen voraus. Alon und Higgins (2005) stellen besonders die Notwendigkeit einer hohen motivationalen kulturellen Intelligenz für die Wirkung der anderen Dimensionen heraus.

Das Konzept der **globalen Denkweise** (en. *global mindset*) geht ursprünglich auf Perlmutter (1969) zurück, der neben ethnozentrischer und polyzentrischer Denkweise auch die geozentrische Denkweise mit einer globalen oder zumindest grenzüberschreitenden Perspektive benennt. Es bildet die Basis zahlreicher aktueller Konzepte der „Global Mindsets" (Levy et al., 2007). Allerdings weist das Konzept gegenwärtig eine sehr große Breite unterschiedlicher Definition und Sichtweisen auf, die je sehr unterschiedliche Aspekte einbeziehen. Levy et al. (2007, S. 4) sprechen daher von konzeptioneller Mehrdeutigkeit und widersprüchlichen empirischen Befunden, aber die Bedeutung als kritischer Erfolgsfaktor wird zunehmend anerkannt. Sie definieren globale Denkweise als hochkomplexe kognitive Struktur, die zum einen durch eine Offenheit gegenüber kulturellen und strategischen Realitäten auf globaler wie lokaler Ebene gekennzeichnet ist, und der Fähigkeit, diese Vielfalt zu vermitteln und zu integrieren (Levy et al., 2007, S. 21). Die Autoren nennen daher zwei Dimensionen globaler Denkweise: kosmopolitische Orientierung und kognitive Komplexität. Unter kosmopolitischer Orientierung wird die Offenheit und Orientierung nach außen, die Fähigkeit, globale und lokale Sichtweisen zu verknüpfen und zu vermitteln, und die Bereitschaft, die unterschiedlichen kulturellen Hintergründe Anderer zu erforschen und von ihnen zu lernen, verstanden. Sie steht für die kulturelle Dimension der globalen Denkweise. Kognitive Komplexität repräsentiert die Fähigkeit, Situationen von verschiedenen Perspektiven aus zu betrachten und hinsichtlich ihrer möglichen Wirkungen zu analysieren, zu interpretieren und zu integrieren. Sie steht für die strategische Seite der globalen Denkweise.

Einen alternativen Ansatz verfolgen Javidan und Kollegen (u. a. Javidan et al., 2007; Beechler & Javidan, 2007; Javidan & Teagarden, 2011). Mit Rückgriff auf Kapital-Konzepte unterscheiden sie in intellektuelles Kapital (Wissen über globale Wirtschaft, kognitives Kapital), soziales Kapital (interkulturelles Einfühlungsvermögen, interpersoneller Einfluss) und psychologisches Kapital (positives psychologisches Profil, kosmopolitische Orientierung, Offenheit für interkulturelle Begegnungen). Die Autoren nehmen an, dass eine globale Denkweise für eine effektive globale Führung notwendig sei, aber die Führungskräfte auch über ein daraus abgeleitetes Verhaltensrepertoire verfügen müssen, um im globalen Kontext zu bestehen (Javidan & Teagarden, 2011). Sie nennen Wahrnehmung, Analyse und Entschlüsselung der globalen Arbeitsumgebung, Ableiten geeigneter Managementhandlungen sowie ihre verhaltensflexible und disziplinierte Umsetzung. Abb. 15.2 stellt eine Zusammenfassung verschiedener Überlegungen zum Thema dar.

Die Konzepte der kulturellen Intelligenz und der globalen Denkweise werden oft in übergreifende Modelle **globaler Führungskompetenzen** (en. *global leadership competencies*) einbezogen. Die meisten Modelle beinhalten dabei mehrere Dimensionen oder Ebenen, die jeweils für unterschiedliche Aspekte der Persönlichkeitseigenschaften, Werte oder Qualifikationen stehen. Bücker und Poutsma (2010) sprechen bezüglich solcher Modelle von KSAOs, was für Wissen (*knowledge*), Fertigkeiten (en. *skills*), Fähigkeiten (en. *abilities*) und andere Persönlichkeitsfaktoren (en. *other personality factors*) steht.

Stellvertretend kann hier das Pyramidenmodell der globalen Führung von Bird und Osland (2004) genannt werden. Sie unterscheiden von unten nach oben die Ebenen globales Wissen, basale Persönlichkeitseigenschaften, Einstellungen und Orientierungen, interpersonelle Fähigkeiten und Fertigkeiten sowie systembezogene Fähigkeiten und Fertigkeiten. Die Ebene der Einstellungen und Orientierungen repräsentiert die globale Denkweise, „global mindset", mit den Dimensionen kognitive Komplexität und kosmopolitische Orientierung.

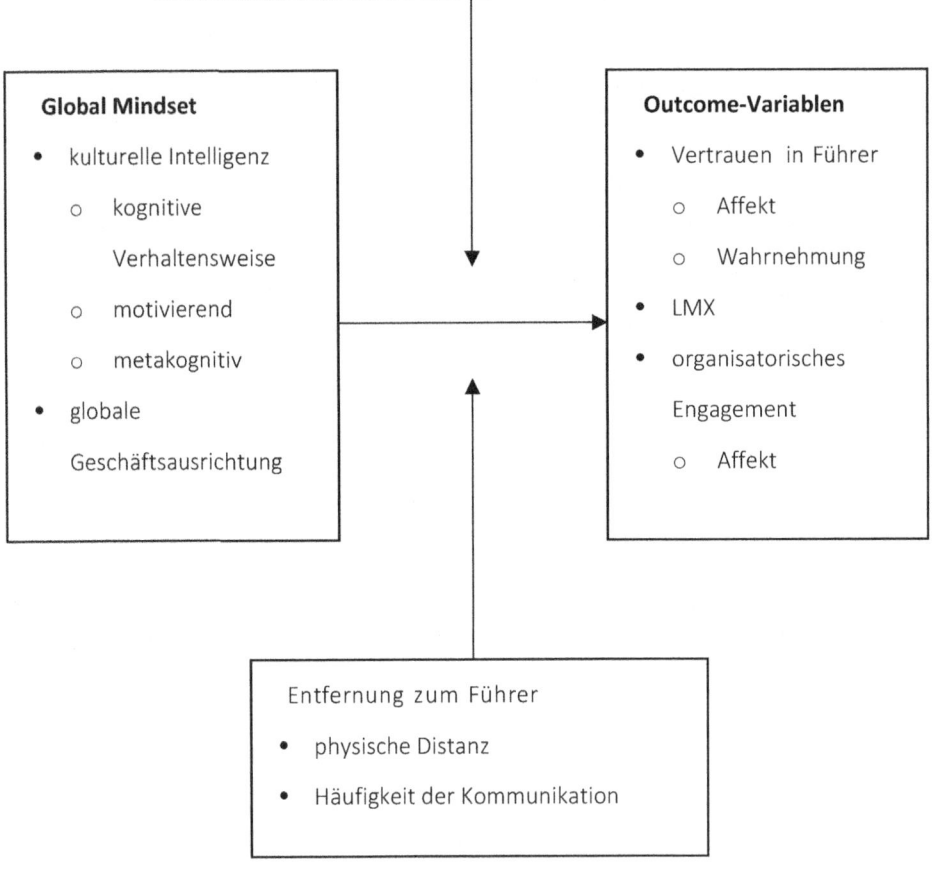

**Abb. 15.2**  Rahmenkonzept der globalen Denkweise [Bildrechte: Vom Autor in Anlehnung an Beechler & Javidan (2007) sowie Javidan & Teagarden (2011) übersetzt und bearbeitet]

Ein weiteres integratives Kompetenzmodell hat Jokinen (2005, S. 201) entwickelt. Sie definiert globale Führungskompetenzen zunächst als „[…] diejenigen universellen Qualitäten, die Individuen befähigen, ihre Tätigkeit außerhalb ihrer National- wie auch Organisationskultur zu verrichten, unabhängig von ihrem Bildungshintergrund und ihrer ethnischen Herkunft, ihres funktionalen Bereiches oder der Art ihrer Organisation". Damit versucht sie eine Generalisierung, die über klassische Studien zu notwendigen Kompetenzen von Expatriates hinausgeht. Sie unterscheidet drei Ebenen:

- Grundlegend notwendige globale Führungskompetenzen (Selbstwahrnehmung und -erkenntnis, Bereitschaft zu persönlicher Veränderung, Neugier)
- Mentale Eigenschaften globaler Führer (Optimismus, Selbstregulation, Motivation zur Arbeit in einem internationalen Umfeld, Einfühlungsvermögen, Urteilsvermögen, kognitive Fähigkeiten und Fertigkeiten, Akzeptanz von Komplexität)
- Verhaltensbezogene Fähigkeiten und Fertigkeiten (soziale und netzwerkbezogene Fähigkeiten und Fertigkeiten sowie Wissen).

Insgesamt verdeutlichen die drei kurz dargestellten Modelle unabhängig vom Grad der Einbeziehung verhaltensnaher Qualifikationen und Kompetenzen einen Fokus auf die Person des globalen Führers.

Die empirische Forschung im Rahmen der auf Eigenschaften und Kompetenzen bezogenen Ansätze konzentriert sich vor allem auf die Identifizierung von spezifischen Eigenschaften, Kompetenzen und zum Teil auch Verhaltensweisen und bewährten Praktiken global agierender Führungskräfte (vgl. u. a. Zusammenstellung von Osland, 2018b, S. 66 ff.). Dazu werden verschiedene Methoden genutzt, wie beispielsweise Fallstudien mit Interviews von global arbeitenden Geschäftsführern, aber auch Interviews mit Managern, Nachwuchsmanagern, die für internationale Aufgaben vorgesehen sind, sowie in größerem Umfang Fragebogenerhebungen und Expertenbefragungen, z. B. von Personalmanagern in der Regel in mehreren Organisationstypen und Ländern (Osland, 2018b, S. 68 ff.). Die empirischen Erhebungen und Forschungsbemühungen schließen aber auch die Entwicklung und den Test von vielfältigen Analyse- und Bewertungsinstrumentarien zur Einschätzung der kulturellen Anpassungsfähigkeit, kulturellen Intelligenz, der „global mindsets" sowie globaler Führungskompetenzen ein (zum Überblick Bird & Stevens, 2018; Thorn, 2012; Holt & Seki, 2012).

Tab. 15.3 zeigt eine Zusammenfassung wichtiger Merkmale von drei zentralen Instrumenten zur Beurteilung globaler Führungskompetenzen.

Bücker und Poutsma (2010) verweisen bei ihrer Analyse von 23 verschiedenen Analyse- und Beurteilungsinstrumenten globaler Kompetenzen darauf, dass die Instrumente oft sehr selektiv auf bestimmte Merkmale zurückgreifen und andere vernachlässigen. Zugleich wird die dominant quantitative Ausrichtung vieler Fragebogen-Instrumente kritisiert, die eine Überprüfung der erhobenen Daten erschweren. Sie fordern einen Ausbau in Richtung einer methodischen Triangulation (Bücker & Poutsma, 2010, S. 276).

**Tab. 15.3**   Ausgewählte Beurteilungsinstrumente globaler Führungskompetenzen

| Autoren | Name | Zweck | Ergebnisse |
|---|---|---|---|
| Bird, Mendenhall, Stevens, und Oddou (2000) | Global Competencies Inventory (GCI) | Misst 17 Dimensionen von Persönlichkeitsmerkmalen, die mit interkulturellem Verhalten und der Fähigkeit, dynamische globale Führungsfähigkeiten zu erwerben, assoziiert werden | Drei Faktoren, S. Wahrnehmungsmanagement u. a. Unvoreingenommenheit, Neugier, Ambiguitätstoleranz, Weltoffenheit; Beziehungsmanagement u. a. Beziehungsinteresse, zwischenmenschliches Engagement, emotionale Sensibilität, Selbstwahrnehmung, Verhaltensflexibilität; Selbstmanagement u. a. Optimismus, Selbstvertrauen, emotionale Belastbarkeit, Stressresistenz, Interessenflexibilität |
| Kets de Vries, Vrignaud und Florent-Treacy (2004) | Global Executive Leadership Inventory (GELI) | 360-Grad-Feedback Ansatz, um das Kompetenzniveau in Bezug auf globale Führung zu messen und Erkenntnislücken bei diesen Kompetenzen zu identifizieren | Zwölf Dimensionen, S. Vision vermitteln, Mitarbeiter ermächtigen, gestalten und steuern, belohnen und Feedback geben, Teambildung, an der Umwelt orientieren sowie globale Denkweise, Beharrungsvermögen, emotionale Intelligenz, Life-Balance, Belastbarkeit bei Stress |
| Javidan und Teagarden (2011) | Thunderbird Global Mindset Inventory (TGMI) | Internetbasiertes Werkzeug, das 76 Elemente enthält, um die drei Aspekte globaler Denkweise, soziales, psychologisches und intellektuelles Kapital zu messen | Enthält 76 Items, u. a. Weltoffenheit, globaler Geschäftssinn, Umgang mit Komplexität, Leidenschaft für Vielfalt, Selbstsicherheit, Abenteuerlust, z. B. Risikobereitschaft, Interesse an anspruchsvollen, unvorhersehbaren Situationen, aber auch interkulturelles Einfühlungsvermögen, Diplomatie oder interpersoneller Einfluss |

Quelle: Eigene Zusammenstellung nach Kets de Vries et al. (2004); Bird et al. (2010); Javidan und Teagarden (2011); Bird und Stevens (2018)

Die große Vielzahl weiterer empirischer Studien richtet sich auf die Analyse der Ausprägungen oder Defizite der verschiedenen globalen Führungskompetenzen im international-vergleichenden oder nationalen Kontext (z. B. Caligiuri & Tarique, 2012; Gutierrez et al., 2012). Daneben werden zum Teil auch Effekte der Wahrnehmungen und Wirkungen der Kompetenzen auf die Geführten und die Organisation erfasst (vgl. u. a. Kets de Vries & Florent-Treacy, 2002; Alon & Higgins, 2005; Sadri et al., 2011). Auch

Studien zur Verbreitung und Wirkung von Auswahl- und Trainingsinstrumenten oder zur Verbreitung von globalen Entwicklungsprogrammen sind hier zu nennen. McDonnell et al. (2010) zeigen zum Beispiel, dass vor allem größere Unternehmen, die in High-Tech-Branchen weltweit agieren, entsprechende Personalmanagementpolitiken formuliert haben und sie in globalen Programmen zur Entwicklung von Managementtalenten umsetzen, wobei auch das Herkunftsland der Unternehmen zum Teil eine Rolle für die Ausprägung der Aktivitäten spielt. Caligiuri und Tarique (2009) kombinieren die Perspektiven, in dem sie in einer Analyse bei über 200 globalen Führern und unter Nutzung der sozialen Lerntheorie zeigen, dass Führungskräfte mit hoher Extraversion im Persönlichkeitsprofil und umfassenden Kontakterfahrungen im Rahmen von Führungsentwicklungsprogrammen besonders erfolgreich als globale Führer arbeiten. Winsborough und Hogan (2014) haben in einer großangelegten Studie die Persönlichkeitseigenschaften, Motive, Werte und Präferenzen von insgesamt fast 2000 Führungskräften aus Deutschland, China, Australien, der USA und Neuseelands untersucht. Sie konnten dabei ein spezifisches Profil und deutliche Unterschiede zwischen den Top Managern, die oft auch international und global tätig sind, und weiteren Führungskräften feststellen. Zugleich wurden aber auch, ähnlich wie in den GLOBE-Studien, kulturelle Unterschiede bei den Eigenschaften, Werten, Motiven und Präferenzen der Top-Führungskräfte gefunden, z.B. höhere Werte für Machtmotive oder Tradition bei chinesischen Führungskräften gegenüber den anderen Ländern. Typische übergreifende Persönlichkeitseigenschaften und Werte waren Anpassungsbereitschaft und Belastbarkeit, auch bei Stress, Ehrgeiz und Selbstvertrauen, Lernfähigkeit und -bereitschaft, strategische Orientierung und hohe Leistungsmotivation.

### 15.4.2  Führungserwartungen, Führungsverhalten und Führungsprozesse globaler Führung

Aussagen zum Führungsverhalten von globalen Managern und zum Führungsprozess finden sich vor allem bei den universalistischen Ansätzen sowie bei den Kontingenzansätzen. Während bei den universalistischen Ansätzen versucht wird, vor allem ähnliche Verhaltenserwartungen und Verhaltensweisen zu identifizieren, die weltweit erfolgreich sein können, liegt das Schwergewicht bei den Kontingenzansätzen im Nachweis kulturspezifischer Erwartungen an das Führungsverhalten globaler Manager sowie bei kulturspezifischen Unterschieden im Führungsverhalten, die jeweils Einfluss auf die Wirksamkeit der Führungsprozesse haben. Bei universalistischen Betrachtungen steht vor allem die neo-charismatische Führungstheorie im Zentrum des Interesses und es wird insbesondere die Verbreitung und Wirksamkeit charismatisch-transformationaler Führung bei globalen Führungskräften in globalen wie regionalen Kontexten untersucht. Die Basis dafür ist die zum Teil auch empirisch bestätigte Annahme, dass die charismatisch-transformationale Führung im Vergleich zu anderen Führungsansätzen weltweit als gute und effektive Führung angesehen und erwartet wird (Den Hartog et al., 1999, S. 42 ff.), und zugleich auch zu den am häufigsten praktizierten Führungsansätzen gehört (Dorfman et al., 2012, S. 506–508). Zu den universell positiv bewerteten Führungsverhaltensweisen gehört daneben noch die teamorientierte Führung, was sowohl für das erwartete als auch für das wahr-genommene Führungsverhalten gilt (Dorfman et al., 2012, S. 506, 513). Zugleich wurde von den Autoren des GLOBE-Projektes nachgewiesen, dass vor allem autokratische und diktatorische Verhaltensweisen sowie böswilliges Führungsverhalten weltweit abgelehnt werden (vgl. Dorfman et al., 2012, S. 508). Der folgende Kasten zeigt eine Zusammenfas-sung der universellen Erwartungen positiver wie negativer Verhaltensweisen von Füh-rungskräften. Genauere Angaben zu einzelnen Führungsattributen finden sich in den ver-schiedenen GLOBE-Publikationen, u. a. Den Hartog et al., 1999; House et al., 2004; Chhokar et al., 2007; Dorfman et al., 2012; House et al., 2014, oder im Überblick bei Northouse, 2019 (Kap. 16 zu Kultur und Führung).

---

**Beispiel**

**Universell akzeptierte Verhaltensweisen**
- Vertrauenswürdigkeit, Integrität, Gerechtigkeit
- Weise Voraussicht, visionäres Handeln
- Inspirierendes, ermutigendes Verhalten
- Kommunikatives, integrierendes Verhalten

**Universell abgelehnte Verhaltensweisen**
- Einzelgängertum oder asoziales Verhalten
- Böswilligkeit und mangelnde Kooperation seitens Führungskraft
- Diktatorische Neigung ◄

Unbeschadet dieser Befunde zeigen sich jedoch deutliche Grenzen einer universellen Eignung von Führungsstilen auch für globale Manager. So wird bei einer näheren Analyse deutlich, dass in den einzelnen Kulturen einerseits sehr unterschiedliche Profile von Füh-rungsmustern existieren, die dazu führen, dass Einzelelemente transformationaler Füh-rung als wichtig angesehen werden, jedoch mit Elementen anderer Führungskonzepte, etwa humaner Führung oder teamorientierter Führung in unterschiedlichem Maße kombi-niert sind. Auch das Profil transformationaler Führung weist in den einzelnen Ländern sowohl in der Führungserwartung als auch in der Umsetzung sehr unterschiedliche Kom-positionen von Eigenschaften und Verhaltensweisen auf (vgl. auch Kap. 2 zu neocharisma-tischen Führungsansätzen). Einer der zentralen und wichtigen Befunde des GLOBE-Pro-jektes ist dabei, dass bestimmte Dimensionen der Nationalkultur, wie Machtunterschiede, Leistungsorientierung, Geschlechtergleichheit oder Humanorientierung, zwar einen Ein-fluss auf die in bestimmten Kulturen jeweils erwarteten Führungsstile haben, dass Kultur jedoch keine Vorhersage über das tatsächlich praktizierte Führungsverhalten erlaubt. Da-gegen konnte eine zentrale Annahme des GLOBE-Konzeptes bestätigt werden, die davon ausgeht, dass die kulturell bedingten impliziten Führungserwartungen (CLT) ihrerseits jeweils eine sehr gute Vorhersage für die tatsächlich praktizierten Führungsstile bieten (Dorfmann et al., 2012, S. 513; House et al., 2014). Auch hier zeigt sich, dass vor allem wertebasierte, charismatische Führung sowie teamorientierte Führungzu den weltweit am meisten verbreiteten Führungsmustern gehören, während etwa partizipative Führung, humane Führung und autonom-individualistisches Führungsverhalten in bestimmten Kulturen stärker und in anderen weniger stark anzutreffen waren. Die Befunde lassen sich so interpretieren, dass tendenziell eine Anpassung des Führungsverhaltens an die jeweils kulturell vorherrschenden Führungserwartungen erfolgt. Dies ist eine zentrale Voraussetzung für die Akzeptanz als Führungskraft und letztlich für ihre Wirksamkeit. Führungskräfte, die diesen Anpassungsprozess nicht vollziehen (können), werden danach über kurz oder lang scheitern. Diese Aussage hat eine erhebliche Relevanz für den globalen Einsatz von Führungskräften, die vor diesem Hintergrund in der Lage sein müssen, die jeweils kulturspezifischen Führungserwartungen zu erkennen und in ihrem tatsächlichen Führungsverhalten auch zu adressieren (vgl. auch Dickson et al., 2012; Festing & Maletzky, 2011). House et al. (2014) haben in ihrer Geschäftsführerstudie das Führungsverhalten und seine Wirksamkeit in 24 Ländern untersucht und dabei auch länderübergreifend zentrale Verhaltensweisen herausgearbeitet, durch die sich erfolgreiche von weniger erfolgreichen Führungskräften, ermittelt an den Unternehmensergebnissen sowie der Akzeptanz und Verpflichtung des Top Management Teams, unterscheiden. Erfolgreiche Führung über alle Länder war danach visionär, leistungsorientiert, entscheidungsstark, inspirierend, administrativ kompetent, (moralisch) integer und diplomatisch (House et al., (2014, S. 359 f.).

**Beispiel**

In einem Vergleich des beobachteten Führungsverhaltens deutscher Führungskräfte im Vergleich mit Führungskräften in Mittel- und Osteuropa zeigen Alt und Lang (2004) auf, dass das im deutschen Kontext beobachtete Führungsverhalten beim internationalen Einsatz in Ländern Mittel- und Osteuropas je nach Einsatzland in unterschiedlichem Maße zu Problemen führen kann. So decken sich die Führungserwartungen in Russland in etwa mit den in Deutschland praktizierten Führungsstilen, was auf weniger Anpassungsprobleme hindeuten kann, während etwa beim Einsatz in Tschechien oder Slowenien größere Erwartungen an partizipative und teamorientierte Führung gestellt werden, die jeweils spezifische Führungskonflikte provozieren können. Auf ähnliche Probleme verweisen Javidan et al. (2006) für amerikanische Führungskräfte beim Einsatz in Ägypten, Brasilien, China oder Frankreich, wobei sie die Probleme bereits aufgrund der abweichenden impliziten Führungsvorstellungen in den jeweiligen Kulturen diagnostizieren. ◄

Insgesamt deuten diese Befunde aus dem GLOBE-Projekt darauf hin, dass globale Manager in jedem Fall einen kulturellen Anpassungsprozess beim Wechsel zwischen den Ländern vornehmen müssen und selbst als universell angesehene Führungsverhaltensweisen in einem anderen kulturellen Kontext eine abweichende Bedeutung erfahren können. Dabei ist zu beachten, dass im Rahmen des GLOBE-Projektes vor allem Führungsverhalten von Managern im Allgemeinen erhoben wurde, unbeschadet ihres Einsatzes als globale Manager.

Neben den Anforderungen an die persönlichen Eigenschaften der globalen Führungskräfte wird auch das Führungsverhalten unter den globalen Bedingungen hinterfragt. Hier wurde u. a. die Frage nach den universellen, d. h. kulturunabhängig wirksamen Einflusstechniken der Führungskräfte gegenüber den Mitarbeitern aufgeworfen. In einer Studie von Kennedy et al. (2003), die auf einem mikropolitischen Theorieansatz beruhen, haben sich folgende Einflusstaktiken als universell effektiv herausgestellt: Überzeugen mit Hilfe von rationalen Argumenten, Beraten und Konsultieren, Kollaborieren (z. B. Unterstützung anbieten, Ressourcen zuweisen oder eine Teilhabe an dem zu erwarteten Nutzen vorschlagen) und Verführen (z. B. Überzeugen mit den Hinweisen auf den Nutzen, welchen Mitarbeiter daraus ziehen können). Die jeweilige Effektivität der einzelnen Techniken erweist sich jedoch als kulturspezifisch. So haben sich die Techniken des Beratens und Kollaborierens als Beeinflussungsmethoden herausgestellt, die vor allem in den Kulturen wirksam und akzeptabel sind, in denen ein hoher Grad an Individualismus und eine niedrige Machtdistanz vorherrscht. In den konfuzianistisch geprägten Kulturen sind diese Techniken hingegen weniger erfolgversprechend.

Als wenig effektiv haben sich über alle untersuchten Länder hinweg vor allem die folgenden Techniken erwiesen: Geschenke im Voraus, Umgarnen, z. B. durch ‚small talk' oder Einsatz von persönlichen Druckmitteln. Das Manipulieren der Meinung und der Einstellung von Mitarbeitern, ob mit ökonomischen, sozialen oder persönlichen Mitteln, scheint also in allen untersuchten Kulturen wenig Akzeptanz zu finden. Hingegen wird ein rationales, respektierendes Überzeugen von Mitarbeitern universell positiv konnotiert und erreicht offenbar seine Wirkung (vgl. auch Lang & Rybnikova, 2010).

Tsai und Kollegen (2019) haben sich in einer neueren Studie mit einer kulturbedingten Anpassung des Führungsverhaltens am Beispiel von Expatriates in Thailand beschäftigt. Im Ergebnis konnten sie zeigen, dass die Mehrzahl der Führungskräfte ihren Stil anpasst um die thailändischen Mitarbeiter zu beeinflussen. Das Vorgehen war dabei u. a. auch von weiteren Faktoren, wie den Rollenanforderungen, der lokalen Hierarchie oder persönlichen Merkmalen der Mitarbeiter, abhängig.

## 15.5   Anwendungsfelder globaler Führung

Zentrale Anwendungsfelder des Konzeptes globaler Führung finden sich im Bereich der Personalauswahl für globale Führungspositionen, der Führung globaler Teams sowie in der Führungskräfteentwicklung und des Trainings in Vorbereitung auf entsprechende Einsätze (vgl. auch Steers & Osland, 2020, die jeweils ein Teilkapitel mit entsprechenden Hinweisen für Manager beigefügt haben). Das schließt unter anderem das inzwischen aktuelle Forschungsfeld des globalen Talentmanagements (en. *global talent management*) ein (zum Überblick vgl. Tarique & Weisbord, 2018). Hier geht es vor allem um die Entwicklung von Programmen zur Ausbildung von Nachwuchsführungskräften für globale Führungspositionen. Die Forschung richtet sich dabei auf die Analyse der Wirksamkeit verschiedener Programmelemente, u. a. verschiedener Formen von Auslandseinsätzen und Kontakten, auf die Befähigung für einen effektiven Einsatz als globale Manager in verschiedenen Positionen. Darüber hinaus sind weitere Anwendungsfelder globaler Führung in der systematischen Gestaltung des Einsatzes von Expatriates oder bei der Leitung globaler Teams sowie zur Gestaltung entsprechender Organisationsformen zum Management und zur globalen Führung zu sehen. Neuere Forschungsfelder, etwa im Kontext des Wissensmanagements, betreffen weiterhin die Rolle globaler Führer bei der Generierung und Verbreitung von Wissen in multinationalen und transnationalen Unternehmen.

Die Auswahl von Führungskräften für globale Einsätze kann vor allem auf die Kompetenzmodelle sowie die unterschiedlichen Instrumente zurückgreifen. Hier liefern die Ergebnisse der bisherigen Untersuchungen eine Anzahl belastbarer Kriterien, nach denen eine Auswahl von Führungskräften für globale Einsätze sinnvoll gestaltet werden kann. Es ist jedoch zu beachten, dass die Wechselwirkungen zwischen den Kriterien noch nicht ausreichend erforscht sind, und eine globale Eignung von Führungskräften vor dem Hintergrund der notwendigen Anpassung an verschiedene Zielkulturen auch bestimmte Grenzen aufweist. Schließlich ist auf die bereits erwähnten Grenzen der Aussagekraft der entsprechenden Auswahl- und Beurteilungsinstrumente zu verweisen. Wie Studien zum Einsatz von Expatriates gezeigt haben, spielt weiterhin jedoch auch das familiäre Umfeld für einen erfolgreichen Einsatz eine sehr zentrale Rolle (Arthur & Bennett, 1995). Die Frage der benötigten Kompetenzen für einen Einsatz ist auch für die Führungskräfteentwicklung und die Gestaltung entsprechender Programme von Bedeutung. Auch hier wurden in letzter Zeit basierend auf den vorliegenden Kompetenzmodellen Vorschläge zur Gestaltung solcher Entwicklungsprogramme unterbreitet (vgl. u. a. Übersichten bei Osland & Bird, 2018; Oddou & Mendenhall, 2018). Viele Modelle verweisen besonders auf die Akkumulation kontextspezifischer interkultureller und globaler Erfahrungen, die letztlich zu einer globalen Neuorientierung in der Denkweise, einem „Remapping" führt (Oddou & Mendenhall, 2018, S. 250 f.).

Vor dem Hintergrund der unterschiedlichen Wirksamkeit der Maßnahmen wird es als sinnvoll angesehen, in Organisationen, in denen ein globaler Einsatz von Führungskräften geplant ist, ein entsprechendes globales Talentmanagement aufzubauen (vgl. u. a. Schuler et al., 2011; McDonnell et al., 2010; Tarique und Weisbord, 2018), was auch spezifische Anforderungen an Personalmanagementabteilungen in den Unternehmen stellt (Farndale et al., 2010).

Inwiefern auch der bereits vielfach besprochene Fall Mittermayer auf Aspekte globaler Führung hinweist, kann der folgenden kurzen Analyse entnommen werden.

## Mittermayer als globaler Führer?

Aus der Sicht von Konzepten der globalen Führung konzentriert sich die Betrachtung auf die Eignung von Mittermayer als globalem Führer. Wir können uns dabei nur auf seine Selbstdarstellung beziehen. Danach wird zumindest deutlich, dass Mittermayer über einige Erfahrungen und Kompetenzen zu verfügen scheint, die in der Literatur mit einem globalen Führer verbunden werden.

Zunächst verfügt er über internationale Erfahrungen, S. „[…] 1992 habe ich ein Büro aufgemacht, dann habe ich in Rumänien und in Bulgarien eine Niederlassung aufgemacht […]" und man kann entsprechendes breiteres globales Wissen vermuten. Auch die Tätigkeit als Berater weist ihn als Person aus, die über Arbeitsweisen und Organisationskulturen verschiedener Unternehmen Kenntnisse gesammelt und dabei seine Lernfähigkeit entwickeln konnte („[…] Ich war ja Berater, viele Jahre, 17 Jahre, war ich Berater und bin rein und raus gegangen in den größten Unternehmen des Landes, die sich's leisten konnten, einen Berater zu nehmen. Und da hab ich natürlich gelernt. Was ich gut fand, das hab ich mitgenommen und das hab ich hier dann durchgeführt [...]"). Aus dieser Offenheit für Neues kann auch auf die wichtige Eigenschaft globaler Manager, Neugier, geschlossen werden. Durch die auch mit Stress verbundenen Erfahrungen bei Neugründung in einem Transformationsumfeld (siehe Probleme mit Banken) kann auch eine entsprechende Belastbarkeit vorausgesetzt werden.

Auch grundlegende organisatorische Kompetenzen über Grenzen hinaus (siehe Büros im Ausland) sowie visionäres Verhalten mit Blick auf die Bildung der speziellen Unternehmenskultur können Mittermayer bescheinigt werden. Und schließlich ist auch eine Humanorientierung und die Fähigkeit, auf verschiedene Mitarbeiter einzugehen, trotz z. T. auch kritischer Aspekte (siehe andere Interpretationsperspektiven), vorhanden: „[...] Der Mitarbeiter ist sehr wesentlich für uns [...] Und das ist nicht nur Qualität mit Geld und Lohn, sondern auch die Lebensqualität, die sehr hoch sein muss. Das sind Ziele, soziale Ziele, dass es keinem der Mitarbeiter, der bei uns ist, schlecht gehen soll. Das darf nicht vorkommen."

„[...] Ich bin sehr menschenorientiert. Ich glaube an die Fähigkeit des Menschen sich zu entwickeln. Ich weiß, dass Menschen sehr stark und fähig sind, Sachen zu machen, die sie von Anfang an nicht beherrschen. Wenn ein Milieu richtig ist, entfalten sich Menschen [...]" ◄

## 15.6   Kritische Anmerkungen und Perspektiven des Konzepts der globalen Führung

Wie bereits in der Einleitung angedeutet, wurde das Konzept der globalen Führung von seiner Einführung an sehr stark durch praktische Bedürfnisse einer internationalen und zunehmend globalen Wirtschaft vorangetrieben. Das hatte auch deutliche Auswirkungen auf das akademische Feld. Die wichtigste akademische Publikationsreihe „Advances in Global Leadership" zeichnet sich durch einen klaren Fokus auf praktische Empfehlungen und Hinweise für die Beschaffung, Auswahl, der Führungsentwicklung sowie das grenzüberschreitende Training und Coaching von Führungskräften, die Übernahme angemessener Führungsstile oder geeigneter Einflusstaktiken in verschiedenen Kulturen aus. Auch in wissenschaftlich-konzeptionellen Beiträgen zur globalen Führung oder empirischen Forschungen in diesem Feld betonen die Autoren sehr häufig die Notwendigkeit entsprechender Fähigkeiten oder entwickeln normative Modelle zur Führungskräfteentwicklung oder zum Einsatz von Expatriates. Auch die Autoren des GLOBE-Projektes betonen recht häufig die praktische Anwendung ihrer empirischen Befunde, um Manager zu befähigen, in unterschiedlichen Kulturen kompetent aufzutreten (vgl. z. B. Javidan et al., 2006). Und schließlich weisen auch die aktuell dominierenden Themen in der Forschung wie das globale Talentmanagement oder die Weiterentwicklung von Tools für die Auswahl und Beurteilung globaler Führungskräfte in diese Richtung. Obwohl das Konzept der globalen Führung mit seinen wichtigsten Facetten nunmehr über 20 Jahre alt ist, muss eingeschätzt werden, dass es in wissenschaftlicher Hinsicht und bezogen auf die theoretische Fundierung und konzeptionelle Klarheit immer noch in den Kinderschuhen steckt (Dickson et al., 2012, S. 489; Mendenhall & Reiche, 2018).

Aus paradigmatischer Sicht fällt auf, dass das Konzept, trotz vorhandener Rückgriffe auf neuere Theoriekonzepte wie implizite Führungstheorien, soziale Lerntheorien oder Attributionstheorien, überwiegend auf traditionelle funktionalistische Führungsansätze zurückgreift, etwa mit Blick auf Eigenschaften, die sich auf Fakten beziehen, anstatt spezifische Bedeutungen oder unterschiedliche Konstruktionen globaler Führungsattribute durch verschiedene Akteure kritisch in den Blick zu nehmen (vgl. auch Romani et al., 2018). Dies zeigt sich auch im Fokus auf eine objektive Messung globaler Führungseigenschaften und Verhaltensweisen mit Hilfe von Fragebögen und Beurteilungsinstrumenten, und einen Fokus auf Führungskräfte. Fitzsimmons et al. (2011) verweisen auch darauf, dass die globalen Mitarbeiter (und Geführten) bisher kaum Beachtung finden, wie generell der Fokus auf sozial verantwortliche globale Führung nur gering ausgeprägt ist (Stahl et al., 2018). Das GLOBE-Projekt hat andererseits versucht, auch stärker konstruktivistische Perspektiven einzubringen, indem der Einfluss impliziter Führungstheorien, sozialer Werte und Kulturen betrachtet werden. Wenn multiple Perspektiven für die Messung angewendet werden, etwa im 360-Grad-Ansatz von Kets de Vries und anderen, dann ist dies ebenfalls als ein erster Fortschritt zu einer alternativen Betrachtung zu sehen. Künftige Forschungsansätze werden daher stärker auf die Konstruktion der Bedeutung globaler Führung in nationalen und internationalen wissenschaftlichen und öffentlichen Diskursen zurückgreifen müssen. Es gibt nur wenige Arbeiten zu globaler Führung, die paradigmatisch dem radikalen Strukturalismus oder radikalen Humanismus zuzuordnen sind. Humanistische Ansätze finden sich eher in früheren Arbeiten, etwa von Adler (1997) oder Dachler (1999), die globale Führung als Instrument eines Wandels in Richtung Humanität und der Emanzipation von unterdrückten Akteuren sehen. Radikal-strukturalistische Perspektiven können vor allem in Arbeiten gesehen werden, die die Hegemonie von multinationalen Unternehmen im Sinne globaler Führerschaft kritisieren (vgl. z. B. die Diskursanalyse aus einer postkolonialistischen Perspektive von McKenna, 2011, zu einem Abgrenzungsversuch zwischen Hegemonie und globaler Führung s. Ali & Wisnieski, 2009).

Dabei liegt eine zentrale Schwierigkeit einer vertiefenden Konzeptualisierung auch in der Breite der mit dem Konzept der globalen Führung adressierten Untersuchungsobjekte. Wie aufgezeigt, reicht das Spektrum hinsichtlich der betrachteten Aspekte von Führungseigenschaften über Führungsprozesse bis hin zu organisatorischen Rahmenbedingungen und Kontextfaktoren globaler Führungsprozesse, und schließt Auswahlverfahren, Personalentwicklung und -training und Prozesse des Einsatzes von globalen Führern, die Gestaltung von Führungsstilen usw. ein. Zugleich bezieht sich das Konzept, wie von Mendenhall et al. (2012) bereits festgestellt wurde, auf sehr unterschiedliche Personengruppen und Führungsprozesse in verschiedenen Organisationstypen. Diese Breite erschwert einerseits eine einheitliche Definition, die dann in der Tendenz zu abstrakt wird, um Forschungsbemühungen sinnvoll anzuleiten oder eine einheitliche Theoriebasis zu entwickeln. Ein guter Teil der in der Literatur kritisch angemerkten Aspekte zum Phänomen der globalen Führung und seiner unzureichenden theoretisch-konzeptionellen Aufarbeitung hat also mit der Breite und Vielfalt des Forschungsobjektes zu tun, das sich einer stringenten Theoriebildung letztlich entzieht. Unbeschadet davon fällt bei der Betrachtung der aktuellen Forschungsbemühungen auf, dass die Definitionen von globaler Führung dieses Problem noch verstärken. In vielen Modellen wird mit dem Begriff der globalen Führung gearbeitet. In Wirklichkeit wird ein globaler Führer oder seine Kompetenzen oder Eigenschaften adressiert. Insofern stellt der Versuch von Mendenhall et al. (2012), eine definitorische Trennung zwischen globalen Führern und globaler Führung vorzunehmen, einen ersten wichtigen Schritt zu mehr konzeptioneller Klarheit dar. In dieser Richtung kann auch die Hinwendung zu einem Prozessverständnis globaler Führung in der neuen Auflage von Mendenhall und Kollegen (2018) gesehen werden.

Weiterhin bleibt jedoch kritisch zu vermerken, dass selbst bei prozessbezogenen Theorien bisher nur selten ein wechselseitiger Interaktionsprozess betrachtet wird. Vielmehr wird globale Führung meist als einseitiger Einflussprozess ausgehend vom globalen Führer konzeptualisiert, von wenigen Ausnahmen einmal abgesehen (z. B. Adler, Dachler). Die selbst bei neocharismatischen Führungstheorien, aber auch bei anderen neueren Führungsansätzen längst etablierte Sichtweise eines Interaktionsprozesses mit wechselseitiger Beeinflussung findet bisher noch kaum ihren Niederschlag in den Definitionsbemühungen zur globalen Führung. Dabei ist von vornherein klar, dass aufgrund o.g. Breite der Untersuchungsobjekte einer weiterführenden konzeptionellen Klärung Grenzen gesetzt sind. Hilfreich scheint in jedem Fall die Detaillierung des Kontextes globaler Führung, wie sie Mendenhall et al. (2012) vorgenommen haben.

Die zum Teil ausgeprägte normative Orientierung des Konzepts der globalen Führung wurde bereits angesprochen. Neben einer aus der Praxisorientierung abzuleitenden normativen Sichtweise zeigt sich diese auch in Ansätzen, die mit dem Konzept der globalen Führung emanzipatorische Erwartungen verknüpfen, indem globale Führung im Anschluss an eine polyzentrische Sicht der Globalisierungsforschung mit Erwartungen zur Auflösung hegemonialer Bestrebungen durch ein entsprechendes Führungsmodell verknüpft werden (vgl. unter anderem Adler, 1997, ähnlich bei Dachler, 1999). Globale Führung ist damit per se ein hochgradig positives und anzustrebendes Ziel. Bei anderen Autoren zeigt sich die Normativität eher in Form der Vorgabe von „positiven" Führungseigenschaften, die als Modell oder Muster für „gute" Führung entwickelt und entsprechend propagiert werden. Ein Problem beider Arten der Normativität ist es, dass sie durch eine entsprechende Aufladung von Definitionen, Konzepten und Messinstrumenten eine „neutrale" Analyse erschwert, indem sie bereits ein Element der Bewertung von Eigenschaften in die Beschreibung und Analyse konstruierter Kategorien einfließen lassen.

Eine sinnvolle theoretische Fundierung, die das Phänomen globaler Führung erklären möchte, muss dieses aus dem zurzeit noch dominierenden psychologischen Mikrokosmos befreien. Globale Führung als Interaktions- und Einflussprozess über organisatorische und kulturelle Grenzen hinweg adressiert ein Phänomen auf der organisatorischen Meso- bis hin zur gesellschaftlichen Makroebene und muss demzufolge auch auf entsprechende theoretische Fundierungen zurückgreifen. Beispiele für übergreifende theoretische Begründungsansätze finden sich dann, wenn auf kulturell verankerte implizite Führungstheorien zurückgegriffen wird oder wenn institutionelle Rahmenbedingungen zur Erklärung einer unterschiedlichen Ausprägung globaler Führung herangezogen werden. In jedem Fall setzen sie eine gruppen- und führungssituationsübergreifende Konzeptualisierung voraus. Ein gutes, wenn auch seltenes Beispiel für eine gelungene theoretische Fundierung, die auch übergreifende Aspekte einbezieht, stellt die Arbeit von Festing et al. (2011) dar, die am Beispiel der Anpassung von Expatriates an lokale Gegebenheiten das strukturationstheoretische Rahmenmodell sowie das Konzept der kulturell bedingten impliziten Führungstheorien nutzt.

Hinsichtlich der Erhebungsmethoden globaler Führung zeigt sich, dass insbesondere fragebogenbasierte Erhebungen sowie quantitative psychologische Mess- und Bewertungsinstrumente dominieren. In einzelnen Fällen werden diese in Richtung mehrdimensionaler Beurteilungskriterien erweitert und erlauben so eine Perspektivität, die dem angestrebten Gedanken der kulturellen Konstruktion globaler Führung noch am ehesten nahekommt. In diesem Sinne wären auch in stärkerem Maße qualitative Studien zu erwarten. Die meisten der gegenwärtig vorliegenden, auf Interviews beruhenden Erhebungen beziehen sich jedoch oft nur auf die Auswertung der Erfahrungsberichte von globalen Führern.

### Zum Nachlesen

- Mark Mendenhall und Kollegen (2018) bieten einen guten und konzentrierten Überblick zur globalen Führung, auch mit vielen praktischen Hinweisen zu Konzepten und Instrumenten.
- Im dritten Buch zum GLOBE-Projekt stellen Robert House und Kollegen (2014) die zentralen Befunde zum Führungsverhalten von Geschäftsführern und ihrer Wirkung in 24 Ländern dar.
- Die frühe und kritische Arbeit von Nancy Adler (1997) zu einer weiblichen Perspektive auf globale Führung ist in jedem Fall lesenswert.
- Eine deutsche Sicht auf die Befunde und Konsequenzen des GLOBE-Projektes findet sich im Artikel von Rainhart Lang und Irma Rybnikova zu „Global leadership made in Germany? (2010)

### Ausgewählte Internetquellen zur globalen Führung

- The Kozai Group, Inc.: Beratungsunternehmen zur globalen Kompetenzentwicklung von Mendenhall et al.
  http://www.kozaigroup.com
- INSEAD: Global Leadership Centre
  http://www.insead.edu/facultyresearch/centres/
- Tufts University: Institute for Global Leadership
  http://www.tuftsgloballeadership.org

- San Jose State University: Global Leadership Advancement Center
  http://www.sjsu.edu/glac
- Thunderbird School of Global Management
  http://www.thunderbird.edu
  http://globalmindset.thunderbird.edu/home/global-mindset-inventory
- Homepage GLOBE Global Leadership and Organizational Behavior Effectiveness
  Research Project
  https://globeproject.com/
- Global Enterprise Experience:
  http://www.geebiz.org
- Advances in Global Leadership
  https://www.emerald.com/insight/publication/issn/1535-1203

**Fragen**

1. Welcher Zusammenhang besteht zwischen der Globalisierung und dem globalen Kontext der Führung?
2. Vergleichen Sie die Status- und Prozessdefinitionen und arbeiten Sie heraus, welche personellen Merkmale globaler Führer, z. B. Rollen, Aufgaben, Persönlichkeitseigenschaften, Kompetenzen, und welche Merkmale von Führungsprozessen, z. B. Führungsverhalten, Einflussnahme, Interaktion, Mitarbeiterverhalten, Führungskraftentwicklung, in den Definitionen angesprochen werden und welche dominieren!
3. Finden Sie Beispiele für die Normativität des Konzeptes der globalen Führung! Worauf führen Sie diese Tendenz zurück?
4. Welche Vorteile und zusätzlichen Aussagen kann eine qualitative Analyse globaler Führung liefern und wo liegen ihre Grenzen?
5. Prüfen Sie die zentralen Kritikpunkte am Konzept globaler Führung anhand eines wissenschaftlichen Artikels sowie eines Zeitungs- oder Internet-Berichtes. Welche Kritiken können Sie auf dieser Basis bestätigen und welche nicht?

## Literatur

Ackermann, J. (2006). Führung im globalen Unternehmen. In H. Bruch, S. Krummaker & B. Vogel (Hrsg.), *Leadership – Best Practice und Trends* (S. 57–64). Gabler.

Adler, N. J. (1997). Global leadership: Women leaders. *Management International Review, 37,* 171–196.

Ali, A. J., & Wisnieski, J. M. (2009). Global domination or global leadership: An analytical perspective. *Journal of International Business Disciplines, 4*(1), 36–52.

Alon, I., & Higgins, J. M. (2005). Global leadership success through emotional and cultural intelligences. *Business Horizons, 48*(6), 501–512.

Alt, R., & Lang, R. (2004). Anforderungen an die Führungskompetenzen von Managern im Transformationsprozess ausgewählter MOEL. In H. Zschiedrich, W. Schmeisser & T. R. W. Hummel (Hrsg.), *Internationales Management in den Märkten Mittel- und Osteuropas* (S. 111–132). Hampp.

Ang, S., Van Dyne, L., Koh, C., Ng, K. Y., Templer, K. J., Tay, C., & Chandrasekar, N. A. (2007). Cultural intelligence: Its measurement and effects on cultural judgment and decision making, cultural adaptation and task performance. *Management and Organization Review, 3*(3), 335–371.

Arthur, W., & Bennett, W. (1995). The international assignee: The relative importance of factors perceived to contribute to success. *Personnel Psychology, 48*(1), 99–114.

Bass, B. M. (1997). Does the transactional-transformational leadership paradigm transcend organizational and national boundaries? *American Psychologist, 52*(2), 130–139.

Beck, U. (1998). *Was ist Globalisierung? Irrtümer des Globalismus – Antworten auf Globalisierung*. Suhrkamp.

Beechler, S., & Javidan, M. (2007). Leading with a global mindset. In M. Javidan, R. M. Steers & M. A. Hitt (Hrsg.), *The global mindset: Advances in international management* (Bd. 19, S. 131–169). JAI Press.

Bird, A., & Osland, J. (2004). Global competencies: An introduction. In H. W. Lane, M. L. Maznevski, M. E. Mendenhall & J. McNett (Hrsg.), *The Blackwell handbook of global management: A guide to managing complexity* (S. 57–80). Wiley-Blackwell.

Bird, A., & Stevens, M. J. (2018). Assessing global leadership competencies. In M. E. Mendenhall, J. S. Osland, A. Bird, G. R. Oddou, M. L. Maznevski & G. K. Stahl (Hrsg.), *Global leadership: Research, practice, and development* (3. Aufl., S. 143–176). Routledge.

Bird, A., Meendenhall, M. E., Stevens, M. J., & Oddou, G. R. (2010). Defining the content domain of intercultural competence for global leaders. *Journal of Managerial Psychology, 25*(8), 810–828.

Bird, A. (2018). Mapping the content domain of global leadership competencies. In Mendenhall, M. E., Osland, J. S., Bird, A., Oddou, G. S., Stevens, M. J., Mazenevski, M. L., & Stahl, G. (Hrsg.), *Global Leadership: Research, Practice, and Development* (3. Aufl., S. 119–142). Routledge.

Brake, T. (1997). *The global leader: Critical factors for creating the world class organization*. McGraw-Hill.

Bücker, J., & Poutsma, E. (2010). How to assess global management competencies. An investigation of existing instruments. *Management Revue, 21*(3), 263–291.

Caligiuri, P., & Tarique, I. (2009). Predicting effectiveness in global leadership activities. *Journal of World Business, 44*(3), 336–346.

Caligiuri, P., & Tarique, I. (2012). Dynamic cross-cultural competencies and global leadership effectiveness. *Journal of World Business, 47*(4), 612–622.

Chhokar, J. S., Brodbeck, F. C., & House, R. J. (Hrsg.). (2007). *Culture and leadership across the world: The GLOBE book of in-depth studies of 25 societies*. Lawrence Erlbaum.

Chong, M. P. M., & Fu, P. (2020). Global leadership: An Asian perspective. *Journal of Leadership Studies, 14*(2), 1–5.

Clark, B. D., & Matze, M. G. (1999). A core of global leadership: Relational competence. In W. H. Mobley, M. J. Gessner & V. Arnold (Hrsg.), *Advances in global leadership* (Bd. 1, S. 127–161). JAI Press.

Dachler, P. H. (1999). Alternatives to individual conceptions of global leadership: Dealing with multiple perspectives. In W. H. Mobley, M. J. Gessner & V. Arnold (Hrsg.), *Advances in global leadership* (Bd. 1, S. 75–98). JAI Press.

Den Hartog, D. N., House, R. J., Hanges, P. J., Ruiz-Quintanilla, S. A., & Dorfman, P. W. (1999). Culture specific and cross-culturally generalizable implicit leadership theories: Are attributes of charismatic/transformational leadership universally endorsed? *The Leadership Quarterly, 10*(2), 219–257.

Dickson, M. W., Castaño, N., Magomaeva, A., & Den Hartog, D. N. (2012). Conceptualizing leadership across cultures. *Journal of World Business, 47*(4), 483–492.

Dorfman, P., Javidan, M., Hanges, P., Dastmalchian, A., & House, R. (2012). GLOBE: A twenty-year journey into the intriguing world of culture and leadership. *Journal of World Business, 47*(4), 504–518.

Earley, P. C., & Ang, S. (2003). *Cultural intelligence: individual interactions across cultures.* Palo Alto.

Farndale, E., Scullion, H., & Sparrow, P. (2010). The role of the corporate HR function in global talent management. *Journal of World Business, 45*(2), 161–168.

Festing, M., & Maletzky, M. (2011). Cross-cultural leadership adjustment: A multilevel framework based on the theory of structuration. *Human Resource Management Review, 21*(3), 186–200.

Fitzsimmons, S. . R., Miska, C., & Stahl, G. K. (2011). Multicultural employees: Global business' untapped resource. *Organizational Dynamics, 40*(3), 199–206.

Gessner, M. J., Arnold, V., & Mobley, W. H. (1999). Introduction. In W. H. Mobley, M. J. Gessner & V. Arnold (Hrsg.), *Advances in global leadership* (Bd. 1, S. 3–8). JAI Press.

Goleman, D. (1996). *Emotional intelligence: Why it can matter more than IQ.* Bloomsbury.

Gregersen, H. B., Morrison, A. J., & Black, J. S. (1998). Developing leaders for the global frontier. *Sloan Management Review, 40*(1), 21–32.

Guthey, E., & Jackson, B. (2011). Cross-cultural leadership revisited. In A. Byman, D. Collinson, K. Grint, B. Jackson, M. Uhl-Bien & M. (Hrsg.), *The SAGE handbook of leadership* (S. 165–178). Sage.

Gutierrez, B., Spencer, S. . M., & Zhu, G. (2012). Thinking globally, leading locally: Chinese, Indian, and Western leadership. *Cross Cultural Management: An International Journal, 19*(1), 67–89.

Hall, P. A., & Soskice, D. (2001). *Varieties of capitalism: The institutional foundations of comparative advantage.* University Press.

Harris, P. R., Moran, R. T., & Moran, S. V. (2004). *Managing cultural differences: Global leadership strategies for the 21st century.* Butterworth Heinemann Elsevier.

Hofstede, G. (1980). *Culture's consequences.* Sage.

Hofstede, G. (1991). *Cultures and organizations: Software of the mind.* McGraw-Hill.

Hofstede, G. (1993). Cultural constraints in management theories. *Academy of Management Executive, 7*(1), 81–94.

Hofstede, G. (1996). An American in Paris: The influence of nationality on organization theories. *Organization Studies, 17*(3), 525–538.

Holt, K., & Seki, K. (2012). Global leadership: A developmental shift for everyone. *Industrial and Organizational Psychology, 5*(2), 196–215.

House, R. J., Hanges, P. J., Javidan, M., Dorfman, P., & Gupta, V. (Hrsg.). (2004). *Culture, leadership, and organizations: The GLOBE study of 62 societies.* Sage.

House, R. J., Dorfman, P., Javidan, M., Hanges, P. J., & Sully de Luque, M. (2014). *Strategic leadership across cultures. The GLOBE study of CEO leadership behavior and effectiveness in 24 countries.* Sage.

Javidan, M., & Teagarden, M. B. (2011). Conceptualizing and measuring global mindset. In W. H. Mobley, Y. Wang & M. Li (Hrsg.), *Advances in global leadership* (Bd. 6, S. 3–39). JAI Press.

Javidan, M., Dorfman, P. W., Sully de Luque, M., & House, R. J. (2006). In the eye of the beholder: Cross cultural lessons in leadership from project GLOBE. *Academy of Management Perspectives, 20*(1), 67–90.

Javidan, M., Steers, R., & Hitt, M. (Hrsg.). (2007). *The global mindset.* Elsevier.

Jokinen, T. (2005). Global leadership competencies: A review and discussion. *Journal of European Industrial Training, 29*(3), 199–216.

Kennedy, J. C., Fu, P.-P., & Yukl, G. (2003). Influence tactics across twelve cultures. In W. H. Mobley & P. W. Dorfman (Hrsg.), *Advances in global leadership* (Bd. 3, S. 127–147). JAI Press.

Kets de Vries, M. F. R., & Florent-Treacy, E. (2002). Global leadership from A to Z: Creating high commitment organizations. *Organizational Dynamics, 30*(4), 295–309.

Kets de Vries, M. F. R., Vrignaud, P., & Florent-Treacy, E. (2004). The global leadership life inventory: Development and psychometric properties of a 360-degree feedback instrument. *International Journal of Human Resource Management, 15*(3), 475–492.

Laddin, L. E. (2003). Leadership development in Asia: A personal view. In W. H. Mobley & P. W. Dorfman (Hrsg.), *Advances in global leadership* (Bd. 3, S. 373–385). JAI Press.

Lane, H. W., Maznevski, M. L., & Mendenhall, M. E. (2004). Hercules meets Buddha. In H. W. Lane, M. L. Maznevski, M. E. Mendenhall & J. McNett (Hrsg.), *The Blackwell handbook of global management: A guide to managing complexity* (S. 3–25). Wiley-Blackwell.

Lang, R., & Rybnikova, I. (2010). „Global leadership made in Germany?" – Anforderungen an Führung im Kontext zunehmender Globalisierung. In D. Wagner & S. Herlt (Hrsg.), *Personalmanagement 2015* (S. 87–118). Gabler.

Levy, O., Beechler, S., Taylor, S., & Boyacigiller, N. A. (2007). What we talk about when we talk about ,global mindset': Managerial cognition in multinational corporations. *Journal of International Business Studies, 38*(2), 231–258.

McCall, M. W., & Hollenbeck, G. P. (2002). *Developing global executives: The lessons of international experience.* Harvard Business School.

McDonnell, A., Lamare, R., Gunnigle, P., & Lavelle, J. (2010). Developing tomorrow's leaders: Evidence of global talent management in multinational enterprises. *Journal of World Business, 45*(2), 150–160.

McKenna, S. (2011). A critical analysis of North American business leaders' neocolonial discourse: Global fears and local consequences. *Organization, 18*(3), 387–406.

Mendenhall, M. E. (2001). New perspectives on expatriate adjustment and its relationship to global leadership development. In M. E. Mendenhall, T. Kuhlmann & G. Stahl (Hrsg.), *Developing global business leaders: Policies, processes, and innovations* (S. 1–16). Greenwood.

Mendenhall, M. E. (2018). Leadership and the birth of Global Leadership. In M. E. Mendenhall, J. S. Osland, A. Bird, G. R. Oddou, M. L. Mazenevsky, M. J. Stevens & G. K. Stahl (Hrsg.), *Global leadership: Research, practice, and development* (3. Aufl., S. 3–27). Routledge.

Mendenhall, M. E., & Reiche, B. S. (2018). Leveraging a typology of global leadership roles to guide global leadership research. In M. E. Mendenhall, J. S. Osland, A. Bird, G. R. Oddou, M. L. Maznevski & G. K. Stahl (Hrsg.), *Global leadership: Research, practice, and development* (3. Aufl., S. 391–406). Routledge.

Mendenhall, M. E., Reiche, B. S., Bird, A., & Osland, J. S. (2012). Defining the ,global' in global leadership. *Journal of World Business, 47*(4), 493–503.

Mendenhall, M. E., Osland, J. S., Bird, A., Oddou, G. R., Mazenevsky, M. L., Stevens, M. J., & Stahl, G. K. (Hrsg.). (2013). *Global leadership: Research, practice, and development* (2. Aufl.). Routledge.

Mendenhall, M. E., Osland, J. S., Bird, A., Oddou, G. R., Mazenevsky, M. L., Stevens, M. J., & Stahl, G. K. (Hrsg.). (2018). *Global leadership: Research, practice, and development* (3. Aufl.). Routledge.

Ng, K.-Y., Van Dyne, L., & Ang, S. (2009). Developing global leaders: The role of international experience and cultural intelligence. In W. H. Mobley, Y. Wang & M. Li (Hrsg.), *Advances in global leadership* (Bd. 5, S. 225–250). JAI Press.

Northouse, G. (2019). *Leadership theory and practice.* Sage.

Oddou, G. S., & Mendenhall, M. E. (2018). Global leadership development: Processes and Practices. In M. E. Mendenhall, J. S. Osland, A. Bird, G. R. Oddou, M. L. Mazenevsky, M. J. Stevens &

G. K. Stahl (Hrsg.), *Global leadership: Research, practice, and development* (3. Aufl., S. 229–270). Routledge.

Osland, J. S. (2018a). An overview of the global leadership literature. In M. E. Mendenhall, J. S. Osland, A. Bird, G. R. Oddou, M. L. Maznevski & G. K. Stahl (Hrsg.), *Global leadership: Research, practice, and development* (3. Aufl., S. 57–116). Routledge.

Osland, J. S. (2018b). The multidisciplinary roots of global leadership. In M. E. Mendenhall, J. S. Osland, A. Bird, G. R. Oddou, M. L. Maznevski & G. K. Stahl (Hrsg.), *Global leadership: Research, practice, and development* (3. Aufl., S. 28–56). Routledge.

Osland, J. S., & Bird, A. (2005). Global leaders as experts. In W. H. Mobley & E. Weldon (Hrsg.), *Advances in global leadership* (Bd. 4, S. 123–142). JAI Press.

Osland, J. S., & Bird, A. (2018). Process models of global leadership development. In M. E. Mendenhall, J. S. Osland, A. Bird, G. R. Oddou, M. L. Maznevski & G. K. Stahl (Hrsg.), *Global leadership: Research, practice, and development* (3. Aufl., S. 179–199). Routledge.

Osland, J. S., Bird, A., Mendenhall, M. E., & Osland, A. (2006). Developing global leadership capabilities and global mindset: A review. In G. K. Stahl & I. Björkman (Hrsg.), *Handbook of research in international human resource management* (S. 197–222). Elgar.

Osland, J. S., Taylor, S., & Mendenhall, M. E. (2009). Global leadership: Progress and challenges. In R. S. Bhagat & R. M. Steers (Hrsg.), *Cambridge handbook of culture, organizations, and work* (S. 245–271). University Press.

Osland, J. S., Bird, A., & Mendenhall, M. E. (2012a). Developing global mindset and global leadership capabilities. In G. K. Stahl, I. Björkman & S. Morris (Hrsg.), *Handbook of research in international human resource management* (2. Aufl., S. 220–252). Elgar.

Osland, J. S., Bird, A., & Oddou, G. (2012b). The context of expert global leadership. In W. H. Mobley, Y. Ying, Y. Wang & M. Li (Hrsg.), *Advances in global leadership* (Bd. 7, S. 107–124). JAI Press.

Perlmutter, H. (1969). The tortuous evolution of the multinational corporation. *Columbia Journal of World Business, 4*(1), 9–18.

Petrick, J. A., Scherer, R. F., Brodzinski, J. D., Quinn, J. F., & Ainina, M. F. (1999). Global leadership skills and reputational capital: Intangible resources for sustainable competitive advantage. *Academy of Management Executive, 13*(1), 58–69.

Reiche, B. S., Bird, A., Mendenhall, M. E., & Osland, J. J. (2017). Contextualizing leadership: A typology of global leadership roles. *Journal of International Business Studies, 48*(5), 552–572.

Rhinesmith, S. . H. (1992). Global mindsets for global managers. *Training & Development, 46*(10), 63–69.

Rhinesmith, S. H. (1996). *A manager's guide to globalization: Six skills for success in a changing world*. McGraw-Hill.

Romani, L., Barmeyer, C., Primecz, H., & Pilhofer, K. (2018). Cross-cultural management studies: State of the field in the four research paradigms. *International Studies of Management & Organization, 48*(3), 237–263.

Sadri, G., Weber, T. J., & Gentry, W. A. (2011). Empathic emotion and leadership performance: An empirical analysis across 38 countries. *The Leadership Quarterly, 22*(5), 818–830.

Sanchez-Runde, C., Nardon, L., & Steers, R. M. (2011). Looking beyond Western leadership models: Implications for global managers. *Organizational Dynamics, 40*(3), 207–213.

Schuler, R. S., Jackson, S. . E., & Tarique, I. (2011). Global talent management and global talent challenges: Strategic opportunities for IHRM. *Journal of World Business, 46*(4), 506–516.

Scott, R. W., & Meyer, J. W. (1991). The rise of training programs in firms and agencies: An institutional perspective. *Research in Organizational Behavior, 13*, 297–326.

Scullion, H., & Collings, D. G. (2006). *Global staffing*. Routledge.

Sieben, B. (2007). *Management und Emotionen*. Frankfurt am Main.

Spreitzer, G. M., McCall, M. W., & Mahoney, J. D. (1997). Early identification of international executive potential. *Journal of Applied Psychology, 82*(1), 6–29.

Stahl, H. G., Pless, N. M., Maak, T., & Miska, C. (2018). Responsible global leadership. In M. E. Mendenhall, J. S. Osland, A. Bird, G. R. Oddou, M. L. Maznevski & G. K. Stahl (Hrsg.), *Global leadership: Research, practice, and development* (3. Aufl., S. 363–388). Routledge.

Steers, R. M., & Osland, J. S. (2020). *Management across cultures. Challenges, strategies, and skills* (4. Aufl.). University Press.

Steers, R. M., Sanchez-Runde, C., & Nardon, L. (2012). Leadership in a global context: New directions in research and theory development. *Journal of World Business, 47*(4), 479–482.

Suutari, V. (2002). Global leader development: An emerging research agenda. *Career Development International, 7*(4), 218–233.

Takahashi, K., Ishikawa, J., & Kanai, T. (2012). Qualitative and quantitative studies of leadership in multinational settings: Meta-analytic and cross-cultural reviews. *Journal of World Business, 47*(4), 530–538.

Tarique, I., & Schuler, R. S. (2010). Global talent management: Literature review, integrative framework, and suggestions for further research. *Journal of World Business, 45*(2), 122–133.

Tarique, I., & Weisbord, E. (2018). The emerging field of global talent management and its implications for global leadership development. In M. E. Mendenhall, J. S. Osland, A. Bird, G. R. Oddou, M. L. Mazenevsky, M. J. Stevens & G. K. Stahl (Hrsg.), *Global leadership: Research, practice, and development* (3. Aufl., S. 200–228). Routledge.

Thorn, M. I. (2012). Leadership in international organizations: Global leadership competencies. *The Psychologist-Manager Journal, 15*(3), 158–163.

Tichy, N., Brimm, M., Charan, R., & Takeuchi, H. (1992). Leadership development as a lever for global transformation. In V. Puci, N. Tichy & C. K. Barentt (Hrsg.), *Globalizing management: Creating and leading the competitive organization* (S. 47–60). Wiley.

Trompenaars, F., & Hampden-Turner, C. (1997). *Riding the waves of culture: Understanding diversity in global business.* McGraw-Hill.

Tsai, C.-J., Carr, C., Qiao, K., & Supprakit, S. (2019). Modes of cross-cultural leadership adjustment: Adapting leadership to meet local conditions and/or changing followers to match personal requirements? *The International Journal of Human Resource Management, 30*(9), 1477–1504.

Vernik, S., & Brewer, P. (2019). Looking beyond national differences: Cultural consensus between Confucian and Anglo societies. *Australian Journal of Management, 44*(3), 388–406.

Whitley, R. (1999). *Divergent capitalisms: The social structuring and change of business systems.* University Press.

Whitley, R. (2005). *Changing capitalisms? Internationalization, institutional change, and systems of economic organization.* University Press.

Winsborough, D., & Hogan, R. (2014). Evaluating global leadership: Does culture matter? *Advances in Global Leadership* (Vol 8, S. 45–65). Emerald.

# Über die Autoren

**Prof. Dr. Irma Rybnikova** Nach dem Studium der Organisationspsychologie an der Universität Vilnius (Litauen) und einem Studienaufenthalt an der Universität Münster verschlug es Irma Rybnikova an die TU Dresden, wo sie 2009 im Bereich Personalwirtschaft zum Thema „Interim Management: Atypische Beschäftigungsverhältnisse für Führungskräfte" promovierte. 2017 habilitierte sie sich an der TU Chemnitz zum Thema „Solidarität, Partizipation und Widerstand in Organisationen". Seit 2018 ist Irma Rybnikova Professorin für BWL, mit Schwerpunkt auf Personal und Organisation an der Hochschule Hamm-Lippstadt.

Irma Rybnikova forscht und lehrt zu Themen wie Führungstheorien, Digitalisierung der Führung sowie Diversität und Demokratie in Organisationen.

**Prof. Dr. Rainhart Lang** Rainhart Lang hat in den 70er-Jahren Wirtschaftswissenschaften in Leipzig studiert und 1980 im Fach Arbeitswissenschaften an der dortigen Universität promoviert. Ein Praxis-Intermezzo mit Führungserfahrungen führte ihn Anfang der 80er-Jahre in die Gießerei-Industrie. Zurück an der Universität war er Assistent, Oberassistent und Dozent im Bereich Leitung und Organisation sowie Arbeitswissenschaften, Betriebssoziologie und betriebliche Sozialpolitik. Nach der Habilitation 1986 übernahm er 1992 an der TU Chemnitz die Professur für Organisation und Arbeitswissenschaften, wo er bis 2017 tätig

I. Rybnikova, R. Lang, *Aktuelle Führungstheorien und -konzepte*, https://doi.org/10.1007/978-3-658-35543-2

war. Seitdem ist er emeritiert, aber ab und zu noch als Dozent in Masterstudiengängen tätig.

Lehr- und Forschungsschwerpunkte waren und sind Organisationskultur, organisatorischer Wandel und Transformation, und insbesondere Führung im nationalen und interkulturellen Kontext.

**Prof. Dr. Peter M. Wald**    Peter M. Wald studierte 1981 bis 1985 in Leipzig Arbeitswissenschaften und promovierte 1988 an der dortigen Universität und arbeitete dort bis 1990 als Hochschulassistent. Seit 1991 war er als Referent für Unternehmenskommunikation, Personalleiter oder Leiter Human Resources in mehreren nationalen und internationalen Unternehmen tätig, bevor er 2003 an die Hochschule für Technik und Wirtschaft Dresden (FH) für das Lehrgebiet Management und Organisation berufen wurde. Ab 2009 ist er als Professor an der Hochschule für Technik, Wirtschaft und Kultur Leipzig tätig. Hier ist er für das Lehrgebiet Personalmanagement an der Fakultät Wirtschaftswissenschaften verantwortlich.

Neben der Lehre im Bereich Personalmanagement und Führung interessieren ihn in der Forschung vor allem der Einsatz von digitalen Medien bei der Mitarbeiterführung, die vielfältigen organisatorischen Veränderungen in den Personalbereichen und Führungsfragen in Nonprofit-Organisationen. Er ist Mitglied im wissenschaftlichen Beirat des Paritätischen Wohlfahrtsverbandes Sachsen.

**Viktoria Menzel, M.Sc.**    Viktoria Menzel schloss ihr Bachelor- und anschließend das Masterstudium in der Betriebswirtschaftslehre an der Hochschule Hamm-Lippstadt 2020 ab. Während ihrer Studienzeit war sie an jener Hochschule nebenbei als Tutorin für das Rechnungswesen und die Mathematik und später als wissenschaftliche Hilfskraft im Bereich Marktforschung und Unternehmensplanspiel tätig. Auch nach ihrem Studium ist Viktoria Menzel mit ihrem Studien- und Wohnort verbunden und arbeitet seit 2021 als wissenschaftliche Mitarbeiterin im Studiengang Betriebswirtschaftslehre, schwerpunktmäßig im Personalmanagement, weiterhin an der Hochschule Hamm-Lippstadt.

Im Rahmen der Forschung und Lehre befasst sie sich mit den Themen Mitarbeiterführung oder der Vereinbarkeit von Beruf und Familie.

# Glossar der analysierten Führungstheorien und -konzepte

**Charismatische Führung** Beim charismatischen Führungsmodell wird von bestimmten Eigenschaften charismatischer Führungspersonen ausgegangen, die diese von anderen Menschen unterscheiden. Dominanz, starkes Selbstvertrauen, das Bedürfnis, Einfluss zu nehmen und ein ausgeprägter Glaube an die eigenen, als richtig angesehenen Werte bilden die Basis des Modells. Diese Eigenschaften müssen durch die Nachgeordneten erkannt und zugeschrieben werden. Führungskräfte können diese Zuschreibung durch ihr Verhalten unterstützen. Daraus resultieren spezifische Verhaltensweisen der Führungskräfte. Charismatische Führer wecken dabei neue („höhere") Motive und herausfordernde Ziele in den Geführten, vertrauen den Geführten und steigern damit deren Selbstachtung und Selbstvertrauen, was zu erhöhter Motivation der Mitarbeiter führt.

**Destruktive Führung** Unter destruktiver Führung wird ein systematisches und wiederholtes Verhalten eines Führers oder Managers verstanden, das sich entweder gegen die legitimen Interessen der Organisation richtet, diese schädigt und/oder die Motivation, das Wohlbefinden oder die Arbeitszufriedenheit der Nachgeordneten untergräbt oder zerstört. Destruktive Führung beeinträchtigt damit die Lebensqualität aller davon Betroffenen innerhalb und außerhalb der Organisation, wobei die destruktiven Ergebnisse auch von empfänglichen Geführten und einem Umfeld, das destruktives Führungsverhalten begünstigt, abhängen können.

**Ethische Führung** Unter ethischer Führung wird ein Führungsphänomen und -modell verstanden, bei dem die Führungskraft ein normativ angemessenes Verhalten im persönlichen Handeln und in der interpersonellen Beziehung demonstriert und ein solches Verhalten bei den Nachgeordneten durch Zwei-Weg-Kommunikation, Verstärkung und ein entsprechendes Entscheidungsverhalten fördert. Die Gestaltung des Führungsprozesses orientiert sich an verschiedenen normativen Prinzipien und Kriterien für moralisches Handeln in Organisationen. Ethische Führung kann dabei als Teil oder Aspekt anderer Führungsansätze und -stile wie transformationale Führung oder als eigenständige Führungsart angesehen werden und setzt entsprechende organisationale und gesellschaftliche Rahmenbedingungen wie ein ethisches Klima voraus.

© Der/die Herausgeber bzw. der/die Autor(en), exklusiv lizenziert durch Springer Fachmedien Wiesbaden GmbH, ein Teil von Springer Nature 2021
I. Rybnikova, R. Lang, *Aktuelle Führungstheorien und -konzepte*,
https://doi.org/10.1007/978-3-658-35543-2

**Empowerment** Empowerment ist ein Führungskonzept, das eine starke Dezentralisierung von Entscheidungskompetenzen hin zu den Mitarbeitern vorsieht. Dabei sollen Mitarbeiter „ermächtigt" werden, Entscheidungen auf der untersten Ebene der Organisation im Rahmen von bestimmten Vorgaben relativ autonom und selbständig zu treffen.

**Führung als Residualfaktor** Die Residualität leitet sich aus dem lateinischen Begriff „residuum" ab und bedeutet so viel wie „Restfaktor" oder „Rückstand". Der Ansatz der Führung als Residualfaktor bestreitet die Bedeutung der personalen Führung. Er besagt, dass die personale Führung in Organisationen einen Restfaktor zur Sicherung sozialer Kontrolle von Beschäftigten darstellt. Sie kann lediglich Konformitätslücken füllen, die andere Mechanismen sozialer Kontrolle, wie primäre und sekundäre Sozialisation, hinterlassen.

**Führung von unten** Bei der Führung von unten handelt es sich um ein Führungsphänomen bzw. Führungskonzept, das sich mit dem Einfluss der Geführten auf die jeweils nächsthöhere Führungskraft beschäftigt. Es werden verschiedene Einflusspotentiale (Machtressourcen) und Einflussstrategien oder -taktiken herausgearbeitet, mit denen Mitarbeiter ihre Vorgesetzten beeinflussen können. Dahinter stehen Überlegungen zum Einfluss von Minderheiten, aber auch mikropolitische Strategien und Taktiken.

**Führungsmythen** Führungsmythen sind gesellschaftlich akzeptierte Aussagensysteme über Führung oder Führungskräfte, welche eine Erklärung über die Berechtigung der Führung oder über die Art der Führung anbieten, indem sie auf bestimmte gesellschaftliche Werte verweisen. Führungsmythen werden als Instrumente zur Komplexitätsreduktion angesichts der unübersichtlichen, unverständlichen Führungsphänomene angesehen. Statt einer Gesamtsicht beruhen Führungsmythen auf selektiven Aussagen über Führung, die die komplexen Zusammenhänge ausblenden und damit eine vereinfachte, gut nachvollziehbare Sicht auf Führung bieten.

**Führungssubstitute** Unter Führungssubstituten werden Kontextbedingungen verstanden, unter denen sich die Leistung oder die Zufriedenheit der Mitarbeiter auch ohne direkte Einwirkung durch Vorgesetzte einstellen. Substitute können Führung ersetzen, sie verhindern oder Führung irrelevant und unnötig machen. Drei Gruppen von Substituten werden unterschieden: Merkmale der Mitarbeiter, Merkmale der Aufgabe und Merkmale der Organisation.

**Geteilte Führung** Das Konzept thematisiert die gemeinsame gegenseitige Einflussausübung in Gruppen. Unterschiedliche Gruppenmitglieder übernehmen Aufgaben der Gruppenführung durch Einwirkungen auf die anderen Gruppenmitglieder. Den Kern geteilter Führung bilden wechselseitige Einflussprozesse und die laterale Verteilung von Führung auf mehrere Personen, so dass von einem Netzwerk interaktiver und dynamischer Einflüsse zwischen den Individuen auf der Gruppenebene gesprochen wird, mit dem Ziel, Gruppen- oder Organisationsziele zu erreichen. Als eine der Voraussetzungen der geteilten Führung wird das „Empowerment" aller Gruppenmitglieder thematisiert.

**Globale Führung**  Globale Führung bezeichnet den Prozess der Beeinflussung des Denkens, der Einstellungen und des Verhaltens von Individuen, Gruppen und Organisationen in einem globalen Kontext, um gemeinsame Ziele zu erreichen. Sie schließt dabei grenzüberschreitende Aktivitäten von globalen Managern, u. a. als Expatriates in unterschiedlichen kulturellen Kontexten oder Führer von multikulturellen oder globalen Teams in transnationalen Unternehmen, ein.

**Implizite Führungstheorien**  Unter dem Begriff der impliziten Führungstheorien versteht man Alltagstheorien der Führung, d. h. Annahmen über die Führung und die daran beteiligten Führungskräfte und Geführten, den Führungskontext, typische Führungssituationen und Führungsereignisse sowie den Verlauf von Führungsinteraktionen, Führungsprozessen und schließlich angestrebte und erwartete Führungsergebnisse. Implizite Führungstheorien sind dabei kulturell geprägt und haben einen starken Einfluss auf die Akzeptanz und Wirksamkeit des Führungshandelns.

**Kollektive Führung**  Kollektive Führung bringt eine pluralistische Auffassung der Führung zum Ausdruck, bei der Führung als ein kollektiver Prozess verstanden wird, an dem zahlreiche Akteure, unabhängig von den hierarchischen Positionen, beteiligt sind. Oft wird kollektive Führung als Synonym für kollaborierende oder demokratische Führung verwendet. Allen ist gemeinsam, dass sie die Zentralisierung der Führung um Führungspersonen als irreführend ablehnen und stattdessen die alltägliche Führungspraxis, bestehend aus permanenten Verhandlungen um Rollen, Ressourcen, Zeit und Raum, adressieren. Daher steht kollektive Führung der praxisorientierten Perspektive auf Führung (en. *leadership-as-practice*) konzeptionell sehr nahe.

**Leader-Member-Exchange-Theory**  Der Leader-Member-Exchange Ansatz ist eine Anwendung der sozialen Austauschtheorie im Bereich der Führung. Der Ansatz befasst sich im Wesentlichen mit der Interaktion zwischen einer Führungskraft und einem Mitarbeiter, aus diesem Grund wird er auch als Theorie der Führungsdyaden bezeichnet. Im Vordergrund der Analyse steht der gegenseitige Austausch von Ressourcen, materiellen wie immateriellen, zwischen den Führungskräften und ihren Mitarbeitern und die in diesem Kontext beobachteten Inklusions- und Exklusionsmechanismen. Angenommen wird nicht nur die ausschließlich unidirektionale Beeinflussung eines Mitarbeiters durch eine Führungskraft, sondern eine gegenseitige Beeinflussung beider Akteure.

**Mikropolitischer Führungsansatz**  Der mikropolitische Führungsansatz greift auf das organisationstheoretische Konzept der Mikropolitik zurück, bei dem es um den alltäglichen Machtaufbau, Machterhalt und die Sicherung individueller Machtpositionen in Organisationen durch meist individuelle Akteure geht. Die mikropolitische Führungssicht wendet dieses Konzept auf die Beziehung zwischen Mitarbeiter und Vorgesetztem an. Diese wird als spezifische, strukturelle wie situative Machtbalance charakterisiert, bei der die beiden Akteure (Führungskraft und Mitarbeiter) jeweils über bestimmte Machtquellen oder Machtressourcen verfügen, auf die sie situativ zurückgreifen, um in entsprechenden Handlungen den jeweiligen Einfluss durch Einsatz von Strategien und Taktiken zu sichern.

**Neocharismatischer Führungsansatz** Die als neocharismatischen Führungstheorien bezeichneten Konzepte greifen insbesondere frühe Ansätze der charismatischen und transformationalen Führung auf und entwickeln sie weiter. Ihnen sind bestimmte Merkmale gemeinsam, die in der Führungstheorie und -forschung eine Rückkehr zur Führungsperson bei gleichzeitiger Relativierung und Subjektivierung der Führungsbeziehung markieren: Fokussierung auf die Person des Führers mit spezifischen Eigenschaften und Verhaltensweisen, Betonung der in einem sozialen Prozess herzustellenden Führungsbeziehung und die Rolle der Nachgeordneten, und der subjektive Charakter dieser Führungsbeziehung im Sinne einer sozialen Konstruktion durch die beteiligten Akteure auf der Grundlage von Wahrnehmungs- und Attributionsprozessen. Sie gelten neben den Persönlichkeitseigenschaften der Geführten, den solche Zuschreibungen fördernden Kontextfaktoren, u. a. Situationen des grundlegen organisationalen Wandels, und einem sichtbaren Führungserfolg als die wichtigsten Faktoren für Entstehen, Qualität und Dauer einer charismatischen Führungsbeziehung.

**Partizipative Führung** Partizipative Führung wird oft mit partizipativer Entscheidungsfindung in Organisationen und einem entsprechenden Führungsverhalten gleichgesetzt. Beides bezieht sich auf die Beteiligungsmöglichkeiten von Mitarbeitern bei einer Entscheidungsfindung, die die Führungskräfte ihnen einräumen. Unterschieden werden verschiedene Grade der Partizipation, angefangen von Information zu den Entscheidungen bis hin zu autonomen Entscheidungen durch Mitarbeiter. Es kann als ein Vorläufermodell für die geteilte und kollektive Führung angesehen werden und weist starke Bezüge zum Konzept des Empowerments auf. Darüber hinaus wird unter diesem Begriff auch auf institutionelle Rahmenbedingungen einer Beteiligung von Mitarbeitern im Führungsprozess verwiesen.

**Psychoanalytische Führungssicht** Dabei handelt es sich um eine theoretische Perspektive auf Führung, die von der Existenz der unbewussten psychischen Prozesse und ihres starken Einflusses auf das Führungsgeschehen ausgeht. Das Verhalten der Führungskräfte und der Mitarbeiter wird einerseits auf die Massenphänomene zurückgeführt, da die Masse als Archetypus für das Gruppenverhalten angesehen wird. Andererseits werden die Führungsprozesse durch die individuellen frühen Kindheitserfahrungen und die damals erlebten Rollenmodelle erklärt, die im Erwachsenenleben am Arbeitsplatz und in Führungsbeziehungen reproduziert werden.

**Romantik der Führung** Die Romantik der Führung bezeichnet eine individuelle Attributionsneigung, die Erfolge und Misserfolge von Unternehmen ausschließlich auf die Führungskräfte zurückzuführen. Da es hierbei um eine radikale Komplexitätsreduktion des Zustandekommens von Unternehmenserfolgen oder -misserfolgen geht, handelt es sich bei der Romantik der Führung um einen Ausdruck des Heldenmythos der Führung mit einer attributionstheoretischen Begründung.

**Symbolische Führung** Unter symbolischer Führung wird das symbolische Führungshandeln verstanden, insbesondere die Sinnstiftung und die Sinnvermittlung seitens der Führungskräfte an die Mitarbeiter. Durch ihr symbolisches Handeln übermitteln Führungskräfte ihren Mitarbeitern Deutungsangebote, die sowohl ihr eigenes Verhalten erklärbar machen als auch den Sinn, welcher der Arbeitstätigkeit und den organisationalen Strukturen und Systemen innewohnt. Bei der symbolischen Führung werden Kulturelemente einer Organisation wie Werte und Symbole einbezogen. Um ein gewünschtes Mitarbeiterverhalten hervorzurufen, müssen die faktischen und die symbolischen Führungshandlungen sowie symbolische Systeme der Organisationen, wie z. B. die Unternehmenskultur, durch Mitarbeiter einheitlich und richtig, d. h. im Sinne des Unternehmens, interpretiert werden.

**Transformationale Führung** Das Konzept der transformationalen Führung hebt sich in zweierlei Hinsicht vom Konzept der charismatischen Führung ab: Charisma wird als eine notwendige, aber nicht ausreichende Bedingung für eine entsprechende Führungswirkung angesehen. Demgegenüber werden die Bedürfnisse der Mitarbeiter und insbesondere emotionale Aspekte und soziale Wurzeln von Charisma stärker einbezogen und sollen durch individuelle Zuwendung seitens der Führungskraft gefördert und der Mitarbeiter intellektuell stimuliert werden. Ziel ist eine Transformation des Mitarbeiterverhaltens, vereinfacht gesprochen von einem austauschorientierten „Dienst nach Vorschrift" hin zu einem engagierten, motivierten, mit Führungskraft, Gruppe und Unternehmen verbundenen Mitarbeiter.

**Verteilte Führung** Das Konzept der verteilten Führung steht in engem Zusammenhang mit den unterschiedlichen Formen oder Medien der Einflussnahme auf das Verhalten von Mitarbeitern. Die zentrale Überlegung der verteilten Führung ist, dass sich Führung, Führungsprozess und Führungseinfluss verteilt über verschiedene Instanzen, Formen oder Medien vollzieht. Anders als bei den Führungssubstituten wird die personelle Führung hier nicht ersetzt, sondern durch alternative Formen, wie informelle Führung, strukturelle Führung, kulturelle Führung, Selbstführung oder virtuelle Führung, ergänzt. Verteilte Führung wird dabei zum einen als Führungspraxis und andererseits als Ressource für Entwicklung von Organisationen angesehen.

**Virtuelle Führung** Bei virtueller Führung steht die Führung von Mitarbeitern mittels moderner Informations- und Kommunikationsmitteln bzw. sozialer Medien im Mittelpunkt, in Abgrenzung zu einem Verständnis, wonach virtuell als ein „Nichtvorhandensein" und als Führung der Möglichkeit nach gesehen wird. Demgegenüber betont das Konzept der virtuellen Führung, dass mit Hilfe von Medien trotz physischer Abwesenheit von Führungskräften geführt wird. Dabei ist zu berücksichtigen, dass Mitarbeiter z. T. in Teams sowie in Distanz zu ihren Führungskräften, d. h. räumlich und zeitlich verteilt, tätig sind.

**Weibliche Führung** Auch bekannt als „weiblicher Führungsstil"; damit wird ein vermeintlich von der männlichen Führung abweichender Führungsstil beschrieben, den Frauen in den Führungsetagen praktizieren. Statt zu befehlen und zu kontrollieren (was mit einem typisch männlichen Führungsstil gleichgesetzt wird), legen Frauen angeblich einen anderen, durch die weibliche Sozialisation geprägten Führungsstil an den Tag. Dieser Führungsstil sei fokussiert auf Partizipation der Mitarbeiter, Macht- und Informationsteilung mit Mitarbeitern, Erhöhung des Selbstwertes der Mitarbeiter und Motivierung der Mitarbeiter durch Ansteckung mit eigenem Enthusiasmus. Aus kritischer Sicht betrachtet stellt die „weibliche Führung" vor allem eine Verhaltens- und Identitätsvorschrift für die weiblichen Führungskräfte dar.

# Stichwortverzeichnis

The manufacturer's authorised representative in the EU is Springer
Nature Customer Service Centre GmbH, Europaplatz 3, 69115 Heidelberg,
Germany. If you have any concerns regarding our products, please
contact ProductSafety@springernature.com

Printed and bound by CPI Group (UK) Ltd, Croydon, CR0 4YY
24/04/2026
02096335-0018